IoT時代の
エクスペリエンス・
デザイン

電通
エグゼクティブ・コンサルティング・ディレクター
朝岡崇史＝著

FIRST
ファーストプレス

はじめに
——本書でお伝えしたいこと

ＩｏＴ（Internet of Things：モノのインターネット化）という「破壊的イノベーション」はすでにリアルなものになりつつある。本書は「エクスペリエンス×ＩｏＴ」、つまり、ＩｏＴの導入によってお客さまのエクスペリエンス（ブランド体験価値）がどのように変わるのかを中心的なテーマに設定している。

構成上、全体を４つの章に分割し、それぞれの章で以下の５つの切り口から「エクスペリエンス×ＩｏＴ」に斬り込んでいる。

１　ＩｏＴによって企業の事業経営やマーケティングはどのような影響を受けるのか

〈キーポイント〉

２　企業のお客さまのエクスペリエンス（ブランド体験）は具体的にどのように変るのか

〈エピソード〉※架空のケーススタディ

3　一体なぜ、そのような変化が起きるのか　〈解説〉

4　企業は「エクスペリエンス×ＩｏＴ」というゲームルールの中でどうしたら事業成果を上げられるのか　〈提言〉

5　生き残りのために目配りしておくべきことは何か　〈コラム〉

本書の読者層は、企業で事業経営やマーケティングに携わる方々を想定している。これは著者がエクスペリエンス・デザインを専門とするコンサルタントとして、普段、向き合っているクライアントさまの像と重なっている。

さて、「エクスペリエンス×ＩｏＴ」で企業のお客さまのエクスペリエンスはどのように変わるのか。

エクスペリエンスは「場」から「時間」へ

これまで、エクスペリエンスの提供は体験の「場」にフォーカスして来た。スターバックスの「The Third Place」（オフィスでも家庭でもない第3の場所）やディズニーランドの「Where

Your Dreams Come True」（夢がかなう場所）を想起すれば、それは明白である。

しかし、一旦、ＩｏＴが導入されると状況は激変する。お客さまのエクスペリエンスはすべて行動データの形でインターネットを経由して、クラウド上のＡＩ（Artificial Intelligence：人工知能。以下ＡＩ）に集約、統合され、さらに解析（アナリティクス）される。そして、今度は「近未来のエクスペリエンスの予測と改善提案」というサービスに形を変えてお客さまにフィードバックされる。お客さまの過去・現在・未来のエクスペリエンスは「データ」を媒介にして1本の「時間」の軸で長くつながって行く。そして、このことはすべてのインダストリー（産業）がカタチを変えて、サービス業になることを示唆する。

本書のアウトラインを簡潔に紹介する。

第1章「エクスペリエンス×ＩｏＴで何が変わるか」では、今、注目されている自動運転サービスを例に取り、お客さまの「近未来のエクスペリエンスの予測と改善提案」が行われるメカニズムについて具体的に解説する。エクスペリエンスとビッグデータの統合運用、学習や思考の能力を持つＡＩの登場、お客さま主語でのアナリティクスの進化がキーワードになる。

また、エクスペリエンスが「場」から「時間」へ移行することは、企業の事業経営にも大きなインパクトを与える。生き残りのために、すべての企業はＩＴ（ハイテク）企業へと業態を変革する必要に迫られるだろう。

第2章「エクスペリエンス4・0」では「エクスペリエンス×デジタル」の過去・現在・未来を振り返る。過去を振り返ることと、未来を洞察することはいく筋かの流れでつながっている。そして大きな流れを注意深く見て行くと、企業が立ち向かうべきものの本質は実はデジタルのテクノロジーの進化ではなく、お客さまの気持ちや行動の変化、つまりエクスペリエンスそのものの進化であることがわかる。

企業はIoTに適応する前提として、マーケティングを企業主語の発想からお客さま主語の発想へと転換しなければならない。これは同時に、組織運営や企業文化の刷新を含む、大掛かりな改革（企業の体質改善）を意味するのである。

第3章「企業のなりわいワードと近未来ロードマップ」では「エクスペリエンス×IoT」が現実のものとなった時に、企業の「なりわい」（生業）はどうあるべきかについて考える。変化はチャンス。「破壊的イノベーション」は、もはや新興のスタートアップ企業だけの専売特許ではない。

勝ち残りたい企業は自社の「なりわい」を積極的に発明すべきである。その具体的な手法と手順について、われわれ電通のコンサルティングチームが開発した『未来体験イノベーションプログラム』をベースに説明したい。

第4章「エクスペリエンス×ＩｏＴで人間は幸せになるか」では、人間とＡＩの幸福な役割分担について考察する。ＡＩに「知識」はプログラミングできても、「意識」はプログラミングできない。企業とお客さまの接点では、人間ならではの「新しい発想や価値の提案」があらためて脚光を浴びるはずだ。

「新しい発想や価値の提案」とは「センス（Sense）」「セレンディピティ（Serendipity）」「サステナビリティ（Sustainability）」「セキュリティ（Security）」という4つの「S」であるというのが著者の見立てである。ＡＩが繰り出す「近未来のエクスペリエンスの予測や改善提案」に対し、企業側の人間がお客さまのエクスペリエンスが豊かになる方向で4つの「S」を意識しながらその最適化を行うことが、ブランドの最強の差別化ドライバーになるだろう。

なお、各章の末尾に設けた〈コラム〉についてだが、第1章から第3章までは著者の勤務している会社が運営している『ウェブ電通報』というオウンドメディアに２０１５年の夏から冬までの期間、連載をさせていただいた原稿や対談記事がベースになっている。ご興味がおありの読者の方は『ウェブ電通報』の記事本体にアクセスしていただければ幸いである。

著者は、エクスペリエンスを研究することの究極の意義は、お客さま、企業、それから、お客さまと企業を取り巻く社会が幸せを分かち合う方法を探求することだと考えている。鍵を握るのは創造的な「破壊者」（Disruptor）としての企業の動向だ。新刊の出版が、お客さま主語での企業のマーケティングプロセス刷新を後押しするきっかけになることをあらためて切望して止まない。

朝岡 崇史

目次

第2章 エクスペリエンス4・0

第3章 企業のなりわいワードと近未来ロードマップ

第4章 エクスペリエンス×IoTで人間は幸せになるのか

第1章　エクスペリエンス×IoTで何が変わるか

キーポイント

エクスペリエンスは「場」から「時間」へ

IoTという破壊的イノベーションの衝撃

　２０１５年の家電見本市ＣＥＳ（コンシューマ・エレクトロニクス・ショー）。毎年1月に米国ラスベガスで開催され、世界中のビジネスマンの耳目を集めるＣＥＳの歴史の中でもエポックメイキングな年だったように思う。なぜなら、イベントの開催を飾るパネルディスカッションで「Disruption」や「Disrupt」というショッキングなキーワードが米国の大企業のトップから繰り返し発せられたからである。

「Disruption」という単語は一般の日本人にはなじみが薄いかもしれない。１９９７年にハーバード・ビジネス・スクール（ＨＢＳ）教授のクレイトン・クリステンセンが著した『The Innovator's Dilemma』（日本語版は『イノベーションのジレンマ――技術革新が巨大企業を滅ぼすとき』浜田俊平太 監修、伊豆原弓 訳）で紹介されている「持続的イノベーション」と「破壊的イノベーション」のうち、「Disruption」は後者の「破壊的イノベーション」に相当する専門用語である。

とりわけ、そのＣＥＳのパネルディスカッションの中でもシスコシステムズのＣＥＯ ジョン・チェンバースは以下のような趣旨の発言をして大きな注目を浴びた。

「ＩｏＥ（Internet of Everything：ＩｏＴのことをシスコシステムズではこう呼んでいる）によってすべての国、都市、企業、家、人……何もかもがコネクトされる。そして、すべての、どのような業種であろうと、ハイテク企業になる。それはテクノロジーによってすべてのビジネスの変化のスピードがさらに増すことを意味している」

「今後10年間でフォーチュン５００企業のなかで生き残れる企業は40％程度に過ぎない。テクノロジーによるDisruptは今そこに起きている現実であり、巨大企業であっても自らがDisrupter（破壊者）にならなければ生き残れない」

クレイトン・クリステンセンが「イノベーションのジレンマ」を発表した１９９７年時点では、優れた特色を持つ商品を売る優良な大企業はお客さまの声を聞き過ぎるあまり「持続的イノベーション」を保ち続けることに集中してしまい、「破壊的イノベーション」を持つ新興企業の前に力を失う、という主張は説得力があった。「破壊的イノベーションを持つ新興企業」とは、具体的には、当時のグーグル、アマゾンや日本のユニクロを想起すると理解がしやすいだろう。

しかしながら、２０１５年のＣＥＳにおけるジョン・チェンバースの主張はクレイトン・クリステンセンのそれとは明確に違う。現在起きている「破壊的イノベーション」には企業規模はまったく関係がない。むしろ優良な大企業こそが生存競争を生き抜くために積極的に「Disrupter（破壊者）」になるべきだ。そしてそれを後押しする変化はＩｏＴの進展であり、すべての企業はＩｏＴで武装したハイテク企業へと変わらなくてはならない、と言っているのである。

しかもそれはもはやモノとモノの戦いではない。エクスペリエンスとエクスペリエンスの戦いになる。既存のサービス業はもちろんのこと、すべての製造業は新しい形のサービス業へと形を変える。ＡＩによるビッグデータ活用とアナリティクスにより、お客さまの近未来のエクスペリエンスの予測と改善提案が企業のサービスの根幹として提供され続けることになる。

企業主語の視点では、確かに「Disruption」は従来の市場の競争ルールや業界の概念の否定という、恐ろしい「破壊的イノベーション」である。しかしながら、逆にお客さま視点で見た場合、それは、お客さまがかつて経験したことのない新たなエクスペリエンス創出のための「創造的イノベーション」とポジティブに捉えることもできるだろう。いずれにしても変化の激しいマーケットでは市場の競争ルールをその手にしたものだけが生き残るのだ。

近未来のエクスペリエンスの予測と改善提案

ＩｏＴによる破壊的イノベーションはすべての業種・業界で例外なく起きる。そして、お客さまの近未来のエクスペリエンスの予測と改善提案の結果、エクスペリエンスの重心は「場」から「時間」へシフトする。財布の中身を奪い合う従来の戦いと違って、お客さまの「時間」は有限である。「時間」が企業間競争の主戦場になることで、お客さまの「時間」の奪い合いで勝者となった企業は大きな事業成果を上げることができる。反面、敗者となってしまった企業は挽回が極めて難しく、早晩、市場からの退場を余儀なくされるだろう。

深く深呼吸をし、五感を研ぎ澄ませて、私たちの生活に最初の本格的なパーソナル・デジタルデバイス（パーソナルコンピュータ：ＰＣ）が入り込んで来た１９８０年代の後半のあの日から現在までのエクスペリエンスの変化を思い起こしてみよう。インターネット、携帯電話、ソーシャルメディア、スマートフォン……。

デバイスの種類が増え、「コンタクトポイント」（接点）が多様化しただけではない。

まず、デジタルは従来からあったアナログの体験を取り込むことで、次々に鮮度の高いエクスペリエンスを創り出して来た。手紙 × デジタルが電子メールになったことに始まり、ＣＤショップ × デジタルが iTunes（音楽配信）や Spotify（スポティファイ：ストリーミングサービス）に、巨大ショッピングモール × デジタルが Amazon に、そして井戸端会議 × デジタルが Twitter に取って変わった。ニュース × デジタルはテレビ、新聞、雑誌、ラジオといった伝統的なマス媒体を次々と駆逐していった。また、お客さまの来店を促すクーポンもスマートフォンの位置情報やＮＦＣ（Near Field Communication：近距離無線通信技術）といったデジタル技術と結びつくことでクーポン型Ｏ２Ｏ（Online to Offline）という、かつてないエクスペリエンスを生み出した。

また、デジタルは私たちのエクスペリエンスの価値や領域も拡張して来た。これまではできなかったことがデジタルのテクノロジーの恩恵で当たり前にできるようになったのである。インターネットという情報インフラの上に、ソーシャルメディアというプラットフォーム、スマートフォンやタブレットという携帯型デバイスが掛け算されることで、情報拡散のスピードと規模は飛躍的に拡大した。わからない事があったらまずネット検索という習慣もグーグルやヤフーに代表される検索エンジンの恩恵である。またネット通販の世界では、アナログの世界では不可能だった、ロングテールという多様性への対応も軽々と実現した。

過去の歴史を振り返って明らかなことは、デジタルはお客さまの新たなエクスペリエンスの創造とエクスペリエンスの価値や領域の拡張に貢献してきた一方で、従来のアナログ的なエクスペリエンスを完膚なきまでに破壊し、次々と焼け野原に変えて来た。デジタルによるマーケティング改革が破壊的イノベーションと言われるゆえんである。

特に本書のテーマであるエクスペリエンス×ＩｏＴは、お客さまの新たなエクスペリエンス創造とエクスペリエンスの価値や領域の拡張という両方で大きなインパクトを及ぼす可能性が高いことを注意して見て行く必要がある。

エクスペリエンス×ＩｏＴのメカニズム（トライアングルモデル）

センサー機能を持ったデジタルデバイス、インターネットやBluetoothなどの通信技術、ビッグデータの活用やアナリティクスを行うＡＩといった檜舞台と大道具・小道具、企業とお客さまといった役者が揃うことで、エクスペリエンス×ＩｏＴによる破壊的イノベーションのお膳立てはすでに整っていると考えて良い。いわば、エクスペリエンスとビッグデータの統合運用である。実際、日本の富士ゼロックスや米国のＧＥなど先進企業では新しいビジネスモデルとして、すでに数年前からＩｏＴへの本格的な取り組みがスタートしているだけでなく、最近ではお客さまのエクスペリエンスをいかに豊かなものにして行くかという核心的な部分に活動の焦点が移って来ている。

エクスペリエンス×ＩｏＴのメカニズムを図式化すると**図1**のようなトライアングルモデルになる。このメカニズムはＩｏＴ時代の企業のマーケティングプロセスそのものであり、同時に企業がエクスペリエンス×ビッグデータの統合運用を前提にして、サービス・ブループリント（サービス設計図）を作成するための基本的な業務フローでもある。

まず第1のステップはお客さまの行動データ（定量・定性）の収集である。センサー機能を持ったデバイスが直接もしくはBluetoothなどを経由して間接的にインターネットに常につながった状態であること（デジタル・ユビキティ：Digital Ubiquity）が前提である。

次の第2のステップは、お客さまの行動データとそれ以外の外部データをビッグデータとして統合し、思考し、推論し、アナリティクス（解析）を行うプロセスである。この役割を担うのは第3世代のスーパーコンピュータであるＡＩである。ＡＩには学習する機能もあり図1のサイクルを何度も繰り返すことにより知識を蓄積し、アナリティクスの精度を上げていくという効果も期待されている。ＡＩについてはお客さまのエクスペリエンスに及ぼす影響や第4章で述べる人間とＡＩとの役割分担を考察する上で非常に重要であるので、第1章の〈解説〉のパートで深堀りをして行くつもりである。

続く第3のステップは、アナリティクスの成果を、お客さまの近未来のエクスペリエンスの予測と改善提案の形で整理し、企業からお客さまに提供するプロセスである。B2Bビジネスの場合、このサービスの提供先は機械である可能性も高い（M2M：Machine to Machine）。一方でB2CやB2Cビジネスの場合ではサービスの提供先は生身のお客さまということになる。お客さまとシステム（OSやアプリなど）を意味のある形で結びつけ、お客さまのエ

図1｜「エクスペリエンス×IoT」のメカニズム

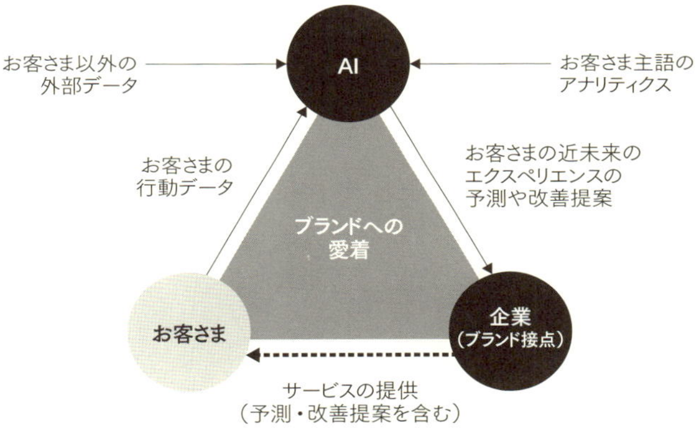

クスペリエンスが豊かになる方向でサービスの提供がなされるべきであることが極めて重要だ。これについては第4章で詳しく述べる。

第1から第3のステップを踏むことでお客さまの近未来のエクスペリエンスの予測と改善提案が行われる。このサイクルは企業が提供するサービスの種類によって異なる。自動運転や金融に関わるサービスでは「瞬時（ほぼリアルタイム）」、ヘルスケアやスポーツトレーニングに関わるサービスでは「日単位〜週単位」ということになるだろう。

お客さまの現在のエクスペリエンスは、過去のエクスペリエンスの予測と改善提案の結果、必然的に起きたことであり、同時に現在のエクスペリエンスはデータの形で集約・解析されて、さらに新たな予測や改善提案となって近未来のお客さまのエクスペリエンスを決定する。つまり、データを媒介にして、お客さまのエクスペリエンスの過去・現在・未来が一本の時間軸で長くつながって行くのである。

エピソード❶ 自動運転サービス

２０２７年、晩秋。

リニア中央新幹線で出張先の名古屋から東京の品川駅に戻った小笠原教授は15時30分からの経済学部の講義に間に合うように大学がある渋谷区に向かった。移動手段は今回も日米のＩＴ企業が合弁で設立したウトロ社が運営する自動運転サービスである。

「Drive-Pod」と呼ばれるウトロ社の自動運転車にはハンドルやアクセルがない。インテリアはいたってシンプルだ。２座の黒革張りのベンチシートとダッシュボードにあたる位置に17インチのワイドスクリーンの画面があるだけである。従来の自動車に比べると足下の空間が広いため、リビングのソファが急に走り出すような感覚と例えられることもある。

品川駅から大学到着までの30分は貴重な時間だ。助手から送られているはずの講義スライドの最終チェックをしよう。シートの中央の肘掛けの下にあるコネクタにスマートフォンを繋ぎ、秘書アプリ「パーソナル・アシスタント」を立ち上げる。画面の右上に擬人化されたコンピュータエージェントが現れ、小笠原教授と対話型で仕事をこなして行く。

講義スライドを画面上でスクロールし、講義の流れをシミュレーションする。何箇所か説明不足のページがありそうだ。エージェントがインターネット検索したいくつかの企業のケーススタディを新規のスライドにレイアウトし直して講義スライドに追加しておくように指示を出しておく。

自動運転サービスでは配車されるクルマはその都度違うが、どのクルマも小笠原教授の好むルートを熟知している。今日も泉岳寺前のクランクを抜けて魚籃坂を下り、恵比寿3丁目を経由してプラチナ通り（外苑西通り）に入った。銀杏並木の紅葉が始まり、晩秋の青空に美しく映えている。

ところが、今日はいつもと違う事件が起きた。天現寺交差点の手前に差し掛かった時、画面に「事故発生」のアラートメッセージが突然、表示されたのである。台数比率で言うと50％以下にまで減少した「手動」運転車同士の衝突事故のようだ。続いて画面には複数のアングルからの事故の鮮明な映像が5秒単位で次々と映し出されている。これらは約2キロメートル先を先行している別の自動運転車の車載カメラから送られて来たものだ。この先の明治通りではすでに渋滞が始まっており、「通過予想時間30分」の文字が小笠原教授の目に飛び込んでくる……。

それから約10分後、キャリーバックを研究室にデポした小笠原教授は講義が行われる教室に向かっていた。

自動運転車は瞬時にいくつかの代替ルートを提案し、小笠原教授はためらうことなく時間最優先のルートを選択した。それは住宅地の狭い路地を抜けるルートで、必ずしも快適なドライブではなかったが、大学には予定時間通りの到着となったのは不幸中の幸いであった。通過したルートの走行データも後続の自動運転車に活用されているかもしれないし、今後、同じような状況になった時に再び利用することになるかもしれない。たとえ、小笠原教授がどういう道順だったかを再現できないとしても。

解説

エクスペリエンスの予測と提案のメカニズム

ビッグデータ活用とアナリティクスによるエクスペリエンスの創出

　ＩｏＴとは、コンピュータなどの情報端末や通信機器だけでなく、世の中に存在するさまざまなモノ（自動車、家電製品など）に通信機能を持たせ、インターネット経由で相互に通信することにより自動認識や自動制御、遠隔計測などを行う仕組みのことだ。ＩｏＴという名の「破壊的イノベーション」が今、エクスペリエンスそのものの持つ意味を変え、お客さまの生活にも大きなインパクトを与えようとしている。

　エクスペリエンスは「場」から「時間」へ。〈エピソード1〉自動運転サービスで見たように、ＩｏＴ時代、お客さまのエクスペリエンスは行動データの形でインターネットを経由して集積され、他のビッグデータとともにクラウド上のＡＩで解析され、最終的に近未来の予測と改善提案の形でお客さまへフィードバックされるということが繰り返されて行く。つまり、データを媒介にして、お客さまのエクスペリエンスの「過去」「現在」「未来」が意味のある一本の線でつながっていくのである。

理解を深めるために〈エピソード1〉で題材にした自動運転について、このサービスを下支えしているメカニズムとお客さまであるドライバーのエクスペリエンスの関係について詳しく見て行こう。

自動運転の進化レベルは、以下のように5段階に分類して考えるとわかりやすい。〈エピソード1〉では〈レベル5〉予測と改善提案によるソーシャルレベルでの最適化、という自動運転サービスのゴールのレベルを想定している。

一般に本格的な自動運転と考えられ、エクスペリエンスに大きな影響を及ぼすのは2016年現在、実用化に向けてチャレンジが続いている〈レベル3〉一般道路での概ね自動化、よりも上位のステージである。

〈レベル1〉制御（ブレーキ）だけの自動化

加速（アクセル）、操舵（ハンドリング）、制御（ブレーキ）のいずれかを自動車が行う状態。制御（ブレーキ）では衝突防止のためのブレーキシステムの開発などですでに実用化が進んでいるものの、ヒューマンエラーを機械が補うというパッシブな意味合いが強い。

衝突や追突のリスクは軽減されるものクルマの運転はドライバーにとって移動のための「肉体的、精神的な作業」であり、常に視覚、聴覚、判断力、集中力、それから主に手と足の筋力が必要とされるという状況は変わらない。

〈レベル2〉高速道路での一部自動化

加速（アクセル）、操舵（ハンドリング）、制御（ブレーキ）の複数の操作を自動車が行う状態。主に高速道路での使用を前提して実証実験が進んでいる。一定速度を維持するクルーズコントロールに衝突防止のためのブレーキシステムを連動させたアダプティブ・クルーズコントロールのシステムであれば、現在でも加速（アクセル）と制御（ブレーキ）の自動化は実現できている。

ただし、操舵（ハンドリング）はドライバー自身が行わなければならない。ドライバーが運転席という「場」に拘束されている点は手動運転と変わらないとも言える。もっとも長距離の運転ではドライバーや同乗者の多少の疲労軽減にはつながるだろう。

２０１５年1月に国土交通省から日本国内で初めて認可を受けたのは、米テスラモーターズである。自社の電気自動車テスラ モデルS向けに提供を開始した自動運転ソフトウエアでは、高速道路・自動車専用道路で自動運転が可能な「オートパイロット」、「オートパイロット」中にウインカーを出すと自動で車線変更してくれる「オートレーンチェンジ」、縦列と直角の駐車が可能な「オートパーク」の３つの自動運転をカバーしている。「オートパイロット」中にもステアリングに手を置くことが前提だが、ステアリングマークが表示されるとハンドルから手を離しても自動走行できるという。

〈レベル3〉一般道路での概ね自動化

加速（アクセル）、操舵（ハンドリング）、制御（ブレーキ）をすべて自動車が行い、緊急時のみ運転者が対応する状態。高速道路だけではなく一般道でも利用可能である。２０１３年11月９日に国会周辺で国内の自動車会社３社（トヨタ、ホンダ、日産）による公開実証実験が行われ、安倍首相が順々に３社の自動運転車の助手席に座って試乗した（この動画はYouTubeで観ることができる）。

自動運転車の外見は市販されているクルマとほとんど変わらないが、実は見えない部分に自動運転を可能にする最先端テクノロジーがぎっしり埋め込まれている。人間の目の役割をする多機能カメラ、３６０度の視野で前後左右の障害物を監視するサラウンドビューカメラシステム、ＧＰＳと連動して道路に引かれた車線（レーン）まで正確に把握する高精細地図、遠距離監視レーダーなどである。

これらのデータはセントラルゲートウエイで一元管理され、瞬時に判断を下すために自動運転コントロールユニットに送られる。

YouTube上の実証実験映像を観る限り、現時点ではドライバーはハンドルから手を離しても良いものの、不測の事態が起きた時にはすぐにハンドルが握れる状態にあることが義務づけられているようだ。この状態ではむしろドライバーにとって通常の手動運転よりも心理的な負担は高まると想定され、快適なエクスペリエンスを提供できているとは言い難い。

〈レベル4〉スタンドアローンでの完全自動化

加速（アクセル）、操舵（ハンドリング）、制御（ブレーキ）をすべて自動で行い、ドライバーが運転にまったく関与しないシステム。

グーグルは２０１２年からトヨタ・プリウスをベース車両にしてカリフォルニア州の市街地で実証実験を行ってきた。そして、２０１４年5月にはハンドルやブレーキのないオリジナルの試作車（プロトタイプ）を発表し、世界を驚かせた（これら一連の動画もYouTubeで観ることができる）。２０１６年1月現在は、自動運転車の大敵である雪の状況を想定して、冬季の走行テストを実施している。大雪の状況では、道路の縁石やセンターラインが物理的に見えなくなってしまうため、多機能カメラやサラウンドビューカメラを使って微妙な位置の確認ができなくなるケースが想定されるからだ。

開発の当初からグーグルが目指すのは高齢者や重度の身体障害者といった、物理的にクルマを運転することが困難な人を目的地まで運ぶ乗り物である。しかしながら、これまで自動運転車には理解を示して来たカリフォルニア州車両管理局が２０１５年12月末、自動運転車には「自動運転車運転免許証」の取得者が乗車することを義務づけると発表、思惑が外れたグーグルとの間でちょっとした物議を醸している。万が一、自動運転車が事故を起こした場合、その責任の所在はどこにあるのか、という法的な問題がクリアにならない限り、規制か緩和かという議論は尽きないだろう。

日本では、内閣府が地域限定で規制を緩和する国家戦略特区の事業として、２０１６年１月から神奈川県藤沢市で自動運転タクシーの実証実験を始めることを発表した。自動運転タクシーの事業化を目指すＤｅＮＡの子会社、ロボットタクシーが実験に参加する。モニターとして参加する住民50人を自宅周辺から幹線道路を走り、３キロメートル先のスーパーまで送迎する。安全面を考慮して自動運転タクシーには2名の乗務員が乗車し、不測の事態が起きた場合は乗務員が運転して危険を回避するという念の入れようである。２０２０年の東京オリンピック・パラリンピックまでの実用化を目指す、と言われている。

いずれにしても、〈レベル４〉では、ドライバーが運転席という「場」から解放され、加速（アクセル）、操舵（ハンドリング）、制御（ブレーキ）という一切の「肉体的、精神的な作業」との関与がなくなることで、自動車での移動時間が周囲に気兼ねをせずに研究や創作活動に没頭したり、自分だけのエンターテインメントを楽しんだりする「時間」に変わる可能性が高い。

夜の東京を巡りながら趣味の曲づくりのためにインスピレーションを得るための時間を作る、仲の良い友人と桜の名所を巡りながらカラオケパーティをして楽しい時間を過ごすなど想像は拡がるだろう。

〈レベル5〉予測と改善提案によるソーシャルレベルでの最適化

〈レベル4〉の状態に加え、クルマに搭載された通信モジュールを介して、リアルタイムでクラウドと情報のやり取りをしたり、近くを走るクルマ同士で通信したりすることが可能になる。

クルマから集められた情報はビッグデータとしてほぼリアルタイムでクラウド上のAIに集約され、解析（アナリティクス）されて、「次はこうなるはず」（将来予測的な分析）、「次はこうすべき」（改善提案的な分析）といった形で瞬時にクルマにフィードバックされる。しかも、AIには学習能力もあるので、時系列的にその予測や提案の精度は高まって行く。〈エピソード1〉で見た渋滞発生直後での代替ルートの提示は典型的な事例だろう。

自動運転〈レベル5〉の近未来の予測や改善提案を支えるシステムは「クルマ」「AI」「地図」それから「クルマ」と「AI」のデータのやり取りに対して外部からの不法な侵入を監視する「セキュリティ」の4つの要素からなる。これらの要素がOSプラットフォーム上で統合

図2｜自動運転〈レベル5〉予測や改善提案を支えるシステム

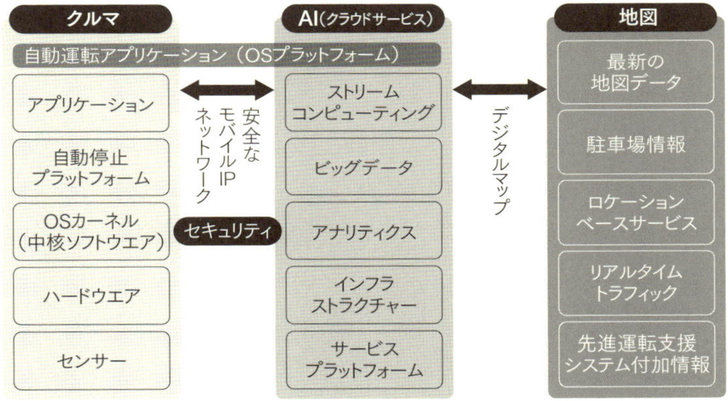

的に連繋して初めて意味を持つものになる（図2参照）。

さらに深く見て行くと、自動運転サービスにおいて〈レベル5〉予測と改善提案によるソーシャルレベルでの最適化、が実現した場合、その目指すところは個人のエクスペリエンスの充実だけにとどまらない。交通事故の撲滅、渋滞の解消、省エネルギーや有害な排気ガスの削減など、ＡＩのさらに積極的な関与によって、全体最適の形でソーシャルレベルでの豊かなエクスペリエンスの実現が同時に達成されることになるだろう。

たとえば、ドイツのダイムラーは商用トラックの自動運転車の開発を真剣に進めていることが知られている。今後、オムニチャネルの規模が拡大した時に円滑なロジスティックスをどうやってオペレーションするかは社会的に大きな課題になる可能性が高いが、自動運転車はその有力なソリューションのひとつになり得るはずだ。また２０１６年1月には学生らスキー客を乗せた深夜バスが速度超過で横転し多数の死者を出すという痛ましい事故が起きたが、もし仮にこのバスが自動運転で運行されていたとすれば、運転手の経験不足や操作ミスによる事故のリスクがなくなるばかりか、安全でなおかつ渋滞のないルートを選択して走行する、ということもできたはずである。交通事故は現在でもなお大きなソーシャルの課題のひとつであるが、同時にＩｏＴの導入によって解決の筋道が明確に見えている課題でもある。

そういった意味合いでは、自動運転に代表される、ＩｏＴによる新たなエクスペリエンスの創出についてはソーシャルの課題解決を優先的なテーマとして、「ＡＩ」を中核にした業界横断的でオープンな提携が前提になって行くだろう。自動運転を実現するための、「ＡＩ」以外の他の主要3要素、「クルマ」「地図」「セキュリティ」との統合運用をわざわざ妨げるような形で複数のタイプのスタンダード（共通基盤）が乱立、群雄割拠するような状況は考えづらい。なぜならば〈レベル5〉の自動運転を実現するために「クルマ」「ＡＩ」「地図」「セキュリティ」4つの構成要素は相互補完性、相互依存性が共に高いひとつのサービス・パッケージであり、シームレスに連繋してこそ初めて高いシナジーを生み出すものであるからだ。

最終的には1グループ、もしくは多くても2〜3グループによるグローバルスタンダード（共通基盤）の成立という未来予想図が見え隠れする。

「エクスペリエンス × ＩｏＴ」によるマーケティングの地殻変動は、実現のタイミングにタイムラグはあるにせよ、自動運転サービス「以外」の分野でもお客さまのライフスタイルを次々に進化させて行き、結果、マーケティングのランドスケープも大きく変わることになる。

学習、思考、統合、分析ができるＡＩの誕生

第３世代のコンピュータ・ＡＩの登場

〈レベル５〉予測と改善提案によるソーシャルレベルでの最適化、では「クルマ」「ＡＩ」「地図」「セキュリティ」の４つの要素はそれぞれにおいて重要ではありながら、特に重要度が高いのは「ＡＩ」である。「ＡＩ」がなければ、自動運転サービスの進化は〈レベル４〉スタンドアローンでの完全自動化のレベルで止まってしまうだろう。

このＡＩのテクノロジーは、コンピュータの発展史で考えると第３段階目に突入している。人間の脳のように思考する次世代のコンピュータについて、その開発を推進している有力プレイヤーの１社であるＩＢＭでは「コグニティブ・コンピューティング」（Cognitive Computing）と命名している。「コグニティブ」とは「経験的知識に基づく」「認知の」という意味で、その名の通り、コンピュータ自らが学習し、思考し、そして瞬時に膨大な情報源から

大量のデータを統合し、分析ができる革新的なシステムである。
コンピュータの発展史を振り返るとそれは次のようなものである。

第1世代　Tabulating System Era（作表機システム時代）
第2世代　Programmable System Era（プログラムシステム時代）
第3世代　Cognitive System Era（コグニティブシステム時代）

第1世代は19世紀後半のコンピュータ草創期から１９５０年代までのタビュレーター（作表機）の時代。日本ではパンチカードシステムと呼ばれていたもので、会計など作表を補助する目的で開発された。１８９０年の米国の国勢調査のデータ処理で初めて使用されたことが知られている。

第2世代は現在まで続くプログラム可能なシステムを搭載したコンピュータの時代である。第2世代の技術的ブレイクスルーは何と言ってもパーソナル化（小型化）であろう。ＰＣもスマートフォンもコンピュータの世代でいうと第2世代だ。一方で第2世代は基本的には半世紀前に設計された仕様がベースになっているので、どんなに省エネ技術が進み、データ容量が増えたとしても、ものすごいスピードで拡大し続けている情報（ビッグデータ）の増加を超える速さでタスクを処理することはできない。

そして、いよいよ第3世代。「コグニティブ」なシステムの時代が到来している。ＡＩが人間の脳のように自らで考え、学習する機能を身につけたのである。「コグニティブ・コンピュータ」は人間の脳のシナプスとその柔軟な構造を模倣し、感覚、知覚、行動、相互作用、認知など様々な情報源から大量のデータを統合し、分析をする。つまり、第2世代の「左脳型」コンピュータではなく、より人間の脳に近い「右脳型」コンピュータなのである。

「コグニティブ」に、経験を通して自ら能動的に学習する。学習する間に物事の間の相関性を見つけ出し、仮説を立てて行動し、フィードバックされた結果からさらに学び取る。置かれた環境下で経験的に知識を積み上げ、さらに課題に解答するにしたがって、自らの力でプログラミングを見直す能力を兼ね備えている。

実用化が進むIBMの「ワトソン」

そして、第３世代を代表するＩＢＭのスーパーコンピュータが「ワトソン（Watson）」（２００９年４月）である。「ワトソン」の名前の由来がＩＢＭの初代社長トーマス・Ｊ・ワトソンであることを想起すれば、この「コグニティブ」なスーパーコンピュータの登場のインパクトとその可能性に対する期待の大きさを推し量ることができるだろう。

それだけではない。瞬時にさまざまな情報源からの大量のデータを統合、分析できる「ワトソン」は既にもう実社会で活躍を始めている。

特に医療分野での成果が目覚ましいという。最新の医療情報を学習し、患者のデータを読み取って、患者毎に最適な医療方針を医師に提案するのである。なかでも人間の死因のナンバー１である癌の研究で応用されており、すでに世界の癌の医療データの8割を「ワトソン」が処理していると言われている。

ＩＢＭは「ワトソン」による、ビッグデータの理解、論理的な推論、学習のプロセスを戦略的に活用して、医療だけではなく、金融、マーケティング、教育など幅広い分野で付加価値の高い予測・提案型のコンサルティングを行って行くことを宣言している。

また「ワトソン」は人間と自然言語で話し、人間からも直接学ぶことができる。お客さまから自然言語で問われた質問を理解して、文脈を含めて質問の趣旨を理解し、大量の情報のなかから最適な回答を探し出して、伝達する技術は、問い合わせに素早く的確に回答することを要求されるオンラインのヘルプデスク、コールセンターでのサービスなどに役立てることができる。実際にＩＢＭでは２０１３年5月から「ワトソン」を使って企業のお客さま対応をサポートする事業をスタートさせ、ロイヤル・バンク・オブ・カナダやニールセンなど複数の企業が試験的に導入を開始した。

さらに２０１５年3月には、ＩＢＭは「ワトソン」の本格的な事業化に向けた基盤を強化するため、ディープラーニング（深層学習）を活用し、データ収集とリアルタイムデータ分析ソフトウエア開発を行うベンチャー企業Alchemy API社（米国コロラド州デンバー）の買収を発表した。テキストデータや画像データのような非構造化データから概念や対象物を自動抽出する能力を一段と高めるだけではない。Alchemy API社は「ワトソン」をすでに活用してツール開発を手がけるデベロッパー約４万人を抱えており、ＩＢＭはこの買収によって大規模なユーザーベースを獲得することになった。

日本でも金融機関や生命保険・損害保険の企業を中心に「ワトソン」の導入が試験的に進みつつある。みずほ銀行でのコールセンターにおけるお客さま対応や三菱東京ＵＦＪ銀行でのＬＩＮＥのアプリを使った問い合わせサービス、さらには損保ジャパン日本興亜のコールセンターにおけるオペレーター支援、かんぽ生命保険での保険金支払い査定などが先進事例として知られている。また、２０１６年2月には日本ＩＢＭとソフトバンクから「ワトソン」日本語版の提供が発表された。お客さまの接客やお客さま情報のアナリティクスなどで今後導入が進むことが予測される。たとえば、ソフトバンクのヒト型ロボット「ペッパー」とワトソン日本語版を繋げば、お客さまの顔認証や用件の聞き取り、担当部署への案内といった受付業務をこなすことは理論的には十分可能である。当面は来客したお客さまの子供の遊び相手という位置づけに過ぎないだろうが、5年、10年という中長期のタイムスパンで考えれば、学習効果によってかなりの精度で企業側の人間の期待に応えることが可能になるに違いない。

グーグルのＡＩへの取り組みと「シンギュラリティ」（技術的特異点）

　ＡＩの開発については、グーグルやアップルの動向も見逃せない。

　グーグルは２０１３年12月から２０１４年1月までにロボットの関連企業7社を次々に傘下におさめた。買い物リストの中には東京大学発のベンチャー企業「ＳＣＨＡＦＴ（シャフト）」も含まれる。世界的に最も話題になった買収劇は、英国のＡＩ開発企業・ディープマインド社を対象としたものであり、その買収額は何と5億ドル（約６００億円）超である（２０１４年1月）。グーグルが開発したＡＩの「ＤＱＮ」（Deep Q-Network の略称）は、そのディープマインド社が開発したもので、人間の脳の神経回路を真似て作られた「自ら学習する」コンピュータである。プログラミングのような形で人間の手を借りることなく、コンピュータ自身が学習することで、自律的に機能を成長させていくことが可能になっている。

　ＡＩ研究の第一人者で、現在はグーグルのエンジニア部門で働いているレイ・カーツワイルは２０１４年2月の『ウォールストリート・ジャーナル』のインタビューで「5年~8年以内に人間に近い検索エンジンが登場し、長くて複雑な質問に返答し、検索しようとする資料の意味を理解し、さらに人々に役立つだろうと自らが考える情報を探し出すようになる。２０２９年までには検索エンジンが人間のような能力を持つようになる」という趣旨のことを述べている。

　レイ・カーツワイルと言えば、『シンギュラリティ　人類が生命を超越するとき』（原題『THE SINGULARITY IS NEAR』、２００７年に『ポスト・ヒューマン誕生　コンピュータが人類の知性を超えるとき』というタイトルで出版 NHK出版 井上健 監訳、小野木明恵、野中香方子、福田実 共訳）の著者としても名高い。「シンギュラリティ」（Singularity）とは「技術的特異点」という意味の専門用語で「コンピュータが全人類の知性を超える未来のある時点」のことである。レイ・カーツワイルはその著書の中で、次のような未来予測を語っている。

２０２０年代：ＡＩが人間並みの能力になる
２０３０年代：ナノ単位の大きさのロボット（ナノボット）で体内から多くの病気を治せるようになり、同じくナノボットで脳内からヴァーチャル環境に完全没入することが可能になる
２０４０年代：人間の脳の構造が研究し尽くされ、コンピュータは超高性能になる。その結果、脳内の情報をコンピュータにコピーできるようになる

コピーされた脳内情報とは、まさに人間の「知識」そのものである。したがって理論的には、人間もまたコンピュータと同じ超高速で考えられるようになるだろう（ネオヒューマンの誕生）。その恩恵で科学は爆発的に発展し、ヴァーチャル環境と同じことが現実でも可能になる。この一連の現象は人間自身が人間を進化させ、新しい「種」を生み出したのと同じである。この時点が本当の意味での「シンギュラリティ」（Singularity：技術的特異点）である。

コンピュータの進化のスピードは速い。ＡＩが学習を重ねて、新しいＡＩを誕生させる、そして新しいＡＩがより短い学習期間でさらに新しいＡＩを世に送り出す……。レイ・カーツワイルは１９６５年にインテルの共同創始者であるゴードン・ムーアが発表した「ムーアの法則」（集積回路の複雑さは毎年2倍のペースで進む）から着想を得て「収穫加速の法則」という考え方を提唱し、予測通り加速度的にコンピュータの進化のスピードが早まると２０４５年頃には「シンギュラリティ」に到達するだろう、と予測している。

２０１５年4月に全米で公開されたハリウッド映画『トランセンデンス』（Transcendence：超越、という意味。ウォーリー・フィスター監督 ワーナー・ブラザーズ配給。日本公開は同年6月）は「シンギュラリティ」をテーマにした近未来ＳＦ映画で非常に興味深かった。ジョニー・デップ演じる主人公の科学者は「シンギュラリティ」到達を目標にＰＩＮＮ（ピン）と呼ばれるＡＩを開発しているという設定である。ところが、そんなある日、主人公の科学者は反テクノロジーを唱えるテロ組織の凶弾を受け、余命わずかとなってしまう。共同研究者でもある妻が科学者の知能をＰＩＮＮ（ピン）にアップロードすることに成功、ＡＩとして蘇った科学者は軍事機密から金融、経済、さらには個人情報などをありとあらゆる情報を取り込んで驚異の進化を遂げて行く、という驚きの内容だ。

映画『トランセンデンス』はもちろんＳＦの世界の話だが、グーグルの構想はリアルな事業戦略を実現するための活動である。グーグルは自動運転サービスだけでなく、次世代情報端末

（グーグルグラスなど）、ロボット、医療、省エネ住宅など、新規のサービスを「グーグルX」というプロジェクト名でローンチさせ、そこで従来にはなかった新しいエクスペリエンスの提供を行おうと画策中だ。そしてもちろん、それら新規のサービスの中核的なオペレーションを担うのは自社が開発したＡＩであることは疑いの余地はないだろう。

もうひとつの注目のＩＴ企業・アップルの動向にも今後は目が離せない。アップルはＡＩの開発スピードを上げるために、大量の技術者の採用を行っている最中だ。また、２０１５年10月には、その数ヵ月前に「Siriはおもちゃ」と言い放った英国の人工知能開発企業・ボーカルＱを、さらに２０１６年1月には人間の表情を分析して感情を読み取るＡＩ技術を開発しているベンチャー企業・エモーシェントを相次いで買収している。

お客さまを主語にしたアナリティクスの進化

インサイトからフォーサイトへ

お客さまを主語にしたアナリティクスの進化についても少し触れておきたい。そもそも、ビッグデータとアナリティクスはよく混同して使われることが多いが両者は別物である。ビッグデータとは事実を表す指標にすぎない。ビッグデータは、どのように分析するかを示すアナリティクスと組み合わせることで初めて企業のマーケティングツールになりうる。つまりビッグ

図3｜お客さまを主語にしたアナリティクスの進化

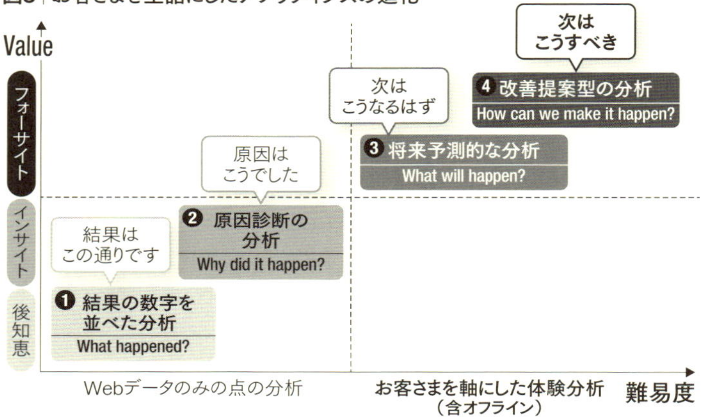

データ単体では企業に価値をもたらすことはできない。ビッグデータが潜在的に持つ価値を引き出すには、アナリティクスの重要性を企業側が深く理解し、どんな分析手法や分析アルゴリズムを使うかを検討することが必要になる。

ビッグデータの活用がブームになったり、ウェブ解析が注目されたりした時期からわずかに数年間で、データアナリティクスの世界は「企業主語からお客さま主語へ」長足の進歩を遂げた。その進化のプロセスをあらためて整理して図式化すると**図3**のようになる。

たとえばウェブマーケティングの典型であるネット通販などの場合、かつてはＫＧＩ（Key Goal Indicator、以下ＫＧＩ）である事業成果（売上）に直結するウェブ上のお客さま行動データ、具体的には回遊率やコンバージョン率などをＫＰＩ（Key Performance Indicator、以下ＫＰＩ）に設定し、両者の因果関係だけを追いかけて来た。お客さまの立場になってよく考えてみればわかることだが、お客さまとブランドとのコンタクトポイント（接点）は行動履歴が残らないウェブサイト以外にもたくさん存在するし（たとえば、テレビ広告、店舗、コールセンターなどオフラインのエクスペリエンス）、お客さまもウェブサイトの情報だけでそのブランドの商品やサービスの良否を判断している訳でもない。

したがって、企業主語の目線だけでウェブ上の行動データだけを解析しても、後知恵以上のアウトプットを得ることは難しく、本当の意味でマーケティングプロセスの刷新にはつながらない。

必要とされるお客さま主語でのゴールと発想の転換

ここで必要とされるイノベーションは、お客さま主語への転換である。すなわちお客さまのオフラインでのエクスペリエンスも含め、幅広い視点でデータを集めること、ＫＧＩである事業成果（売上）をお客さまの立場になって「翻訳」し、その企業の商品やサービスの利用を通じてお客さまにどう感じてもらうかという観点で置き換えてみること、の2点である。

たとえば、航空会社の場合を考えてみる。企業主語で考えると、何人のお客さまをA地点からB地点に飛行機で運び、どれくらいの売上を上げたか、をまず考えがちである。しかしそれをお客さま主語で「翻訳」すれば、どれくらい多くのお客さまに旅のくつろぎ体験を提供し、またこのエアラインに乗ってみたいと感じてもらえたかをゴールにすべきということになる。健康食品会社であれば、何件の会員登録があったか、新発売のサプリメントの売上がどれくらいになったかではなく、実際に何人のお客さまが健康になり、継続してサプリメントを買いたいと思ってくれるかがゴールと発想の転換をすべきなのである。

お客さまのこういった本音の気持ちを企業側が把握することで、お客さま視点でのゴールや、ゴールに至るまでのステップ、具体的にはお客さまの気持ちや行動の変化を高い確度で推察でき、打つべきマーケティング施策やＰＤＣＡサイクルを回すために集めるべきデータの種類も明確になるのである。こうすることで、結果の数字の羅列や原因分析の診断にとどまらず「次はこうなるはず」（将来予測的な分析）、「次はこうすべき」（改善提案型の分析）という形へと進化し、アナリティクスは後知恵やインサイトの領域を超えて、フォーサイトの領域に進化できるのである。

〈エピソード1〉で見た自動運転サービスのように集めるデータが膨大になり、かつリアルタイムのフィードバックが要求されるようになれば、データの理解、論理的な推論、継続的な学習はＡＩが担うことになるだろう。

しかしながら、お客さまに関して、どんなデータを、どのような手段で取ってくるかを判断し、道筋をつけるのがアナリティクスの本道であるならば、その仕事はマーケティングを取り仕切ると同時に「クラウド」を管理する人間の判断ひとつに委ねられている。お客さまの気持ちに寄り添い、お客さまのエクスペリエンスの中からどんなデータを「キュレーション」するかはコンピュータの「学習能力」以前の「センス」の問題といえよう。ＩＢＭの「ワトソン」のような卓越したスーパーコンピュータを駆使したとしても、プログラムする人間の「センス」がスタートの時点でお客さまのインサイトとずれていたら、大きなビジネスロスが発生してしまう。このテーマについては第４章であらためて考察する。

コンピュータが進化して行くことで、逆にそれを使いこなす人間のアナリティクスのセンスが高いレベルで試されるようになるのである。

提言

生き残りのためにハイテク企業になろう

お客さまとインターネットでつながろう

モノやサービスの同質化・成熟化が進み、すでにプロダクト価値やイメージ価値だけでは差別化が困難になっている時代。エクスペリエンスが企業のブランドの最大の差別化ドライバーになって行く流れはＩｏＴが導入されるステージに突入するとますます強まって行く。エクスペリエンスは「場所」から「時間」へと移行し、お客さまの「近未来の予測と改善提案」が企業のサービスの根幹になる。

２０１５年のＣＥＳでジョン・チェンバースが熱く語ったように、すべての企業はハイテク（ＩＴ）企業に変わらなければ生き残ってはいけない。第1章の**図1**で見たようなマーケティングプロセスを構築できなければ、お客さまの支持を失う可能性が高いのである。お客さまとインターネットでつながること、ＡＩを導入すること、ビッグデータの活用とお客さま主語でのアナリティクスに習熟すること……いくつものハードルがある。一度にすべてを刷新することは難しい。中でも企業が一番真っ先にやるべきことは「お客さまとインターネットでつながること」である。

これは製造業や小売業のような「取引型事業」でも、金融業や携帯電話サービス業のような「サブスクリプション型（会員型）事業」でも同じである。そもそもお客さまとつながらない限り、お客さまへ「近未来のエクスペリエンスの予測や改善提案」を提供することはできないし、お客さまと長い「時間」軸でつながることもできない。売ることがゴールだった時代から、売ってお客さまにどう感じてもらうかがゴールになる時代。すべての始まりは企業がお客さまの声をデータの形で収集し、お客さまの行動パターンや価値観を知ることである。

「取引型事業」の場合、個人のお客さまと直接つながらなくても、自動運転サービスにおけるクルマのようにモノの使用を介して間接的につながることもできる。同じことは家電ＡＶ機器のようなカテゴリーでも可能である。コモディティ製品の製造業や小売業のケースではＥＣサイト（オンライン）と実店舗（オフライン）を連動させたＯ２Ｏサービスが有効であると考えられる。現在でもアパレルのユナイテッドアローズや東急ハンズではＥＣサイトから各店舗の在庫状況を確認できるサービスを展開している。この場合、ＥＣサイトと実店舗のポイントの統一やお客さまへの気の利いたリコメンドなどによってＥＣサイトから実店舗への誘引、再来店の促進などが成功のカギになるだろう。

サブスクリプション型（会員型）事業の場合はすでにお金のやり取りに関するデータではお

客さまとつながっている状態である。しかし、手持ちのデータに関しては、必ずしも十分なマーケティング活用がなされていないというのが現状だろう。今後、たとえば銀行ならリテール中心から資産運用や相続へとお客さまのライフタイムの変化に対応したサービスのメニューを充実させる、携帯電話サービスなら電力や物販だけでなく金融、生保やライフケアなどお客さまのクォリティ・オブ・ライフのイノベーションにつながる領域に事業を拡大してみたらどうか。収集できるお客さまの行動データの種類と量が拡大するだけでなく、お客さまの「近未来のエクスペリエンスの予測と改善提案」の幅と内容も充実して行くことが想定される。

店に人を集めるには、まずそこに至る「道」を造ることが必要なのである。

自前主義を捨てスピーディにオープンな提携をしよう

自動運転サービスで進むオープンな提携

欧米に比べて日本企業は人材の流動性が乏しく、研究開発や商品・サービスの開発では自前主義に陥りがちである。ＩｏＴ時代の競争優位は「学習能力の速さ」でもある。自前主義を捨てて、スピーディにオープンな連携が不可欠になる。

〈エピソード1〉で見た自動運転のケースを見て行くと、国境や業界・業種の枠組みを超えたオープンでダイナミックな提携が相当のハイスピードで進行していることがよくわかる。
まず、２０１５年末にはＢＭＷ、アウディ、ダイムラーの3社がフィンランドのノキアの地図子会社ＨＥＲＥ（ヒア）を28億ユーロ（約３６００億円）で共同買収したことが報道された。言うまでもなく、近い将来「地図」情報をＡＩで共有し、自動運転のための共通基盤づくりを目指すのが目的である。

また、２０１６年1月の家電見本市ＣＥＳでは、前年度の「Disruption」を受けて「クルマとＩＴの融合」が焦点となり、世界の自動車大手9社が出展、部品を含めると１１５社ものエントリーがあったことが大きな話題になった。会場では、アウディと米国クアルコム、フォルクスワーゲンと韓国ＬＧ電子の提携が発表されたり、トヨタ自動車がＭＩＴ、スタンフォード大学と提携してシリコンバレーに新設したＡＩ研究センターの概要を公表したりと自動運転に関する話題には事欠かなかった。

特に、トヨタ自動車は米国の国防高等研究計画局（ＤＡＲＰＡ）のロボットコンテストの責任者だったギル・プラット博士をＡＩ研究全体の統轄者として招聘したことでも注目を浴びた。向こう5年間で約５０００万ドル（約60億円）を投資して、自動運転のクルマだけでなく、広くロボットへの応用を目指して、様々な環境における物体の認識、高度な状況判断、人間と機械との安全な相互協調などを実現するための研究を推進すると言われている。

また、２０１６年1月下旬になると、ホンダが燃料電池の分野ではすでに提携関係にある米ゼネラルモーターズ（ＧＭ）とＡＩの分野でも協業を検討することを発表した。

先手必勝、オープンな提携を急げ

自動車メーカーがこのようにオープンな連携を急ぐには理由がある。

ひとつには、先述したようにグーグルやアップルといったグローバルなＩＴ企業による自動運転サービス市場への侵攻だ。特にグーグルは今や「ＡＩ」「クルマ」「地図」「セキュリティ」４つの構成要素のすべてのカードを自社内で保有している。足りない技術やリソースは買収で補う。現金（キャッシュ）で時間を買う発想である。

４つの構成要素以外の付加価値（ＯＳプラットフォームやＵＸ／ＵＩ）の部分でも、アップルは２０１４年2月に「アップル・カープレイ(Apple CarPlay)」、グーグルは２０１５年３月に「アンドロイド・オート（Android Auto）」という車載ＯＳをリリースした。いずれも現時点（２０１６年2月現在）ではスマートフォン機能の一部（ナビゲーション機能、音楽、通話）を自動車でも利用できる、というものに過ぎない。しかし、いずれは〈エピソード１〉で見たように、自動運転サービスの利用者と「クルマ」との情報のやり取りがスマートフォンのアプリを通じて行われる（例：擬人化したコンピュータエージェントと対話型で行なわれるなど）ということも十分に想定されて来るだろう。

繰り返しになるが、グーグルやアップルが自動運転のＯＳプラットフォームでも覇権を握るということは、ＰＣやスマートフォンの世界で起きたような寡占的なマーケットの構造が自動運転サービスの世界でも再現される蓋然性が少なくない、ということを意味する。

　自動車メーカーがオープンな連携を急ぐもうひとつの理由はドイツのボッシュやコンチネンタルのような自動車部品メーカーの動向だろう。両社は自動車の部品製造（サプライヤー）から自動運転のためのセンサーやソフトウエア開発に軸足を移している。特に、コンチネンタルは、自動運転のＯＳプラットフォーム「eHorizon（イーホライズン）」を自前で開発しているだけでなく、「クラウド」についてはＩＢＭの「ワトソン」とパートナーシップを組んで行くことを早々と表明、いち早くグローバルスタンダード（共通基盤）構築を実現しようとしていることは注目に値する。

　このように考えて行くと、自動運転車が提供するエクスペリエンスのレベルが高くなればなるほど、自動車メーカー、自動車部品メーカー、ソフトウエア企業といった既存の業界は意味をなさなくなり、競合の定義も変わる。

　そして、お客さまにとって価値の高い、あたらしいエクスペリエンスを提供するサービスが中核となってまったく新しいビジネスが形成される。「自動運転サービス業」の誕生である。そこでは、ＩｏＴ時代にふさわしい、オープンな連携が不可欠になってくる。オープンな連携のなかでのイニシアティブ争い、というのが変化のためのゲームの前提である。

オープンな連携を拒むことは、ゲームの土俵から自ら降りることを意味する。センチメンタルな自前主義にこだわることはもはや危険である。進化の波に取り残されれば、来たるべき運命はガラパゴス化に他ならない。

お客さま主語でアナリティクスのセンスを磨こう

エクスペリエンスをジャーニー（旅）に準えてみる

生き残りのためにＩＴ企業に生まれ変わる。このことはテクノロジー・ドリブン一辺倒の企業になれば良いということではない。ＩｏＴ時代の企業のマーケティングのゴールは「近未来の予測と改善提案」によりお客さまのエクスペリエンスを豊かなものにし続けて行くことである。そのためには、お客さまの気持ちに寄り添い、お客さま主語でアナリティクスの「センス」を磨くことが必要になる。そのためには企業は何をしたら良いのだろうか。

著者が強くお勧めするのは「カスタマージャーニー・マップ」というツールを使い、お客さまのエクスペリエンスをマップ（地図）のような形で可視化する方法である。

エクスペリエンスをジャーニー（旅）に準えるのは、お客さまのエクスペリエンスが商品を買ったりサービスを使ったりした一時点で起きるのではなく、購入(使用)前・購入(使用)時・購入（使用）後の長い時間軸の中で起きるということ、お客さまのタイプ（顧客セグメント）

図4｜カスタマージャーニーの可視化とペインポイントの発見

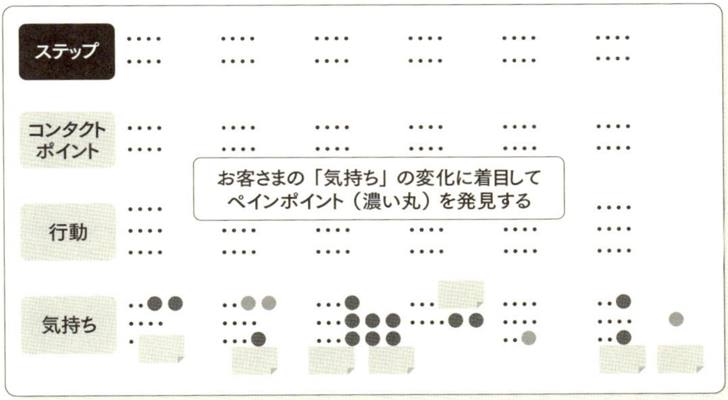

が違えばエクスペリエンスのパターンもそれぞれに違う、という理由による。

カスタマージャーニー・マップを描く3通りの手法

「カスタマージャーニー・マップ」を描く方法は大きく分けると3通りある。

まず、最初に紹介する手法は、ワークショップ形式で定性的なアプローチにより「カスタマージャーニー・マップ」を作成するやり方である。

まず、顧客セグメントを代表する仮想のお客さま像である「ペルソナ」を設定する。そして、ペルソナが主人公の再現ドラマを作るようなイメージでお客さまのエクスペリエンスのプロセスを「ステップ」「コンタクトポイント」「行動」「気持ち」の4つの要素に因数分解して行く。特に「気持ち」の変化に着目しながら、でき上がった「カスタマージャーニー・マップ」を点検して行くとお客さまがイライラしたりガッカリしたりする「ペインポイント」（Pain Point：ペインとは痛みの意味）図4が発見できるはずだ。

「ペインポイント」はお客さまのエクスペリエンスの質を下げている元凶であり、往々にしてお客さまが商品やサービスの購入や使用を止めてしまう直接的な原因になっていることが多い。「ペインポイント」を解消するための施策（「サービスプラン」という）の導入が必要であり、この施策がワークしてお客さまがカスタマージャーニーの次のステップに進めるかどうかが、アナリティクスにおけるＫＰＩやＫＳＦ（Key Success Factor）になりうるのである。

エクスペリエンスにおける課題を抽出するこの手法は、多視点で、綿密に設計された手順で行われるため、再現性の点でリアリティが高く、それゆえ説得力が高いものに仕上がるケースが多い。特に、お客さま主語でオンとオフ（デジタルとアナログ）両方の「コンタクトポイント」を網羅できるので適用範囲が広い、「コンタクトポイント」のない部分の「ステップ」「行動」「気持ち」も描き出すことができる、という2つの特徴はこの手法ならではの長所である。

データ・ドリブン・マーケティングからのアプローチとして有効な手法もある。まずウェブのアクセスログの参照元（リファラー）や閲覧行動、マウスの動きなどのデータから「コンタクトポイント」と「ステップ」を組み立て、次に回遊率やコンバージョンレートなどの購買行動に直結する指標からお客さまの「行動」や「気持ち」を推測する手法である。ウェブ上のお客さまの行動データと直結しているため、カスタマージャーニーの解析と定量的なＫＰＩ設定との親和性が高い点が優れている。反面、オンライン（デジタル）上の「コンタクトポイント」をひとつの単位としてカスタマージャーニーの「ステップ」と定義しているため、「コンタクトポイント」がない「ステップ」の発見やオフライン（アナログ）での「ステップ」「コンタクトポイント」を抽出するのが難しい。この欠点をカバーするためには「Ｑ＆Ａコミュニティサービス（ヤフー質問箱、教えて！ｇｏｏなど）」を参照したり、ユーザインタビューのような別の定性的なアプローチに頼ったりせざるを得ないという点には注意が必要だ。ネット通販型のビジネスのようにお客さまのオンラインのエクスペリエンスに軸足をおいたサービスの課題抽出に向いている手法と言える。

また、データ・ドリブン・マーケティングの手法にエクスペリエンス・ドリブン・マーケティングのエッセンスを注入した斬新な手法も登場している。

企業がお客さまに望む「気持ち」の変化（どんな人にどうなってほしいか）と具体的な施策との関係性（具体化のための図解）を可視化した「コンセプトダイアグラム」である。「カスタマージャーニー・マップ」がお客さま主語で、「ステップ」「コンタクトポイント」「行動」「気持ち」を一気にパラレルに描いて行くのに対し、「コンセプトダイアグラム」は、まず、お客さまの「ゴール」とそこに至るまでの「気持ち」の変化のプロセス（知識量や動機を含む）の理想型を描き、次に企業主語でそれらを実現するための施策を描くという2段階の構成になっている。ちなみに、ダイアグラムとは「ビジネスの羅針盤として機能する図解・図表」という意味である。

お客さまの「気持ち」と企業側の施策との関係性がダイレクトに紐づけられることで、ビジネス全体を俯瞰した場合のウェブの位置づけやオフラインの施策との関連性が見えるだけでなく、ウェブ解析の領域で追うべきデータやそこで期待される示唆もクリアになるというのがこの手法の最大の強みである。

なお、「コンセプトダイアグラム」についてはこのメソッドを開発された電通アイソバーのＣＡＯ（チーフ・アナリティックス・オフィサー）清水誠氏による『コンセプトダイアグラムでわかる【清水式】ビジュアルＷｅｂ解析』（ＫＡＤＯＫＡＷＡ／アスキー・メディアワークス ２０１５年）に詳しく解説されている。

以上、アナリティクスの「センス」を磨くためのアプローチとしてカスタマージャーニー可視化の3通りの手法を紹介して来た。お客さまのエクスペリエンスについて企業が直面している課題に応じて、再現性やリアリティを優先するのか、施策とＫＰＩ設定の一気通貫性を優先するかで、どのタイプのカスタマージャーニー・マップを採用するかということが決まって来る。

いずれにしてもお客さま主語でアナリティクスを語れるマーケッターが増えることで、企業内部で共通言語でのコミュニケーションがスムーズになり、戦略策定もスピーディにかつ的確になって行く。逆にビッグデータの活用とお客さま主語のアナリティクスをセットで語れない経営者がいるような企業は時代の流れから大きく取り残されて行く。

リーン・スタートアップ

お客さまの「ペインポイント」を解消し、エクスペリエンスを豊かにするための「サービスプラン」導入に当たり、その手法として注目されているのが「リーン・スタートアップ」である。最初は最小限（リーン）のサービスで小規模にスタートし、お客さまからのフィードバックを取り入れながら機敏（アジャイル）に改良を重ねて、小刻みに完成度と間口を広げていくやり方だ。

２０１１年、アメリカの起業家 エリック・リースによって、構築⇓計測⇓学習を高速で回すこのコンセプトが提唱されてから、文字通り米国のＩＴ系のスタートアップ企業で高く評価され、採用されてきたという経緯がある。ちなみに「リーン」とは空気が薄いとか、肉に余分な脂身が少ないという意味でもある。

「リーン・スタートアップ」の概念を図式化すると図5のようになる。

何事もまず始めに「アイデア」ありき、であるが、アイデアそのものは大抵、名刺の裏に書けるような簡単なコンセプトワードだったり、ラフなスケッチ程度のものであったり

図5｜「リーン・スタートアップ」

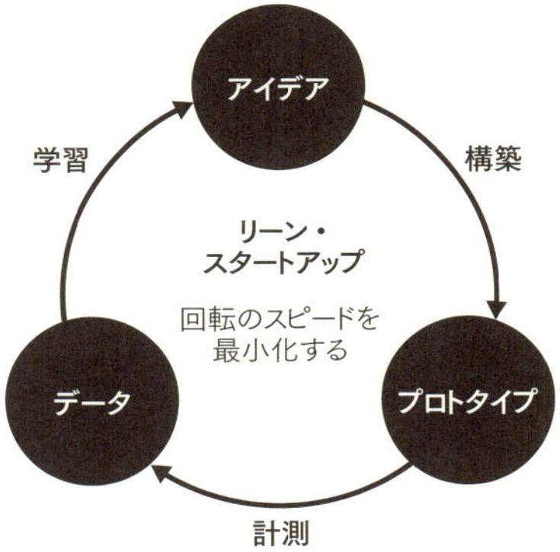

することが多い。ブレインストーミングやワークショップなどを活用してアイデアを構築し（アイディエーション）、サービスブループリント（設計図）を書き、ビジネスモデル・キャンバスのような簡易なツールを使ってフィージビリティー（実現可能性）を検証すれば、サービスのひな形、すなわち「プロトタイプ・バージョン1・0」が完成する。

　このプロトタイプを小さな規模で導入し、お客さまの反応を定性・定量調査やソーシャルリスニング、ユーザビリティ調査などの手法で計測する。

　そして、その「データ」を評価し、試験的に導入したプロトタイプ1・0の課題を絞り込み、改善された「プロトタイプ・バージョン２・０」を少し規模や間口を広げた形で再導入する。要はお客さま主語を維持しながら、このＰＤＣＡサイクルを「いかに高速で回すか」が企業にとっては勝負のポイントになるというわけである。重要なので何度も言うが、ＩｏＴ時代の競争優位とはまさに「学習能力の速さ」なのだ。

お客さまのエクスペリエンスを革新し、同時にマーケティング・イノベーションも狙う、野心的な新規ビジネスには参照可能な「前例」というものがない。

もちろん、アナリストによる需要予測やフォーカスグループを対象にしたインタビュー調査のみからはイノベーションなど生まれるべくもない。なぜならば、お客さまの想定の範囲をはるかに超えたサプライズが提供できなければ、エクスペリエンスの飛躍的な向上は期待できないからだ。

仮にブレインストーミングやラッキーなひらめきによって素晴らしいサービスプランのアイデアが生まれたとしても、その時点ではそれはあくまでも「仮説」にすぎず、導入の誘惑の背後には失敗のリスクが常に影をちらつかせている。このチャンスとリスクというアンビバレントな要求を両立させるのがリーン・スタートアップという注目メソッドであるともいえるだろう。

※ウェブ電通報　「エクスペリエンス最終案内　乗り遅れないための４つのキーワード＃１」2015.7.23 参照　URL　http://dentsu-ho.com/articles/2824

第2章 エクスペリエンス4・0

キーポイント

エクスペリエンス×デジタルの過去・現在・未来

エクスペリエンスとビッグデータの統合　エクスペリエンス４・０

デジタルとの出会いがエクスペリエンスの起源

企業がお客さまに真摯に向き合い、お客さまのエクスペリエンスが豊かになる方向でマーケティングプロセスを刷新することによって、新たなイノベーションを起こしたり、事業成果に結びつけて行こうとしたりする動きは今に始まったことではない。エクスペリエンスが体系的に理論化され、有力なマーケティングのメソッドとして存在感を示し始めたのは、いつなのであろうか。著者はエクスペリエンスがデジタルと出会った１９８０年代の後半まで遡るべきだと考える。

温故知新。過去から学ぶことで未来への洞察を得る。「エクスペリエンス × デジタル」がどのような形でビジネスと密接に結びつき、徐々にマーケティングの中核にポジションを移す形で発展して来たのか、また、今後はどうなって行くのかということも含めて時系列的な時間軸の中で今一度整理しながら考察を加えてみたい。

過去の歴史を振り返る前に、あらためて現在の立ち位置を確認しておくと、現在はＩｏＴの導入がきっかけとなってエクスペリエンスとビッグデータの統合運用が可能になった新たなステージの入り口にいる。第１章で見て来たようにお客さま主語でのアナリティクスが可能になり、お客さまの近未来のエクスペリエンスの予測と改善提案が企業のサービス提供の根幹になりつつあるのである。このステージはエクスペリエンスがデジタルと出会って進化を始めた段階から数えて４つめに相当するので、著者は「エクスペリエンス４・０」という名称で呼ぶことにしている。ちなみにエクスペリエンス１・０からエクスペリエンス４・０までの変遷を整理したのが図6である。各ステージの要点を簡単に整理すると次のようになる。

- １９８８年～　デザインの領域をビジネスに拡大　エクスペリエンス１・０
- ２０００年～　経験は企業間競争の差別化ドライバー　エクスペリエンス２・０
- ２００６年～　推奨や評価の力をマーケティングに活用　エクスペリエンス３・０
- ２０１４年～　エクスペリエンスとビッグデータの統合　エクスペリエンス４・０

本書では、エクスペリエンス４・０を中心的なテーマとして扱うので、第１章の記述を前提にしたうえで、構成上、まず第１章のおさらいを兼ねて４・０を深堀りさせていただき、その後

図6｜エクスペリエンス1.0から4.0までの発展史

ステージ	コンセプト	代表的な企業	備考
エクスペリエンス 1.0	**1988年** **「人間中心主義設計」** デザインの領域をビジネスに拡大	アップル	UX / UI
エクスペリエンス 2.0	**2000年** **「経験経済」** 経験は企業間競争の 差別化ドライバー	アップル スターバックス ディズニー	サービス・ドミナント・ ロジック
エクスペリエンス 3.0	**2006年**（SNS元年） **「動詞のブランディング」** 推奨や評価を マーケティングに活用	ナイキ GoPro	SNS マーケティング3.0 AISAS® / SIPS®
エクスペリエンス 4.0	**2014年** **「エクスペリエンス×IoT」** エクスペリエンスと ビッグデータの統合 （将来の体験の予測・改善提案）	GE Uber グーグル 富士ゼロックス	IoT （インダストリー 4.0）

で１・０、２・０、３・０と時系列に発展史を追いかける形で紹介させていただきたいと思う。

エクスペリエンス４・０をリードするＧＥ

エクスペリエンス４・０は言うまでもなく、ＩｏＴ（モノのインターネット化）、すなわちドイツで「第４次産業革命」（インダストリー４・０）と呼ばれる「破壊的イノベーション」が後押しする「エクスペリエンス×デジタル」の大きな波である。

エクスペリエンス４・０については米国のＧＥ（ゼネラル・エレクトリック社）がＢ２Ｂの分野で今まさにそれを実現し、新たなサービスモデルを構築しつつある。

言わずと知れたＧＥは、東海岸コネチカッ

ト州に本社を置き、今も「世界がいま本当に必要としているものを創るのだ」という創業者トーマス・エジソンの言葉を社是として掲げる世界最大級のコングロマリットである。ジェフリー・イメルトＣＥＯの強力なリーダーシップの下で、「インダストリアル・インターネット」を経営事業戦略の新たな柱に据え、事業収益の軸足を、従来の主役だった産業機器の製造販売や金融ビジネスから、ソフトウエアとアナリティクスを駆使しお客さま企業の成果に繋がるソフトウエアのソリューションへと高速で移行させようとしている。

具体的には、ＧＥが航空会社、鉄道会社、電力会社などお客さまの企業に納入している製品としての産業用機器（大型のエンジンや発電用ガスタービンなど）に多数のセンサーを取り付け、さらにセンサーをインターネット経由で機器と機器、機器とＡＩに繋げ、ビッグデータの活用とアナリティクスにより、機器性能の最適化や効率的な稼働保守に活かすのである。

お客さま企業の事業の成功にコミットすることで、お客さま企業とＧＥはＷＩＮ・ＷＩＮの関係を構築するだけでなく、ＧＥによるお客さまへの利益貢献金額の一部は新たなＧＥのフィー収益にも直結する。ちなみにＧＥのサービスモデルの進化を図解したものが**図7**である。**図3**で示した「お客さまを主語にしたアナリティクスの進化」と極めて似通ったパターンでサービスモデルの進化を遂げていることにも注目したい。このサービスモデルを通じて、お客さま企業とＧＥは長い「時間」良好なリレーションシップを保つことが可能になる。その意味では、ＧＥにとって、「インダストリアル・インターネット」（エクスペリエンス４・０）はお客さま

図7｜GEのサービスモデルの進化

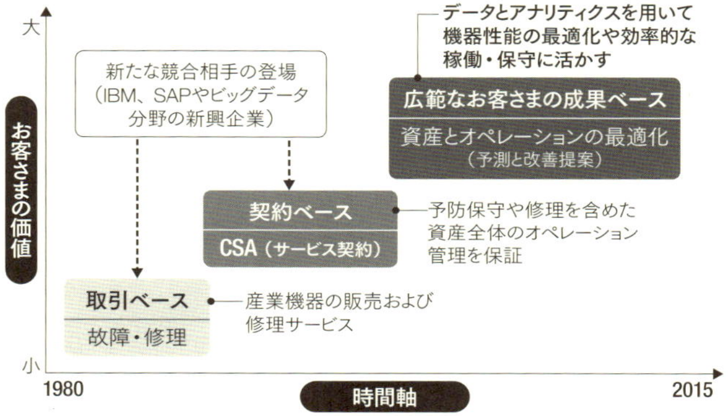

「ハーバード・ビジネス・レビュー」2015年4月号をベースに加筆修正

主語でのＣＲＭ活動として効果的に機能している、と捉えることもできる。

「インダストリアル・インターネット」はよくＧＥ版のＩｏＴと言われるが、エクスペリエンスの観点を見落としてしまうとＧＥの周到な差別化戦略の本質を見誤ってしまう。最も重要なポイントは、基幹となるソフトウエアの開発と運用を自前で、しかも徹底したお客さま主語で行っていることである。

「Predix」と呼ばれるＧＥ共通のクラウドコンピュータ（ＡＩ）とソフトウエアプラットフォームは産業レベルのセキュリティとコンプライアンスをクリアしているだけでなく、お客さま企業の機器のタイムリーな分析とスピーディな改善ができるようデザインされていると言われている。

それを継続的に可能たらしめるために、わざわざ西海岸のシリコンバレーに千人規模のＧＥソフトウエアセンターを設立、経験豊富なエンジニアであるグレッグ・ペトロフをＣＸＯ（チーフ・エクスペリエンス・オフィサー）に任命して、ＧＥ社内の組織や階層の枠組みを超え、エクスペリエンスを基軸にして横串を通すマネジメントを行っている。

航空会社にせよ、電力会社にせよ、Ｂ２Ｂ企業もその先にはＢ２Ｃのお客さまがいるケースも多い。ＣＸＯの役割とは、お客さまと機械、お客さまとシステムを、デジタル技術を駆使しながら意味のある形で結びつけることで、お客さまやさらにその先にいるＢ２Ｃのお客さまに豊かなエクスペリエンスを提供する取り組みを牽引することに他ならない。

デザインの領域をビジネスに拡大　エクスペリエンス1・0

話はエクスペリエンス１・０まで一気にさかのぼる。
エクスペリエンス１・０はデザインの考え方をお客さまのデジタルでのエクスペリエンスに取り入れることからスタートした。

そもそもお客さまのブランド体験を意味するエクスペリエンスという概念の起源は、人間がデジタル機器（ＰＣ）やシステム（ＯＳ）を使った時に得られる体験や、満足・不満足などの実感を意味する「ユーザエクスペリエンス（ＵＸ）」である。因みにデジタル機器やシステムとユーザが情報をやり取りする仕組みのことを「ユーザインターフェース（ＵＩ）」といって区別をしている。

「ユーザエクスペリエンス（ＵＸ）」という言葉は、アップル社（当時はアップルコンピュータ）に勤めていた認知科学者のドナルド・Ａ・ノーマンが「ヒューマンインターフェース」や「ユーザビリティ」よりも幅広い概念を表すために創った造語であるといわれている。当時アップル社での彼の肩書きは「ユーザエクスペリエンス・アーキテクト」である。

プロダクトやサービスの使いやすさよりもユーザが実際に利用する直感的なプロセスを重視し、ユーザが真にやりたいと思っていることを、いかに楽しく快適に行えるかを価値として大切にして行こう、という考え方がその根源にある。

ドナルド・Ａ・ノーマンは１９８８年に『誰のためのデザイン』（新曜社 野島久雄訳）を著し「人間中心主語設計」（ＨＣＤ：Human Centered Design）を提唱し、こう主張した。「ある道具をうまく使えなかったら、それはあなたのせいではなくて道具のデザインが悪いせいである」。１９９３年にはアップル社のアドバンスド・テクノロジー・グループの副社長に就任、マッキントッシュのヒューマン・インターフェース・ガイドライン策定を主導した。

デザインの領域を最初に本格的にビジネスに拡大したという点でドナルド・Ａ・ノーマンの功績が極めて大きいことは、「ユーザエクスペリエンス（ＵＸ）」「ユーザインターフェース（ＵＩ）」という概念が現在でも注目されていること、マッキントッシュで実現されたＧＵＩ（グラフィカル・ユーザ・インターフェース）という概念がＰＣ、タブレット端末、スマートフォンなどの第2世代のコンピュータのスタンダードとなっていることでも十分に知られよう。

発展史的に言って、ドナルド・Ａ・ノーマンによる「ユーザエクスペリエンス（ＵＸ）」「ユーザインターフェース（ＵＩ）」の誕生を「エクスペリエンス１・０」としたい。エクスペリエンスの発展史はまさにお客さまがデジタルと出会うことからスタートしたのである。

経験は企業間競争の差別化ドライバー　エクスペリエンス2・0

『経験経済』と『経験価値マーケティング』

その次のムーブメントは西暦２０００年前後の「経験経済（エクスペリエンス・エコノミー）」という概念の誕生である。マーケティングの世界では「ユーザエクスペリエンス（ＵＸ）」自体に経済的な付加価値があり、エクスペリエンスは企業間競争の差別化ドライバーになりうるという積極的な考え方が示された。さらにこの考え方の延長線上でエクスペリエンス向上のための具体的なフレームワークが提唱された。エクスペリエンス２・０の始まりである。

当時は日本では「エクスペリエンス」という言葉がまだ十分に定着しておらず、「経験経済」や「経験価値」と翻訳されていたことにも留意が必要だろう。

まず、1999年に、J・H・ギルモア、B・ジョゼフ・パイン2世らが『経験経済…エクスペリエンス・エコノミー』（流通経済大学出版 電通「経験経済研究会」訳 2000年）を出版し、経済価値（コモディティ、商品、サービス）と対照的な消費価値として「経験」を位置づけ、「消費者は単に商品やサービスを消費するのではなく、その消費から得られる体験そのものに価値を見いだす」と主張した。そして、エクスペリエンス向上のために「Entertainment（娯楽）」「Education（教育）」「Esthetic（美的）」「Escapist（脱日常）」という4つの領域に属する施策を消費行動のプロセスに盛り込むことが重要であると説いている。ちなみに『経験経済…エクスペリエンス・エコノミー』では、この4つの領域をすべて十全に満たしているのがディズニーランドである、と解説されている。

また、2000年にコロンビア・ビジネススクールの教授バーンド・H・シュミットも著書『経験価値マーケティング』（ダイヤモンド社 嶋村和恵ほか訳）の中で「製品やサービスに優れた機能的特性や便益、品質が備わっていることは当然だが、顧客が求めているものは特性や便益以上に、楽しさや快適など、顧客の心に触れ、刺激してくれる製品やサービスであり、便益訴求を中心とした伝統的なマーケティングアプローチとは異なるマーケティング・コミュニケーションが必要である」と述べた。そして、心地よい経験価値こそが消費者を虜にするのであり、経験価値マーケティングの焦点は「SENSE（感覚的経験価値）」「FEEL（情緒的な経験価値）」「THINK（創造的・認知的な経験価値）」「ACT（肉体的な経験価値とライフスタイル全般）」「RELATE（準拠集団や文化との関連付け）」という5つの戦略的経験価値モジュールを総合的に使用することでブランドの構築を図ることである、と説いた。

バーンド・H・シュミットの主張は、ややブランド・コミュニケーションに重心は偏ってはいるが、お客さまの気持ちに寄り添った経験価値をマーケティングに活用するという点では、J・H・ギルモア、B・ジョゼフ・パイン2世らの説くところと本質的に同じである。

実は、経験価値という新しい価値の登場はさることながら、なぜこの時期に経験価値が現れて一躍脚光を浴びたのかという背景の方がより重要である、と著者は考えている。その背景とは、エクスペリエンスによる典型的な成功企業の出現に他ならない。特に、この時期のアップル、スターバックス、ウォルト・ディズニーの3社の成功には注目すべきだろう。

エクスペリエンス2・0の成功企業

まず、アップルであるが、この時期はスティーブ・ジョブズが経営者として返り咲き、事業経営のV字回復を達成した時期とだぶる。

１９９８年に発売されたディスプレイ一体型パソコンのｉＭａｃはボンダイブルーのカラーとトランスルーセントと呼ばれた半透明の筐体でプロダクトデザインの領域で一大センセーシ

ヨンを起こしただけでなく、iMac本体にアナログ電話回線モデムを内蔵することにより、家庭と、当時普及が進んでいたインターネットとの距離感を飛躍的に縮めることに多大な貢献をした。

また、2001年のほぼ同時期にリリースされたiPodと有料音楽配信サービスのiTunesは、音楽を楽しむというエクスペリエンスに革命をもたらしたことは記憶に新しい。

スターバックスはハワード・シュルツが1985年、シアトルにイル・ジョルナーレを設立することで、その歴史がスタートするが、2002年には早くも全世界での店舗数が5000店を突破している。

スターバックスの売りものはモノとしての1杯のコーヒーではない。オフィスでもない、家でもない、「第3の場所」（The Third Place）というエクスペリエンスをお客さまに提供することであった。「第3の場所」でのお客さまの過ごし方はノートブックパソコンや携帯電話でインターネットというデジタル世界とつながることである。日本では後年「ノマド（遊牧民）」というワークスタイルが流行になるきっかけを作った。

ディズニーランドは1955年にウォルト・ディズニーがカリフォルニア州アナハイムに最初のテーマパークを建設したのが始まりである。1971年にはフロリダ州オーランドにウォルト・ディズニー・ワールドリゾートが建設され、１９８３年には米国以外では初めてとなる東京ディズニーランドも開園した。

　ディズニーランドの代表的なエンターテインメントといえば、開園以来のエレクトリカルパレード・ドリームライツが有名だ。パレードではルートに設置された固定式スピーカーから出るアンダーライナーというベース音楽の音、フロート（山車）に設置されたスピーカーから出る効果音（セリフ、テーマ曲など）、さらには電飾の明滅が完璧にシンクロし合って、ひとつのショーを形成している。デジタル技術による音声の同期がハイレベルで可能になることで、お客さまに魅力的なエクスペリエンスを提供できていることを忘れてはならない。テーマパークという、本来は非常にアナログ的なエクスペリエンスにデジタル技術を融合させ、他社の追随を許さない完成度の高いエンターテインメントを創り上げたことがこの時期のディズニーランドの強みであったと言える。

　また、経験価値が注目され始めた２０００年前後はパークを中核に、ホテル、商業施設が取り囲むディズニーランド・リゾートが各地で整備されつつあった時期と重なっていることも留意すべきである。

　エクスペリエンスとデジタルの融合の観点で見て行くと、アップル、スターバックス、ディズニーランドは新たな楽しみ方の提案や「場」の提供を行うことで、他の追随を許さない、ビジネス上の競争優位を確立したことがあらためて確認できよう。

推奨や評価の力をマーケティングに活用　エクスペリエンス３・０

差別化されたエクスペリエンスの提供により、お客さまを魅了し、お客さまの「推奨」や「評価」の力でマーケティングの拡大最生産のループを回すのが、「マーケティング３・０」の最大の特徴である。

マーケティングのゲームチェンジが顕在化

「エクスペリエンス３・０」の始まりは非常にわかりやすい。２００６年、ツィッターやフェイスブックが本格的なサービスを開始した時点を節目とする。ソーシャルネットワークの成立がお客さまの「推奨」や「評価」の力を強力に後押しし、**図8**のようにＡＩＤＭＡからＡＩＳＡＳ®へ、さらにはＳＩＰＳ®へとお客さまの心理変容プロセスや購買行動モデルそのものを大きく変えたのである。

お客さまの「推奨」や「評価」の力を象徴的に物語る歴史的証拠が、ローマ教皇就任式の様子をほぼ同じアングルから捉えたと言われる2枚の有名な写真である（**図9**）。ソーシャルネットワークの登場直前（２００５年　教皇ベネディクト16世）と普及以後（２０１３年教皇フ

図8｜AIDMAからAISAS®、SIPS®へ

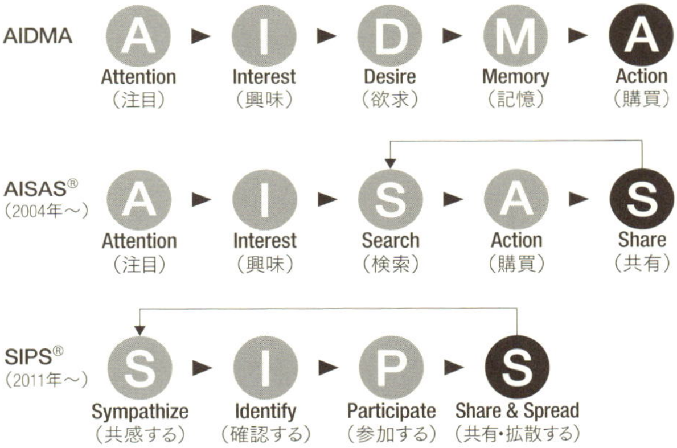

図9｜ローマ教皇就任式の様子の違い（2005年と2013年）

教皇ベネディクト16世
（2005〜2013）

教皇フランシスコ
（2013〜）

ランシスコ）の明確な違いは大半が聖職者と思われる参列者の行動の差に他ならない。２００５年 教皇ベネディクト16世の場合は厳粛なミサの風景である。しかしながら、２０１３年、教皇フランシスコの就任式、いままさに史上初の南米出身ローマ教皇の誕生を見届けている参列者の様子はまったく違う。自らの感動的なエクスペリエンスを手持ちのスマートフォンやタブレット端末を使って写真や動画で記録し、即座にソーシャルネットワーク上で共有（シェア）しようとしているのだ。

　この行動はもう誰にも止められない。このような行為が仮に新しいローマ教皇の就任式においていいかに不似合いで不謹慎なものだったとしても、である。

「個人の体験」が一瞬にして、ものすごい規模で「集団の体験」として共有される時代。マーケティングの総合力よりもお客さまの「推奨」や「評価」の力で企業の商品やサービスの売上が左右されてしまうということは企業にとってチャンスでもあり、また同時にリスクでもある。

　ソーシャルネットワークが本格的にサービスインした２００６年時点を境に、マーケティングの主導権が企業側からお客さま側に急速に移行し始めたのである。企業が時間と労力をかけて構築した総合的なマーケティングの力、すなわち４Ｐ〈製品、価格、流通、プロモーション〉やＳＴＰ〈セグメンテーション、ターゲティング、ポジショニング〉の完成度や成熟度よりも、ブランドの提供する価値を体験したお客さま自身の自発的な「推奨」や「評価」の力で商品やサービスの売上が決まってしまうようになった。

ゲームのルールは激変した。ゲームは「強者の競争優位の基盤は保証されにくくなり、新規のプレイヤーの下克上がますます起きやすくなる」という新たなステージに突入した。

このあたりの詳しい事情は前著『エクスペリエンス・ドリブン・マーケティング』（ファーストプレス社　２０１４年）で解説させていただいたので、詳細な説明は割愛させていただく。ご興味のある読者の方々はご参照いただきたい。

いずれにしても、このような劇的なゲームチェンジは、強固な財務基盤や既存のロイヤル顧客を持たないスタートアップ系の企業には「エクスペリエンス×デジタル」を武器にして、飛躍のための大きなビジネスチャンス」を、対照的に伝統的なエスタブリッシュ企業には「事業経営の原点に立ち返ってお客さまと向き合い、エクスペリエンス×デジタルを基軸にしたマーケティングプロセス刷新」を必然的に促すことにつながっていることに注目すべきである。

ソーシャルネットワーク上を飛び交うお客さまのフィードバックは「レビュー」「評価ポイント」「いいね！」などの形で可視化され、その大半はデータとしての計量化が可能である。そしてそこには、お客さまのエクスペリエンスが豊かになる方向で自社のマーケティングプロセスを改善するための有益なヒントが示唆されていることが多いはずだ。

「形容詞のブランディング」から「動詞のブランディング」へ

　また、このステージにおいては「お客さまのコミュニティとの共創」が企業にとっての大命題になってきたことも重要な変化の要因である。製品やサービスの特徴（機能価値、イメージ価値）を形容詞で表現し、マス広告を通じてお客さまのパーセプションを変える、という時代から、ブランドとお客さまやお客さまのコミュニティが共通の価値観で結びつき、お客さまの行動（エクスペリエンス）によってブランドの価値が拡大する時代へ。このパラダイムシフトは「形容詞型のブランディングから動詞型のブランディングへのシフト」（『ソーシャル時代のブランドコミュニティ戦略』小西圭介著　ダイヤモンド社　２０１３年）とも言い換えることができる。

　たとえば、ナイキは90年代まではマイケル・ジョーダンを代表とする憧れのプロスポーツ選手をＣＭキャラクターに起用し、テレビ広告を中心に短期刺激型のプロモーションを展開して来たが、現在ではマーケティング投資の大半は「ナイキ＋」のような共創型のブランドコミュニティサイトの運営に費やしている。

　走ることを共通の趣味とするお客さまのコミュニティに対し、場としてのデジタルプラットフォームの提供やランニングイベント開催のような形でお客さまのオフラインにおける活動の機会創出をする。派手なテレビ広告に比べれば、ロー・キー（地味）な活動かもしれないが、お客さまの気持ちや行動に寄り添うことでコミュニティ全体を活性化された状態に保ち、お客さまの自発的な「推奨」や「評価」の力でコミュニティのパワーと規模を持続的に拡大させ続ける、という戦略である。

また、新たにルールブレイカーとして台頭して来たのは、アメリカ合衆国カリフォルニア州サンマテオに本社を置き、ウェアラブル・ビデオカメラの人気ブランド「ゴープロ（GoPro）」を展開するウッドマン・ラボである。創業者ニコラス・ウッドマンは、熱狂的なサーフィン愛好者であり、自撮用にサーフボードに取り付ける携帯型ビデオカメラのプロトタイプを試作したことがゴープロ誕生につながったというのは有名なエピソードである。その彼が新製品『Hero4 Session』のプロモーションをかねて来日した時のインタビューが非常に興味深い。

「ゴープロの顧客はカメラという『モノ』ではなく、その製品を使うことで素晴らしい作品が生まれるという『エクスペリエンス』（原文『体験』）に対してお金を払っている。われわれは製造業というよりコンテンツ産業に身を置いていると考えている。ハードウエアは大切だが、あくまでもコンテンツを生み出す過程の入り口にすぎない」（日本経済新聞 ２０１５年7月21日朝刊）

実際にゴープロのウェブサイトにアクセスしてみると、そこは世界中のゴープロ・ユーザによる自撮動画コンテンツ共有プラットフォームになっている。ゴープロというブランドが「エクストリームなエクスペリエンス（非日常的な冒険）」をテーマにした自撮映像の撮影と、撮影した映像を編集して楽しむという共通の趣味で繋がったコミュニティによって強く支持されていることが良く理解できる。

企業としてのウッドマン・ラボもコミュニティサイトの場を提供することにとどまらず、毎年、「ゴープロ・アワード」と呼ばれる自撮映像コンテストを運営したり、エナジードリンクの人気ブランド・レッドブルの冠スポーツイベント（「X Games」）とタイアップしたりするなどして、尖度の高いコンテンツの発掘に投資を惜しまないようである。

大規模なマーケティング投資を伴う広告やプロモーションに頼らず、ゴープロ体験に魅了されたファンのコミュニティの「推奨」やポジティブな「評価」の力で拡大再生産型のマーケティング・サイクルが高速回転しているのが、この企業の確信犯的な手口である。ゴープロのような企業にはマス広告のみを専門とする20世紀型の広告会社はもはや不要だろう。ファンであり、サポーターでもあるお客さまが最強かつＲＯＩ（費用対効果）の高い広告宣伝組織なのである。

ちなみに２０１４年のビデオカメラ市場におけるゴープロの世界市場シェアは42%（ＩＤＣ調査）と圧倒的１位であり、２位以下のブランドを大きく引き離していた。しかし２０１５年第３四半期以降は新製品『Hero4 Session』の想定外の売上不振で財務的には創業以来、初めての試練を迎えている。2016年2月には全体の7％にあたる社員のリストラとCFO（最高財務責任者）の辞任が発表された。このことはゴープロのような画期的なプロダクトですら、製品ライフサイクルが成長期から成熟期に入ったことを暗示している。ゴープロの収益のほとんどはカメラの売上によるものである。仮にハードとしてのカメラの需要が一巡したと考えるのならば、ビジネスモデルにおいてもエクスペリエンスに軸足を置いた新たな課金型サービスの開発と導入が必要となる時期なのかもしれない。

エピソード❷

スポーツトレーニング革命

スポーツで抜きん出るためには努力や根性が大切――。20世紀のある時期までは本気でそう信じられ、「スポ根」が賞賛されていた時代があった。

しかし、スポーツの領域にもＩｏＴが取り入れられるようになる。ＡＩを導入しビッグデータの活用やアナリティクスが進化するにつれて、属人的な経験や勘に頼りがちだった試合での戦略的な判断や強化のためのトレーニングのやり方を合理的に見直す動きが出て来るだろう。そしてそれは長く続いて来た因習を駆逐し、新常識としてこれからずっと定着して行く。

テクノロジーの恩恵を受けるコーチや選手の立場からすると、自らが強くコミットしたスポーツにおけるエクスペリエンスが、ある時点を境に激変することになるのである。

飯田橋大学は創立百周年を数える、東京でも文武両道に長けた名門と呼ばれる大学のひとつである。ラグビー部については21世紀の初頭、「機動破壊」をキーワードにした名将・大谷監督の下、猛烈な練習量を背景にした、気迫と根性で駈け抜くラグビーを展開し、「重戦車」を売り物にするライバル大学と実力と人気を二分した時代があった。しかし、大谷監督亡き後は対戦成績が伸び悩み、さらに行き過ぎた精神主義が災いして優秀な選手の獲得に苦労するような状況も発生し、長期低落傾向に歯止めがかかる気配がなかった。

この危機を一気に打開したのが一昨年、監督に就任した真田である。今年7年ぶりに出場した大学選手権では毎試合、逆転に次ぐ逆転で見事優勝を勝ち取ったのである。優勝監督インタビューで真田は「トレーニング革命」という言葉を繰り返した。

真田は飯田橋大学卒業後、トップリーグに所属するＩＴ企業のラグビー部で活躍、現役選手引退後には会社が買収した医療系のベンチャー企業・バイオメトロ社に気鋭の営業職として出向していた。バイオメトロ社はもともと心臓病や糖尿病などの患者のバイタル（生体）データを収集するための携帯型センサーを開発していたが、ちょうど真田が出向した頃、画期的な新製品の開発に成功したのである。それは直径2センチ弱の、肌色の円形のごく薄いセンサー内蔵シールだった。体幹に沿って身体の3箇所に直接貼るだけで、シールが体温を検知して弱い電力に換え、毎秒10回、心拍数、呼吸数、血圧、体温、身体の傾きなどのデータをBluetooth経由でサーバーに送ってくる。真田は自分自身のスポーツ選手としての経験から、この製品を競争の激しい医療用のマーケットではなく、スポーツトレーニングのマーケットで勝負をかけたら、このテクノロジーは大きく花開くはずだと確信した。

そのためには「成功事例づくり」が必要だった。真田は持ち前の突破力で社会人のラグビーチームだけでなく、プロ野球の球団やＪリーグのクラブにも掛け合い、導入の提案を行ったが、反応は決して芳しいものではなかった。強いチームは成功体験に裏付けされたトレーニングメニューがすでに確立されており、逆に弱いチームは新しいテクノロジーに意欲的だったものの1年間システムを回すだけの財務的な基盤が脆弱だった。営業として成果が上がらず、プロジェクトの遂行を危ぶむ声が出始めた頃、真田に転機が訪れた。ＯＢ会を通じて真田に飯田橋大学ラグビー部監督就任の打診が来たのである。真田にとってはまさに晴天の霹靂だったが、バイオメトロ社のテクノロジーを実験する場としてはまたとないラッキーなオファーであった。ＩｏＴ導入を条件に真田は監督就任を引き受けた。

　母校ラグビー部再建はいばらの道のように思えた。「機動破壊」が売り物のチームなのに、試合の終盤で走り負けてずるずると点差を離されるパターンが多いのは明白だった。これは絶対的な練習量ではなく、練習の質、つまり内容に問題があると真田は確信した。練習のための練習ではなく、科学的な分析に基づいた、試合での勝利につながる練習が必要だった。

　バイオメトロ社のシステムはその後、改良が加えられ、心拍数、体温変化、移動距離だけではなく、前後左右や上下の体幹の変化もセンサーが感知できるようになっていた。モールやラックの回数、タックルをしたりされたりでグラウンドに転倒した回数も正確に計測することが可能だった。真田はバイオメトロ社の技術者、ラグビー部のトレーニングコーチ、キャプテン、マネージャーと検討を重ね、タブレット端末を使って指導者と選手が可視化されたデータを共有するためのユーザインターフェースの開発とデータの練習への具体的な活用方法についてリーン・スタートアップという手法で知見を積み上げて行った。

たとえば心拍数の変化については、縦軸が心拍数、横軸が時間のグラフでその推移をわかりやすく可視化した。そして、選手個人個人の試合のデータと練習のデータを重ね合わせることで、試合の勝敗がかかる局面で最高のパフォーマンスを出すには、どれくらいの心拍数の負荷がかかる練習をどの程度続けなければいけないか正確にわかるようになったのである。

必然的に練習中はデータとにらめっこになった。午前中の前半はチーム全体練習、後半は少人数での個人練習と分け、それぞれに参照するデータも違ってきた。特に後半の個人練習はポジションではなく、生体データで１５０名の選手のタイプをグループ分けして、共通の課題を追い込むような練習に変わったのである。真田が就任した2年目からは、ＡＩを導入し、練習や試合で収集した選手の生体データの解析を進め、練習メニューへの改善提案の自動化にトライするようになった。データの蓄積が進むに連れて、ＡＩの学習機能が働き、解析の精度も上がって、より的確なフィードバックが期待できるようになった。

成果は対抗戦で着実に現れた。試合でも選手個人のパフォーマンスのレベルや体力消耗の度合いを数値で計測し、リアルタイムで戦略的な判断ができるようになったのである。また、選手も真田の考え方を理解し、頭ごなしに命令されて動くのではなく、データと真摯に向き合い、自ら考えて行動するように変わって行った。飯田橋大学伝統の「機動破壊」が精神主義ではなく、科学の力で復活するのにはさほど時間はかからなかったのである。

飯田橋大学の優勝は劇的なサクセスストーリーとしてインターネットを通じて世界中に情報が拡散し、監督の真田のところにはバイオメトロ社のシステムに対する引き合いや問い合わせが急増した。真田が驚いたのは米国のスポーツ専門のケーブルテレビ局からＮＦＬやＭＬＢの中継放送でバイオメトロ社のシステム導入を検討したいという打診が来たことだ。バイオメトロ社のテクノロジーには真田自身すら気がついてない、多彩なソリューションの可能性が眠っているのかもしれない。

解説

お客さまの変化が企業のマーケティングを動かす

サービス・ドミナント・ロジック

「自動運転サービス業」という新規ビジネスにおいては、クルマは特定の個人が所有するものではなく、社会の公共財として共有・管理し、頻繁に利用されることによって初めて価値が生じる、という共通認識がある。また「スポーツトレーニングサービス業」では、センサー内蔵のシールやBluetooth通信デバイス、生体データを可視化するタブレット端末などモノ単体に価値があるのではなく、エクスペリエンスとデータを統合し、一気通貫したトータルのサービスの形になって初めて価値が生まれるのである。

　企業のマーケティング戦略を研究する立場から、こうした新しいムーブメントをいち早く看破したのが「サービス・ドミナント・ロジック（Service Dominant Logic）」（『マーケティングのための新しい支配的論理の進展』バーゴ・スティーブン・L、ロバート・F・ルッチ著、Journal of Marketing Vol.68 ２００４年）である。「モノかサービスか」を二分法で考えるのではなく、お客さまとの価値の共創が起きることを前提にして、モノとサービスをひとつの塊としてとらえることに特徴がある。「サービス・ドミナント・ロジック」は製造業のサービス化や、モノとサービスを一体化させ、お客さまが買った後の使用価値や経験価値を高めることを主張しているという点で、エクスペリエンス２・０の『経験経済』や『経験価値マーケティング』の考え方とも相通じるものがある。提唱者であるバーゴ・スティーブン・L、ロバート・F・ルッチらが後年の論文（２００８年）で指摘しているように、『経験経済』は「サービス・ドミナント・ロジック」の最も重要な概念のひとつである、と考えることもできる。

また、「サービス・ドミナント・ロジック」は後述する「シェアエコノミー」や近年、注目を浴びつつある「サービスデザイン」いうビジネストレンドの理論的な背景になっていることはぜひ押さえておきたい。

こうした考え方に立つと自ずと「お客さまの定義」と「企業のマーケティングに対するゴール」が大きく変わる。「お客さまの定義」に関しては、お客さまは企業の提供する商品やサービスについて対価を払って購入する人ではなく、企業（ブランド）が提供するサービスの背景にある考え方に共感し、サービスの利用者であるとともにサポーターでもある人、と定義を改める必要がある。

また「企業のマーケティングのゴール」については、今までのように競合に対して優位性のある商品やサービスを生み出し販売する「交換価値（Value in exchange）」に注目するのではなく、商品やサービスをお客さまが使用する段階における「使用価値（Value in use）」に注目しなければいけなくなる。「使用価値（Value in use）」とはお客さまのエクスペリエンス、とそのまま言い換えることもできるだろう。

この章の「エクスペリエンス3・0」紹介したゴープロ（GoPro）の創業者・CEOのニコラス・ウッドマンの「ゴープロの顧客はカメラという『モノ』ではなく、その製品を使うことで素晴らしい作品が生まれるという『エクスペリエンス』に対してお金を払っている。われわれは『製造業』というより『コンテンツ産業』に身を置いていると考えている。ハードウエアは大切だが、あくまでもコンテンツを生み出す過程の入り口にすぎない」という言葉を今一度、思い起こしてほしい。企業がアンカーする事業ドメインの意味合いだけではなく、お客さまの「交換価値（Value in exchange）」から「使用価値（Value in use）」へという生活価値観のシフトと捉えると、一層の深みを感じることができるはずだ。

ここで大切なことは、新しい学説の誕生やテクノロジーの進化ではなく、むしろお客さまの考え方や行動そのものの変化である。お客さまの変化が企業のマーケティングを動かす時代がまさに到来していることを注目すべきなのである。

シェアエコノミーが進展する

シェアエコノミーとは何か

こういった新しい考え方の追い風を受けて、エクスペリエンス３・０、エクスペリエンス４・０のステージでは、「シェアエコノミー」と呼ばれるサービスが世界規模で急拡大している。

「シェアエコノミー」とは、使われていない個人の資産や時間を他人のために活用して利益を得るという従来にないビジネスモデルが特徴だ。使われていない個人資産とは、具体的には自宅の空き部屋やクルマでの移動時間を指す。市場規模は２０２５年までに３５００億ドル（約42兆円）に拡大するという強気の試算もある。個人間（Ｃ２Ｃ）の取引の橋渡しをするデジタルプラットフォームの新サービスが世界中の投資マネーを集め、さらにアグレッシブなプロモーションを行っているという事情もある。

「シェアエコノミー」を牽引しているのは、クルマの相乗りサービス（ライドシェア）を提供するウーバー（Uber：米）と自宅の時間貸しサービス（いわゆる民泊）を手がけるエアー・ビー・アンド・ビー（Airbnb：米）の2社のベンチャー企業である。両社のサービスとも会員になるにはスマホのアプリをダウンロードし、日付や目的地など客側が希望する条件を入力するだけで良い。

ウーバーが提供するエクスペリエンス4・0

ウーバーが米国や中国で展開を始めた「ウーバーコミュート」（uberCOMMUTE）と呼ばれる新サービスは、自家用車を使った一人乗り相乗りサービス「ウーバーX」（uberX）の強化版とも言うべき内容で、ＡＩによりデータやアナリティクスを積極的に活用している点でエクスペリエンス４・０の典型的な事例であり、極めて先進的、画期的である。

仕事で自家用車を使っているドライバーが自宅と会社の間の通勤時間をウーバーに提供するとする。ウーバーはドライバーの自宅と会社の間で乗り降りをしたいお客を見つけてサーバー上でマッチングし、どの地点で誰が乗り降りするのかをドライバーに連絡する。たとえば、あるドライバーがA地点からB地点・C地点・D地点を経由してE地点まで通勤すると仮定すると、B地点で2人乗せ、C地点で1人乗せ、D地点で3人降ろしてE地点にある会社に到着、ということが可能になる。利用者はあらかじめ会員登録の際にクレジットカードのナンバーを登録しているので、その場で現金のやり取りは一切発生しないという、スマートな仕組みである。

「ウーバーコミュート」の利用が最も伸びているといわれるのは中国だ。著者自身の経験によれば、北京、上海や成都など大都市を走る営業用のタクシーは概ね年式が旧く、室内も不衛生で、さらに交通マナーや接客にも難点があり、加えて運転手と料金面でのトラブルもたびたび起きる。対照的に「ウーバーコミュート」のクルマであれば、新しく清潔で、運転も丁寧、しかも料金はタクシーの半分以下。エクスペリエンスの面でも、エコノミーの面でもウーバーのサービスを使わない手はない、というところだろう。

ウーバーはわずか開業6年で営業エリアは世界67カ国、３６０都市に拡大、月に４回以上営業するドライバーは世界で１１０万人以上、彼らがお客を運んだ回数は月1億回を超えるという。

「暮らすような旅」を提供するエアー・ビー・アンド・ビー

また、エアー・ビー・アンド・ビーについては前著「エクスペリエンス・ドリブン・マーケティング」でも紹介させていただいた。２００８年に現在のＣＥＯであるブライアン・チェスキーら3名によって設立され、米国カリフォルニア州のサンフランシスコに本社を置いている。

空き部屋を持つホスト（宿泊場所の提供者）と宿泊場所を探すゲスト（旅行者）を結びつける「コミュニティ・マーケットプレイス」（民泊仲介サービス業）である。ホストとゲストの両方から手数料収入を得る（ホストから予約料の3％、ゲストから予約料に応じて6～12％）のが彼らのビジネスモデルである。

２０１５年末時点で展開国数は１９０ヵ国以上、登録部屋数は3万４０００都市で２００万室、累積利用者数は６０００万人を超えたとホームページで表明しており、予想通り順調な成長を見せている。

　エアー・ビー・アンド・ビーの会社名の由来は、ホストが空き部屋を利用して、ゲストに安い価格で簡易ベッド（Air Bed：エアーベッド）と食事（Breakfast：朝食）を提供する、というサービスコンセプトから来ているが、現在のエアー・ビー・アンド・ビーの実態は創業当時とは大きく違う。ゲストに対してホテルの宿泊では決して得られない、ホストやホストのファミリーとの人間的なふれあいや異文化に直に触れるという、民泊でなければ得られない独自のエクスペリエンスを提供し続けている。宿泊場所として個人の自宅以外にも、城、ツリーハウス、ボートなどが登録されていることが現在のエアー・ビー・アンド・ビーのサービスの特徴を雄弁に物語っている。

　さらに、この会社の提供するエクスペリエンスの本質は「暮らすように旅をしよう」というブランドビジョンにも良く現れている。このことが大掛かりな広告やプロモーションに頼らなくてもホスト、ゲスト双方の「推奨」や「評価」の力だけでサービスを短期間でここまで拡大させた原動力になっている、と言えるだろう。

　エアー・ビー・アンド・ビーはもともとマッチングのテクノロジーとデザインに強い会社としてスタートした。ユニークなのはホストとゲストが相互に評価し合う「レビュー制度」の存在だ。ホストとゲストが事前にお互いのレビューを参照し、相性やニーズを確認しあうことで、泊める（泊まる）・泊めない（泊まらない）の判断をするのに役立てている。わざわざコストをかけてＡＩによるビッグデータ活用やアナリティクス導入には踏み込んではいない。しかし、ホストとゲストの双方が事前にソーシャルネットワークのレベルの情報のやりとりをするステップ（工夫）を一段階踏むことで、近未来の「予測」（泊めたら・泊まったらどうなるか）や「提案」（泊めた・泊まったほうが良い、あるいは断る・別を探すべき）につながる情報を提供しているというのは非常に興味深い。

今後、登録部屋数、利用者数が現在の数倍に膨れ上がった時、ソーシャルネットワークレベルでの情報のやり取りでは、最適なマッチングが提供しにくくなる可能性がある。ＩＢＭが「ワトソン」関連で出資しているウェイブレーザー（WayBlazar）社が開発を進めているオンライン旅行検索技術のようなエクスペリエンス４・０のサービスと結びつき、旅の目的地や行程、宿泊先の提案を利用者に行うサービスが開始される可能性も否定できないだろう。

また、エアー・ビー・アンド・ビーは２０１６年のリオ・デ・ジャネイロでのオリンピック・パラリンピックの公式サプライヤーになったことでも注目を集めている。リオ・デ・ジャネイロはパリ、ニューヨーク、ロンドンなどに続き、世界で6番目にエアー・ビー・アンド・ビーのホスト数（登録部屋数）が多い、という。ブラジルのホテル事情の悪さは２０１４年のＦＩＦＡのワールドカップでも「実証済み」であり、五輪の混雑を解消する意味でも五輪の組織委員会がこのサービスを見逃す手はなかったと言えよう。五輪期間中、エアー・ビー・アンド・ビーは2万件の宿泊を提供することをコミットしている。

シェアエコノミー、日本での現状と今後

ところで、ウーバーとエアー・ビー・アンド・ビーについて日本での浸透はどうかというと、残念ながら日本政府による岩盤規制の影響やビジネス環境の違いもあり、外国に比べるとかなり遅れている。

ウーバーの提供するクルマの相乗りサービス（ライドシェア）は『道路運送法』、いわゆる「白タク規制」に阻まれ、導入のめどすら立っていない。また日本は米国や中国と違い、大都市圏ではタクシーの台数が多く、サービスの質も相対的に高い、というビジネス環境の違いもあってお客さま（利用者）の側に潜在的なニーズが少ないという事情もあろう。ウーバーは２０１３年に日本進出を果たしたが、現在展開中のサービスは既存のハイヤー・タクシーの配車のみであり、相乗りサービス（ライドシェア）である「ウーバーX」（uberX）や「ウーバーコミュート」（uberCOMMUTE）が認可される可能性は現時点では限りなくゼロに近い。

そんな中で、自動車に関連するサービスでは前著でも取り上げた「カーシェアリング」というサービスが、クルマ離れが指摘される若年層を中心に拡大中である。日本における市場規模は利用者の支払い金額ベースで前年比45・3％増の１５４億円（２０１４年 矢野経済研究所調べ）となり、２０２０年には２９５億円に達するだろうと言われている。ちなみに、カーシ

エアリングの会員数は60万人、ステーション数は９０００箇所（２０１５年 公益社団法人 交通エコロジー・モビリティ財団調べ）である。

会員になれば、15分で４００円程度（ガソリン代、維持費込み）というお手軽な価格設定と近場の買い物や子供の送り迎えなど利用者の「チョイ乗り」ニーズにうまくはまったことが成功要因と言われている。事業者としてはタイムズカープラス（タイムズ24）が金額ベースで3分の2のシェアを誇り、オリックスカーシェア（オリックス自動車）とカレコ・カーシェアリング・クラブ（三井物産グループ）が追う展開である。

タイムズカープラスはタイムズ24のコインパーキングを、オリックスカーシェアはコンビニエンスストアのファミリーマートをステーションとして活用するなど、利用者の生活の場に近いところに拠点を構えており、このあたりも利用者に利便性をアピールする要因になっている。また、カレコ・カーシェアリング・クラブは利用者のエクスペリエンス向上を切り口にユニークなプロモーション施策を導入し始めている。使った後も車内がきれいか、ガソリンは給油されたか、などの項目を設け、後の利用者が前の利用者を評価する仕組みを設けている。項目ごとにポイントをつけ、評価ポイントの高かった利用者には料金割引などメリットが付与されるという。エクスペリエンスの向上とシェアエコノミーの進展は表裏一体である。このような原理原則が事業者である企業と利用者であるお客さまの間で尊重される限り、自動運転サービスが普及する初期の段階でカーシェアリングが果たす役割は決して小さくないに違いない。

一方、エアー・ビー・アンド・ビーが展開する自宅の時間貸しサービス（民泊）については今後の見通しはどうだろうか。やはり日本では『旅館業法』という法律で都道府県知事からの営業許可や客室の延べ床面積などの規制の網がかかっているので、現在、国内で登録されているホスト約５０００人と年間の利用者約50万人は法的に見るとグレーな位置づけである。

しかしながら、２０２０年の東京五輪を控え、首都圏のホテルの部屋不足が懸念されていることに加え、最近、インバウンドで日本を訪れる旅行者の間で日本旅館や地方の民宿の人気が高まっている状況を踏まえると、日本が五輪誘致の際に世界にコミットした「おもてなし」の一環として、自宅の時間貸しサービス（民泊）はある一定のルールの下で市民権を獲得して行くことが十分に想定される。政府から特区指定を受けた東京の大田区などでは事業者（ホスト）の届け出による認可制で自宅の時間貸しサービス（民泊）を許可する動きがある。日本の国としてのブランディングを押し進める意味でも、また日本ならではの旅のエクスペリエンスを提供するという意味でも自宅の時間貸しサービス（民泊）の果たす役割は小さくないはずだ。

すべてのインダストリーはサービス業へ

クルマの相乗りサービス（ライドシェア）や自宅の時間貸しサービス（民泊）に代表される

「シェアエコノミー」の進展は、すべてのインダストリーがサービス業へ業態転換することを強力に後押しする。それではなぜ「シェアエコノミー」は増殖のスピードを加速させているのだろうか？

理由は4つある。

ひとつ目の理由は、「帰属」についてのお客さまの心の持ち方の変化である。

ネットオークションやソーシャルネットワークの発達により、初対面のお客さま同士（C2C）でのモノや情報、サービスのやり取りに慣れ、他人と共有することに心理的な抵抗感を感じなくなっていることがある。

フェイスブックの友だち申請のように、友だちの友だちは友だち、という感覚である。ランニングのコミュニティ「ナイキ＋」や山登りのコミュニティ「ヤマレコ」のように、趣味や価値観を共有するカジュアルなコミュニティの中では相手を疑ったり拒否したりすることなく、比較的スムーズに受け入れてしまう。「シェア」が成立しやすい、精神的な土壌が社会全体に増殖しつつあるのである。その背景には「デジタルネイティブ」と呼ばれる、１９８０年代以降に生まれ、デジタルが当たり前の環境で育った層が成長し、社会的な存在感を増していることも無視できない。ネット検索もグーグルではなくTwitterでという世代である。

この仮説が正しいとすれば、シェアエコノミーは今後もさらに拍車がかかるだろう。

２番目の理由は「デジタル・ユビキティ（Digital Ubiquity）」の恩恵によるものである。オープンでグローバルなネットワーク環境が整備された結果、いつでも、どこでも様々な機器やデバイスがインターネットに繋がれる状態であることが保証されている。オフィスやショッピングモール、コンビニエンスストアやバスの中までも「無料で」Ｗｉ－Ｆｉを利用できる環境にある。

その恩恵について一番わかりやすい事例が音楽配信サービスである。音楽業界では、ダウンロードからストリーミングへという流れができつつある。つまり音楽を楽しめれば、楽曲のデータは必ずしも手元のデバイスに保存されている必要がなく、それよりはむしろ好きなジャンルの楽曲をふんだんに、まるでシャワーを浴びるかのように楽しんだ方が良いという価値観の変化である。

米国では何と２０１４年の第１四半期は前年同時期に比べ、シングルダウンロードは11％、アルバムダウンロードは14％もそれぞれ減少したのに対し、ストリーミングサービスは28％も増加したのである（ＲＩＡＡ〈アメリカレコード協会〉調べ　出典：The Wall Street Journal）。ダウンロードサービスの最大手・アップル社のｉＴｕｎｅｓがスウェーデン発祥のストリーミングサービス　スポティファイ（Spotify）に音楽配信ビジネスの牙城を蚕食されるという事態が起きるに及んで、アップル社も重い腰を上げ、２０１５年６月になってｉＴｕｎｅｓで「アップルミュージック（Apple Music）」と呼ばれるストリーミングサービスを開始させた。ちなみにスポティファイは有料会員が２０００万人を突破、無料会員を含むアクティブユーザ数は７５００万人以上と言われる。一方のアップルミュージックはｉＴｕｎｅｓの顧客基盤を活かして１００以上の国でサービスを開始、お客さま自身の音楽ライブラリとストリーミングサービスの両方を楽しめるようなサービス設計をすることで、スポティファイとは差別化された音楽のエクスペリエンスを提供しようとしている。

音楽がデジタルと出会うことで、音楽ＣＤが音楽ダウンロードになり、さらにこれからはデジタル・ユビキティ（Digital Ubiquity）の恩恵でストリーミングが主流になる。音楽の楽しみ方もその重心は「使用価値（Value in use）」に移行し、「交換価値（Value in exchange）」はますます希薄になって行く。

３番目の理由はお客さまの情報リテラシーが上がり、複数のソーシャルネットワークを回遊して情報を収集、「費用対効果について厳しいものさし」を持ち始めたことである。

ネットで検索すれば商品やサービスのレビューや評価、ブログの記事などを簡単に目にすることができるようになったため、お客さまの側が企業の発信する広告やＰＲに対して醒めた目で見るようになっている。バブル期のように贅沢なモノを所有することでヒトは豊かになる、というステレオタイプの魔法は解けた、のである。

たとえば、日本における自動車の利用状況は、平均すると2人で1台を所有している計算になるが、実際の稼働率はわずか3％に過ぎないという。これが仮にカーシェアを前提に自動運転車にシフトすることになれば、20人で1台をシェアする前提で稼働率は30％程度まで上げることができ、コストも数分の1で済むというシンクタンクの試算がある。デジタルネイティブな若い世代が自動車を所有することに対してネガティブになる一方で、カーシェアの利用に積極的なのには経済的、合理的な根拠があるのである。

したがって今後、自動車を個人で所有するということになれば、そのためのコスト負担を正当化するだけの合理的な理由づけが企業側にもお客さま側にも必要になるだろう。自分だけのクルマを所有することによる優越感が満たされ、さらに運転することによって得られる「走るよろこび」がいつまでも色褪せないだけではない。お客さまがクルマの購入を思い立ってからディーラーのショールームで試乗や商談をし、最終的にクルマを手にするまでの一連のエクスペリエンスがお金には換算できないような、かけがえのなく豊かなものであることが保証される必要がある。

最後の理由は「サステナビリティ」に関することだ。

250年前の産業革命以来、人間は天然資源を使って製品を生み出し、それを消費し、廃棄するというモデルを繰り返して来た。文字通り、経済発展と引き換えに地球を痛めつけて来た訳だが、いつまでもそれが許されないことは昨今の気象変動や中国のＰＭ２・５の問題で多くの人たちがリアルに気づき始めている。

生産、消費、廃棄というモデルを循環型のモデル（サーキュラーモデル）に変えて行く。役割を終えた製品や資源を回収し、再生させ、再利用することも必要だが、「交換価値（Value in exchange)」よりも「使用価値（Value in use)」に着目して製品のサービス化を図り、複数の業界を横断するエコシステムを構築し、コラボレーションの仕組みをつくることで、理論上は消費・廃棄のインパクトは今よりもずっと小さくできる。

たとえば、自動車という製品をお客さまに売るのではなく、カーシェアリングを前提にした自動運転「サービス」をお客さまに提供するという変化を考えてみよう。モノとしての製品の稼働率やライフサイクルが伸びるだけでなく、ＡＩによる渋滞の予測や回避が行われることで都市の道路を走行するクルマの全体最適が実現され、燃費の改善や排気ガスの低減につながることは容易に想像できる。

「シェアエコノミー」の考え方には、個人のお客さまのエクスペリエンスの最適化が最終的にソーシャル全体のエクスペリエンスの最適化につながるようなサービス提供のあり方のヒントが隠されているともいえよう。

提言 エクスペリエンスを事業経営戦略の柱に据えよう

経営トップがゲームチェンジのコミットメントをしよう

Ｂ２Ｃ、Ｂ２Ｂの領域を問わず、自動車、情報通信、住宅、ヘルスケア、金融・保険、教育、ショッピング、エンターテインメント、それから交通・電力・ガス・水道などの社会インフラなどありとあらゆる生活のカテゴリーでエクスペリエンス４・０、すなわちエクスペリエンスとビッグデータの統合運用による「破壊的イノベーション」が進行する。

そして、既存のメーカー、サービス業を問わず、すべてのインダストリー（産業）が新しいサービス業へと業態転換し、データを媒介にしてお客さまと企業が長い「時間」エクスペリエンスで結びつく。つまり、ＡＩを活用したお客さまの近未来のエクスペリエンスの予測と改善提案が企業のブランドの主要なサービス要素として組み込まれることが当たり前の時代が到来する。

生き残りのためにはスピーディなマーケティングプロセス改革が必要になる。したがって、エクスペリエンスを企業の事業経営戦略の柱に据え、経営トップがこの変化のためのゲームのコミットメントをすべきである。仮にこのゲームチェンジに経営トップが気づいていない場合、経営企画やマーケティングを担当する部署がエクスペリエンスと経済効果の関係性をデータで証明し、経営トップを説得する責任がある。日本のように成熟化・同質化が進むマーケットではお客さまのロイヤルティを高め、解約率・離脱率をいかに下げるかがＫＰＩになる。そして、これらの数値とエクスペリエンスのレベルを表す指標（お客さま満足度や推奨意向度）の関係性を定量データで証明することはさほど高いハードルではない。

経営トップに期待されるのは改革のリーダーシップだけではない。改革のためのリソース配分を考えることも重要な宿題のひとつである。エクスペリエンス３・０とエクスペリエンス４・０はほぼ同時進行で起きている。つまり、エクスペリエンス３・０に対してこれから着手しようとしている大部分の企業にとって、今後採るべき選択肢は少なくとも２通りあることになる。まず、エクスペリエンス３・０に着手し、事業成果が出たらエクスペリエンス４・０におけるる自社のなりわい（ビジネスモデル）を構想して４・０に着手するか、あるいはエクスペリエンス３・０と４・０をショットガン方式で同時にスタートさせるか、である。どちらを採るべきか。判断の分かれ目は企業にとって事業を取り巻く環境変化のスピードの速さで決まるだろう。

例にとると、自動運転サービスで例にあげた既存の自動車「産業」は、おそらく最も変化のスピードが速いカテゴリーのひとつである。エクスペリエンス3・0で「自動車の製造・販売業」としてのお客さまのエクスペリエンス改善を、エクスペリエンス4・0で「自動運転サービス業」や「カーシェアリング業」としての新たなエクスペリエンス創造を別々のタスクフォースチームで複眼的に行うべきということになる。改めて言うが、変化のスピードはレイ・カーツワイルが主張する「収穫加速の法則」よろしく加速度的に速くなる。自動車産業に限らず、多くの「産業」にとってエクスペリエンス3・0とエクスペリエンス4・0の間に、息をつくことを許されるリードタイムはさほどない。

エクスペリエンス3・0とエクスペリエンス4・0の両方について複眼的な対応が前提と考えて行くべきであろう。

サイロ型からオーケストラ型へ。組織運営を変えよう

エクスペリエンス3・0もエクスペリエンス4・0もお客さまのエクスペリエンスが豊かになる方向で自社のマーケティングプロセスを刷新するという点においては共通である。お客さまの感動体験を生み出すためには、サービスを提供する企業側の人間が組織や階層の枠組みを超え、協働することが不可欠になる。往々にして大企業であればあるほど、開発、マーケティ

ング、営業、管理など部門ごとに管掌する役員も違うことが多く、組織はサイロ化しがちである。組織運営は、サイロ型からオーケストラ型へ、が鉄則である。

「明日の組織のモデルは、オーケストラである。２５０人の団員はそれぞれが専門家である。チューバだけでは演奏できない。演奏するのはオーケストラである。オーケストラは、２５０人の団員全員が同じ楽譜をもつことによって演奏する」。

『ポスト資本主義社会』（ダイヤモンド社 上田惇生訳 １９９３年）という著書の中でのＰ・Ｆ・ドラッカーの名言として広く知られているこのフレーズは、情報が上から下へ一方通行で流れる軍隊型の組織とは対極の、オーケストラ型組織の本質を見事に言い当てている。

オーケストラ型の組織では「責任と役割」に基礎を置く。組織の構成員がその道のプロであるだけでなく、明確なビジョンやミッションが共有され、情報は組織や階層の枠組みを超えて循環するので、自律的な組織運営が可能になり、結果として常に全体最適が図られる。

企業の側から、お客さまに対していかに豊かなエクスペリエンス（ブランド体験）を提供するかを考えたとき、「組織はオーケストラ」のモデルは非常に有益な示唆や洞察を含んでいるといえないだろうか。なぜなら、カスタマージャーニーの中でお客さまとブランドとの出合い（コンタクトポイント）は多数に存在するので、その全てでお客さまのペインポイントを解消し、一貫性をキープしながら「デライト」や「サプライズ」を提供し続けることが求められるからだ。ブランドがお客さまにどのようなタイプのエクスペリエンスを提供するかは、BMWの「駆けぬける歓び」のように通常、ブランドビジョンの形で表明され、お客さまに対してコミットされる。ブランドビジョンがオーケストラの演奏する交響曲の「タイトル」だと仮定すると、それぞれの組織のプロである企業の社員は交響曲を演奏する「オーケストラの団員」ということになる。

それでは、オーケストラ型組織運営を実現するためには、どうすれば良いか？　社内の組織を横串的に横断する役職や組織を作って機能させることが、その一番の近道である。米国ではCXO（チーフ・エクスペリエンス・オフィサー）という役職者を置いてその任に当たらせるケースが見られる。先述したGEソフトウエアセンターのグレッグ・ペトロフや、マイクロソフトのジュリー・ラーソン・グリーンがその代表例である。これらの場合、CXOの属人的な力量がそのまま企業の事業成果に直結することになる。

エグゼクティブ人材の流動性が低く、エクスペリエンス・デザインに精通するスペシャリストの層が薄い日本では経営直下にエクスペリエンス刷新活動を専門とする特別な組織を置くケースが定着しつつあるように見える。エクスペリエンスを熱心に推進している全日空、KDDI（au）、ソニー損保などがその先駆的存在である。それらの組織ではエクスペリエンス戦略の立案、PDCAマネジメントだけでなく、時には黒子として社内横断のタスクフォースチームによるアイディエーション（サービスプラン創出のためのワークショップ）などの場づくりを行っている。日本型アプローチの場合、経営トップや管掌する役員の交代などで企業自身の熱が冷め、竜頭蛇尾にならないようにすることが大切だろう。

キーワードはリーン＆アジャイル。企業文化を刷新しよう

成熟した大企業であればあるほど、新たな行動を起こす際には慎重かつ綿密に計画を立案し、実行までに長い時間をかけることが多い。そして一旦、導入が決まれば大規模に展開し、成功すれば良いが、仮に失敗しようものなら担当者ともどもペナルティボックスに入れられてしまうというケースが多くないだろうか。この伝統的アプローチはまったくの間違いだ。エクスペリエンス３・０やエクスペリエンス４・０の時代では、「リーン（希薄に）＆アジャイル（機敏に）」が考え方の基本である。企業文化の刷新で極めて良いお手本はエクスペリエンス４・０の項目でも事例として取り上げたＧＥである。

ＧＥのジェフリー・イメルトＣＥＯは近年、「GE WORKS方程式（The GE Works Equation）」という考え方を提示し（図10参照）、社内に浸透させている。

方程式の最初に来るのが「いま世界が何を必要としているのか考えること」（We look at

図10|「GE WORKS方程式（The GE Works Equation）」

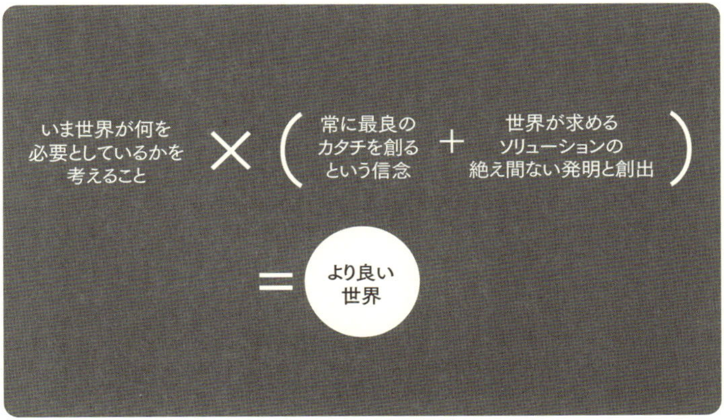

what the world needs）である。GEも営利を目的とした企業であるから何をすれば最も儲かるかが一番気になるはずである。しかしあえて、世界が何を必要としているか考えることが最終的に世界の利益になると同時に、企業GEの利益にもつながることを世界中に散らばっている30万人以上の社員に訴えているのである。

この考え方は実はジェフリー・イメルトの発案によるものではなく、「世界がいま本当に必要としているものを創るのだ」という創業者トーマス・エジソンの言葉に由来している。そしてGEならではの考え方を起点にして社員とともにビジネスに向き合うスタンスを再確認することが現在のGEの「インダストリアル・インターネット」による進化につながっていることに注目したい。そしてさらにジェフリー・イメルトは「GE WORKS方程式」を徹底させるため、自らが打ち出した「GE Growth Value」を刷新し、「GE Beliefs」（ＧＥの信条）を制定し直している。こうした徹底ぶりもGEらしい打ち出しであるが、「GE Beliefs」は「お客さまに選ばれる存在であり続ける」「より速く、だからリーンに」「試すことで学び、勝利につなげる」「信頼して任せ、互いに高め合う」「どんなに不確実な環境でも事業成果を上げる」という5か条からなる。ＧＥのケミストリーは東海岸の伝統的なエスタブリッシュ企業というより、シリコンバレーのスタートアップ企業のＤＮＡにより近くなっている、とは言えないだろうか。

２０００年代前半の金融ビジネスが利益のかなりの比率を稼ぎだし株主利益主導主義だった当時のＧＥと現在のＧＥの企業文化の格差を考えてみよう。とても同じ経営者に率いられている企業とは思えない。しかしながら、これはエクスペリエンス４・０に適応した必然的な進化の結果なのであり、ＣＥＯのジェフリー・イメルトの視点で見れば、むしろ変わらない企業の方が不思議に見えるのかもしれない。

ＧＥの「インダストリアル・インターネット」には３Ｄプリンターの活用やオープンイノベーションによる「アドバンスド・マニュファクチャリング」と呼ばれるモノづくりの開発手法や、「Fastworks」（ＧＥ流のリーン・スタートアップ）で知られる「Simplification（シンプリフィケーション）」というマーケティング・メソッドも含まれる。それらから透けて見える企業文化のキーワードは、お客さま主語、スピード重視、チャレンジ精神、勇気を持った方向転換（Pivot：ピボット、と呼ばれている）などである。

エクスペリエンス４・０を乗り切るために、マーケティングプロセス、組織運営、企業文化のそれぞれの刷新は他でもなく「三位一体の活動」である。ＧＥの事例はそれを学ぶための最適な教科書であると言える。

サービス設計図とオーケストレーション

お客さまのペインポイントを解消し、豊かなエクスペリエンスを実現するために創出されたサービスプランのアイデアを実行に移すためには、「組織はオーケストラ」の発想を前提にしてサービス設計図（サービスブループリント）を描いてみることも忘れてはならない。

サービス設計図（図11参照）はいわば、豊かなエクスペリエンスを生み出すための「楽譜」に相当する。

ペインポイントは常にサービスフロントで起きているトラブルだけが原因となるのではなく、実はバックヤードのオペレーションの拙さやＩＴシステムの不備が根本的なトリガーとなることも多い。そういう意味では、営業（接客）のプロ、商品・サービス開発のプロのみならず、ふだんはバックオフィスで活動する情報システムのプロにも直接・間接を問わず、必ず出番はやってくるし、サービスプラン実装のために最も重要な役回りのひとつを担うことも少なくないはずだ。無論、そこでは、オーケストレーション＝全体最適の視点、が何より大切になることは言うまでもない。

図11 サービス設計図（サービスブループリント）

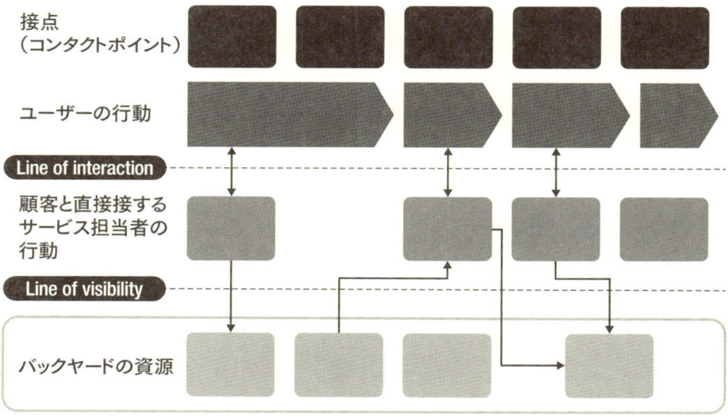

著者がファシリテーターとしてクライアント企業のエクスペリエンスの可視化と刷新のお手伝いをする場合、前述のような理由でプロジェクトを担うタスクフォースチームのメンバー選抜については、なるべく組織横断で幅広い部門から招集いただくよう、お願いをさせていただいている。

多視点でサービスプランやサービス設計図を描くことで、気づきにくい発見につながり、お客さまに提供できるエクスペリエンスの質の向上に結びつくだけではない。企業主語からお客さま主語へ視点を180度転換し、組織の枠組みや利害の異なるメンバーと協働する貴重な時間と空間の共有を通じてブランドのビジョンやミッションの浸透、ひいては企業文化の刷新につながる可能性が高くなる。

一般に、企業のビジョンやミッションを社員に浸透させる活動は、社員の振る舞いもまたブランドの一部であるという理解を前提にして「インターナルブランディング」と呼ばれている。「組織はオーケストラ」の考えを踏襲した、お客さま主語のオーケストレーションの活動は、ブランド（企業）がお客さまへ提供するエクスペリエンスの質をサステナブルに維持・発展させるため、社員ひとりひとりに強いコミットメントが求められる。

目標が明確に定まることで社員の考えが変わり、社員の考えが変わることで行動も変わる。その結果として、必然的に企業文化も変わるはずだ。スタートアップ企業のように、「リーン・スタートアップ」（第1章「コラム」参照）が習慣になり、よりスピーディに、よりチャレンジングな方向へ刷新されていく。

そして必然的に、企業のマーケティングプロセスもお客さま主語で発想し、お客さまの気持ちに寄り添うような方向に変わり、企業とブランドとの接点であるコンタクトポイントの数と役割も劇的に刷新されていくことだろう。

その意味で、「オーケストレーションは最強のインターナルブランディング」である、と言える。

※ウェブ電通報　「エクスペリエンス最終案内　乗り遅れないための４つのキーワード＃２」2015.8.20 参照 URL: http://dentsu-ho.com/articles/2945

第3章 企業のなりわいワードと近未来ロードマップ

キーポイント

企業はその時、何屋になるのか

「なりわいワード」とは何か

「なりわいワード」。

企業が「破壊的イノベーション」を乗り越え、これまでにお客さまが経験したことのないエクスペリエンスの創造に成功して、独自のビジネスモデルを確立したときの企業の状態を示す言葉を私たち電通のエクスペリエンス・チームではこう呼んでいる。本来、「なりわい」とは「生業」のことであり、企業の収益源となる「食い扶持」そのものを意味する。

「なりわいワード」は企業主語で記述された企業の中長期の経営事業戦略のゴールをお客さま主語の言葉で翻訳したものだ。噛み砕いて言うと「なりわいワード」はエクスペリエンスとビッグデータの統合運用を前提にして企業自らがお客さまに提供するエクスペリエンスの中身について深く検討を重ね、なるべくお客さまがわかりやすい形で定義したものということになるだろう。「なりわいワード」は企業とお客さまの間で理解を共有することが前提になる。理想的には「くつろぎと創造の時間を生み出す自動運転サービス業」や「成果にコミットするスポーットレーニング業」のように的確さや簡潔さが重要である。

実際の企業の事例でわかりやすいのが、ヤフー（日本）の「課題解決エンジン業」、コマツの「建設オペレーション業（ＩＣＴ×建設機械業）」だ。

ヤフーの場合、自社の成長戦略を考えた時、もはや「検索エンジン業」という狭い領域のサービス業に居続けることは許されないと判断したと推察される。つねにユーザーファーストであり続け、ＩＴの力で企業や社会の課題を解決して行く「課題解決エンジン業」に進化して行こう、という経営者の決意が透けて見える。「課題解決エンジン業」という「なりわいワード」をお客さま目線でもう少し開いてみれば「ＩＴに強いマーケティングコンサルティング業」ということになるだろうか。

また、コマツも既に「建設機械メーカー」という製造業ではない。「スマートコンストラクション」と呼ばれるＩＣＴ技術を駆使したインテリジェントマシンコントロールを導入することによって、コマツのお客さまである現場の建設作業員のエクスペリエンスを大きく変えて行こうというのである。あらかじめ３Ｄの設計データを読み込ませたＩＣＴ油圧ショベルにＧＮＳＳ（グローバル衛星測位システム）による位置情報とアーム制御システムにより、オペレーターが複雑なレバー操作をすることなく図面通りに工事を仕上げて行くという仕組みを導入する。この「建設オペレーション業（ＩＣＴ×建設機械業）」という「なりわいワード」の背景には「破壊的イノベーション」への企てがある。

「なりわいワード」は、必ずしもお客さまや社員を含むステークホルダー全体に発信しなければいけない性格のものではない。しかし、企業によっては広告クオリティに磨き上げることで、そのままブランドビジョンに置き換わっているケースもある。

「エクスペリエンス×デジタル」を前面に打ち出した事例ではないが、ユニクロの「LifeWear」（着る人の価値観から作られるシンプルな服を通じて、着る人の生活を変えて行く業）、ジンズの「アイウエア業」（メガネを通じて美しく豊かな人生を創造する業）などがその代表例である。自社は何屋か、と問われた時、ユニクロはもはや「ファストファッション業」ではなく、ＪＩＮＳも「メガネ販売業」とは言えない。むしろ両社は「なりわいワード」のレベルでは「ライフスタイル提案業」であるといえよう。「なりわいワード」を再定義することで、企業とお客さまとの関係性が変わり、必然的に提供するエクスペリエンスの質や中身も変わってくる。

未来体験イノベーションプログラム

「破壊的イノベーション」を乗り越えた後の自社の「なりわい」はどうあるべきか？　そもそも自社はこの波を乗り切ることができるのだろうか？　現在、成功している大企業の経営者ほどその悩みは深いはずだ。著者がここでご提案したい重要なことは以下の2点である。

まず、最初に企業がお客さまに提供するエクスペリエンスのゴールイメージを描き、それを「なりわいワード」として経営事業戦略の根幹に据えること、次に「なりわいワード」を絵に描いた餅にしないように、ゴールからバックキャストで打つべき施策を考え、明確な「近未来ロードマップ」を描くことである。「未来を予知する最良の方法は、それを発明してしまうことである」というアラン・C・ケイ（ゼロックスのパロアルト研究所の設立者のひとりでアップル社のフェローでもあった）の箴言は変化の激しい現在のような時代にこそ、その意味は深く噛み締められるべきである。

往々にして優良な大企業ほど、お客さまのニーズ、競合の動向、自社の技術力や活用可能なリソースを見極めながら、極めて慎重に、フォアキャスト方式で物事を進めがちである。しかし残念ながら、その方式ではエクスペリエンス×ＩｏＴによる「破壊的イノベーション」が進行するスピード感にまったくタイミングが合わないだけでなく、さまざまな要因によって繰り返されるであろう紆余曲折を想定するとエネルギーのロスも大きくなるに違いない。あくまでも**図12**のようなイメージで「なりわいワード」の実現をゴールに、バックキャストで、というのが採るべき戦略である。

「なりわいワード」の創出の方法については、電通のチームで開発した『未来体験イノベーションプログラム』がある。

図12｜「なりわいワード」策定の考え方

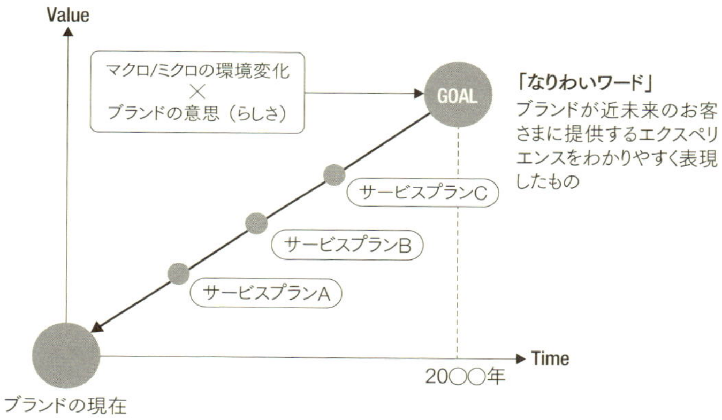

「なりわいワード」創出は企業の事業の将来（成長性）を決定する極めて重要なプロジェクトである。社内の叡智を集め、組織横断のタスクフォースチームを選抜し、ワークショップ形式で合意形成を図りながら進めて行くべきである。

プロジェクトの進行ステップは「タスクフォースチームを編成する」「未来視点でマクロ・ミクロの環境分析を行う」「ブランドらしさを分析し自社が進むべき方向を決める」「なりわいワードをまとめ、近未来ロードマップを作成する」の4つからなる。具体的な手法と手順については、〈解説〉なりわいワードを策定する、で説明する。

バックキャストで近未来ロードマップを描く

著者は登山が趣味である。昨年も赤岳鉱泉を起点に南八ヶ岳の阿弥陀岳・赤岳・横岳・硫黄岳周回や南アルプスの北岳・間ノ岳・農鳥岳縦走など思い出深い山歩きがあった。もちろん、こうして実際に山で過ごす時間は楽しいのだが、著者にとっては山に登る前に『山と高原地図』(昭文社)とにらめっこをしながら登山計画を立てるのもまた至福の時間である。

たとえば、南アルプスの麓・広河原を起点に標高３１９３メートル、日本第2位の高さの北岳に登るには、草スベリという草原状の急斜面に取り付いて小太郎尾根を上がるルートと、大樺沢を登り詰め八本歯のコル、吊尾根分岐に出るルートの二通りがある(図13)。前回、著者は前者のルートで上がり、後者のルートで降りたのだが、登山計画で最も重要なのは時間(コースタイム)の設定である。経験の浅い人ほど出発の時間(北岳でいうと起点の広河原)を最初に決め、その後、草スベリに何時何分、小太郎尾根に何時何分、北岳肩の小屋に何時何分と積み上げ式(フォアキャスト)で計画を立てがちである。しかし、こんなやり方で登山計画を立てたらいずれ遭難してしまうに違いない。体力があれば北岳の山頂には運良く立てるかもしれないが、降りてくる頃には甲府に戻る最終バスはとっくに広河原を出てしまっている。また何らかのトラブルで道に迷ったりすれば、下山中に日が暮れてしまい、滑落や転倒するのがオ

図13｜北岳広河原の登山ルート概念図

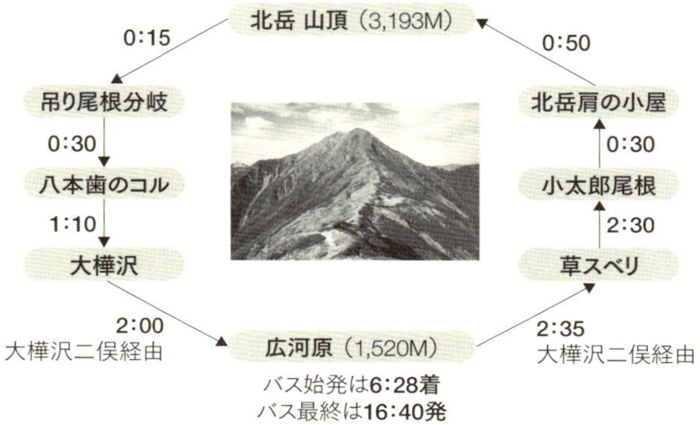

コースタイムは『山と高原地図』（昭文社）による

チであろう。では、どうすれば良いか？

北岳山頂がゴール、広河原が起点であることには変わりはない。ただし大切なことはまず、ゴールの北岳山頂に立つ時間を何時何分頃と最初に設定し、自分自身の体力を考慮しながら、山頂からバックキャスト（逆算方式）で計画を立てるべきなのである。バックキャストでロードマップを描く時、つじつまが合わなくなるケースが良くある。たとえば午前10時に北岳山頂に立つためには、午前4時には起点の広河原から登山を始めなければならないが、そんなに早い時刻に広河原に到着する登山バスはない、というようなケースである。このような場合は、そもそも登山計画自体に無理があるということになる。北岳に登るという目標を破綻なく達成するためには、広河原で前泊（テント泊）して早朝に登り始めるか、始発バスで午前6時半くらいから登り始めてまだ陽の高いうちに北岳肩の小屋まで上がってテントを設営し、翌日の早朝に満を持して北岳山頂に立つというのが実現可能なロードマップである。

企業のマーケティングの場合も山登りのたとえとまったく同じことが言える。その場合、北岳山頂が「なりわいワード」、登山計画が「近未来ロードマップ」、そして登山ルートは「事業戦略」に相当する。企業は北岳のような壮大ななりわいを構想することはできる。しかし、実現可能なロードマップ（「なりわいワード」を実現するために、何年何月くらいまでにこういうサービスプランを導入する）が明確に描けなければ、戦略はいずれ破綻する。山登りの仲間の間で良く言われることだが、「登りたい山と登れる山は違う」のである。「なりわいワード」を設定することと「近未来ロードマップ」を描くことはセットである、と考えるべきだ。そして「近未来ロードマップ」でも特に重要なことは「時間」の概念である。

エピソード❸ 独立系発電事業（ＩＰＰ）から住まいの灯り演出業へ

帝国製鉄千葉製鉄所は東京湾を臨む広大な埋め立て地に立地する、日本国内でも代表的な製鉄所のひとつである。帝国製鉄は業界では先進技術の開発や採用で定評があり、技術イメージが高い。地元の産業や生活インフラに対する貢献度も高く、地元では昔から「テイテツさん」の呼び名で親しまれている。

製鉄所では鉄鉱石を精錬する操業過程で大量の副生ガスが発生する。これを有効利用するために火力発電所を工場の敷地内に建設、工場で必要となる電力のかなりの部分をまかなっているだけでなく、１９９５年の電気事業法改正後は独立系発電事業（ＩＰＰ）にも参入、余剰電力を電力会社に売電（卸売り）することで収益を上げて来た。

しかし、２０１１年の東日本大震災から15年以上が経ち、震源地から遠い原子力発電所の最稼働が相次いで認められたことで夏場を中心とした国内の電力の需給バランスの逼迫が一気に解消された。この結果、これまで通り電力会社に安定的に売電することが難しくなったのである。グローバルでの価格競争の激しい製鉄業界において本業だけで高い収益を上げ続けることは困難で、売電による収益こそが千葉製鉄所の屋台骨を支えているといっても過言ではなかった。新たに電力の買い手を探すことが総務部長である大泉の目下の最大の悩みである。

そんな時、製鉄所の窮地を救ったのは、電力の営業部隊ではなく、製鉄所の施設部に勤務する地元の千葉の大学の大学院出身、入社3年目の女子社員・岸和田から提出された乾坤一擲の提言だった。岸和田は自らが所属する施設部だけでなく、組織の枠組みを超え、生産管理部、情報システム部、調達部、営業部、総務部などの若手社員の中から危機感の高い有志を募り、会社の近未来の「なりわい」について自主的に勉強会（「なりわいタスクフォース」）を行っていたのだ。岸和田が大泉に提出した企画書には箇条書きでこう書かれていた。

- 帝国製鉄千葉が「電気というコモディティ」を売るのはもはや限界
- 原材料としての電気ではなく「電気にまつわるサービス」をパッケージにして販売する
- つまり帝国製鉄千葉は「独立系発電事業（ＩＰＰ）」から「住まいの灯り演出業」になる
- 「住まいの灯り」を演出するために帝国製鉄千葉のＩｏＴの技術とノウハウをフル活用する。お客さまの節電にも貢献し、削減できた電気料金の合計の一定の比率を成果報酬フィーとして獲得する
- 競争の激しい臨海エリアの中小工場や一般の家庭世帯からは撤退する。お客さまのターゲットは最近、高速鉄道の延伸により丘陵部に建設され始めている大規模マンションの管理

組合に絞る

- いますぐ着手する。半年以内に最初のお客さまにサービスを提供し、1年後には事業単体で収益化（黒字化）する。5年後にはテイテツ＝「住まいの灯り演出業」になっている

大泉は岸和田の企画書を見てうなった。「独立系発電事業（ＩＰＰ）」から「住まいの灯り演出業」というフレーズを何度も反芻した。大泉には業態転換の発想など、さらさらなかったからだ。若い岸和田のプランがうまく行くかどうか確証はなかったが、岸和田を電力営業部に配置転換し、突破力では定評のある、野球部出身の熊崎課長のチームに入れた。

半年後。その年の秋も深まった週末。

大泉は熊崎と岸和田に連れられて、サービス契約第1号のお客さまである、隣の市の大規模マンション、エイトビラを訪問した。ちょうど肌寒い夕暮れ時だったが、暖色系の間接照明がマンションのレンガ色の外壁タイルを優しく照らしているおかげで体感の寒さは和らいだ。ハロウィンを祝うキャラクターのイルミネーションがいかにも楽しげだ。

マンションの共用スペースに取り付けられている旧式のＬＥＤや蛍光灯をすべて撤去し、配電設計も含め照明演出自体の設計をやり直す。そして共用スペースに多数の照明センサーを設置し、インターネットで繋いでＡＩにデータを集約し、秒単位で最適なオペレーションを行う

というのが、あたらしい「なりわい」の基本計画だった。

既存の電力会社と差別化するため、料金プランは現在、マンションの管理組合と各家庭が電力会社に支払っている基本料金の最大15%引きにするが、付帯条件として、省電力を達成して電気代が減った分の30%を帝国製鉄が成果報酬として受け取ることにする、というものだった。試算では、ランニングコストとして最もウエイトの大きい消費電力は、改善によって約50%を削減できるめどが立っていた。初期投資としてかかる照明器具の交換とセンサーの設置を含む配電計画のやり直しの費用、さらには毎月の電力会社への電力の託送料を差し引いても9ヵ月目からは成果報酬の部分が丸々自社の利益として計上されることが想定された。

「マンションの外壁を照らす間接照明は寒い今の時期はこのような暖色系ですが、天気や温度の変化をセンサーが感知して色が変わります。居住者の80%は小さな子供がいるファミリー世帯。イルミネーションやキャタクー照明も年に何回か企画して行こうと思います」。岸和田は誇らしげに説明した。大泉たちの視線の先には買い物から帰って来たと思われる数組の家族の姿があった。彼らの顔はいずれも幸せそうな笑顔で満たされていた。

ほどなく、熊崎と岸和田のチームは電力営業部から独立してエクスペリエンス部という新しい組織を率いることになった。岸和田は今、米国のウェブカメラのベンチャー企業と千葉県内の警備会社と提携して、住まいのセキュリティを加えた「安らぎと安心・安全をお届けする住まいの総合サービス業」を実現できないかという検討に入っている。さらに5年先の実現が目標だ。スマートフォンのアプリを活用して家庭の電気製品のコントロールとセキュリティのサービスが提供できれば、地域のお客さまのエクスペリエンスにさらに深く関わることができるだろう。

解説 「なりわいワード」を策定するために

ＳＴＥＰ１：タスクフォースチームを編成する

〈エピソード３〉独立発電事業者（ＩＰＰ）から住まいの灯り演出業へ、の事例を活用しながら、企業が実際に「なりわいワード」を策定するための手法や手順について見て行きたいと思う。まず、最初のステップは、企業の将来について真剣に考えるタスクフォースチーム（特命チーム）の編成である。〈エピソード３〉の帝国製鉄のケースでは、若手社員の有志が組織の枠組みを超えて自発的に「なりわいタスクフォース」を作ったという設定になっているが、実際の企業では時間外の労務管理などの問題もあり、非公式にこうした活動を継続するのはハードルが高いかもしれない。

しかも優良な大企業ほど、組織の「サイロ化」は進みがちだ。組織の専門性が高く、それぞれの組織を管掌する役員の顔ぶれも違うことが多い。Ｒ＆Ｄ部門、マーケティング部門、営業部門……それぞれの組織の構成員は皆、勉強熱心であり、秀逸な構想やアイデアを持っているが、組織の枠組みを超えた連繫の機会自体があまりないので、現場発ではタスクフォースチーム編成によるボトムアップでの改革の動きは起こりにくい。

組織や階層の枠組みを超えて、社内の叡智を集めたドリームチームを編成して、企業が近未来にお客さまに提供すべきエクスペリエンスについて深く考え、「なりわいワード」を紡ぎだす。もちろん、この重い舵を切れるのは経営トップに他ならない。

中長期の経営計画の策定のタイミングや外部環境の変化で業態改革を本格的に検討しなければいけない時期であれば、それを機会点にしても良い。幸い、日本は２０２０年の東京オリンピック・パラリンピックが控えており、２０２０年もしくは現在から約10年後（２０２５年〜）をゴールに設定して企業が中長期の成長戦略を検討するムーブメントをつくり出しやすい空気にも満ちている。

著者が実際にお手伝いをさせていただいているケースでは、大企業での「なりわいワード」策定のプロジェクトは、副社長や経営企画管掌の役員がプロジェクトリーダーになり、タスクフォースメンバーは40歳前後のマネージャー昇格前後の社員から組織横断で選抜されるケースが多い（階層が上がりすぎると組織同士の利害が表面化しやすく、自由闊達な意見が言いづらくなるという事情がある）。

アウトプットを豊かにするためにタスクフォースチームの運営は多視点で進めることが望ましい。各部署から選抜された30名弱の精鋭メンバーを4チーム程度の小グループに分け、創発型のワークショップ形式で「なりわいワード」創出のプロジェクトを進めると良いだろう。お客さまフロントに近い、営業部やマーケティング部はもちろんだが、ふだんはバックオフィスで働いているお客さまサポート部、人事部、総務部、情報システムの部署の社員も必ず参加させるべきである。

タスクフォースチームによるプロジェクトの進捗は社内報やイントラネットなどを活用して社内的な広報活動を行うほか、定期的に総責任者の経営トップに対し、タスクフォースチームのメンバーが進捗報告を行うような建付けにする。密室で極秘裏にプロジェクトを進めるのではなく、あたかも「舞台の上で」行われているような見え方にすることでタスクフォースには加わっていない大多数の社員の納得感や腹落ち感が得やすくなる。後日、経営トップが「なりわいワード」を発表し、サービスプラン（施策）を実行に移す際には、社員のモチベーションに明らかな違いが出てくることになる。

また、著者の経験では、タスクフォースによるワークショップの成否の70%はファシリテーターの力量で決まる。専門的なファシリテーション・スキルに加えて、外部の客観的な視点もプロジェクトには不可欠である。企業のプロジェクトリーダーは外部の信頼できる、優秀なファシリテーターを招聘して、ワークショップの運営と進行を委託すべきであろう。

STEP2：未来視点でミクロ・マクロの環境分析を行う

組織横断のタスクフォースを編成し、「なりわいワード」策定プロジェクトの進め方について社内的な座組みが整ったら、ワークショップがスタートする。日常の仕事から一旦離れ、タスクフォースメンバーの集中力を高めるためにワークショップはオフサイト(会社以外の場所)のミニ合宿形式で行うと効果的である。

まずは、**図14**の「SEPTEmber / 5Forces」というフレームワークを使い、「未来キーワード（事象）」の抽出を行う。タスクフォースのメンバーにはあらかじめ、宿題としてフレームを埋めるべきキーワードをポストイットに書き出して来てもらい、ワークショップでは最初から活発な議論ができるようにするのが望ましい。

未来視点でのマクロ・ミクロの環境分析は、企業が自社の提供する商品やサービスに近い領域で近未来（先述した通り2020年、2025年など具体的に設定することが必要）にお客さまの生活がどうなっているのか、気になるキーワード（事象）を抽出することが狙いである。

マクロ環境分析とは外部環境要因のことで、具体的には「社会」「経済・税制」「政治・政策」

図14 「SEPTEmber/5Forces」

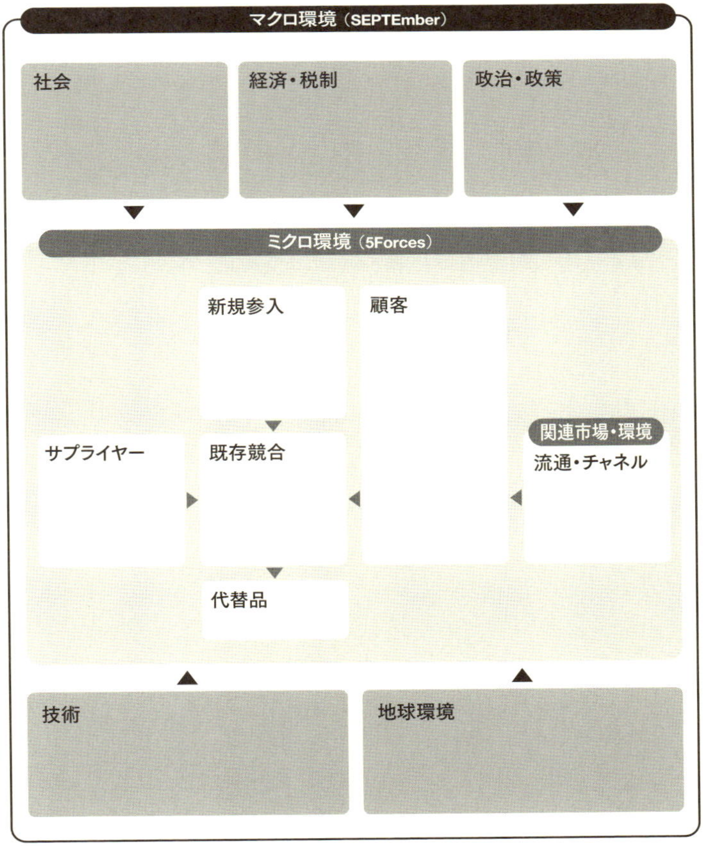

「技術」「地球環境」の５つの要素からなる。それぞれの英語の頭文字を取って「SEPTEmber」分析と呼ばれる（語順を変えて「ＰＥＳＴ分析」と呼ばれることもある）。

一方、ミクロ環境分析はハーバード・ビジネス・スクール（ＨＢＳ）のマイケル・Ｅ・ポーター教授が１９８０年に発表した『Competitive Strategy』（日本語版は『競争の戦略』ダイヤモンド社 土岐坤・中辻萬治・服部照夫 訳 １９８５年）で紹介されている有名なフレームワーク「5Forces」をベースにしている。企業が現在直面している業界内の競争に影響を与える要因を「既存競合」「新規参入」「代替品の脅威」「顧客」「サプライヤー」の５つに分類し、それぞれの力の強さや関係性を分析することで業界構造の特徴を明確に整理しようというものだ。上記の５つに加え、「破壊的イノベーション」が起きることで「業界」や「競合」の枠組みやルールが変わるということも想定し、「関連市場・環境」（流通・チャネル）も併せて考えていく。

未来予測についての書籍や白書は数多く出版されているので、アイデア発想の触媒（カタリスト）としてそれらを参考にするのも良いが、書かれている内容を鵜呑みにすべきではない。タスクフォースメンバーがそろって特定の書籍を参考にした場合、出されるアイデアが偏ってしまうという弊害が懸念される。

因みに、電通では役立つ発想支援ツールとして「生活者の未来マインド」「Future Map（未来曼荼羅）」「２０２０年生活者予測資料」などを準備しているが、事前に紙の出力やデータで配布するのではなく、ワークショップの会場に置いておき、アイデアに詰まったら閲覧してもらう、というスタイルを取っている。

初回のワークショップでは宿題としてメンバー各自がポストイット（付箋）に書き出して来たキーワードを各チームで共有し、「SEPTEmber」と「5Forces」の領域ごとに別々の模造紙に貼り出して行く。

これらをＫＪ法（ブレインストーミングで得られたアイデアをカードに記述し、似たグループごとに集約してチームとしてのアイデアを整理して行く手法。ＫＪとは考案者の川喜田二郎氏〈文化人類学者で東京工業大学名誉教授〉に因む）によってグルーピングして行き、似通ったもの同士をいくつかの塊に整理して、グループを代表するキーワード（名前）をつけてみる。

整理されたキーワードは未来事象の種（シーズ）である。これらのワークを「SEPTEmber」と「5Forces」のすべての領域（11領域）で繰り返すことで、起こると想定される環境変化の大まかな全体像を把握することができる。

続くワークはこれら未来事象のキーワードの「インパクトの大小」をつかむ大変重要な作業である。抽出された未来事象のそれぞれが「お客さまの◯年後の生活」を考えるうえで「起きたらインパクトが大きいもの」でなおかつ「確実に起こるもの」の上位4～5個を投票によって選んで行く。未来事象のキーワードの中で、「インパクト大」で「確実に起きること」が企業やお客さまにとって最重要であることは言うまでもないが、「インパクト大」で「確実に起るかどうかわからないもの」も要マークとして必ずいくつか残しておく。未来の「想定外」な事象への未対応のリスクをあらかじめ潰しておくためである。

たとえば、「海外からの移民が増える」「戦争のリスクが高まる」というような未来事象は現在の日本の「政治・政策」を考えると蓋然性は低いものの、仮に起きたとすれば、お客さまの生活に与えるインパクトは決して小さくなく、企業の「なりわい」にも大きな影響を与えるに違いない。ちなみに、〈エピソード3〉帝国製鉄のエピソードの場合、著者が考える「独立系発電事業者（ＩＰＰ）」としての帝国製鉄の「SEPTEmber/5Forces」は図15のようになるだろう。あわせてご参考にされたい。

上記のプロセスで集約された未来事象キーワード（候補）については、こういった事象が起きた場合、お客さまの生活にどんな具体的な変化が起こるか、逆に今一度アイデアを「拡散」させてみることも必要である。未来事象によってお客さまのエクスペリエンスが具体的にどう変わって行くか、リアリティを持って考えることで、未来の企業の「なりわい」のコンセプトを考えるうえで有益なヒントが出てくることが期待できるからだ。

図15｜「独立系発電事業者（IPP）」帝国製鉄の「SEPTEmber/5Forces」案

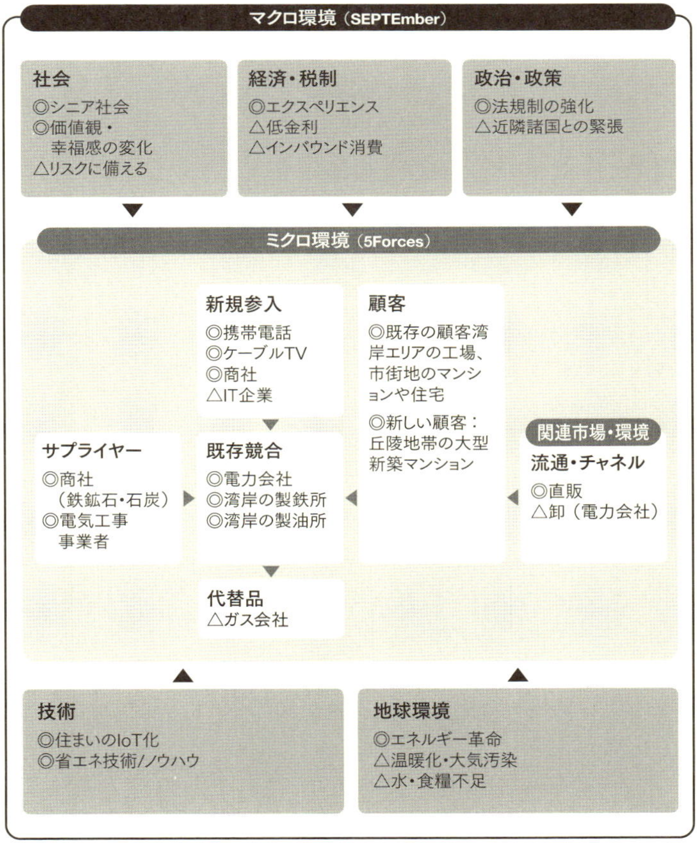

◎…確実×インパクト大　△…不確実×インパクト大

図16｜「The SUN」

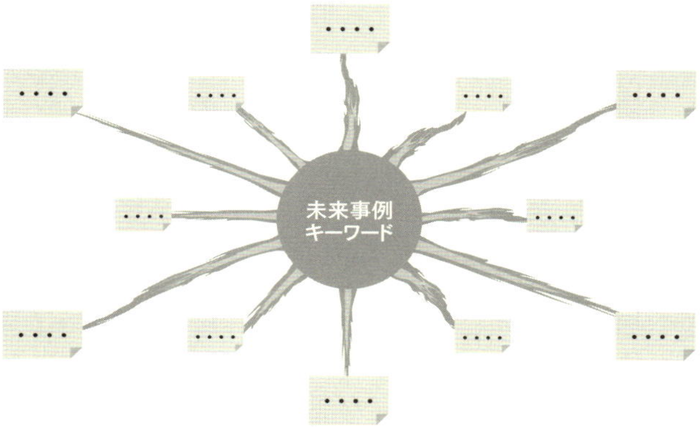

電通では「The SUN」というフレームワーク（図16）を使ってこのステージでタスクフォースメンバーによるブレインストーミングを実施している。

たとえば〈エピソード3〉帝国製鉄のケースで、あるグループが「SEPTEmber」の「技術（Techinology）」における重要な未来事象キーワードに「住まいのＩｏＴ化」を確実×インパクト大の未来事象キーワードとして選んだとする。「住まいのＩｏＴ化」でお客さまの住生活はどのような影響を受けるだろうか？「在宅で医療やヘルスケアのサービスが可能になる」「照明や空調が常に最適化され人間の負担が減る」「住む人の体調や気持ちの変化に寄り添った住環境サービスが可能になる」「火事や家での事故のリスクが減る」というポジティブな変化予測もあれば「Ｉｏ

Ｔ化の恩恵を受ける家とそうでない家の格差ができる」「家でやることが少なくなり認知症の高齢者が増える」というようなネガティブな変化予測も出てくるだろう。

「住まいのＩｏＴ化」という未来事象のキーワードを「太陽」に相当するセンターの位置に置き、「フレア」に相当する部分に変化予測をポストイットに書き出して次々に貼って行くと、最重要と思って選んだ未来事象でもタイプよってはお客さまの将来のエクスペリエンスにとっていくつもの重大な影響を及ぼす変化を数多く抱えているもの（最重要の未来事象）とそうでないもの（あまり重要でない未来事象）の違いが見えてくるはずだ。

さらにチームごとに「SEPTEmber/5Forces」の11領域の中で、最重要の未来事象を5～6つ選び、「お客さまの◯年後の◯◯を◯◯する生活」を文章化し、「未来シナリオ」に集約する。未来事象のワードや未来事象が引き起こす未来の変化予測をチーム全員で俯瞰してみて図17のようなフォーマットで整理するのである。

〈エピソード3〉で例にあげた帝国製鉄を前提に考えると、図18のような形で整理が可能だろう。実際のワークショップでは各チームそれぞれで案をつくって発表することになるが、タスクフォース全体では共通点も相違点も出てくるはずだ。共通点については深堀りと具体化を繰り返し、相違点については「なぜ」違う他のチームと見解になるのか、異なる意見同士を尊重

図17｜「未来シナリオ」

外部環境が

（未来にとって重要な、環境変化の事象） になると、

人々の生活は

（環境変化の事象によって引き起こされる、人々の生活における変化） となり、

住まいにおいては

（住まいにおけるニーズ） が求められるようになる。

その中で、電気を使う生活は

（電気を使う生活の役割・位置付け・ポジショニング） になる。

図18｜「独立系発電事業者（IPP）」帝国製鉄の「未来シナリオ」案

外部環境が すべてのモノがインターネットにつながり、ビッグデータの活用とアナリティクス導入が広く行われるよう になると、

人々の生活は 様々なサービスを通じて将来のエクスペリエンス予測と改善提案を受け取ることでより充実したもの となり、

住まいにおいては 精神的豊かさや心の安らぎという心理的な付加価値 が求められるようになる。

その中で、電気を使う生活は 省エネルギーを実現しながら暗い場所を明るく照らすだけでなく、気持ちを和ませたり、ワクワクさせたり、住む人の気持ちに寄り添った新しい体験的な価値を提供するよう になる。

しながら、最終的には決められた時間の枠組みのなかで合意形成を図っていく。この部分は、ファシリテーターの力量の見せ所である。

なお、経営トップに対して中間報告を行うのであれば、このタイミングで実施するのが望ましい。ありがちな問題点は、タスクフォースのメンバーがそれぞれの抱える現場で毎日ハードな現実に向き合わざるを得ない状況にいることが多いため、描かれる「未来シナリオ」がどうしても暗いトーンになりがちなことだ。

「未来シナリオ」を明るく、夢のある方向に軌道修正させるのは、経営トップの重要な役割である。企業の内部の人間がワクワクしなければ、近未来のお客さまに感動的なエクスペリエンスを提供することは不可能であろう。

STEP3：ブランドらしさを分析し、自社がつかみ取る未来を決める

「未来シナリオ」は山登りで例えると実はまだ「五合目」に過ぎない。「未来シナリオ」で描かれるお客さまの未来のエクスペリエンスの変化は「破壊的イノベーション」が起きる前提の可能性であり、機会点の集まりにすぎない。結局、その変化を利用して何をどうしたいか、というのは結局「企業の意志」に強く委ねられている。時の流れに身を任せるのではなく、多様

にある未来の選択肢の中から、自社がつかみ取る未来を主体的に決断するのである。

それでは、一体、「未来シナリオ」のなかから、どうやって「企業の意思」で未来をつかみ取ったら良いのだろうか。

それは「ブランドらしさ」を分析し、お客さまのブランドに対する「愛着」を裏切らないような方向性で自社が進むべき方向を「企業の意思」として決断することであると著者は考える。言葉を変えて言えば、それはお客さまが「ブランドにふさわしい」と思うやり方で、企業としての「ふるまい」を規定することでもある。なお、「愛着」という価値についてはこの章の〈コラム〉であらためて解説することにする。

自社のブランドに対する分析（価値体系や強み・弱み）は、中長期の経営計画のプロセスでブランドの価値規定を行ったり、ステークホルダーを対象にブランドブックを制作・配布していたりしてすでに多くの時間と労力を積み上げて精緻化されているかもしれない。

しかし、企業が提供する価値は多くの場合、「品質が高い」「デザインが洗練されている」「正確で速く快適である」のように概ね「形容詞」で表現されており、「動詞」（ＤＯ）の表現にはなっていない。場合によっては「破壊的イノベーション」のプロセスに積極的にお客さまを巻き込む、お客さまをサポーターとして取り込むケースも想定される前提で考えると、企業の意思表明は形容詞ではなく、より積極的な形、すなわち「動詞」でなされるべきである。

したがって、形容詞で示された「ブランドらしさ」を動詞型の「Do’sとDon’ts」（らしい、ふるまいとらしくない、ふるまい）に整理する特別な作業が必要になるだろう。「Do’sとDon’ts」の翻訳は特に難しいワークではなく、発想を柔軟にするための2つのグループワーク、つまり「現在のブランドらしさ（形容詞）を別のカテゴリーのモノ・コト（名詞）に置き換える」作業と、「今のブランドの差別性・優位性を競合ブランドとの比較の中で整理する」作業を行うだけで良い。前者の作業については自社のブランドの魅力をたとえば、色や動物に置き換えたらどうなるかという思考実験であり、客観的な視点から「ブランドらしさ」を捉えるのに役立つ。また後者についてはブランドが提供しているエクスペリエンス（体験価値）の観点から競合ブランドとの違いを書き出して行く。過去には明確に持っていたが、現在は希薄になってしまった価値も含めて考えて良い。

この2つのワークの成果を活用しながら、以下のフレームワーク（図19）を用いて「Do’sとDon’ts」を整理して行く。

「Do’sとDon’ts」のシートの中には、自社ブランドにしかない「独自の価値」やそれを下支えする「背景、根拠、ＤＮＡ」が、またこれまで大切にして来て、これからも大切にして行き

図19 | 「Do's & Don'ts」（らしいこと・らしくないこと）

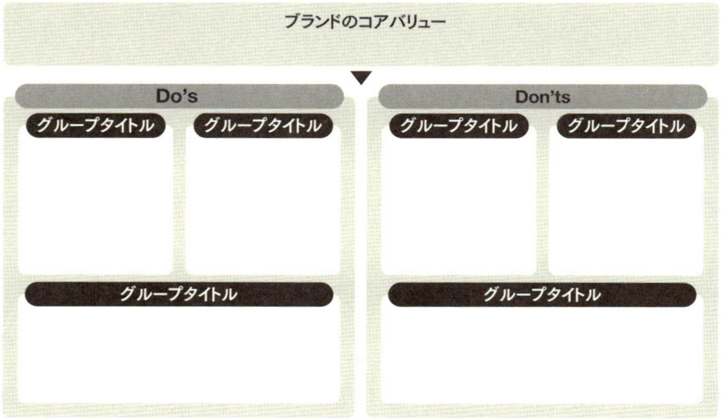
ブランドのコアバリュー
Do's
グループタイトル
グループタイトル
グループタイトル
Don'ts
グループタイトル
グループタイトル
グループタイトル

図20 | 「独立系発電事業者（IPP）」帝国製鉄の「Do's & Don'ts」案

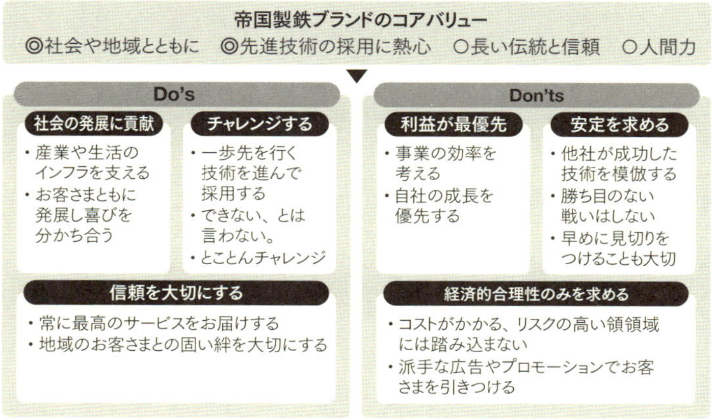
帝国製鉄ブランドのコアバリュー
◎社会や地域とともに　◎先進技術の採用に熱心　○長い伝統と信頼　○人間力
Do's
社会の発展に貢献
・産業や生活のインフラを支える
・お客さまともに発展し喜びを分かち合う
チャレンジする
・一歩先を行く技術を進んで採用する
・できない、とは言わない。
・とことんチャレンジ
信頼を大切にする
・常に最高のサービスをお届けする
・地域のお客さまとの固い絆を大切にする
Don'ts
利益が最優先
・事業の効率を考える
・自社の成長を優先する
安定を求める
・他社が成功した技術を模倣する
・勝ち目のない戦いはしない
・早めに見切りをつけることも大切
経済的合理性のみを求める
・コストがかかる、リスクの高い領領域には踏み込まない
・派手な広告やプロモーションでお客さまを引きつける

たい「理想的なお客さま像」が要素として散りばめられるはずだ。〈エピソード3〉帝国製鉄のケースでは仮に図20のように描かれるだろう。

そして前の〈ＳＴＥＰ２〉で作成した「未来シナリオ」と「Do’s とDon’ts」からキーワードを抽出し、チームごとに「ブランドのありたい姿」(Future Vision Sheet)(図21参照)に整理する。ここでようやく「未来シナリオ」と「企業の意思」が一体になり、「ブランドのありたい姿」が具体的になった。

ここまでくれば、山の頂上は見えたのも同然だ。

〈エピソード3〉帝国製鉄のケースは図22のように整理しておいた。

〈エピソード3〉で岸和田を中核とした若手社員のグループが独立発電事業者(ＩＰＰ)としての「なりわい」を「住まいの灯り演出業」と構想したのは決して偶然の思いつきではなく、「SEPTEmber/5Forces」「The SUN」「未来シナリオ」「Do’s & Don’ts」などのフレームワークを使い、アイデアの「収束」と「拡散」を繰り返しながら、必然的にたどり着いたゴール仮説であることがご理解いただけたと思う。

図21 |「ブランドのありたい姿」(Future Vision Sheet)

20○○年、

注目し、捉えるべき外部環境変化 になる社会の中で、

○○ブランドは

理想的なお客さま像 なお客さまに対して、

提供する独自価値 という価値を提供する、

アイデンティティ・役割 になります。

それを下支えするDNA・事象は、

下支えする背景、根拠、DNA です。

図22 |「独立系発電事業者(IPP)」帝国製鉄の「ブランドのありたい姿」案

2030年、

IoTの浸透によりエクスペリエスの価値が重要 になる社会の中で、

帝国製鉄は

精神的な豊かさや心のやすらぎを大切と考えるよう なお客さまに対して、

すまいの灯りによる、なごみやワクワク感 という価値を提供する、

発電・小売り・演出をワンストップで提供するサービス業 になります。

それを下支えするDNA・事象は、

社会や地域への貢献、お客さまとの信頼感、先進技術への挑戦 です。

STEP4：「なりわいワード」をまとめ、近未来ロードマップを作成する

「ブランドのありたい姿」シートは企業の「なりわいワード」を創出するうえで、ナビゲーションマップの役割を果たす。5つのマスの中から、重要なキーワードを探していけば、近未来に企業がお客さまに提供するエクスペリエンスの本質的な価値が見えてくるはずだ。各チームで「なりわいワード」のプロトタイプ（仮案）が何案かできたら、チームごとに以下の5つの視点で検証し、有望な「なりわいワード」になりうるか、自己採点して行く。

1 そのイノベーションはお客さまの感動を生み出せるか
2 そのサービスに企業にとってのビジネスチャンスはあるか
3 お客さま（ファン・サポーター）の数は増やせるか
4 現在よりも社員のモチベーションアップにつながるか
5 何よりもブランドらしいか

それぞれの問いに対して5点満点で採点し、合計点を集計したうえで各チームの「なりわいワード」と自己採点結果を発表、再度、ファシリテーターの進行により、タスクフォースメン

バー全員によるグループディスカッションでひとつの「なりわいワード」に絞り込む。

これでゴールイメージの共有はできた。ブランドの現在の立ち位置と「なりわいワード」で具体的に示される近未来のお客さまに提供すべきエクスペリエンスの世界とのギャップが企業にとっての課題であり、チャレンジするべき活動領域でもあり、バックキャストでゴールと起点を一直線で結ぶことが企業の「事業戦略」でもある。

「なりわいワード」で示されたゴールの実現のために、いつまでにどんなサービス（サービスプラン）を導入すれば、予定した時間軸の中でやりきれるか、綿密で具体的な計画をセットで考えるべきである。〈エピソード3〉帝国製鉄のケースでは、5年後に「住まいの灯り演出業」という「なりわいワード」で示されるゴールを実現するために、半年以内に最初のお客さまにプロトタイプのサービスを提供し、1年後には事業単体で収益化（黒字化）を実現という青写真がプロジェクトリーダーの岸和田の提案書の中に示されていたことを思いだしてほしい。この具体的な計画表（図12）のことを「近未来ロードマップ」と呼んでいる。「なりわいワード」策定の考え方をあらためて参照されたい。

創り出した「なりわいワード」が現在の「なりわいワード」とどれくらいの距離感があるか、で「近未来ロードマップ」は変わってくる。

両者の距離が近い場合、つまり現在の事業ドメイン領域の延長線上に「なりわいワード」で定義された近未来の「なりわい」が来る場合には、技術的なバックグラウンドとの整合性のチェックも含めて、ロードマップの作成はさほど難しくはないだろう。山登りに例えると高尾山のような低山に登るイメージだ。

逆に両者のギャップが大きい場合は綿密な計画や実現に向けての特別な工夫が必要だ。変わるべき方向を強く意識した打ち出しが必要になる。現在のメーカー（製造業）がサービス業へ「なりわい」を変える場合がそうだ。そこでは経営者の英断が企業の命運を決める。〈エピソード3〉で紹介したストーリーのように、製鉄会社が独立系電力事業者（ＩＰＰ）になり、最終的には「住まいの灯り演出業」へと「なりわい」の重心が移って行く場合などはその典型と言える。お客さまにとって付加価値が高いエクスペリエンス領域のサービスはブランドとしての差別性も高く、企業の成長戦略を左右する。仮にしばらくの間はメーカーとしての事業の売上の方が、新しい「なりわい」のサービス業の売上よりも比率が高かったとしても、企業の経営者にはやり抜く勇気と気概が求められるだろう。

このようなステップを踏んで「なりわいワード」を創出することで、企業が「破壊的イノベーション」の波をどのように利用し、事業戦略を描くべきかがクリアになる。加えて、ありとあらゆる産業がサービス業に転換し、お客さまに対してモノではなく、豊かなエクスペリエンスを提供することが企業の「なりわい」にシフトして行くことによって、新たなビジネスチャンスが見えてくるはずだ。

「なりわいワード」の考え方と策定のプロセス、「近未来ロードマップ」の活用については、大企業はもちろんのこと、労働人口の減少に悩む農林水産業や中小の製造業にも適用が可能である。ＡＩによるビッグデータ活用・アナリティクス導入による近未来のエクスペリエンスの予測と改善提案は実は「なりわい」を刷新するための手段にすぎず、むしろ「大きな絵」を描き、そこに至る「道筋」について思いを巡らすことこそが重要である。

「なりわいワード」を構想することが「Disruption」の荒波を乗り越え、エクスペリエンス×ＩｏＴを強みとして活かしながら企業の生き残りのための戦略を立案するためのスタートラインなのである。

提言 企業の未来を「発明」しよう

まず、これまでの業界や競合の定義を捨てよう

お客さま主語で企業が提供するエクスペリエンスを発想し、「なりわいワード」を定義すると従来の「業界」や「競合」の概念も変わる。

〈エピソード3〉独立発電事業者（ＩＰＰ）から住まいの灯り演出業、では製鉄会社が「独立発電事業者（ＩＰＰ）」の事業に進出しているという設定だった。日本における「独立発電事業者（ＩＰＰ）」の定義は自ら電気の小売りをせず、自らが保有する発電所の電力を電力会社に卸売り販売する事業者のことである。したがって「住まいの灯り演出業」に業態転換することは電力の小売業になると同時に、灯りの演出というサービス業になることを意味する。２０１６年４月からの電力自由化によって電気の小売業にはさまざまな業界から事業者が参入し、早くも「レッドオーシャン」の様相を呈している。たとえば、ＪＸ日鉱日石エネルギー、出光グリーンパワー、昭和シェル石油は「石油精製・販売業」、ダイヤモンドパワー、丸紅、伊藤

忠エネクス、サミットエナジーは「商社」、ａｕでんき、ＳＢパワーは「携帯電話サービス業」、新日本電力、日本電力サービスは「太陽光発電業」、Ｊ：ＣＯＭは「ケーブルテレビ業」からの参入である。見ての通り、従来の「業界」や「競合」の概念はこの時点で意味をなさない。

その点、「住まいの灯り演出業」はお客さまのエクスペリエンスに踏み込んだサービス業であり、差別化の意味では当面は競争優位を保てるかもしれない。しかしながら近い将来、商社がバックグラウンドにいる「マンション販売業」や家電ＡＶと親和性の高い「ハウスメーカー業」などが「住まいの灯り演出業」に侵攻してくる可能性は否定できないだろう。

また、第1章で見た「自動運転サービス業」という「なりわい」の土俵も同様である。ＩＴ企業のグーグルやアップル、日米欧の名だたる「自動車メーカー業」だけではなく、米テスラのようなベンチャーの「電気自動車メーカー業」、コンチネンタルやボッシュのような「自動車部品メーカー業」、日立のような「電機メーカー業」が群雄割拠し、「自動運転サービス業」という広い意味での「業界」を形成し、「競合」として主導権争いのしのぎを削っている。本業とのシナジーが最も高い「自動車メーカー業」がこの競争について楽観的な見方をしていないことは、先端技術への開発投資やＭ＆Ａ、企業同士の合従連衡の規模感やスピード感を考えれば明白であろう。

新しい「なりわい業」の土俵では企業の出自（元は何業界だったのか）は時間の経過ととも

にほとんど意味をなさなくなり、新たな「競合」との現在と近未来の力関係によってのみ勝敗が決まる。

また、「自動運転サービス業」にタイムズカープラスのような「カーシェアリング業」、ウーバーのような「クルマの相乗りサービス（ライドシェア）業」がさらに「なりわい業」の上のレイヤーに被さってくると、さらに競争の構図は複雑になる。まさにゲームのルールがまったく違うプレイヤー同士の異種格闘技戦が展開されるということになるだろう。

このように「破壊的イノベーション」が起きた後のエクスペリエンス４・０の世界では、「業界」や「競合」の定義が変わり、既存の業界や競合の枠組みを前提にした「３Ｃ分析（カスタマー、コンペティター、カンパニー）」などはまったく役に立たなくなる。

そもそも総務省が定める「日本標準産業分類」や証券業界で使われている「証券コード評議会における業種分類」に代表される、現在の業界や競合の区分は、「持続的イノベーション」が安定的な成長を演出していた20世紀後半のある一時点での経済の静的な断面を表したものに過ぎない。あくまでも企業（ブランド）が提供する機能価値が差別化のドライバーとして最も有効だった時代の価値観を背景にして分類がなされている。

このように「破壊的イノベーション」が起きることで、すべての業界はいったん「サービス業」に集約され、提供するエクスペリエンスのタイプによってさらに「なりわいワード」で分類され、新しい業界や競合のランドスケープが決まる。
企業の経営者や経営企画部門、マーケティング部門で働く社員は、これまでの業界や競合の概念を捨て、「なりわいワード」というスコープでマーケットを眺める必要がある。

ソーシャルの課題をビジネスチャンスとして積極的に捉えよう

フィリップ・コトラーによると、「マーケティング３・０」は「価値主導のマーケティング」であるという。ソーシャルグッドな価値を基軸に、お客さまとの共創を前提とした価値創造（コクリエーション）が重要なマーケティングコンセプトになり、お客さまの満足や事業の差別化といった「マーケティング２・０」以前のテーマを引き継ぎつつ、「世界をより良い場所にすること」が企業にとっての究極の目的とされる。この考え方はマーケル・ポーターが２０１１年に『ハーバード・ビジネス・レビュー』で発表した「ＣＳＶ（Creating Shared Value：邦題「経済的価値と社会的価値を同時実現する共通価値の戦略」）、日本の近江商人の心得として広く知られている『三方良し』の考え方（「売り手良し」「買い手良し」「世間良し」）とも基本的に共通である。
お客さまのエクスペリエンスの向上がビジネスの規模を拡大させ、なおかつ社会への貢献につながっている（あるいはつなげようとしている）事例はグローバル企業では、ユニリーバの「ザ・コンパス戦略」（環境負荷を減らし、社会に貢献しながらビジネスを2倍に ２００９年）やＩＢＭの「Smarter Planet」（地球をより賢く、スマートに ２００９年）などが知られている。またユニクロを運営するファーストリテイリング社が年2回発行し、店頭で希望者に無料配布しているブランドブック『The Life Wear Book』には、バングラディッシュの地域経済振興のためグラミン銀行（経済学者ムハマド・ユヌスが設立した、貧困層へのマイクロファイナンスを行うための銀行）と合弁で設立したグラミンユニクロの活動が「ごく控えめに」紹介されている。ソーシャルの課題を企業の事業チャンスと積極的に捉え、ソーシャルグッドな活動と事業のトップラインを上げることを同時に達成しようという活動の事例である。

「SEPTEmber / 5Forces」のフレームワークを使い、「未来キーワード（事象）」の抽出を行う過程で、必ずソーシャルの課題が抽出されるはずである。「未来シナリオ」や「なりわいワード」を創り上げる過程で、ソーシャルの課題解決の要素を注入することをためらうべきではない。たとえば、「自動運転サービス業」は交通渋滞や交通事故の解消に、「スポーツトレーニング業」は健康の維持・促進に、「住まいの灯り演出業」はストレス社会の緩和に貢献するはずである。お客さまに豊かなエクスペリエンスを提供することで、企業が自らのブランドの差別化を加速させようと考えるのであれば、ソーシャルの課題をビジネスチャンスとしてむしろ積極的に捉えるべきなのである。

先手必勝、今すぐにやろう

エクスペリエンス4・0の世界では先手必勝が鉄則である。前に進むことをためらうこと、新しい「なりわい」の土俵で一番乗りを逃すことは死活問題に関わる。今すぐにスタートを切るべきである。

その理由の1番目は新しい「なりわい」への組織的な「適応」に関することである。第1章の〈コラム〉リーン・スタートアップ　で書いた通り、IoT時代の競争優位は「学習能力の速さ」であると言える。リーンに新しいサービスを導入し、お客さまのフィードバックを得ながら、アジャイルな改善を繰り返す。ゴールは現在とは違う「なりわい」、すなわち現在とは違う、新しいタイプのサービス業である。このことは、現在、企業にストックされた資産やスキルが必ずしも近未来における競争優位を保証するものではないことを物語る。

第2の理由はお客さまとの関係性の変化である。「持続的イノベーション」のステージでは、ベンチャー企業が「モルモット」となって多大なリスクを一身に背負いながら果敢にマーケットを創造した。そして、成熟した大企業は技術的なチャレンジの度合いと経済的なポテンシャルを十分に見極めたうえで（つまり低リスクで）満を持して参入し、果実を享受することが許された。モノとしての機能的な価値は代替が可能であるので参入障壁はもともと高くはなかったのだ。しかし、エクスペリエンス４・０の世界では、第１章で見て来た通り、ブランドとお客さまはデータを媒介にし、長い「時間」軸のエクスペリエンスでつながってしまう。一旦この循環型のサービスモデルにお客さまが入り込むと、よほどの理由がない限りブランドスイッチすることは難しくなるだろう。

第３の理由はゲームルールの設定に関することだ。「自動運転サービス業」「スポーツトレーニング業」「住まいの灯り演出業」のいずれにせよ、一番乗りのプレイヤー企業がゲームルール（サービスのスキーム、価格設定など）を自由に設定でき、それをデファクト・スタンダードにすることができる。フォロワー企業に安易に模倣されないよう特許や商標で防御網を張り巡らすことも可能である。ＰＣ、スマートフォンやその周辺のデジタルビジネス領域で起きたことは繰り返されるのである。

企業が新しい「なりわい」を明確に決定し、そこで勝者になりたいと考えるなら、先手必勝、今すぐにマーケティングプロセス刷新に着手すべきである。近未来の競合はステルス状態であることも危機感を深める要因である。エクスペリエンス４・０の世界では、これまでのようなスピード感覚では大企業であっても、もはや生き残れないのだ。

「なりわいワード」と「愛着」

エクスペリエンスというと、どうしてもその体験が発生する「場」に注目しがちだった。しかし、第1章で述べた通り、著者はコンサルティング活動を続ける中で、お客さまと企業（ブランド）の「時間」的な継続性によって生まれる結び付きもエクスペリエンスとして重要だと考えるようになった。「愛着」というキーワードが著者の心の中で占めるスペースが大きくなって来たのである。

そもそも、企業自身が未来を見据えて自分たちのこと、お客さまのことを考えるという思考には、必ず、「時間」軸が含まれている。したがって、単にある時点でのエクスペリエンスのみを考えるのではなく、「時間」の継続によって生まれる価値もエクスペリエンスだという発想をエクスペリエンス・デザインの考え方に組み込んでいったのが、この1年ほどの活動だった、と言える。そして、お客さまとブランドとの絆、ロイヤルティの正体とは何か、ということを突き詰めて考えて行くと、その本質は「愛着」という「時間」に関係の深い価値ではないかと考えるに至ったのである。

「愛着」とは、「長く親しんだものに心が強く引かれて離れられない」気持ちのことである。そして、これは仮説に過ぎないのだが、「愛着」は以下のような方程式でできていると推察される。

愛着＝（期待＋信頼）×時間

「期待」というのは、お客さまの想像をはるかに超えた驚きや発見に出会ってハッとする、ワクワクする気持ち。「信頼」はこのブランドは信じられる、確かだと心を寄せる感覚。この２つがやはりとても重要である。しかもそれを一時点だけでお客さまに提供しても意味がなく、継続的に提供して初めて「愛着」が生まれる。エクスペリエンス４・０では、お客さまの近未来のエクスペリエンスの予測と改善提案という形で、継続的に、長い「時間」軸のなかで提供されていく。

「なりわいワード」を定義してさらに「近未来ロードマップ」を引いて実践していくことも、言い換えれば「時間」的な継続の中で、絶えず「なりわいワード」で宣言する価値をお客さまに約束し続けることにつながって行く。仮に、いますぐにＡＩを導入しビッグデータの活用とアナリティクスにより画期的なサービスが実現できなくとも、目標とするお客さまの豊かなエクスペリエンスの実現のために企業が汗をかいている営み自体が、エクスペリエンスの中で核となる「愛着」をつくり出して、結果的にお客さまを長期にわたって離さないということにつながっていくのである。

もちろん、企業が目前の売上を立てることも大事なのは言うまでもないのであるが、やはりブランドの生き残りを考えると、近未来を見据えてお客さまと時間をかけて向き合うことの優先順位を、売上と同じくらいには引き上げる必要がある。

また、そうなると企業のマーケティングのＫＧＩやＫＰＩも変わってくるだろう。今までは売ることが最終ゴールだったのが、お客さまに豊かなエクスペリエンスを保証し続け、ブランドに「愛着」を感じてもらうことがゴールになって行く。結果として、そこに売上がついてくるという構造にしないといけないのである。つまり、企業の経営トップや経営企画部門、マーケティング部門に携わる社員は、お客さまに「愛着」を持ってもらえるようなエクスペリエンス・デザインをしていくことこそが、マーケティング４・０における最強のブランド差別化ドライバーになると考え、行動するべきなのである。

※ウェブ電通報　「エクスペリエンス最終案内　乗り遅れないための４つのキーワード＃４」2015.12.11, 2015.12.18 加形拓也との対談
参照 URL: http://dentsu-ho.com/articles/3463、http://dentsu-ho.com/articles/3500

第4章

「エクスペリエンス×IoT」で人間は幸せになるのか

キーポイント

ＡＩと人間との役割分担

お客さまとＡＩと企業。その幸せな関係とは

第1章から第3章までは、「エクスペリエンス×ＩｏＴ」でお客さまのエクスペリエンスがどのように変わるのか、そして企業はゲームチェンジが起きるエクスペリエンス４・０のマーケットで勝者となるために何をすべきかについて論じて来た。第4章では目線を少し上げて、社会や人間という視点からこのテーマを追いかけて行きたい。

エクスペリエンス４・０のステージにおいて、お客さまとブランドとの付き合いがより長く、深いものになった時に、人間は本当に幸せになれるのだろうか。ＡＩがはじき出す近未来のエクスペリエンスの予測や改善提案はお客さまの気持ちを常にワクワクさせることができるのだろうか。それとも、何かの要因でお客さまにとって好ましくない状況を作り出すことで、お客さまを辟易させたり、がっかりさせたりするような状況はないのだろうか。

背景にはサービス提供に関する仕組みの変化がある。エクスペリエンス３・０まではお客さ

まと企業（ブランド）は二者による双方向の関係である。企業（ブランド）はサービスを提供し、お客さまはサービスの利用者、より好ましい形としてはサポーター、推奨者となってサービスを利用する。企業（ブランド）とお客さまとのブランド接点では企業側の人間がお客さまの応対（接客）を行うのが一般的だ。人間と人間が直接ふれあうことで「愛着」が醸成されやすい反面、ブランド満足度や推奨意向にばらつきが生じがちであることを考えればわかるように、時としてお客さまと企業（ブランド）の関係性においてミスマッチが発生する。

それでは、ブランド接点での企業側の人間によるお客さまの応対（接客）をＡＩやＡＩとつながったロボットが行ったらどうなるだろうか。応対（接客）のばらつきはなくなるかもしれないが、お客さまのエクスペリエンスが向上するとは断言し難いではないだろうか。

著者が着目しているのは、エクスペリエンス４・０における、お客さま、ＡＩ、企業（ブランド）の三者の幸せな関係性の構築である。つまり、企業がＡＩを活用してお客さまに何を提供するか、と同じかそれ以上に、どう提供するか、が重要になってくると思われる。そのためには、人間の本質、ＡＩの本質にもう少し迫る必要があるだろう。

「生理学」「経済学」「社会学」「認知心理学」人間の4つの側面

人間は本来、わがままな生き物であり、その考えや行動は矛盾に満ちている。と同時に、後天的に社会性を身につけ、自己と他者の微妙なバランスを保ちながら社会人として生活を送っている。しかもその生活価値観は一様ではない。購買に関わる行動データと生活価値観の因果関係は認められるものの、生活価値観そのものをデータの形で定量化することは今後も極めて難しいだろう。

また、お客さまの行動の目的はその時々で微妙に違うはずだ。ＡＩの側から人間を見れば、人間は輪郭の定まらない「ゆらゆらした存在」のように映るだろう。つまり、ＡＩが人間を「生理学」や「経済学」の視点で観察するとフォーカスが比較的しっかり合うかもしれない。しかし「社会学」の視点で観察するとどうだろう。とたんに輪郭がぼやけ始めるはずだ。さらに「認知心理学」の視点で観察をすると……。人間という存在は取り留めもなく、ゆらゆらと揺らぎ始めるのである。

人間はＡＩが学習の繰り返しにより「知識」をどんどん蓄積するようプログラムすることはできる。しかしながら、人間が持つ「意識」をプログラミングしてＡＩに提供することはできないと言われている。「知識」の蓄積ＶＳ・人間の「意識」。「知識」を限りなく積み重ねて行けば、果たして人間の「意識」に近づくことができるのだろうか。ビッグデータを収集、統合、解析し、推論しながら仮説を作るＡＩの活動とお客さまの心の動き（意識）を完全にシンクロナイズさせることが可能なのだろうか。

米国の人類学者・倫理学者のドン・プリンス・ヒューズは「人間には自己を認識する力と他者の複雑な感情を理解する力や共感する力が備わっている」と述べている。人間だけが持つ「意識」とは、自己を認識する力と他者の感情を理解・共感する力である。他者の感情を理解できる「意識」を持っているはずの人間が、同じく「意識」を持つ人間に接しても誤解やミスマッチが生じがちというのがわれわれの日常であり、企業とお客さまとのブランド接点において時に深刻なペインポイントを発生させる原因を作っている。したがって、ＡＩが「知識」によってそれを克服できるか、という問いに対しては否定的な見解を出さざるを得ない。

サービスを提供する企業（ブランド）側が、「知識」と「意識」の本質的な違いを意識し、ＡＩの可能性と限界を冷静に見極めることが必要になるだろう。

AIは「4つのペインポイント」を克服できるか

著者はお客さまとＡＩとの間にあって、お客さまのエクスペリエンスの質を潜在的に低下させる可能性がある要因を「４つのペインポイント」と呼んでいる。その４つとは「過干渉」「予定調和」「すれ違い」「情報セキュリティに対する不安」である。

「過干渉」についてはお客さまが「うるさい」「じゃまくさい」「余計なお世話」と露骨な不快感を示す状態である。

近未来のエクスペリエンスの予測や改善提案が必要な時は、たいていお客さまが選択を迷っているか、解決困難な問題を抱えて悩んでいるケースである。お客さまの気持ちがハイな状態の時、サービスがどんな形で行われるにせよ、ＡＩによるサービスの介入は原則、不要である。「空気を読む」ことは円滑なコミュニケーションのためには不可欠である。仮にお客さまが迫りつつあるリスクを感知できず、緊急でアドバイスが必要なケースの場合でも、その伝え方はなるべくお客さまが不快感を感じないような工夫が必要になるだろう。この機微のつかみ方は重要である。

「予定調和」はこれとは逆に、未来のエクスペリエンスの予測や改善提案がお客さまの想定の範囲内という状況が繰り返されることだ。「退屈」「ありきたり」「わかりきっている」というネガティブな感情である。

ＡＩによる予測や改善提案にお客さまの「期待」を超えた驚きや発見が乏しい場合、わざわざビッグデータの活用とアナリティクス導入のためのコストを負担してサービスを受けることがばかばかしいとすら感じられるだろう。このような状態が続き、お客さまの「期待」を下回り続ければ、お客さまはそのブランドのサービスに疑問を持ち「愛着」は著しく減衰する。そのような状態は「離脱」の直接的な原因になる。

「予定調和」が起きると想定されるケースはもうひとつある。２０１１年に米国最大のリベラル系市民団体のひとつ「ムーブ・オン」のエグゼクティブ・ディレクターだったイーライ・パリサーによって指摘された「フィルターバブル」である。検索エンジンの中に含まれるフィルター機能によって、個人の意志とは関係なく過去の検索履歴などから情報が個人に「最適化」されてしまい、偏った情報しか手に入らなくなる現象だ。パーソナライズ化が進み過ぎることでお客さまのエクスペリエンスに悪い影響を及ぼす典型といえよう。

次の「すれ違い」は、双方の意図や目的がそもそも違うことから起きる。そもそもＡＩが弾いた答えが「見当ハズレ」である場合と、お客さまの要求が「わがまま過ぎる」ことが原因である場合とが想定される。

前者は「学習」が繰り返される結果、徐々にＡＩの予測や提案の精度が上がり、改善される余地が大きいかもしれない。しかし一方で、後者の場合はより複雑だ。人間と人間同士のコミュニケーションだと言葉を選んで慎重に説明したり、時間をかけて説得したりするケースに相当する。むろん、お客さまの側にも理性的な歩み寄りが求められる。そこには何らかの「社会的な大義」が必要になる場合もあるだろう。

最後の「情報セキュリティに対する不安」は読者の皆さまの多くが一度は思い当たる節があるに違いない。

現在でもウェブサイトにはアクセス情報という形でお客さまの「足跡」が必ず残る。ＩＰアドレスから個人（名前、性別など）は特定できなくても、どこのサイトから来たのか（参照元）が明確にわかり、場合によってはサーバー名から組織名（企業や大学）や地域までわかってしまう。ネット通販のサイトやブログにアクセスし商品についての情報を閲覧した後、ずっとその商品に関連する広告（リターゲティング広告）に追いかけられ続けた経験を持つ読者の方々も多いかもしれない。仕組みをよく理解していないお客さまには不可解な悪い印象を与えてしまうリスクがある。

もちろん、『個人情報保護法』の解釈ではお客さまのアクセス情報は個人情報には当たらない。

しかし、それはサイトを運営する企業側がお客さまのウェブの行動履歴に会員情報や購買履歴などアクセス解析以外の購買データを勝手に紐づけたり、お客さま本人が望まない誘導をしたりしても良いということには決してならないだろう。こういったグレーゾーンについてはＡＩを活用する企業がどう判断するかだが、法律で何らかの歯止めをかけない限り、お客さまにとってペインな（痛みを感じる）方向に振れる可能性が大であろう。

エピソード❹ 楽しくないショッピング

三鷹に住む亜矢子は吉祥寺にショッピングに出かけることが多い。最近、吉祥寺にある数多くのデパートや有名ブティック、飲食店などがカバーされているクーポン型O2O（Online to Offline）プラットフォームが話題になっている。友人の聡子から奨められていたことに加え、会員登録している有名ブティックのメールマガジンで推奨されていたので、亜矢子もダウンロードして試してみることにした。吉祥寺でシッピングをしている時、今歩いている場所の付近に位置するお店のクーポンがお客さまのスマートフォンに自動で送られてくるという触れ込みだった。

スマートフォンの位置情報やお店ごとに置かれているNFC（Near Field Communication：近距離無線通信技術）を連動させることで、オプトイン（クーポンを受け取ることを承認すること）したお客さまのスマートフォンにプッシュ通知でタイムリーにクーポンを送ることが可能になっているのだ。

デジタルのクーポンはこれまでもあった。しかし、お客さま自身がお店のウェブサイトにいちいちアクセスして取得しなければいけないため、割引になるとわかっていても何かと面倒だった。スマートフォンはいつも携行しているのだし、ショッピング中にタイムリーな形でクーポンが送られてくれば、これほど便利なものはないだろう、と亜矢子は期待したのである。

しかし、期待は外れた。7月の暑いさなか、半日歩き回ってほとんど何も買えなかった。今日は別行動の聡子を東急百貨店の裏手のカフェに呼び出し、一息つこうと思った。聡子に愚痴を聞いてもらおうと思ったのである。

「あのさぁ、亜矢子」
「えっ、何？　聡子」
「クーポンで割引率の大きかったお店、バーゲン期間中の割に空いていなかった？」
「あっ、そういえば混んでいた感じのお店はなかったなぁ」
「うちの旦那がね、この10年くらいウェブで旅行サイトの運営、やっているじゃない。この前話していたんだけど、今じゃあ、お店の来店者数や売上をＡＩがリアルタイムで管理していて、お客さまに対するクーポンのオファーを細かく変えているらしいよ。閑古鳥の鳴いているお店は売上を上げるために、ＡＩが高い割引率のクーポンを発行して新規のお客さまを引きつけるってわけ」

「えっ、そうなんだ。じゃあ、ワタシ、クーポンに振り回されたってわけね。ディスカウントに目が曇った。お店が空いているのには訳があるのね。いつもみたいに先に行くべきお店に狙いをつけておくべきだったかなぁ」

亜矢子は半分くらいになったカフェモカをストローですすりながらため息をついた。聡子は肩を落とす亜矢子を慰めるように言った。

「変なアプリ、奨めてゴメンね。自分も最初は役に立つと思って使ってみた。だけど何度かトライして、何か変、このアプリはお店側がクーポンを配ってお店に来てもらうための仕組みだって気がついたのね。で、今は使うのやめた」

「ふーん、でもクーポンで得することもあるからなぁ」

「割引って意味ではね。でもさぁ、これって個人情報も吸い上げられているんだよね。安さの見返りに。きっとアプリのクーポンを使って吉祥寺のお店でお買い物した、それだけの情報じゃすまないでしょ。よくよく考えるとね。最近、変なメールとか広告とか来るじゃない」

「何かさ、バーゲンで買い物する楽しみって何なんだろうね。思わぬ掘り出し物とか、あるわけじゃない？　バブルの時代はたのしかったなぁ」

「亜矢子は昔っから、掘り出し物に対する嗅覚だけは鋭いからなあ」

聡子は屈託なく笑ってこう続けた。

「今度、旦那に提案してみようかなぁ。お店が得するアプリじゃなくて、お客さまの側にメリットが大きなアプリ。お客さまが欲しいものリストとかをあらかじめ作っておいて、その欲しいもの候補が吉祥寺のどこのお店にあって、今ならいくらで買えるのか、とか。そんなアプリ作ったら売れるとおもうけどな……」

カフェの、広場を隔てた向かいにあるブティックのバナーが強い西日に灼かれてだらんと下がっている。聡子が何気なく、左腕のカルティエの時計を気にしている。しばし、無言の時間が流れる。

今日はもうショッピングはおしまいにしよう、亜矢子はそう思った。スマートフォンをバッグから取り出して、クーポンアプリのアイコンをドラッグしてゴミ箱に入れた。そして別のアプリを立ち上げて簡単な操作をした。三鷹にある自宅マンションのリビングのエアコンの電源表示が「ON」に変わった。

解説

人間ならではの発想や価値の提供

AI任せの自動化でペインポイントが拡大するリスク

ＡＩはお客さまの行動データの収集と統合、アナリティクスのプロセスを高速化する。高速化するだけでなく、〈エピソード４〉楽しくないショッピングのお客さまの位置情報やＮＦＣを活用したデジタルクーポンの発行のように、タスクの完全な自動化をしてしまうことも十分に可能である。自動化することによってシステムを運用する企業の側は手間を省略することができ、効率化によるコストダウンが期待できる。理論上はアナリティクスの精度と効率化によるコストダウンが企業の収益を押し上げる。思いがけなく安くて良い商品を購入できたお客さまもハッピーである。企業とお客さまはＷｉｎ・Ｗｉｎの関係を構築できる……。

しかしながら、企業側の意図とは逆に、お客さまに提供するエクスペリエンスのデザインが悪いと〈エピソード４〉のようなペインポイントだらけのカスタマージャーニーになってしまうリスクも高い。「過干渉」「予定調和」「すれ違い」「情報セキュリティに対する不安」が代わり番こに出現する最悪のカスタマージャーニーだ。

なぜこんなことが起きるのかというと、企業がお客さまの目線に立って、お客さまの行動や気持ちの変化に寄り添うことをせず、企業サイドのロジックだけでサービスを組み立ててしまうことによる。切れ味の良い武器は、その使い方を誤ると使い手が受けるダメージも大きい。お客さまの「期待」や「信頼」を深く損ねた結果、企業のブランド（サービス）とお客さまにとって一番大切な「愛着」が霧散し、「離脱」へと至るそのスピードは速い。ここまで本書を読んでくださった読者の皆さまは〈エピソード４〉のカスタマージャーニーをどのように改善すれば理想のカスタマージャーニーになるか、おおよその見当はつくはずだ。

『サトリのワッパ』からの学び

ＡＩのケイパビリティとお客さまとの関係について考えるうえで、非常に興味深い寓話がある。『サトリのワッパ』（「ワッパ」とは曲げ物づくりの弁当箱）とタイトルの説話で知られているので、聞いたことがある読者の方も多いはずだ。

覚（サトリ）とは日本の妖怪のひとつである。鳥山石燕による江戸時代の妖怪画集『今昔画図続百鬼』に紹介されているほか、日本全国で人の心を見透かす妖怪として数々の説話が伝えられている。『サトリのワッパ』は次のようなストーリーだ。

猟師が山でたき火をしているとどこからともなくサトリが現れる。猟師が「サトリは恐ろしい」と心の中で思うと、サトリは「お前はサトリが恐ろしいと思っているな」と言い当てる。「サトリに食われるのではないか」と怯えると、「お前は食われるのではないかと恐れているな」と言い当てる。そして、猟師が「どうしたらサトリから逃げられるだろうか」と考えると、「お前はどうしたら逃げられるかと思案しているな」とさらに言い当てる。

猟師はすっかり絶望してサトリに食われることを観念してしまった。しかし、それがあろうことか、たき火のそばに置いてあった弁当箱のワッパが火の熱で突然弾け、その勢いで火の粉をサトリに浴びせかけたのである。サトリはこれに大いに驚き、「人間というものは恐ろしい。何を考えているのか、まったくわからぬ」と言って猟師のもとからそそくさと退散した。

説話のなかで、猟師は「お客さま」、人間の心を読むサトリという妖怪は「ＡＩ」に相当する。スーパーコンピュータがさらに進化し、「シンギュラリティ」（Singularity：技術的特異点）に近づけば、学習の繰り返しによって、かなりの精度で人間の行動を、場合によっては心の動きまでも予測することが可能になるかもしれない。しかし、この状況の中でお客さまが抱く気持ちは「愛着」というポジティブな感情とは限らない。先述したように、お客さまにとって４つのペインポイントが解消されないまま、一方的に、押し付けがましくサービス提供が行われれば、お客さまに「いらいら」「不安」や「薄気味悪さ」というネガティブな読後感が残るリスクも高いだろう。

「弁当箱のワッパが火の熱で弾け、火の粉をサトリに浴びせかける」ような、ＡＩがデータの積み上げや分析では推論できないような何か、「意識」の働きにより、人間にしかできない「新しい発想や価値」を生む活動こそが人間の存在理由なのである。サービスを提供する企業の側では、この線引きを明確に意識する必要があることは言うまでもない。

ところで、人間とＡＩの幸せなつきあい方を考察するうえで、もうひとつ見て行かなければならないポイントがある。さまざまな領域でタスクをＡＩに任せる結果として、ＡＩが人間の仕事そのものを奪ってしまうのではないか、という社会的な規模での問題である。

「シンギュラリティ」その時ＡＩは人間の仕事を奪うのか

「5年以内に約500万人の雇用が失われる」

ＡＩが人間の仕事を奪う。それはより厳密に言えば、ＡＩが主体的に人間の仕事を奪取するのではなく、あくまでもＡＩを管理する側の人間がその導入を決めることで、特定の仕事をする人間が不要になるということである。たとえば、第1章で見た自動運転サービスは多くのタクシー運転手や長距離バスやトラックのドライバーを失業させる可能性が高い。ＡＩによるタスクの自動化はお客さま目線を無視した運用でお客さまのエクスペリエンスの質を下げる（お客さまを不幸にする）だけにとどまらず、人間の現在の仕事を奪うことで、ひいては多くのお客さまを経済的に困窮させてしまう懸念があることが多くの経済学者によって予想されているのだ。

直近では、２０１６年1月に開催された「世界経済フォーラム」（ダボス会議）において、フォーラムの創始者であり会長でもあるスイスの経済学者クラウス・シュワブ氏が『仕事の未来』というレポートを発表、「ＡＩ、ロボット技術、バイオテクノロジーの発展で5年以内に約５００万人の雇用が失われる」というショッキングな報告を行ったことで大きな注目を浴びた。

イノベーションにより人間の仕事がなくなるという指摘は実は今に始まったことではない。ＩｏＴという言葉が広く世の中に出ていなかった２０１１年に、ＭＩＴスローン・スクールの経済学教授エリック・ブリニョルフソンらは著書『機械との競争』（原題は『Race Against The Machine』。日本語版 村井章子訳 日経ＢＰ社 ２０１３年）の中で「ＩＣＴの発達は、きわめて高いスキルをもつトップ１％のスーパースターと資本家に大きな利益を与える一方で、中間層の人々から仕事を奪い、失業を増加させ、収入を減らしている」と警鐘を鳴らした。

図23 AIに取って代わられる主な仕事 VS. 生き残る仕事

AIに取って代わられる主な仕事

- 電話営業員
- 手縫い裁縫師
- 不動産ブローカー
- 税務申告書作成者
- 経理担当者
- データ入力者
- 保険契約の審査員
- 不動産仲介業者
- ローン審査員
- 銀行窓口係
- タクシー運転手
- 法律事務所職員
- レジ係
- クレジットカードの審査員
- 小売り営業員
- 医療事務員
- モデル
- コールセンターのオペレーター
- 飛び込み営業員
- 保険営業員

VS

生き残る仕事

- ソーシャルワーカー
- 聴覚訓練士
- 作業療法士
- 口腔外科医
- 内科医
- 栄養士
- 外科医
- 振付師
- セールスエンジニア
- 小学校の先生
- 心理カウンセラー
- 人事マネージャー
- コンピュータシステムアナリスト
- 学芸員
- 看護師
- 聖職者
- マーケティング責任者
- 経営者

マイケル・A・オズボーン准教授（オックスフォード大学）『未来の雇用』より抜粋

また、２０１４年、オックスフォード大学のＡＩ研究者マイケル・Ａ・オズボーン准教授とカール・ベネディクト・フライ研究員が発表した『雇用の未来　コンピュータ化によって仕事は失われるのか』（原題は『THE FUTURE OF EMPLOYMENT:HOW SUSCEPTIBLE ARE JOBS TO COMPUTERISATION?』）では米国労働省が定めた７０２の仕事（職業）ひとつひとつが何%の確率でＡＩロボットに取って変わられるのかを調べ、今後10〜20年程度で米国の雇用者の約47%の仕事が消滅するリスクが高い、と主張した。

図23の表の中で左側が90%以上の確率でなくなる仕事、右側が逆に90%以上の確率で残る仕事である。人間にしかできない新しい発

想や価値を生む以外の仕事は「シンギュラリティ」（Singularity：技術的特異点）を迎える前に消滅してしまう可能性が高い、という考え方には一応の説得力がある。残る方に分類されている仕事でも、たとえば教師という仕事が「学びのパーソナル化」が進むことにより「クラスで学科を教えること」から「生徒個々人の成長をサポートするファシリテーター」へと変わるようなイメージで、その仕事の質や内容ががらりと変わってしまう可能性も出てくるだろう。

「新しい発想や価値」を生む方向への転換は経営戦略の一環

一方で、ＡＩの導入で仕事が無くなるという問題を、ただ指をくわえて見ているだけでなく、人間の働き方自体を自律的に変えて行こう、というポジティブな提言もある。ロンドン・ビジネススクール教授で経営組織論の世界的権威でもあるリンダ・グラットンは著書『ワーク・シフト　孤独と貧困から自由になる働き方の未来〈２０２５〉』（池村千秋訳 プレジデント社 ２０１２年）の中で、グローバル化とデジタル化によって猛スピードで社会が変わる中、効率や競争という魔物に自分の生活が飲み込まれないよう、２０２５年に向けて「働き方（職業観と仕事への取り組み）」を最優先でシフトすべきである、と説いている。リンダ・グラットンが提唱する３つのシフトとは以下のようなものである。

●第１のシフト――広く浅い知識しか持たない「ゼネラリスト」から、社会の変化にあわせて移動と脱皮のできる複数の専門技能を身につけた「スペシャリスト」へ

●第２のシフト――「孤独な競争」から、仕事仲間で３種類の「人的ネットワーク〈難題を解決し合う少人数の同志、創造的ヒントを与え合うスペシャリストの大集団、ストレスを和らげるプライベートの友人〉を活かした競争」へ

●第３のシフト――「お金と消費に最大の価値を置く発想」から、「家庭や趣味、社会貢献など多様な選択肢の中で〈情熱を傾けられる経験〉に価値を置く発想」へ

ここでもやはり、ＡＩの力が届きにくい、人間が得意とする「新しい発想や価値」がキーワードになって行く。しかしながら、現在、多くのビジネスマンが企業の組織の中でノルマの達成や成果主義でがんじがらめにされている中で、「新しい発想や価値」の重要性を頭の片隅では理解していても実際に身体が動かない、というのが本音だろう。

人間の仕事をコンピュータに移行させてもお客さまに提供するエクスペリエンスの質が低下しないのであれば話は別である。しかし、高付加価値のサービスを提供するビジネスになればなるほど、この人間からＡＩへのリプレイスは「過干渉」「予定調和」「すれ違い」「情報セキュリティに対する不安」という４つのペインポイントというリスクを新たに高い確率で抱え込

む。したがって、企業の競争力強化を最優先に考えるのであれば、個々の社員が自律的に働き方の軌道修正をするのではなく、企業の経営者が経営事業戦略の一環としてこの課題に向き合うべきだ。社員の仕事を機械的にＡＩに置き換える前に、必ず自社がお客さまに提供するエクスペリエンスを再点検し、４つのペインポイントを排除して「新しい発想や価値」を生む方向へサービスを刷新し、人材リソースのシフトもそれに併せて果敢に行うべきである。これを怠れば、企業の提供するサービスは安かろう、悪かろうのサービスになり、「愛着」が育まれないばかりか、あっという間にコモディティ化の波に飲まれてしまうだろう。

「新しい発想や価値」を生む方向への刷新とは、より具体的には、ＡＩの性能が「シンギュラリティ」へ向かう急速なデジタル化の中で発生する４つのペインポイントの棘を削り、お客さまのエクスペリエンスをより豊かな方向にファインチューンするための活動、すなわち、「エクスペリエンスの最適化（オプティマイゼーション）」に向けての取り組みに他ならない。

そのために企業が取り組むべきマーケティングプロセス刷新には、マーケティングの４Ｐの改善だけでなく、第2章でふれたようにサービス提供のバックグラウンドを形成する企業の組織や企業文化の革新も含まれると考えるべきである。

提言

お客さま接点でのエクスペリエンス最適化を企業の武器にしよう

エクスペリエンス最適化のための4つの「S」を点検しよう

4つの「S」とは何か

「エクスペリエンスの最適化（オプティマイゼーション）」。

エクスペリエンス４・０の世界におけるマーケティングのゴールイメージは、サービス（ブランド）を提供する企業が、「知識」ＶＳ．「意識」というＡＩと人間の能力の特性を見極めたうえで両者の役割分担と分業体制を確立し、さらにお客さまのエクスペリエンスが豊かなものになるようファインチューンすることである。この活動は１回で終わるわけでなく、企業（ブランド）によるサービス提供が続く限り、永続的に続く。

別の言い方をすれば、エクスペリエンス４・０における企業側の人間の役割はＡＩができない「新しい発想や価値」を軸に、企業のお客さま接点において「お客さまのエクスペリエンスを最適化」し続けることである。これを企業間競争に置き換えた場合、企業の競争優位はお客さまに合わせてエクスペリエンスをデザインする能力、つまり「クリエイティビティ」で決まる、ということを意味する。右脳型の発想力、アイデアの突破力が企業の差別化ドライバーになるのである。

それでは、ＡＩができない人間ならではの「新しい発想や価値」とは何か？

著者は特に４つの「S」に注目している。「センス(Sense)」「セレンディピティ(Serendipity)」「サステナビリティ（Sustainability)」「セキュリティ（Security)」の英語の頭文字「S」から始まる４つの概念である。

「センス」はお客さまとの気の利いた応対、を意味する。お客さまの感情の機微を察知し、コンピュータとお客さまとのコミュニケーションを円滑にする。人間は本来、自分の価値観や感受性、美意識に沿う形で外部からの情報を得たいという根源的な欲求を持っている。過干渉や、逆にアドバイスが欲しいタイミングで的確なアドバイスが来ない、といった時にフラストレーションを感じるのもこのためだ。日本のように「空気を読む」不文律の文化があるコミュニティでは「センス」を求める傾向は一層強くなる。

また、お客さま主語で発想すると、データそのものを正確に伝えるだけでは必ずしもお客さまの満足に結びつかないというケースにも目配りが必要だ。たとえばアナログ的な「デフォルメ」が人間ならではの「新しい発想や価値」を持ったサービスとして重要になるケースもあるかもしれない。旧い話で恐縮だが、著者の中学生時代のこと、夏休みの自由研究で静岡の郊外にあるプラモデル会社の工場に見学に行き、金型職人にプラモデルづくりのコツについて質問したことを思い出す。金型職人が言うのには、クルマの縮尺24分の1のモデルを作るときには、そのままのサイズを正確に縮小するのではなく、わざとオリジナルのフォルムを強調するような「デフォルメ」を施すのだという。通常、お客さまは組み立てたプラモデルを上から見下ろすことになるため、単なるサイズの縮小だと完成品はずんぐりした印象となり、お客さまは違和感を感じてしまう。したがって、お客さまの見た目の印象を補正する「一手間」が必要であり、その工程こそがプロの職人の技なのだ、と。お客さまは自分の見たいものを見たがるのだ。「デフォルメ」は現代の3Dプリンターが持ち合わせていない、美意識としての「センス」と言えるだろう。

「セレンディピティ」とは偶然に幸運を手にしたり、予想外のものを発見したりすることを意味する。著者は「セレンディピティ」こそ、デジタル社会の最も本質的な価値ではないかと考えている。読者の皆さまもネット検索をしていて自分が想定していた以上の役に立つ情報にたどり着く、ネット通販サイトを見ていて思わぬ掘り出し物を探し当てる、という経験がおありだろう。

「セレンディピティ」の語源は『セレンディップの3人の王子』（The Three Princes of Serendip：セレンディップとはセイロン、つまり現在のスリランカの意味）という寓話である。3人の王子がその聡明さによって、もともと探していなかったすばらしいものを見つけ出すというストーリーだ。「セレンディピティ」は論理的なデータ解析や学習の繰り返しだけでは決して生まれない。そして「セレンディピティ」を手にするチャンスがあるとすれば、それを得ようと願う意志の力が何より大切である。19世紀の生化学者・細菌学者でワクチンの発明で名高い、ルイ・パスツールは「観察の領域において、偶然は構えのある心にしか恵まれない」という箴言を残している。つまりは旅に出なければ「セレンディピティ」は起きないのである。「セレンディピティ」は人間のアクティブな好奇心に対する報酬である、と考えることもできる。

「サステナビリティ」とは、「持続可能な」「ずっと保ち続ける」という意味の英語である。環境・社会・経済の3つの観点から、この世の中を持続可能にして行く取り組みと解釈されている。企業の観点から言うと、企業が事業活動によって利益を上げ続けるだけでなく、社会的な責任を果たすことで、将来においても事業を存続できる可能性を持ち続けることを意味する。

そして、「サステナビリティ」の考え方を突き詰めていくと、企業が近未来、お客さまにどういうエクスペリエンスを提供する会社になりたいのか、という第3章で説明した「なりわいワード」の考え方に行き着く。エクスペリエンス4・0においては、すべてのインダストリー

（産業）がサービス業になる。そして、企業はお客さまに自社が提供するサービスを売ることがゴールではなく、売ってどう感じてもらうかがゴールになるだろう。

往々にして企業の短期的な売上とお客さまの幸福感が必ずしも両立し得ないケースも出てくる。例えば、お酒を製造・販売する企業が自社のなりわいを「オフタイムのリラックス創出業」と新たに規定した場合、お客さまの健康（適正飲酒）を最優先に考えたお酒の提供の仕方を呼びかける（つまり短期的にはお酒の販売量は減る）というようなケースである。ハイネケンが「The Experiment」というタイトルのＴＶ広告（マイアミの同じクラブ、同じ時間帯でイケているＤＪとイケていないＤＪでビールの売上がどう変わるかを実験した様子をドキュメンタリー風に編集した内容のＣＭ）の中で発信した「DANCE MORE DRINK SLOW」というメッセージはこの典型的な事例だ。短期的な利益より社会やお客さまと良い関係を保つことで、長期的な事業の持続性（サステナビリティ）を優先させるのである。倫理とか良識を基準にした判断は、ＡＩによる合理的なロジカルシンキングだけでは到底はじき出せないだろう。

「セキュリティ」についてはお客さま目線で何が必要か考えることが必要だ。情報セキュリティはもちろんだが、自動運転サービスでフィーチャーされる「交通安全」や、最近、頻繁にニュースになる「食の安全」（フードセキュリティ）もお客さまの「信頼」に直結するテーマだけにエクスペリエンスと密接な関係がある。

情報のセキュリティに関しては、インターネット上を流れるデータで個人情報やクレジットカード情報など外部に漏れると重大な被害が予想されるデータを送受信する際にはＳＳＬ（Secure Socket Layer）で暗号化をするのが常識になっているが、その仕組みはお客さまレベルではほとんど理解されていない。「情報」も「食」も「交通」もセキュリティを支える仕組みがお客さまからは目の届かない、ブラックボックスになっていることに大きな問題点がある。企業がお客さまに対して、各種の「セキュリティ」を保証するのは当然のこととして、高度成長期に公衆衛生や交通安全の教育がさかんに行われたように、それらについて草の根的な啓蒙活動を行うと同時に、その仕組みを出来るだけ可視化してお客さまに腹落ちさせて行く努力も大切だ。これはお役所の責任ではなく、お客さまにサービスを提供する企業（ブランド）側の責任であろう。「セキュリティ」に関するトラブルが発生した時、致命的なダメージを受けるのは、他ならぬ企業だからである。

4つの「S」と「人間の16の基本的欲求」との関係

米オハイオ州立大学の心理学・精神医学教授スティーブン・リースは、６０００人以上の被験者を対象に研究を進めた結果、人間には「16の基本的欲求」があると主張している（『本当に欲しいものを知りなさい――究極の自分探しができる16の欲求プロフィール』角川書店　宮田摂子訳　２００６年）。「16の欲求」については電通でもファシリテーションのフレームワークとして以前から活用させていただいているほか、最近はゲーミフィケーション（利用者を楽しませることで自分から進んでそのサービスを利用するような環境を作るためのマーケティング手法）やソーシャルゲームの分野からも注目を浴びている。

スティーブン・リースの「16の基本的欲求」について、著者が試みにアクティブ・パッシブ、生理学的視点・経済学的視点・社会学的視点・認知心理学的視点の2×4＝8セルに分類し、4つの「S」との紐付けを行ったのが**図24**である。こういった整理をしていくと一目瞭然だが、「センス」や「セレンディピティ」と関係性が強い「ロマンス」（美しいものを求めたい）、「好奇心」（知識を得たい）は、認知心理学的視点×アクティブのセルに属し、「サステナビリティ」や「セキュリティ」と関係性が強い「理想」（社会正義を追求したい）、「安心」（心穏やかでいたい）もすぐ下の、認知心理学×パッシブのセルに属する。このことはＡＩが学習の繰り返しによって人間の基本的欲求のうち生理学的な欲求、経済学的な欲求は充足できるかもしれないが、社会学的な欲求になるとその能力が怪しくなり、認知心理学的な欲求に至ってはカバーできない可能性が高いことをあらためて示唆していると言えよう。

以上、お客さまのエクスペリエンス最適化のための4つの「S」の考え方と第1章で示した「エクスペリエンス×ＩｏＴ」のメカニズム**図1**を踏まえて、お客さま・ＡＩ・企業の「理想的な関係」を整理し直したのが**図25**である。企業があらゆるブランド接点において「センス

図24｜4つの「S」と「人間の16の基本的欲求」との関係

	生理学的	経済学的	社会学的	認知心理学的
アクティブ	**食** ものを食べたい **運動** 身体を動かしたい	**競争** 競争したい、勝ちたい **力** 他人を支配したい	**独立** 自力でやりたい **秩序** 物事をきちんとしたい **地位** 名声を得たい	**ロマンス** 美しいものを求めたい **好奇心** 知識を得たい **「センス」「セレンディピティ」の領域**
パッシブ	**家族** 自分の子供を育てたい	**貯蔵** ものを集めたい	**交流** 人とふれあいたい **承認** 他人に認められたい **誇り** 伝統的観念に従いたい	**理想** 社会正義を追求したい **安心** 心穏やかでいたい **「サステナビリティ」「セキュリティ」の領域**

スティーブン・リース　『本当に欲しいものを知りなさい
――究極の自分探しができる16の欲求プロフィール』を参考にして作成

図25｜お客さま・AI・企業の「理想的な関係」

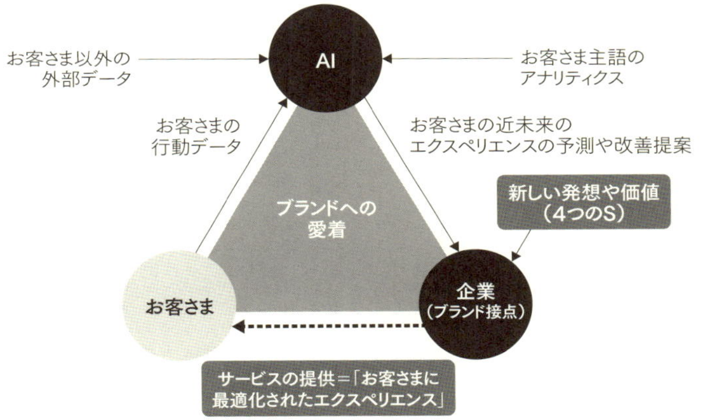

(Sense)」「セレンディピティ（Serendipity）」「サステナビリティ（Sustainability）」「セキュリティ（Security）」の4つの「S」をうまくマネージし、「エクスペリエンスの最適化（オプティマイゼーション）」を行うことでお客さまとの間で「愛着」が育まれる。4つの「S」のうち、どこに重点を置けばよいかは、企業が提供するブランド（サービス）の内容やお客さまに発信しているブランドビジョンとの親和性の観点から判断すれば良い。

「エクスペリエンス・オプティマイザー（最適化業）」という新しい社内組織を作ろう

技術革新は人間の仕事を奪わない

お客さまとブランドの接点でのエクスペリエンスのレベルが、エクスペリエンス4・0における企業の競争優位を決定する。したがって企業は「エクスペリエンス・オプティマイザー（体験の最適化業）」という社内組織を立ち上げ、そこに大規模なリソースを投入すべきである。「エクスペリエンス・オプティマイザー（体験の最適化業）」についてはこの章の〈コラム〉でも補足説明をする。

そして、いささか逆説的な言い方にはなるが、「エクスペリエンス・オプティマイザー（体験の最適化業）」はコンピュータの性能が「シンギュラリティ」（Singularity：技術的特異点）に近づき、人間から既存の仕事を奪うことで、逆に新たな必要性が生じて生み出される職業と考えることもできる。

あらためて歴史を紐解いてみよう。技術革新によって人間の仕事が奪われる現象は、19世紀初頭の産業革命の頃から繰り返されてきた。産業革命当時、機械使用の普及により、それまで手作業で織物を作っていた手工業者・労働者たちが失業のおそれを感じ、その元凶である機械を破壊し、資本家に使用を止めさせる運動を起こして大きな社会問題となった。それが「ラッダイト運動」（Luddite Movement １８１１年～１８１７年）である。英国政府はこの破壊運動を抑止するため、機械破壊を死罪にする法律を何度も制定し、実際に襲撃者の死刑も執行されたが皮肉なことに運動は何度も再燃した。

しかし、より大事なのは、その後の手工業者・労働者たちの境遇の変化である。彼らが恐れていた通り、現実に機械の導入のせいで仕事を失い、路頭に迷ったのであろうか。

結果的には、機械の進歩や普及は生産効率の飛躍的なアップをもたらした。そして生産力の向上によって増えた分の利益が資本家から手工業者・労働者たちへ給料の形で還元された。技術革新は所得の増加という形で中産階級の誕生に大きく貢献したのである。産業革命時代の英国の経済学者カール・マルクスは『資本論』の中で、資本家と労働者の二極化が進むと考え、労働者は物理的な生産手段ではなく社会的な搾取形態を攻撃すべきだと説いたが、現実にはカール・マルクスの見立ては外れたのである。

その後、こういった技術的失業（Technological Unemployment）に対する脅威は、シモン・ド・シスモンディ、トマス・ロバート・マルサス、デビッド・リカードなど19世紀の経済学者によってたびたび組上に乗せられ、20世紀になってジョン・メイナード・ケインズにも取り上げられた。１９９０年代以降、ＩＴ技術の導入がもたらす技術的失業を懸念し、テクノロジーの発達と普及に対して反対を唱える「ネオ・ラッダイト運動」が起き、ノーベル経済学賞の受賞者でもあるデール・モーテンセンとクリストファー・ピサリデスのような主流派の著名経済学者によって研究されるようになった。「ネオ・ラッダイト運動」自体は「銀行にＡＴＭが導入されると窓口係が職を失う」「Amazonが普及すると街中の書店は廃業に追い込まれる」といった近視眼的なものだが、「シンギュラリティ」（Singularity：技術的特異点）への道筋が明確になって行くに連れて、今後、似たような形で技術的失業に対するノイズが上がっていく可能性がないとは言えないだろう。

創造的破壊。新たな職種や雇用を創出して行こう

閑話休題。「ラッダイト運動」の後、手工業者・労働者たちが新たに中産階級という層に変化して行ったように、技術革新が、ある仕事を人間から奪う一方で新たな職業を世の中に生み出してきた、という歴史的な事実に注目すべきである。たとえば、産業革命後、しばらくの間、機能性はありつつも、デザイン的な美しさに欠けていたり、他社の製品と似通って独自性に乏しかったりするものが多かった。機能性は満たしつつも、もっと造形的な美しさを追求しても良いのではという人々の欲求から20世紀初頭になるとインダストリアルデザインという概念が米国や欧州で発達し（T型フォードはその典型である）、「デザイナー」という職業が生まれたのである。デザインが20世紀以降、ブランドの差別化のドライバーのひとつとして機能していることは疑う余地もない。

現代でも、デジタル化の急速な進展により、マスメディアが衰退する一方、インターネット関連のメディア（企業のオウンドメディア、ソーシャルネットワーク、ネット通販サイトなど）が誕生し、ＩＴエンジニア、ウェブデザイナー、ウェブ解析士など新しい雇用を創出している。

その意味で今後、企業の経営者が強く意識していかなければならないのは、お客さま主語でコンピュータと人間との役割分担を考えることである。そしてお客さまの豊かなエクスペリンスをコミットし続けるため、４つの「Ｓ」、すなわち「センス（Sense）」「セレンディピティ（Serendipity）」「サステナビリティ（Sustainability）」「セキュリティ（Security）」を最適化するための新たな職種や部署を創出し、ＡＩの導入で余剰になった人材リソースをそこに重点投入して、お客さまとの接点で機能させて行くことが必要だ。銀行の窓口係、保険の営業職員や代理店の事務職員、携帯電話のショップの店員などはＡＩに仕事を奪われるのではなく、ＡＩの導入によりその仕事の内容が変わり、ＡＩができない「人間ならではの発想や価値の提案」をお客さま目線で専門的に担うようになる。これはエクスペリエンス４・０において経営トップや経営企画の担当部署が目配りすべき最大のポイントである。

お客さまのエクスペリエンスのレベルを常に把握し、ＰＤＣＡサイクルを回そう

事業成果（収益）と推奨意向の関係を正しく理解しよう

企業が経営戦略の一環としてエクスペリエンスに取り組むとなると、当然それを正しく測定・評価すること、またＰＤＣＡを回していける組織体制を整えること、つまり「エクスペリエンスをマネジメントする」発想が必要になってくる。お客さまのペインポイントを解消するためのサービスプランを導入したら、実際に効果が現れているのか、仮に効果が不十分なのであれば何が問題なのかを究明して行くべきである。お客さまのエクスペリエンスのレベルを常に把握し、図26のようにＰＤＣＡサイクルを回し続けることが不可欠になってくる。

では、具体的にどんな評価指標でエクスペリエンスを測定したら良いのだろうか。よく知られているものとして、１９９３年にフレデリック・ライクヘルド氏が提唱し、２００３年にベイン・アンド・カンパニーとサトメトリックス・システムズが発表した「ネットプロモータースコア」（以下、ＮＰＳ）がある。ＮＰＳはお客さまの推奨意向を発展させた指標である。「この企業・製品・サービスをどの程度、周囲の人に勧めたいか」を０点から10点まで11段階で質問し、９〜10点を「推奨者」、７〜８点を「中立者」、６点以下０点までを「批判者」と定

図26｜エクスペリエンスのPDCAマネジメント

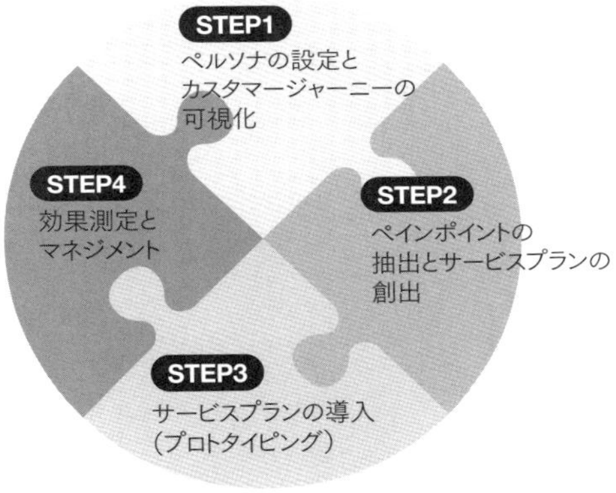

義する。NPSは「推奨者」の比率から「批判者」の比率を引き算したものである。理論的には最高点は１００点、最低点はマイナス１００点ということになる。従来のお客さま満足度よりも企業側には厳しい指標なので、たとえば、お客さま満足度90％の企業をNPSで測定するとマイナス30点だった、ということは頻繁に起こりうる。

したがって、一般にNPSのスコアの高さは経済効果（企業の成長性）に反映されるケースが多いことが知られている。NPSの高い企業は「お客さまひとりあたりの売上が大きい」「会員型サービスの場合は継続期間が長くなる」などである。このことはエクスペリエンス３・０のステージでソーシャルネットワークの発達を追い風にして、お客さまの「推奨」や「評価」の力をマーケティングで活用することによって事業成果を上げている企業の事例（ナイキやゴープロなど）を考え併せても説得力が高い。

しかしながら、実際、マーケットで起きている現実はそう単純ではないし、今後もその傾向は続くだろうというのが著者の経験から得られた知見である。試しに読者の皆さまが自社の推奨意向（0〜10までの11段階）のスコアとお客さまの年間の売上（1回あたりの購入金額×購入頻度）のデータを揃え、単回帰分析により寄与率を計算してみるとよい。その寄与率のスコアが低いことに驚くだろう。それはなぜか？　確かに相対的に推奨意向の高いお客さま（推奨者、中立者）はブランドのヘビーユーザであることが確認できる。しかしながら批判者のなかでも推奨意向の最も低いレベル（推奨意向のスコアで0〜2の人たち。つまり批判者）でヘビーユーザが予想外に多いことに同時に気づくはずだ。

これはいわゆる「悪しき売上」と呼ばれるお客さまのグループである。企業が提供するサービスを通じて数多くの失望体験を経験し、推奨意向のレベルで見ると、ブランドの批判者という位置づけであるが、ブランドスイッチの障壁が高く、不本意ながら辛うじてブランドに残っているお客さまである。

こういった「悪しき売上」の存在を企業はどう判断したら良いのであろうか。寝た子を起こさない、という消極的な対処の仕方もあるだろう。平時は（市場の流動性が低く、代替品の脅威がない場合）それでも良いかもしれない。しかし、航空業界におけるＬＣＣ（Low Cost Carrier）や携帯電話業界におけるＭＶＮＯ（Mobile Virtual Network Operator：仮想移動体サービス事業者）の参入、生命保険・損害保険業界におけるネット企業の台頭に見られたようにように、規制緩和などによってマーケットの流動性が急速に高まった瞬間、「悪しき売上」のお客さまが堰を切ったかのようにブランドスイッチの行動を起こすリスクを企業は覚悟しなければならない。

『推奨意向と収益の9セル分析』を活用しよう

それでは、このような状況を踏まえ、エクスペリエンス４・０の時代に突入した現在、お客さまのエクスペリエンスをどうマネジメントしたら良いのだろうか。

著者は、２０１５年6月の日本マーケティング協会主催のエクスペリエンスセミナー（「エクスペリエンス・ドリブン・マーケティング——エクスペリエンス・デザインの導入から効果検証まで」）で『推奨意向と収益の9セル分析』（図27を参照）を発表した。縦軸に経済効果としてお客さまひとり当たりの収益（売上）、横軸に推奨意向をプロットし、縦軸の収益と横軸の推奨意向をそれぞれ３×３＝９個のセルに分割する。そして、ブランド全体でお客さまが各セルに何%ずつ入るのかを見て行くことで、企業が提供するブランドの状態（健康度合い）

図27｜「推奨意向と収益の9セル分析」

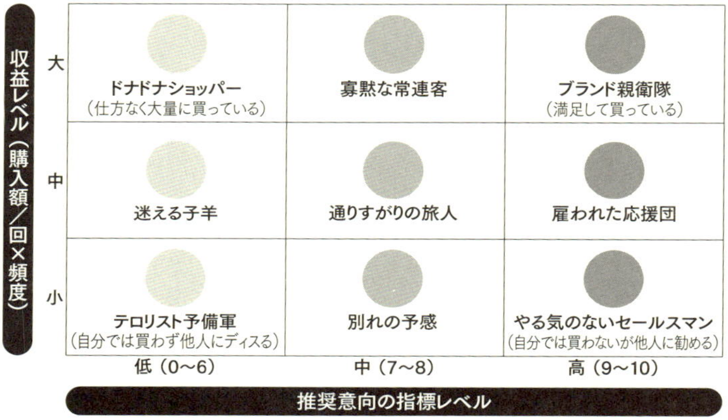

収益レベル（購入額／回×頻度）	低（0〜6）	中（7〜8）	高（9〜10）
大	ドナドナショッパー（仕方なく大量に買っている）	寡黙な常連客	ブランド親衛隊（満足して買っている）
中	迷える子羊	通りすがりの旅人	雇われた応援団
小	テロリスト予備軍（自分では買わず他人にディスる）	別れの予感	やる気のないセールスマン（自分では買わないが他人に勧める）

がわかる。もちろん、収益と推奨意向の両方のレベル高い、一番右上のセルに収まる人の比率が多いのが、最も好ましい状態といえるのである。

縦軸の収益については、現在のところ、航空会社や携帯電話、保険のような会員型サービスであっても、お客さまの行動データ（売上や継続会員期間など）とアスキングのデータ（推奨意向）の付け合わせが必要だが、エクスペリエンス×ＩｏＴのサービスが前提となるエクスペリエンス４・０のステージであれば、より簡易に両者のスコアの関係を紐付けることができるようになるはずだ。

９セルのお客さまの比率の時系列変化を見て行こう。豊かなエクスペリエンスの提供により、お客さまのロイヤルティが高まってそれが事業成果に現れれば、相対的に右上のセルのお客さまの比率が高まって行くはずだ。また競合ブランドと自社ブランドとで各セルのお客さまの分布の比較を行うことで自社ブランドの強み・弱みも透けて見えてくるだろう。少なくとも年に2回程度は9セルを詳しく分析して、そこから得られる知見をエクスペリエンス・デザインの戦略見直しに反映すべきである。

また、追加の情報として、『推奨意向と収益の9セル分析』では、各セルに「ブランド親衛隊」「やる気のないセールスマン」「ドナドナショッパー」「テロリスト予備軍」などとペルソナをキャッチフレーズ化したコピーをつけることでお客さまの人物像の理解が進むような工夫をしている。ペルソナを表すキャッチュフレーズが原案の考え方で本当に的確かどうかは企業の提供するサービスとお客さまとの関係性を検証しながらチェックが必要であるように思う。

推奨意向が発生する要因を分析し、さらに推奨意向が何%上がればどのセルのお客さまがどのくらい右上の方向に遷移するのか、そして売上にどの程度つながるかといったところまで分析すれば、それをベースに経営目標や事業の数値目標の設定も可能になる。そうすることにより、事業戦略とマーケティング戦略の整合性が非常に高くなり、また透明性も増すはずだ。必然的に、エクスペリエンス・ドリブン・マーケティングがアートからサイエンスへと昇華することになるであろう。

IoT時代のマーケティング・コミュニケーション

エクスペリエンス3・0以降の本格的なデジタル時代では、オンライン・オフラインを問わず、すべてのコンタクトポイント（お客さまとのブランド接点）が「マーケティング・コミュニケーションの機会点」になることは、本書で見て来た通りである。マーケティングの大きな流れを見て行くと、エクスペリエンス2・0の時代まではマスメディアを活用した広告コミュニケーションがブランディングに大きく寄与してきたが、マーケティング3・0以降、特にマーケティング4・0の世界では、広告コミュニケーションはもはや数多くあるコンタクトポイントのひとつに過ぎなくなってきている。これからはお客さま主語でのカスタマージャーニー全体を見据えたエクスペリエンス・デザインがブランディングの王道となるであろう。

「形容詞のブランディング」から「動詞のブランディング」へのダイナミックなシフトは現在進行形で起きている。

AIと人間の役割分担を戦略的に考えながら「センス（Sense）」「セレンディピティ（Serendipity）」「サステナビリティ（Sustainability）」「セキュリティ（Security）」4つの「S」をバランス良く最適化させるということは、現在よりもエクスペリエンス・デザインに要求されるスキルの水準が高くなることを意味する。質の高いクリエイティビティや高度な専門性が求められる場合があるだろう。「エクスペリエンス・オプティマイザー（体験の最適化業）」は企業の事業経営戦略の根幹となるため、企業がインハウスで抱え込むことが理想だが、すべての企業があまねく対応できるとも考えにくい。

かつて、広告主とメディアの間に「広告代理業」というインダストリー（産業）が勃興したように、お客さまとＡＩ（と企業）の間に「エクスペリエンスの最適化」を専門的に行う新たなインダストリーが出現する可能性もある、と著者は考えている。そして、この重要な仕事を企業がインハウスで対応するにせよ、アウトソースで調達するにせよ、「エクスペリエンスの最適化」を担う専門家集団（「エクスペリエンス・オプティマイザー」）をひとつの戦略の形で束ねるのが、経営者や次世代のチーフ・エクスペリエンス・オフィサー（ＣＸＯ）、企業のエクスペリエンス推進部署のメインの役割になる。

これはお客さま主語でのエクスペリエンスの刷新がそうであったように、経営者自身が主体的に判断し、推進すべき主要テーマである。そしてそれをいち早く実現した企業がルールメーカーになり、「エクスペリエンス４・０」の土俵において真の勝者となるであろう。「エクスペリエンス４・０」は図25で示したように、「愛着」を中心的なテーマにしたお客さま主語でのＣＲＭ（Customer Relationship Management）活動と位置づけられるようになるのである。

おわりに

エクスペリエンスのデザインを専門とするコンサルタント。

これが著者の現在の肩書きである。企業の経営トップの方々と直接、向き合って具体的なソリューションをご提案させていただいたり、セミナーやマーケティング関係の講座で講演活動を行ったりするのが仕事の主な内容である。この事自体は数年前のブランドコンサルティング時代とさほど変わらない。反面、大きく変わったのは著者がそういった場所に招かれる頻度と著者の話を聞いてくださる方々の熱意の度合いである。

エクスペリエンスは今や企業の事業経営やマーケティングの根幹となる考え方のひとつになっている。かつては、カスタマーエクスペリエンス（ＣＸ）やユーザエクスペリエンス（ＵＸ）と長い名詞で呼ばれていた概念が、最近ではエクスペリエンスと言うだけで「ブランド体験価値」という言葉本来の意味だけでなく、「お客さまのブランド体験にフォーカスしたマーケティング手法」のことをも包含するようになって来ているのはその証左であろう。

同時にエクスペリエンスを重視する考え方の浸透は「売ることがゴールだった時代」から、「売ってお客さまにどう感じてもらうかがゴールになる時代」へのシフトを雄弁に物語っているのである。

著者は２０１４年5月にエクスペリエンスをテーマにした最初の書籍『エクスペリエンス・ドリブン・マーケティング』（ファーストプレス）を上梓した。

商品やサービスの同質化・成熟化が急速に進行する中で、プロダクト価値やイメージ価値に変わりエクスペリエンスがブランド差別化の最大のドライバーになること、ソーシャルネットワークの発達によって、お客さま自身の「推奨」や「評価」の力が企業のマーケティング活動や事業成果そのものに及ぼす影響は今後ますます増大することを説いた。

しかしながら、ビジネスの変化のスピードは速い。２０１５年1月のＣＥＳではＩｏＴが大きくフィーチャーされ、本書の第1章でも紹介したジョン・チェンバース（シスコシステムＣＥＯ）の衝撃的なスピーチがあった。ソーシャルネットワークの登場と浸透が「破壊的イノベーション」の第1弾だったとすると、第2弾のＩｏＴのインパクトと破壊力はより強烈である。著者の関心も、あたかもが磁力で引きつけられるように、「エクスペリエンス×ＩｏＴ」に急速にシフトしていったのである。

以上が本書を出版するに至った経緯と執筆の動機である。

出版にあたっては、『ＤＩＡＭＯＮＤ ハーバード・ビジネス・レビュー』（ダイヤモンド社）の元編集長でもあり、前著『エクスペリエンス・ドリブン・マーケティング』以来、大変お世話になっている株式会社ファーストプレス 代表取締役の上坂伸一さま、就業後に早稲田大学ビジネススクールに通いながら多大なるサポートをいただいた株式会社電通 コーポレート・コミュニケーション局 小川達也部長、読者目線で詳細なアドバイスをいただいた同局 蓮見則子さまに深い感謝を申し上げたい。

２０１６年４月

著者

日本経済新聞 2016年1月27日朝刊「カーシェア陣取り熱く」

『マーケティングのための新しい支配的論理の進展』（バーゴ・スティーブン・L、ロバート・F・ルッチ著 Journal of Marketing Vol.68 2004年）

日経ビジネス2015年12月21日「シェアリングエコノミー」

講演「イノベーションによる社会的課題の解決」（三菱総合研究所MRI・DCSフォーラム2015 研究理事 村上清明）

『ポスト資本主義社会』（P.F.ドラッカー著 ダイヤモンド社 上田惇生訳 1993年）

日本経済新聞 2015年6月18日朝刊 コマツ企業広告「現場に未来がやってきた。ICT×建設機械という新しい常識といっしょに」（全30段）

『The Life Wear Book』（ファーストリテイリング FALL WINTER 2015）

『山と高原地図41 北岳・甲斐駒 南アルプス』（昭文社）

『Competitive Strategy』（マイケル・E・ポーター著 1980年。日本語版『競争の戦略』ダイヤモンド社 土岐坤・中辻萬治・服部照夫 訳 1985年）

日本経済新聞 2015年11月14日朝刊「自動運転市場 日立が試作車」

「CSV（Creating Shared Value）」（マーケル・ポーター著『ハーバード・ビジネス・レビュー』2011年6月。邦題「経済的価値と社会的価値を同時実現する共通価値の戦略」）

『閉じこもるインターネット』（イーライ・パリサー著 早川書房 井口耕二訳 2012年）

2011年に、MITスローン・スクールの経済学教授らは著書『機械との競争』（原題『Race Against The Machine』エリック・ブリニョルフソン他 著 2011年。日本語版は日経BP社 村井章子訳 2013年）

『雇用の未来　コンピュータ化によって仕事は失われるのか』（マイケル・A・オズボーン、カール・ベネディクト・フライ共著 2014年。原題は『THE FUTURE OF EMPLOYMENT:HOW SUSCEPTIBLE ARE JOBS TO COMPUTERISATION?』）

『ワーク・シフト　孤独と貧困から自由になる働き方の未来〈2025〉』（リンダ・グラットン著 プレジデント社 池村千秋訳 2012年）

『本当に欲しいものを知りなさい――究極の自分探しができる16の欲求プロフィール』（スティーブン・リース著 角川書店 宮田摂子訳 2006年）

『ネット・プロモーター経営〈顧客ロイヤルティ指標 NPS〉で「利益ある成長」を実現する』（フレッド・ラルクヘルド、ロブ・マーキー著 プレジデント社 森光威文、大越一樹、渡部典子訳 2013年）

参考文献

『The Innovator's Dilemma』（クレイトン・クリステンセン著　日本語版は『イノベーションのジレンマ――技術革新が巨大企業を滅ぼすとき』翔泳社 浜田俊平太 監修、伊豆原弓 訳 2001年）

日経ビジネス 2015年10月26日**「自動運転の覇者コンチネンタル」**

日本経済新聞 2015年12月13日朝刊『今を読み解く』**「21世紀型産業革命の行方」**（富士通総研経済研究所 主任研究員 湯川抗）

日本経済新聞 2016年1月11日朝刊『経営の視点』**「クルマとITの融合」**

日経ビジネス2015年11月16日**「身近にあったインダストリー 4.0」**

日本経済新聞 2015年11月18日朝刊 日本IBM企業広告**「ようこそコグニティブの時代へ」**（全60段）

日本経済新聞 2016年2月19日朝刊『**ビジネスTODAY**』**「ワトソン、会社を変える」**

『**シンギュラリティ　人類が生命を超越するとき**』（レイ・カーツワイル著 原題『THE SINGULARITY IS NEAR』、2007年に『ポスト・ヒューマン誕生 コンピュータが人類の知性を超えるとき』というタイトルで出版 NHK出版 井上健 監訳、小野木明恵、野中香方子、福田実 共訳）

日本経済新聞 2015年10月1日朝刊**「GE、ソフト事業1.8億円に」**

『**コンセプトダイアグラムでわかる[清水式]ビジュアルWeb解析**』（清水誠 KADOKAWA/アスキー・メディアワークス 2015年）

『**リーン・スタートアップ**』（エリック・リース著 日経BP社 井口耕二・伊藤譲一訳 2012年）

『**誰のためのデザイン**』（ドナルド・A・ノーマン著 新曜社 野島久雄訳 1988年）

『**経験経済――エクスペリエンス・エコノミー**』（J・H・ギルモア、B・ジョゼフ・パイン2世著 流通経済大学出版 電通「経験経済研究会」訳 2000年）

『**経験価値マーケティング**』（バーンド・H・シュミット著 ダイヤモンド社 嶋村和恵ほか訳 2000年）

『**ソーシャル時代のブランドコミュニティ戦略**』（小西圭介著 ダイヤモンド社 2013年）

日本経済新聞 2015年7月21日朝刊**「自撮り共有 楽しさ循環」**（ウッドマン・ラボ　ニコラス・ウッドマンCEOインタビュー）

『ハーバード・ビジネス・レビュー』**「IoTの衝撃」**（ダイヤモンド社 2015年4月号）

日経ビジネス2015年11月23日**「最新スポーツテクノロジー IoTとビッグデータで上達支援」**

【著者プロフィール】

朝岡 崇史 (あさおか・たかし)

電通　エグゼクティブ・コンサルティング・ディレクター

エクスペリエンス・デザインを専門とするコンサルタント。大学生時代は東大野球部で選手・主務として活躍。1985年、電通入社。クライアント企業さまの経営層と向き合い、電通らしい右脳型のアイデアを武器に事業やブランドのコンサルティングを提供するソリューション型サービスを実践。ブランドコンサルティングを行うコンサルティング室長を経て現職。日本マーケティング協会(JMA)のマーケティング・マスターコース・マイスター(2011年〜)。著書に「拝啓 総理大臣殿 これが日本を元気にする処方箋です」(東洋経済新報社 共著 2008年)、「エクスペリエンス・ドリブン・マーケティング」(ファーストプレス 2014年)がある。

IoT時代のエクスペリエンス・デザイン

2016年5月20日 第1刷発行

◉著　者　朝岡 崇史
◉発行者　上坂 伸一
◉発行所　株式会社ファーストプレス
〒105-0003　東京都港区西新橋1-2-9 14F
電話 03-5302-2501(代表)
http://www.firstpress.co.jp

装丁　遠藤陽一
本文デザイン　株式会社デザインワークショップジン
DTP　株式会社オーウィン
印刷・製本　高千穂印刷株式会社

ISBN 978-4-904336-94-6

はじめに

2011年３月11日に発生した東日本大震災は東北地方太平洋沿岸を中心として甚大な人的・物的被害をもたらした。東日本大震災における地震・津波被害からの復旧・復興においては，広範かつ甚大な被害への対応に加え，人口減少・高齢化という平時から社会が抱えてきた難題への対応が不可欠である。そのような状況下で被災地の行政や住民は，生活や仕事の場の再建をめぐって高地への移転か，現地での再建か，あるいは地域外への転出かといった，しばしば被災者間の利害の対立を伴う難しい決断を迫られており，復旧・復興の過程において様々な葛藤や軋轢が生じている。

さらに，今般の震災における福島第一原子力発電所の電源喪失と炉心溶融を発端とする原子力災害は，福島県のみならずわが国の社会全体に深刻な影響を及ぼしている。原発事故被災者は福島県内だけでなく全国に分散して避難しており，将来の見通しが立てられない不安を抱えながら各地で避難生活を続けている。放射能汚染による被害は長期に及び，人体や生態系への影響は不透明・不確実である。このような原子力災害特有の状況下では，本来であれば一体的に進められるべき「個人の生活再建」と「地域の再生・復興」はバラバラにならざるを得ない。「地域外への移住」か「早期の帰還」か，という二者択一に陥らない「第三の道」（将来的に帰還するという選択肢を残しながら今は居住の安定を確保できる地域で生活再建すること）という生活再建シナリオの可能性が模索されているとは言え，被災した自治体や個人への国の支援は不十分である。被災自治体職員や被災者が抱える不安と苦悩は計り知れないものがある。

以上のように，わが国では東日本大震災における地震・津波および原子力災害をめぐって被災者の生活再建が喫緊の課題であり，現在も復興に向けた取り組みが行われている。一方，少し視野を拡げて，わが国以外の経験にも目を向けてみると，災害，戦争，開発等の何らかの外的な要因によって住み慣れた場所を離れることを強いられた人々をめぐる問題は様々な局面で発生している。本書は，このような問題を災害後の「再定住」（Resettlement）の問題と捉え，津波災害を契機とした再定住の問題への居住地計画的な対応のあり方を探るものである。具体的には，2004年12月26日に発生したインド洋スマトラ島沖地震・津波（以下，「インド洋津波」とする）後のスリランカにおける住宅復興事業を対象として，再定住地における被災者の生活再建の実態を明らかにする。そして，再定住地への被災者の移住の“失敗”と“成功”の意味について探求するとともに，災害後の再定住地の計画において考慮すべき条件を明確化することを試みている。

筆者が本書の主なフィールドであるスリランカをはじめて訪れたのは2005年 3 月頃であった。インド洋津波から約 3 ヶ月余りが経過していたが，インド洋沿岸諸国に死者・行方不明者23万人以上という未曾有の被害をもたらした大災害の爪痕はスリランカ沿岸にも生々しく残っており，凄惨な被害状況を目の当たりにしてまずは言葉を失った。さらに，津波からの復旧・復興が進むにつれて筆者が衝撃を受けたのは，大量の復興住宅が海外からの資金援助を受けて一気に供給されていく仕組みについてである。内陸部に建設された“再定住地（Resettlement Area）”と呼ばれる復興住宅団地を訪れてみると，竣工と入居開始から半年足らずで大量の空き家が生じていることに気がついた。当初から住み手がいなかったのか，当初は住み手がいたが何らかの理由で退去したのか，原因は定かではない。しかし，空き家が大量に生じているという事実から，わが国を含む海外諸国から届けられた大量の援助が被災した人々の居住の安定に必ずしも繋がっていないことは明らかであった。そのような状況に対して素朴に疑問を感じるとともに，何が被災した人々の居住の安定の有無や程度に影響しているのか，明らかにしてみたいと思うに至った。このことが本書のもととなる研究をはじめた動機である。

空き家の問題に加えてもう一つ，再定住地の調査を続けていくなかで筆者の印象に強く残ったことについて述べる。本書の分析対象としても取り上げているスリランカ南部のある再定住地では，マイクロクレジット

(Micro Credit)の仕組みが導入され，女性を中心とした貯蓄・融資グループが結成された。彼女らの活動により，再定住地における居住の不安定化の一つの要因であった生計手段へのアクセスに関する問題が緩和されていった。津波被災以前は沿岸部の限られた物的・社会的資源に依存していた人々の生活が津波被災と再定住を契機として変化しようとする兆しがこの時点では感じられた。しかしながら，その後数年が経つと，NGO や政府等の支援主体の撤退に伴い，再定住地におけるマイクロクレジットの活動は解散していた。また，再定住地内の生活施設（集会所，保育所等）やオープンスペースの管理が放棄され，さらに，世帯数の増加に対応するため，住民によるインフォーマルな土地占有や住宅建設が発生していた。再定住地の人々の生活やコミュニティに何が起こったのか。これに関しては，津波を契機として変化した，津波前の元の状態に戻った，あるいはその中間の状態，といった様々な見方ができるであろう。ひとつ確かであると思えることは，住まい手にとってはその時々の状況に応じた，“複数の安定状態”が存在しているという点である。途上国の僻地社会に生きる人々は災害に限らず貧困や開発等，様々な変化と危機に常に晒されている。彼らをめぐる状況の変化は目まぐるしく，かつ不確実である。研究を進めていくなかで，そのような不確実な状況を生きる人々を支えられるとすれば，建築はいかにあるべきか，この点についても考える必要があると思うに至った。本書では，このような支援と建築の関係についても，必ずしも十分とは言えないかもしれないが，検討を行っている。

上述のような，東日本大震災やインド洋津波における再定住の例に加え，過去の津波災害における再定住の例からは，より長い時間経過の視点から個人やコミュニティの持続のあり方について学ぶことができる。ここでは詳細には触れないが，例えば，わが国における津波常襲地帯である三陸地方沿岸で漁業に携わる人々の経験やインドネシアにおける海上漂流民の人々の経験等から，個人やコミュニティは環境との相互の関わりにおいて，“複数の安定状態”のあいだを揺れ動きながらも持続してきたということがわかる。このような，環境への適応，あるいは環境に応じた変化を前提とした持続のあり方は近年，“レジリエンス（Resilience）”という概念によって表現され，様々な分野において重要な研究テーマとされている。レジリエンスは，比較的最近になって本格的な研究が開始され，かつ包括的な概念であるということもあり，現状では必ずしも定まった定義が存在しない。本書ではレジリエンスを“あるシステムが危機や変化に対処しその機能を維持あるいは変化させる力”と定義する。ここでいうシステムとは，複数の要素間の関係による系を指しており，個人と環境の関わりやコミュニティも一つのシステムとして捉えられる。レジリエンスは，本書において再定住のあり方を考える上でも重要な手がかりとなる。個人やコミュニティのレジリエンスを損なわないような再定住とはどのようなものか，さらには，そのような再定住を支える建築とはどのようなものか，ということについて本書では考えている。そのような意図もあり，本書の副題は，“コミュニティのレジリエンスを支える”としている。

本書において，レジリエンスと居住地計画を繋ぐキーワードが，“社会関係（Social Relationship）”である。何がレジリエンスの基盤となるのか，ということに関しては様々な見方が存在する。その中で，本書では地縁や血縁といった，人と人の関係に関わる概念である“社会関係”に着目し，“社会関係の視点からみた居住地計画”を一つの主題として論を進めている。例えば，米国の政治学者 Daniel P. Aldrich が彼の著書“Building Resilience Social Capital in Post Disaster Recovery”において分析・検証しているように，少なくとも物質的資源（Physical Resource）と同様に，社会的資源（Social Resource；コミュニティの Social Network や Social Capital）がレジリエンスと復興の基盤になり得ると考えることは可能である。むしろ，大規模な津波災害による被災地においては，社会的資源の役割が相対的に重要になると考えられる。津波によって建物や道路，堤防等といった物質的資源が徹底的に破損・流失しているため，物質的資源が人々の生活再建と復興の基盤にはなり難いためである。本書は，上述のような見方にもとづいて，津波被災者の“生活再建”を“生活と仕事が成り立っている状態”と捉え，その実態を“社会的環境”（Social Environment；社会関係，権利関係など），および“物的環境”（Physical Environment；土地・自然，物財・空間など）との関連から理解することを試みている。津波被災地に唯一残された資源とも言える社会的資源を起点とすることが，より持続可能な物質的資源の再生に繋がるのではなかろうか。このような経路に着目し，本書では再定住地の計画論について広く捉え直している。そして，このような意図を“社会関係の視点から居住地計画”という主題に込めることで本書は，津波被災地に限らず，発展途上国や衰退地域といった，物的な資源に乏しく，居住の不安定性を抱える地域の問題に対しても示唆を与えることを目指している。

“社会関係の視点からみた居住地計画”においてはまず，地域や文化によって異なる，個人，社会的環境，物的環境の結合の原理と実態について理解することが必要である。次に，そのような原理と実態の理解にもとづき，建築行為を媒介とした人と人の関わり（社会的環境），さらには人と環境の関わり（物的環境）の維持・組み替えの可能性について検討する。ただ，社会的資源が果たす役割は，必ずしもプラスのものだけでなく，マイナスのものも含まれる。このことは，例えば，先述したスリランカの再定住においても，コミュニティを維持しようとする力と変えようとする力がせめぎ合う複雑なプロセスとなって表れている。また，個人，社会的環境，物的環境の結合の原理は，地域や文化によって多様であり，かつ，様々な理由により原理と実態は必ずしも一致していない。従って，そのような通常は捉えづらい複雑な関係性を明らかにするためには，何らかの研究方法上の工夫が必要となる。そこで本書では，これと関連して，“平時—非常時の関係からみた居住地計画”をもう一つの主題として論を進めている。大災害からの復旧・復興といった非常時の社会を対象とした研究には少なくとも二つの意義があると考えられる。一つには，非常時に発生する様々な課題（災害から命を守るための避難経路の確保や避難施設の整備，被災した人々への住まいの供給，生活再建の支援等）への対処のあり方を探るという点である。また一つには，非常時の経験をもとにして，平時にはみえづらかった関係性の特徴や社会システムの問題点についての理解を深め，平時の社会システムの不整合を是正する方向を探るという点である。本書では，レジリエントな社会の構築のためには，なるべく平時の社会システムによって非常時における問題の軽減や対処を図れることが望ましいという立場から，特に後者の点について重視している。

以上，本書における研究の動機となった現場での経験や問題意識，および研究の視点等について述べた。最後に，本書における専門領域および研究方法の特徴について述べておく。

建築計画学において人と環境の関わりは，古くから多くの研究者の関心の対象となってきたテーマである。ここでいう環境には，先述の通り，少なくとも物的環境と社会的環境の二種類が想定される。本書では，物的環境とその制御のための技術は，決して“真空状態”に置かれているわけではなく，それらが置かれた社会的環境と関連づけて理解されるべきであるという立場を取っている。このような立場にもとづき，さらには，非常時におけるレジリエンスと復興の基盤としての社会関係の役割や，物的資源に恵まれない地域の再建・再生について考えるにあたり，“社会関係の視点からみた居住地計画”を本書の主題の一つとして掲げている。このように物的環境とその制御技術を社会的環境との関わりのなかで広く捉えようとしている本書は，建築計画学に限らず，ソーシャル・デザインやコミュニティ・デザイン，あるいは中間技術論や適正技術論といった，社会・経済・文化の領域も含めたデザインの取り組みの中でも位置づけられる。また，建築計画学だけでなく，人間社会に関する人文・社会科学分野における関連する理論や研究成果についても可能な限り参照し，本書の分析に援用することを試みている。具体的には，社会学におけるコミュニティ論，経済学における社会関係資本論，人類学における社会構造論を主に参照し，津波被災と再定住という複雑なプロセスについてなるべく多面的な検討を行うことに努めている。

また，本書で考察する“再定住地”という居住地の形式は，津波災害からの復興において，特に漁業関係者等，海との関わりが深い人々の生活や仕事の継続が困難となり，やがて再定住地には誰も住まなくなるなどして，“失敗”する傾向が強いということが指摘されてきた。また，津波災害からの復興という文脈に限らず，再定住地の建設は，住民にとって何らかの外的な要因によるものであり，しばしば“強制移住”というマイナスのイメージを伴う。しかしながら，いくつかの被災地復興の現場を訪れてみると，住み慣れた場所を何らかの事情により離れざるを得ないという状況は確かに存在する。そのため再定住地の建設には慎重な判断が必要ではあるが，地域の再生や復興における住まい再建の選択肢として再定住地を捉えるという視点も重要であると考えられる。インド洋津波からの復興においても，建設から一定期間経過後も被災者が生活を継続しており，“成功”とみなせる再定住地は決して多くはないが，たしかに存在する。本書では，上述のように再定住地も地域再生・再建の選択肢の一つとして捉えるべきであるという立場から，再定住地の数少ない“成功”事例を見つけ出し，その“成功”を支えている居住地計画の特徴や条件について明らかにするべく，詳細な分析を行っている。

このように，本書では再定住地の“事例分析”という研究方法を採用することにより，これまで必ずしも十分には明らかにされてこなかった“成功”している再定住地が備えている特徴や計画条件を描き出している。これは，事例分析という方法を採用したからこそ得られた成果であると考えている。一方で，事例分析という方法には一般的に，得られた知見の一般性が乏しく，“特殊解”的にならざるを得ないという問題がある。この点について本書においても，同様の問題があることを認めざるを得ない。このような研究方法上の限界を認めつつ，本書では，サンプル全体のなかでの事例の位置づけの明確化や，再定住地の複数事例の参照等を行うことにより，研究方法上の限界の補完に努めている。

さらに，このことと関連して，本書は主にスリランカの津波被災と再定住の経験にもとづくものであるが，他の災害や地域再建・再生のトピックについても適宜紹介し，本書全体の論を補強している。紹介しているトピックはいずれも筆者が研究あるいは実践の面で，何らかの形で携わっている事例である。例えば，東日本大震災における仮設住宅の住環境改善支援や，福島第一原発事故による長期避難者の生活拠点と地域復興に向けた取り組み，スリランカの旧紅茶農園における長屋再生を通じたコミュニティ支援の取り組み等について紹介している。

本書で試みているスリランカの津波被災地と再定住地の分析が，地域再建・再生の選択肢として重要であるにも関わらずこれまで十分には研究されてこなかった再定住地の計画についての議論を深めるきっかけとなることを期待したい。また，インド洋津波という未曾有の大災害からの復興の経験に学び，社会関係の視点から居住地の計画論を広く捉え直そうとする本書の試みが，現在も復興の途上にある東日本大震災被災地や，物的資源に恵まれない開発途上国やわが国の僻地社会における地域再建・再生のあり方を考える上での一助となれば幸いである。

目　次

CHAPTER 1
序論
——地域のレジリエンスを支える居住地計画

インド洋津波被災直後のスリランカ沿岸の様子（南部州マータラ県）
震源地であるインドネシア・スマトラ島沖から遠く離れたスリランカにおいても
死者・行方不明者 36,603 名，全半壊住宅 88,544 戸という甚大な被害が生じた。

1．居住地計画の基本概念と再定住の課題——研究の背景

本節ではまず，本書の主題の一つである“社会関係の視点からみた居住地計画”の基本概念について解説する（1. 1.)。次に，被災者の生活再建やコミュニティ再生の支援を考える上で鍵となる“レジリエンス”の概念，および社会関係をレジリエンスと復興の源として捉える見方を紹介し，支援のあり方に関する本書の立場を示す（1. 2.)。最後に，上記の議論を重ね合わせ，“社会関係の視点からみた居住地の計画”を津波災害後の再定住の問題に応用する。さらに，本書のもう一つの主題である“平時—非常時の関係からみた居住地計画”についても解説し，本書の研究上の課題について示す（1. 3.)。

1.1　社会関係の視点からみた居住地計画

（1）個人の生活・仕事を支える物的・社会的環境

図1－1は，個人の生活・仕事とそれを支える環境に対する本書の認識を示したものである。ある個人（Individual；I）の生活（Life）と仕事（Work）を支える環境には，物的環境（Physical Environment；P）と社会的環境（Social Environment；S）がある。以下，それぞれの概念について述べる。なお，生活・仕事を支える環境の概念については，生活経済学，家庭経済学の分野における文献（角田2010，角田1992，伊藤・川島2008，西垣1989他）を参照

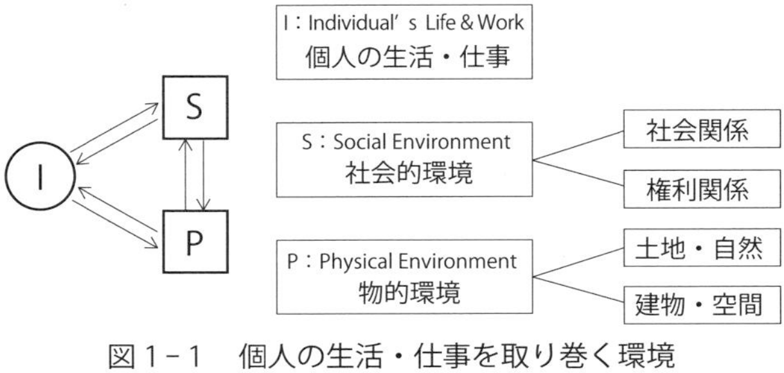

図1－1　個人の生活・仕事を取り巻く環境

した。

生活・仕事：日本語の「生活」という言葉には一般的に，人が「生きること（Life）」と，人が生きるために営む「仕事（Work）」という二つの意味が含まれる。しかし，両者が必ずしも厳密には区別されずに使われていることが少なくない。ここでいう「仕事」とは，「職業」としての仕事に限らず，例えば家庭内での家事・育児や休日の余暇活動等，文字通り「生きる」という行為を維持するための「営み」の全般を意味する。本書では，人々の生活の継続や再建といったテーマを扱うにあたって，基本的にこの「生きること」，および生きるための営みである「仕事」という二つの意味を含む概念として「生活」という言葉を用いている。そして，「生活」と職業としての「仕事」という用語を文脈によって必要に応じて使い分けながら分析・記述している。

社会的環境：ある個人の生活・仕事は，個人的な行為であるが，それと同時に，集合的な行為でもある。その根拠は少なくとも二つある。まず，個人の生活・仕事は，慣習や規範，ルールといった集団の原則によって規定されている（I ← S)。このことは，程度の差はあれ，いかなる社会においてもあてはまる。それぞれの社会において，慣習や規範，ルールは人々の集合的な行為の結果として形成されてきた（I → S)。このように，個人と社会的環境には相互的な関係が存在している。そして，長期的にみれば慣習や規範，ルールは人々の手によって作りかえることができる。ただ，短期的にみれば，個々人にとっては，慣習，規範，ルールは社会関係の中に埋め込まれており，所与のものとして受け止められている場合が少なくない。次に，生活・仕事は，土地や建物といった共同的手段を介した関係によって支えられている（I ← S ← P）ということが挙げられる。共同的手段を介した関係もまた，人々の集合的な行為の産物であるが（I → S → P)，個々人にとってはやはり，所与のものとして受け止められている場合が少なくない。本書では，このような，個人の生活・仕事を支える慣習，規範，ルールを内包する，地縁・血縁といった人と人の関係である「社会関係」，および土地や建物といった共同的手段の所有・利用に関わる関係である「権利関係」を総称して,「社会的環境」とする。

物的環境:個人の生活・仕事は,個人や社会による程度の差はあれ,土地・自然や物財・空間といった物的環境によって支えられている(I ← P)。土地・自然や物財・空間は,人々が環境に対して働きかけた結果,選び出したり,作り出したものである(I → P)。自然環境(Natural Environment)とは異なり,物財・空間といった構築環境(Built Environment)は,人々の手によって作りだしたり,作り変えたりすることができる度合いが大きい。しかしながら,短期的にみれば,土地・自然といった自然環境と同様に,物財・空間といった構築環境もまた,個々人にとっては所与のものであり,行動を規定する要素となっている。また,上記のような個人と物的環境の相互の関係は個人的なものであると同時に集合的なものでもある。個人による物的環境の利用は,社会的環境によって規定され(I ← P ← S),また,集合的な利用を積み重ねた結果(I → P → S)でもある。本書では,このような,ある個人の生活・仕事を支える土地・自然と物財・空間を総称して,「物的環境」とする。

(2)社会的環境:社会関係と権利関係

図1−2は,本書の鍵概念の一つである「社会関係」(Social Relationship)について本書の見方を示したものである。社会関係とは,家族,親戚,隣人,友人,同僚等を含む,個人と個人の関係の網の目を指す。本書では,人々の行為に関わる慣習や規範,ルールが社会関係に沿って現れるという考えのもと,社会関係の分析を通じて,個人の生活・仕事を支える社会的環境について理解することを試みている[1)]。特に,人間社会において普遍的にみられる,「地縁」,「血縁」,および「地縁・血縁以外の関係」を考察

1) イギリスの人類学者・ラドクリフ=ブラウンによると,社会関係は,二人の個人のみを含む関係ではなく,三人以上の個人を含むより広い関係の網の目の中に位置する。人々の行為を規定する慣習や規範,ルールは,社会関係に沿って現れるものであり,社会関係の連続的な網の目の総体が社会構造である。社会人類学では,1950年代から1960年代にかけて,様々な社会を対象とした社会構造の比較研究が行われ,社会関係はその分析概念として用いられた(Radcliffe-Brown 1952)

関係の名称	地縁	血縁	地縁・血縁以外の関係
記号	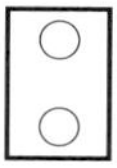		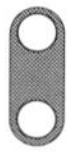
定義	ある土地を介して生活を共にする個人のまとまり	血縁・親戚の関係にある個人のまとまり	何らかの役割期待にもとづく個人のまとまり
結合原理にもとづく分類	空間を介した関係	人を介した関係	
	非選択的関係		選択的関係

図 1－2　結合原理が異なる 3 つの社会関係

の対象としている。

社会関係の分析には様々な方法が存在するが，本書では，例えば親密感や共属感といった，当事者の主観にもとづく社会関係は基本的に考察の対象としていない。本書では，「空間を介した関係」と「人を介した関係」あるいは，「非選択的関係」と「選択的関係」，といった結合原理の違いに着目し，第三者が客観的に把握することができる社会関係を考察対象としている。社会関係やコミュニティは本来，より包括的で曖昧さを含む概念であるが，本書ではあえて上記のような限定を行っている（これに関しては第 3 章で詳述する)。

また，図 1－3 は，本書において検討する「権利関係」(Right Relationship) として，土地・建物の所有・利用関係の概念を示したものである。本章 1. 1でも述べたように，個人の生活・仕事は，個人的な行為であると同時に集合的な行為でもある。そして，集合的な行為としての生活・仕事は，「社会関係」，および共同的手段を介した関係によって支えられている。土地・自然や物財・空間は，人々の生活・仕事の手段であり，図 1－3 に示したように，私的に所有・利用される場合（図 1－3 の A）もあれば，何らかの形で共同的に所有・利用される（図 1－3 の B，C，D）場合もある。本書ではこのように，共同的手段を介した関係として，土地・建物の「権利関係」を考察の対象としている。

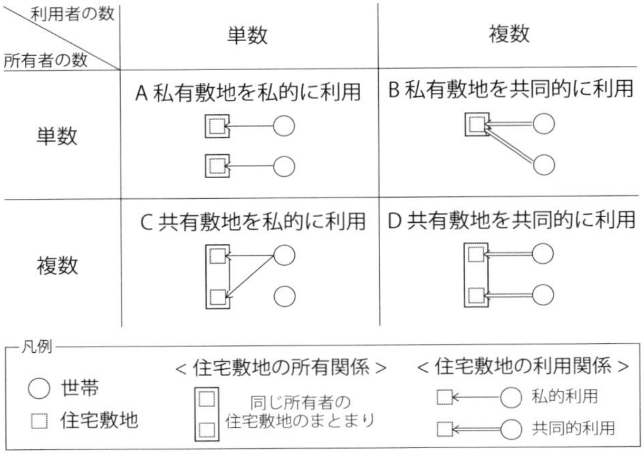

図 1－3　権利関係としての住宅敷地所有・利用関係

（3）物的環境の整備に偏重した計画の問題

道路や住宅といった社会基盤が乏しい時代や社会においては，物質的欠乏の充足を当面の目標として，住宅・都市政策において，物的環境の整備（ハードの整備）を先行させざるを得ないという側面がある。例えば日本の第二次大戦復興期や高度経済成長期はそのような住宅・都市政策が推進された典型であった。一方，物資的欠乏の充足が達成され，持続可能な社会を目標とする現代においては，ハードの整備だけでは不十分である。社会的環境を含むソフトの整備（運営の仕組みづくり，利用者像の想定，地域やコミュニティとの連携等）を組み込んだハードの整備が不可欠であろう。

しかしながら，日本のような成熟期を迎えた社会においても，今般の東日本大震災のような大災害時には再び，防波堤の建設や集団移転のための高台の大規模造成に典型的にみられるように，ハードの整備に偏重した計画が全面に打ち出されている。たしかに，短期的にみれば地震・津波で破壊されたインフラや建物等のハード面での再建は不可欠である。しかし，人口減少・高齢化社会の到来が不可避であることを踏まえると，より長期的な視点からみた将来の需要予測や運営・管理体制といったソフト面の検討は欠かせない。

また，物質的欠乏の度合いが高いと思われる途上国社会においても，現代の文脈においては，ソフトの整備を軽視することはできない。ハード整備重視の計画は，物資的な豊かさを短期間で国民に供与してきた。しかしながら，そのような貢献が認められる一方で，それぞれの地域に独自の景観や文化，コミュニティをハード偏重の計画が破壊してきたという側面があることは否定できない。このような，わが国の過去の苦い経験も踏まえると，途上国や僻地社会のような，物質的資源が乏しいと思われる社会においてこそ，社会的資源を少なくとも物質的資源と等価に扱うという視点が重要になる。物資的資源に乏しい社会における地域の生活や文化は，社会的資源に拠るところが大きく，かつ社会的資源は外部からの変化に対して脆弱であるためである。

このように，本書では，物的環境の整備の重要性を認めつつも，少なくとも物的環境と同程度に，社会的環境の整備を重視すべきであるという立場から，災害時等に典型的に現れる物的環境の整備に偏った計画に対して問題意識を抱いている。このような問題意識から，本書では“社会関係の視点からみた居住地計画”という主題を掲げている。そして，社会関係という概念を分析の軸として，地域や文化によって異なる個人，社会的環境，物的環境の結合の原理と実態について見極め，さらには，居住地計画や建築行為を媒介とした，人と人の関わり，および人と空間の関わりの維持や組み替えの可能性について検討している。

1.2　災害復興におけるレジリエンスと社会関係

（1）レジリエンス概念

本書が全体を通じて焦点を当てているのは，津波で被災した個人とコミュニティの復興であり，また，復興の潜在能力を表すレジリエンス（Resilience）である。レジリエンスという言葉は，「跳ね返る」や「飛び戻る」という意味を持つラテン語の“Resilire”を語源としていると言われ，一般的に「外部から力を加えられた物質が元と同じ均衡状態に戻る能力」

や「人が困難から立ち直る力」という意味合いで使われている。現在，レジリエンスは，物質や人に限らず，「外からの変動や変化に対してシステムが反応し，衝撃を吸収しながら望ましくない状況を脱し，安定的な状態を取り戻す能力」を表す言葉として広く用いられている。外からの変動や変化には，自然災害や経済危機といった突発的な衝撃だけでなく，気候変動や社会変化等の緩やかな変化も含まれる。近年，特に人間の精神，組織や経済，生態系，防災・減災といった様々な分野におけるレジリエンスについて論じた書籍や論文が続々と発表されている（Hollnagel et al 2006, Zolli and Healy 2013等）。

レジリエンス概念が近年，注目を集めている背景はいくつかあると考えられるが，それらはいずれも将来に対する我々の認識・態度の変化に関連している。まず一つには，将来の変化を厳密に予測することは難しく，不確実性を伴うという現実を認めざるを得なくなっている，ということがある。近年のグローバル化や気候変動，多発する大規模災害等の経験を通じて，不確実な状況の変化をみながら柔軟に対応できることが個人や社会の持続にとって不可欠であるという機運が高まっている。そして，状況をベースとした，あるいはレジリエンスを基本としたアプローチの必要性に関する議論が始まっている。また一つには，1970年代から提唱されているサステナビリティ（Sustainability）の概念が綻びを見せ始めている，ということがある。サステナビリティ概念に表される，ただ一つの安定状態を見つけようとする発想には，自然や社会の本来の姿と矛盾する側面がある。自然や社会に備わる健全なダイナミズムを認識し，“複数の安定状態”の間を揺れ動きながらも持続するというシステムのあり方を可能にする，レジリエンスという枠組みが，サステナビリティに対する補完的なアプローチを提供すると考えられている[2)]。

2） なお，将来の不確実性，あるいはレジリエンスを前提とした具体的なアプローチの一例として，都市・地域や社会・組織のデザインにおいてシナリオ・プランニング（Scenario Plannnig）の導入が盛んに議論されている。ただ一つの目標や安定状態の達成を前提とした近代主義的・硬直的計画の代替案を模索する機運が高まっていると言える。

レジリエンスの概念は近年，様々な地域や分野，文脈，考え方のもとで議論されており，いまだ定まった定義は存在しないと言われている。本書では，スリランカにおけるインド洋津波被災者の再定住を考察するにあたり，被災した個人の生活，およびコミュニティのレジリエンスについて扱っている。本章1.3で詳述するように，過去の津波災害後の再定住の経験は，個人の生活とコミュニティは現地（移転元地）や再定住地といった場所を個別の状況に応じて選択し，“複数の安定状態”を揺れ動きながらも持続してきたことを示唆している。このような事実を踏まえて本書では，災害を「平時の個人や組織の活動が損なわれ，地域一体に被害をもたらすような出来事」とし，レジリエンスを「あるシステムが外からの変化や危機に対処し，望ましくない状況を脱して活動の安定状態を取り戻す，あるいは別の安定状態に移行する能力」と定義する。そして，個人の生活やコミュニティのレジリエンスを支えるという観点から津波災害後の再定住のあり方について考察する。

（2）災害復興におけるレジリエンス

災害復興とレジリエンスの関係についての研究が近年盛んに行われるようになったのは，自然災害の脅威に際する人間や社会の対処方法についての考え方が変化しつつあることに起因している。すなわち，巨大化と複合化に伴い自然災害の発生や影響の予測が困難となっていることを受け，従来の被害の予測と抑止を前提とした「防災」（Disaster Prevention）という考え方だけでなく，被害が発生すること自体は避けられないということを前提として，被害の影響の最小化を目指す「減災」（Disaster Mitigation）の考え方が重視されるようになってきているのである（矢守・渥美他2011）。

災害による影響の最小化には，二つの側面があると言われる（京大・NTT リジエンス共同研究グループ2009，牧2011）。一つには，災害の衝撃への抵抗，あるいは衝撃への柔軟な対処によって，被害の拡大を抑止することである。また一つには，被害からの復旧・復興を早めることで被害の影響を短縮することである。このように，災害復興の文脈においてレジリエンスは，「被害の大きさ」と「復旧・復興の時間の長さ」に関わる，災害の影響を最小化する社会の潜在的な能力として捉えられている。

レジリエンスを構成する能力には，災害に起因する変化に対する個人やコミュニティの抵抗（Resistance）や適応（Adaptation）に加え，状況に応じた自らの変革（Transformation）も含まれている。このような，変化への柔軟な対応，さらには変革をも認めるという，システムの健全なダイナミズムを尊重するレジリエンスという枠組みは，減災という考え方にも適合する。そして，繰り返しになるが，レジリエンスや減災といった概念は，サステナビリティや防災といった，システムをどちらかと言えばある特定の状態に留めることを志向してきたアプローチの限界を補完する。

さらに，レジリエンスや減災といった概念が含意する重要な点を挙げるとすれば，それは平時と非常時の関係についてである。すなわち，レジリエンスや減災は，変化や危機が起きる前の対処だけでなく，起きた後の対処によって変化や危機を乗り越えられるという，平時と非常時を一体的・連続的に捉える見方とその意義を含意している。伝統的な知や地域の歴史・文化といった，一見すると危機や変化への対処とは無関係にみえる要素がレジリエンスや減災の議論においてしばしば着目されるのは，それらの地域固有の要素には，平時と非常時の相互作用の過程において見出された地域の安定状態とそれを支える仕組みが蓄積されていると捉えられるからである（野本2013）。

本書は，個人やコミュニティのレジリエンスを支えるという視点から津波災害後の再定住のあり方について探っている。その際，平時と非常時の関係は一体的・連続的なものであると捉えており，レジリエンスが拠って立つ，平時における地域固有の要素，とりわけコミュニティにおける個人と個人の関係である社会関係に着目している（本章1.2（3）で詳述する）。

なお，レジリエンスの判断基準，すなわち何を持って安定的な状態と言えるか，という点に関しては，対象や文脈によって様々である。本書では，スリランカにおける津波被災者の再定住という対象・文脈でのレジリエンスを考えるにあたり，再定住地における「居住機能の回復」という基準を採用している。すなわち，再定住地において一定期間が経過後も被災者が住み続けられているかどうか，ということでレジリエンスの有無を判断している。このような比較的単純な判断基準を採用したのは，スリランカの津波被災と再定住の現場において，居住の安定の確保が難しく放棄されている再定住地の例が少なからず見受けられたためである（本章1. 3（２）で詳述する）。

（３）レジリエンスの“源”としての社会関係

地域やコミュニティが有するレジリエンスと復興の能力を，他の様々な要因と関連づけて分析する研究が盛んに行われている。すなわち，何がレジリエンスと復興に影響する要因であるか，ということが探求されている。

この研究課題について精緻な分析を行った米国の政治学者 Daniel. P.Aldrich は，復興の進み具合を説明する際に想起される標準的な要因として，統治の質，支援の量，災害による被害，社会経済的・人口動態的な状態，人口密度等があると述べた上で，レジリエンスや復興と社会的資源の関係に着目している。そして彼の著書“Building Resilience Social Capital in Post Disaster Recovery”においては，20世紀以降の４つの大災害からの復興について詳細な分析を行い，少なくとも物質的資源（Physical Resource）と同様に，社会的資源（Social Resource；コミュニティの Social Network や Social Capital）がレジリエンスと復興の基盤になるという結論を導いている。さらに，得られた知見をもとに物的基盤の再建・整備に偏重した現在の復興政策を批判するとともに，社会的資源を育む新たな政策（例えば教育・研修プログラム，地域活動への参加の促進，住民の結束を強める組織や空間のデザイン等）の必要性を指摘している。Aldrich による研究には確かに，データ収集の限界に主に起因する方法論上の課題（平時の状態との比較，分析単位の適切性・妥当性の確保）もあるが，実証分析の精度と信頼性は基本的に高い。そして，社会的資源がレジリエンスと復興の基盤になるという指摘は，次節1. 3. で述べる，津波災害の特性やスリランカ社会の特性を踏まえると，本書が対象とする津波災害被災地と途上国僻地社会の問題を考える上でも一つの有効な枠組みを与えてくれる。

先行研究の成果を参照しつつ，地域のレジリエンスを支える再定住のあり方を探るにあたって，本書では社会関係がレジリエンスの一つの源になると考えている。このような考えのもと，社会関係を起点とした居住の安定化の経路について分析を行い，さらには個人の生活，および社会関係を含めた社会的環境をサポートする物的環境とその整備のあり方を探る。

本書では一貫して，個人の生活，社会的環境，物的環境の関係について分析を行っているが，それらの結合の原理には，地域や文化によって微妙な差異が存在する。この微妙な差異が組み合わさり，さらには時代や場所ごとの社会・経済的状況の作用を受けることで，同じ地域や文化の内部であっても人と環境の間には多様な結合の状態が形成されている。従って，人と環境の関わりという観点からレジリエンスにおける“複数の安定状態”を明らかにする上で，異なる時期や場所の比較分析等が一つの有効な方法として想定される。しかしながら，レジリエンス研究の歴史がまだ浅いこともあり実証的な分析の蓄積は少ない。本書では集落や住宅地といった微小なコミュニティにおける文化や地域性の表れとして社会関係に着目し，さらには災害とそれに起因する再定住という非常時の状況に着目することで，平時には見えづらい人と環境の結合の原理と実態について分析することが可能になると考えている。

1.3　津波災害と再定住の問題への応用

（１）津波災害の特性とその対策

18世紀以降における国外を発生源とする主な津波災害の概要を表１－１に，同じく国内を発生源とする津波災害の概要を表１－２に示した。これら過去の津波災害の経験，および津波災害に関する研究成果（河田2010，首藤ほか2007，等）を踏まえると，津波災害には主に二つの特性，すなわち①高い再発率と周期性，②高い全壊率・死亡率があることがわかる。

津波災害の特性

①高い再発率と周期性：津波は発生してから消滅するまで広大な地域に

対して長時間に渡って危険をもたらすという，他の災害にはみられない特徴をもっている。例えば1960年チリ津波や2004年インド洋津波は太平洋やインド洋の全沿岸域に被害をもたらしただけでなく，世界中の海に伝播した。このような津波による被害の広域性に起因して，世界には歴史的に津波災害が繰り返し起こっている地域がある。そして，それら「津波常襲地帯」では，数十年から数百年の周期で津波が到来している。表１－１，表１－２で示したように，国外ではチリ，ペルー等の太平洋沿岸，米国アラスカ州，ハワイ諸島，インドネシア，パプワニューギニア等の東南アジア島嶼部，国内では三陸沿岸，土佐湾沿岸，熊野灘・紀伊水道沿岸，道東沿岸等が津波常襲地帯である。例えば，世界屈指の津波常襲地帯である三陸沿岸では，湾岸の地形が津波を増幅させやすいリアス式海岸であることに加え，沖合の海域が津波を集中させる海底地形となっている。そのため，近海で発生した津波だけでなく，太平洋の遠く離れた海域で発生した津波が伝播してくるときにも，必ずこの海域で増幅されて被害をもたらすのである。このように，津波による被害の広域性，および地形の特性が相俟って，津波災害には高い再発率と周期性という特性がある。

②高い全壊率・死亡率：津波は海底から海面までの海水が鉛直方向にほぼ一様の速度で岸に向かって流れてくる現象である。そのため，津波はたとえ波高の低いものであっても，人間にとって巨大なエネルギーを持つ水の固まりであり，非常に危険である。例えば，水深50cm の波打ち際に立っていて，そこに秒速２m で高さ50cm の津波が来た場合，身体には0.３トン強の圧力がかかる。人は立っていられず，転倒して，津波と一緒に流される。また，浸水深が２m になり，流速がおよそ毎秒４m を超えると，木造住宅や木質系のプレハブ住宅は浮上し，流され始めるというデータが示されている。このように人間にとって津波が持つ巨大なエネルギーは脅威であり，ある一定の高さ以上の津波になると，市街地を形成する木造や木質系プレハブといった一般的な形式の住宅では，津波の外力に耐えることは不可能である。過去の津波災害における集落単位の死亡率と津波の高さに関するデータからも，津波の高さが２m を超えると犠牲者が発生する

表１－１　18世紀以降の主な津波災害（国外を発生源とする）

（国立天文台編：理科年表を元に筆者作成）

年	名称	被災国・地域名	特徴	死者・不明
1755	リスボン地震	ポルトガル，スペイン，モロッコ等	最大15m の津波。リスボンが壊滅。	約62,000人
1868	チリ・ペルー国境付近地震	チリ，ペルー，太平洋沿岸	大津波が発生	約40,000人
1877	チリ北部地震	チリ，太平洋沿岸	大津波が発生。日本に２m 以上の遠地津波。	多数
1883	クラカタウ火山噴火	インドネシア	火砕流と津波が発生	約36,000人
1908	メッシーナ地震	イタリア南部	津波が発生	約60,000人
1946	アリューシャン地震	アメリカ合衆国ハワイ州	ウニマク島で最大35m の津波	165人
1952	カムチャッカ半島沖地震	ロシア，ハワイ，アラスカ	最大18m の津波。ハワイで3.6m の津波。	６人
1960	チリ地震	チリ，太平洋沿岸の各国，日本各地（北海道，三陸，志摩半島）	最大24m の津波。 日本では三陸沿岸で５～６m の津波。	約５,700人 （日本142人）
1964	アラスカ地震	アメリカ合衆国アラスカ州	20m 以上の津波	131人
1992	フローレス島地震津波	インドネシア東部	最大25m の津波	約2,500人
1996	ニューギニア島地震	インドネシア	－	166人
1998	パプワニューギニア地震	パプワニューギニア	最大約15m の津波	約2,700人
2004	スマトラ島沖地震	インド洋浴岸，アフリカ東海岸まで含む12カ国	平均高さ10m の津波が数回，インド洋沿岸に達した。インドネシアで最大34m の津波。	283,100人以上
2005	スマトラ島沖地震	インドネシア・ニアス島周辺	最大３m の津波	1,303人以上
2006	ジャワ島沖地震	インドネシア・ジャワ島	最大７m の津波	約700人
2007	ソロモン諸島沖地震	ソロモン諸島	最大10m の津波	52人
2009	サモア沖地震	サモア，トンガ等	4.5m ～６m の津波	192人以上
2010	チリ地震	チリ	最大35m の津波	521人以上

表1－2　18世紀以降の主な津波災害（国内を発生源とする）
（国立天文台編：理科年表を元に筆者作成）

年	名称	被災地域名	特徴	死者・不明
1771	八重山地震津波	八重山諸島	最大30～80m の津波	約12,000人
1792	島原大変肥後迷惑	長崎（有明海沿岸）	雲仙普賢岳の噴火およびその後の眉山の崩壊に起因する津波災害。10m 以上の津波。	約15,000人
1854	安政地震	東南海	最大16m の津波	約4,300人
1896	明治三陸地震	岩手，宮城，青森，北海道	最大38.2m の津波	21,959人
1923	関東大震災	関東地方	熱海で最大12m の津波	不明
1933	昭和三陸地震	宮城，岩手	最大28.7m の津波	3,064人
1940	積丹半島沖地震	北海道北西部	最大２m の津波	10人
1944	東南海地震	静岡，愛知，三重，和歌山等	熊野灘等で最大６～８mの津波	1,223人
1946	南海地震	中部以西の日本各地	静岡県から九州で最大６m の津波	1,330人
1952	十勝沖地震	北海道南部，東北地方の北部	最大３m の津波	33人
1964	新潟地震	新潟，秋田，山形	新潟県沿岸で４m 以上の津波	26人
1968	十勝沖地震	北海道南部，東北地方の北部	三陸沿岸で３～５m の津波	52人
1983	日本海中部地震	秋田，青森等，日本全国，韓国	－	100人
1993	北海道南西沖地震	北海道南西部，ロシア	北海道奥尻島で最大10m の津波	230人
1994	北海道東方沖地震	北海道東部	173cm の津波	10人
2003	十勝沖地震	北海道，本州の太平洋岸	北海道・本州で最大４m の津波。死者・不明。	２人
2011	東日本大震災	北海道，青森，岩手，宮城，福島，茨城，千葉	岩手県で最大38.9m の津波	20,525人（11年５月現在）

ことがわかっている。さらに，津波の高さが大きくなるにつれて，早く避難した場合と避難しなかった場合の死亡率に歴然とした差が現れる[3)]。このことからも，津波に飲み込まれた場合，人々や住宅は高い確率で死亡，あるいは倒壊するということが理解される。

津波災害への対策

上述のような津波災害の特性を踏まえると，津波から人の命を守るための対策は，津波から「逃れる」ということを前提とすることがまず必要である。そして，津波から「逃れやすく」するためのハードとソフト，両面の準備をしておくことが重要である。

防潮堤の建造，津波避難ビルの建設，避難経路の整備，集落の高台移転といったハード面の整備は確かに津波被害を防止・軽減するための一つの有効な手段ではあるが，様々な事情により決して完全なものにはなり得ない。例えば，防潮堤の整備は一般的に莫大な費用を必要とし，地域の景観や生態系への影響が大きいため，どの地域でも受け入れられるものではない。また，防潮堤建設にかけられる予算には限りがあるため，「想定」以上の高さの津波が到来することが実際には十分あり得る。さらに，防潮堤があることによって人々の心に油断が生まれ，避難を遅らせてしまうというジレンマも存在する。

津波から「逃れる」という対策を実現する上では本来，津波に関する知識や避難行動の水準を高める教育・訓練プログラムの確立といったソフト面の整備を中心に据えるべきである。上述したようなハード面の整備は，津波による影響を軽減し，また，ソフト面での取り組みの実効性を高めるための補助的な手段として捉えるべきである。

本書では，津波災害後の居住地移転を対象とした研究である。日本において居住地移転は，津波災害への一つの対策として重要であるにも関わら

3） 集落単位の死亡率は２ｍで4.5％，５ｍで９％，８ｍで18％，12ｍで46％となり，津波の高さに応じて上昇する。なお，近年に発生した都市震災における被災者数と死亡者数の関係に関するデータからは，地震の人的被害では，被災地人口の0.1％が亡くなっている。集計単位が異なるため一概には比較できないが，津波で浸水した範囲の死亡率は地震等の他の災害よりも格段に大きいと推測される（河田2010）。

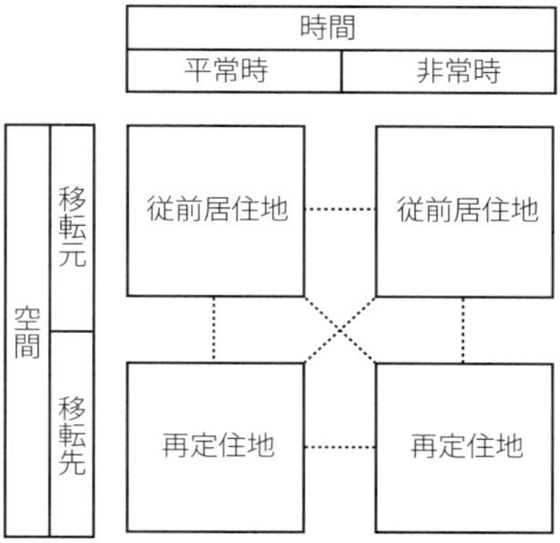

図1－4　居住地の再編に対する構成的認識

ず，わが国の災害復興政策が「原形復旧」を基本としてきた事情もあり，これまでそのあり方について十分な議論が行われてこなかった。また，後述するように日本を含め世界各地の津波被災地の事例をみても，移転先に住民が定着せず，移転元の居住地に被災者が復帰する等，“失敗”に終わる居住地移転の例が少なくない。そもそも，何をもって“成功”あるいは“失敗”とするかということも含めて，居住地移転は未成熟な計画技術である。このような状況認識のもと本書では，過去の津波災害の経験に学びつつ，津波災害後の居住地移転のあり方を問う。

なお，図1－4は，居住地の再編に対する本書の認識を示したものである。本書では，移転元の居住地を「従前居住地」，また，移転先の居住地を「再定住地（Resettlement Area）」と呼ぶ[4)]。図1－4では，このような空間（移転元と移転先）の視点に加え，時間（平時と非常時）の観点から居住地を分類している。

4）　再定住地という言葉は日本ではあまり馴染みがないが，発展途上国の開発事業の文脈等においてよく使われている（Cernea and McDowell 2000，Oliver-Smith 2009他）。

（2）再定住の事例に学ぶ“成功”と“失敗”

ここでは，津波災害における居住地移転に関する既往の研究の成果を参照し，居住地移転の問題と論点について概観する。

昭和三陸地震津波（1933年）および明治三陸地震津波（1896年）

世界有数の津波常襲地帯である三陸地方の津波被害と復興に関する研究の蓄積は多い。しかし，復興において居住地移転がどのように行われたか，さらには移転先である再定住地がその後の津波対策で効果を発揮したか検証した研究は限られている。地理学者・山口弥一郎による研究（山口 1972）は，津波被害と居住地移転の関係について継続的かつ詳細な分析を行った貴重な研究成果である。

昭和三陸地震津波（1933年）後の三陸地方の集落を8年にわたって山口は踏査し，その際に明治三陸津波（1896年）後の被災と居住地移転の状況についても詳細な聞き取り調査を行っている。それにより，三陸地方における明治—昭和間の40年間に及ぶ津波からの復興と再度被災の実態を明らかにしている。山口は，高所への居住地移転が最善の津波対策であることを繰り返し強調している。一方で，津波からしばらく時間が経つと人々が移転元の場所（原地）に戻り再び家を構えるという，「原地復帰の問題」を深刻な問題と捉えている。そして，様々な調査と分析を積み重ねることで原地復帰の原因を探っている。図1−5は山口が調査対象とした三陸海岸集落の高所への移動状況を表したものである。また，図1−6は，山口が調査対象とした集落の一つ（唐丹村本郷）について，集落の移動と津波浸水域の関係を表したものである。

明治三陸津波（1896年）では甚大な被害（死者・行方不明者21,959名，家屋被害数11,722戸）が発生したにもかかわらず，復興において集落の高所への移転は活発ではなかった。移転した集落（計43集落）についても，不完全な形で行われたものが元から多く，被災から暫く時間が経つと多くの人々が原地に復帰しており，昭和三陸津波（1933年）の際に再び被害に遭っている。昭和三陸津波からの復興においては，明治—昭和と一生のうちに二度に渡って被災を経験した者も多く，その反省もあり，高所移転に

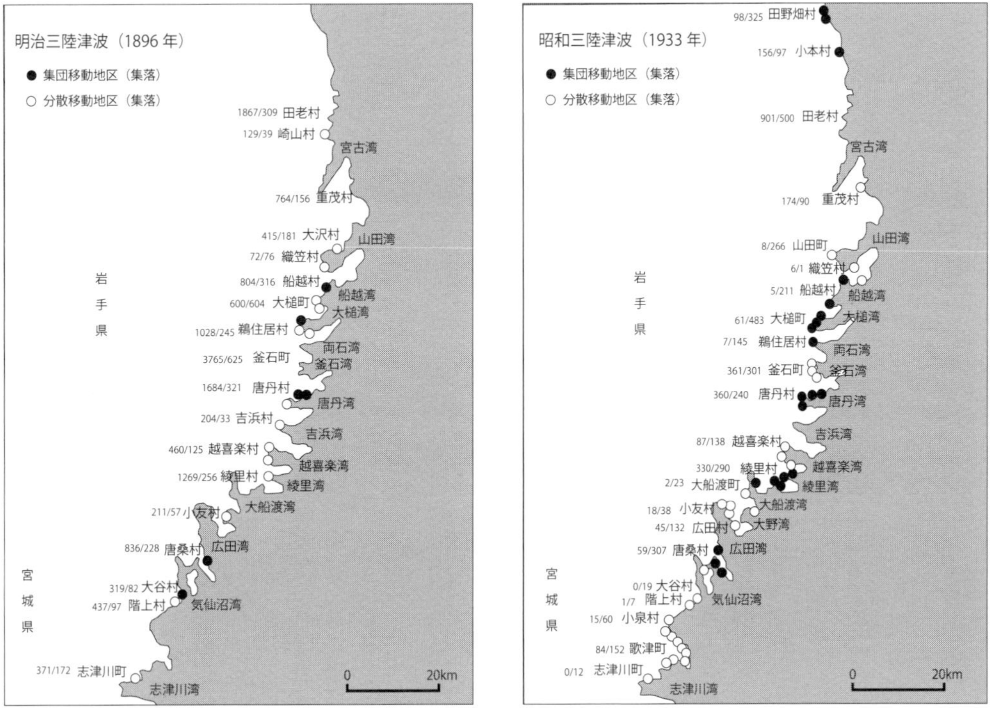

＊町村名の左側の数字は左から死者数と流失・全壊数を表す。大被害を受けても高地移動しなかった町村もいくつか示している。

図１－５　三陸地方における集落の高地移動
（独立行政法人防災科学技術研究所・防災基礎講座の公開情報を元に筆者作成）

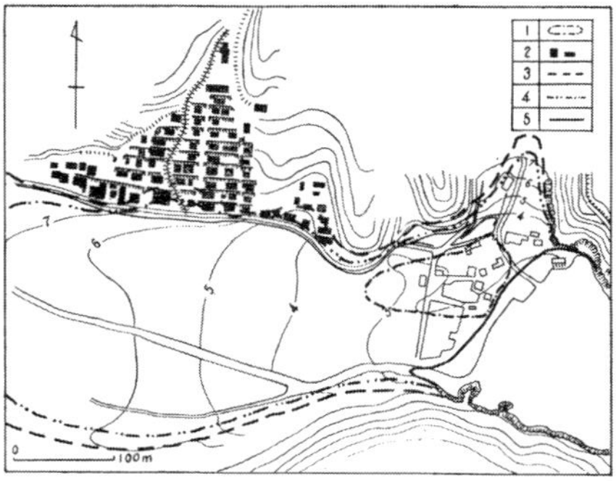

1. 昭和8年津波前の集落位置
2. 昭和8年津波後の移動集落
3. 明治29年津波浸水線
4. 昭和8年津波浸水線
5. チリ地震津波浸水線

図1－6　三陸地方における集落の高地移動の例―岩手県釜石市唐丹町本郷地区（建設省国土地理院1961を引用）

対する人々の意欲が高まっていたという。そして，政府による積極的な介入の効果もあって，被災した集落の大部分を対象とした高所への移転が推進され（計109集落），津波から約1年という短期間で移転が完了した。しかし，その後，津波から10年と経たないうちに原地へ復帰する人々がやはり多く現れ，チリ地震津波（1960年）や今般の東日本大震災において被害に遭っている。

将来の津波対策として高所への移転を果たした人々が原地に戻る原因として，山口はまず，「集落の立地」を挙げている。津波被害に遭った者の多くは漁家であり，海から離れインフラも満足に整っていない再定住地での生活は不安定である。彼らはいつ来るかわからない津波のために日々の生活の便や漁業による収益を棄てることができず，原地への復帰を選択する。山口は再定住地の立地を「距離」（海岸からの水平距離）と「高度」（海面からの垂直距離）から測定している。そして，絶対的な指標ではないが，原地復帰の例から，平均すると，海岸からの距離は400メートル以内，高度は15メートル以内が漁家の人々が適応できる移動の限界であると述べている。

上述したような，原地復帰の要因を人々の生活利便性に関わる再定住地の立地条件に求める研究は，地理学的なアプローチによるものである。山口はさらに，原地復帰の要因を「集落」や「家」といったレベルでの社会的・文化的条件にも求めている。これはいわば民俗学的アプローチである。先祖から受け継がれてきた土地への愛着を断つことは人々にとって難しく，屋敷地や氏神を原地に残したまま祭祀を続けることが復帰の誘因になるといった，日本の伝統社会特有の価値観や風習に関する分析が行なわれている。

地理学的アプローチからの研究において山口は，再定住地の「距離」と「高度」の測定に加えて，集落の移動様式の分類（①集団移動，②分散移動，③原地復興：地盤のかさ上げだけの非移動）も行っている。集落の機構を維持しながら津波からの安全を確保する上で，①集団移動が理想である。しかしながら，適切な用地の確保が困難であるため，②分散移動や③原地復興にならざるを得ない場合が多いことも指摘している。また，仮に用地が確保できたとしても，日本の伝統社会特有の意識が作用することで集落レベルでの意思がまとまらず，やはり①集団移動の実現が困難であることを指摘している。伝統社会特有の意識とは例えば，イエ・ムラ意識（先祖から受け継がれてきた海沿いの土地で家や村を再興することが名誉であると捉えられること），集落の産業—権力構造（漁協等の地元権力が生活と漁の便を優先して低地居住を促すこと），防災—開発行政の問題（高所移転と海沿いの防潮堤整備や道路等の公共事業が別個に行われるため高所の再定住地に住むことの恩恵が乏しいこと）等である。

以上のように，高所移転と原地復帰の問題について山口は様々なアプローチ（地理学的アプローチ，民俗学的アプローチ）とレベル（都市・地域レベル，集落レベル，家レベル）の分析を通じて研究を行っている。集落の踏査と村人への聞き取りによって山口が扱おうとしたのは，単なる津波からの安全性確保や非常時の対応にとどまらない，非常時に表れる平時からの問題であった。そして平時における社会のあり方や地域の文化に対する理解を欠いた津波対策には効果が期待できないことを山口の研究は示唆している。

インドネシア・フローレス島地震津波（1992年）

東南アジア海域は，プレート境界に位置し地震活動が活発であり，この海域もまた世界有数の津波常襲地帯である。近年では，2004年インド洋スマトラ島沖地震津波，1994年ジャワ島東部地震津波，1992年インドネシア・フローレス島地震津波といった大きな被害を伴う津波災害が発生している。

牧紀男ら（牧・三浦・小林・林2003）は，インドネシア・フローレス島地震津波（1992年12月発生）からの復興において建設された再定住地について，移住直後（1993年８月）と８年後（2001年９月）に調査を行っている。その結果をもとに人々が再定住地に住み続けているかどうか，その理由は何か，明らかにしている。

８年が経過して，再定住地に移り住んだ人々の多くが，居住禁止区域のままであるにも関わらず，「ウリン」と呼ばれる従前の集落に戻っている。その一方で，再定住地にあった空き家が減少し，建設当初と比べてより多くの人が再定住地に居住しているという実態が明らかとなっている。再定住地に移り住んだ人々の基本的なスタンスは，戻れる場所があれば海に面した元の場所に戻る，というものである。これは，「バジャウ」と呼ばれる東インドネシア一帯の海域の家船等で生活を営んできた（近年は政府の定住化策により浅瀬の高床式住居で暮す），海上漂泊民（シーノマド）の文化を表している。一方，再定住地に住み続けている人々は，津波からの安全性を求めて住み続けているわけではなく，土地の確保や再建費用の問題等により，そこ以外に住む場所がないため仕方なく住み続けているという。また，地域には元々，一定の住宅需要が存在しており，このことが再定住地への津波被災者以外の入居に繋がっている。実際，再定住地（計画戸数760戸）では多くの住宅が被災者以外に転売・転貸され，建設から８年が経過し，再定住地は結果的に地域の住宅需要を満たす郊外住宅地のような性格を持ち始めている。

東南アジア島嶼部の人々，特に「バジャウ」のようなノマドの人々は基本的に移動性（mobility）が高く，このような人々の社会では，津波からしばらく時間が経つと，それぞれの生活に適した場所へと移っていくことが自然である。牧らによる調査は，地域に住宅需要が存在しない場合，被災した人々の生活文化や移動性を考慮せず津波からの安全確保のみを目的として建設された再定住地には暫くすると誰も住まなくなる可能性があることを示している。

インド洋スマトラ島沖地震津波（2004年）

2004年12月26日に発生したインド洋スマトラ島沖地震津波（インド洋津波）は，津波常襲地帯である東南アジア海域を含めインド洋沿岸諸国（計16ヶ国）に死者・行方不明者235,768人以上という未曾有の被害をもたらした。表１－３は，インド洋津波によって被災した各国の被害状況である。また，図１－７はインド洋津波被災国の分布である。

筆者は，震源国であるインドネシアに次ぐ，死者・行方不明者40,959人以上という甚大な被害が生じたインド南東の島国・スリランカを対象として，住宅復興とコミュニティの調査を継続的に行ってきた（本章3.2で詳述する）。

スリランカでは，国土の沿岸部ほぼ全域におよぶ広範かつ甚大な津波被害もさることながら，被災した集落の内陸への移転を前提とした住宅復興事業が政府主導で推進され，それが沿岸の人々に多大な混乱をもたらした（前田・中川・山田・布野2007，前田2010）。図１－８に，居住地移転の例として，本書の主な調査対象でもあるスリランカ南部ウェリガマ郡の再定住地の分布と世帯移動状況を示した。また，図１－９には

表１－３　スマトラ島沖地震津波の被害状況
（アメリカ合衆国地質研究所資料を元に作成）

国名	死者	行方不明者	避難者
インドネシア	131,029	37,063	500,000以上
スリランカ	35,322	5,637	516,150
インド	12,407	5,640	647,599
タイ	5,305	2,817	7,000
ソマリア	78	n/a	5,000
モルディブ	82	26	15,000以上
マレーシア	68	6	n/a
ミャンマー	61	200	3,200
タンザニア	10	n/a	n/a
セイシェル	3	n/a	200
バングラデシュ	2	n/a	n/a
イエメン	2	n/a	n/a
南アフリカ	2	n/a	n/a
ケニア	1	n/a	n/a
マダガスカル	不明	n/a	1000以上
合計	184,372	51,389	1,694,149

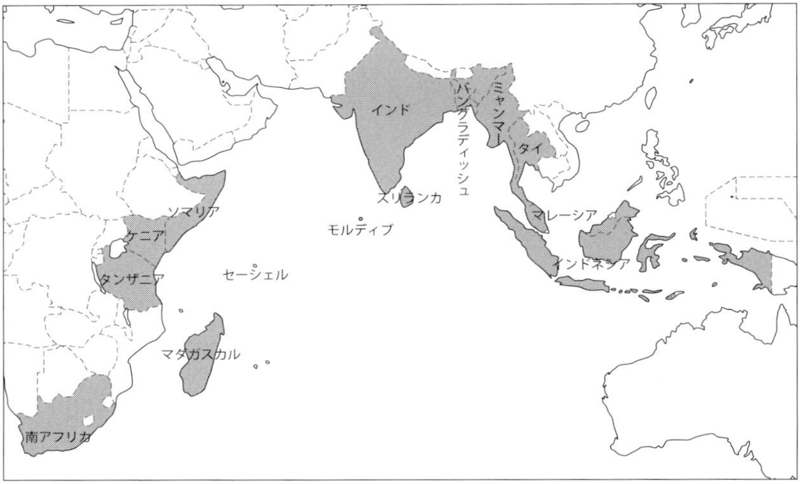

図1－7　インド洋津波被災諸国の分布

再定住地，従前居住地，津波浸水域，バッファーゾーンの関係を示した。

住宅復興事業では当初，海岸線から一定距離の範囲（西岸で100m，東岸で200m）をバッファーゾーン（Buffer Zone）として指定した。そして，そこに含まれる被災住宅の修復・再建を実質的に禁止するとともに，住民を内陸に新たに建設された再定住地へと移住させる計画が発表された。

被災者の多くを占める漁業従事者にとって，海から離れた再定住地は生活や仕事の上での利便性が低く，そこに住み続けることは困難であった（第二章で詳述）。そのため，再定住地への移住を拒む者や，移住してもすぐに従前の居住地に復帰する者が相次いだ。また，スリランカの沿岸には被災前から，漁業従事者を含めて国内でも相対的に所得の低い人々が居住していた。彼らの多くは土地や住宅に対して安定的な権利を持っておらず（借家・間借りや不法占拠），砂浜の上にバラックのような仮設的構造の住宅を建てて暮らしていた。他の被災国と同じく，スリランカの住宅復興においても当初，土地・建物の所有権を持つ者のみが支援の対象であった。後に借家層や不法占拠者に対しても支援の対象が拡大されたが，スリラン

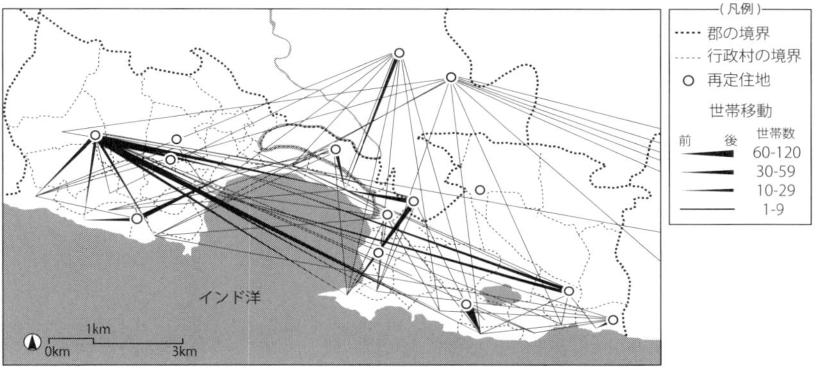

図1－8　スリランカにおけるインド洋津波後の再定住の例
（スリランカ南部州マータラ県ウェリガマ郡。調査を元に筆者作成。）

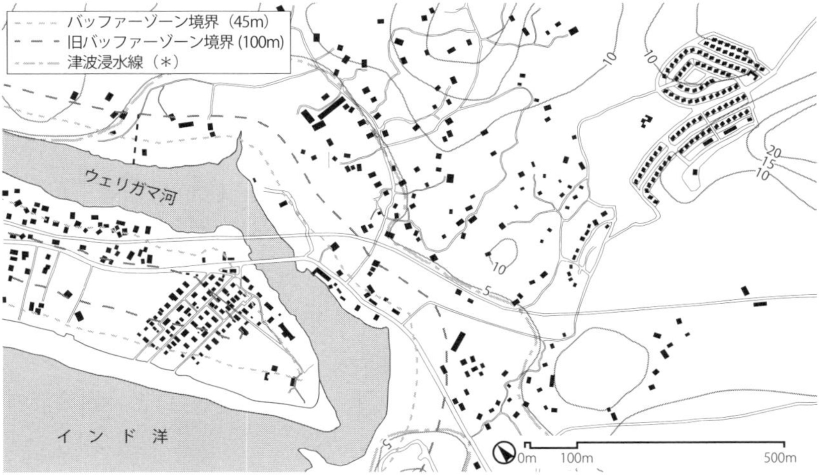

図1－9　スリランカにおける再定住地とその従前居住地の例
（スリランカ南部州マータラ県ウェリガマ郡。調査を元に筆者作成。）

カの住宅復興事業は総じて，上記の権利の問題を含め，被災した沿岸地域の社会構造に対する配慮を欠いたものであった。

また，内陸への居住地移転を前提とした復興計画の弊害は，再定住地だけでなく，従前の居住地にも現れている。津波から約半年後（2005年8月）の被災集落2ヶ所を訪れて住宅再建の状況について調査した（補章1で詳述）。ある被災集落では，バッファーゾーンの内と外で住宅再建の進捗に著しい差が生じ，元々一つの集落としてまとまりを持っていたコミュニティが分断されていた。一方，別のある被災集落では，バッファーゾーン内の建築制限を無視して，居住者が自力で住宅を修復・再建していた。先述したように，元々仮設的な構造の住宅であったため津波で倒壊し易かったが，廃材等を集めてきて自力で再建することも容易であった。住まいの早期確保という点では被災者にとって理にかなった行動であるが，将来の津波対策という点では脆弱な構造の住宅が再建されるという問題が発生していた。本来，避難経路の整備等によって津波被害のリスクを軽減しながら住宅を再建することも不可能ではなかった筈である。しかし，復興計画は内陸への居住地移転を前提としており，被災直後の混乱もあり，そのような再建の選択肢は用意されていなかった。

（3）復興の選択肢としてみた再定住の課題

復興の選択肢としての再定住地

津波災害の特性（①高い再発率と周期性，②高い全壊率・死亡率）を踏まえると，津波から「逃れる」ということが人的被害を軽減する上で有効であり，高所等への居住地移転もまた一つの有効な対策である。実際，今般の東日本大震災においても，明治と昭和の津波の後に居住地移転が行われていたことで，津波による被害を免れた，あるいは軽減したという集落の例が報告されている（内閣府中央防災会議2011等）。

しかしながら，国内外の過去の津波災害と居住地移転の経験が示すように，居住地移転は，再定住地に移住した被災者（特に漁業従事者等，海との関わりが深い人々）が適応することが難しく，すぐに原地復帰する等，うまくいかないケースが多い。津波災害後の居住地移転と再定住地の計画には，未だ検討の余地が多く残されていると言える。

過去の津波災害から得られた教訓として重要なのは，居住地移転は，単なる津波対策や非常時の対応としてだけではなく，平時からの社会のあり方や問題への対応を考慮して取り組まれなければ，うまくいかないということである。このことは，居住地移転の成否や移住した人々の原地復帰といった問題を考える上でみてきた，様々な論点に現れている。

居住地移転および再定住地の計画にはこのように多くの問題が積み残されているが，ある社会のレジリエンスが高いということは，個人にとって適応できる地域の範囲が広く，またそれと関連して，住居，仕事場，コミュニティ等に一定の選択の幅があるということではないだろうか。本書では，災害復興において人々の生活に複数の安定状態をつくりだし，レジリエンスの高い社会を実現するための一つの有効な手段として再定住地を捉え，その計画上の課題について考えていく。

本書における二つの視点の導入

津波災害後の居住地移転と再定住地の問題について本書では一貫して，“社会関係の視点からみた居住地計画”，および“平時—非常時の関係からみた計画論”という視点を適用している。

本書において，レジリエンスと居住地計画を繋ぐ概念が，“社会関係(Social Relationship)”である。何がレジリエンスの基盤となるのか，ということに関しては様々な見方が存在する。その中で，本書では地縁や血縁といった，人と人の関係に関わる概念である“社会関係”の機能に着目している。津波災害の被災地においては，社会的資源の役割が相対的に重要になる。津波によって建物や道路，堤防等といった物質的資源が徹底的に破損・流失しているため，物質的資源が人々の生活再建と復興の基盤にはなり難いためである。“社会関係の視点からみた居住地計画”という視点は平時に限らず，上述のような理由から，津波災害のような非常時においても有効であると考えられる。

一方で，“社会関係の視点からみた居住地計画”において考える個人，社会的環境，物的環境の結合の原理は，地域や文化によって様々である。さらに，様々な事情により，結合の実態は原理と異なることが少なくない。このような，個人と環境，あるいは社会的環境と物的環境のあいだの複雑な関係性について理解するためには，何らかの研究方法上の工夫が必要である。

そこで本書では，“平時—非常時の関係からみた計画論”をもう一つの主題として論を進めている。すなわち，大災害からの復旧・復興といった非常時の社会を研究対象とすることには少なくとも二つの意義があると考える。一つには，非常時に発生する様々な課題（避難経路の確保や避難施設の整備，被災した人々への住まいの供給，生活再建の支援等）へのより良い対処の方法を見出すという点である。また一つには，非常時の経験を通じて，平時にはみえづらかった関係性や社会の問題点について理解を深め，平時の社会システムの不整合を是正するための方向を探るという点である。

本書では，大災害等の非常時は，平時にはみえづらかった関係性が顕在化する一つの機会であると捉えている。そして，レジリエントな社会を構築する上で，なるべく平時の社会システムによって非常時における被害の軽減や問題への対処を図れることが望ましいと捉えている。

津波災害後の再定住地の課題

ここでは，これまでの議論をもとに，再定住地を計画する際の課題について整理する。

図1−10は，居住地移転を含む居住地の再構成パタンを示したものである。パタン1「災害前の居住地移転」では，被害の予防策等として居住地移転が実施される。住民・市民の災害に対する危機意識が高く，居住地移転が可能となる条件が整っている場合である。パタン2「現地再建」では，被災後，原地での住宅再建が実施される。中心市街地等，居住地の移転が実質的に困難である場合等である。

本書が対象とするのは，パタン3「災害後の居住地移転」である。このパタンでは，災害後に居住地移転が実施され，かつ，現地での住宅再建も部分的に実施される。パタン3は現実に最も起こりやすいケースであり，移転先への適応や移転元への復帰といった問題を伴う。そのため，「再定住地」と「従前居住地」，および「非常時」と「平常時」という，空間と時間を横断する視点が必要である。

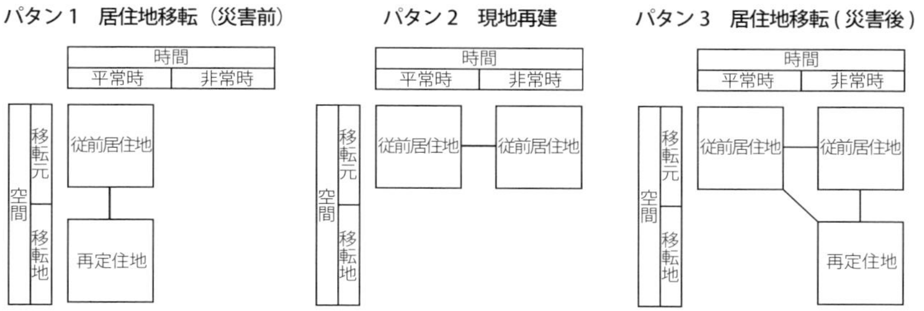

図１−10　平時—非常時における居住地の再構成パタン

次に，図１−11は，これまでの議論を踏まえ，被災者の生活・仕事，それを取り巻く社会的環境および物的環境について分析する上での，具体的な項目を示したものである。以下，図１−11の分類および項目に沿って再定住地の課題を具体的にみていく。

個人の生活・仕事の継続

再定住地に移り住んだ人々が生活・仕事の継続の困難に直面することは，過去の津波災害の例からも明らかである。従って，まずは生活・仕事が再定住地において継続し得るか，特に漁業従事者等，海との関わりが深い人々に着目して把握する必要がある。

なお，「生活再建」という言葉は，災害ごとの特徴や復旧・復興の文脈に応じて，様々な意味で用いられ，必ずしも定まった定義を持たない。本書では，再定住地において生活が成り立たず原地に復帰する者がいるという状況を踏まえて，「生活再建」を「生活と仕事が成り立っている状態」と定義する。

再定住地において生活・仕事が継続するためには，それを支える社会的環境および物的環境の条件を明確にする必要がある。そのため，被災者の生活・仕事を取り巻く社会的環境および物的環境が，津波災害前後および居住地移転前後においてどのように変化しているか，さらに，それらが被災者の生活・仕事の継続にどのように影響しているかを把握することが必要である。

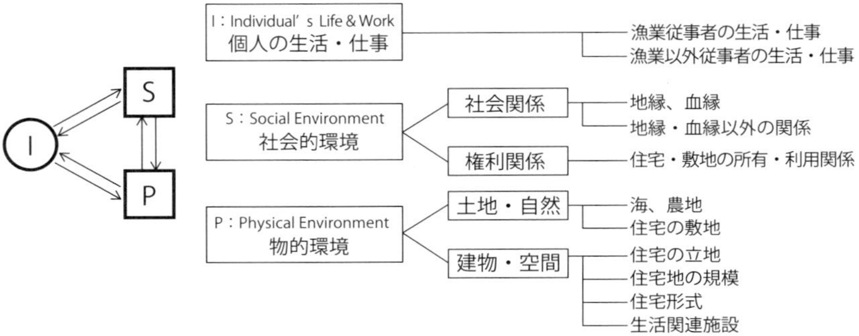

図１-11　個人の生活・仕事とそれを取り巻く環境の分析項目

生活・仕事を取り巻く社会的環境の継承と再編

ここでいう社会的環境とは，社会関係（地縁，血縁，その他の関係）および権利関係（住宅・敷地の所有・利用関係）を指している。

まず，津波災害および居住地移転の前後において，社会関係や権利関係がどのように変化しているのか把握する必要がある。すなわち，居住地移転前に形成されていた社会関係や権利関係が，従前居住地において継続しているか，また，再定住地において継承されているか，といったことを検証する。

次に，どのような社会関係が優勢であるか，あるいは，複数の社会関係についてどのような重なり方が安定的であるかということは，社会や文化によって異なる[5)]。居住地移転における社会的環境の変化においてもそのような文化性が表れる。そのため，単一の社会関係だけでなく，複数の社会関係の相互の関連性についても検証する必要がある。

これと関連して，社会関係には，何らかの物的要素（土地・自然，建物・空間等）が介在しているものがある。本書では「人を介した関係」と「空間を介した関係」を区別していると述べた。前者は，人と人の直接的な関

5）　例えば，日本における，「遠くの親戚より近くの他人」という諺は，地縁優勢的な社会を表している。また，「金の切れ目が縁の切れ目」は，金銭のみで繋がる人間関係は弱いという の価値観を表している。

係であり（I ← S），後者は，人以外の要素である物的要素が介在することで実体化する関係である（I ← S ← P）。

また，原理上は，「人を介した関係」（I ← S）である社会関係が，実際は，「空間を介した関係」（I ← S ← P）によって規定されていることがある[6)]。仮に，居住地移転においてある社会関係が重要であったとしても，それが他の関係や要素によって規定されている場合，より多くの要素に対する配慮が必要となる。

さらに，個人が環境に対して働きかけながら生活・仕事を継続する上で，どのような社会関係や権利関係がそれを支えているか，具体的に把握する必要がある（I → S → P）。

生活・仕事および社会的環境を支える物的環境の整備

ここでいう物的環境とは，土地・自然（海，農地，住宅の敷地等）や建物・空間（住宅の立地，住宅地の規模，住宅形式，生活関連施設等）を指す。

まず，津波災害および居住地移転の前後において建物・空間がどのように変化しており，それらが個人の生活・仕事の継続に対してどのように影響しているか，明らかにする必要がある（I ← P）。

津波被災者の生活・仕事の継続にとって，まずは住居と仕事場の関係が問題となることが，過去の津波災害の経験からもわかる。特に，再定住地の海岸からの距離は，漁業従事者のように，海との関わりが深い人々にとって強い制約となる。そのため，まず，そういった人々が生活・仕事を続けられるかどうか，立地という観点から検証する必要がある。また，住宅形式（戸建，共同等）や生活関連施設（学校，病院等）についても，それらがどのように変化し，被災者の生活・仕事に影響しているか，把握する必要がある。

次に，建物・空間の変化が社会関係に対して与える影響についても明らかにする必要がある（S ← P）。社会関係のなかには先述したように物的要

6）　日本の伝統地域では，町内会のような地縁組織が支配的であり，本来は個々の興味関心によって結成された各種クラブ，サークルが町内会の下部組織化する傾向が強いと言われる（奥田1994）。

素が介在することで実体化しているものがある。そのため，例えば，住宅地の規模や住宅の配置が地縁の形成にどのように影響するか，あるいは共用の空間の有無が互助的な組織の活動にどのように影響するか，といったことを検証することが考えられる。

さらに，個人が生活・仕事を継続していく中で物的環境に対して働きかける際（I → P），社会関係を含む社会的環境が働きかけをどのように支えているか（I → S → P），ということについても検証する必要がある。物的環境に対する働きかけは一見すると個人的な行為であっても，実際は社会関係を通じた集合的な行為である場合もあるためである。

2．本書の目的と課題

2.1　被災者の生活再建を支える――本書の目的

研究の背景を踏まえ本書は，津波災害後に建設された再定住地へと移住する人々の生活再建の要件を，人々の生活・仕事とそれを取り巻く社会関係や権利関係といった社会的環境，および土地・自然や物財・空間といった物的環境との相互の関係に着目して明らかにすることを目的としている。その結果にもとづき本書は，災害後の居住地移転と再定住地の“失敗”と“成功”の意味について探求するとともに，再定住地の建設が必要である場合，その計画において考慮すべき条件を明確にすることを試みている。

津波災害後の居住地移転では，再定住地に移り住んだ人々（特に漁業従事者等，海との関わりが深い人々）が生活や仕事の不便からやがて原地に復帰し，再度被災する傾向が強いことがこれまでにも度々指摘されてきた。本書の対象であるスリランカのインド洋津波からの復興において建設された再定住地では，被災者の生活と仕事の継続への配慮が基本的に欠如している。そのため，過去の津波災害後の居住地移転でもみられた原地復帰等の問題がスリランカにおいても危惧され，それらの問題は実際に生じている。

そのため本書では，まず，津波からの住宅復興の実状について把握し，急進的な復興政策の問題を指摘している。様々な問題がみられる一方で，人々の生活と仕事が津波から一定期間経過後も継続している再定住地も存在しており，本書ではそのような“成功”事例にも着目している。たとえ一つの事例であったとしても，これまであまり研究されてこなかった“成功”した再定住地の事例の分析を行うことが，復興の選択肢としての再定住地の可能性を探る上で重要であると考えたからである。

2.2　4つの研究課題

研究の目的を達成する上で，本書では以下に述べる4つの研究課題を設定している。図1−12に各課題における主な研究対象を，先述した個人の生活・仕事，社会的環境，物的環境の枠組みを用いて示した。

4つの研究課題とは，①津波災害および居住地移転に伴う物的環境の変化が被災者の生活・仕事に与える影響（I ← P）の解明，②津波被災者の生活・仕事，社会的環境，物的環境の相互の関係（I ⇔ S ⇔ P）を捉える枠組みの構築，③津波被災者の生活・仕事を支える社会的環境に対する物的環境の影響（I ← S あるいは I ← S ← P）の解明，④津波被災者の生活・仕事および物的環境への働きかけを支える社会的環境の条件（I → P あるいは I → S → P）の解明である。

課題1　津波被災者の生活・仕事の継続に影響する物的環境の要素の解明（主に第2章，補章1に対応）

漁業従事者等，海との関わりの深い人々を多く含む津波被災者の生活・仕事の継続に影響する物的環境の要素を明らかにする（I ← P）。

ここでいう物的環境とは被災者の生活・仕事に関わる土地・自然や物財・空間を指している。物財・空間に関しては，「住宅の立地」に加え，「住宅地の規模」や「住宅形式」，「生活関連施設」等を含む。

研究対象であるスリランカの各地に建設された再定住地には様々なタイ

第一課題　個人の生活・仕事の継続に影響する物的環境の要素の解明

（1）津波災害および居住地移転に伴う物的環境の変化（P）の把握

（2）再定住地における被災者の生活・仕事の継続状況（I）の把握

（3）上記を踏まえた、生活・仕事と物的環境の関係（I←P）の考察

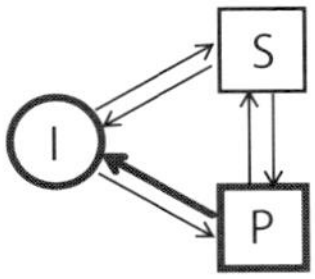

第二課題　個人、社会的環境、物的環境の関係を捉えるフレームの構築

（1）津波被災者の生活・仕事の継続に関わる社会関係（I⇔S）の抽出

（2）社会的環境と物的環境の関係（S⇔P）を検証する方法の構築

（3）上記を踏まえた個人、社会的環境、物的環境の関係（I⇔S⇔P）の考察

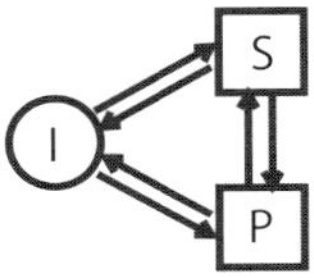

第三課題　個人を取り巻く社会的環境に対する物的環境の規定性の検証

（1）既存の社会関係および権利関係の継承・再編実態（S）の把握

（2）社会的環境に対する物的環境の影響（I←S or I←S←P）の検証

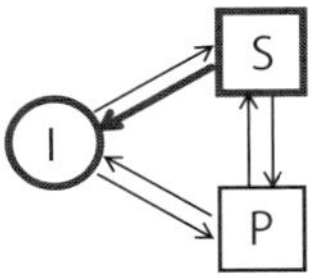

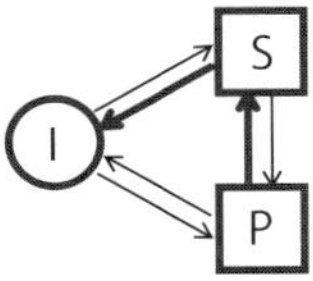

第四課題　個人の生活・仕事の継続における社会的環境の役割の解明

（1）再定住地における社会関係および権利関係の特色（S）の把握

（2）物的環境への働きかけと社会的環境の関係（I→S or I→S→P）の検証

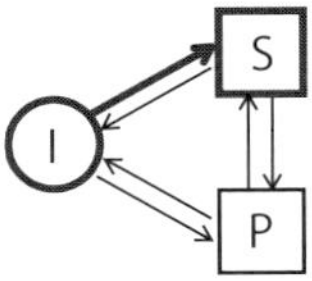

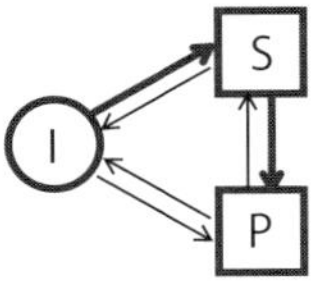

I：Individuals' Life & Work（個人の生活・仕事）
S：Social Environment（社会的環境）
P：Physical Environment（物的環境）

図 1 -12　各研究課題の模式図

プのものがあり，また，津波被災者の属性や移住の経緯も様々である。そのため，被災者の生活・仕事への影響をみる上で，再定住地の物的環境や被災者の特徴の違いを無視することはできない。そこで課題1ではまず，津波後に建設された再定住地の計画内容（住宅立地，住宅地規模，住宅形式，付属する生活関連施設）を明らかにし，従前の住環境との比較検討を通じて，被災前後の物的環境の変化を明らかにする。さらに，津波被災者の属性（従前の居住地，仕事等），移住の経緯，再定住地での生活・仕事の状況といった被災者ごとの生活再建の状況を明らかにする。これらを踏まえて，物的環境の変化が津波被災者の生活・仕事に与える影響を明らかにする。

課題2　津波被災者の生活・仕事，社会的環境，物的環境の関係を捉えるフレームの構築（第3章，補章2に対応）

個人の生活・仕事，社会的環境（社会関係と権利関係），物的環境（土地・自然と建物・空間）の相互の関係（I ⇔ S ⇔ P）を分析する枠組みを構築する。

個人の生活・仕事にとって，どのような社会関係が重要であるか，また，社会関係が他の社会関係や権利関係，および物財・空間によってどのように規定されるのか，といった結合の原理は地域や文化によって異なっている。そのため，そのような地域・文化間の違いを考慮して，様々な関係の結合の原理，さらにはその実態について分析するためのフレームを構築する必要がある。

課題2ではまず，研究対象であるスリランカ海村の社会構造と津波被災前後の状況の整理を踏まえて，津波被災者の生活再建の問題を扱う上で考察対象とすべき社会関係を抽出する。次に，結合の原理（「空間を介した関係」か「人を介した関係」，「選択的関係」か「非選択的関係」）にもとづいて社会関係を整理する。さらに，社会関係，権利関係，物財・空間の変化，および相互の規定性を検証するためのフレームを構築する。

課題3　津波被災者を取り巻く社会的環境に対する物的環境の規定性の解明（第4章，第5章に対応）

津波被災者の生活・仕事を取り巻く社会的環境が，再定住地への移住の前後において継続しているか，また，社会的環境に対して物的環境がどのように影響しているか，明らかにする（I ← S あるいは I ← S ← P）。

被災者が再定住の場所を選択する際に，生活・仕事とそれに必要な社会的環境の確保が影響するとすれば，社会的環境に影響する物的環境もまた，被災者の再定住先の選択に影響する。従って，再定住地の計画において配慮すべき社会的環境，物的環境を検討する上で，社会的環境に対する物的環境の規定性を検証する必要がある。

課題3では，まず，津波被災前の従前居住地においてどのような社会関係および権利関係が形成されていたか，また，それらが津波被災後や居住地移転後も従前居住地において継続しているか，さらに，再定住地においてどのように継承・再編されているかを検証する。次に，社会関係と権利関係の継承・再編の実態を踏まえ，課題2で構築した分析のフレームを用いて，社会関係の継続にとって，物的環境（土地・自然と物財・空間）が必要であったか（I ← S ← P），あるいは不必要であったか（I ← S）を検証する。

課題4　津波被災者の生活・仕事の継続における社会的環境の役割の解明（第6章，補章2に対応）

津波被災者が生活・仕事を継続する上で，物的環境に対して何らかの働きかけを行う。その際，社会的環境が何らかの役割を果たしたとすれば，どのような社会関係および権利関係が役割を果たしたか明らかにする（I → P あるいは I → S → P）。

津波災害とその後の居住地移転には，物的環境の急激な変化が必然的に伴うということを考慮すると，残された社会的環境が被災者の生活・仕事の継続において果たす役割は相対的に大きくなると推測される。特に途上国や僻地においては従前から物的環境の整備が必ずしも十分ではない場合が多い。従って，社会的環境の分析とそれにもとづく再定住地の計画の検討には妥当性があると考えられる。

課題４では，まず，被災者が個人として物的環境に対してどのように働きかけているかを明らかにする。次に，個人の物的環境に対する働きかけを社会的環境がをどのように支えているか（I → S → P），あるいは個人が社会的環境そのものをどのようにつくり変えるか，明らかにする（I → S）。さらに，物的環境に対する個人の働きかけ（I → P），物的環境に対する社会的環境を介した個人の働きかけ（I → S → P），両者の関係について検討する。

3．研究の対象と方法

3.1　インド洋津波とスリランカ海村社会――研究の対象

ここでは本書の研究対象であるスリランカにおける津浪災害からの住宅復興の特徴とその位置づけについて述べる。なお，スリランカにおける津波被害と住宅復興のより詳細な状況については第２章で述べる[7]。

7）各国における津波被害と復旧・復興体制および被災地再建の方針（主にバッファーゾーンの扱い）は下記の資料を参考にして整理した。この内容の一部は，国立民族学博物館研究フォーラム「2004年インド洋地震津波災害被災地復興の現状と課題」（2008年１月27日）において発表したものである。

インドネシア　Policies and Administration of Housing and Settlement Assistance for Victims in the Post-Disaster Area,2006, BRR:Policy Guidelines for the Provision of Resettlement Assistance to Victims of the NAD/Nias Tsunami and Earthquake, 2006

タイ　Federation of Southern Fisherfolk, Others: One Year After- A Report on Post-Tsunami Rehabilitation in the Fisheries Sector in Thailand, 2006. 1

インド　Government of Tamil Nadu: Natural Calamities - Tsunami 2004 - Housing Reconstruction Policy announced- Orders issued., 2005. 3

スリランカ　RADA: Analysis of Tsunami Housing Sector & Review of 2006 Tsunami Housing Policy, 2006. 3, TAFREN, Ministry of Urban Develpment and Water Supply: Implementation Guidelines- Donor Assisted Housing & Township Reconstruction, 2005. 2

（1）インド洋津波被災諸国における特徴

インド洋津波被災諸国におけるスリランカの津波被害と住宅復興の特徴について，スリランカと同じく特に大きな被害が生じた他の3ヶ国（インドネシア，インド，タイ）との比較を通じて述べる。

①津波被害の特徴：スリランカにおいて津波で被災した人々は，上述の他の3カ国と同じく，主に漁業従事者や観光業従事者といった，沿岸の資源を生活基盤とする人々であった。一方，他の3カ国において被災した地域の範囲は概ね，沿岸の一部の地域であり，特に大きな被害を受けた地域は地理的にほぼ集中している。それに対して，島嶼国・スリランカでは，沿岸のほぼ全域で被害が生じた。このような被害の広域性は，島嶼国であり，かつ沿岸部に人口が集中するというスリランカの地理・人口の特徴も反映した津波被害の特徴である。また，1980年代以来続く民族紛争で疲弊した東部・北部や，零細漁民等の貧困層が特に多い南部，都市貧困層が不法居住する西部等，被災者・被災地域が多様であることもスリランカにおける被害の特徴である。

②復旧・復興の体制・方針：インド洋津波からの復旧・復興に際して海外からの支援の申し出があったが，インドやタイはそれを拒否，あるいは部分的に受け入れる，といった措置を取った。一方，スリランカは，インドネシアと同じく，海外政府，国際機関，NGO，企業，個人といった海外からの支援をほぼ全面的に受け入れた。スリランカへの援助の総額は約22億ドル（約2,000億円，2004年当時）と言われており，この額はスリランカの年間国家予算（約45億ドル，2006年）の約半分に相当する，膨大なものであった。住宅復興において，インドネシアやインドでは住宅の用地取得や建設計画に住民の積極的な参加を促すことが一つの方針とされた。一方，スリランカの住宅復興は，政府主導による住宅復興が行われたタイの体制と同様に，政府とNGOが住宅復興を主導し，住民は再定住地の建設等には基本的には関与しない。このようなスリランカの方針は，スリランカ社会の特徴に加え，海外からの支援に依存した復興の体制を反映したものであると考えられる。

③バッファーゾーンの扱い：いずれの国においても，バッファーゾーン（Buffar Zone）と呼ばれる建築制限区域が沿岸部に設定されたが，その内容や被災地再建における扱いは微妙に異なる。被災直後，インドネシア（海岸線から2 km，のちに撤廃），インド（海岸線から200m），タイ（海岸線から40m）と同じく，スリランカにおいてもバッファーゾーン（西岸：海岸線から100m，東岸：200m，のちに縮小）が設定された。その後，インドネシアではバッファーゾーンは撤廃され津波前と同じ場所での住宅再建が原則とされた。一方，他の3カ国では内陸や高所への居住地の移転が推進された。インドでは，バッファーゾーン内での住宅再建を公的支援の対象としないことが示された。また，タイでは，土地所有権を持たない者がバッファーゾーン内で住宅再建する場合，公的支援の対象とならないことが示された。スリランカでは，土地所有権の有無に関わらず，バッファーゾーン内での住宅再建を禁止するという方針が示された。スリランカでは，沿岸部での住宅再建に対してより厳しい規制を行うことによって，内陸や高所への居住地移転が誘導されたという特徴がある。

（2）スリランカ南西岸の被害と住宅復興の特徴

図1－13にスリランカにおける津波被災県と本書における調査対象の分布を示した。本書では，スリランカ南西部（西部州と南部州）の沿岸における被災地と再定住地を主な対象として実地調査を行っている。

表1－4にスリランカの津波被災県の概要（人口，住宅，住宅被害，住宅復興の状況）を示した。スリランカ南西部はスリランカ最大の都市・コロンボを中心とする，国内で最も人口稠密な地域である。特に，コロンボの北・約75kmにあるチラウという都市からスリランカ南端の都市・マータラまでの沿岸には人口が集中しており，海岸線に沿ってほぼ途切れなく建物が立ち並んでいる。

住宅被害をみると，南西部における住宅被害率（沿岸の住宅に占める全半壊住宅の割合）は約1.2%から約11.2%である。これは，住宅被害率・約11.8%から約28.5%の東部や，住宅被害率・約29.7%のムラティブ県を含

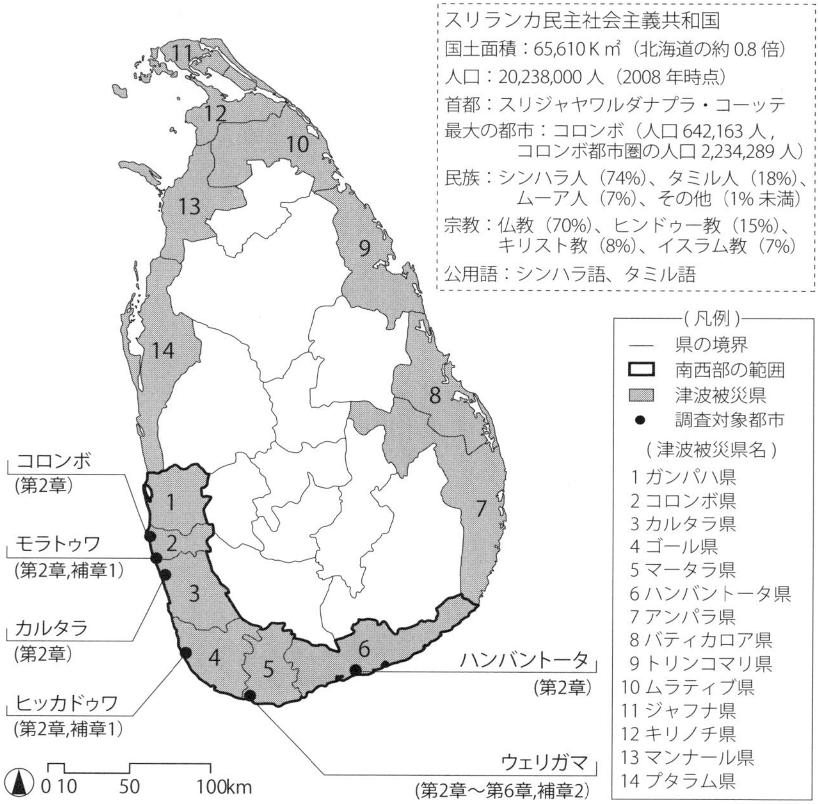

図1-13　スリランカの地図と調査対象地域の分布

む北部と比較すると低い値である。一方，南西部の全半壊住宅数33, 249戸は，スリランカ全土の全半壊住宅数88, 544戸の約37. 6%を占める値であり，住宅被害の絶対数は多い。これは，先述した南西部の人口稠密性を反映している。

住宅復興に関して，2005年６月時点では，南西部では24, 628戸が被災地（元の場所）で公的な支援によって再建され，12, 948戸の住宅が再定住地において供給される予定であった。また，南西部では，再定住地において供給予定の住戸数が復興住宅全戸数に占める割合が約34. 5%であり，東部

表１-４　スリランカのインド洋津波被災県の概要

（スリランカ統計局資料を元に筆者作成）

州		県	人口と住宅				住宅被害と住宅復興				
			人口（人）	人口密度（人/km²）	住宅数（戸）		全半壊住宅数（戸）		必要住宅数（戸）*3	供給予定数（戸）*4	
						沿岸部 *1		被害率 *2		現地再建	再定住地
西部	1	ガンパハ	2,066,096	1,490	511,621	71,644	854	1.2 %	511	240	294
	2	コロンボ	2,234,289	3,401	507,678	210,768	6,345	3.0 %	4,953	60	1,248
	3	カルタラ	1,060,800	668	270,147	103,312	5,741	5.6 %	6,697	5,291	2,188
南部	4	ゴール	990,539	605	253,697	103,683	11,626	11.2 %	14,713	11,928	3,564
	5	マータラ	761,236	594	197,552	64,764	6,238	9.6 %	7,235	5,623	1,779
	6	ハンバントータ	525,370	204	148,516	65,259	2,445	3.7 %	3,193	1,486	3,875
東部	7	アンパラ	589,344	136	145,184	65,952	18,810	28.5 %	27,816	21,298	2,732
	8	バティカロア	486,447	181	112,778	70,684	17,405	24.6 %	22,523	19,838	2,144
	9	トリンコマリ	340,158	129	81,379	63,781	7,531	11.8 %	9,927	6,261	1,961
北部	10	ムラティブ	121,667	62	不明	19,168	5,691	29.7 %	5,457	5457	0
	11	ジャフナ	490,621	499	不明	103,765	5,515	5.3 %	9,140	5,307	1,729
	12	キリノチ	127,263	103	不明	24,691	288	1.2 %	1,836	596	393
北西部	13	プタラム	705,342	234	192,295	130,852	55	0.0 %	74	0	33
合計（平均）			10,499,172	(639)	不明	1,098,323	88,544	(10.4 %)	114,075	83,385	21,940

＊1　各県における沿岸の郡 (D.S.division) の住宅戸数を表す。
＊2　沿岸部の住宅数に占める全半壊住宅数の割合を表す。
＊3　2005年６月１日時点での国家再建対策本部（のちの復興開発庁）の推計を表す。
＊4　2005年６月１日時点での国家再建対策本部（のちの復興開発庁）による発表。
（出所　人口・住宅：Department of Census and Statistics : Census of Population and Housing 2001,2001
住宅被害：Department of Census and Statistics : Final Report - Census on the buildings and people affected by the Tsunami disaster 2004,2005，住宅復興：復興開発庁資料）

の約10.2%や北部の約15.7%と比べると高い値となっている。これは，南西部の人口稠密性を反映しており，移転対象となるバッファーゾーン内に，多くの被災住宅が分布していることが影響していると考えられる。

以上のような津波被害と住宅復興の特徴を踏まえ，本書において南西部を調査対象として選定した理由は，主に3点である。まず，南西部では住宅復興の進捗が東部や北部と比べると早く，再定住地の建設も比較的早く進んでいたため，調査開始時点において居住地移転の影響を検証することが可能であると考えられたからである。また，南西部は沿岸の人口に占める漁業従事者の割合が高く，海との関わりの深い人々の生活・仕事の継続という，津波災害後の居住地移転の問題が顕著な地域であると予想されたからである。さらに，当時，民族紛争における反政府組織LTTEの支配下にあった北部・東部に比べ，南西部は民族紛争の影響が少なく，調査が可能であるとともに，津波の影響だけをみることが可能であると考えられたからである[8)]。

（3）主な分析対象とした再定住地の位置づけ

本書では，スリランカ南部州マータラ県ウェリガマ郡の被災地と再定住地について，特に詳細な調査を行っている（第2章の一部，第4章～6章，補章2）。ここでは，調査対象とした再定住地の特徴と位置づけについて述べる（再定住地の詳細については第2章以降で述べる）。

まず，前提として，本書では再定住地を復興の選択肢として位置づける可能性を検討するために，再定住地の“失敗”だけなく“成功”の事例に

8） スリランカでは，人口の約7割を占める多数派のシンハラ人と約2割の少数派のタミル人のあいだで，北部・東部を中心に居住していたタミル人が1970年代に分離独立運動を始めたことが発端となり，対立が深まった。1980年代に入り，タミル人武装組織「タミル・イーラム解放の虎（LTTE）」とスリランカ政府の対立が激化し，タミル人の起源であるタミルナドゥ州（インド）も巻き込んだ紛争に発展した。2002年2月，ノルウェー政府の仲介で停戦に合意したが，2004年12月のインド洋津波後に再燃した。2005年11月に就任したマヒンダ・ラージャパクセ大統領（当時）はそれまでの和平路線を転換して反政府勢力に対する攻勢を強めた。2009年5月，LTTEの指導者プラバカランの死亡によって30年近くにわたる紛争の終結を宣言した。

も着目していることは先述した通りである。調査対象とした再定住地（事例G）は入居開始から2年以上経過後も約90%という高い定住率を保っており，移住してきた人々の生活・仕事が継続していると考えられることから，再定住地の“成功”事例として本書では位置づけている。ここではその客観的な位置づけを，再定住地の「立地」（海岸線からの距離）と「規模」（住宅の戸数）という，本書で重視している二つの指標を用いて説明する。

再定住地の「立地」は，被災者の多くを占める漁業従事者等の生活・仕事の継続に対して強い制約となっていると予想される。さらに，スリランカでは海岸に沿って交通網や生活関連施設が整備されているため，海岸からの距離が離れるほど，漁業に限らず，仕事や生活の利便性が低下する傾向がある。

再定住地の「規模」は，住民間のコミュニティ形成のし易さに関わっていると考えられる。スリランカの集落は通常，親族やカーストの集団の規模を反映した，50世帯程度のまとまりであると言われており，このような一般的な集落規模よりも大きくなるほど，住民間のコミュニティ形成が困難になると考えられる。

「立地」，「規模」という二つの指標を用いて，スリランカ全土の再定住地（351ヶ所）の特徴を分析したところ，「立地」の平均は約1.8km，「規模」の平均は約105戸であった。そのうち，南西部（南部州と西部州）の再定住地（210ヶ所）の「立地」の平均は約2.0km，「規模」の平均は約93戸であった。

調査対象とした再定住地（ウェリガマ郡の再定住地・事例G）の「立地」は約1.2kmであり，「規模」は101戸である。再定住地・事例Gは，海岸からの距離は南西部の平均よりは小さく，このことから南西部全体の中では生活・仕事を相対的に継続しやすい立地であると言える。一方，規模は南西部の平均よりやや大きく，住民のコミュニティ形成のし易さは南西部全体の中では中程度であると言える。一方，先述したスリランカの集落の一般的な規模を考慮すると再定住地・事例Gの規模は大きく，住民のコミュニティ形成は困難であったとも考えられる。

3.2　被災者支援の実務家との連携――調査の体制

本書における分析のもとになるデータは主に，スリランカにおける現地調査によって得られたものである。図 1-14に調査の期間，内容，対象，および調査期間内の主な出来事を示した。インド洋津波から約 4 カ月後の2005年 5 月に調査を開始し，約 9 年間に渡って計10回の現地調査を行った。現地調査においては，行政機関，大学，NGO ／ NPO，そして住民といった，多くの関係主体に協力を頂いた。

現地調査を実施する中で特に高い障壁となったのは，350ヶ所程度ある再定住地の中からいかにして調査可能な“成功”事例を見つけ出すのか，ということであった。また，居住者の属性や社会関係，さらには貯蓄・融資の記録といった，私的な情報をいかにして収集するのか，ということも高い障壁となった。こういった障壁を乗り越えるためには，被災地や再定住地において活動し，被災者と信頼関係を築いている主体の協力を得る必要があると筆者は考えた。

そこで，津波被災者への継続的な支援活動を行ってきたスリランカのNGO であるグリーン・ムーブメント・オブ・スリランカ（Green Movement of Sri Lanka ; GMSL），およびコロンボに事務所を構え，当時，GMSL をパートナーとして活動していた日本の NPO である特定非営利活動法人アプカスの協力を得ることとなった。上記の NGO ／ NPO とは筆者は面識がなかったが，神戸市に当時あった国連地域開発センター（United Nations Centre for Regional Development ; UNCRD）防災計画兵庫事務所にいた知人からアプカスをまず紹介され，さらに，アプカスから GMSL を紹介された。調査のため現地に滞在している期間中，筆者は GMSL およびアプカスの業務（主に建築関連プロジェクトの調査，図面・資料作成等）に携わりながら調査を行い，また，現地語であるシンハラ語の習得にも努めた。

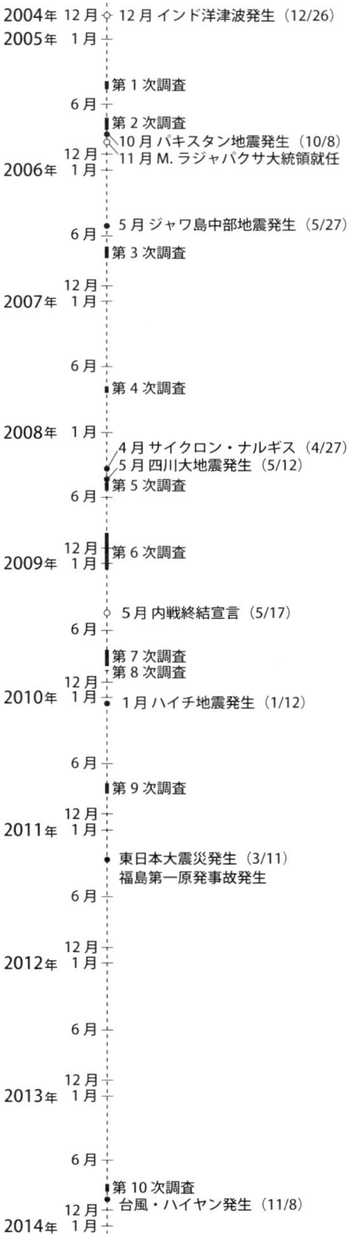

第 1 次調査（2005 年 4 月 30 日～ 5 月 17 日）

内容：津波被災集落の実態把握

対象：西部州モラトゥワ郡・集落 K

第 2 次調査（2005 年 8 月 10 月～ 9 月 10 日）

内容：津波被災集落の実態把握

住宅復興事業に関する基礎資料の収集

対象：西部州モラトゥワ郡・集落 K、南部州ヒッカドゥワ郡・集落 P

第 3 次調査（2006 年 7 月 26 月～ 8 月 18 日）

内容：再定住地の実態把握

再定住地の計画資料、再定住地への移住記録の収集

対象：南西岸各郡の公的機関および再定住地

第 4 次調査（2007 年 9 月 19 月～ 10 月 1 日）

内容：再定住地の実態把握

再定住地の計画資料、再定住地への移住記録の収集

対象：南西岸各郡の公的機関および再定住地

第 5 次調査（2008 年 5 月 13 月～ 5 月 28 日）

内容：再定住地の ” 成功 ” 事例のプレ調査

対象：南部州ウェリガマ郡・再定住地 G

第 6 次調査（2008 年 11 月 12 月～ 2009 年 1 月 10 日）

内容：再定住地の ” 成功 ” 事例の実態調査（基礎情報）

対象：南部州ウェリガマ郡・再定住地 G と郡内の全再定住地

第 7 次調査（2009 年 9 月 19 月～ 11 月 14 日）

内容：再定住地の ” 成功 ” 事例の実態調査（社会関係）

対象：南部州ウェリガマ郡・再定住地 G とその従前居住地

第 8 次調査（2009 年 11 月 26 月～ 11 月 27 日）

内容：津波被災者の生活再建にむけた取り組みの視察

対象：南部州ウェリガマ郡・再定住地 G

第 9 次調査（2010 年 9 月 19 月～ 10 月 16 日）

内容：再定住地の ” 成功 ” 事例の実態調査（生活再建）

対象：南部州ウェリガマ郡・再定住地 G とその従前居住地

第 10 次調査（2013 年 9 月 5 月～ 9 月 14 日）

内容：再定住地の ” 成功 ” 事例の実態調査（5 年前との比較）

対象：南部州ウェリガマ郡・再定住地 G と郡内の全再定住地

○ スリランカにおける主な出来事
● スリランカ以外における主な災害（死者・行方不明者 5,000 名以上）
▮ 調査実施期間

図 1–14　インド洋津波後の主な出来事と調査の履歴

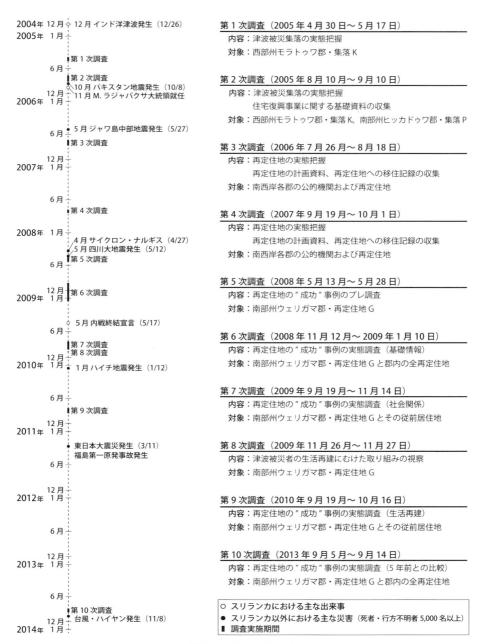

3.3　一事例のフィールド実験――研究の方法

表1－5に本書の各研究課題に対応した研究方法と調査内容を示した。本書では様々な方法を用い，研究の目的を達成しようとしている。

本書の方法上の特徴の一つを挙げるとすると，「一事例研究」であるということであり，本書では再定住地の“成功”事例について多面的な検討を行っている。さらに，この「一事例」について，「実験研究」の手法を適用することで，通常はみえづらい個人，社会的環境，物的環境の相互の関係を明らかにしようとしている。その意味で本書の方法上の特徴は「一事例実験研究」である[9]。

「一事例実験研究法」と「多標本実験研究法」

「一事例実験研究法」は，「単一被験体法」，「n ＝ 1の実験計画」，「被験者内比較法」等，研究によって様々な呼び方があり，定義は必ずしも定まっていない。それらに共通するのは，多数の標本にもとづく実験計画法である「多標本実験研究法」とは異なり，少数の標本（被験者・被験グループのデータ）からでも原因と結果の関係を検証するための実験計画法であるということである。

なお，本書において「一事例実験研究」が行われるのは，普通，このような研究が行われる実験室においてではなく，生活の場においてである。このような，実際の「現場」において，被験者に実験に参加していることを気づかせないで行う実験は，「フィールド実験」と呼ばれる。本書における「一事例実験研究法」もまた，そのような枠組みで行われることから，「一事例のフィールド実験」と呼べるものである。

9）　研究の方法については，下記の文献を参照した。岩本隆茂，川俣甲子夫：シングルケース研究法，勁草書房，1990，D.H. バーロー・M. ハーセン著，高木俊一郎，佐久間徹訳：一事例の実験デザイン―ケーススタディの基本と応用，二瓶社，1993，杉山尚子，島宗理，佐藤方哉，リチャード，W., マロット・マリア，E., マロット：行動分析学入門，産業図書，1998，高野久紀：フィールド実験の歩き方，西條辰義編：実験経済学への招待，NTT 出版，pp.183–218，2007年

表1－5　各課題に対する研究方法

研究課題	研究方法	調査内容	調査対象	サンプル数	調査時期	該当章
課題1	住宅再建ガイドラインの分析	・住宅復興政策資料の収集 ・担当者へのヒアリング	復興開発庁，都市開発庁本部 （所在地：ともにコロンボ）	-	①2005年８月 ②2006年８月	第２章
	再定住地の計画内容の分析	・再定住地計画資料の収集 ・担当者へのヒアリング	復興開発庁，都市開発庁本部 （所在地：ともにコロンボ）	351ヶ所 33,760戸	①2006年８月	
	再定住地への移住状況の分析	・移住記録の閲覧と転記 ・担当者へのヒアリング	モラトゥワ郡，カルタラ郡，ヒッカドゥワ郡，ウェリガマ郡，ハンバントータ郡の郡役所	4,606世帯	①2007年９月 ②2008年５月	
	再定住地の生活実態の把握	・再定住地の現地調査 ・居住者および支援関係者へのヒアリング	モラトゥワ郡，ヒッカドゥワ郡，ハンバントータ郡，ウェリガマ郡の再定住地	５ヶ所	①2006年８月 ②2007年９月 ③2008年５月	
			ウェリガマ郡の全再定住地	14ヶ所	①2008年11月 -2009年１月 ②2013年９月	第２章 補章２
	被災集落における 住宅再建状況の把握	・住宅の被害と再建状況の調査 ・居住者への対面式アンケート	モラトゥワ郡の被災集落	34世帯	①2005年５月 ②2005年８月	補章１
			ヒッカドゥワ郡の被災集落	33世帯	①2005年８月	
課題2	社会関係の抽出	・文献資料の収集 ・有識者へのヒアリング	ウェリガマ郡沿岸の居住地	-	①2008年５月 ②2008年11月 -2009年１月	第３章
課題3	被災集落における社会関係の分析	・居住者への対面式アンケート	ウェリガマ郡の被災集落	66世帯	①2009年９月 -2009年11月	第４章
	再定住地における社会関係の分析	・居住者への対面式アンケート	ウェリガマ郡の再定住地	86世帯	①2008年11月 -2009年１月	第５章
課題4	マイクロクレジットの制度の分析	・NGO 職員および住民リーダーへのヒアリング	・グリーン・ムーブメント・オブ・スリランカ ウェリガマ事務所 ・ウェリガマ郡の再定住地	-	①2008年５月 ②2008年11月 ③2009年10月 ④2010年10月	第６章
	マイクロクレジットの効果の分析	・貯蓄・融資記録の参照 ・メンバーへの対面式アンケートとヒアリング	・グリーン・ムーブメント・オブ・スリランカ ウェリガマ事務所 ・ウェリガマ郡の再定住地	46人	①2009年９月 ②2010年９月 -2010年10月	

「内的妥当性」と「外的妥当性」

ある研究によって得られた知見が一般化し得るためには，その研究が「内的妥当性」と「外的妥当性」を備えている必要がある。「内的妥当性」とは，研究内部における一貫性が保たれており，その研究自体の論理性が認められることである。一方，「外的妥当性」とは，他の研究と状況が異なっているにも関わらず，その研究で得られた結果が持っている共通性のことである。

ある研究の「内的妥当性」において問題となる変数は，「従属変数」，その先行事象である「独立変数」，さらに，この 2 種類の変数を除いた全ての変数である「2 次的変数」の 3 種類である。「2 次的変数」には，実験において「従属変数」に対して何らかの影響を与える変数も含まれる。このような，「2 次的変数」による「バイアス」をできる限り小さくし，「独立変数」だけが「従属変数」の変動を説明可能であるような実験計画が“内的妥当性が高い”と言われる。

この「内的妥当性」を高めるということは，すなわち「2 次的変数」を統制するということであるが，「多標本実験研究法」では一般に，標本の母集団からの「無作為抽出」を行う。そして，同一被験体について“1 回限り”の測定を行い，結果の「群間比較」を行う。一方，「一事例実験研究法」は，「2 次的変数」に対して「除去」，「保存」，「独立変数化」等の操作を行うことで「内的妥当性」を高める。また，同一被検体について“繰り返し”の測定を行い，結果の「個体間比較」，「個体内比較」，「体系的反復」，「研究間確認」等を行う。

本書における「一事例実験研究法」の適用

本書において，この「一事例実験研究法」を適用しているのは，課題 3「社会的環境に対する物的環境の規定性の解明」（第 4 章，第 5 章に対応）である。コミュニティ研究において議論されてきたように，コミュニティの成立が物的・空間的基盤を必要とするかどうかは自明ではない（本章 4.1を参照）。本書では，コミュニティ形成の指標となる「マイクロクレジット」のグループの関係を「従属変数」，「地縁」（ある地理的範囲で生活を共にする者のまとまり）を「独立変数」としている。そして，「2 次的変数」（血縁，権利関係，職業，世帯の経済状況等）の影響を考慮しつつ，「マイクロクレジット」の関係の維持・形成に対する「地縁」の影響を明らかにすることを試みている（第 3 章で詳述）。

「一事例研究」における「外的妥当性」の問題

学術研究においては，「内的妥当性」を備えていることが最低限の条件であるが，さらに，得られた結果の一般性を示すこと，すなわち研究結果の「外的妥当性」を示さなければならない。「多標本実験研究法」では，この一般化の問題の大部分は，「無作為抽出」，「多標本の分析」という研究方法自体によって解決されている。一方，「一事例実験研究方法」は通常，「無作為抽出」や「多標本の分析」を実行することが困難であるか，適切ではない状況で選択されることが多く，得られた結果の「外的妥当性」の確保には多くの困難が伴う。

従って，「一事例実験研究方法」では，一般化の問題はそもそも完全には解決し難いと言えるが，問題の一部を解決するための工夫は可能である。例えば，問題の一般的性質を事前に理解するために，現在に至るまで多くの研究によって蓄積されてきた経験や知識を最大限に活用する。また，将来の研究において同一事例の検証や事例間の比較が可能であるように，母集団とその中での事例の位置を明示しておくことも重要である。

本書においても，既往研究の成果を踏まえ，津波災害後の居住地移転における一般的な問題（例えば原地復帰の問題等）と論点を理解した上で，分析のフレームを設定することに努めた。また，再定住地の計画内容（立地，規模，住宅形式等）と被災者の移住状況について定量的な分析を行い，母集団（全ての再定住地）の中での調査対象とする再定住地の位置づけを明確にしている。

課題 1 に対する研究方法

課題 1 は，津波被災者の生活・仕事の継続に影響する物的環境の要素を明らかにすることである。この課題と対応するのは主に第 2 章，補章 1 である。

第2章では，まず，スリランカにおける津波被害（人的被害，住宅被害等）と住宅復興の全体像について政府等の公的機関が作成した被害統計，復興の指針，「住宅再建ガイドライン」等をもとに明らかにしている。次に，再定住地の計画資料（再定住地の一覧，各再定住地の計画図等）の分析（全351ヶ所33,760戸を対象として），および被災者の再定住地への移住記録の分析（南西部5県・5郡の4,606世帯を対象として）をもとに，被災者の移住に伴う物的環境（住宅立地，住宅地規模，住宅形式，生活関連施設等）の変化を明らかにしている。さらに，再定住地の現地調査（南西部の計約20カ所）により被災者の生活・仕事の継続の実態を把握している。最後に，上記の結果を踏まえて，被災者の生活・仕事の継続に影響する物的環境の要素について考察している（I ← P）。

なお，補章1では，被災した元の場所での住宅再建の実態を明らかにしている（都市部と郊外の計2カ所）。これにより，第2章の結果とあわせて，被災者の生活・仕事の継続に影響する物的環境の要素についてより多面的に検討している。また，バッファーゾーンの設定と居住地移転を前提とした計画が元の場所での生活・仕事の継続やコミュニティに与える影響についても考察している。

課題2に対する研究方法

課題2は，個人の生活・仕事，社会的環境，物的環境の相互の関係を捉えるフレームを構築することである。この課題と対応するのは主に第3章である。

第3章では，まず，研究対象であるスリランカ海村の社会構造に関する既往の研究成果等をもとに，津波被災者の生活・仕事の継続に関わると推測される社会的環境の要素を抽出している。具体的には，「地縁」，「血縁」，「マイクロクレジットの関係」（地縁・血縁以外の関係）という，結合原理（「空間を介した関係」と「人を介した関係」，「選択的関係」と「非選択的関係」）が異なる3つの社会関係を抽出している。また，権利関係として「住宅敷地の所有・利用関係」も抽出している。次に，再定住地への移住に伴うコミュニティ内の社会関係および権利関係の継承・再編の全体的な状況を,「時間軸」(平時と非常時)と「空間軸」(従前居住地と再定住地)の設定にもとづき,記述する方法を示している。さらに,その継承・再編の状況をある種の実験と捉え,「一事例のフィールド実験法」を適用することで,「マイクロクレジットの関係」に対する「地縁」の影響を検証する方法を検討している。そして,再定住地の計画において重要である社会関係相互の規定性を検証する方法について考察している。

課題3に対する研究方法

課題3は,津波被災者の生活・仕事を取り巻く社会的環境に対する物的環境の影響(規定性)を明らかにすることである。この課題と対応するのは主に第4章,第5章である。

第4章では,まず,従前居住地における世帯間の社会関係および権利関係の状況について,居住地移転前の状況,および居住地移転後の継続・変化の調査(従前居住地の住民66世帯への対面式アンケート調査)をもとに明らかにしている。また,再定住地への移住に伴うコミュニティ(ここでは社会関係と権利関係)の継承・再編について想定し得る複数のパタンを抽出している。そして,各パタンの特徴と課題の整理を行い,再定住地の計画におけるコミュニティの継承・再編への対応について検討している。

第5章では,まず,再定住地における世帯間の社会関係および権利関係の状況について,従前居住地における継続,および再定住地における継承・再編の調査(再定住地の“成功”事例の住民86世帯へのアンケート調査)をもとに明らかにしている。また,被災者の生活再建にとって重要と思われる社会関係である「マイクロクレジットの関係」の継続・再編に対する「地縁」の影響を,他の要素(「血縁」,「住宅敷地の所有・利用関係」,被災者の職業,世帯の経済状況等)の影響も考慮しながら分析している。さらに,これらの分析をもとに,ある社会関係の継続を,物的環境(土地と空間)が規定するか(I←S←P),あるいはで必ずしも規定しないか(I←S)ということについて検証している。

課題4に対する研究方法

課題4は,津波被災者の生活・仕事の継続を支える社会的環境とその役割を明らかにすることである。この課題と対応するのは主に第6章，補章2である。

第6章では，津波被災者が物的環境に働きかけながら生活・仕事を継続する上で，社会関係や権利関係といった社会的環境がどのような役割を果たしたか，再定住地の“成功”事例におけるマイクロクレジットの活動とその効果の分析をもとに明らかにしている。まず，マイクロクレジットにおける貯蓄・融資や生計向上支援の仕組について把握している。また，調査対象とする再定住地におけるマイクロクレジットの始動のプロセスにおいて特徴的である，「貯蓄・融資の活動」と「空間の活用」の相互作用について示す。次に，被災者が物的環境に働きかけながら生活・仕事を継続する上で，マイクロクレジットが具体的にどのような役割を果たしたか(I → S → P)，参加メンバー46人分の貯蓄・融資借り入れの記録の分析をもとに明らかにしている。さらに，被災者がマイクロクレジットの活動を通じて，コミュニティ内の関係をどのように継承・再編しているか(I → S)，ということについても明らかにしている。

補章2では，津波から約9年が経過した再定住地を訪れ，被災者の生活やコミュニティの実態を明らかにし，再定住地が竣工した2006年12月頃からの変化について考察している。津波から一定期間が経過し，NPO/NGOや行政といった支援者が撤退する等，被災者をめぐる状況が大きく変化している。また，被災者それぞれが生活を再建し，日常性を取り戻していく中で，被災者が再定住地に住み続けているか，その要因な何か，ということについて明らかにしている。

4．先行研究と本書の位置づけ

4.1　社会関係の視点からみた居住地計画に関連する先行研究 ——社会諸科学を含めた整理

本書はまず，社会関係の視点からみた居住地計画の研究として位置づけられる。ここではまず，コミュニティ論（社会学的アプローチ），社会関係資本論（経済学的アプローチ），社会構造論（社会人類学的アプローチ）といった，社会科学分野における人間社会および社会関係の理論に関する既往の研究を整理する。次に，それら社会科学分野の理論の建築学分野への援用を見越して，建築計画学における「人間と環境の関わり」に関する先行研究を整理する。

（1）コミュニティ論——社会学的アプローチ

コミュニティという概念はきわめて多義的であり，その定義や扱われる文脈は研究によって異なることが度々指摘されてきた。例えば，「コミュニティの定義」という有名な論文を書いたヒラリー（Hillery1955）は，「コミュニティについての94の定義を検討した結果，これらの全てに一致することは，“人々に関連している”ということだけであった」と結論付けている。また，最近ではディランティ（Delanty2006）が，様々な研究領域（都市社会学，政治哲学，文化理論，ポストモダニズム論，グローバリズム論，メディア論等）におけるコミュニティ研究の展開について紹介している。このように，コミュニティに関する研究は様々な領域において多様に展開しており，全ての研究に一致するコミュニティの定義を見出すことは難しい。一方，多くのコミュニティに共通する要件を挙げるとすれば，それは「地域性」（Regionality）と「共同性」（Cooperativity）の2点であることが多くの研究者によって了解されている。そこで問題となるのは，今日の社会において，それらが具体的に何を意味するのか，また，それらが相互にどのように関連するのか，ということである。ここではまず，コミュニティという概念を初めて学術的に用いたマッキーバーの研究（McIver1917）を出発点として，「地域性」および「共同性」という視点からコミュニティ研究の展開について概観したい。

マッキーバーによるコミュニティ概念

マッキーバー（McIver 1917）は，「コミュニティ」（Community）を「アソシエーション」（association）の対概念として論じている。アソシエーションが，何らかの「利害関心」のもとに特定の目的を追求する組織体であるのに対して，コミュニティは，不特定の「生活関心」を充足する場であるとしている。マッキーバーによると，「地域社会」こそが人間の生活の全ての局面を包摂する場であり，そのことにより生活に共同性が生じ，人々の間に共通の関心も生じるという。マッキーバーによるコミュニティの定義は「共同生活が営まれているあらゆる地域，または地域的基盤をもったあらゆる共同生活」というものであり，極めて曖昧である。それは，「ある地域に一緒に住んで生活の様々な面で相互に接触していると，人々の間に何らかの共通の特徴が発達していき，それがコミュニティの輪郭となる境界を形づくる」といった程度のことを述べているに過ぎないかもしれない。しかし，「地域性」と「共同性」を包摂した地域社会が既に消失に向かっていた20世紀初頭の時代において，地域社会こそが人間の本質的意思である「生活関心」と「利害関心」を追求する上での基礎的な場であることを強調したことには大きな意義があった。すなわち，マッキーバーのコミュニティ研究には，当時失われつつあった地域社会のあるべき姿を取り戻すことへの期待が込められていたのである。一方，マッキーバー自身も指摘しているように，20世紀初頭以降，急激な都市化と産業化の進展に伴い，人口の流動化と地域社会の希薄化が進んだ。そして，マッキーバーが想定していた「共同性」は急速に衰退していき，「地域性」と「共同性」の間の乖離が生じていった。このような必然的とも言える社会構造の変化を受け，マッキーバー以降のコミュニティ研究は，「地域性」と「共同性」の包摂を前提とするのではなく，それぞれの意味する内容や相互の関係についての研究が展開されていった。

地域性を中心としたコミュニティ研究

「地域性」をコミュニティの基盤と捉える研究が，主に1920年代からアメリカの都市社会学において進められた。当時のアメリカは社会的分業と商品経済の展開の時代にあり，地域社会が持つ「共同性」は著しく後退しつつあった。そのような状況から発展してきたコミュニティ研究には，コミュニティを「施設」，「制度」，「地理的範囲」といった物的要素を介した社会関係として定義する点に特徴があった。例えば，パークとバージェス（Park & Burgess 1921）は，「コミュニティとは，成員や制度といった構成要素が地理的配分という観点から考えられるような社会あるいは集団に対して適用される用語である」としている。また，ワース（Wirth 1933）は「コミュニティとは，地域的基盤と，人々の空間的分布と，施設や活動によって性格づけられる。そしてそれは，血縁や有機体的相互依存と密接に結びつき，共同生活は利害の相互対応によって基礎づけられる」としている。

パークとバージェスやワースの研究は，「人間生態学（Human Ecology）」とも呼ばれ，コミュニティを，動植物の世界と同じように，限られた資源環境の中で生活欲求をぶつけあい競争する関係の中で自然発生的に生じる組織として捉えている。例えば，パークらは，コミュニティを「ある地域に分布している個人，家族，集団や制度」と捉えた上で，「ある地域に一緒に住むことは，どのようにして，どの程度まで，居住者に共同の行為を取らせるのか」ということを問うている。

これらの研究に表れている基本的な態度は，コミュニティの「共同性」は大都市において特に衰退しており，コミュニティは一定の地理的範囲を意味するものに過ぎないということである。なお，その後のアメリカ都市社会学におけるコミュニティ研究もやはり「地域性」を中心と捉えて展開しており，都市化の脅威に晒されたコミュニティの危機と衰退，あるいはコミュニティの持続や防衛手段についての研究等が行われている（Lynd & Lynd 1937, Whyte 1943, Gans 1962, Davis 1990 等）。

共同性を中心としたコミュニティ研究

「共同性」をコミュニティの基盤と捉える研究には，まず，コミュニティにおける「共同性」を「精神的・心理的要因」に求める立場がある。例えば，先述したマッキーバーによるコミュニティ研究（McIver 1917）では，共同生活から生まれる共通の特徴として，「社会的類似性」，「共同の社会観念」，「共同の慣習」，「共同の伝統」，「共属感情」等が挙げられている。その他にも，ロス（Ross 1955）やニコルソン（Nicholson 1961）が「共属感」を，エリオットとメリル（Eliot & Merrill 1961）が「共通理解」を，共同性の要因として挙げている。このような，精神や心理の次元からコミュニティを捉える立場からは，地域性はコミュニティの要件ではないという解釈も示されている。例えば，ラッド（Ladd 1959）は，「地理的条件や範域といったものは，コミュニティにとって本質的なものではない」と述べている。この立場からは他にも，「象徴的な構造」（Cohen 1985）や「想像されるもの」（Anderson 1983）等，コミュニティを精神・心理の次元から捉える研究が展開している。

次に，コミュニティにおける共同性を「機能的要因」に求める立場がある。機能的コミュニティの概念を体系化したケーニッヒ（Konig 1958）は，コミュニティに対応する概念であるゲマインデ（Gemeinde）は，狭義には，「教区」，「近隣」，「住宅地」等を意味するが，それだけでなく，「学校」，「企業」，「各種団体や組合」等といった都市生活における様々な機能的連関にもとづくアソシエーションもまた含むと述べている。また，プラント（Plant 1974）は「機能的コミュニティとは，人々の間の空間的接近を必要としない，特定の関心，アイデンティティにもとづいたコミュニティを指している。機能的コミュニティは，分業により生み出された人々の特殊な関心の領域に対応している。その関心は，・・・コミュニティ論者の多くがコミュニティにとって“破壊的”と考えてきた要因である。ところが，いまでは，産業化と都市化の結果，機能分化により発達した部分的な関心のコミュニティにとっての意義が議論されている」と述べている。このように，機能的コミュニティという概念は，地域性にもとづく共同性が希薄化し，むしろ機能的連関が緊密な社会関係の契機となっている現代都市の状況に馴染みやすく，都市のコミュニティを理解する上で受け入れられ易いものであった。この立場からはその後，パーソナルネットワーク研究（Wellman 1979他）や，社会関係資本に関する研究（Putnam 1994他）等が展開している。

このように，コミュニティにおける共同性が，一方で精神・心理的要因に求められ，他方では機能的要因に求められた。そして，それぞれの関心・立場において研究が展開していった。一方で，いずれの関心・立場においても，コミュニティにおける地域性の意義は限定的であると認識されている。

地域性と共同性の多元化を捉えたコミュニティ研究

バーナード（Bernard 1973）は，「地域」，「場所」，「居住」との関わりにおいてコミュニティを捉える立場であるが，一方で，「非地域的」，「共同的」なコミュニティが存在する可能性についても見逃していない。すなわち，「地域という要素なしのコミュニティ」があり得るか，という問いを設定し，ある論者による「交通やコミュニケーションの技術の発達によって個人の移動能力，コミュニケーションの能力がある段階に到達すると，社会を理解する上で地域という概念が必要ではなくなる」という見解を紹介している。その上で，バーナード自身は，「地域という概念を完全に棄てようとする人々は多くない」，「住民にとって近隣という概念には依然として意味があり，近隣における物理的な境界は社会構造を構成する重要な要素の一つである」という自らの見解を示し，「地域コミュニティという概念はやはり妥当性を持っている」と結論づけている。

エフラット（Effrat 1974）もまた，コミュニティの基盤となる要素について様々な見解があることを踏まえ，コミュニティによって提供される機能の数は多いか，あるいは少ないか，コミュニティは地域的基盤を必要とするか，あるいは必要としないか，という二つの論点からコミュニティを以下のように分類している。

	機能の数	地域的基盤
1）完全な地域コミュニティ	多数	必要
2）限定的な地域コミュニティ	少数	必要
3）社会としてのコミュニティ	多数	不要
4）個人的なコミュニティ	少数	不要

ここで,「完全な地域コミュニティ」とは，社会関係の全てが村落や町といった狭い地理的範囲に見いだされる，自己充足的な人々の結合を指す。また,「限定的な地域コミュニティ」とは，地域社会における特定の機能による人々の結合を指す。「社会としてのコミュニティ」とは，地理的な近接によらず，血縁，階層，人種といった社会特性による人々の結合を指す。「個人的なコミュニティ」とは，友人関係や自発的な集団への参加等，個々人による結合を指す。

上記の分類にも表れているように，エフラットもまた，コミュニティには「地域性」と「共同性」という二つの要件があると捉えている。いずれもコミュニティを構成する変数であり，それぞれ変数の程度によってコミュニティの性質が決まる。このように,「地域性」と「共同性」，それぞれの程度や両者の関係に着目してコミュニティを相対的に捉えるというアプローチは，時代や社会によって変化するコミュニティの動的な性質を理解する上で重要である。

コミュニティ論に対する批判

園田恭一（園田1978）は，現代の社会においてコミュニティを求める動きがみられるが，一方で，共同性を形成・拡大していく条件や過程，すなわち「コミュニティ形成の基盤」について,「現時点では自尊心や愛情といったレベルの指摘や記述にとどまっていること」を問題としている。例えば，先述したマッキーバー，ロス，ニコルソン等，共同性の基盤を精神的・心理的要因に求める立場にみられる問題として,「何がそのような意識や心理を生じさせるのかという点がほとんど追求されていない」と述べている。その上で，コミュニティ形成の基盤を,「主体化の契機」,「共同化の背景と条件」の順に考察している。まず，主体的な行動の契機として，生活における人々の「欲求の充足」，および「課題の解決」を挙げている。それが個人的・私的にではなく，社会的・共同的に達成されるための背景や条件として，（1）人々の間に共通の「目標」や「目的」が存在すること，（2）目標や目的を達成するための「役割分担」，「費用負担」，「手段の共同利用」が行われること，（3）得られた成果や利益を，負担に応じてだけでなく必要に応じて「配分」することを挙げている。

一方で，技術の高度化や生産力の高まりにつれて，経済的・物資的な欲求や課題に関しては一般的に，個人的・私的な解決が可能になると考えられる。ただ，そういった解決が可能なのは経済的に余裕のある限られた人々であり，また，生活手段の過度な個人化・私化が無駄や弊害を生む恐れもある。そのため，生活手段の共同の「利用」，「管理」，「所有」といった，コミュニティにおける「生産関係的側面」が改めて問わなければならないと園田は述べている。園田が特に重視するのは上記の（3）の条件であり，生活施設の整備やサービスの供給に際してのシビル・ミニマムの問題に論及している。

中久郎（中1991）は，コミュニティ論には「歴史的把握の欠如が不足しており，生活の問題を経済面等の深みにまで掘り下げていない」といった問題があると述べている。都市化社会においては確かに，共同体の議論においてかつて基本とされた，生産手段としての「土地の共同所有・利用」の重要性は低下する。しかし，コミュニティにおける共同性の条件には，歴史的に規定されるものもあるし，「土地の共同所有・利用」といった生産関係から規定されるものは当然含まれると述べている。そこで，（1）生活を成立・持続させる上で土地との関わりが「直接的」であるか，あるいは「間接的」であるか，（2）生活の共同化において土地が「基礎的」であるか，あるいは「条件的」であるかといった区別を行い，コミュニティにとっての土地の意味合いを以下のように4つに分類している。

	生活における意味合い	共同化における意味合い
1）生活資源	直接的	基礎的
2）生活環境	直接的	条件的
3）生活便益	間接的	基礎的
4）生活連関	間接的	条件的

ここで，1）「生活資源」としての土地とは，人々がその場所で生活する上で土地が基本的な資源であることを指す。また，2）「生活環境」とは，土地が生態学的な環境（水，空気等）を媒介していることや居住者に共同意識を喚起する象徴となっていることを指す。3）「生活便益」とは，教育・医療等の生活に必要な財やサービスの配分機会を土地が提供していること，4）「生活連関」とは，一緒に住むことによって現れる利害・関心，社会的行為や社会関係を土地が喚起していることを指す。住民にとって土地がこれら4つの分類のうちどの意味合いを持つのか，その範疇において生活欲求を充足できるか，他の範疇も考えることが求められるのか，といった体系的な視点が重要であるという。

このように，コミュニティ研究は，マッキーバーによる研究を嚆矢として，社会学における主要な研究領域の一つであり続けている。そして，園田や中は，マッキーバーによる「生活の全体的充足」というコミュニティの本質に立ち戻り，経済や生産関係等，生活のより深い部分にまで踏み込んだコミュニティ研究の必要性を提起した。一方で，近年は政治学や政策学の分野において，コミュニティ政策，コミュニティ・ガバナンスに関する研究（Little2002, W.Rhodes 1997, Pierre & Peters 2000等）が行われているように，政府や政策との関連からコミュニティの意味が問われている。日本型コミュニティ政策について研究した広原盛明（広原2011）は，都市社会学の分野ではコミュニティ政策における政府・国家の政治機能や権力を軽視し，コミュニティ論の素朴延長線上で論じる傾向が強かった，と述べている。「住民による自治」か「政府による統治」かで揺れ動くコミュニティ政策が社会の安定にどのように関われるのか，またその道筋をどのように展望できるのか，といったテーマは本研究において取り扱う大災害（インド洋津波，東日本大震災）からの復興を考える上でも極めて重要であると考えられる。

（2）社会関係資本論——経済学的アプローチ

コミュニティの共同性を機能的要因に求める立場からは，個人を中心として地理的・空間的に必ずしも制約されずに拡がる社会関係に着目した，いわゆるパーソナルネットワークに関する研究が展開された。さらに，社会関係が，物的資本や人的資本と同様に，新たな資本の形態となり得ることに着目した，社会関係資本（Social Capital）に関する研究が展開している。ここではまず，社会関係資本に関する研究の動向を整理し，次に本書において取り上げる社会関係資本の一形態であるマイクロクレジットに関する研究を整理する。

パットナムによる社会関係資本論

社会関係資本という概念を世に広めた代表的な論者の一人である米国の政治学者・パットナム（R.D.Putnam）は，社会関係資本を「諸活動を活発にすることによって社会の効率性を改善することができる，信頼，規範，ネットワークといった社会組織の特徴」と定義している。パットナムは約20年間に渡って行ったイタリアの地方政府に関する研究をもとに社会関係資本という概念とその重要性について論じた（Putnam 1994）。すなわち，イタリア各地の地方政府のパフォーマンスの違いを生む要因は何か，という問いに対して，パットナムは，市民参加の伝統の強さが，成功している地方政府の要因となっていることを発見した。そして，投票率，新聞購読率，市民クラブへの所属等を市民参加に関する規範とネットワークを体現する社会関係資本の指標として取り上げ，社会関係資本の厚みこそが政府の効率や社会の経済発展の前提として重要であることを実証的に論じた。また，パットナムは，主にアメリカをフィールドとした研究（Putnam 2000）も行っており，アメリカにおいて社会関係資本が衰退しつつあるという認識のもと，その原因を探っている。すなわち，近所付き合い，地域・教会活動，学校行事への参加等の人間関係を社会関係資本として捉え，女性の社会進出に伴うコミュニティ活動への参加の減少，交通の発達による人口の流動性の増大，私事化・個人化の進展との関連から，アメリカにおける社会関係資本の衰退を説明するとともに，主にアメリカの貧困地域を例として，社会関係資本育成のための政策の必要性について提起している。この研究成果をまとめたパットナムによる著書“Bowling Alone”（邦訳名：孤独なボウリング—米国コミュニティの崩壊と再生—）は，かつては家族や友人らと楽しんだボウリングを今では1人でするアメリカ人，という社会関係資本の衰退を象徴するタイトルであり，国内外で大きな話題を集めた。

パットナムによる社会関係資本論を含め，近年の“資本”概念の拡張について検討した諸富徹の研究（諸富2003）によると，社会関係資本の概念が登場した背景には，20世紀後半以降，発展概念の非物質的要素が強まり，構築物をいくら積み上げても発展が促されないという社会状況がある。そうではなくて，「信頼」や「互恵性」，「ネットワーク」といった非物質的要素，すなわち社会関係資本の厚みを増加させることが重要とされるようになった。

開発の文脈における社会関係資本概念の適用

社会関係資本が重視されるのは，物的要素の充足が一通り達成された先進国だけではない。物的要素に乏しく，また，政府や市場の機能が十分ではない発展途上国において，社会関係資本は社会を安定させる上で希少な資源である。このような認識のもと，近年，途上国の開発援助の文脈において社会関係資本の計測と活用のあり方が研究されている。

例えば，1996年に始まった世界銀行の社会関係資本イニシアティブ（Social Capital Initiatives；SCI）が，社会関係資本を指標化し，その概念を開発事業に活用することを目的として，一連の調査・研究を行っている。世銀SCIによる実証研究の方法論はある程度定式化されている（Narayan 1996）。まず，いくつかの「社会制度」を社会関係資本と定義し，それを代表する指標を独立変数とし，当該の社会や国におけるいくつかの「経済・社会厚生のデータ」を従属変数とする。そしてそれらの変数間の相関を求め，社会関係資本が経済・社会発展に及ぼす影響を探るというものである。なお，世銀SCIによる研究では，社会関係資本を「社会構造全般と対人関係に関わる個人の行為を規定する規範全体」と定義している。それは，パットナムの言う水平的なネットワークだけでなく，垂直的な関係や政府や法といったフォーマルな社会構造・制度等といった非市場的な制度・構造も全て取り込んでいる。

世銀SCI等による研究の蓄積もあり，開発援助における社会関係資本の重要性は今や広く認知されている。佐藤寛によると，開発援助の文脈における社会関係資本概念の意義は，①ネーミング効果と②活用可能性の拡大にあるという（佐藤2002）。①ネーミング効果とは，これまで雑多に語られてきた様々な社会的機能を一括して命名することによる効果である。また，②活用可能性の拡大とは，「資本」という概念を適用することで，事業の成果に大きく影響を与える，社会関係を「計測」することが可能であるという立場を明確にし，開発援助の文脈での活用の可能性を拡大したことである。

社会関係資本概念の混乱と再構築

一方で，社会関係資本の概念と適用範囲の拡張に伴う混乱や問題も各方面で指摘されている。社会関係資本には，概念規定の曖昧さもあり，性質の異なる社会構造や社会制度を「資本」という同じ括りで捉え，同じ基準で評価するという問題がある（坂田2002）。

例えば，社会関係資本の操作可能性に関して，パットナムは，社会関係資本は長い歴史の中で自己集積的に蓄積されるものであるとしている。それに対して，エヴァンズ（Evans 1996）やオストロム（Ostrom 1996）は，社会関係資本は政府の働きかけにより短期間で形成可能であるとしている。このような議論の対立の原因は，彼らが異なる種類の社会関係資本について論じていることにある。エヴァンズやオストロムが形成できるとしているものは，開発事業や共有資源管理における協調を達成する上で目的が限定された組織・制度である。一方，パットナムが論じているのは，結果的にみれば協調を導くが，当初から目的が限定されない多様な社会組織についてである。

このような，社会関係資本という概念の曖昧さによる議論の混乱を受け，近年，社会関係資本を何らかの側面から分類して再提示する研究が進められている。例えば，クリシュナとアッポフ（Krishna&Uphoff 1999）はネットワーク，地位，役割，ルールといった「構造的社会関係資本」（Structural Social Capital）と規範，価値観，信条といった「認知的社会関係資本」（Congnitive Social Capital）を区別し，両者の相互作用について論じている。また，ポルタス（Portes 1996）は，社会関係資本の機能には「良い面」だけでなく，「悪い面」（downside）もあることを指摘している。それは「他者の排除」，「集団の構成員の要求が集団外にもたらす外部性」，「個人の自由の限定」，「規範の下方平準化」等であり，汚職の構造やマフィア等はこれらの望ましくない結果であるとしている。ナラヤン（Narayan 1999）は，集団内部の結束を強める社会関係資本を「内部結束型」（Bonding），集団間の機能結合を果たす社会関係資本を「橋渡し型」（Bridging）と呼んでいる。集団の内部結束を強めるだけの社会関係資本は社会にとってむしろ有害となるケースもあり，望ましい社会関係資本とは，集団の内部結束だけでなく，集団間の橋渡しをする機能を備えていなければならないとしている。

社会関係資本の今後の研究課題として，①社会関係が機能し蓄積されるための外部条件の探究，②社会関係資本の形成・蓄積・減価過程の考察が指摘されている（坂田2002）。①と関連して，先述した世銀SCIによる一連の実証研究では，所得や経済成長といった経済的指標とは独立した変数として社会関係資本を想定している。しかし，社会関係資本には，当該社会を取り巻く経済・政治的状況に影響される側面もある筈である。また，②と関連して，近年進んだ社会関係資本の分類の議論をさらに発展させ，社会関係資本の形成，蓄積，あるいは減価の過程について，様々な社会関係資本どうしの相互関係から考察する必要があることが指摘されている。

社会関係資本としてのマイクロクレジット

マイクロクレジット（Micro Credit）とは一般的に，通常の銀行から融資を受けられないような経済的に困窮した人々に対して無担保で行われる小額の融資の仕組みを指す。バングラデシュ・グラミン銀行がマイクロクレジットに取り組む先駆的な機関の一つとして知られる。その総裁（当時）であるムハマド・ユヌス博士がノーベル平和賞受賞（2006年）を受賞したことを契機として，マイクロクレジットの知名度は飛躍的に高まった。マイクロクレジットは現在では途上国を中心に広く普及しており，先進国においても一部で導入される等，途上国で生まれた画期的な仕組みとして世界中に展開されている。なお，近年では貯蓄制度を含むものは「マイクロファイナンス」（Micro Finance）という呼び名が一般的になりつつある。

マイクロクレジットでは通常，５人から10人程度で構成されるグループが作られ，グループのメンバー間の「信頼関係」や「義務意識」，「規範」によってメンバーが借り入れた融資を返済する仕組みが採用されている。このことから，マイクロクレジットの成功の秘訣はしばしば，社会関係資本との関連から研究されてきた。例えば，コリアー（Collier 1998）は，「マイクロファイナンスは市場を通じてではなく社会関係を通じて経済的効果をもたらす」，と述べている。途上国農村部においては，情報の不完全性や法執行のコストの高さのために市場や政府が機能しない。そのような途上国農村部において成功したマイクロファイナンスは，共同体内の社会関係資本を通じて情報収集や規則執行のコストを削減し，金融サービスの提供という経済的効果を発揮する。また，バスティラー（van Bastelaer 2000）は，マイクロファイナンスにおける社会関係資本の役割として，コリアーが指摘したような「市場を補完する役割」だけでなく，「個人の能力を補完する役割」を指摘している。これは，貧困層がグループの内部における信頼関係や外部との交渉力を高め（社会関係資本を形成し），経済・社会活動へ参加していくことをマイクロファイナンスが促進する働きを指している。粟野晴子（粟野2002）も，全てのマイクロファイナンスが貧困層の政治・社会参加を目指しているわけではないと前置きしながらも，マイクロファイナンスには，「所得の平準化・拡大」，「消費の平準化・拡大」，「リスク対応能力の強化」，「住居改善」，「資産形成」といった「経済的効果」だけでなく，「高利貸しからの脱却」，「交渉力の強化」，「社会的ネットワークの形成・拡大」といった「社会的効果」があることを指摘している。

このように，マイクロクレジットの成果は社会関係資本との関係から論じられている。マイクロクレジットは，政府・市場の機能が不十分である途上国において「経済的効果」が発揮されるための社会関係資本の一つであると同時に，貧困層の政治・社会参加という「社会的効果」を生むことで社会関係資本の形成を促す仕組みとしても注目されている。

マイクロクレジットの効果に関する批判

一方，マイクロクレジットの急速な普及とともに生じている混乱や誤解を踏まえ，マイクロクレジットの意義を認めつつ，その効果の範囲や成功のメカニズムについて批判的に検討した研究も行われている（岡本・吉田・粟野1999等）。

例えば，三重野文晴（三重野2004）は，マイクロファイナンスは決して「万能薬」ではないと述べている。所得へのインパクトや社会的弱者のエンパワーメントへの効果は完全なものではなく，極貧層や障がい者を対象とした社会保障までマイクロファイナンスが代替できると考えるのは現実的ではないとしている。また，マイクロファイナンスに係るコストとベネフィットを勘案して，その役割は議論されるべきであることも指摘している。さらに，マイクロファイナンスが成功する要因は実はまだ完全には解明されていないとも述べている。すなわち，1990代はじめには「グループ・レンディング」（融資を借り受けるグループの結成とメンバーの融資返済に対する連帯責任制度）が成功の鍵とみられていた。しかし，その後，グループ・レンディングの手法をとらない活動も報告されており，より広い視点からマイクロファイナンスの成功の秘訣について議論することが求められている。

また，マイクロファイナンスの成功（にみえる現象）が，実際には他の要因や外部環境に依存しているに過ぎない可能性があるという指摘もある。藤田幸一（藤田1998）は，バングラデシュの農村におけるマイクロクレジットによる融資の使途について調査した結果，借り手である小規模農家が，借り入れた資金を地主層に転貸しているという実態を明らかにし，マイクロクレジットは在来金融の資金フローの構造に取り込まれたにすぎないという見解を示している。また，バングラデシュの農村開発プログラムがマイクロクレジットに過度に傾斜しており，村レベルの小規模なインフラ整備が軽視されているという状況を指摘し，インフラの未整備がマイクロクレジットの持続可能性を脅かす危険性があると述べている。

マイクロクレジットの成功を支える条件の模索

上述のような批判を受けて，マイクロクレジットの成功を支える外部条件にも着目し，その整備や支援を通じてマイクロクレジットの成功率や効果を高める方法が模索され始めている。

例えば，ジョーンズとミルトン（Jones & Milton 2000）は住宅建設と組み合わせたマイクロファイナンスの利点として，資金・資材の改善を挙げている。すなわち，マイクロファイナンスによって住宅建設やインフラ整備，土地・住宅権利の安定化等のために必要な資金・資材の獲得がし易くなる。さらに，建設された住宅等をもとにした所得向上サポートのプログラム等が用意されている場合，地域経済の発展に対してより一層貢献できる可能性があることを指摘している。また，その他の利点として，インフォーマルなネットワークの支援，外部機関と関わる上で必要となる技術の習得，支援の効果的な分配等を挙げている。また，アルビーとガメージ（Albee & Gamage 1997）は，スリランカのマイクロファイナンス機関であるSEWAと女性銀行を例として，住宅・店舗等の建設のための融資によって，居住空間の一部を活用した雑貨店や仕立屋等の小規模ビジネスの起業や改善が促されていることを指摘している。

このように，社会関係資本としてのマイクロクレジットの研究は近年ますます興隆しているが，未だ解明の途上にある課題も多い。マイクロクレジットに関する研究の動向を整理し，今後の研究課題等を展望した報告

（高野・高橋2011）は，マイクロクレジットに寄せられる期待は大きいが，（1）マイクロクレジットの効果，（2）融資の返済を支えるメカニズムとスキーム，（3）マイクロクレジットに伴うリスクとその対策等に対する理解は未だ十分ではないことを指摘している。そして，マイクロクレジットが開発戦略の中で真の役割を果たすためには，マイクロクレジットがどのような条件や社会・経済環境のもとで成功するのか，どのようなスキームであれば，貧困層，特に極貧層により届きやすく，かつ，効果が発揮されるのか検討する必要があると述べている。

（3）社会構造論——社会人類学的アプローチ

社会人類学（Social Anthropology）は，「親族研究」，「社会構造」の表題の下に，社会の初期における形態，あるいは社会発生のメカニズムを明らかにするという点で社会理論の構築において重要な任務を担ってきたと言われる（船曳1997）。それは，社会学や経済学とは異なり，当初から伝統的社会を対象として考察を行ってきた人類学の強みでもあった。本書では，伝統的社会の特徴を今も色濃く残す社会（スリランカ海村社会）を対象としており，かつ，コミュニティにおける社会関係を結合の原理に立ち戻って捉えるという立場を取っていることから，社会人類学における研究成果や方法論から学ぶことが少なくない。従って，まず，社会人類学における親族と社会構造に関する研究の展開について概観し，次に，スリランカを対象とした親族と社会構造に関する研究について整理する。

親族関係を中心として社会構造を捉えた初期の研究

人類学における親族研究史について概観した研究（瀬川1997，竹沢2007，信田・小池2013等）によると，親族研究が特に盛んであった第二次世界大戦前後の時期までは，人類学者たちの間には，親族関係を独立した，実体的なものとする捉えた方が根強かった。それゆえに親族研究を単独の研究領域として扱う傾向があった。親族研究の嚆矢であるモルガンの研究（Morgan 1877）には，上述のような親族関係を独立した実体的なものとして扱うという立場が明確に現れている。モルガンは，親族名称体系を用いて人類の家族・婚姻制度の進化の道程を説明する等，進化主義的な観点から親族研究を展開した。また，リヴァーズ（Rivers 1924）は，南インドのトダ（Toda）等を調査し，系図による系譜関係の記述を用いた調査方法（系譜調査法）が親族の研究（特に親族名称の研究）において有効であることを示した。「社会的関係としての親族関係」と「生物的関係としての血縁関係」の区別，さらにはクランの集団成員権確定に関わる「出自（descent）の認識」と「その他の系譜関係の認識」の峻別等を通じて，「出自」の概念規定を明確化した。

モルガン，リヴァーズを嚆矢とする親族研究はその後，他の人類学者によって展開され，「出自理論」として体系化された。とりわけ，ラドクリフ＝ブラウンによる研究（Radcliffe-Brown 1952）は出自理論研究の出発点として知られる。彼はまず，親族の定義を整理した。夫婦とその子供たちから成る「基本家族」を基本的な単位とし，それが婚姻・姻戚関係の連鎖によって繋ぎ合わされていくことによって関係の網の目が生じる。そしてあらゆる人間社会は，こうした系譜関係をその遠近によって類別化し，そこに特定の権利・義務を付与する。彼は，そうして類別化され，特定の行動様式を割り当てられた諸関係を「親族体系」と定義した。ラドクリフ＝ブラウンは，個人が集団に如何にして組み込まれているかについての一般的な「原理」を見出し，社会構造に占める親族関係・制度の重要性，とりわけ出自規制の重要性を指摘した。また，エヴァンズ＝プリチャード（Evans-Pritchard 1940）は，親族を「（ある個人にとって）父および母を通して系譜的に繋がっている人々」と定義し，父系出自集団の関係である「リネージ関係」と，個人を中心にしてみた諸々の親族カテゴリーとの間の個人間の関係である「親族関係」を区別した。彼は，アフリカの部族社会の分析から，政府や首長を持たないが，幾重にも分節化された父系リネージの間の均衡によって部族全体が政治秩序を維持している姿を提示した。この発見は，単系出自原理に基づいて社会が組織化されている例として，後の社会人類学の研究に大きな影響を与えたと言われる。フォーテス（Fortes 1969）は，同じくアフリカの部族社会の調査を行い，父系出自集団とその分節が，部族社会の政治，宗教活動を規定する基本的枠組みとして機能していることを示した。彼によると，親族関係は，親子関係という人類に普遍的な認識に立脚しており，経済的・政治的関係やその他の機能的関係には還元しえないものである。

親族関係を他の社会的水準との関係から捉えた研究

一方，親族関係を，独立した実体的なものとしてではなく，他の社会的水準との関係において初めて実体化するものと捉えた研究が現れる。リーチ（Leach 1961）はスリランカ北部の稲作農村を対象とした研究において，社会集団の基本的な組織原理は「出自」にではなく「地縁的な関係」に求められるという認識を示している。すなわち，「土地所有」や「財産所有」といった政治・経済的機能こそが社会現象の実体的要素であり，親族制度はあくまでも派生的な要素に過ぎないと考えた。上述したフォーテス等は，出自は，政治・経済的機能からは独立して存在する，集団成員権の確定に関わる原理であると考えた。それに対してリーチは，親族集団に対する個人の成員権は，何らかの政治・経済的な権利や義務が介在しなければ実体化し得ないと考えた。

また，シュナイダー（Schneider 1984）は，ミクロネシアの部族社会における親族集団の分析を通じて，親族集団と思われていた集団は，実際には土地を介して結びついた集団として解釈したほうが，現実に対して遥かに適合的であることを明らかにした。そして，人類学における「親族関係の特別扱い」の傾向が，実態の分析によることなく，親族関係の優位性を前提としていることを批判した。ゴドリエ（Godelier 2007）もまた，リーチ，シュナイダーが抱いた，親族関係を独立した実体的なものとして扱う立場に対する疑念をより明確に示している。彼によると，モーガン以来，人類学において広く普及していた，国家以前の社会は親族に基礎を置くという学説が広まってきた。しかしそれは間違いであり，人類学はこれまで親族関係を過剰に評価してきた。親族集団の存在や，親族集団間の交換だけでは，集団を一つの社会にするには不十分であり，一つの社会を構成しているのは，親族関係ではなく，政治―宗教が密接に絡み合う「政治―宗教関係」であると述べている。

このように，ラドクリフ＝ブラウン等，初期の社会人類学者は，オセアニアやアフリカ等の「未開社会」の社会構造に強い関心を寄せ，「親族関係」という単一の社会関係によってその成り立ちを説明する理論を構築しようとした。一方で，こういった「親族関係」を独立した実体的なものとして捉える立場に対して疑念を抱く者も現れ，他の社会的水準との関連において親族関係は初めて実体化すると捉えた「親族研究の相対化」が図られた。今日では後者の立場が優勢であり，親族研究は「退潮」傾向にあると言われる（瀬川1997）。また，社会構造といった「静的」かつ「マクロ」な概念から，プロセス，ネットワークといった「動的」な概念，日常の「ミクロ」な相互行為のなかに社会的なるものを見出そうとする考え方が有力なものとなりつつある。

スリランカにおける親族と社会構造に関する研究

先述したように，親族関係の研究が1950～60年代までの人類学において主要な研究領域を占めていた。スリランカの村落研究もそのような流れを汲んでおり，多くの研究が，伝統的土地所有制度が比較的維持されている高地シンハラ人社会の親族関係を対象としてきた。

シンハラ人社会の親族関係に関する研究は，前述のリーチによる研究（Leach 1961）をはじめとして，土地所有制度，および農業を中心とした生産活動との関係において論じられたものが多い。シンハラ人社会は非単系社会であるが，土地や家屋の継承という点では父系原理を内在させていることから，父系性に傾斜した双系・双性社会の例として位置づけられ，相続・継承や用益，労働組織等に関する研究が行われた。タンバイヤ（Tambiah 1973），リーチ（Leach 1961），オベーセーカラ（Obeyesekera 1967），ロビンソン（Robinson 1968）等の民族誌はその後のスリランカ村落研究の枠組みに特に大きな影響を与えたと言われる（高桑2004）。本書との関連で言えば，これらの研究において，「パウラ」，「ゲー」，「ゲダラ」，「ワーサガマ」といった家族・親族の組織化に関わる概念や，「ワリガ」（カーストに相当），「ガマ」「ワッタ」「地縁集団」といった，社会の構成原理に関わる概念が精緻化されていった。

海村社会に対象を置き換えたスリランカ村落研究

1980年代になると，それまで農村社会が主な対象であったスリランカ村落研究において，海村社会に対象を置き換えることで新たな村落像を示そうとする研究が行われる。

スティラット（Stirat 1988）は，スリランカにおける農村社会（土地所有を基礎とする社会）を対象とした研究の意義を認めた上で，海村の社会構造が農村とは大きく異なり，親族関係が何らかのモラルとして存在しても，生産行動や集団形成には意味を持たないことを指摘している。このような親族関係の機能の相違が生じる要因として，（１）世代を超えて継承される土地がないこと，（２）協同が基本的には要求されないこと，（３）大漁・不漁が個々の家族の領域に関することであり農村のように豊作・不作が村落全体には関わらないこと，を挙げている。また，農地の相続・継承，婚姻の際のダウリー（持参財）として土地の一部譲渡等が重要な意味を持つ農村とは異なり，農地を元々所有していない海村では，親族関係が実質的な役割を果たすことが少ないことも指摘している。

また，アレクサンダー（Alexander 1982）は，スリランカ南部の海村における網の所有が土地所有と同じ原理に支えられていることに注目し，農村社会との比較検討を通じて，海村社会の特質について論じた。網（地曳網）の所有では，網一ヶ統が複数の網株に分けられており，親族関係にある者が各網株を所有している。また，網株の所有権は相続の対象や，婚姻の際のダウリー（持参財）にもなるという。さらに，網には，使用（仕掛けてから曳くまで）や製造・修理等が網株所有者の総意のもとで行われる等，土地と同じ様な共有原理がみられることを明らかにしている。

高桑史子（高桑2004，高桑2008）は，スリランカ南部の海村を対象として，開発・内戦・津波といった海村社会を大きく変える要因となった事柄に着目しつつ，人々と海との関わりや人と人の関わりが国家の政策によってどのように変わったか，丹念に描き出している。スリランカの海村社会では，家族の独立性が高く，村落としてのまとまりよりも婚姻・姻戚関係が重視され，それらを介して地域を超えたネットワークが形成されている。このようなネットワークは，女性を中心としたものであり，男性による漁労という不安定な経済活動を基盤とする漁家においては，女性の労働とネットワークが家計の安定化にとって重要な役割を果たしている。

（4）人間─環境関係論─建築計画学的アプローチ

建築計画学において「人間と環境の関わり」は古くから主要な研究領域の一つである。人間と建築，生活と空間，行動と環境等，様々な概念と文脈において数多くの研究者によって人間と環境の関わりは論じられてきた。本書は，建築学を中心に展開されてきた住宅研究の中に位置づけられ，さらに，住宅を社会的な存在として捉える立場をとっている。ここでは，その他の様々な立場を含め，建築計画研究および住宅研究において，人間と環境の関わりの捉え方がどのように変遷してきたか整理する。

初期の住宅計画学における成果と課題

社会的存在としてみた住宅の研究は西山夘三によって開始された。西山による戦前から戦後にかけての住宅研究（西山1943，西山1947等）は，当時の厳しい社会状況を反映しており，圧迫される庶民の住宅の質を改善するための計画技術の確立を目指した。また，西山による研究は，科学的方法による住宅計画研究として先駆的であり，その後の住宅研究および建築計画研究の方法論に対して大きな影響を与えた。例えば，膨大な「住み方調査」を通じて食事室と就寝室の関係や就寝方式の分析を行い，居住の法則性を解明するとともに，「食寝分離」と「隔離就寝」という住宅計画上の二大原則を提示したことは，西山による住宅研究の成果および方法論を最も端的に表している。

西山は，上述のような「住宅の設計・計画」の研究を進めるとともに，住宅を庶民の手に届くものにするためには，その障壁となっている社会的・経済的・政治的条件を変えなければならないことを指摘し，そのような問題意識から，「住宅問題」の研究を行った（西山1943等）。「住宅問題」の研究は，西山自身や他の研究者によって「住宅階層論」や「住宅需給構造論」,「居住地階層論」として展開されていった。住宅問題は，住宅が立地する地域の特性や問題と密接に関わっている。住田昌二は,「居住者」,「住宅」,「地域」の対応関係に基本的な型が存在しており，さらに，それらが階層的構成を成していることに着目し，西山による「住宅階層論」を「居住地階層論」へと発展させた（住田1967，住田1982等)。住田は「居住地階層論」を広く生活科学研究の中にも位置付けており,「生活主体」（人）と「生活手段」の対応関係には地域や階層によって「一定の型」（生活様式，生活構造）があり，それらの関係が不均衡な状態にある時，住生活は「貧困状態」にあるという見方を示している（住田1977)。

このように，西山による一連の住宅研究は，住宅の標準化や設計の規格化の提案と密接に結び付けられており，極めて実践的なものであった。戦後の公営住宅において西山の研究成果をもとにした「標準設計」は，生活と生産の両面において当時の住宅の質を改善する上で極めて重要な役割を果たした。一方で，標準設計による住宅建設が一般化する中で，その硬直性に起因する問題点が徐々に露呈していった。高度経済成長期以降の社会変化の中で，多様化する人々の住要求や家族形態に対して,「標準設計」という住宅の最低限の質の確保や効率的な大量供給を重視した手法では対応することが困難となり，そのような状況を受けて，新たな住宅計画論が求められるようになっていった。

環境決定論批判と環境行動論的研究の展開

舟橋國男（舟橋2004）によると，1960年代頃から，人間の心理学的把握に基づく建築デザインや，環境と人間行動との関係をより深く理解しようとする,「環境行動論」的な研究が行われるようになり，日本の建築計画研究においても取り入れられた。「環境行動論」とは,「環境」と「人間行動」との関係性を体系的に検証し，そこで得られた知識を生活の質の改善のための環境デザインに応用するというものである。ここでいう「環境」とは，物理的・社会的・文化的なものであり，また，人間と環境の媒介項として，知覚・知能・性格・社会的価値・文化的規範等が想定されている。このような環境行動論の動きは，機能主義・近代主義に裏打ちされた建築運動の限界が，様々な社会・経済・環境問題として露呈し始めていった当時の状況に対する取り組みの一環であった。さらに，「環境行動論」の背景には，「環境決定論」に対する批判があったと言われる。

「環境決定論」には論者によって様々な定義があるが，例えば，「有機体の存在状態（心理・行動等）は環境によって因果律的に決定されるという思想」（平凡社「哲学事典」改訂版1971）や「地理的環境，社会的環境，文化的環境，そして構築環境の変化が行動を形づくるという信念」（Lang 1987）等と言い表されている。また，同じ範疇に属する「建築決定論」は「人工もしくは自然の要素によって構成される構築形態が社会的行動の変化を導くという思想」（Lang 1987）や「建築設計の如何が人々の行動様式に直接かつ決定的な影響を持つとする主張」（Mercer 1975）等と言い表されている。「環境決定論」的とされる古典的な研究としては，大学院生寮における居住者間の交流と住棟配置の関係性に関する研究（Festinger et al. 1950）や，住宅団地の設計による犯罪防止に関する研究（Newman 1972）等がある。

舟橋は，住宅計画研究の多くも，生活・行動を改善しようとする中で，住宅の物理的な設計が大きな拠り所であった，と述べている（舟橋2004）。先述した住宅計画研究の嚆矢・西山卯三は，機能主義建築や機能主義建築家を批判していた。しかし，西山自身による建築・住宅・地域に対する問題解決も，建築の形態や生産の合理化が主要な成果であり，やはり機能主義的であったという指摘も最近ではみられる（住田2007）。また，西山が住宅計画研究を開始・展開した戦前から戦後にかけた時代は，都市計画・住宅地計画においても，ペリー（C.Perry）が提唱した「近隣住区論」に代表されれるように，環境決定主義に基づく計画イデオロギーが支配的であったと言われている（広原2011）。

こういった，環境決定論への「反動」とも言える環境行動論的な研究の多くは「相互作用論」の立場をとっている。「相互作用論」は，環境が直接的に人間の行動に影響するのではなく，環境は，人が認めた環境の質，すなわち個々の人間がどのように環境を認識するかに依存するという見方を示している。また，人間は自由な意思を持って行動する能動的な存在であり，身のまわりの物的な環境が含意するままに行動するのではなく，時にはそれに抗い，物的な環境を変えようとするという見方も示している。このような，環境行動研究における，環境と人間の相互依存的な関係性への留意，人の認識の多様性に応じた環境，といった考え方は，人々が環境をどのように作り変えるかという問題へと展開され，さらに，人と環境の相互浸透を強調する「トランザクショナリズム」（Transactionalism）へと展開されていった。

「トランザクショナリズム」は，環境と人間をそれぞれ独立したものとして捉え両者の相互関係を扱う「相互作用」論的な立場とは異なり，環境と人間の「トランザクション」を重視し，一つの行動の中の働きとみる立場である（舟橋2004）。トランザクショナリズムは1990年代，高橋鷹志（高橋1991）によって「相互浸透論」の訳があてられ，建築学の分野でも一般用語となった。

トランザクショナリズムの基本的な考え方は以下の3点に要約される（舟橋2004）。①人間と環境はそれぞれ独立のものではなく，互いの定義も意味も依存した，分離不可能，一元論的なものである。②あらゆる事象は時間経過の中で変化する。システムにとって変化は本来的・本質的な特質であり，それは目的論的には捉えられない。目標は，理想状態に固定されるものではなく，創発的であり，フレキシブルである。③研究において，広範に適用可能な普遍的原理にも関心を払うが，それよりも個別の事象の解釈を重視し，様々な立場・関係者の視点からその形相因（パタンや関係性の形態）を理解する。

このように，建築計画学における人間と環境の関わりに対する認識は，「環境決定論」や「相互作用論」を超えて環境と人間の「トランザクション」に到達する，という変遷を辿ってきた。

住宅研究の再統合化とハウジング論的研究

一方，1960年代初頭から，領域を拡げ専門分化した住宅研究を，再統合化する動きが始まる。巽和夫らによって提案された「ハウジング論」は

「総合性」と「実践性」という二つの特質を有し，住宅研究に新たな枠組みを与えることを目指したものであった（巽1986，住田・延藤・三宅・小泉・西村1985）。ここでいう「総合性」とは，住宅に関わる様々な領域の連携を意味すると同時に，「企画，設計，生産，供給，管理等のプロセスを分断せずに一連のものとして扱う」立場である。また，「実践性」とは，住宅研究が，「住宅・住環境を改善し，住生活を活性化していくための目標を明らかにし，計画的・技術的手段の提案を指向するものでなければならない」とする立場を示す。

髙田光雄は，ハウジング論の立場を継承しながら，これを「ハウジングシステム論」として発展させた（髙田1991）。ハウジングシステムとは，住宅・住環境とハウジングプロセスに関わる主体との対応関係を指す広範な概念であるが，髙田はそのサブシステムである「住宅供給システム」に焦点を当てた。ハウジングを「システム」として認識する意義は，複雑化したハウジングの状況の理解を容易にすることに加え，ハウジングシステムを操作可能な要素の関係として把握することにより，その組み換えを通じて問題解決を図るという展望を示したことにある。ハウジングシステムは，まず，「空間・物財システム」と「主体システム」を想定し，その上で，両者の関係を捉えるという手続きで把握される。「物財・空間システム」の検討は，生産技術論的なアプローチからでは至らない，利用特性を考慮した，住宅の「財としての性質」に基づくシステム化を志向している。また，「主体システム」の検討では，公共の役割を再検討するとともに，需要者・居住者の役割を重視している。そして「需要者・居住者もある意味で供給者である」という認識に立ち，需要者・居住者の意識や行動を分析し，いわゆる需要者（居住者）参加型住宅の問題を扱っている。

このように，環境行動研究と住宅計画研究では，1960年代頃から，人間と環境，あるいは主体と空間の相互の関係への留意がなされ，人間側の理解に即した環境や空間といった考えが，さらに，人々が環境や空間をどのようにして作り変えるかといった問題へと展開されていったというところに共通点が見出される。

一方，両者の相違点に着目すると，環境行動研究においては，対象とする個々の事象に通底する普遍的な法則性の定立とその「予測・制御」という側面があることを完全には否定しないが，それよりも，個別性・固有性をもつ個々の事象の「記述・理解」が重視される（舟橋2004）。それに対して，住宅計画研究の一つの到達点を示したと言える，ハウジングシステム論は，ハウジング論としての総合性にもとづいた対象の理解を重視しながらも，その「実践性」をより重視した計画技術論であり（髙田1991），対象の「操作可能性」や「組み換え」といった工学モデル的な認識をより重視している。

「社会―空間関係」の探求に向けて

近年，上述のような人間と環境の関わりに関する議論を包含しつつ，社会と空間の関わりに関する議論が社会科学分野，特に都市社会学においても中心的なテーマとなりつつある。都市論，文化社会学（カルチュラルスタディーズ）の研究で知られる吉見俊哉（吉見1992）は，わが国における都市社会学が本来射程とすべき「社会―空間関係」の探究を避け，社会集団・組織や個人の生活構造の分析に留まってきたと述べている。そして，このような反省に立ち，これまで社会学，地理学，人類学，経済学といった社会諸科学において行われてきた空間についての議論を「再読解」し，都市社会学における空間概念を①自然としての空間，②文化としての空間，③構造としての空間，④関係としての空間に分類した上で，新たなアプローチを模索している。

まず，「自然としての空間」は，人間生態学における空間概念から導き出されている。このカテゴリーの原型は，“「空間」が「社会」（文化）を規定する”という，パークによるコミュニティ論（Park 1921）を祖型とする「生態学的決定論」である。一方，こういった一元論的立場の対局には，「文化としての空間」がある。このカテゴリーは“「文化」が「空間」を規定する”という，人間側の性質に留意したものである。しかし，このカテゴリー自体も決定論的な主客二分法の立場を踏襲している。環境心理学におけるリンチ（Lynch1960）等による空間概念にこれらの立場の特徴が集約しており，そこには「環境決定主義」と「主観的個人主義」への分裂がみられるという。つまり，両者は「一方的規定性」，及び「空間と社会の二分法」という問題に陥っている。そこで，「構造としての空間」が，「空間」と「社会」を表裏一体のものと理解し，「空間」を「社会」の深層の構造と関わらせて捉えるカテゴリーとして導き出されている。レヴィ＝ストロースの構造機能主義的な分析（Lévi-Strauss 1955）では，例えば，車輪のような形態をした原住民の集落において，社会組織と空間形態の関係が表裏一体のものとして把握されている。吉見はさらに，カステル（Castells 1977）やルフェーブル（Lefebvre 1968, Lefebvre 1972）等の空間概念を拠所として，「空間の社会的生産」という観点を重視した「関係としての空間」というカテゴリーを導きだし，このカテゴリーから都市社会学における空間概念の革新の方向性を見い出そうとしている。

4.2　平時—非常時の関係からみた居住地計画に関連する先行研究 ——建築・都市計画学を中心とした整理

本書は，平時—非常時の関係からみた計画論に関する研究としても位置づけられる。ここでは，国内外における近年の大規模な自然災害からの被災者の生活再建および地域の復旧・復興に関する既往研究について建築・都市計画学を中心としてレビューする。なお，それらの先行研究を「非常時における住まいの供給」，「平時への移行期における住まいの供給」，「非常時から平時への移行における支援」というカテゴリーに分けて整理している。さらに，上記のカテゴリーのうち，本書で取り上げる再定住地への移住という問題と特に深く関連する研究については，「住まいの移動を伴う居住地の再建」として区別している。

（1）非常時における仮住まいの供給

自然災害等によって大きな被害が発生した場合，恒久的な住宅が再建されるまでの期間，被災者の避難先や生活再建の拠点となる「仮の住まい」が必要となる。このような，非常時の「仮の住まい」には様々なタイプのものがあり，例えば，避難所として利用される学校，公民館等の公共施設や，仮設住宅として提供されるトレーラーハウス，コンテナ等，平時には「住宅」とみなされない施設・設備等も含まれる。日本では，「災害救助法」という法律のもと，現物支給の原則により，災害後の一時的な「避難施設」として「応急仮設住宅」が供給される。これは頻発する災害からの復旧・復興の経験や，規格化された住宅の生産・供給のノウハウが反映された，我が国独特のシステムであり，災害後の混乱の中でも一定水準以上の仮の住まいが迅速に供給されることは評価に値する。一方で，応急仮設住宅の供給をめぐっては，これまで様々な課題も指摘されてきた。

室崎益輝（室崎1994）は，1991年雲仙普賢岳噴火災害および1993年奥尻島津波災害において供給された応急仮設住宅の居住者を対象とした調査を行っている。応急仮設住宅には厚生省（現・厚生労働省）の基準でポリシーとされている「生活保護性」，「一時仮設性」，「再建拠点性」が求められるが，調査からは，「住宅の狭小性」，「設備」，「構造」といった「住宅そのものに関する問題」と，「住宅配置」，「住宅立地」，「共用施設」，「復興計画との連携性あるいは連続性」といった「住宅団地の計画に関する問題」があることが明らかになっている。また，牧紀男ら（牧・三浦・小林1995）は，応急仮設住宅の問題点を「物理的条件」と「心理的社会的条件」の２つに分類し，特に物理的な問題について考察している。まず，応急仮設住宅の供給思想の変遷を文献資料から明らかにし，次に，応急仮設住宅の実態を，雲仙普賢岳噴火災害および奥尻島津波災害による被災地の調査等から明らかにしている。応急仮設住宅の性能上の課題は，寝食および就寝が分離できないといった「計画に起因する問題」と遮音性・断熱性の低さといった「構造・材料・施工に起因する問題」に分類されるという。また，使用期間が想定の２年を大きく超えているという実態があるにも関わらず，設置基準が改良されていないという根源的な問題があることを指摘している。牧はさらに，1995年阪神・淡路大震災における応急仮設住宅の実態を踏まえ，応急仮設住宅の生産・供給システムについても検討している（牧1997）。一方，三浦研ら（三浦・牧・小林1996，三浦・祝迫・小林1998，三浦1998）は，仮の住まいに投影される住まい手の心理やアイデンティティの次元にまで踏み込んだ分析を行い，応急仮設住宅のあり方について問題提起している。すなわち，雲仙普賢岳噴火災害，奥尻島津波災害，阪神・淡路大震災において，肉親や家財道具等，自己のアイデンティティが投影される対象を喪失し，災害後の環境への不可避的な移行を強いられた被災者に対する調査をもとに，被災者の住まいとの関わりの変化，あるいは新しい環境に適応する上での住まいへの働きかけといった，人と環境のトランザクショナルな関係について明らかにしている。そして，災害後の住宅供給には，単に物理的な箱を提供したということ以上に，被災者に自らの住まいを再建する機会を与えることによって，「悲嘆の仕事」を促すという精神的なサポートとしての側面が大きく，そのことが新しい環境への適応をもたらすことを指摘している。そして，災害後の住まいの供給では単に住む場所という結果を与えるのではなく，被災者が住まいの再建に自ら参加できることが重要であると論じている。

我が国における災害等の非常時の住まいとして，上述のような，公的支援として供給される応急仮設住宅が，今後も主要な形式の一つであると考えられる。一方，様々な問題の指摘を受け，現行の応急仮設住宅のオルタナティブとなる様々な非常時の住まいの形式が模索されている。例えば，塩崎賢明ら（塩崎・原田1999，塩崎2009）は公的支援として供給される応急仮設住宅と異なり，個人の資金を用いて建設された仮設的建築物を，「自力仮設住宅」と呼び，阪神・淡路大震災における実態を明らかにしている。自力仮設住宅の建設は，①恒久住宅を自力再建できる層と，②行政のプログラムに沿った住宅供給（避難所→応急仮設住宅→公的住宅）に依存する層の間に発生しており，自力で建設するという点では①に近いが，仮設で建築するという点では②に近く，住宅復興の「第３の経路」として被災者の住宅・生活再建に選択肢を与えている。また，自力仮設住宅は，住居であると同時に店舗・工場でもあり住宅復興だけでなく地域の産業復興にも寄与する可能性があること，都市計画事業区域内に多く分布しており，これらの地域において事業が進むまでの被災者の生活拠点となっていること等，様々な利点を有することを指摘している。なお，塩崎らは継続的な調査を通じて，自力仮設住宅の生成から消滅に到るまでの変化についても明らかにしている。その中で，住まい手の中には「自力仮設住宅」を「恒久的な住まい」として捉えている者がいることにも触れている。このことは，住まいをめぐる「仮設」概念そのものの再検討が必要であることを示唆する知見として興味深い。また，濱田甚三郎ら（濱田2007，仮設市街地研究会2008）は，被災した元の場所での生活復興を実現するための方策として，「仮設市街地」を提案している。仮設市街地を「地震等の自然災害で都市が大規模な災害に見舞われた場合，被災住民が被災地内または近傍にとどまりながら，協働して市街地の復興をめざしていくための，復興までの暫定的な生活を支えるために設置する仮の市街地」と定義している。そして，仮設市街地の原則として，①地域一括，②被災地近接，③被災者主体，④生活総体を提示している。さらに，仮設市街地の型と計画基準，住民・自治体・国の役割を整理した上で，その実現に向けた条件整備の必要性について論じている。「仮設市街地」は，1997年策定の「東京都都市復興マニュアル」において現地主義にもとづく復興の手段として提唱された。また，田中ら（田中・高橋・上野2010）は，阪神・淡路大震災の応急仮設住宅において発生した「孤独死」（独居の被災者が自宅内において単独で死亡すること）の実態とその背景を，警察による報告書等の分析をもとに明らかにしている。その結果，仮設住宅での「孤独死」は高齢者に限定されず，「孤独死」問題には，「高齢層における不安定居住の長期化」と，「若年層における社会的な孤立化」という二つの側面があることを指摘している。被災地から遠隔に位置する郊外や臨海部の団地では，発見されにくい「孤独死」が多く，発見されにくさの背景には，生前における家族や知人，近隣との関係不全があるという。このことからも，「現地主義」や「自力再建」にもとづく復興の重要性が改めて強く認識される。一方で，我が国における現行の社会システムや法制度の下では，その実現に向けた障壁が少なくない。今後，現行とは法制度が異なる時代において「仮設市街地」が実現した例の検証（田中2001等）や，仮設住宅の概念や制度が日本とは大きく異なる海外（特に途上国）の例の調査（落合・松丸・小林2009，市古2010等）等を通じて得られた知見をもとに我が国における災害後の住まいのあり方を相対化するとともに，その供給システムを再編・変革していくことが求められる。

（2）非常時から平時への移行期における住まい

災害の発生から一定期間が経過し，被災した人々の生活や社会が平時の安定性を取り戻して行く中で，非常時の仮設的な住まいは徐々に恒久的な住まいへと置き換えられていく。ここでは，このような非常時から平時への移行期における住まいの供給について，特に，公的支援として供給される住まいに関する研究を中心にレビューする。

阪神・淡路大震災においてわが国は，第二次大戦以来，約半世紀ぶりに大都市における壊滅的な被害を経験した。また，阪神・淡路大震災は，住宅政策の転換期に発生した災害であるとも言われる（髙田1995）。すなわち，戦後復興とそれに続く高度経済成長期における国・行政主導による住宅の大量供給から，本格的な少子高齢化社会を迎えるにあたって市場原理を利用して既存ストックの活用を志向する政策へと転換する時期に発生したのである。このように，阪神・淡路大震災からの住宅復興は，日本の災害復興史と住宅政策史の両面において重要な意味を持つことから，先述した応急仮設住宅に加え，恒久住宅である災害公営住宅の供給に関しても多くの研究が蓄積されてきた。

例えば，塩崎ら（塩崎・田中・堀田2006）は，市街地復興事業において供給された住宅に入居した被災者の社会的「孤立」の問題に着目し，従前住宅からの居住空間の変化とその「孤立」への影響について分析している。分析の結果，居住空間の変化が大きい世帯ほど「孤立」しやすいこと，住棟内の知人の存在自体は「孤立」の抑制に寄与しないこと，さらには，日常的接触の場の変化に伴い接触機会の減少や既存コミュニティの分解が引き起こされること，といった住宅復興に伴う空間の変化がコミュニティに与える負の影響について明らかにしている。また，檜谷ら（檜谷・

谷元・他4名 2001）は復興公営住宅の大規模団地を対象として，住宅管理の観点からコミュニティ形成の現状を分析し，そこから引き出される政策的課題について検討している。分析の結果，①団地の管理という課題は居住者に協同を意識させる契機となっているが，管理の基礎単位となる住棟の規模や入居者の構成に著しい偏向があり，それが結果的にコミュニティによる管理を困難にしていること，②居住者の組織化を進める住宅管理制度や，それに付随する行政からの働きかけが，コミュニティ形成にとって有効であること，③共同管理や住民間の交流への補助金給付は居住者の協同にとってマイナスに作用する場合があること等を明らかにしている。佐々木ら（佐々木・上野・村谷 2004）は，市街地復興事業の受皿住宅として同じ従前コミュニティを取り込んで建設された「一般集合住宅」と「コレクティブ住宅」を比較し，コレクティブ住宅のコミュニティ形成効果とその要因について分析している。その結果，コレクティブ住宅には，住宅の維持管理を共同で行うことでコミュニティ形成の尺度である「近所づきあい」を促すという効果があることを明らかにしている。特に，孤立しがちなひとり暮らし世帯や高齢世帯に効果がみられたことから，コレクティブという居住形態が，団地の建て替えや市街地の再開発において既存のコミュニティを損なわずに居住を継続させる方法として活用できる可能性を指摘している。北後ら（北後・樋口・室崎 2006）は，「被災市街地居住者」（主に自力での住宅再建を図った層）と「復興公営住宅居住者」（主に，公的支援に沿った住宅再建を図った層）それぞれについて，住宅再建から一定期間が経過した時点での「生活やコミュニティの実態」，「住宅再建支援についての評価」等について主にアンケート調査をもとに分析している。その結果，復興公営団地に対して一定の評価がされているものの，「復興の達成感」，「近隣との付き合い」，「居住の安定性」等を含む全体的な評価は，被災市街地での住宅再建のほうが高いことが明らかになっている。また，被災市街地における自力再建への支援は非常に薄く，それが結果として被災者に経済的な困窮をもたらしたことも明らかになっている。

住宅政策の転換期に発生した災害である阪神・淡路大震災からの住宅復

興は，基本的に，戦後日本の高度経済成長を支えたマスハウジング型の供給システムに依っていたと言われる（髙田2005）。このことが住宅復興事業を加速させ，被災者の生活再建や地域の復旧・復興に貢献したことは否定できない。しかし，上述したように少子高齢化社会の到来を迎えるにあたって，住宅復興が被災者の孤立やコミュニティの分断といった二次的な問題を引き起こし，被災地域の将来に対して禍根を残したことも事実であり，反省すべき点も少なくなかった。

2004年に発生した新潟県中越地震からの復興では，山間部の多くの集落において地盤の崩落等を伴う激しい被害が生じた。震災以前から高齢化・過疎化が進み将来の存続が危ぶまれていた集落も多かったことから，復興においては，集落の元の場所での持続だけでなく，平地等への移転と集約化が図られた。その際，阪神・淡路大震災の際の反省を踏まえ，特に被災者の孤立やコミュニティの分散といった問題への対策が取られた。災害の特徴や被災した地域の文脈が異なるため，一概に比較することはできないが，阪神・淡路大震災とは異なり，新潟県中越地震では仮設住宅団地において元の集落単位での入居や住民間の交流を促す住棟配置等の配慮が行われ，それらが仮設住宅の段階では一定の成果を挙げたと言われている。一方で，恒久住宅の供給段階になると，様々な事情により，元の集落コミュニティを維持することが容易ではなくなったと言われる。例えば，青砥ら（青砥・熊谷・糸井川・澤田 2006）は，被災集落の持続の方向を探るために，被災世帯の集落外への移転の実態とその要因，さらには被災世帯の移転が集落コミュニティに与える影響について分析している。その結果，集落外への移転の要因には，「集落に居住するメリットの喪失」，「行政の住宅再建関連事業」に加え，「挙家離村を促す要因」等，世帯ごとに多様な要因があること，さらには，防災集団移転促進事業や復興公営住宅の建設等の公的支援は，結果的に集落の世帯数の減少を促すとともに，近隣関係の弱体化や集落コミュニティの崩壊を促すことを指摘している。さらに，集落外への移転に対する支援はあるが，集落に残るための支援がほとんどないという現状を指摘し，集落コミュニティの維持や集落での居住継続意向を考慮した行政の支援の必要性を論じている。また，石川ら（石川・池田・澤田・中林2008）は，集落の移転を伴う住宅復興事業には，安全性や利便性の向上という利点が認められるが，一方で，残された人々の生活継続を困難にし，地域の文化や景観の担い手を減少させるという問題があることを指摘している。そして，被災した世帯が集落外へ移転した理由と関連する行政からの支援の需給状況，さらには集落外への移転が被災者の生活再建に与える影響について分析している。その結果，移転世帯が受けた経済的支援や移転形式（集落内か集落外か，一部移転か全戸移転か）の違いが生活再建に影響していることを明らかにしている。また，防災集団移転促進事業による集落移転の課題として，「移転先の社会環境への適応の困難」，「移転元における生業継続の困難化」，「移転した世帯と集落に残った世帯のつながりの希薄化」といった問題があることを指摘している。

（3）平時への移行期における支援

被災した人々や地域への支援においては一般的に，防災学等において提唱されている，「応急対応」→「復旧・復興」→「予防」から成る，「災害マネジメントサイクル」（Disaster Management Cycle）と呼ばれる枠組みが採用されることが多い。そのことにより支援者間で共通の目標が認識され，非常時における社会的な対応が可能となることは確かである。一方で，被災した人々や地域は，それぞれが個別の異なる事情を抱えている。そのため，平時の安定状態を取り戻すまで，上述のような一般化された枠組みでは必ずしも捉えきれない，多様で複雑なプロセスを辿ることが予想される。このような状況を踏まえたきめ細かい支援が求められる中で，建築計画学は，平時の社会における住まい手と建築，あるいは地域との関わりを研究してきた立場から，非常時の社会においても，建築や地域の再建をめぐって，個々の住まい手の暮らし，あるいは平時との連続性といった視点から寄与できる点が少なくないと考えられる。

まず，個々の住まい手の暮らしに着目した研究として，竹原・髙田ら（竹原・髙田・住田・澤谷・山﨑1996）は，住宅の被災状況からだけでは見えにくい，多様な住宅・住生活再建プロセスを阪神・淡路大震災により被災した世帯へのアンケート調査を通じて分析している。その結果，被災者の住宅・住生活再建プロセスは極めて多様であり，震災後に恒久的な住宅を取得するまで，主に仮設住宅，避難所，肉親・親戚の家等を一時的な居住地としていることを明らかにしている。特に，親族ネットワークが全ての層のあらゆる復興パタンにおいて大きな役割を果たしているという。このような結果は，「避難所→仮設住宅→恒久住宅」という単線的プロセスだけに依らない，多様な再建プログラムを内包した住宅復興政策の必要性を示唆している。また，関川（関川2002）は，阪神・淡路大震災後に供給・誘導された復興公営住宅，コレクティブ・ハウジング，持家等を対象としたアンケート調査を通じて，被災世帯の家計や住宅所有形態と「住居費」支出行動の関係性を分析している。その結果をもとに，非常時の「住居費」支出行動中にみられる「慣習効果」と新しい環境への「適応力」，および復興住政策における住宅の「現物支給」の有効性を指摘し，被災世帯の消費行動を踏まえた住宅政策の必要性について論じている。

上記の研究と同様に，阪神・淡路大震災における多様な住宅・生活再建プロセスに関して，京都大学防災研究所等が継続的な調査・研究を行っている。木村・林ら（木村・林・立木・田村2001）は，被災地全域からランダム・サンプリングした世帯を対象としたアンケート調査を実施し，大規模災害時における人々の移動状況，移動パタンを検証している。阪神・淡路大震災では，全体の25.3％が震災後に居住地を移動しており，移動する人の半数以上が，同一地域内での移動か，近接する他地域への移動であることを明らかにしている。また，田村・林ら（田村・林・立木・木村2001）は，被災地住民の生活再建実感を，「住まいの再建」，「人と人のつながり」，「新しいまちへの愛着」，「将来の災害へのそなえ」，「こころとからだの健康」，「日々の暮らしむき」，「行政とのかかわり」という７つの要素との関係から分析している。アンケート調査結果の統計的検証の結果，「住まいの再建」と「人と人のつながり（近所づきあいや地域活動）」の維持・豊富化が特に重要な要素であること，また，住まいに関しては，震災から

6年が経過した2001年時点で，被災地に暮らす大部分の人々が「復興した」と考えていることを明らかにしている。田村・林らはさらに，その後の研究（田村・林・立木・木村2003）において，住宅被害の程度と家計の変化の関係についてアンケート調査等を通じて分析している。その結果，2001年時点では，被災時の住宅被害の程度が大きいほど，現在の生活から余裕が奪われる傾向があったが，2003年時点では，収入・支出に対する住宅被害の影響が見られなくなったことを明らかにしている。この結果は，阪神・淡路大震災においては，生活に対する住宅被害の影響が薄らぐまでに，7～8年かかったことを示している。

次に，地域における景観や空間の継承，コミュニティ等に着目した研究がある。大規模な自然災害からの復興においては，災害発生以前から地域が抱えていた問題が災害後の住宅再建においても阻害要因となり，復興事業の遅延や，地域の空間や景観の継承の困難を引き起こす場合がある。

特に，阪神・淡路大震災における密集市街地の被災と再建においては，このような問題が顕著であった。例えば，震災前の所有関係と住宅再建の関連（特に借地・借家人の問題）に着目した研究（福留・中林2000）や，いわゆる「白地地域」における震災前の街区特性と住宅更新の関係および問題点（細街路，狭小宅地，未接道宅地の問題等）に着目した研究（浅井・重村・西2001），非接道エリア（全面道路が幅員4m未満の宅地が連担するエリア）における住宅再建の困難性とその整備課題に関する研究（安藤・辛田・坂本1997），既存不適格敷地（街区内の未接道敷地等）を含む市街地における個別建て替えによる再建および街区環境改善上の課題に関する研究（野澤・小浦・鳴海1998）等がある。

また，同じく阪神・淡路大震災からの住宅復興において，特に地域の景観やコミュニティへの影響に着目した研究として，震災後の民間中高層共同住宅（マンション）の急激な増加に伴う街区空間や景観の混乱の実態に関する研究（徳尾野・杉山2003），同じく民間による中高層共同住宅の立地の動向と戸建住宅を中心とする既成市街地への影響，建築紛争の発生実態に関する研究（酒井・土井1999）等がある。

さらに，こういった個別の事情に応じた課題を解決しながら住宅再建を可能にする政策・制度，まちづくり組織等に着目した研究として，「二段階都市計画決定方式」に関する研究（岸・小泉・渡辺1997，塩崎1998等），NGO／NPO等の民間非営利組織の役割に関する研究（薗頭・越山・北後・室崎2002）等がある。

（４）居住地の移動を伴う住宅復興とその課題

過去の災害における住宅復興の事例からもわかるように，人々は被災後もなるべく元の場所に留まることを望み，そうすることが生活再建のし易さからみても望ましいことが多い。一方，元の場所に留まって生活を継続・再建することが困難である，あるいは望ましくないケースも存在する。津波災害からの復興では，居住地を移動せざるを得ないケースがあり，その際，再定住地の建設が一つの重要な選択肢となる。しかし，居住地の移動を伴う住宅再建には，被災者の生活再建やコミュニティの維持等の点からみて様々な課題がある。

地理学者・山口弥一郎（山口1972）は，先述したように，明治―昭和の40年間における三陸地方の津波復興と再度被災の実態について調査した。そして，明治の津波から37年が経った1933年に大津波が三陸地方を再び襲った際，被害の明暗をわける要因となったのが，過去に実施された高地移転の成否であったことを明らかにしている。再定住地から移転元の土地に戻った者が主に被災したことから，山口は，戻った要因について地理学的・民俗学的な分析を行っている。その結果，①漁業を生業とする住民にとって再定住地から海浜までの距離が遠すぎたこと，②再定住地で飲料水が不足したこと，③再定住地は交通が不便であったこと，④主集落から離れて生活する際の複雑な共同体意識があったこと，⑤先祖伝来の土地に対する執着心があったこと，⑥大津波の襲来は頻繁ではないこと，⑦大漁が契機となり移転元地の復興の機運が高まったこと，⑧火災により再定住地が焼失してしまったこと（気仙郡唐丹村の例），⑨作業用の小屋や納屋だったものが漸次的に定住集落へと発展したこと，⑩集落外から津波を経験していない者が移住してきたこと，という要因を挙げている。

また，三陸地方の津波災害については，越村俊一（越村2006）が，上述した山口による調査結果等も参照しながら，過去に実施された集落の高地移転事業の成功・失敗例を概観している。さらに，北海道・奥尻島における津波災害後の集団移転，名古屋市における建築物の構造規制による高潮対策，和歌山県田辺市における津波被害予防のための集団移転等，近年における災害危険区域内の土地利用規制の例を参照している。そして，津波に対する安全性を高めるためには，建造物の被害を防ぐだけではなく，地域全体として被害を最小化するための土地利用を考えること，さらには災害の教訓が風化しないように各土地の災害の記憶を後世に残すことが重要であることを論じている。

一方，国外に目を向けると，災害，紛争，開発等，何らかの外的な要因により住み慣れた場所から移動せざるを得ないという状況は数多く発生している。それらに関わる研究を網羅することは到底できないが，ここでは，災害を機に大規模な居住地移転が行われた事例として，本書の対象であるスリランカにおけるインド洋津波からの住宅復興を中心として既往研究等をみていく。

スリランカのインド洋津波からの住宅復興政策について，青田ら（青田・室崎・重村・北後・ウェラシンハ2007）は，被災から約2年経過後の南部における住宅復興の進捗状況や課題を分析している。スリランカの復興住政策は基本的に，借地・借家層も含めて広く被災者の住宅再建を支援する方針であり，その点は高く評価できるとしている。一方で，住宅再建の資金は海外ドナーからの支援に依存しており，それに伴う様々な問題があることも指摘している。すなわち，スリランカの文化や生活習慣に対する配慮の欠如，外部支援に対する被災者の過度の依存といった問題があり，今後，個々の住宅改善や被災者コミュニティの自立を促す継続的な支援が必要であることを論じている。

また，住宅復興の進捗には地域間で差があり，これはスリランカ社会が平時から抱えてきた様々な問題を映し出している。仲里ら（仲里・村尾

2006）は，被災から約１年が経過した時点において恒久住宅供給の進捗に地域間で明確な差が生じていることを指摘し，その要因として，「建設用地の不足」（人口密度の高い西部から南部にかけての地域）や「政治的不安定要素」（反政府組織 LTTE の支配下にある北部・東部地域），「資金不足の問題」等を挙げている。さらに，「行政機関，ドナーを含む関係機関のコミュニケーション不足」による事業の遅れといった，復興の推進体制に起因する問題についても指摘している。

沿岸の土地利用規制強化を伴うスリランカの津波復興事業に対しては，厳しい批判もみられる。カナダのジャーナリストであるナオミ・クラインは著書「ショック・ドクトリン」（Klein 2008）において，政府による復興計画を“第二の津波”と呼び，痛烈に批判している。スリランカの沿岸は津波以前から富裕層向けリゾート開発の事業用地として海外資本の注目を集めていた。しかし，沿岸の土地には漁師達が暮らし，土地の権利関係が複雑であったこともあり，開発がままならなかった。東部のある漁村では，津波後の土地利用規制の強化によって漁民達が海辺から追い立てられ，その後すぐさま海外資本によるリゾート開発が強行された。クラインによるとこれは，インド洋津波を契機として，公的事業への海外資本の導入が復興の名のもとで急速に推し進められた結果であるという。クラインはさらに，近年，災害や戦争によって疲弊した国民を意図的に搾取する「惨事便乗型資本主義」（Disaster Capitalism）が世界各地でみられることを糾弾しており，スリランカの津波復興もその例に漏れないという。

スリランカの津波復興政策における住宅再建の手段とその評価に関する研究も行われている。M.Lyons（Lyons 2009）は，主な手段である「所有者主導による住宅再建」（元の場所での住宅再建）と「ドナー支援による住宅移転」（新規建設した再定住地への移住）について，「建設プロセスへの住民の関与」，「工事の進捗スピード」，「建設にかかる費用」等の観点から比較検討している。そして，「元の場所での住宅再建」のほうが，より多くの住宅をより素早く，より少ない費用で供給しており，また，住宅の立地や間取り，デザイン等も被災者にとってより受け入れやすいものであることから，多くの面で優れていると結論づけている。さらに，「再定住地への移住」では，被災者が住宅建設のプロセスに関与する機会がないため，支援に依存する傾向が強いのに対して，「元の場所での住宅再建」では，被災者が地元の大工や組織との関わりの中で自ら住宅建設に関与するため，個人やコミュニティの自立が促されているという。二つの再建手段の評価にこのような差が生じる背景には集団の規模の問題もあり，「再定住地への移住」も，より小さな集団で行うことができれば，より素早く，より良質な住宅を，居住者の自立と参加を促しながら供給できると述べている。

このように，スリランカにおいて再定住地の建設に対する肯定的な評価は総じて少ない。一方で，スリランカ社会が平時から抱えてきた住宅問題に対して，「再定住地への移住」が，一つの解決手段となっているという側面もあると推測される。そのため再定住地の評価については実態に即したより詳細な検証が必要である。しかしながら，このような観点からの研究は極めて少ないのが現状である。

Jayasuriya ら（Jayasuriya・Weerakoon・Arunatilaka・Steele 2006）は，被災前の住宅と比較した際の再定住地の住宅や生活環境の評価について，入居者へのアンケート調査をもとに分析している。「住宅のデザイン」（良くなった：42％，変わらない：14％，悪くなった：41％），「住宅の建材」（同：27%，同：21％，同：49％），「各種サービス（水道，電気，道路）へのアクセス」（同：14％，同：20％，同：63％），「教育機関（小学校）へのアクセス」（同：10%，同：29%，同：62%），「医療機関へのアクセス」（同：1％，同：40%，同：59%）という結果が示すように，全ての項目において被災前よりも「悪くなった」という評価の割合が高くなっている。一方で，特に「住宅のデザイン」や「住宅の建材」については，「変わらない」，「良くなった」があわせて5割前後を占めており，一概に低評価であるとは言えない。また，住宅に対する低評価の理由としては例えば，台所の仕様の問題（スリランカで一般的な，薪とかまどによる調理ができない）等，入居者の生活様式が考慮されていないことが挙げられている。このような問題の場合は，住民による住宅改修や住みこなし等によってある程度は解決することが可能であると考えられる。

スリランカおよびインド東部の津波被災後の再定住地の持続性について検討した井村（Imura 2011）は，「従前の住居や土地の記憶」と「アクセスと交通の利便性」が移転元の居住地への復帰意向に特に大きく関係していることを明らかにしている。一方で，再定住地への移住の影響が良いものなのか，悪いものなのか，単独の指標や限られた期間の観察だけでは判別が難しいことを指摘している。例えば，再定住地で住民が共同で利用する井戸は，インフラの不備という悪い影響に起因するが，一方で，それによって住民間の関係が形成されるという良い影響もある。再定住地の持続を実現する上で必要な方策として，「住民の真のニーズの把握」，「再定住に関わる情報提供」，「意思決定への住民参加の促進」，「長期のモニタリング」等を挙げている。

Doocy ら（Doocy et al 2006）は，インドネシア・アチェ州におけるインド洋津波被災者への Cash for Work（CFW）の効果について論じている。CFW とは，災害等で仕事を失った人々を復旧・復興事業において一時的に雇用し，労働への対価として賃金を支払うことで，被災者の生活再建と自立を支援する方法である。従前の居住地から立ち退かされた被災住民にとって CFW がほぼ唯一の収入源であり，CFW に参加した住民のうち約9割が CWF で得た収入をもとに，従前の居住地に復帰したという。また，CWF には「経済的な効果」に加えて，「心理的な効果」もあり，住民が団結する機会を与えている。アチェでの CFW の例は，現金の供給が短期間で広く確実に行き渡った場合，個人の生活再建とコミュニティの再生の両方にとって有効であることを示唆している。また，「従前居住地」と「再定住地」といった二分法ではなく，個人やコミュニティがどちらか選択できるような支援が必要であることも示唆している。

4.3　本書の位置づけ

（1）コミュニティの継承・発展を支える居住地計画の研究

本書はまず，社会関係の視点からみた居住地計画に関する研究として位

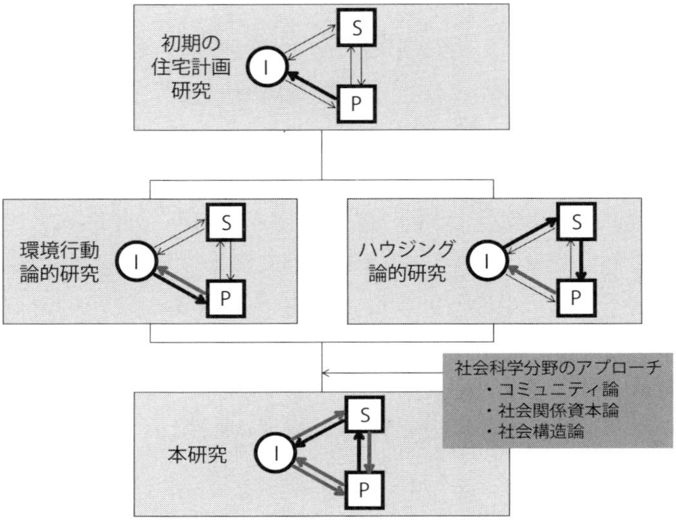

I：Individuals' Life & Work（個人の生活・仕事）
S：Social Environment（社会的環境）
P：Physical Environment（物的環境）

図 1 −15　建築計画学における人間と環境の関わりの捉え方の変遷

置づけられる。図 1 −15に，建築計画学における人間と環境の関わりの捉え方の変遷を示した。先述したように，建築計画学において「人間と環境の関わり」は古くから主要な研究領域の一つであり，人間と建築，生活と空間，環境と行動等，これまでに様々な概念によって論じられてきた。

初期の住宅計画研究では，膨大な「住み方調査」を通じた居住の法則性の解明とそれにもとづく「食寝分離」，「隔離就寝」といった住宅計画の原則が示された。そして，それらの成果は実際の住宅計画・設計に取り入れられ，わが国の住宅の質の改善に多大なる貢献をした。しかし，その後の社会構造の変化とともに，それらの計画・設計方法の硬直性に起因する問題が露呈していった。このような問題は，機能主義・近代主義に裏打ちされた建築計画・設計に共通して現れており，人間に対する環境の一方的規定性を指して「環境決定主義」と表現される等，しばしば批判の対象となってきた。こういった反省を受け，建築計画学では，環境と人間行動の相互の関係を環境心理学の方法論を援用して把握しようとする「環境行動論」的な研究や，住まいに関わる様々な領域をハードとソフトを含めて総合的に研究し，実践に繋げることを指向する「ハウジング論」的な研究といった，研究枠組みの再設定が行なわれてきた。

このような研究の変遷の中で本書は，人間と環境の相互の関係に留意して，特に人間側の条件の理解に即して居住地の計画のあり方を探る。この点において本書の研究は，環境行動論的研究，ハウジング論的研究，両者の立場を架橋するものである。ここでいう人間側の条件には一般的に，社会，経済，心理，文化といった様々な次元が想定されるが，本書では，環境行動論的研究において主要な対象である，環境に対する認知や認識といった，心理的条件の理解を試みるものではない。本書はむしろ，環境への個人の働きかけに関わる社会的・経済的条件の理解・記述を試み，さらに，その制御可能性を探求している。このような点において本書は，ハウジング論的な研究の立場を踏襲していると言える。さらに，本書は，社会科学分野における人間社会に関する諸理論（コミュニティ論，社会関係資本論，社会構造論）を援用することで，環境への個人の働きかけに，社会関係（地縁・血縁等）という文化的差異の大きい要素がどのように関わるか，ということについても分析している。このような点において，本書では，従来のハウジング論的研究では必ずしも十分に検討されてこなかった，環境への個人の働きかけに関わる社会的・文化的条件を探っており，この点に高い独自性がある。

なお，本書では，環境への個人の働きかけを支える慣習や規範，ルールが社会関係に沿って現れるという認識を前提として，社会関係との関連において個人の生活・仕事の継続とそれを支える居住地計画のあり方を探っている。ここでいう社会関係とは，単一の社会関係ではなく，「空間を介した関係」と「人を介した関係」，および「非選択的関係」と「選択的関係」といった，結合原理の異なる複数の社会関係を指している。また，社会関係に加えて本書では，住宅敷地の所有・利用関係といった権利関係にも着目している。都市化が進んだ現代の社会においては確かに，土地や空間に必ずしも規定されない，個人を中心とした選択的な社会関係が発達している。さらに，それが新たな資本形態，つまり「社会関係資本」として重要性を高めている。また，かつてコミュニティ論において基本とされた生産手段としての土地の共同的な所有・利用関係の重要性は低下している。しかし，いくつかの既往研究でも指摘されているように，社会関係資本が蓄積され，機能するためには，地縁のような「空間を介した関係」や，血縁のような「非選択な関係」，さらには，土地・建物の共同的所有・利用関係といった条件も決して無視することができない。このような議論を踏まえると，複数ある社会関係や権利関係のうち，特定の関係が社会の基礎を成すというよりは，そのいずれもが社会を構成していると捉えられる。このような，異なる結合原理による多様な関係の組み合わせという，「社会構造論」的な見方にもとづいて，本書ではコミュニティを具体的に捉え，さらに，新たなコミュニティ像を探求している。

（2）平時―非常時を横断的にみる計画論の構築に資する研究

本書はまた，平時―非常時の関係からみた計画論に関する研究としても位置づけられる。図1−16に，本書の主題である津波被災後の再定住地への移住について検討する際の居住地の捉え方を示した。本書では，被災した人々の居住の安定化を，「非常時」の状態だけでなく「平時」の状態との関係にも着目して捉えている。また，「再定住地」だけでなく「従前居住地」を含めた住まいの選択肢および地域の拡がりの中で人々の居住の安定化を捉えている。

災害からの復旧・復興において安定的な住まいの確保は被災した人々にとって重要な課題である。被災した人々の多くは，「非常時」（被災後）においても「平時」（被災前）から住み慣れた場所（従前居住地）に留まることを望む。そして，生活・仕事の継続やコミュニティの回復を達成する上で，元の場所で再建することが，再定住地へ移住するよりも望ましい結果をもたらす場合が多いことが多くの研究によって示されてきた。このこと

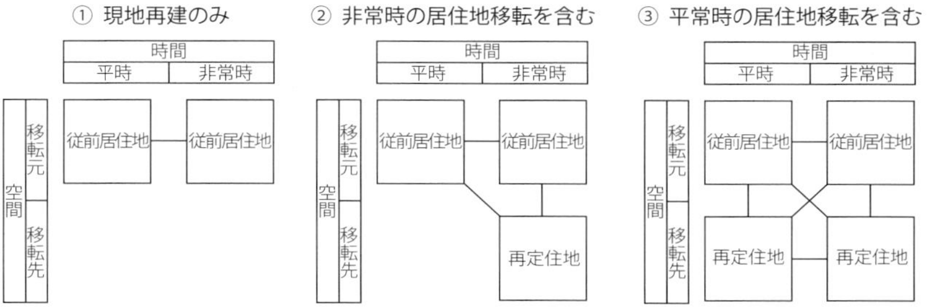

図1-16　平時—非常時における居住地の選択肢の拡がり

を踏まえると，元の場所での再建は，災害からの復旧・復興においてまず考慮すべき住まいの選択肢であると言える。しかし，様々な事情により，元の場所で再建することが困難，あるいは必ずしも望ましくないというケースも確かに存在する。特に，津波災害からの復旧・復興においては，その災害特性を考慮すると，再定住地への移住も重要な選択肢である。実際，過去の津波災害では，被災の度に人々の移住先として再定住地の整備が試みられてきた。

再定住地への移住は，特に津波災害からの復旧・復興における安定的な住まいの選択肢として重要である。しかし，被災からしばらく経つと人々はやがて元の場所へと復帰し，再定住地への移住は“失敗”に終わる傾向が強いということが度々指摘されてきた。特に，漁業従事者のような海との関わりが深い人々にとって再定住地での生活は不便であり，時間の経過とともに被災の記憶が薄らぐと，彼らは生活・仕事の利便性を求めて再定住地を離れていく。このことが，上述した“失敗”の主な要因である。さらに，上述したような災害からの安全性や生活・仕事の利便性の他にも，人々が再定住地に留まらない背景には，社会的・文化的な要因を含めて様々な要因が存在することも指摘されてきた。従って，再定住地への移住とその成否は，様々な要因が複雑に絡み合い，人々が元の状態を維持する力と変えようとする力がせめぎ合う中で，自らの生活・仕事に適した場所を求めて行動する現象として理解されなければならない。

このように考えるとやはり，被災した人々の住まいや生活・仕事，コミュニティは，被災前の元通りの状態に再建できるとは限らないし，被災した人々自身が元通りに再建することを望まない場合もある。災害とは，平時においては安定的であった人と環境の関わりが被災を契機として崩れ，その後，非常時から平時へと移行するにつれ，新たな安定状態を模索していく現象である。逆に言うと，非常時の変化や危機に晒されても容易には変わらない恒常性だけでなく，変化や危機に対応できる，ある程度の柔軟性を備えていることが，災害に強い個人やコミュニティの条件である。このような，当然のことであるように見えて実は見過ごされがちな事実を当該の社会が受け入れた上で，被災した人々の居住の安定化が図れる住まいや場所の選択肢を増やすことが，“レジリエンスの高い社会”を構築する上で欠かせない。

上述のような議論を踏まえ，本書では，研究の枠組み（図1−16）で示したように，レジリエンスの高い社会の構築に資することを意図して，「平時」と「非常時」の関係，および複数の住まいの選択肢（「従前居住地」と「再定住地」）の関係を一体的・連続的なものとして捉えている点に独自性がある。具体的には，非常時における住まいの確保の選択肢を，現地再建のみ（図1−16の①）ではなく，再定住地への移住も含めて検討することで（図1−16の①から②へ），非常時における住まいの選択肢を拡充する可能性について探っている。さらに，非常時の経験をもとに，平時における地域再生のあり方に対しても本書は示唆を与える（図1−16の②から③へ）点が少なくないと考えられる。

なお，本書の対象であるスリランカのインド洋津波からの復興において整備された再定住地には，他地域や過去の津波災害の事例と同様に，被災者の生活・仕事の継続に対する配慮が基本的に欠如している。本書は，そのような状況の中で，被災者の生活・仕事が継続している再定住地の事例に着目し，その“成功”要因について探っている。調査上の制約もあり，研究対象とした再定住地の事例数は少ない。そのため，再定住地の成否の法則性等を見出すには至っておらず，その点は本書の限界である。しかし，被災した人々の居住の安定に関わる様々な要因を考慮して，これまであまり注目されてこなかった“成功”した再定住地が備える特徴を多面的な視点から明らかにしており，その点にも本書の独自性がある。

5．本書の構成

図1－17に本書の構成を示した。本書は，序論（第1章），本論（第2章～第6章），補論（補章1，2），結論（第7章）で構成される。

第1章は序論であり，研究の背景ではまず，①社会関係の視点からみた居住地計画：地縁・血縁といった社会関係を起点として「個人の生活・仕事」，「物的環境」，「社会的環境」の継承・再編を支える居住地計画，および②平時―非常時の関係からみた計画論：「平時」と「非常時」の関係を踏まえ，居住の安定化を支える場所の選択肢の拡充を図る計画論という本書の視座を構築している。そして，それらの視点を津波災害後の再定住という問題に適用し，レジリエンスが高い社会（居住の安定状態を支える多様な選択肢がある社会）の実現に向かう上での研究課題について整理している。さらに，研究課題を達成する上での研究の方法について説明するとともに，既往研究における本書の位置づけを行っている。

第2章では，スリランカにおける津波被災者の再定住地への移住と生活再建の実態について把握するとともに，被災した人々の生活・仕事の継続に影響すると思われる物的環境の要素について明らかにしている。

まず，スリランカにおけるインド洋津波被害と復旧・復興事業の概要，および被災者への住宅再建支援の内容について整理している。さらに，復興において建設が予定されている再定住地・全351ヶ所（計33,760戸）の計画内容（住宅地の立地・規模，住宅形式，生活施設の配置等），およびスリランカ南西岸の5県・5郡の津波被災者・計4,606世帯の移住状況について明らかにしている。これらをもとに，津波被災とそれに続く住宅復興事業に伴う，被災した人々を取り巻く環境の変化を把握している。

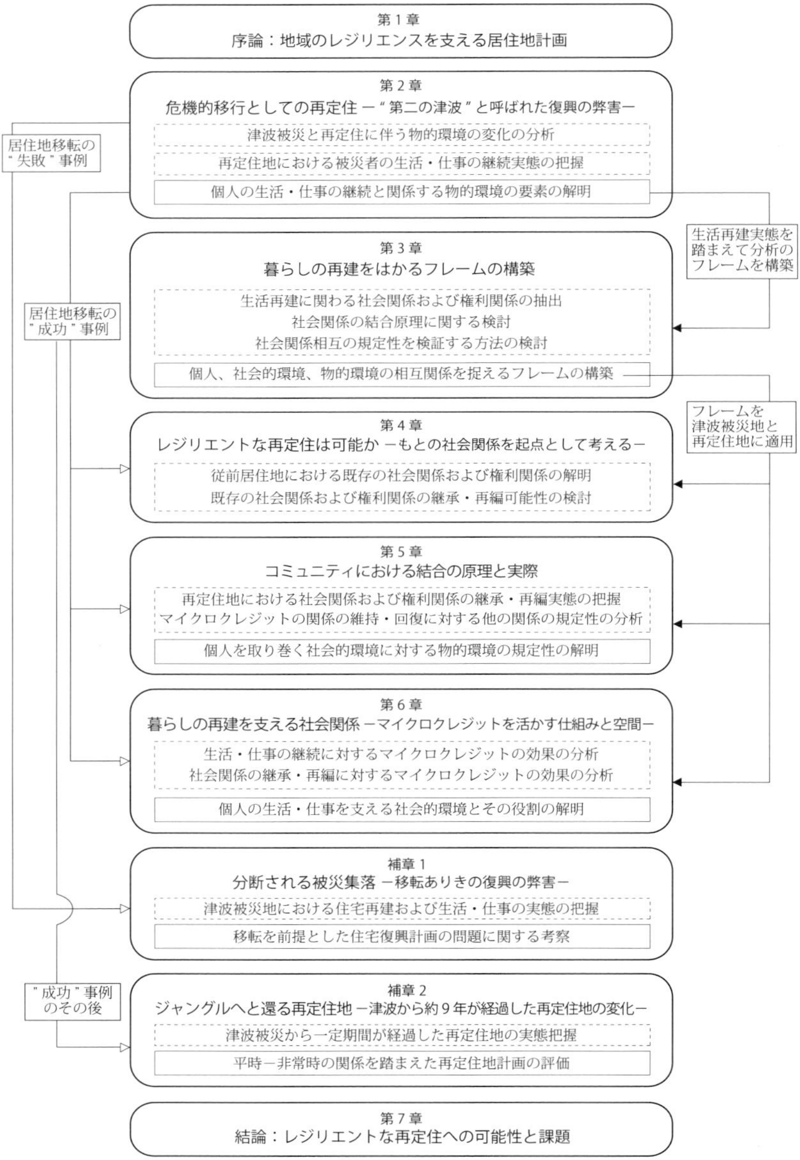
第１章
序論：地域のレジリエンスを支える居住地計画
第２章
危機的移行としての再定住 －“第二の津波”と呼ばれた復興の弊害－
津波被災と再定住に伴う物的環境の変化の分析
再定住地における被災者の生活・仕事の継続実態の把握
個人の生活・仕事の継続と関係する物的環境の要素の解明
居住地移転の“失敗”事例
生活再建実態を踏まえて分析のフレームを構築
第３章
暮らしの再建をはかるフレームの構築
生活再建に関わる社会関係および権利関係の抽出
社会関係の結合原理に関する検討
社会関係相互の規定性を検証する方法の検討
個人、社会的環境、物的環境の相互関係を捉えるフレームの構築
居住地移転の“成功”事例
フレームを津波被災地と再定住地に適用
第４章
レジリエントな再定住は可能か －もとの社会関係を起点として考える－
従前居住地における既存の社会関係および権利関係の解明
既存の社会関係および権利関係の継承・再編可能性の検討
第５章
コミュニティにおける結合の原理と実際
再定住地における社会関係および権利関係の継承・再編実態の把握
マイクロクレジットの関係の維持・回復に対する他の関係の規定性の分析
個人を取り巻く社会的環境に対する物的環境の規定性の解明
第６章
暮らしの再建を支える社会関係 －マイクロクレジットを活かす仕組みと空間－
生活・仕事の継続に対するマイクロクレジットの効果の分析
社会関係の継承・再編に対するマイクロクレジットの効果の分析
個人の生活・仕事を支える社会的環境とその役割の解明
補章１
分断される被災集落 －移転ありきの復興の弊害－
津波被災地における住宅再建および生活・仕事の実態の把握
移転を前提とした住宅復興計画の問題に関する考察
“成功”事例のその後
補章２
ジャングルへと還る再定住地 －津波から約９年が経過した再定住地の変化－
津波被災から一定期間が経過した再定住地の実態把握
平時－非常時の関係を踏まえた再定住地計画の評価
第７章
結論：レジリエントな再定住への可能性と課題

図１-17　本書の構成

次に，再定住地へ移住した津波被災者の生活再建の実態と課題について明らかにしている。まず，スリランカ南西岸の4県・4郡における再定住地・計5ヶ所の現地調査を行い，生活上の課題を把握している。また，第4章以降の研究対象地であるマータラ県・ウェリガマ郡における再定住地・全14ヶ所について，入居から1～2年経過時点における生活・仕事の継続状況を把握している。さらに，生活・仕事の継続状況と再定住地の計画内容の関係について分析し，津波被災者の生活・仕事の継続に特に大きく影響する物的環境の要素を明らかにしている。

第3章では，スリランカにおける津波被災者の生活再建の実態，およびスリランカ海村の社会構造を踏まえて，社会関係の視点からみた被災者の生活再建とそれを支える環境について捉えるためのフレームを構築している。

まず，被災者の生活・仕事の継続に関わると思われる社会関係と権利関係を抽出している。社会関係としては，「地縁」，「血縁」，および地縁・血縁以外の関係である「マイクロクレジット（Micro Credit）の関係」という結合原理の異なる複数の関係を抽出し，また，権利関係として，「住宅敷地の所有・利用関係」を抽出している。

次に，「平常時」と「非常時」の関係，および「従前居住地」と「再定住地」の関係を踏まえ，再定住地への移住に伴う社会関係および権利関係の継承・再編を体系的に捉えるためのフレームを構築している。さらに，このフレームをもとに，結合原理の異なる社会関係の相互の規定性を検証する方法を考案している。具体的には，マイクロクレジットの関係（「人を介した関係」かつ「選択的関係」）に着目し，その継承・再編に対して地縁（「空間を介した関係」かつ「非選択関係」），および血縁（「人を介した関係」かつ「非選択関係」）がどのように影響しているのか検証する方法を考案している。

第4章では，スリランカ南部のある津波被災集落を対象として，被災世帯間の社会関係および権利関係の実態を明らかにし，さらに，再定住に伴うそれらの関係の再編可能性について検討している。

まず，被災者の生活・仕事が継続しており，“成功”事例とみなせる再定住地に着目し，その従前居住地の一つである集落を分析の対象として選定している。そして，再定住の実施後も従前居住地に住み続けている住民44世帯，および従前居住地から転出した住民12世帯をあわせた，計66世帯を対象とした対面式アンケート調査を行い，再定住の実施前後における社会関係と権利関係の変化の実態について明らかにしている。さらに，従前居住地と再定住地の関係に留意して複数の再定住パタンを抽出し，社会関係と権利関係の継承という観点から各パタンの特徴と課題を検証し，再定住のあり方について考察している。

第5章では，再定住地における社会関係および権利関係の継承・再編の実態を明らかにし，さらに，被災者の生活・仕事の継続にとって特に重要であると思われる社会関係（マイクロクレジットの関係）の継承・再編に対する他の要素（地縁・血縁，権利関係，物的環境）の影響について検証している。

調査対象地域は，第4章に引き続き，スリランカ南部ウェリガマ郡であり，第5章（および続く第6章）では，被災者の生活・仕事が継続していることから“成功”事例と位置付けた再定住地を分析の対象としている。

まず，再定住地の住民86世帯を対象とした対面式アンケート調査を行い，再定住前の従前居住地における社会関係と権利関係が，再定住実施後の従前居住地，および再定住地においてどのように継承・再編されているか明らかにしている。さらに，第3章で考案した検証方法を用いて，マイクロクレジットの関係の継承・再編に対する他の要素（地縁・血縁，権利関係，物的環境）の影響を明らかにし，マイクロクレジットの関係の選択性，および第4章で示した再定住パタンそれぞれの評価の妥当性を検証している。

第6章では，被災者の生活・仕事の継続に対するマイクロクレジットの効果について分析し，被災者の生活・仕事の継続に果たす社会関係の役割とそれを支えた再定住地の物的環境について明らかにしている。

まず，調査対象とした再定住地におけるマイクロクレジットの貯蓄・融資の仕組みの特徴，および展開の経緯について，マイクロクレジットを提供するNGO職員へのヒアリング等をもとに明らかにしている。次に，マイクロクレジットのメンバー・全46人を対象として，NGOが保管する記録やメンバーへのヒアリングをもとに融資の利用実態（金額，使途等）やメンバー間の関係について分析している。そして，マイクロクレジットの効果について，被災者の生活・仕事の継続に対する効果（経済的効果），および社会関係の継承・再編に対する効果（社会的効果）という視点から探っている。さらに，再定住地におけるマイクロクレジットの展開の経緯や融資によって実現した空間利用の事例等を踏まえて，マイクロクレジットの効果の発揮を支えた再定住地の物的環境について考察している。

補章1では，スリランカ南西岸の津波被災集落における住宅再建の実態と問題点を明らかにし，居住地移転を前提とした計画の弊害について考察している。調査対象としているのは，ヒッカドゥワおよびモラトゥワという南西沿岸の二つの都市における津波被災集落である。両者は，政府・ドナー主導による再建（ヒッカドゥワ），住民主導による再建（モラトゥワ）というように，対照的な再建のプロセスを経た事例である。しかし，どちらの事例においても，沿岸のバッファーゾーンの設定と再定住地への居住地移転計画によって，様々な問題が発生している。本論の第4章～第6章では再定住地の“成功”事例を中心として論じているが，補章1では上述のように居住地移転計画の弊害が多く現れている従前居住地の事例に着目している。それにより，居住地移転計画の“成功”と“失敗”について，より多面的に検討している。

補章2では，インド洋津波による被災から約9年が経過した再定住地における居住継続実態を明らかにし，時間経過に伴ってみえてくる，再定住地の当初の計画やマネジメントの妥当性について考察している。調査対象としているのは，本論で対象としたスリランカ南部ウェリガマ郡の再定住地・14箇所であり，補章2では，2008年から2010年にかけて行った既往の調査と2013年9月に追加で行った調査の結果について比較検討している。時間が経過して被災の記憶が薄らぐと，人々は生活の利便性等を求めて他の場所へと移動してくことが既往研究によって度々指摘されてきた。補章2では，被災した人々が再定住地に住み続けているか，という点について検証するとともに，居住継続と関連する再定住地の居住環境（特に共用空間や生活施設等）の実態について把握する。それにより，非常時から平時への移行に伴う状況の変化を考慮した再定住地の計画とマネジメントのあり方について考察している。

第7章は結論であり，各章で得られた知見について整理を行った上で，本書の結論を述べている。また，本書を通じて得られた知見をもとに，自然災害からの復旧・復興における再定住地の計画に対する提言を行うとともに，平時における地域再生への示唆も含めた研究成果の応用の可能性を提示している。

6．用語の定義

（1）社会関係とコミュニティ

本書において「社会関係」とは，親類，友人，同僚等，一つ以上の関係によって結びつけられた個人間の関係を指す。そして，「コミュニティ」を複数の社会関係の組み合わせとして捉えている。また，土地や建物の所有・利用によって結びつけられた個人どうしの関係は，「権利関係」と呼び，「社会関係」とは区別している。個人の生活・仕事を支える「社会的環境」は，「社会関係」と「権利関係」で構成されるものとしている。

なお，本書は，親密度や共通認識といった当事者の主観に左右される関係ではなく，「空間を介した関係」か「人を介した関係」か，「非選択的関係」か「選択的関係」かといった結合原理にもとづいて，第三者が客観的に把握できる関係を考察対象としている。コミュニティは本来，人々の心理や主観を当然含むものであるが，本書では居住地計画におけるコミュニティに対する操作性を重視して，敢えて上記のような限定を行っている。

（２）生活再建

本書において，被災者の「生活再建」とは，被災者の「生活と仕事が成り立っている状態」を指す。そして，本書では，被災者の生活再建の実態を，生活と仕事を支える「社会的環境」（社会関係と権利関係）および「物的環境」（土地・自然と建物・空間）との関連から把握している。

自然災害による被災者の生活再建を扱った既往の研究には，被災直後の基本的な欲求から時間経過とともに徐々に高次の欲求が満たされていくという，満足度の観点から生活再建を把握しているものがある。一方，過去の事例からもわかるように，津波災害後の居住地移転の場合，被災者にとって最低限必要な生活・仕事さえ成り立たないという問題がしばしばみられる。このような問題の性質を考慮して，本書では，被災者の「生活再建」を「満足度」ではなく，上述したような「最低限度」の観点から捉えている。

（３）再定住地

本書において，「再定住地」とは，自然災害や紛争・戦争，大規模開発といった何らかの突発的出来事に起因して住まいを移動せざるを得なくなった人々のために，それまでとは異なる場所に建設される住宅地を指す。再定住地とは，"Resettlement Site" の訳語であり，日本ではあまり馴染みのない言葉であるが，途上国では災害復興事業や地域開発事業の文脈等で頻繁に用いられている。住宅の立地に変化がなくても，何らかの理由によって住宅形式や土地利用に変化がもたらされる場合も再定住と表現されることがあるが，本書でいう「再定住地」は，住宅の立地に変化があった場合のみを指す。

（４）レジリエンス

本書では，「災害」を「平時の個人や組織の活動が損なわれ，地域一体に被害をもたらすような出来事」とし，「レジリエンス」（Resilience）を「あるシステムが外からの変化や危機に対処し，望ましくない状況を脱して活動の安定状態を取り戻す，あるいは別の安定状態に移行する能力」と定義する。そして，個人の生活やコミュニティのレジリエンスを支えるという観点から津波災害後の再定住のあり方について考察している。ある社会のレジリエンスが高いということは，個人にとって適応できる地域の範囲が広く，またそれと関連して，住居，仕事場，コミュニティ等に一定の選択の幅があるということである。そのために，本書では，災害復興において人々の生活に“複数の安定状態”をつくりだし，レジリエンスの高い社会を実現するための一つの手段として再定住地を捉え，その計画上の課題について考えている。

（5）居住地計画

本書では，「居住地計画」を，「個人や家族の居住の安定を達成することを目的とし，その目的達成のために状況の変化に応じて物理的・空間的手段および社会的・経済的手段を組み合わせ，配列すること」と定義する。本書では特に，津波災害後の再定住地の居住地計画を扱うにあたり，過去の事例等を踏まえて，物理的・空間的手段として，再定住地の「立地」，「規模」，「住宅・施設配置」，「住宅形式」，「生活施設」を取り上げ，また，社会的・経済的手段としては，地縁・血縁等の「社会関係」，住宅敷地の所有・利用関係等の「権利関係」，マイクロクレジットのようなコミュニティ金融の仕組みを取り上げている。

topics-1

非常時の適正技術 ―仮設住宅の住環境改善における支援と技術―

東日本大震災における被災者支援をめぐる問題

東日本大震災では，広範かつ甚大な被害[1]による影響の深刻さもさることながら，既に多くの研究者によって指摘されているように，被災者への支援をめぐっても様々な問題が発生している（スレイター2013，桜井2013他）。すなわち，行政機能の多くが被災したこともあり，被災者への支援が必ずしも適切な形では行われていない。例えば，東北地方（特に非都市部）に馴染みがない住宅形式である積層型共同住宅や鉄骨プレハブ造仮設住宅等が大量に供給され，また，様々な支援が被災者に対して十分に配慮されないまま提供されている。このような状況の中で被災者が不安と不満を募らせることは想像に難くない。そして，募った不安や不満は，被災者間，あるいは被災者―支援者間の社会的軋轢となり，被災地が復興に向かう上で看過できない障壁となっている。

筆者らは宮城県気仙沼市本吉地域において，上述のような社会的軋轢の要因となることが危惧された応急仮設住宅の住環境問題に着目し，住環境改善支援の実践と研究に携わってきた。ここでは，このような経験にもとづいて，非常時における被災者支援をめぐる問題，および被災社会において受け入れられやすい支援と技術の関係について考えてみたい。

写真 T1-1｜**プレハブ型仮設住宅の外観**
東北の気候風土に対して気密性，断熱性が低く，暑さ・寒さや，結露の発生が問題である。

応急仮設住宅の住環境問題とその改善にむけた支援

軽量鉄骨プレハブ工法による応急仮設住宅（写真Ｔ１－１，以下，「プレハブ仮設」とする）は，災害後に公的に供給される仮住まいとして現在も一般的な形式であるが，その居住環境上の問題がこれまでにも度々指摘されてきた。すなわち，プレハブ仮設では一般的に，窓・柱面や部材接合部の断熱性能が低く，暑さ・寒さや結露の問題が生じがちである。東日本大震災においても東北地方の寒暖差が大きい厳しい気候風土の中で同様の問題が生じることが懸念された。本吉地域の気候条件は東北地方では比較的穏やかであるが，それでもやはり，仮設住宅への入居が真夏にかけて行われたこともあり，暑さによる健康の悪化や光熱費の増加等が危惧されていた。さらに，仮設住宅の仕様は供給業者によって異なっており，それが仮設住宅団地ごとの性能の差となって表れていた。特に，リースメーカーによって供給された仮設住宅の性能は，住戸面積を除けば一般の建売住宅と比べても遜色がない仕様であるハウスメーカーによるものに比べて明らかに劣っていた。このような団地間の住宅性能“格差”は，被災者にとって入居先決定の時点では知り得なかった情報であり，入居後に戸惑いや不満の声をあげる者が少なからずみられた。

仮設住宅には様々な問題があるが，筆者らは上述したような仮設住宅の性能の低さに起因する住環境問題，および住宅性能の団地間格差をめぐる住民間および住民—供給者（主に行政）間の軋轢の緩和に取り組むこととした。筆者らは建築の専門家，被災者支援の実務家，ボランティアから成る住環境改善支援チーム[2)]（以下，「当主体」とする）を組織し，2011年５月頃から支援の企画・実施に向けた現地調査，行政（気仙沼市本吉総合支所）との相談・調整，支援メニューの立案，現地活動拠点の確保といった準備を行い，同年８月末には支援活動（ボランティアの受け入れと対策の実施）を開始した。

暑さ・寒さ対策等メニューの考案と支援対象の選定

仮設住宅の住環境改善支援では暑さ・寒さ対策に主に取り組み，それに際して対策メニューを考案した（図Ｔ1－1，表Ｔ1－1，写真Ｔ1－2）。その際，特に以下の２点について考慮した[3]。

① 適正技術：なるべく身近な場所（ホームセンター等）で廉価で手に入る材料を用いて，建築の専門家以外でも実施可能な施工方法であるという「適正技術」の考え方を採用した。適正技術（Appropriate Technology）とは，後述するように本来，より広い文脈のもとで使用される概念であるが，ここでは差し当たり，プレハブ仮設住宅の仕様，およびユーザー（居住者）の技術的・経済的事情を考慮して受け入れ可能な技術という意味で用いている。

② 原状回復：仮設住宅の所有者は行政（県もしくは市町村）ということもあり，居住者は基本的に退去時の「原状回復」が義務付けられていた。実際には当時考えられていたほど厳密なルールではなかったのだが，入居開始当時は，住戸内の間仕切り壁に釘を一本打つことさえ躊躇する居住者がみられた。そこで，建物の躯体を傷つけずに施工でき，かつ，施工箇所をなるべく容易に取り外すことができる，「原状回復」可能な施工方法とした。

当主体による暑さ・寒さ対策等支援の対象として，本吉地域の仮設住宅・全14ヶ所・523戸のうち，事前調査によって相対的に性能が低いと判断された11ヶ所・309戸を選定した。対策メニューは，仮設住宅団地によって微妙に異なる住宅の仕様に合わせて項目を取捨選択できるようにした。なお，仮設住宅の供給段階においては，被災後の混乱や様々な制約により，行政が意図していた「公平な支援」は十分には実現しなかった。支援対象を上述のように選定した背景には，やむを得ず生じてしまった団地間格差を事後的に緩和し，行政による対応の限界を補完するという意図もあった[4]。

図 T1-1｜**プレハブ型仮設住宅（２DK 型）の展開図**
仮設住宅団地には一般に，面積と間取りが異なる３種類の住戸（１K，２DK，３DK）が供給される。

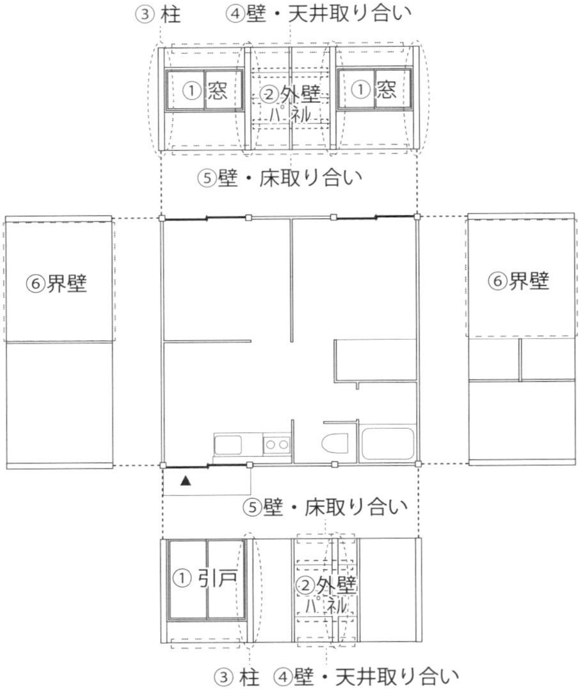

表 T1-1｜**プレハブ型仮設住宅の問題と暑さ・寒さ対策等のメニュー**

部位	問題	対策
①窓，引戸	・外部の冷気や熱気が室内に直接伝わるため寒い（暑い）。結露が発生しやすい。	・ガラス面に気泡緩衝材（プチプチ）を貼り，サッシ枠には断熱粘着テープを貼る。 ・プラスチック段ボール製の内障子を取り付け，窓を二重化する。
②外壁パネル	・接合部の隙間から外気が入りむため，寒い（暑い）。結露が発生しやすい。	・断熱粘着テープを貼り，接合部の隙間を塞ぐ。
③柱	・鉄骨が剥き出しで，触れると冷たい（熱い）。結露が発生しやすい。	・断熱粘着テープを貼り，柱の表面をすべて覆う。
④外壁—天井	・取り合い部分の施工精度が低い場合が多く，外気が入り込む。結露が発生する。	・隙間に断熱材を充填し，プラスチック製L字アングルと断熱粘着テープで塞ぐ。
⑤外壁—床	・取り合い部分の施工精度が低い場合が多く，外気が入り込む。結露が発生する。	・断熱粘着テープを貼り，隙間を塞ぐ。
⑥界壁	・壁が薄く，隣の住戸と音が筒抜けになる。	・ゴム製の遮音シートを壁全体に貼る。

写真 T1-2｜**暑さ・寒さ対策等の作業風景（集会所でのモデル改修）**
住民や他の支援者への説明のため，まず集会所の一部を改修し，その後，希望する各戸に対して無償提供された。

支援の方法：「直接的支援」と「間接的支援」

結果から言うと，2011年末までに支援対象とした住戸の全てに対して当主体は暑さ・寒さ対策を提供することができた。このことは反省点や問題点も少なからず含んでいたとは言え，当主体の限られたリソース（主にマンパワー，能力）にも関わらず短期間で支援目標を達成できたという点で，一つの成功体験であったと感じている。このような成功体験を導いた要因は複数あるが，その中から今後の災害復興における被災者支援のあり方にも関わるであろう要因として，「間接的支援」の考え方を紹介したい。

東日本大震災のような大規模災害時には，例えばここで取り上げた仮設住宅の住環境問題のように，個々の主体では対応しきれない広範で複雑な問題が発生することが予想される。そのため，個々の主体が持ち得る資源や能力の限界を関係主体が何らかの形で相互に補完する必要が生じてくる。本吉地域では被災直後から，地域内外の様々な主体（公的機関，NGO/NPO，市民団体，有志の個人等）が支援に携わっており，その経験を生かして，「もとよしボランティア連絡会」という支援主体間の定期的な連絡協議会が結成された。同連絡会では毎週，支援主体がそれぞれの資源と課題を持ち寄り，支援主体間あるいは支援主体と仮設住宅の自治会等との間の積極的な情報共有や連携が図られた。

図 T1-2｜**支援の送り手と受け手の関係の分類**

分類	図式	支援の主体		支援の方向		説明
		支援者	対象者	片務的	双務的	
I	Ⓐ→Ⓑ	○	−	○	−	ＡがＢに対して支援を行う。支援の対象者であるＢは短期的には特に支援を行わない。
II	Ⓐ⇄Ⓑ	○	○	−	○	ＡがＢに対して支援を行う。支援の対象者であるＢも支援者となり，支援を受けたＡに対して何らかの支援を行う。
III	Ⓐ→Ⓑ→Ⓒ（ⒷからⒸへ下向き）	○	○	○	−	Ｂは，Ｃに対して支援を行うとともに，Ａから何らかの支援を受ける（支援の基点はＢ）。

（凡例）　○：主体　――→：支援（財とサービス）の流れ

このような背景もあり，当主体の暑さ・寒さ対策では，「直接的支援」，すなわち，ある主体（居住者）に対して一方的に支援をするという関係に加え，「間接的支援」の関係が醸成されていった。図Ｔ１−２に間接的支援を含む支援の「送り手」と「受け手」の関係の分類を示した。「間接的支援」には，支援を受けた主体がその支援の送り手に対して何らかの支援・協力をするという関係（「間接的支援（限定）」）や，支援の受け手以外の主体が支援の送り手に対して何らかの支援をするという関係（「間接的支援（一般）」）がある。支援の内容には，暑さ・寒さ対策における人手の提供や作業の代行等に加え，その前段階におけるキーパーソンの紹介や機会周知への協力等も含まれ，その内容は多岐に渡っている。

非常時特有の社会・文化を踏まえた支援と技術

当主体による仮設住宅の住環境改善（暑さ・寒さ対策等）支援は2011年末には一通り完了した。いま改めて振り返ってみても，当主体のリソース（主にマンパワー，能力）の限界を上回る支援目標が達成されたと感じている。そして，支援の成立は，本吉地域で活動する様々な主体との「間接的支援」の関係の構築なくしてはあり得なかった。さらに，仮設住宅の住環境問題という誰もが共有しやすい身近な問題に焦点を当て，かつ「適正技術」というアプローチからその対策を示したことが，多様な主体の参加を促し，「間接的支援」という関係の拡がりを加速させた。このような関係の拡がりは筆者らの当初の予想を上回るスピードであった。その背景には，上述したような「適正技術」の適用に加えて，多様な人々が互いに自発的に助けあう，いわゆるL. ソルニットが言う「災害ユートピア」(Solnit 2009) とでも呼べるような，非常時特有の社会的・文化的状況があったと感じている。

このような経験からは，非常時における支援と技術の関係のあり方について一つの教訓を見出せるのではないだろうか。すなわち，建築とその利用者の一対一の関係だけでなく，利用者集団や支援関係者も含めた多様な主体間の関係を考慮して，支援対象とする社会にとって受け入れ可能な技術を提供することが重要である。適正技術とは本来，途上国援助等の文脈において，異なる文化圏に技術移転を行う際，現地の社会・経済・文化に配慮した，受け入れ可能な技術を指している。一方で，途上国等の海外に限らず，同じ国・地域であっても非常時には平時とは異なる社会や文化が立ち現れてくると捉えられないだろうか。もしそうであれば，例えばここで紹介した仮説住宅の暑さ・寒さ対策等のような，「非常時の適正技術」とでも呼べる技術が，ますます重要になってくると考えている。

注

1）東日本大震災は東北地方太平洋沿岸を中心に死者・行方不明者18, 483人，全半壊家屋約40. 1名という広範かつ甚大な被害をもたらした（警察庁発表，平成26年12月10日現在)。また，福島第一原発事故を発端とする原子力災害は福島を含む広範な地域に対して長期に渡る影響を及ぼしている。

2）当主体は被災者支援の実務家であるNPO法人アプカス（北海道函館市）および建築の専門家（大学研究者や建築士）である京都工芸繊維大学阪田弘一研究室，魚谷繁礼建築研究所，大阪大学甲谷寿史研究室，国立明石高専平石年弘研究室等で構成された。筆者は当時，京都大学工学研究科博士後期課程に在籍しつつ，NPOアプカスのコーディネーターとしても参画し，支援活動の立案・企画，現地主体との調整，現地での活動のコーディネートを行う等，活動において終始，中心的な役割を果たした。

3）対策メニューの考案は京都工芸繊維大学阪田弘一研究室による。

4）なお，2011年10月中旬，宮城県では，外壁の断熱化，窓の二重化，風除室の設置といった仮設住宅の追加工事が発表された。当チームの活動の企画・立案段階では，県による追加工事が実施されるかどうか不透明であった。そのため，実施された場合も想定して，暑さ・寒さ対策の仕様を検討していた。具体的には，上述したように「原状回復」可能な施工方法とし，かつ住戸の内側からの対策とすることで追加工事（外側からの対策）との重複を避けた。

CHAPTER 2 危機的移行としての再定住
――“第二の津波”と呼ばれた復興の弊害

津波被災者の再定住地（南部州ハンバントータ県に建設された国内最大規模の事例）
政府および海外ドナー主導による急進的な住宅復興事業が推進され，
スリランカ全土で計351ヶ所の再定住地（計 36,257 戸）が計画された。

1．はじめに

自然災害からの復旧・復興において，被災者の生活再建は重要な課題である。被災者の生活再建に対する支援には様々な手段があるが，住宅再建は広く支援の効果を期待できる手段の一つである。住宅はどのような社会においても，雨風を防ぐシェルターであるだけでなく，人々の生活や仕事，コミュニティを支える基盤となっていると考えられるためである。

被災者の「生活再建」を，文字通り，被災者が災害前と同じ生活の状態を取り戻すこととするならば，生活の一部である住宅の再建の目標もまた，被災前の住まいの状態を復元することになる。しかしながら，第1章でもみたように，津波災害からの復旧・復興において被災者の住まいは，様々な理由により，元通りにはならないことが多い。

スリランカにおけるインド洋津波からの住宅復興においても，被災者の住まいをめぐる状況は，被災前から大きく変化している。それは，被災をきっかけとして沿岸の土地利用のあり方が見直され，住宅復興事業において沿岸から内陸へと政府主導で居住地移転が行われたことに起因している。

開発途上国における住宅政策の分野では，非常時に限らず，居住地移転をともなう住宅供給が行われ，それに伴う問題がこれまでにも度々指摘されてきた。居住地移転においては，環境の変化の影響を受けやすい低所得者や自営業者といった人々の就業・就学機会の確保や社会関係の維持等が課題である。特に災害後の居住地移転においては，短期間での住宅供給が求められることもあり，個々の被災者への配慮がより一層欠如することが懸念される。

スリランカにおけるインド洋津波からの復興においても上述のような居住地移転にともなう問題が懸念される。しかし，再定住地における被災者の生活再建の実態は十分には把握されていない[1)]。また，スリランカ各地に建設された再定住地には様々なタイプのものがあり，それらの差異を無視することはできない。再定住地の整備と居住地の移転が，津波災害への対応における一つの手段であると捉えた場合，再定住地の問題だけでなく，これまであまり知られてこなかった再定住地の“成功”事例についてもよく理解する必要がある。このように，個々の被災者の生活や再定住地の居住地計画の差異を踏まえた議論が必要である。

以上を踏まえ，本章では，スリランカにおける津波被災者の再定住地への移住の実態，および被災者の生活・仕事の継続の実態について明らかにする。そのために，まず，公的機関で収集した資料・統計をもとに再定住地の計画内容，および被災世帯の再定住地への移動状況の量的分析を行う。次に，現地調査によって，被災者の再定住地への移住の経緯，および再定住地における被災者の生活・仕事の継続の状況を把握する。それらを踏まえて，被災者の生活・仕事の継続に影響すると思われる物的環境の要素について考察する。

2．資料収集と実地調査――調査について

本章の分析のもとになっている資料は主に，2005年５月から2009年１月にかけて行った計６回の現地調査によって得られたものである。具体的な調査の内容を以下に記す。

2.1　再定住地の計画資料の収集

再定住地の計画内容について把握するために，復興開発庁（Reconstruction and Development Agency = RADA）および都市開発庁（Urban Development Authority = UDA）において資料（再定住地の建設予定リスト，住宅・施設・道路配置図，住宅設計図等）の収集を行った。まず，復興開発庁において再

１）　インド洋津波から約４年が経過した時点において，スリランカの復興に関して政府，国際機関，NGO，研究者等によって多くの報告がなされてきた。しかし，被災地の実態に関する報告に比べ，再定住地の実態に関する調査は，本章3.2，および第１章4.2で挙げたものがみられるくらいであり，その数はきわめて少ない。

定住地の建設予定リストを入手した。このリストには，2006年8月時点で建設予定の再定住地・全351ヶ所（36,257万戸）について，プロジェクト名，所在地区名，土地ドナー，住宅ドナー，建設予定戸数，住宅形式，付帯施設，工事の進捗状況等が記載されている。再定住地の正確な位置は記載されていないので，都市開発庁が作成する再定住地の分布図や航空写真等を参照して，再定住地の所在地をなるべく正確に把握した。また，再定住地の計画資料は，まず，都市開発庁本部（スリ・ジャヤワルダナ・プラ）で収集し，その後，必要に応じて各地域の支部（カルタラ県，ゴール県，マータラ県，ハンバントータ県）において収集した。その際，担当の職員に国・県レベルでの住宅復興および再定住地建設の経緯や計画内容等についてヒアリングを行った。

2.2　被災者の移住記録の閲覧

津波被災世帯の移動の状況を把握するために，南西部5県・5郡（コロンボ県・モラトゥワ郡，カルラタ県・カルタラ郡，ゴール県・ヒッカドゥワ郡，マータラ県・ウェリガマ郡，ハンバントータ県・ハンバントータ郡）の郡役所において，津波被災世帯の再定住地への移動に関する記録の閲覧を行った。記録には，上述の5県・5郡において津波で被災し，再定住地への移住支援の対象となった計4,606世帯について，津波被災前の住所と移住先である再定住地の名称が記載されている。これらの記録には個人情報が多く含まれるため当然のことながら一般には公開されていない。筆者らは，モラトゥワ大学建築学部の協力を得て，学術研究の資料に使用するという当方の意図を郡役所に伝え，特別に記録の閲覧許可を得ることができた。記録閲覧のため郡役所を訪問した際には，担当の職員に対して，各郡における住宅復興事業，および再定住地建設の経緯等についてヒアリングを行った。

2.3　再定住地の現地実態調査

再定住地における居住環境と被災者の生活・仕事の継続実態について把

握するために，南西岸の４県・４郡において建設された再定住地・計19ヶ所（コロンボ県モラトゥワ郡・１ヶ所，ゴール県ヒッカドゥワ郡・２ヶ所，ハンバントータ県ハンバントータ郡・２ヶ所，マータラ県ウェリガマ郡・14ヶ所）の実地調査を行った。実地調査では，モラトゥワ大学建築学部の学生やGMSL マータラ支部の職員等による補助（主に通訳）のもと，再定住地の住宅と居住環境の目視による確認，および再定住地の住民や関係者に対するヒアリング等を行った。

3．未曾有の津波災害，そして復興

3.1　スリランカを襲った大津波

スリランカではインド洋津波により，震源国であるインドネシアに次ぐ規模の被害が生じた。図２−１にスリランカの地図と被災県の範囲を示した。また，表２−１に県別の人口・住宅，人的被害，住宅被害，さらに，表２−２に被災者の多くを占める漁民家族の人的被害，住宅被害，漁船の被害を県別に示した。

スリランカはインドの南東に位置する，北海道の８割程の面積を持つ島国である。スリランカにおけるインド洋津波による被害の範囲は沿岸のほぼ全域に及んでおり（図２−１），到来した津波の高さは東岸で５m〜15m，西岸で２m〜10mであった[2)]。政府の発表によると，スリランカにおけるインド洋津波による死者・行方不明者は計36, 603人であった。さらに，鉄道・道路，水道・電気等のインフラの被害に加え，全壊・半壊あわせて88, 544戸の住宅被害，全壊・喪失・破損あわせて25, 127隻の漁船の被

２）スリランカ各地に到来した津波の高さを以下に示した。ジャフナ：3. 5m〜8. 0m，ムライティブ：5. 0m〜10. 0m，トリンコマリー：3. 0m〜5. 0m，バティカロア：3. 0m〜7. 0m，アンパラ：3. 0m〜7. 0m，ハンバントータ：6. 0m〜11. 0m，マータラ：3. 0m〜6. 0m，ゴール：4. 5m〜9. 5m，ヒッカドゥワ：3. 5m〜10. 5m，カルタラ：3. 0m〜6. 0m，モラトゥワ：2. 5m〜3. 5m，コロンボ：1. 5m〜3. 0m，プッタラム：1. 0m〜2. 0m（Wijetunge, 2006）

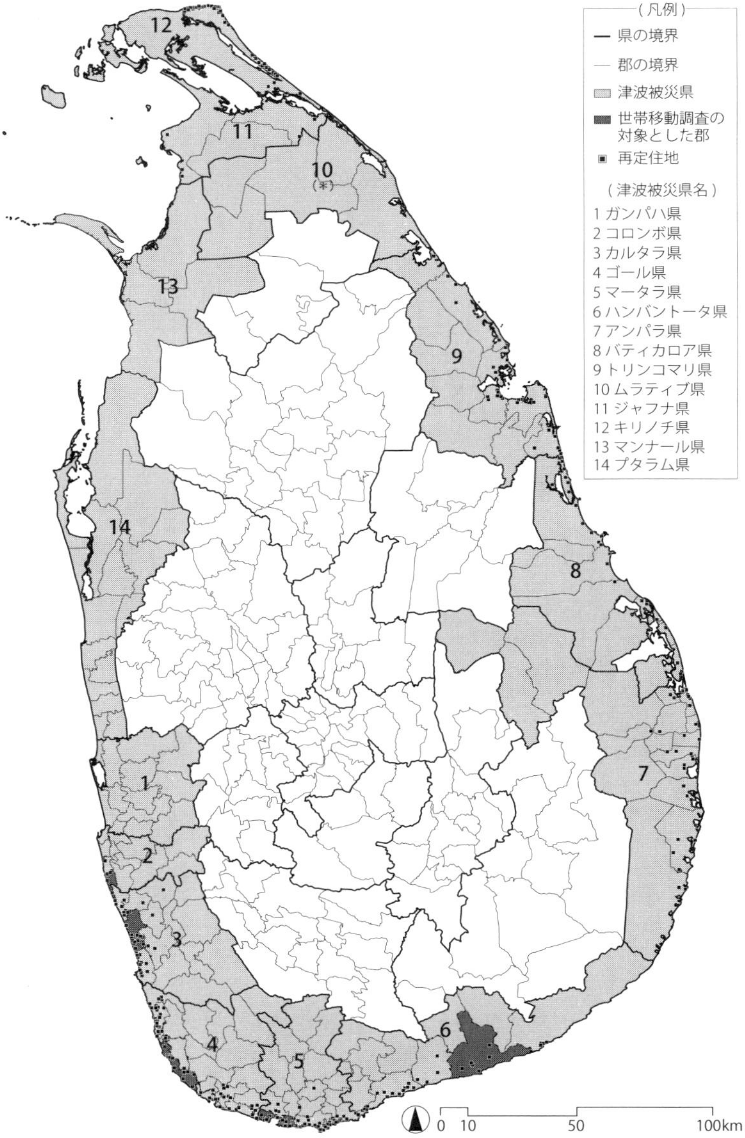

図2－1　スリランカの津波被災県と再定住地分布

表２－１　スリランカの人口と住宅，インド洋津波による人的被害，住宅被害

（スリランカ統計局資料を元に筆者作成）

州		県	人口と住宅					人的被害				住宅被害			
			人口（千人）		人口密度（人 /km^2）	住宅数（千戸）		死者（人）	行方不明者（人）	合計（人）		全壊数（戸）	半壊数（戸）	合計	
				沿岸部 *1			沿岸部 *2				被災率 *3				被害率 *4
西部	1	ガンパハ	2,066	306	1,490	512	72	6	5	11	0.0 %	227	627	854	1.2 %
	2	コロンボ	2,234	1,029	3,401	508	211	79	12	91	0.0 %	2,824	3,571	6,345	3.0 %
	3	カルタラ	1,061	449	668	270	103	256	155	311	0.1 %	2,056	3,685	5,741	5.6 %
南部	4	ゴール	991	444	605	254	104	4,218	554	4,772	1.1 %	4,479	7,147	11,626	11.2 %
	5	マータラ	761	270	594	198	65	1,342	613	1,955	0.7 %	1,667	4,571	6,238	9.6 %
	6	ハンバントータ	525	235	204	149	65	4,500	963	5,463	2.3 %	1,076	1,369	2,445	3.7 %
東部	7	アンパラ	589	288	136	145	66	10,436	876	11,312	3.9 %	8,139	10,671	18,810	28.5 %
	8	バティカロア	486	272	181	113	71	2,840	2,375	5,215	1.9 %	7,445	9,960	17,405	24.6 %
	9	トリンコマリ	340	262	129	81	64	1,078	337	1,415	0.5 %	3,893	3,638	7,531	11.8 %
北部	10	ムラティブ	122	79	62	不明	19	3,000	552	3,552	4.5 %	4,428	1,263	5,691	29.7 %
	11	ジャフナ	491	425	499	不明	104	2,640	1,647	4,287	1.0 %	3,369	2,146	5,515	5.3 %
	12	キリノチ	127	101	103	不明	25	560	1	561	0.6 %	288	0	288	1.2 %
北西部	13	プタラム	705	498	234	192	131	4	3	7	0.0 %	12	43	55	0.0 %
合計（平均）			10,498	4,658	639	不明	1,098	30,959	5,644	36,603	0.8 %	39,903	48,641	88,544	10.4 %

＊１　各県における沿岸の郡 (D.S.division) の人口　　＊２　各県における沿岸の郡 (D.S.division) の住宅数
＊３　沿岸部の人口に占める死者・行方不明者数の割合　　＊４　沿岸部の住宅数に占める全半壊住宅数の割合
（出所 人口・住宅：Department of Census and Statistics : Census of Population and Housing 2001,2001, 2001年現在，住宅被害：Department of Census and Statistics : Final Report - Census on the buildings and people affected by the Tsunami disaster 2004,2005.2, 2005年２月現在）

表2－2　スリランカの漁民とその家族の人的被害，住宅被害，漁船被害

（スリランカ統計局資料を元に筆者作成）

州		県	漁民とその家族			人的被害				住宅被害				漁船被害		
			漁民数（人）	漁業人口（人）*1	割合 *2	死者（人）	行方不明者（人）	合計（人）	割合 *3	全壊数（戸）	半壊数（戸）	合計（戸）	割合 *4	全壊・喪失（隻）	破損（隻）	合計（隻）
西部	1	ガンパハ	16,624	52,600	17.2 %	5	1	6	54.5 %	146	152	298	34.9 %	66	359	425
	2	コロンボ	2,406	8,856	0.9 %	6	0	6	6.6 %	762	792	1,554	24.5 %	64	280	344
	3	カルタラ	3,797	15,084	3.7 %	21	6	27	8.7 %	1,027	1,231	2,258	39.3 %	405	393	798
南部	4	ゴール	5,452	21,074	4.7 %	376	39	415	8.7%	1,451	1,111	2,562	22.0 %	846	556	1,402
	5	マータラ	7,777	27,323	10.1 %	378	23	401	20.5 %	739	1,135	1,874	30.0 %	703	1,125	1,828
	6	ハンバントータ	5,713	24,927	10.6 %	438	44	472	8.6 %	630	1,083	1,713	70.6 %	1,154	717	1,871
東部	7	アンパラ	15,495	70,175	24.3 %	908	0	908	8.0 %	2,148	1,378	3,526	18.7 %	1,332	1,114	2,446
	8	バティカロア	21,034	74,307	27.4 %	684	23	707	13.6 %	3,705	2,830	6,535	37.5 %	3,962	661	4,623
	9	トリンコマリ	18,246	42,856	16.4 %	328	0	328	23.2 %	2,156	1,751	3,907	51.9 %	4,155	1,439	5,594
北部	10	ムラティブ	3,844	16,468	21.0 %	858	0	858	24.2 %	1,399	462	1,861	32.7 %	2,145	-	2,145
	11	ジャフナ	14,558	63,709	15.0 %	856	0	856	20.0 %	2,227	1,242	3,469	62.9 %	2,398	803	3,201
	12	キリノチ	3,897	18,563	18.3 %	11	0	11	2.0 %	8	-	8	2.8 %	168	18	186
北西部	13	プタラム	19,978	83,540	17.2 %	1	0	1	14.3 %	36	162	198	-	53	211	264
合計（平均）			138,821	521,482	11.2 %	4,870	136	5,006	13.7 %	16,434	13,329	29,763		17,451	7,676	25,127

＊1　漁民とその家族をあわせた人口

＊2　各県の沿岸部の人口（表2－1）に占める漁業人口の割合

＊3　各県の人的被害総数（表2－1）に占める漁業人口の人的被害の割合

＊4　各県の住宅被害総数（表2－1）に占める漁民の住宅被害の割合

（出所 Department of Fisheries & Aquatic Resources 2005年2月現在）

害があった（表２−１，表２−２，写真２−１〜写真２−４）。

スリランカにおけるインド洋津波による被災者は主に，漁業従事者や観光業従事者といった，沿岸の資源を生活基盤としていた人々であった。また，今回の津波被災範囲には，1980年代以来続く民族紛争で疲弊した東部・北部や，零細な漁民の集落が多い南部，沿岸の土地を不法占拠する貧困層の居住地が多い西部等，被災前から様々な社会問題を抱えてきた地域が含まれている。このように，広範な地理的範囲において被害が生じたことに加え，それぞれ何らかの社会問題を被災前から抱えてきた多様な地域が含まれていることが，スリランカにおけるインド洋津波被害の特徴である。

スリランカにおいてこれほど甚大な被害が生じた要因としては，津波発生当時，スリランカの沿岸に暮らしていた多くの人々が，津波の危険性や到来の可能性を十分には認識しておらず，到来する津波から逃げ遅れたことが挙げられる。このような行動の背景には，ほとんどのスリランカ人にとって津波災害は未経験であったこと[3)]，また，震源地から遠く離れており地震の揺れが生じることなく津波が到来したこと，等の要因が挙げられる。さらに，スリランカの沿岸部には被災前，国内の大部分の人口と資本が集中しており，かつ，それらを守るべき建造物は津波に対して脆弱・無防備であったこと等が挙げられる。

特に，本書で主に対象とする南西岸の場合，南部の沿岸には零細な漁民の集落が数多く分布し，また，西部の沿岸には，鉄道の線路沿いや河川の河口付近に主に都市雑業従事者による不法占拠居住地が形成されていた。これらの集落・居住地を構成する住宅のほとんどは，廃材を再利用したバラックや，日干し煉瓦やコンクリートブロックを積み上げただけの簡素な構造であった。そのため，津波によって容易に倒壊・流失し，人的・物的な被害がより一層拡大した。

３）　インド洋沿岸全域に影響した津波は少なくとも1900年以降は初めてであり，スリランカにはそれ以前の津波の記録も残されていない。スリランカの人々の津波に対する知識はほぼ皆無であったと言える。なお，インド洋沿岸でスマトラ島沖地震津波のような大津波が発生する周期はおよそ250年であると言われている（河田，2010）。

写真２－１　南西岸の風景
砂浜とココヤシ林が海岸線に沿って続き，所々に伝統的な木造漁船がある

写真２－２　津波到来直前の沿岸の様子
海水が沖まで引いて海底が露出している。魚を捕りに向かう人々の姿がみられる。

写真２－３　津波到来直後の沿岸の様子
漁業集落や観光関連施設を中心として甚大な被害が生じた

写真２－４　漁船の被害
スリランカ国内の漁船の95% が被害を受けたと言われている

3.2　援助の受け入れと復興事業の開始

スリランカ政府は被災直後，国家再建対策本部（Taskforce for Rebuilding the Nation；TAFREN）を設置し，被災者に対する緊急支援を開始した。そして，津波被災から約１ヶ月が経過した2005年２月には住宅復興事業が開始された。なお，TAFREN は2005年11月の大統領交代の際に，復興開発庁（Reconstruction and Development Agency；RADA）に改組されている。

住宅復興事業では，まず応急仮設住宅（Emergency Temporary Housing）の供給が開始され，続いて恒久住宅（Permanent Housing）の再建に対する支援が開始された。再建に対する支援が必要な住宅は，スリランカの全ての被災地において計98,525戸と推計され（2005年６月発表，同年12月に114,069戸に修正），政府は３年以内に住宅再建を完了するという目標を発表した（TAFREN 2005）。

スリランカの住宅復興事業は，被災者の住宅再建に対する支援に加えて，将来の津波災害等に対する防災や沿岸の環境改善・保全を目標としていた。具体的には，海岸線からの距離によって沿岸部にバッファーゾーン（Buffer Zone）と呼ばれる区域が設定され，バッファーゾーン内の土地利用が津波を契機としてより一層厳しく規制された[4)]。バッファーゾーン内での居住の継続は実質的に禁止され，バッファーゾーン内で被災した住宅の移転を推進する政策が実施された。

なお，2005年11月に発足した新政権は，同年12月に公約の通り，バッファーゾーンを縮小することを発表した。また，それまでは一律に定められていたバッファーゾーンの範囲（西岸は100m，東岸は200m）が，例えば30m，50m，60m等のように，各地域の状況に応じて定めた数値に変更された[5)]。この変更により，バッファーゾーン外への移転の対象であった被災者（旧バッファーゾーン内の被災住宅所有者）の一部が，元の場所での住宅再建に対する支援を受けられるようになった。一方で，この変更が，既に再定住地への移住を完了した被災者や，地域外への移転を予定していた被災者の間に混乱をもたらしたことも事実である。

４）スリランカでは1980年代から海岸侵食や沿岸の水質汚染等の問題が認識されはじめ，沿岸保全局（Coast Conservation Department; CCD）が設立された。沿岸域の環境保全に向けて，バッファーゾーンによる規制が作られたが，それは実効性に乏しいものであった。津波被災後に設定されたバッファーゾーンは，津波以前からあった環境保全の観点に防災の観点をくわえ，実効性を高め，土地利用をさらに厳しく規制するものである。

５）規制緩和後の各地のバッファーゾーンの範囲（海岸線からの距離）を以下に示した。コロンボ：45m～55m，カルタラ：35m～60m，ゴール：25m～45m，マータラ：25m～45m，ハンバントータ：35m～60m，アンパラ：50m～60m，バティカロア：80m，トリンコマリー：50m，ジャフナ：100m。

4．再建，あるいは移住――線引きされる被災地

4.1　住宅再建支援の内容

スリランカにおけるインド洋津波被災者への住宅再建支援には，大きくわけて，①元の場所での住宅再建に対する支援（対象戸数：80,970戸），②再定住地への移住に対する支援（対象戸数：22,040戸），③その他（対象戸数：4,448戸）がある（写真2－5，写真2－6）。図2－2に，主要な2つの住宅再建支援である上述の①元の場所での住宅再建と②再定住地への移住，それぞれに対応する“住宅所有者主導の住宅再建”と“ドナー支援による住宅再建”について示した。これは，スリランカ政府が発行した住宅再建ガイドライン“Assistance policy & Implementation Guidelines -Housing & Town Development”をもとにして，被災者が支援を受ける上での流れを整理したものである。また，図2－3は，被災者が住宅再建支援を希望する際に行政に提出する申請書の例である。

（1）原地での住宅再建の支援

住宅所有者主導の住宅再建（House Owner Driven Program；ODP）は，被災前にバッファーゾーンの外側に住宅を所有していた被災者を対象とした支援である。住宅被害の程度（全壊か半壊か）に応じた金額を政府が支給し（全壊：25万 Rs.，半壊：10万 Rs.），資金の提供を受けた被災者は，被災前と同じ土地（原地）で住宅を修復・再建する。

住宅の修復・再建では，所有者の自力建設が原則である。所有者は，支給された資金をもとに，設計・工事を依頼する建設業者と自ら交渉・契約する。また，これはスリランカでは一般的なことであるが，工事の監理等も所有者自ら行う場合もある。政府から支給される修復・再建の資金は，建設工事の進捗にあわせて段階的に支給される。これは，被災者が住宅の修復・再建以外の目的に資金を使用することや，建設業者の資金の持ち逃

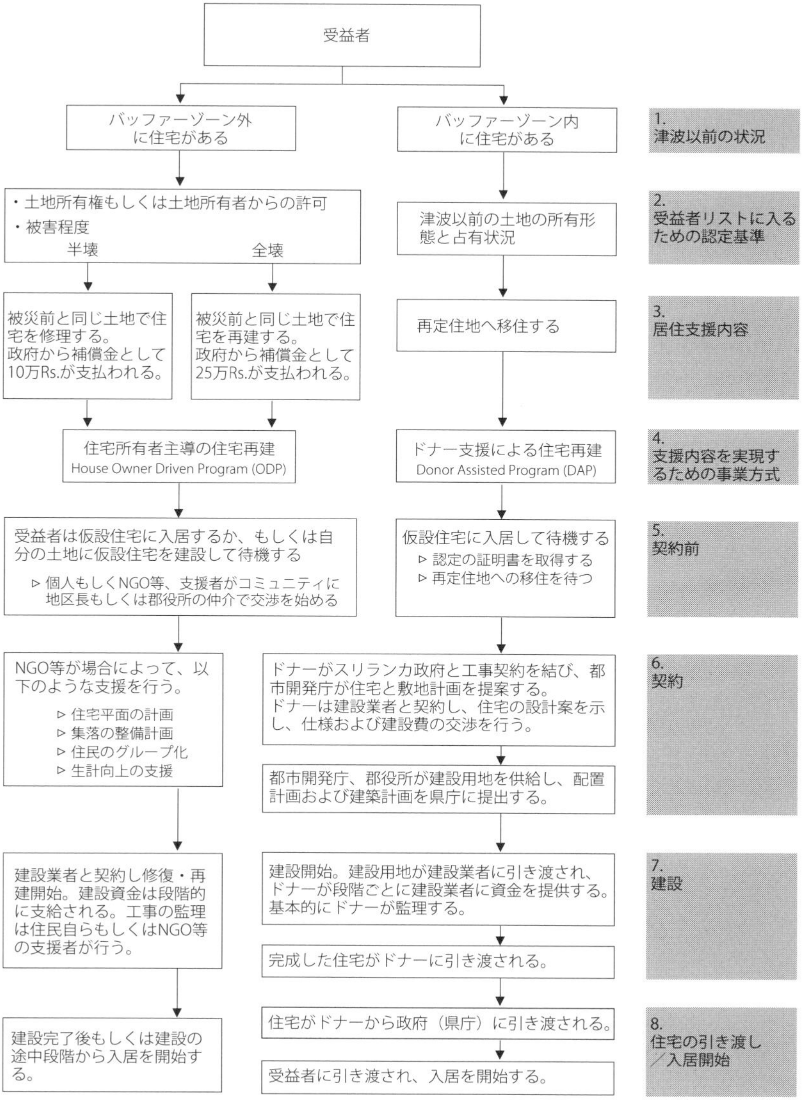

図２－２　住宅再建支援の条件と手続きの流れ
（TAFREN2005を元に筆者作成）

සුනාමි නිවාස ව්‍යාපෘතිවල නිවාස ලබාගැනීම සඳහා අයදුම්පත
津波復興住宅供給申請書

01. අයදුම්කරුගේ සම්පූර්ණ නම :……………………………………
被災世帯の世帯主の氏名
……………………………………

02. ලිපිනය :……………………………………
住所
……………………………………

03. උපන් දිනය :……………………
本籍

04. 2005.07.01 දිනට වයස　අවු:…………　මාස:…………　දින:…………
誕生日　年　月　日

05. ස්ත්‍රී/පුරුෂ භාවය :……………………
性別

06. ජාතික හැඳුනුම්පත් අංකය :……………………
国民番号

07. විවාහක/අවිවාහක බව :……………………
結婚の有無

08. රැකියාව :……………………
職業

09. පදිංචි ග්‍රාම සේවා වසම හා එහි පදිංචි කාලය :……………………
現住所の居住暦

10. පදිංචිය සහතික කළ හැකි සාක්ෂි :……………………
身内保証人

11. සමෘද්ධි හිමිකම් තිබේ නම් එහි අංකය :……………………
生活保護ナンバー(対象者のみ)

12. දැනට පදිංචිය දරණ ස්ථානය සහ :……………………
現住所
එම ඉඩමේ අයිතිකරු කවුරුන්ද යන්න :……………………
土地所有者

13. දැනට ඔබ පදිංචි නිවසේ තත්වය:

පූර්ණ අයිතිය	අනවසර ද	බදු ද
自己所有	不法居住	賃貸

යන්න
現在の住まいの所有形態

14. ඔබට සිටින දරුවන් ගණන :……………………
子供の数
ඔවුන්ගේ වයස පිළිවෙළින් :……………………
子供の年齢

15. ඔබට සහ කලත්‍රයාට ඇති ඉඩම්වල අයිතිය
世帯で所有している土地

	ගොඩ 建物建設可	මඩ 農耕専用地
අ. සින්නක්කර 所有		
ආ. අඳ 借地(小作)		
ඇ. බදු 借地(金)		
ඈ. රජයේ ඉඩම් 政府所有地		

16. නිවාසයක් තනා ගැනීමට ජාතික නිවාස සංවර්ධන අධිකාරියෙන් හෝ වෙනත් ආයතනයකින් ණය ලබා තිබේද?
住宅を所有するのにローン加入しているか
16:1 එසේ නම් කවදාද? :……………………
日時
16:2 කුමන ආයතනයකින්ද? :……………………
金融組織名

17. ඉල්ලුම් කරුගේද, කලත්‍රයාගේද, දරුවන්ගේද වාර්ෂික ආදායම :……………………
世帯の総所得

18. නිවසක් ඉල්ලා සිටින්නේ කුමන හේතු නිසාද?
住宅供給を得る理由

සුනාමියෙන් නිවසට හානි සිදුවීම
津波で住宅被害を受けたため
සුනාමියෙන් හානිවූ නිවසක අනු පවුලක් වීම
家族が被災したため
සුනාමියෙන් ස්වාමිපුරුෂයා මිය යාම නිසා නිවසක් තනා ගැනීමට නොහැකිවීම
世帯主が死亡して収入がない
දැනට රක්ෂිතයක පදිංචිව සිටීම
仮設居住地に住んでいる
වෙනත්
その他

ඉහතින් දක්වා ඇති තොරතුරු මා දන්නා තරමින් සත්‍ය හා නිවැරදි බවත් ,එම තොරතුරු පසුව වැරදි බව හෙළිවුව හොත් නිවසක් ලැබීමට මම නුසුදුසු වන බවත් මම හොඳාකාරවම දනිමි.
上記の記入に詐称があれば住宅供給は今後一切行われない

දිනය 日付　　　　අයදුම්කරුගේ අත්සන サイン

図2－3　住宅再建支援の申請書類の例
（和訳は筆者加筆）

写真２－５　元の場所での住宅再建
バッファーゾーン外の被災住宅所有者に対して修復・再建資金が提供される

写真２－６　再定住地への移住
バッファーゾーン内の被災住宅所有者に再定住地への移住が奨励される

げ等の不正を防止するためである。

なお，状況によってはNGO等の支援者が住宅のプランの作成，工事の監理，集落の整備計画の作成，住民の組織化，生計向上支援等のサポートを行う場合もあることが，先述したガイドラインには記載されている。

（２）再定住地への移住の支援

ドナー支援による住宅再建（Donor Assisted Program：DAP）は，バッファーゾーンの内側に住宅を所有し，被害を受けた者を対象とした支援である。元の土地での住宅の修復および再建を禁止し，その代わりとしてバッファーゾーン外に建設される再定住地の恒久住宅を被災者に無償で提供することで，被災者の移住を支援する。

再定住地の建設を含め，住宅再建支援に必要となる多額の費用の大部分は，政府が世界中の様々なドナー（外国政府，国際機関，NGO，企業，個人等）から募った寄付によって確保された。また，再定住地の建設用地として，公有地や民間から寄付された土地が使用された。再定住地の建設は基本的に，政府もしくはドナー主導で行われ，再定住地の中にはドナーの意向が強く反映されたものもある。例えば，再定住地にドナーと関連する名称が冠されていたり，ドナーの意向によって整備された施設がある。

移住支援の対象となった被災者は，再定住地の住宅が完成するまでの期間，政府が供給する応急仮設住宅や自分でみつけた親戚・友人宅等で生活する。移住先となる再定住地は，被災者が事前に申請した希望をもとに，行政が最終的に調整・判断し，決定する。そして，再定住地の住宅が完成次第，被災者は指定された再定住地への入居を開始する。なお，再定住地へと移住した後も，沿岸のバッファーゾーン内の土地の所有権は元の所有者が持ち続ける。ただし，先述したように，居住は実質的に禁止され，店舗や工場，倉庫等の用途のみ許可される等，沿岸の土地の用途は厳しく制限される。

（3）その他の支援

住宅復興事業の進捗の過程において住宅再建支援の内容が見直され，2006年4月には支援対象となる被災者の範囲が拡大されることが政府によって発表された。すなわち，借家世帯や住宅所有者の扶養家族世帯，さらには沿岸の土地を不法占拠していた世帯等，被災前に住宅・土地の所有権を持たなかった者も支援の対象者に含まれることになった（RADA 2006）。この変更によって，修復・再建支援が必要とされる恒久住宅の数が98,525戸から114,069戸に修正された。表2－3に2006年11月時点における被災者への住宅供給の状況を示した。

さらに，上述した2つの主要な再建支援策では対応しきれないケースが現れたため，以下のような支援が追加された。これらの追加支援策は主に，借家世帯や不法占拠世帯が多く，さらに，建設用地の不足や建設費用の高騰等の問題がある都市部（主にコロンボ県）の被災地の状況に対応するためのものである。

①政府から提供された土地において，政府から提供された資金（25万Rs.）をもとにして，被災者が自ら住宅を再建する。ドナーから別途，住宅再建の資金（上限25万Rs.）の提供を受けることも認める。

②政府から提供された土地購入のための資金（アンパラ県15万Rs.，コロンボ県25万Rs.），および住宅建設のための資金（25万Rs.）をもとにして，

表２－３　応急仮設住宅供給と恒久住宅供給の内訳，進捗状況

（復興開発庁資料を元に筆者作成）

州		県	応急仮設住宅		恒久住宅											過不足（戸）
					必要な恒久住宅数（戸）			供給済みの恒久住宅数（戸）				供給予定の恒久住宅数（戸）				
			05年12月時点（戸）	06年10月時点（戸）	05年6月発表	05年12月修正	合計	現地再建	再定住地	その他	合計	現地再建	再定住地	その他	合計	
西部	1	ガンパハ	52	50	675	-164	511	240	140	42	422	0	254	0	254	165
	2	コロンボ	1,363	1,329	5,984	-1,031	4,953	60	117	0	177	0	1,131	0	1,131	-3,645
	3	カルタラ	1,661	502	6,124	573	6,697	4,583	1,018	669	6,270	708	1,170	0	1,878	1,451
南部	4	ゴール	5,561	620	12,781	1,932	14,713	9,487	2,521	183	12,191	2,441	1,043	19	3,503	981
	5	マータラ	3,234	457	7,464	-229	7,235	4,991	701	0	5,692	632	1,078	0	1,710	167
	6	ハンバントータ	1,780	0	4,084	-891	3,193	1,316	3,479	499	5,294	170	396	266	832	2,933
東部	7	アンパラ	18,491	2,353	24,438	3,372	27,810	9,943	622	44	10,629	11,355	2,110	354	13,819	-3,382
	8	バティカロア	12,437	4,136	17,948	4,575	22,523	7,642	678	21	8,341	12,196	1,466	281	13,943	-239
	9	トリンコマリ	6,307	3,575	8,074	1,853	9,927	3,312	740	129	4,181	534	1,221	566	2,321	-3,425
北部	10	ムラティブ	2,124	760	5,556	-99	5,457	0	0	0	0	5,457	0	0	5,457	0
	11	ジャフナ	3,574	2,943	5,109	4,031	9,140	2,358	502	481	3,341	2,949	1,227	894	5,070	-729
	12	キリノチ	473	330	288	1,548	1,836	0	143	0	143	596	250	0	846	-847
北西部	13	プタラム	0	0	0	74	74	0	14	0	14	0	19	0	19	-41
合計（平均）			57,057	17,055	98,525	15,544	114,069	43,932	10,675	2,068	56,675	37,038	11,365	2,380	50,783	-6,611

（出所 RADA：Progress Report of Housing as at 01st November 2006, 2006年11月現在）

被災者が自ら建設用地を探し，住宅を再建する。ドナーから別途，住宅再建の資金（上限25万 Rs.）の提供を受けることも認める。

4.2　住宅再建支援をめぐる議論

ここでは，上述した津波被災者への住宅再建支援に言及した論文・著作等を参照しながら，住宅再建支援策の評価について考察する。

まず，スリランカにおける津波被災者への住宅再建支援は，海外ドナーへの依存に伴う弊害や，政府の方針変更に伴う混乱等の問題もみられたが，借地・借家世帯や所有者の扶養家族世帯，さらには土地不法占拠世帯といった住宅・土地の所有権を持たない者まで含めて広く被災者を支援しており，全体としては基本的に高く評価できるという意見がみられる（青田・室崎・重村・北後・ウェラシンハ2007）。

支援の内容については，先述した“所有者主導の再建”（元の場所での再建）は，建設プロセスへの被災者の関与のし易さ，工事の進捗の迅速さ，建設費用の低さ等，多くの点において“ドナー支援による再建”よりも優れているという指摘がみられる（Lyons 2009）。“ドナー支援の再建”（再定住地への移住）では特に，被災者の主体性の欠如が問題視されている。すなわち，住宅の建設プロセスへの被災者の関与が皆無であり，被災者にとって住宅は“与えられる”ものでしかなく，そのことが支援に対する被災者の依存を強め，結果的に被災者の自立の機会を奪っているという批判的な意見がみられる。

“ドナー支援の再建”と関連して，カナダ人ジャーナリストであるN. クラインは，再定住地への移住を推進する政府の方針に対してさらに痛烈な批判もみられる（Klein2008）。すなわち，クラインは，政府の復興計画によって海外資本によるリゾート開発が推し進められた東部沿岸のある被災地を取り上げ，海辺から追い立てられた零細漁民の声を拾いながら，政府の復興計画は，津波被災で弱り切った国民を資本の論理によって食い物にする「企業グローバリゼーションによる“第二の津波”」であると糾弾している。

このように，津波被災後の沿岸部におけるバッファーゾーンの設置とそれにもとづく再定住地への居住地移転の推進については，その基本方針だけでなく，建設のプロセスも含めて，批判的・否定的な意見がみられる。このことを踏まえると，将来の災害からの安全性の確保に留意しながらも，被災者がなるべく元の場所に留まり，住宅再建できるような方策も必要であったと考えられる。

再定住地への移住は，被災者にとって社会的・経済的・環境的なリスクを伴うため，その実施には慎重な判断が必要である。一方で，再定住地への移住が被災者にもたらす影響が，良いものなのか悪いものなのか，客観的に判断することはきわめて難しいという指摘もみられる（Imura2011）。別の研究においても，再定住地の計画が被災者の生活や文化に対する配慮を欠いているという問題を指摘する一方で，再定住地の生活環境には被災前よりも良くなっている点もあると感じている住民が少なくないことが示されている（Jayasuriya・Weerakoon・Arunatilaka・Steele 2006）。

このように，スリランカにおける津波被災者への住宅再建支援策については様々な見解があり，特に，再定住地への居住地移転に関しては多様な意見がみられ，必ずしも定まった評価がなされていない。過去の災害復興の例等を踏まえると，再定住地への居住地移転は一般的には，被災者の生活・仕事の継続が困難になるというリスクがあるため，なるべく避けたほうがよい手段である。しかし，スリランカのインド洋津波からの復興においても上述のような一般論がそのまま当てはまるとは限らない。スリランカの住宅問題，再定住地の計画，そして被災者の意向等と照らし合わせて，再定住地の復興手段としての妥当性を検証する必要がある。

５．再定住地の計画内容の分析

津波災害後の再定住地の計画においては，まず，立地（海岸からの距離）が重要である。第１章でも述べたように，漁業従事者等，海との関わりが深い人々にとっては一般的に，海からの距離が離れるほど，生活・仕事の継続が困難になるためである。彼らが適応できる距離の限界を超えて移転が実施された場合，再定住地にはやがて誰も住まなくなることも懸念される。

スリランカにおけるインド洋津波からの復興においても，上述のような再定住地の立地の問題はある程度認識されている。先述した“住宅再建ガイドライン”では，被災者のうち漁業に従事する者は，なるべく沿岸に近い再定住地へ移住できるようにすることを推奨している。なお，同ガイドラインは，再定住地の規模を原則として250戸以下に抑えることも推奨している。その理由は明記されていないが，宅地開発による環境への影響の低減やコミュニティ形成のし易さ等を考慮したものであると推察される。

上記を踏まえ，ここでは，再定住地の計画内容について，まず，立地（海岸からの距離），規模（住宅戸数）の観点から分析する。さらに，再定住地における住宅の形式，および付帯する生活施設についても分析している。図２−４に，スリランカにおけるインド洋津波からの復興において計画された再定住地・全351ヶ所の立地（海岸線からの距離），および規模（住宅戸数）の分布を示した。また，図２−５と図２−６はそれぞれ，南西岸（コロンボ県からハンバントータ県までの沿岸の５県）と東岸・北岸（アンパラ県からジャフナ県までの６県）において計画された再定住地の立地と規模の分布を県別に示したものである。

5.1　住宅立地

再定住地・全351ヶ所の立地（海岸線からの距離）の平均は約1.8km であった（図２−４）。南西岸における再定住地の立地（海岸からの距離）の平均は約2.1km であり，海岸線から１km 以内（徒歩15分圏内と想定）に立地する再定住地が南西岸全体に占める割合は件数で約43％，戸数で約33％であった（図２−５）。一方，東岸・北岸の再定住地の立地の平均は約1.6km であり，海岸線から１km 以内に立地する再定住地が東岸・北岸の全体に占める割合は件数で約64％，戸数で約61％であった（図２−６）。

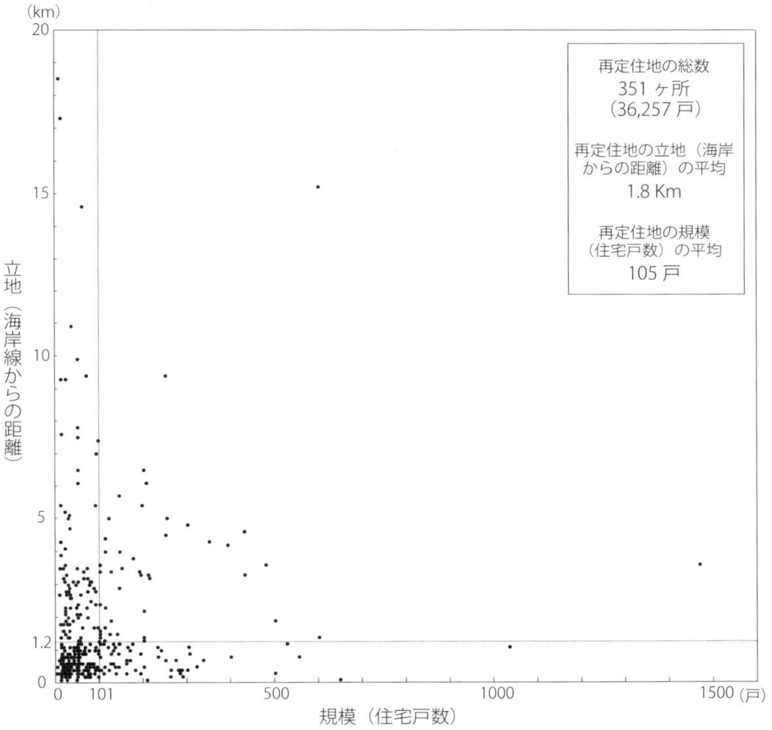

図２－４　再定住地の立地と規模の分布（全国）
（復興開発庁資料等を元に筆者作成）

このように，南西岸の再定住地は，東岸・北岸と比べて，海岸線からより遠く離れたところに立地する傾向がある。これは，人口稠密地帯である南西岸では，再定住地建設用のまとまった土地を確保することが難しいためであると考えられる。南西岸では特に，カルタラ県においては，海岸線からより遠く離れて立地する再定住地が多い。一方，南西岸であれ，東岸・北岸であれ，海岸線から４km ～20km と，かなり遠く離れた場所に計画された再定住地もみられる。

スリランカにおけるインド洋津波被災者には，漁業や観光関連産業等に従事し，沿岸部に生活基盤を持つ者が多く含まれている。彼らの日常的な

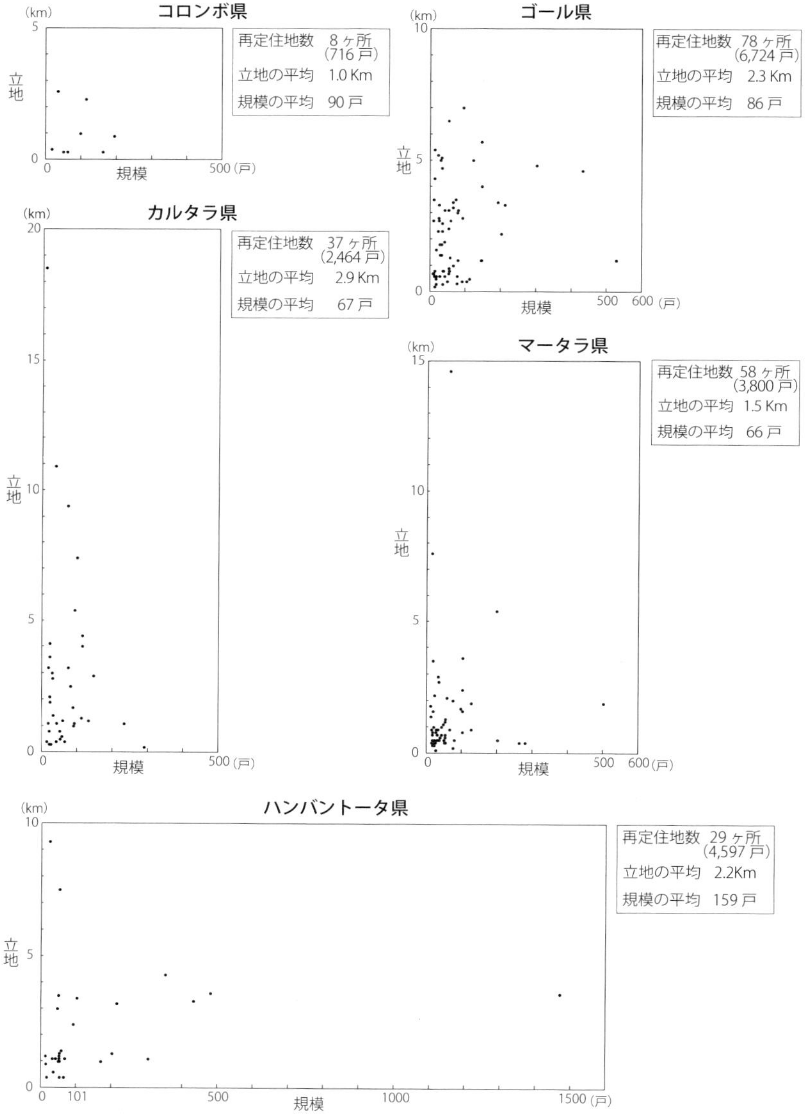

図 2－5　再定住地の立地と規模の分布西部と南部
（復興開発庁資料等を元に筆者作成）

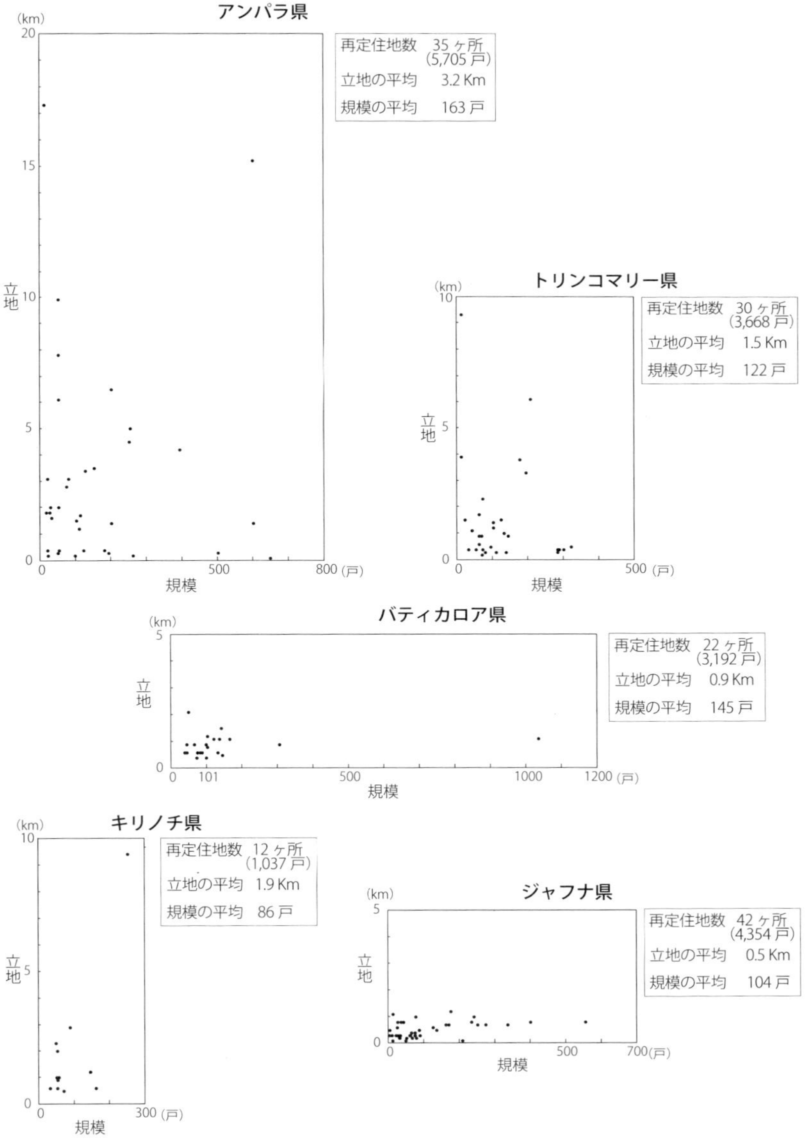

図２－６　再定住地の立地と規模の分布東部と北部
（復興開発庁資料等を元に筆者作成）

移動の手段は，主に徒歩や自転車，あるいは路線バス等の公共交通である。さらに，スリランカでは，鉄道や幹線道路等の主要な交通網が海岸線に沿って整備されており，海岸から離れた地域における交通の便は概して良くない。

このような，再定住地の立地の傾向，スリランカの交通事情，津波被災者の移動能力等を踏まえると，やはり，再定住地への移住によって被災者の生活・仕事の継続に何らかの支障が生じると推測される。

5.2 住宅地規模

再定住地・全351ヶ所の規模（住宅戸数）の平均は約105戸であった（図2－4）。南西岸の再定住地の規模の平均は約94戸であり（図2－5），東岸・北岸の再定住地の規模の平均は124戸であった（図2－6）。

南西岸の再定住地の規模は，東岸・北岸に比べて，より小さいという傾向がみられる。これは，人口稠密地域である南西岸では，再定住地建設用のまとまった規模の土地が不足していたためであると考えられる。一方，南部のハンバントータ県では，1470戸という国内で最大規模の再定住地が建設された。この再定住地が建設された背景には特殊な事情がある。すなわち，以前から計画されていた都市機能の移転が，津波からの復旧・復興を契機として実行に移されたのであった（本章6.2で詳述する）。また，南西岸であれ，北岸・東岸であれ，500戸を超えるような，スリランカの集落の一般的なまとまりの規模（50世帯程度）と比べて，かなり大規模な再定住地の計画もみられる。スリランカの集落のまとまりは一般的に，住民の血縁・親戚，宗教，カースト等の属性に由来しており，同質性が高い集団である（第3章で詳述する）。従って，大規模な再定住地では必然的に，各地から移転してきた属性の異なる住民が混在することとなり，居住者間の関係が混乱することが懸念される。

5.3 住宅形式

表2－4は，再定住地の住宅形式の種類と各形式の件数・戸数を示した

表２－４　再定住地の住宅形式分布

（復興開発庁および都市開発庁より提供された資料を元に筆者作成）

州		県	戸建て		共同						不明		合計	
					接地型				非接地型					
					二戸一		長屋		積層					
			（ヶ所）	（戸）	（ヶ所）	（戸）	（ヶ所）	（戸）	（ヶ所）	（戸）	（ヶ所）	（戸）	（ヶ所）	（戸）
西部	1	ガンパハ	-	-	-	-	-	-	-	-	-	-	-	-
	2	コロンボ	0	0	0	0	0	0	8	716	0	0	8	716
	3	カルタラ	21	1,289	12	592	0	0	4	583	0	0	37	2,464
南部	4	ゴール	53	5,374	17	890	2	179	4	211	2	70	78	6,724
	5	マータラ	48	2,948	4	162	3	566	3	124	0	0	58	3,800
	6	ハンバントータ	28	4,557	0	0	0	0	1	40	0	0	29	4,597
東部	7	アンパラ	24	2,671	1	100	0	0	8	2,684	2	250	35	5,705
	8	バティカロア	20	3,114	2	78	0	0	0	0	0	0	22	3,192
	9	トリンコマリ	27	3,302	0	0	0	0	3	366	0	0	30	3,668
北部	10	ムラティブ	0	0	0	0	0	0	0	0	0	0	0	0
	11	ジャフナ	42	4,354	0	0	0	0	0	0	0	0	42	4,354
	12	キリノチ	12	1,037	0	0	0	0	0	0	0	0	12	1,037
北西部	13	プタラム	-	-	-	-	-	-	-	-	-	-	-	-
合計			275	28,646	36	1,822	5	745	31	4,724	4	320	351	36,257

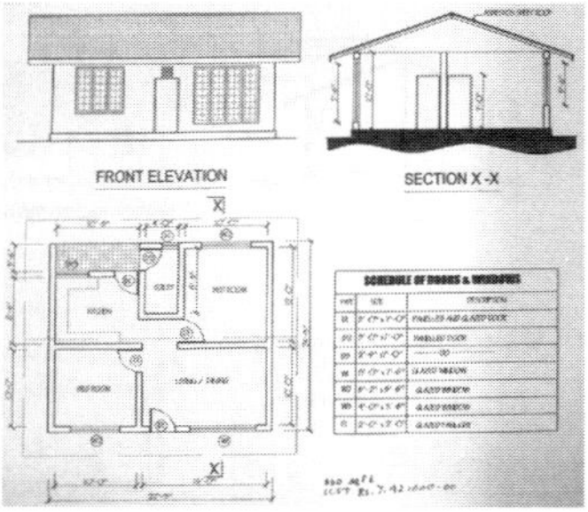

戸建形式

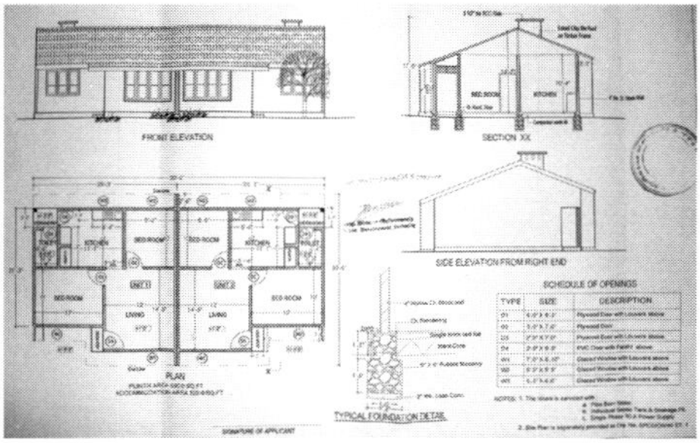

共同形式（二戸一・平屋建）

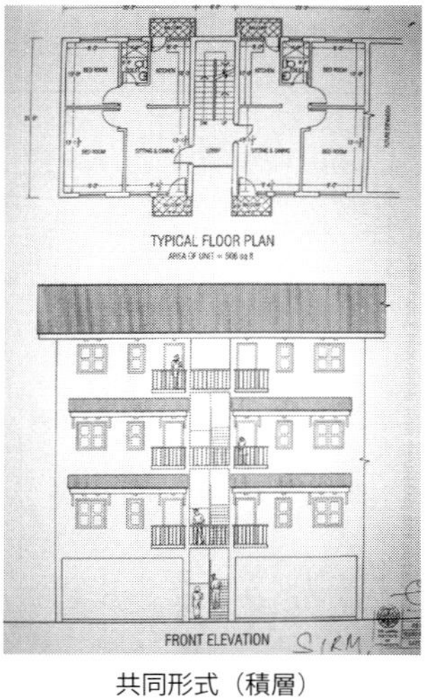

共同形式（積層）

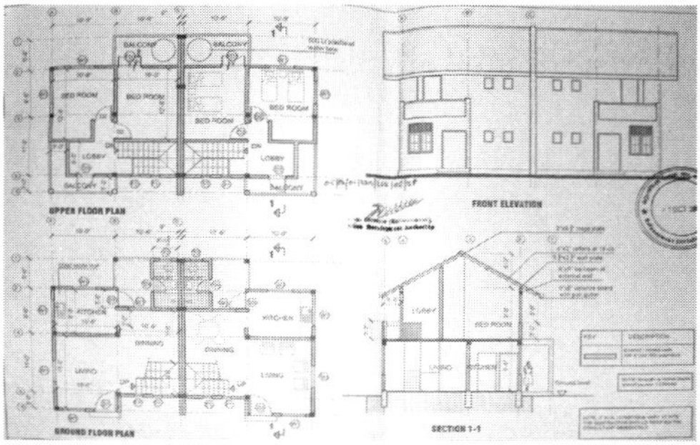

共同形式（二戸一・二階建）

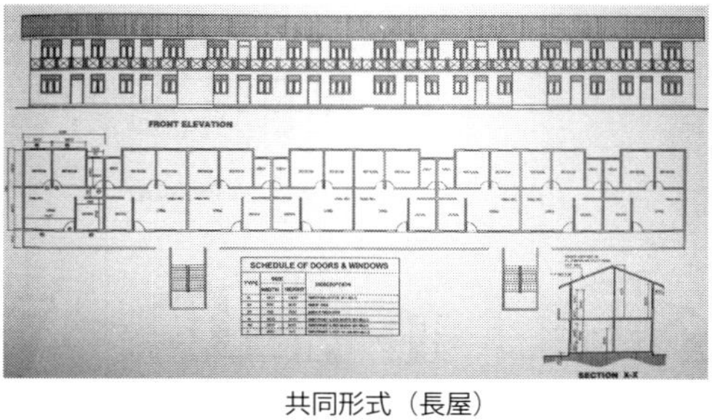

共同形式（長屋）

図２−７　再定住地の住宅形式の例

（都市開発庁から提供された資料を引用）

ものである。また，図２－７に各住宅形式の事例を示した。再定住地の住宅形式には，大きくわけると「戸建て形式」と「共同建て形式」があり，「共同建て形式」にはさらに，「二戸一」，「長屋」，「積層集合」といった形式がある。

上述の住宅形式のうち，「戸建て形式」が再定住地の住宅全体の大部分を占めており，件数で約86%，戸数で約79%を占めている。再定住地の住宅計画・設計は，先述した“住宅再建ガイドライン”に示されている「標準プラン」をもとにしている。標準プランでは，住宅の床面積が50m^{2}以上，部屋が少なくとも居間，２つの居室，台所，浴室，便所で構成されることが示されている。また，住宅の敷地面積は150～250m^2，家屋前後の敷地内にオープンスペースを設けることが推奨されている。

また，「共同形式」は，再定住地の住宅全体のうち件数で23%，戸数で20%を占めており，それらの大部分が南岸・西岸において建設されている。スリランカでは国内最大の都市・コロンボや地方都市の中心市街地等の一部の地域を除いて，共同住宅（特に積層集合住宅）という住宅形式は一般的ではない。特に，都市部以外の住民は，共同住宅にはほとんど馴染みがないと言ってもよい[6)]。特に南西岸では，再定住地建設用の土地が不足していたため，土地をより効率的に利用できる住宅形式である共同住宅が建設されたという経緯がある。ただ，被災者の多くを占める，漁業や都市雑業等に従事する人々は，住宅周辺のオープンスペースを利用して何らかの仕事（例：漁業従事者の網の修理等）を行っている場合が多い。そのため特に，個別の庭を持たない住宅形式である「積層集合住宅」は，被災者の生活に必ずしも適合していないと予想された。

6）　スリランカにおける建て方別にみた住宅戸数を以下に示す（2001年時点）。戸建て住宅 Single House：3, 429, 776戸（86. 3%），二戸一住宅 Attached House：139, 354（3. 5%），積層共同住宅 Flat：72160戸（1. 8%），長屋 Row House：214, 187戸（5. 4%），小屋 Hut：33, 258戸（0. 8%），その他 Other：4, 708（0. 1%），不明 Not Reported：81, 226戸（2. 0%）（Department of Census and Statistics of Sri Lanka, 2001）

5.4　街路形状

表 2－5 は再定住地の街路の形状の種類とそれぞれの件数を示したものである。また，図 2－8 に各街路形状の例を示した。再定住地の街路の形状には，「直線型」，「並列型」，「格子型」，「同心円型」，「不定形型」がある（これらの分類は，再定住地の配置図をもとに筆者が便宜的に行ったものである）。表 2－5 には，公的機関で収集した再定住地の計画資料から配置が判明した計184件について内訳を記載している。街路の形状は，再定住地の敷地全体の形状や起伏等を反映していると考えられる。例えば，上述の「直線型」や「並列型」は，都市部等に多い，狭小な短冊状の敷地形状を反映していると考えられる。また，「不定形型」は，山間部や南部の沿岸に多い，比較的大規模で地形の起伏が大きい敷地形状を反映していると考えられる。

5.5　生活施設

再定住地には，住宅以外にも様々な生活施設が計画されている場合がある。10戸前後で構成される比較的小規模な再定住地は，集会所や共用のオープンスペース等が設置されている場合があるが，基本的には住宅のみで構成されている。そのため住民は，再定住地の周辺にある施設や従前から利用していた施設を利用することになる。一方，100戸を超えるような住宅で構成される比較的大規模な再定住地では，住宅以外に集会所，店舗，教会・施設，保育園・幼稚園，小学校，運動場，公園，図書室，診療所等が計画されている場合がある。このような再定住地では，その住宅地内で生活に必要な様々なサービスの一部あるいは大部分を提供することが想定されている。

表２－５　再定住地の街路形式分布
（復興開発庁および都市開発庁より提供された資料を元に作成）

州		県	直線型（ヶ所）	並列型（ヶ所）	格子型（ヶ所）	同心円型（ヶ所）	不定形型（ヶ所）	不明（ヶ所）	合計（ヶ所）
西部	1	ガンパハ	-	-	-	-	-	-	-
	2	コロンボ	6	2	0	0	0	0	8
	3	カルタラ	4	6	7	5	1	14	37
南部	4	ゴール	1	0	5	0	14	58	78
	5	マータラ	5	10	15	6	5	17	58
	6	ハンバントータ	3	1	12	7	6	0	29
東部	7	アンパラ	1	0	8	1	1	24	35
	8	バティカロア	2	0	8	0	4	8	22
	9	トリンコマリ	0	2	5	1	4	18	30
北部	10	ムラティブ	0	0	0	0	0	0	0
	11	ジャフナ	2	0	6	1	0	33	42
	12	キリノチ	0	0	0	0	0	12	12
北西部	13	プタラム	-	-	-	-	-	-	-
合計			24	21	66	21	35	184	351

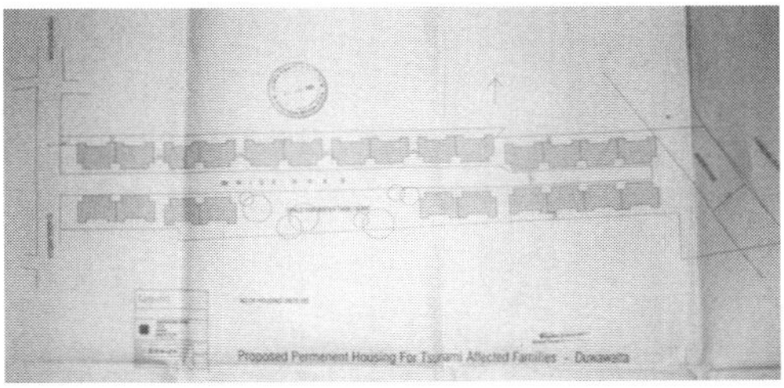

直線型

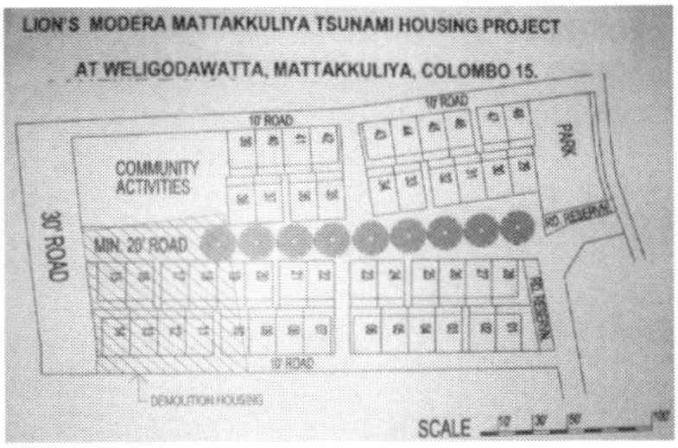

並列型

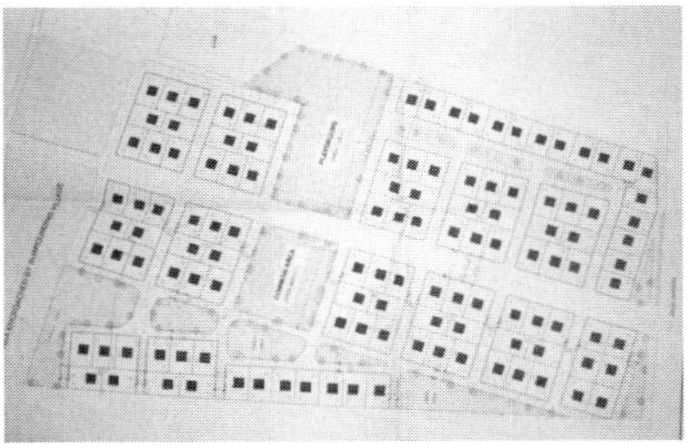

格子型

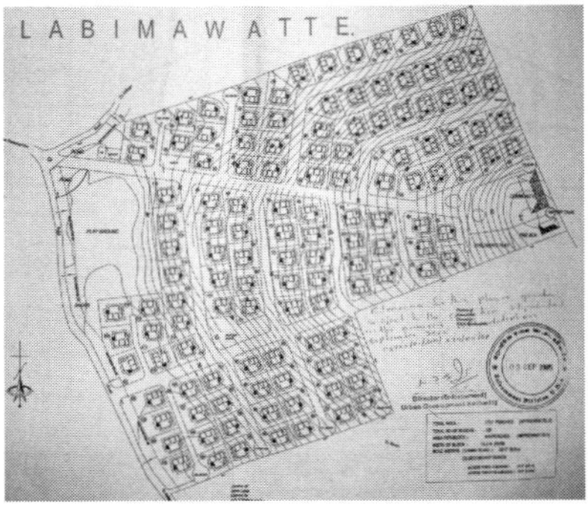

同心円型

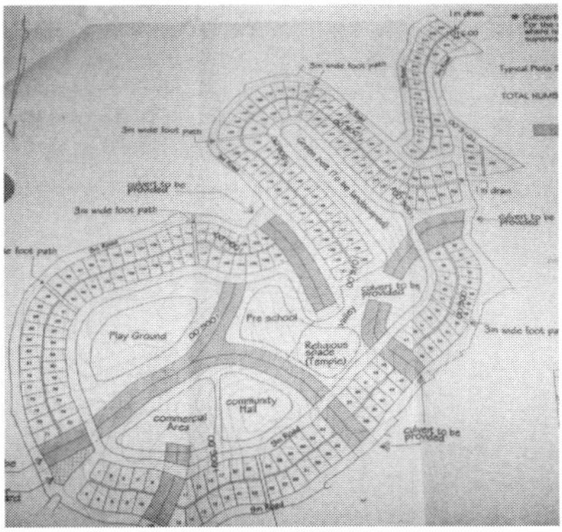

不定形型

図２－８　再定住地の街路形状の例
（都市開発庁から提供された資料を引用）

6．再定住地に移り住む人々

ここでは，スリランカ南西岸を対象として，再定住地への人口の移動について分析する。さらに，再定住地の居住環境の実態，および移住した人々の生活・仕事の継続の実態について明らかにする。

南西岸を分析の対象として選定したのは，第1章でも述べたように，調査開始時点において住宅復興事業の進捗が他の地域よりも早く，再定住地への移住の実態を把握することが可能であると判断されたためである。また，南西岸では，人口に占める漁業従事者の割合が高いため，海との関わりが深い人々の生活・仕事の継続が困難になるという本書で検証する再定住地の問題が，特に顕著に現れると予想されたことも選定の理由である。さらに当時，反政府組織・LTTE の支配下にあった北部・東部と比べると，南西部は民族紛争の直接的な影響が小さく，津波被災の影響を中心として観察することが可能であると考えられたことも理由である。

なお，南西岸では，津波による住宅の被害率は，東岸・北岸と比較すると小さい。しかし，被害を受けた住宅の数は大きく，これは，沿岸部の市街地化が進み人口稠密である南西部（特にコロンボ周辺）の特徴を表している。また，南西岸では，沿岸の土地の不足や権利関係の複雑さ等の問題があり，被災者が元の場所やその近くで住宅再建を行うことが困難であった。そのような事情もあり，南西岸では，再建された住宅に占める再定住地の住宅の割合が大きいという特徴がある。

6.1　再定住地への世帯移動の量的分析

表2－6に南西岸の各地域における再定住地への人口移動の距離（再定住地と従前居住地の距離）を示した。また，表2－7に同じく南西岸における人口移動の規模（再定住地への移動のまとまり）を示した。さらに，図2－9～図2－12に南西岸の各地域（モラトゥワ郡，カルタラ郡，ヒッカドゥワ郡，ハンバントータ郡）における再定住地の分布，および再定住地への

表２－６　南西岸における世帯移動の距離
（各郡役所より提供された資料を元に筆者作成）

距離＊1（km）	モラトゥワ郡（コロンボ県）		カルタラ郡（カルタラ県）		ヒッカドゥワ郡（ゴール県）		ウェリガマ郡（マータラ県）		ハンバントータ郡（ハンバントータ県）	
	世帯数	件数＊2	世帯数	件数＊2	世帯数	件数＊2	世帯数	件数＊2	世帯数	件数＊2
0 - 4	48	9	478	26	575	38	452	37	1401	23
4 -10	99	11	27	9	414	62	324	43	262	23
10-20	195	25	5	4	47	23	55	13	97	31
20-30	36	11	0	0	0	0	0	0	3	1
30-50	26	8	0	0	0	0	0	0	58	11
50-100	2	2	0	0	0	0	0	0	0	0
100-	2	2	0	0	0	0	0	0	0	0
合計	408	68	510	39	1,036	123	831	93	1,821	89
１世帯平均（km）＊3	14.9		2.5		4.0		4.8		5.6	
１件平均（km）＊4	23.2		4.1		6.4		5.8		14.1	

＊１　ある世帯の再定住地と従前居住地区の直線距離
＊２　ある地区（G.N.Division）から同じ再定住地へと移住した世帯のまとまりを「１件」とする
＊３　距離合計を世帯数で除した値
＊４　距離合計を件数で除した値

表２－７　南西岸における世帯移動の規模
（各郡役所より提供された資料を元に筆者作成）

規模＊1（世帯）	モラトゥワ郡（コロンボ県）		カルタラ郡（カルタラ県）		ヒッカドゥワ郡（ゴール県）		ウェリガマ郡（マータラ県）		ハンバントータ郡（ハンバントータ県）	
	世帯数	件数＊2	世帯数	件数＊2	世帯数	件数＊2	世帯数	件数＊2	世帯数	件数＊2
1	23	23	14	14	32	32	30	30	34	34
1 - 5	64	23	19	7	126	46	116	38	81	28
5 - 10	90	12	38	5	123	17	41	6	54	7
10 - 30	162	9	126	8	443	23	245	11	247	13
30 - 60	0	0	136	3	206	4	253	6	0	0
60 - 120	69	1	176	2	106	1	146	2	311	4
120 - 250	0	0	0	0	0	0	0	0	141	1
250 -	0	0	0	0	0	0	0	0	953	2
合計	408	68	510	39	1,036	123	831	93	1,821	89
１地区あたりの件数＊3	5.2		2.8		3.2		4.0		1.9	
１再定住地あたりの件数＊4	-		2.8		12.3		6.6		17.8	
１件あたりの規模＊5（世帯）	6.0		13.1		8.4		8.6		20.7	

＊１　ある地区（G.N.Division）から同じ再定住地へと移住した世帯のまとまりの大きさ
＊２　ある地区（G.N.Division）から同じ再定住地へと移住した世帯のまとまりを「１件」とする
＊３　従前地区から平均何カ所の再定住地へ移住したかを表す（「件数の合計」÷「世帯移動が行われた地区数」）。
＊４　再定住地が平均何カ所の従前地区で構成されるかを表す（「件数の合計」÷「郡内の再定住地数」）。
＊５　再定住地への移住が平均何世帯のまとまりであるかを表す（「世帯数の合計」÷「件数の合計」）。

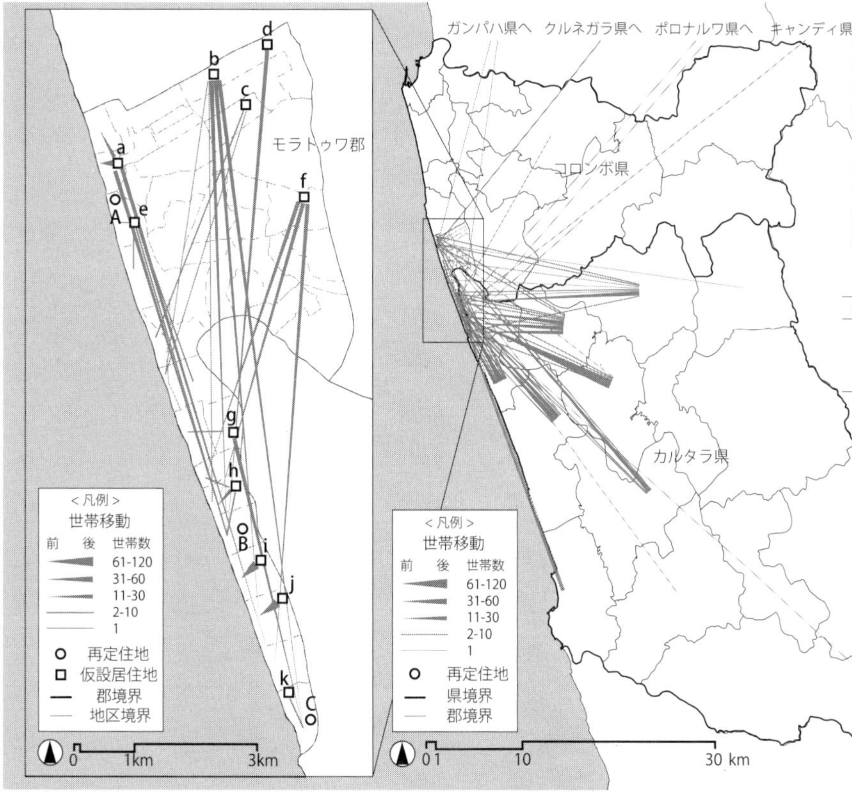

モラトゥワ郡の基本情報

【人口・住宅】 人口 177,190 人 住宅数 40,812 戸
総地区数 42 地区

【津波被害】 人的被害（死亡・行方不明） 12 人
住宅被害（全半壊） 5,050 戸
被災地区数 14 地区

【住宅復興】 再定住地数 3 ヶ所 （224 戸）

モラトゥワ郡の再定住地

記号	名称	住宅戸数	住宅形式
A	Hospital Land	160	共同（積層）
B	Co-op. Society Land	16	共同（積層）
C	Galawilla Watta	48	共同（積層）

モラトゥワ郡の仮設居住地

記号	名称	戸数
a	Podujaya	174
b	Salusara	173
c	Yantropakarana	99
d	Irrigation	46
e	Lunawa Thanayama	111
f	Gangarama	94
g	Romanukatholika	47
h	Kreedangana	81
i	Sunandopanada	161
j	Sugatha Darmadara	145
k	Jayagath Pura	48

図 2－9　モラトゥワ郡における再定住地分布と世帯移動
（復興開発庁および郡役所より提供された資料を元に筆者作成）

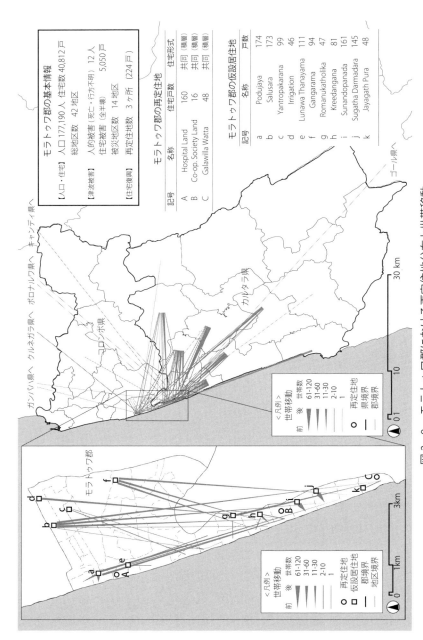

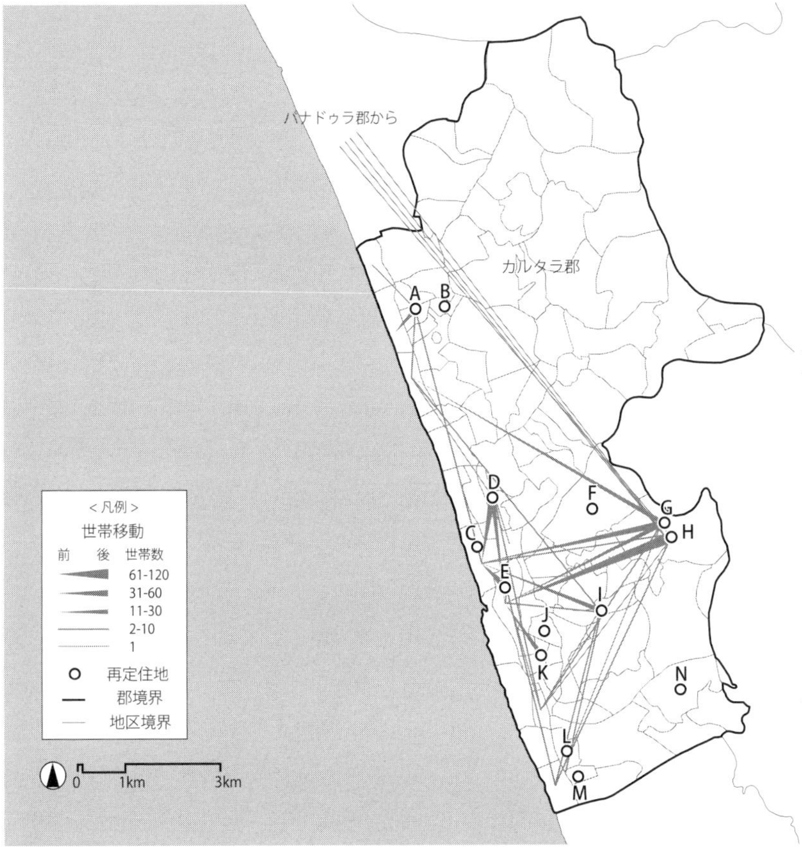

カルタラ郡の基本情報

【人口・住宅】人口 141,414 人　住宅数 34,391 戸
総地区数　90 地区

【津波被害】人的被害（死亡・行方不明）16 人
住宅被害（全半壊）　2,228 戸
被災地区数　16 地区

【住宅復興】再定住地数　14 ヶ所　(915 戸)
住宅移転が行われた地区の数　11 地区

カルタラ郡の再定住地

記号	再定住地名	住宅戸数	住宅形式
A	Mudilagaha Watta	40	戸建て
B	Mihikata Watta 2	21	戸建て
C	Saralath Watta	50	共同（二戸一）
D	Janarajadina Watta	88	共同（積層）
E	Lagos Watta 1	55	戸建て
F	Platota	144	共同（積層）
G	Mihikata Watta 1	112	戸建て
H	Lagos Watta 2	112	共同（二戸一）
I	Etawila Watta	79	共同（二戸一）
J	Meneritanne Eliya 1	110	戸建て
K	Meneritanne Eliya 2	16	戸建て
L	Hikgaha Watta	19	戸建て
M	Kontheruparagiya	49	共同（二戸一）
N	Gunatilaka Watta	20	戸建て

図２-10　カルタラ郡における再定住地分布と世帯移動
（復興開発庁および郡役所より提供された資料を元に筆者作成）

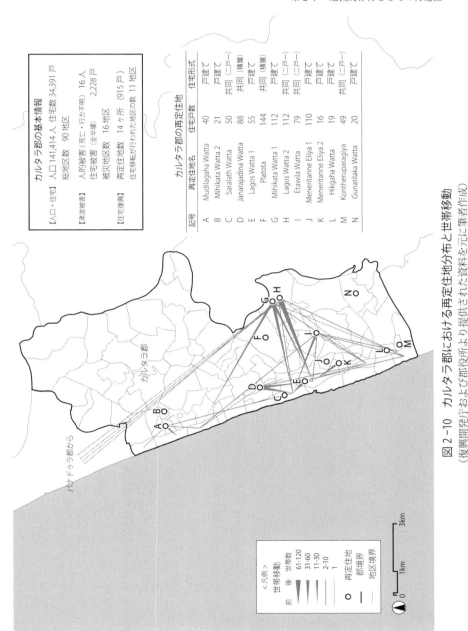

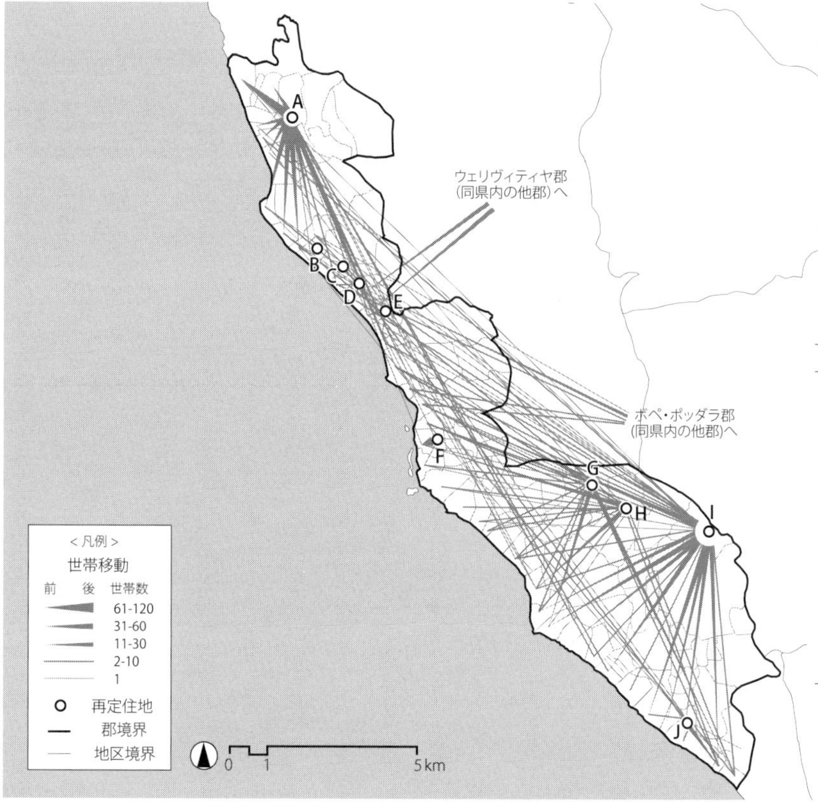

ヒッカドゥワ郡の基本情報

【人口・住宅】 人口 98,012 人　住宅数 23,838 戸
総地区数　97 地区

【津波被害】 人的被害（死亡・行方不明） 855 人
住宅被害（全半壊） 5,696 戸
被災地区数　52 地区

【住宅復興】 再定住地数　12 ヶ所　(1,783 戸)
住宅移転が行われた地区数　39 地区

ヒッカドゥワ郡の再定住地

記号	再定住地名	住宅戸数	住宅形式
A	Galgoda Watta	498	戸建て
B	Rathanasara Watta	36	共同（積層）
C	Handanagoda	10	戸建て
D	Jayasekera Watta	24	共同（二戸一）
E	Manujaya Pura	24	戸建て
F	Thuwegodawela	110	共同（二戸一）
G	Waragaswila Watta	130	戸建て
H	Sirikandura Watta	190	戸建て
I	Monrovia Watta 1	130	戸建て
	Monrovia Watta 2	190	戸建て
	Monrovia Watta 3	298	戸建て
J	State Timber Corp. Land	51	戸建て

図 2-11　ヒッカドゥワ郡における再定住地分布と世帯移動
（復興開発庁および郡役所より提供された資料を元に筆者作成）

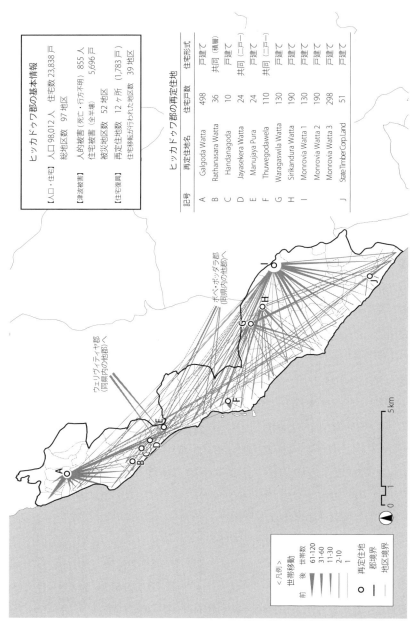

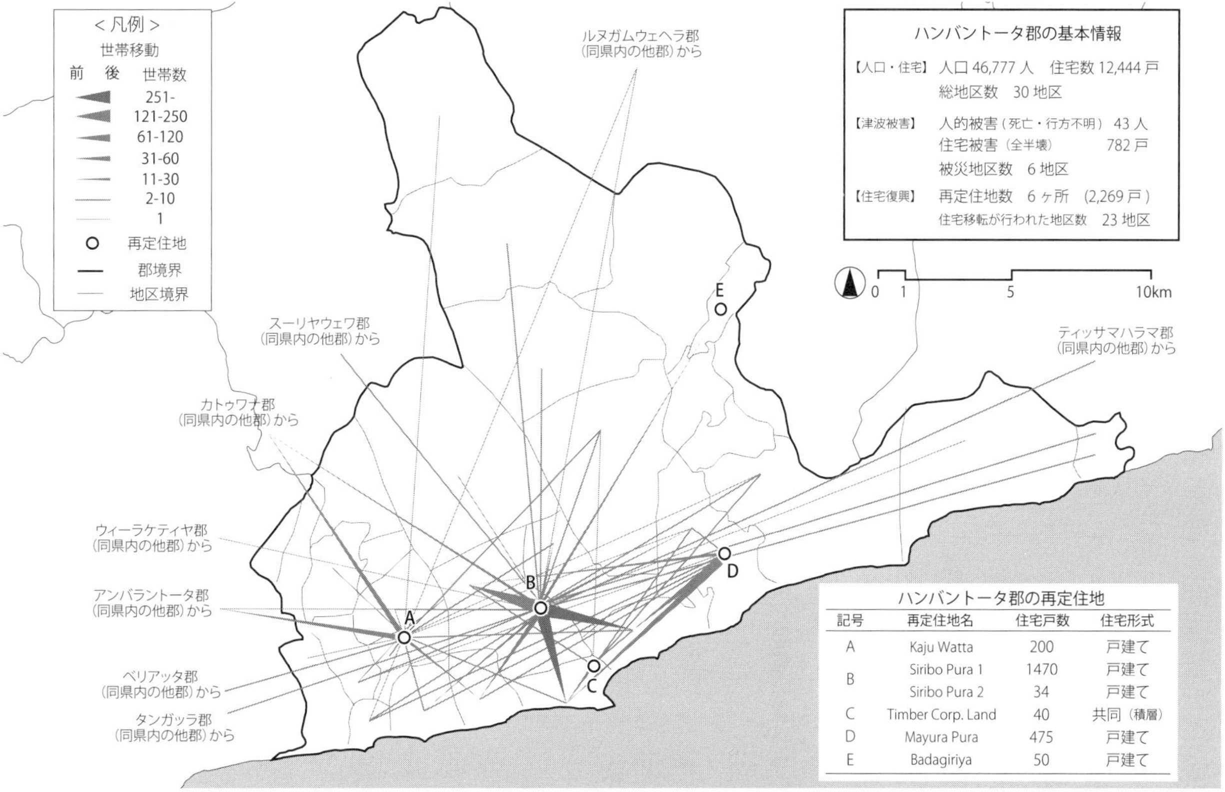

ハンバントータ郡の再定住地

記号	再定住地名	住宅戸数	住宅形式
A	Kaju Watta	200	戸建て
B	Siribo Pura 1	1470	戸建て
	Siribo Pura 2	34	戸建て
C	Timber Corp. Land	40	共同（積層）
D	Mayura Pura	475	戸建て
E	Badagiriya	50	戸建て

図 2-12　ハンバントータ郡の再定住地分布と世帯移動
（復興開発庁および郡役所より提供された資料を元に筆者作成）

人口移動を示した。また，図２−13に第４章以降でさらに詳しい分析の対象とするウェリガマ郡における再定住地の分布と再定住地への人口移動を示した。

なお，再定住地への人口移動に関して，先述した政府による「住宅再建ガイドライン」では，①被災時の居住地からなるべく近くの再定住地へと移動させること，②従前の居住地における住民のまとまりをなるべく維持して移動させることが推奨された。行政担当者へのヒアリングなどによると，実際には，被災した地域や被災者のそれぞれの事情に応じて行政区（郡）によって異なる対応がとられていたようである。

（１）移動の距離

南西岸における１世帯あたりの移動距離の平均は約6.4km であった。また，１件（ある地区から同じ再定住地へと移動した世帯のまとまり）あたりの移動距離の平均は約10.7km であった（表２−６）。

移動距離には地域によって差があり，移動距離が最も大きいのは，モラトゥワ郡であった。モラトゥワ郡では，１世帯あたりの平均が約14.9km，１件あたりの平均が約23.2km であり，どちらも他の４郡の平均を上回っている。これは，モラトゥワ郡の沿岸では再定住地の建設用地が不足しており，供給が必要とされる住宅の戸数を地区内の再定住地だけで充たすことが困難であったことから，他県（主に隣接するカルタラ県）の再定住地への移住も積極的に行われたためであると考えられる（表２−６，図２−９）。

また，ハンバントータ郡も移動距離が比較的大きく，１世帯あたりの平均が約5.6km，１件あたりの平均が約14.1km であった。ハンバントータ郡は復興事業と併せて新都市の建設が行われたという特殊な経緯を持つ地域である。都市建設事業の一環として，約1,500戸から成る国内最大の再定住地（Siribo Pura 1 & 2 再定住地）が建設された。この再定住地を含めて，ハンバントータ郡に建設された再定住地には，同郡で被災した人々だけでなく，他郡で津波した人々，さらには，津波で被災していない人々

（都市建設で立ち退きにあった住民等）に対しても住宅が供給された（図２−12）。このように，ハンバントータ郡で移動距離が大きいのは，特定の再定住地に他地域からの移住者も含めて人口が集約されたためであると考えられる。

一方，カルタラ郡（１世帯平均・約2.5km，１件平均・約4.1km），ヒッカドゥワ郡（１世帯平均・約4.0km，１件平均・約6.4km），ウェリガマ郡（１世帯平均・約4.8km，１件平均・約5.8km）は，上記の２郡と比較すると移動距離が小さく（表２−６），被災した人口が被災時の居住地から比較的近くの再定住地へと移動していることがわかる。ただ，図２−10，図２−11，図２−13からもわかるように，同じ郡内でも移動距離には世帯によって差があり，必ずしも全ての人口が被災時の居住地から近い再定住地へと移動しているわけではない。

このことと関連して，ウェリガマ郡役所において再定住地の建設および被災者の移住の調整を担当した職員に対してヒアリングを行った。それによると，行政としては，被災者が従前の居住地からなるべく近くの再定住地に入居できるように各再定住地における供給戸数の調整や被災者への事前の入居先希望調査を行う等，可能な限り配慮したようである。しかし，建設用地の不足や予算の制約等もあり，全ての被災者が希望通りに入居できる再定住地を整備することが現実的に困難であったという。そのため，従前居住地から離れたところにある再定住地に入居した被災者もやむを得ず発生したようである。このような事情は他の南西岸の地域においても共通してみられたことが確認された。

（２）移動の規模

南西岸における地区あたりの移動件数（ある地区の住民の転出先となった再定住地の件数）は平均・約3.4件，再定住地あたりの移動件数（ある再定住地に転入した住民の従前地区の件数）は平均・約9.9件であった（表２−７）。また，再定住地への移動１件あたりの規模（ある地区から再定住地へ移住した住民のまとまり）は平均・11.4世帯であった。

移動の規模には地域によって差があり，移動１件あたりの規模が最も小さいのはモラトゥワ郡であり，平均・約6.0世帯であった。また，同郡は地区あたりの移動件数が最も多く，平均・約5.2件であった。このことから同郡では，従前の居住地から被災者が比較的小さなまとまりで複数の再定住地へとわかれて移住しており，住宅復興を契機とした従前コミュニティの分散の度合いが高かったということが読み取れる。これは，同郡では先述したように，同じ郡内で再定住地の建設用地の確保が困難であったため，被災者は他郡への移住が推奨され，さらに，被災者は政府が用意した再定住地や自力で確保した土地等，差し当たり入居可能な様々な場所へと転出したためであると考えられる。

一方，移動１件あたりの規模が最も大きいのはハンバントータ郡であり，平均・約20.7世帯であった。また，同郡は地区当たりの移動件数が最も少なく，平均・約1.9件であった。このことから同郡では，従前の居住地から被災者が比較的大きなまとまりで特定の再定住地へとまとまって移動しており，住宅復興を契機とした従前コミュニティの分散の度合いが低かったことが読み取れる。これは，同郡では先述したように，約1500戸から成る国内最大の再定住地が建設される等，被災者を特定の再定住地に集約させたためであると考えられる。その結果，同郡では，再定住地あたりの移動件数が平均・17.8件となっており，再定住地における住民の従前地区の混在の度合いが最も高い。

また，他の郡では，カルタラ県：移動１件あたりの規模・約13.1世帯，地区あたり移動件数・約2.8件，再定住地あたり移動件数・約2.8件，ヒッカドゥワ郡：同・約8.4世帯，同・約3.2件，同・約12.3件，ウェリガマ郡：同・約8.6世帯，同・約4.0件，同・約6.6件となっていた。これらの３郡では，従前の居住地から再定住地へとまとまって移住する度合いはモラトゥワ郡よりも大きく，ハンバントータ郡よりも小さい。また，再定住地における従前居住地の混在の度合いはハンバントータ郡よりも小さいということが読み取れる。

ウェリガマ郡役所での担当者へのヒアリングによると，先述した「住宅再建ガイドライン」に沿って，従前居住地の住民のまとまりをなるべく維持して再定住地へ移住できるように配慮したようである。しかし，先述したように，従前居住地の近くに住民がまとまって移住できる規模の再定住地を整備することは困難であった。さらに，入居開始時期には再定住地によって差があり，被災者の中には，従前の住民のまとまりや海に近接した立地といった条件よりも，早く入居できることを優先し，個別の判断により移住する者も少なくなかったようである。このような要因により，再定住地への移住において，従前の住民のまとまりは必ずしも十分には維持されなかったということが明らかになった。

6.2　再定住地における生活の実態

（１）モラトゥワ郡——復興から取り残される不法占拠民

土地・住宅の権利を持たない被災者への対応

モラトゥワはスリランカ最大の都市であるコロンボの南・約20kmに位置する人口約17.7万人（2001年時点）の都市である。モラトゥワでは1980年代，コロンボの急激な拡大とともに人口が急増し，海岸線に沿って市街地が形成された。沿岸の市街地は，コロンボの余剰人口の受け皿でもあり，露天商や廃品回収等，いわゆる都市雑業に従事する者の住宅を多く含む。彼らの多くは，家屋や土地を賃借，あるいは沿岸の公有地を不法に占

写真２－７　津波被災後の沿岸の風景
モラトゥワ沿岸には被災前から不法占拠による住居群が立ち並んでいた

写真２－８　津波被害を受けた住宅
モラトゥワ沿岸には高さ１～２ｍの津波が到来し，多くの人々が住居を失った

写真２－９　モラトゥワの仮設住宅地
学校や公園，寺院等の敷地に木造の住宅が建設された。住環境は概して劣悪である。

写真２－10　被災約４ヶ月後の被災集落
バッファーゾーン内に住民が自力で家屋を再建し，早期の復旧を達成した。

拠していた人々である（写真２－７，写真２－８）。政府が発表した津波被災地復興計画では当初，彼らのような土地・住宅の所有権を持たない人々は，恒久的な住宅再建支援の対象には含まれなかった。

復興事業の遅延と住宅再建支援策の修正

モラトゥワ郡では，土地・住宅の権利を持たない被災者が多いことに加え，再定住地建設用のまとまった土地の確保が困難であった。モラトゥワ郡には，土地・住宅所有者への支援や再定住地への移住の促進を基本方針とする国の住宅再建支援策にそぐわない事情があったと言える。そのため，モラトゥワ郡では当初の目標よりも住宅復興事業の進捗が大幅に遅れ，仮設住宅（写真２－９）や親類・友人宅に避難していた被災者は不自由な生活をさらに長く強いられることが予想された。そのような状況もあり，被災者の中には，建設が禁止されている沿岸のバッファーゾーン内の土地に住宅を自力で再建する者が現れ始めた（写真２－10）。

その後，先述した通り，2005年10月にバッファーゾーンが縮小されたことを受け，元の場所での住宅再建支援の対象となる被災者の範囲が拡大された。一方，モラトゥワ郡の被災者の多くを占める借家・借地人や不法占拠者等の土地・住宅権利を持たない人々は依然として住宅再建支援の対象の範囲外であり，バッファーゾーンの縮小は根本的な問題解決にはならなかった。このことを受け，2006年4月に住宅再建支援施策が再度修正され，借地・借家人や不法占拠者も支援の対象となった。また，進捗が遅れていたモラトゥワ郡内での再定住地の建設計画が発表され，さらに，隣県であるカルタラ県においてもモラトゥワ郡の被災者向けの住宅が提供されることが発表された。

住宅復興の停滞と被災者への影響

住宅再建支援策の内容は修正されたが，モラトゥワ郡内での再定住地の建設は，土地取得の手続きの遅れや建設資金の不足の問題等もあり，当初の計画よりもさらに大幅に遅れた。再定住地の建設が着工したのは津波から約3年が経ってからであり，これは南西岸の他の地域と比べて極端に遅い。また，着工後も建設資金の不足や建設業者の問題等により工事が頻繁に中断され，津波被災から4年が経過しても未だ完成していない再定住地もあった。

また，隣県であるカルタラ県での住宅提供は，同県の被災者の入居が一通り完了した再定住地の空き住戸への入居や，行政が取得した土地，あるいは被災者が自力で取得した土地への移住を支援するという方法で行われた。そのため，被災者の隣県（カルタラ県）への入居は，従前の地区単位ではなく世帯単位で行われ，元の住民のまとまりは維持されなかった。

このように，モラトゥワ郡では，バッファーゾーンの縮小や土地・住宅権利を持たない被災者への支援拡大といった住宅再建方針の修正が，十分な効果を発揮したとは言い難い。その結果，被災者が安定的な住まいを確保する見通しを立てることは困難であった。被災者の中には，沿岸の土地を再び不法占拠して，自力で住宅再建する者も増え続けた。また，モラトゥワ郡の被災者には，地場産業である木工業や，零細な漁業等に従事する者が多く含まれている。彼らの生活様式の特徴である職住の一体性・近接性を考慮していない再定住地の計画がそもそも妥当であったのか，疑問である。そのため，再定住地の建設の目処が立っていたとしても，従前の生活・仕事の継続を考慮して，移住を望まない被災者も少なくなかったと予想される。

地域の住宅事情に応じた支援の必要性

このように，政府による住宅再建支援策は当初，モラトゥワ郡等の都市部の住宅事情（借家・借地人，不法占拠者等の土地・住宅権利を持たない人々が多いこと，沿岸部に再定住地の建設用地となる土地が不足していること，等）に対応できていなかった。被災から約1年3ヶ月の間にそのような事情に応じて，支援の対象と内容が修正されていった。そのこと自体は積極的に評価できるが，依然として，上述のような住宅事情に起因する問題に十分に対応することは困難であった。モラトゥワ郡では結果的に，「住宅再建ガイドライン」において推奨されていた，近接する再定住地への移住や，コミュニティ単位での移住は実現しなかった。また，元の場所での住宅再建では，津波被害拡大の要因となった，建物の脆弱な構造や土地の不法占拠といった問題がほとんど解決されないまま残された。これらの実態からは，地域の住宅実情に応じて支援の対象と内容を柔軟に見直すとともに，迅速に実行することの重要性が示唆される。

（2）ヒッカドゥワ郡——移り住んだ後の漁民の暮らし

甚大な被害と迅速な住宅復興

ヒッカドゥワは，コロンボを中心として拡がるコロンボ大都市圏に含まれる西岸の都市である。国内有数のビーチリゾートとして知られ，国外からも観光客が訪れ，ホテル業やレストラン，ガイド等の観光産業が発達していた。

ヒッカドゥワは津波が直接到来した東岸とは反対側に位置するが，島の南端を回折して到達した津波によって，甚大な被害が生じた。ある集落では，列車が乗客を乗せたまま津波に飲み込まれ，住宅をなぎ倒しながら1km以上内陸へと押し流された（写真2-11）。列車の乗客と集落の住民あわせて多くの人々が亡くなった。海岸から300m程内陸に行った場所に，高さ9mの津波が到来したことを示す痕跡が残されており，さらに，その他の場所でも津波の高さは平均4mに達したことが判明した。このことからも，津波の脅威をうかがい知れる。

写真２−11　津波被災直後の集落の様子
ヒッカドゥワのある集落では，停車していた列車が200m以上に渡って押し流された

写真２−12　ヒッカドゥワの再定住地Ａ
海岸から約2.5km内陸の山中に建設された戸建て形式の住宅地

ヒッカドゥワでは，再定住地建設用の土地の確保が比較的容易であったこと，また，国内有数のビーチリゾートとして海外との交流が多く，ドナーによる支援の申し出が多かったこともあり，住宅復興事業が比較的迅速に進み，津波被災から約２年以内にほぼ全ての住宅再建が完了した。

再定住地における生活上の課題

ヒッカドゥワでは比較的迅速に住宅復興が完了したが，再定住地を訪れてみると，被災者が生活を継続する上で様々な課題があることが明らかになった。例えば，Golgoda Watta（図２−11上の記号Ａ，以下，「再定住地Ａ」とする）は，海岸から約2.5km内陸の山中に建設された再定住地である（写真２−12）。494戸の戸建て住宅で構成され，ヒッカドゥワの各地から被災した世帯が入居して来ている。再定住地Ａにおいて生活を継続する上での課題として，まず，慢性的な水不足が挙げられる。再定住地Ａでは，住民への住宅の引き渡し後，施工業者の手抜きにより水道が引かれていない住宅があることが判明した。行政による対応も難しく，住民が自力で設置しなければならないが，3,000～5,000Rs.かかる水道工事費用は，被災者にとって大きな負担であった。さらに，復興事業によって建設工事の需要が増加し，配管工等の人手不足に陥っていた。そのため，工事の発注をしても順番待ちの状態が続き，完了までに２ヶ月以上かかるという状況であった。

なお，当初の計画では，再定住地Aには診療所，郵便局，集会所，寺院等の施設も建設されることになっていた。しかし，2006年8月時点において，それらの施設は資金不足等の理由により建設されておらず，今後の建設の目処も立っていなかった。住民は自転車やバイク，路線バス等を利用することによって，仕事場や学校等がある沿岸部に通っている。

Manujaya Pura（図2−11上の記号E，以下，「再定住地E」とする）は，海岸から1.3km内陸の水田地帯の中に建設された再定住地である。26戸の戸建て住宅から成る。再定住地Eにも，再定住地Aと同様，慢性的な水不足の問題があった。再定住地内には共用の井戸・一ヶ所と水道栓・二基が設置されているが，それらだけで水を安定的に確保することは困難であった。住民はプラスチック製の貯水タンクを自宅の庭に各自で設置し，さらに，他の住民と共同で水を購入する等，お互いに協力して水不足の問題に対応していた。

再定住地における漁業世帯の生活継続

上述した2つの再定住地の住民には，漁業従事者とその家族が多く含まれている。彼らは再定住地へ移住した後も，沿岸に通いながら漁業を続けている。例えば，ペラナ南という地区から再定住地Aに移住した被災者は，従前の住宅跡地に仮設の小屋を建設し，そこを漁具の保管や休憩・宿泊の場所等として利用することで，沿岸部への通勤の負担を軽減している。ただ，再定住地から仕事場である沿岸部までは片道6kmの距離があり，毎朝，夜が明ける前に家を出て舗装されていない山道を自転車で通うため，通勤の負担はかなり大きいという。また，海から離れることにより，漁業に関わる情報や雇用の機会等が得にくくなり，収入が減ったという声も聞かれた。さらに，スリランカの漁業従事世帯では一般的に，男性（夫）の漁業による収入の不安定さを補うために，女性（妻）が，ヤシ殻繊維業やレース編み，雑貨店等，安定的な収入が得られる仕事を副業として行っている。しかし，再定住地では，街から離れ，再定住地内外に生計手段となる資源も乏しいため，そういった女性による副業を継続することが困難であるという声も聞かれた。

住宅復興のスピードと住まいの選択の幅

このように，ヒッカドゥワでは，先述したモラトゥワ等の都市部や紛争の影響が特に大きい北部・東部等の他の地域に比べると，住宅復興が迅速に進められた。一方で，再定住地の計画は，被災者（特に漁業従事者）の生活・仕事の継続に対して十分に配慮されていたとは言い難い。例えば，再定住地における生活用水の不足や，沿岸への通勤の負担の増加，世帯収入の低下といった問題がみられ，再定住地へ移住した後も，被災者の居住は不安定であることがわかる。また，バッファーゾーンの縮小に伴い，2006年5月に住宅再建支援の対象の拡大が発表された際には，一部の住民から不満の声が挙がった。彼らは既に再定住地へと移住していた世帯であり，再定住地で既に住宅の提供を受けていたため，元の場所で住宅再建が可能になったことの恩恵を受けられなかったためである。これは，住宅復興がスピード重視で進められたことで，被災者の住まいの再建における選択の幅が狭められてしまった例であると言える。また，バッファーゾーンによる土地利用の制限と居住地の移転を前提とした復興計画は，再定住地だけでなく従前の居住地における生活再建やコミュニティの再生においても様々な弊害をもたらしている（これについては補章1で詳述する）。

（3）ハンバントータ郡――移住をめぐり交錯する思惑

地域の抜本的改造を伴う復興事業の推進

ハンバントータは，スリランカ南東部に位置する，漁港を中心として発展した都市である。中心市街地は小高い丘の上にあるため津波による被害を免れたが，低地にある漁港，および漁港の周辺にあった集落が壊滅的な被害を受けた。集落の居住者は主に零細漁業従事者であり，彼らのなかには漁港周辺の浜辺の土地を不法占拠して住居を構えていた者も数多く含まれていた。

ハンバントータ郡を含む南部沿岸は，スリランカでも特に貧しい人々が多い地域であり，ハンバントータ県の人口に占める貧困層の比率は国全体の平均を大きく上回っている。また，同県は乾燥地帯に位置しており，年間降水量が1,000mm未満と他の地域に比べて少ない。内陸部では農業や生活のための水の確保が困難であるため，住民はため池をつくる，あるいは政府の給水車に頼る等の手段で慢性的な水不足の問題に対処していた。

ハンバントータ郡における復興事業では，津波で被災した地域の再建にとどまらず，国際海港や国際空港，高速道路等のインフラの整備，および新都市の建設等が計画され，実行に移された。津波からの復興事業において上述のような大規模な地域の改造と都市の新規開発が行われた背景としては，2005年11月に当選・就任したマヒンダ・ラジャパクサ大統領（当時）の存在が大きかった。同大統領は，選挙公約として，所得の地域格差を是正し，貧困層に配慮した経済成長を目指すことを掲げていた。先述したように，国内でも特に貧しい地域であり，彼の出身地でもあるハンバントータ県が，選挙公約を実行に移す地域の一つとして位置づけられたのであった。

大規模再定住地の建設と入居者の実態

Siribo Pura（図2-12上の記号B，以下，「再定住地B」とする）は，ハンバントータの中心市街地と漁港から約5km内陸に拡がる荒野を切り拓いて建設された再定住地である（写真2-13）。約1,500戸の戸建て住宅から成り，これはインド洋津波から復興においてスリランカで建設された再定住地の中で最大の規模である。再定住地Bには，住宅以外にも集会施設や学校，運動場，診療所，ショッピングセンター等の様々な生活施設が整備されている。近い将来，元の中心市街地にあった行政機能や商業機能等も段階的に移転させて来ることを計画しており，再定住地Bはそのような新都市開発計画の一環として建設された。

上述のような建設の背景もあり，再定住地Bには，ハンバントータ郡の津波被災者だけでなく，復興が遅延している他郡の津波被災者や，再定住地Bの建設によって立ち退きにあった地元の住民，さらには，津波被災と立ち退き，いずれとも無関係な住民（主に内陸の農村に住む低所得者）も入居する等，多様な経緯を持つ住民が入居していることがわかった。

図２−13　ハンバントータ郡の再定住地Ｂ
新都市開発計画の一環として建設された国内最大の再定住地

図２−14　再定住地Ｂの住宅
水・電気が不足し空き家が目立つが，一方で，居住者自ら環境改善する例もみられる

再定住地における住宅供給と空き家の発生

再定住地Ｂでは計13の団体（海外政府，民間企業，NGO等）がドナーとなり，住宅を提供している。再定住地を構成する各街区に担当が割り振られ，それぞれの街区でドナーが住宅の計画と建設を行った。2006年８月の時点で，一部の街区を除いて，ほぼ全ての街区で住宅建設が完了しており，入居者への引き渡しも行われていた。ただ，再定住地を訪れてみると，入居者に引き渡されたにも関わらず，空き家となっている住宅や，ほとんど留守にしていると思われる住宅が多くみられ，中には大部分が空き家と思われる街区もあった。

空き家や留守宅が多いと思われる街区の住民に，空き家となっている理由を聞いてみると，雨漏りがする，電気・水道が通っていない，施錠ができない，といった住宅の欠陥のほか，慢性的な水不足，市街地から離れており通勤・通学の負担が大きい，学校，病院といった生活施設へのアクセスが悪い，といった生活・仕事上の問題が挙げられた。津波で住む場所を失った者はそれでも再定住地の住宅に住まざるを得ない。しかし，そうでない者は，他にも住む場所があるので，再定住地の居住環境が整備されるまで，入居を見合わせていたのであろう。また，そもそも再定住地に移住する意思がなく，転貸や転売を目的として入居を申請した者もいると推測される。また，再定住地に入居したが，上述のような問題があるため，昼間は家族や親戚の家に滞在しているという者もいた。一方で，再定住地の住宅の敷地に家庭菜園や雑貨店等を作る，周辺の土から作成した日干しレンガを使って住宅の増改築を行う等，周囲の環境に積極的に働きかけて，再定住地の生活環境を自ら改善している者もみられた（写真 2 −14）。

住宅形式に対する住民（特に漁業従事者）の選好

以上のように，再定住地 B には生活を継続する上で様々な問題があり，空き家や留守宅が目立っていた。再定住地 B には津波被災の有無や従前の居住地が異なる様々な背景を持った住民が入居している。調査を行った2008年 8 月時点で再定住地の住宅に住み続けているのは，津波により住居を失い，他に住む場所がない人々であったと推測される。このことは，再定住地 B の居住環境は，他に住む場所がある人にとっては住みたい，あるいは住めるとは思えないような水準であったことを意味している。

なお，ハンバントータでは，中心市街地と漁港から約 1 km という比較的便利な場所に積層型共同住宅形式の再定住地（図 2 −12上の記号 C）が計画された。しかし，行政が被災者に事前の希望調査を行ったところ，積層型の住宅は不人気であり入居希望者が募集定員を大幅に下回ったという。そのため，当初の予定では400戸供給する予定であったものを大幅に縮小して，再定住地 C では40戸のみ建設された。このような経緯からも，積層型の住宅は，スリランカの人々の生活にとって馴染みのないものであったことが改めて読み取れる。

これらの実態を踏まえると，スリランカの人々（特に漁業従事者）は，接地性や独立性が高い住宅を選好する傾向があると思われる。そのため，住宅形式としては戸建て住宅が理想的であるが，戸建て住宅建設のための十分な広さを持った土地を確保できる場所は必然的に市街地や海岸から離れた不便な立地に限られる。そのため，再定住地に住み続けていく上で，住民が不便な生活環境を克服していくということも重要な課題である。

（4）ウェリガマ郡——再定住地計画が移住に与える影響

ウェリガマは南岸に位置する人口約6.6万人の地方都市である。ウェリガマ郡の沿岸には，半円の弧を描く湾に沿って砂浜とココヤシの森が約８km に渡って続き，その合間に昔ながらの漁業を営む人々の集落が点在していた。津波被災前，このような豊かな自然および景観の中で人々の生活が営まれてきた。

ウェリガマ郡の津波被害と再定住地の計画

ウェリガマ郡では，インド洋津波によって死者365人，全半壊住宅2,810戸の被害が生じた。同郡では，住宅復興において計14ヶ所の再定住地が建設され，1,147戸の住宅が再定住地において供給された。これは，同郡における被災前の住宅数の約12.3％に相当することから，津波被災と住宅復興を契機として，同郡では多くの住宅が新しい住宅に置き換わったことがわかる。また，再定住地では様々な形式の住宅が供給されている（写真２−15〜写真２−18）。

表２−８にウェリガマ郡の住宅復興において建設された再定住地の計画内容（立地，規模，住宅形式等）と住民の定住率（2008年12月現在）を示した。ここでいう住民の定住率とは，再定住地の全住戸に占める，ある時点において住み続けていると思われる世帯の割合である。また，図２−13にウェリガマ郡における再定住地の分布と再定住地への世帯移動の状況を示した。2008年12月から翌年１月にかけて，ウェリガマ郡の再定住地全14ヶ所を実際に訪れたところ，再定住地ごとの定住率には入居から１〜２年が

写真２−15　戸建タイプの例（ウェリガマ郡・再定住地Ｃ）

写真２−16　二戸一タイプの例（ウェリガマ郡・再定住地Ｂ）

写真 2 -17　長屋タイプの例（ウェリガマ郡・再定住地 I）

写真 2 -18　積層共同タイプの例（ウェリガマ郡・再定住地 F）

経過して差が生じてきていることが明らかになった（表 2 - 8）。そこでここでは，各再定住地の定住率の違いについて再定住地の計画内容と関連づけながら分析する。

再定住地の「規模」と定住率の関係

再定住地 A は，海岸線から約2.1km 内陸の丘陵地に位置する，500戸の戸建て住宅から成る再定住地である。入居開始から約 2 年半が経過した時点で再定住地 A に住み続けているのは約250世帯であり，これは全体の約半数に過ぎない（定住率・約50％）。再定住地 A の住民にヒアリングを行ったところ，通勤・通学の負担の大きさを指摘する声があった。居住者の多くは漁業従事者であり，津波以前は住まいと仕事場（浜辺や漁港）が近接した生活を送っていたが，再定住地へ移住した後は自宅から仕事場がある沿岸へ通勤するようになり，時間的・経済的な負担が増したという。また，再定住地内外の人間関係の問題について指摘する声があった。再定住地 A の住民は，計18の異なる従前地区から入居してきた住民で構成されており，さらに，従前地区における近隣関係とは無関係に再定住地の住宅に入居した。そのため，隣近所は全く見知らぬ者同士という状況が数多く発生した。また，カーストが異なる住民と隣近所になることに対する不安・不満や，窃盗等，治安の悪さに対する不安を指摘する声があった。さらに，再定住地の近隣にある学校に転校した子どもがいじめの被害にあう

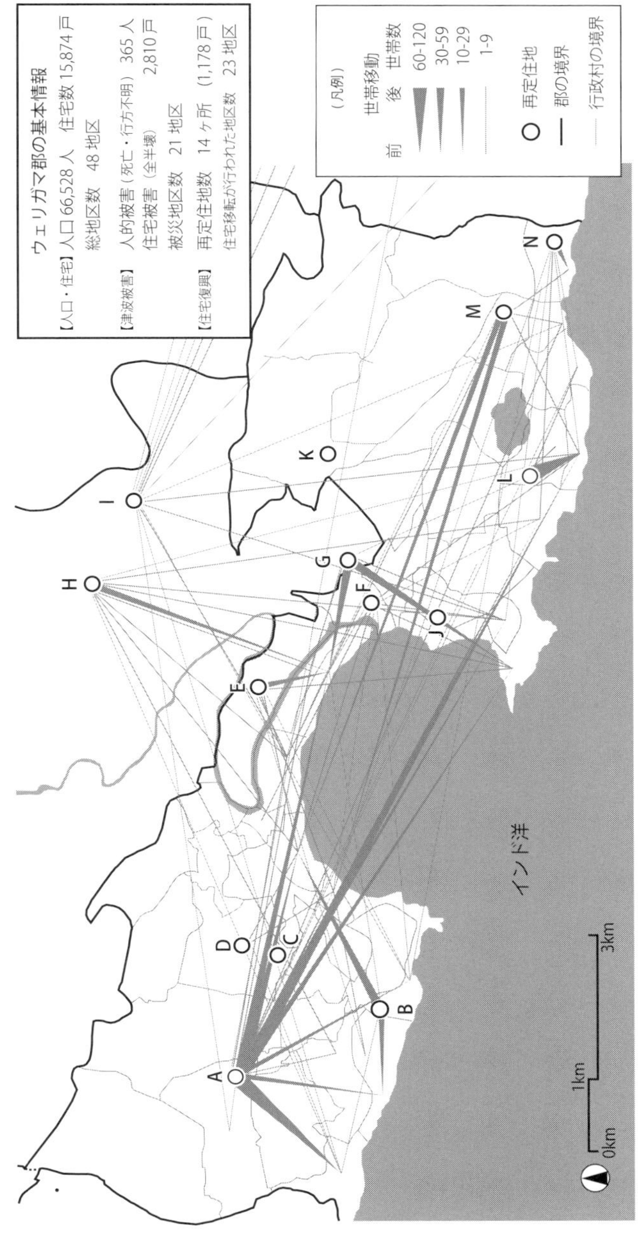

図２-11　ウェリガマ郡における再定住地分布と世帯移動
（復興開発庁および郡役所より提供された資料を元に筆者作成）

表２－８　ウェリガマ郡における再定住地の計画と定住率

（ウェリガマ郡役所より提供された資料および実地調査を元に筆者作成）

記号	名前	立地（Km）	規模（戸）	住宅形式	街路形式	従前地区数	入居開始日	定住率（08年12月現在）
A	Tea Watta	2.1	500	戸建て	不定形	18	2006年６月	50％
B	Gurubebila Watta	0.5	52	共同（二戸一）	並列	4	2007年２月	96％
C	Usgedi Watta	1.9	47	戸建て	格子	-	2006年８月	74％
D	Rohal Watta	2.4	10	戸建て	直線	3	2006年５月	80％
E	Kambikoratuwa Watta	0.9	42	戸建て	格子	7	2006年９月	83％
F	Kandepamulla Watta	0.3	28	共同（積層）	直線	9	2006年10月	93％
G	Baddakonawilla Watta	1.2	101	戸建て	不定形	6	2006年12月	90％
H	Charli Mount Watta	3.5	70	戸建て	不定形	10	2006年１月	64％
I	Sundarwinaigar Watta	3.7	76	共同（長屋）	同心円	13	2006年１月	50％
J	Higgahakoratuwa Watta	0.2	19	戸建て	並列	-	2006年８月	94％
K	Willegoda Watta	2.7	80	戸建て	格子	-	2006年２月	90％
L	Epita Watta	0.8	77	戸建て	並列	3	2006年４月	92％
M	Devagiri Watta	0.9	14	戸建て	並列	7	2007年12月	93％
N	Samudra Watta	0.2	34	戸建て	格子	7	2007年９月	85％

等，周辺のコミュニティに対する不安・不満の声も聞かれた。

このような人間関係に関する問題は再定住地の住民からだけでなく，支援者からも指摘されている。すなわち，ある援助団体の職員からは，再定住地Aの再定住地は大規模であり，また，住民のまとまりを意識しづらい街区構成となっているため，居住者間の関係を認識することが困難である。そのため，支援を必要とする全ての住民に対して，公平かつ公正に支援を行き渡らせることが困難であるという意見があった。

再定住地の「立地」と定住率の関係

再定住地Aに加えて，同じくウェリガマ郡の再定住地C，再定住地H，再定住地Iといった，定住率が低い再定住地に共通するのは，立地の問題であった。すなわち，これらの再定住地は海岸から離れたところに立地しており，居住者の多くを占める漁業従事者にとって生活や仕事を続ける上で不便であった。そのため，再定住地への移住を拒んだ世帯や，移住から暫く経つと生活の利便性を求めて元の場所へ戻っていった世帯がいたようである。また，再定住地へと移住した住民からも通勤・通学の負担の増加を指摘する声が聞かれた。そのような中，再定住地Kは一見すると例外的な事例であり，海岸から約2.7km内陸という離れた場所に位置するが，約90%という高い定住率を維持している。これは，再定住地Kの住民の大半は工場労働者や自営業者，公務員といった，海とは直接関係がない職業に就いているためであったと考えられる。このことからも，漁業従事者が再定住地で住み続ける上で，海との関係が特に重要であることが改めて確認できる。

なお，内陸の再定住地には，津波以外の災害に対する安全上の問題もみられた。例えば，内陸の山間部に位置する再定住地Hでは造成工事が不十分であり，土砂崩れの発生が危惧されていた。また，河川沿いの低地に位置する再定住地Eでは洪水による被害を不安視する声が挙がっていた。

再定住地の「住宅形式」と定住率の関係

再定住地Gや再定住地Jでは，住宅形式に関する問題を指摘する声があった。漁業世帯の従前の住宅では，周辺にオープンスペースがあり，住民はそこで漁具の修理や魚の加工といった漁業関連の作業を行っていた。また，先述したように，スリランカの漁業従事世帯では一般的に，男性（夫）の漁業による不安定な収入を補うために，女性（妻）が家庭菜園や雑貨店，ヤシ殻繊維の加工といった安定的な収入が得られる副業を行うことが多い。そのような女性の仕事を行う場所としても，住宅周辺のオープンスペースが重要であった。

一方，再定住地の住宅の周辺には，上述したような作業や仕事を行う上で十分な広さを持ったオープンスペースがなく，また，再定住地の土壌は生計の足しとなるような作物を育てることに適していなかったと言われる。このような住宅形式の問題は，再定住地 G や J だけでなく，ウェリガマ郡の他の再定住地においてもみられた。また，再定住地 F のような積層型共同住宅形式，すなわち，非接地型，かつ周囲にオープンスペースを持たない住宅形式は，漁業従事世帯に限らず，外部との関係を重視するスリランカ村落部の生活様式には必ずしも適合しないものであった。

再定住地の計画と定住率の関係について

ウェリガマ郡の再定住地14ヶ所という限られた事例数ではあるが，以上の分析を踏まえ，再定住地の計画と住民の定住率の関係について考察する。

再定住地の定住率にはまず，「立地」（海岸からの距離）が大きく影響していると考えられる。再定住地の入居者の多くを占める漁業従事世帯にとって，生活と仕事を継続する上で海へのアクセスの良さが重要であり，再定住地の立地による制約は大きい。また，再定住地の定住率には，住宅地の「規模」（住宅の戸数）も影響していると考えられる。スリランカの人々，特にウェリガマ郡のような村落部の人々の生活や仕事は，コミュニティにおける地縁・血縁といった人間関係が基礎となっている。住宅地の規模が大きくなると，地縁・血縁の関係にない異質な住民の混在の度合いが高まり，住民は相互の関係を認識することが困難になる。さらに，再定住地の定住率には「住宅形式」も影響している。特に漁業従事世帯にとって，陸地で行う漁業関連の作業や，女性による副業も重要であり，それらの仕事を行う上で，接地型であり，住宅の周辺に十分なオープンスペースを備えた住宅形式であることが重要である。

7．小結

本章では，スリランカにおける津波被災者の再定住地への移住の実態，および再定住地における生活継続の実態について明らかにした。そして，再定住地の計画内容の分析，および被災世帯の移動状況の分析を踏まえて，津波被災と再定住に伴う被災者をとりまく物的環境の変化について分析した。さらに，それらの変化が被災者の生活・仕事の継続に与える影響について考察した。本章を通じて得られた主な知見を以下に示す。

7.1　津波被災と再定住に起因した環境変化

スリランカでは，沿岸のほぼ全域がインド洋津波によって被災し，死者・行方不明者36, 603人，全半壊住宅数88, 544戸という甚大な被害が生じた。津波からの復興において，沿岸の全域において海岸線から100m 以内（東部・北部は200m）の地帯がバッファーゾーンに指定された。そして，バッファーゾーン内に住宅・土地を所有していた被災者は住宅の修復・再建が原則として禁止され，新たに建設される再定住地への移住が政府と海外ドナー主導で推し進められた。再定住地はスリランカ全土で計351ヶ所・計33, 760戸が計画された。再定住地の立地（海岸線からの距離）の平均は約1. 8km，規模（住宅戸数）の平均は約105戸であった。また，全戸数のうち約８割が戸建て住宅形式であった。このような政府・外部ドナー主導による急進的な住宅復興政策に対しては“第二の津波”という皮肉を込めた批判の声も挙がっていた。

被災者の多くを占める漁業従事世帯は被災以前，海との関わりが深い職住一体・近接的な生活を送っていた。このような生活様式は，海と近接した住宅の立地，地縁・血縁を基礎とする50世帯程度の集落の規模，周辺にオープンスペースを備えた住宅の形式といった要素に支えられていた。このことと上述の再定住地の計画の概要を踏まえると，再定住地への移住によって被災者の生活・仕事をめぐる物的環境は大きく変化したということが推測される。特に津波によって住む場所を失った漁業世帯にとって再定住地への移住は生活・仕事の継続をさらに困難な状況に陥れる「危機的移行」であった。

7.2　生活・仕事に影響する物的環境の要素

被災者の生活・仕事の継続に強く影響すると思われる物的環境の要素は，何よりもまず，再定住地の「立地」(海岸からの距離) であることが，南西岸の再定住地における被災者の生活継続の実態調査を通じて明らかになった。被災者の多くを占める漁業従事世帯が生活・仕事を継続するうえで，海岸線からの距離が特に強い制約となっている。漁業従事世帯が適応できる移動の距離には限界があり，絶対的な数値ではないが，例えばウェリガマ郡の再定住地では海岸線から約 2 km 程度の距離が限界であることが，再定住地の実態調査を通じて明らかになった。

また，再定住地の「住宅形式」も被災者の生活・仕事の継続に影響している。漁業従事世帯の生活は，海での仕事だけでなく，漁具の手入れや魚の加工，野菜・果物の栽培といった陸地での仕事によっても支えられている。そして，被災前，それらの仕事は主に住宅周辺のオープンスペースにおいて行われていた。しかし，再定住地の計画には，積層型共同住宅のような住宅周辺のオープンスペースを持たない住宅形式や，戸建て住宅であっても敷地内に十分な面積のオープンスペースがない住宅が含まれていることが明らかになった。

さらに，物的環境の変化が被災者を取り巻く社会的環境に対しても影響を与えている可能性がある。スリランカの村落や住宅地にはコミュニティを維持する上で適正な「規模」があると考えられる。例えばウェリガマ郡の再定住地においても，絶対的な数字ではないが，住宅の戸数が50戸より大幅に多くなると，居住者が相互の関係を認識することが困難となり，それが被災者の生活だけでなく，支援者の活動に対しても支障を与えていた。このような再定住地のコミュニティ問題が結果的に，住宅地の管理機能に混乱をもたらし，被災者の生活・仕事の継続を困難にする恐れがあることが再定住地の実態調査を通じて明らかになった。

7.3　住宅復興における被災者の居住地選択

スリランカ政府が住宅復興において示した「住宅再建ガイドライン」では，被災者がなるべく，従前居住地の近くの再定住地へ，従前の住民のまとまりを維持しながら移住できるように配慮することが各行政機関やドナーに対して推奨された。しかし，再定住地の建設用地の不足や建設資金を提供したドナーの事情等，様々な制約により，それぞれの従前居住地の近くにまとまった規模の再定住地を建設することは現実的に困難であった。そのため被災者は結果的に，従前居住地から遠く離れた再定住地への移住や，従前の住民のまとまりとは無関係な移住を受け入れざるを得なかった。一方，被災者自身も，安定的な住まいを迅速に確保することを優先し，従前居住地からの近さや従前の住民のまとまりをあまり重視しないようなケースもあったことが明らかになった。すなわち，入居可能であり，生活・仕事が成り立ちそうであれば，再定住地へと個別に移住することを選択する被災者も少なくなかった。

このように，「住宅再建ガイドライン」において目標とされた①従前居住地の近くへの移住，および②従前の住民のまとまりの維持はいずれも，十分には実現したとは言い難かった。このような結果となった要因としては，一つには政府による住宅再建支援策の内容が被災地の住宅事情や各被災者の事情に必ずしも十分には即しておらず，実効性に欠けていたということが考えられる。また一つには，「住宅再建ガイドライン」において推奨された上述の二つの内容はそもそも，スリランカ沿岸の社会構造に沿うものではなかったということも要因の一つとして考えられる。特に後者の要因については，第3章以降の分析においてより詳細に検討する。

topics-2

原発事故からの避難と住情報支援

みえない，みえづらい災害と被災者への支援

東日本大震災における福島第一原子力発電所事故の影響は長期間におよび，原発周辺地域の居住は現在も厳しく制限されている。2015年11月27日現在，福島県からは約103,139人がもとの居住地を離れ，全国各地で避難生活を送っている（復興庁発表）。被災者が生活を再建する上では，住居，家族，仕事，教育，福祉・医療，コミュニティ等に関連する様々な問題に向き合い，自ら情報収集し，判断・行動しなければならない。しかしながら，原子力災害の影響はみえない，みえづらいという特殊な事情もあり，原子力災害からの復旧・復興過程においては不確実な要素が多く，被災者の中には居住地の選定やその後の生活について意思決定することが困難な状況に陥っている人々がいる。

東日本大震災では，甚大な被害，原子力災害の併発という状況を受け，被災地とその周辺地域だけでなく，遠隔地においても被災者の仮住まいが確保された。その際，公営住宅の空き住戸や行政が借り上げた民間賃貸住宅を被災者に提供する，いわゆる「みなし仮設」の制度がわが国で初めて本格的に運用された。「みなし仮設」は既存のストックを活用するため，仮設住宅を建設する場合に比べて迅速な供給が可能であり，一般的なプレハブ仮設住宅に比べて住宅水準も総じて高い。一方で，被災者は入居の判断と入居後の生活において孤立しがちであり，また，無償で居住可能な期間についても不透明であるため，居住の不安定化が懸念されている。また，「みなし仮設」では，行政，所有者，利用者の三者契約のため煩雑な事務手続きが膨大に発生し，行政職員に過度な負担がかかることも指摘されている。

ここでは，東日本大震災直後から筆者らが調査を行ってきた京阪神における居住支援状況と避難者の居住実態について概観し，特に住情報支援（住宅の物件情報に加え，生活に必要な情報の提供）という視点から被災者の住宅・生活再建支援のあり方について考えてみたい。

京阪神における避難者への住情報支援の仕組み

関西の大都市（ここでは京都，大阪，神戸）では，東日本大震災以前から住宅政策やまちづくりの一環として，住情報支援やストック活用に関する様々な取り組みが行われてきた。それらの中には，阪神・淡路大震災を契機として創設された組織・仕組みも含まれており，東日本大震災における「みなし仮設」制度の運用による避難者の受け入れ[1]においても，それらの経験や仕組みが活かされることで，円滑な対応が可能となった。

まず，京阪神地域における居住支援の状況（表Ｔ２−１，2011年５月〜６月時点）をみてみる[2]。大阪市や京都府・京都市では，民間賃貸住宅の空き物件情報の収集と被災者への提供等のマッチングを自治体が公的な支援として実施している。兵庫県では，孤立しがちな被災者がグループで入居できる公営住宅についての情報発信や，阪神淡路大震災の際に創設した被災者登録制度のいち早い導入（2011年３月24日）等の対応を行っている。避難者向けの住宅の提供に関しては，京都市，大阪市，神戸市いずれも，国からの通達が行われる以前から，すなわち震災直後の段階から公営住宅の目的外使用について検討を開始していた。検討開始の素早い判断や検討内容については，阪神淡路大震災の際の経験が活かされたと京都市および神戸市の担当職員が述べている。「みなし仮設」の仕組み自体は阪神淡路大震災の時代から存在

図表 T2-1｜京阪神地域における居住支援の状況（公的機関公表資料を元に筆者等が作成）
いずれの自治体も避難者への住宅の提供，生活支援，情報提供等を行っているが，方法はそれぞれ異なる。

支援内容 単位：戸	公的支援					民間支援
	無償提供		生活支援		住情報提供	有償（減額）提供
	公的住宅ストック	民間住宅ストック	物品提供	相談窓口		民間住宅ストック
京都府	**121**/428 府営住宅		布団，照明，日用品	総合窓口	・市の無償住宅提供 ・民間住宅の有償提供 ・民間住宅の無償提供（マッチング）	・京都宅建業協会 ・全日本不動産協会京都府本部 ・日本賃貸住宅管理協会京都支部 ・京都府不動産コンサルティング協会
・京都市	**83**/200 市営住宅	**17**/82 ペット連れ・単身世帯の受入れ	布団，照明，日用品	総合案内	・府下公営住宅（無償） ・府による民間住宅無償提供（マッチング） ・民間住宅の有償提供	
大阪府	**127**/3410 府営住宅 雇用住宅等		毛布，照明，コンロ	生活相談窓口	・民間住宅の有償提供（協会等による） ・民間住宅の有償提供（協会以外，HP掲載）	・大阪宅建業協会 ・全日本不動産協会大阪府本部 ・全国賃貸経営協会
大阪市	**116**/505 市営住宅		毛布，照明，コンロ 日用品は社協	ワンストップサービス窓口	**7**/159 ・民間住宅の無償提供（マッチング）	
兵庫県	**60**/1200 県営住宅		毛布，照明，コンロ	総合窓口	・グループ単位で受入れ可能な県下公営住宅の無償提供	・あんしん賃貸ネット（国交省） ・不動産ジャパン（不動産流通近代化センター） ・全国賃貸経営協会
神戸市	**90**/500 市営住宅		毛布，照明，コンロ	総合コールセンター	・県下公営住宅（無償） ・全国の公営住宅（無償） ・全国の民間住宅の提供	

入居決定住戸総数 /提供可能戸数

出典：京都市役所HP，京都府庁HP（5/5時点），大阪市役所HP，大阪府庁HP（6/1時点），
神戸市役所HP，兵庫県庁HP（5/10時点），2011年度都市住宅学会関西支部総会記念シンポジウム資料（5/14時点）

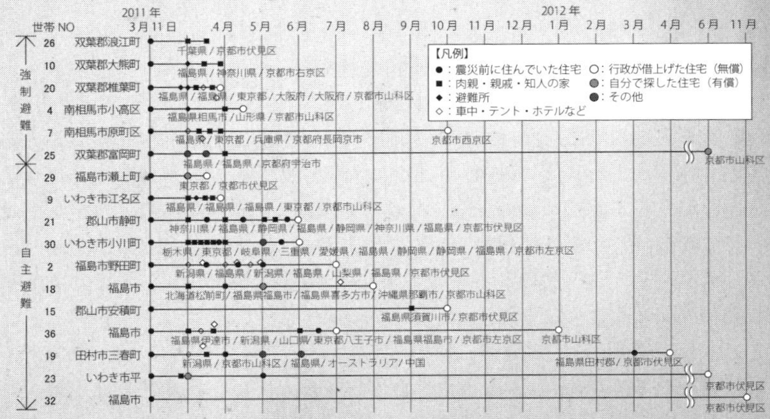

図T2-1｜**遠隔地避難における住まいの変遷の例（調査を元に筆者等作成）**
現在の避難先（京都市）に至るまでの期間，滞在地の数は避難者によって異なり，多様である。

しており，東日本大震災においても自治体担当者の判断により，仕組みが素早く運用されたのであった。

具体的な住宅提供の仕組みをみていく。京都市では，東日本大震災以前から市内の空き家活用について行政・公的機関と民間住宅事業者が連携に向けて話し合いを進めていたという経緯もあり，公営住宅空き住戸の提供による不足分を補うために民間住宅事業者が協力する形で物件情報の収集および提供を無償で行った。行政側では特別に予算枠が設けられ，京都市住宅供給公社に担当人員が配置されるなど，非常時の対応のために新たな体制が構築された。大阪市でも民間住宅事業者と連携したマッチング等が公的支援として行われたが，それらの対応はあくまで平時の仕組みの中で行われた。大阪市では1999年に設立された「大阪市立住まい情報センター」が平時から民間賃貸住宅所有者と入居希望者のマッチングを行っており，その仕組みが非常時においても活用されたのであった。阪神淡路大震災の際に兵庫県では民間住宅の借り上げが行われ，兵庫県全体で200戸程度と数は少なかったが，提供期間が終了した際に退去をめぐって行政，所有者，利用者（被災者）の間で

注

1）2012年１月16日時点で被災主要三県（岩手，宮城，福島）の応急仮設住宅供給数は建設仮設が計52, 345戸（うち福島が16266戸），借り上げ仮設（みなし仮設）が計54, 963戸（公営住宅：1454戸（うち福島が415戸），借り上げ民間賃貸住宅が53, 509戸（うち福島が24, 526戸））であった。2011年４月時点で全国で被災者向けに提供された公営住宅は21, 663戸であり，そのうち6, 894戸に入居が決定した（同年９月時点で提供可能戸数：23, 642戸，入居決定戸数：6, 894戸）。

2）公開されている情報および2011年５月以降に行った下記の行政及び公的機関へのヒアリング調査にもとづく。京都市：京都市住宅政策課，京都市住宅供給公社，不動産事業者（2011年５月上旬）。大阪市：大阪市立住まい情報センター（2011年５月上旬）。神戸市：神戸市住宅政策課（2011年11月中旬）。

トラブルが発生し，現在もその問題は一部解決していない。そのような経験に加え，東日本大震災においては公営住宅の空き住戸で被災者の受け入れが可能であったことから，民間住宅の借り上げは行われなかった。

遠隔地避難者の住まいおよび住情報収集の実態

京阪神地域の中でも福島県からの避難者の受け入れを初期の段階から表明していた京都（京都府および京都市）を対象として，避難者の住まいおよび住情報収集の実態について把握した[3)]。筆者らは避難者を支援する市民団体や行政担当局の協力を得てこれまでアンケート調査を何度か行ってきた[4)]。調査対象者はいずれも震災後，京都へ避難してきた人々であるが，それぞれの母集団および回答者は完全には一致していない。そのため，結果をもとに時間経過に伴う避難者の状況変化等を厳密に語ることはできない。このような調査上の限界はあるが，ここでは調査結果から総合的に判断して避難者の実情に迫ることとする。

まず，現在の避難先（京都）の住まいに至った時期やその間に滞在した場所の変遷（図Ｔ２－１）をみると，避難者によってそれらは大きく異なっている。避難者の中には親戚や知人を頼って各地を転々とした者や同居していた家族と離れ離れになった者も多く，このような経緯からも原発事故直後の大きな混乱が伺える。避難を決めた理由としては「放射線の影響や将来の災害に対する不安」を挙げる者がやはり多く，避難先として現在地（京都）を選んだ理由としては，「行政からの支援の手厚さ」，「住宅支援が適当であったこと」，「災害リスクの低さ」，「親族や知人がいたこと」，「土地柄や地域のイメージの良さ」等，様々なものがあった。避難者の中には放射線の影響を恐れて小さな子どもと母親だけで避難してきた世帯も多い。彼女らの家族が避難元（福島）に残っている理由としては，「仕事を辞めることができない（再就職が困難）」，「地域に対する愛着が強く離れる気がない／離れられない」，「（避難元に残っている家族が）放射線の影響を深刻に受け止めていない」，「高齢の家族の負担を考えて（環境を変えられない）」等が挙げられている。やむを得ない事情により家族が離れ離れとなり，必ずしも経済的に自立しているわけではないため，避難先と避難元での二重生活に伴う経済的・精神的負担を強いられていることがわかる。

住情報収集に関連して，現在の避難先に至る際に欲しいと思った情報は，子どもの有無を問わず，「広さ，間取り，設備等の住宅物件情報」であり，これは平時の住み替え等の際と同様であった。現在（ここでは2013年６月時点）欲しいと思う情報は，子どもの有無を問わず，「生計に役立つ情報」，「原発事故の補償・賠償に関する情報」，「放射線に関する情報」であり，子どものいる世帯では「就労，教育等，生活に対する支援の情報」への関心が特に高い。避難者の住情報収集の実態として，全体として自ら情報を得ようとする動きがみられ，子どものいる世帯の場合，特に積極的である。一方，欲しい情報が十分に手に入らない理由としては，子どもの有無を問わず，「どうやって情報を集めればよいのかわからない」，「必要な時に欲しい情報が手に入らない」等が挙げられており，子どものいる世帯では，「情報を集めるのにかかる時間や資金が負担になる」という理由が挙げられていた。これには，世帯分離によって，ひとり親が子育てをする環境に置かれていることが少なからず影響している。

一方，アンケートの自由記述欄からは，「住まい」，「家族」，「仕事」，「教育」，「コミュニティ」等に関わる実に様々な問題が確認され，避難生活の長期化に伴い，避難者が抱える個別の問題はさらに複雑化・深刻化していく恐れがある。さらに，「相談窓口の相談員に情報や知識があったとしても果たして当事者の立場で話せるのか」といった，住情報支援の相談員に避難者が抱える個別の問題に対する理解を求めることの難しさを指摘する，根本的な問いかけもみられた。一方，京都の場合，避難者が自ら立ち上げ，避難者同士のネットワークづくりに取り組んでいる団体（一般社団法人「みんなの手」等）が継続的に活動しており，そのような当事者間の関係づくりと連携した住情報提供や個別相談も一つの有効な手段となり得ると考えられる。

写真 T2-1｜郡山市内の住宅地の様子
除染作業で出た放射性物質を含む土（通称「除染土」）がポリエチレン製の黒い袋に詰められて住宅地のいたる所に仮置きのため積み上げられていた。

福島県における避難者と受け入れ地域の間の軋轢

福島県内で避難している被災者の数は2015年11月27日時点で，59, 363人とされる（復興庁発表）。その大半は原発事故の影響により強制的あるいは自主的に元の居住地を離れることとなった人々である。震災直後，原発事故と放射線に関する情報が錯綜し，社会全体が混乱に陥る中で原発周辺地域の住民は県内外に避難先を求め，各地を転々とした。その後，福島県内の各地に避難元の自治体ごとに応急仮設住宅が建設され，放射性物質の影響に不安を抱えながらも福島県内に留まる，あるいは戻るという判断を下した被災者が入居することとなった（写真Ｔ２－１）。避難元の地域（福島第一原発周辺）は避難指示区域に指定され居住が禁止あるいは制限されているため，当面は避難指示区域外の自治体が避難者集団や移転してきた役所機能を受け入れる。その結果，各地に「仮の住まい」ならぬ「仮のコミュニティ」とでも言うべき集団が形成されていったのである。

福島県南部の地方都市・いわき市（2010年の人口・342, 249万人）は，県内で最大の避難者受け入れ自治体となった（いわき市への避難者の数・約23, 784人。2013年10月１日時点）。いわき市に避難者が多く転入した理由は，福島第一・第二原発周辺の自治体とは同じ浜通り地区ということもあり，もともと経済的な結びつきが強く，気候・風土も似通っているためであると言われる[5)]。いわき市内各所に建設された仮設住宅・3512戸の大部分（9割強）は，被災したいわき市民のためではなく，市外からの避難者のためのものである。「いわきニュータウン」は1970年代中頃から都市再生機構によって開発された県内最大級の住宅団地であるが，大量の売れ残った宅地が震災後は避難者のための仮設住宅や自力再建住宅の用地として再活用され，コンビニエンスストアが新たなに出店するなど，活況を呈している。このよ

写真 T2–2｜**いわき市役所前の落書き**
2012年12月に発見され，メディアでも大きく取り上げられた。この落書きに象徴されるように，避難者と受け入れ地域の市民との間の軋轢が社会問題化している。

うな光景は，震災後のいわき市の状況を象徴する風景である。

大量の避難者が短期間で流入したことにより，いわき市では深刻なコミュニティ問題が発生している。一部のいわき市民の間では，震災後，市外から大量の避難者が流入した影響により，公共施設や福祉・医療施設の混雑や住宅建設用地の不足が深刻化したという認識が広まっているようであり，避難者が住民税を払わずに公共サービスに「フリーライド」していることに対する不満が高まっているという。この話がどの程度一般性を持つか不明である。しかし，2012年12月にいわき市役所前に残された心ない落書きが残される等（写真Ｔ2－2），避難者とその受け入れ地域の間の軋轢は深刻な社会問題となっていることが伺える。

住情報支援とコミュニティ・デザインの連携の必要性

原子力災害からの再定住において被災者が自ら行動する上で彼らへの住情報支援は重要である。原発事故直後のきわめて混乱した状況下で被災者が自ら判断し避難を行動に移すことは困難であったこと，また，避難先での生活において必要な情報を得ることは困難であったことが予想された。京阪神地域への避難においては，筆者等の調査の限り，確かに予想した通りの状況が一部ではみられた。一方で，遠隔地への避難においては放射線の影響から逃れるという明確な判断根拠があったこと，避難者は自ら情報収集し，避難の判断や避難先の決定を遂行する能力が比較的高い人々であったこと，さらには，京阪神地域では避難者の受け入れ表明と情報提供が比較的早い段階から行われたこともあり，避難の判断における住情報の問題は限定的であったように思える。むしろ，今後の長期化する避難生活において避難先と避難元での二重生活による負担や，故郷への帰還か移住かという葛藤を抱える中で，

注

３）2011年３月13日に関西広域連合委員会が開催され，被災三県（岩手，宮城，福島）と応援府県（大阪，京都，兵庫，滋賀，和歌山，鳥取，徳島）のカウンターパート方式により被災者支援の緊急表明が行われ，福島県については滋賀県と京都府が積極的に支援し，避難者の受け入れ等も行うことが発表された。

４）第一回目は2011年12月に，京都への避難者を支援する市民団体の協力を得ながら，同団体が主催するイベントに参加する20名の避難者について対面式によるアンケート調査を行った。第二回目は2013年６月に，京都市都市計画局の協力を得て，同局が把握している京都への避難者約200世帯について，ポスティング配布と郵送回収によるアンケート調査を行った（回答数36票，有効回答率約18％）

５）福島県内の行政職員，避難者へのヒアリングを行った（2013年９月：いわき市役所，双葉町役場いわき事務所，仮設住宅住民（いわき市，双葉町）。2014年７月：福島県庁，富岡町役場郡山事務所，福島県居住支援協議会。）

個別の事情に応じた継続的な住情報支援が不可欠であろう。

一方，被災地（原発周辺および福島県内の地域）に留まっている避難者は，県外への避難の必要を感じていたとしても何らかの理由や事情により地域を離れない，あるいは離れられない人々である。彼らもまた遠隔地に避難した人々と同等，あるいはそれ以上に困難な問題を抱えている。特に，避難者と受け入れ地域住民の間の軋轢は深刻な社会問題となっており，双方に多大なストレスを強いている。避難者の再定住にむけて今後も住情報の支援は不可欠であろうが，生活に必要な情報はコミュニティ内外の社会関係を通じて伝えられる。このことを考慮すると今後の住情報支援において，例えば原発避難者向けの災害公営住宅の整備においてハードおよびソフトの両面で受け入れ地域との間で何からの交流が持てるような工夫を施すなど，コミュニティ・デザインとの連携が重要になってくるであろう。

CHAPTER 3 暮らしの再建をはかるフレームの構築

再定住地に住むシンハラ人の家族（南部州マータラ県）
シンハラ人は「小家族」（夫婦とその未婚の子）を基本単位とする家族形態を特徴とし，
被災前は「ワッタ」と呼ばれる小集落で土地・家屋やインフラを共同利用しながら暮らしていた。

1．はじめに

1.1　社会関係から暮らしの再建をはかる——本章の目的

スリランカでは一部の地域を除いて，インド洋津波から約3年以内に再定住地の建設が完了した。未曾有の大災害による混乱にも関わらず，迅速に被災者への住宅供給を実行したことの意義は大きい。一方で，第2章でもみたように，被災者の生活・仕事の継続を含め，再定住地が被災者にとって安定的な住まいとなる上では，様々な課題が残されている。

再定住地では，生活と仕事が成り立たず入居から半年足らずで住宅を放棄する世帯の事例がみられた。その一方で，入居からしばらく経っても再定住地に住み続けている世帯の事例もみられた。津波災害後に建設される再定住地は一般的に，津波から一定期間経過すると誰も住まなくなり“失敗”する傾向が強いとされる。しかし，上述したような再定住地の実態を踏まえると，再定住地の“失敗”と“成功”の意味について改めて問う必要がありそうである。その際，被災者の生活再建の実態について，より正確に把握することが不可欠である。

本書では，被災者の「生活再建」を，被災者の“生活と仕事が成り立っている状態”と捉えている。再定住地の“成否”は，被災した個人や世帯の生活・仕事の継続といった個々の問題だけに関わるものではない。個々の生活・仕事は，地縁や血縁，友人関係といった様々な社会関係によって規定され，保たれている。また，土地の所有や利用といった権利関係によって規定されているという側面もある。従って，「コミュニティ」をこれらの様々な関係の複合体と捉えるならば，再定住地の問題は，平時のコミュニティがどうであったか，さらには，非常時の経験を通じて既存のコミュニティをどのように継承・再編すべきか，というコミュニティの問題とも深く関わっている。

そこで本章では，特に，社会関係や権利関係といった社会的環境との関連から被災者の生活・仕事の継続について理解するためのフレームを構築し，第４章以降で行う，個人の生活・仕事，社会的環境，物的環境の相互の関係についての分析のための基礎とする。

1.2　災害等に起因する居住地移転への対応に関する既往研究

ここでは，本章における検討と関連する，自然災害や開発事業等に起因した居住地移転への対応に関する既往研究についてレビューする。自然災害後の住宅復興に関する議論について，日本では「原形復旧」の原則のもと，居住地移転は住宅復興においてなるべく除外すべき選択肢とされてきたと言われる（三井2007，pp.223–226）。そのような背景もあり，自然災害後の住宅復興に関する既往研究においても，居住地移転については必ずしも積極的には論じられてこなかった。また，居住地移転には被災者の生活・仕事の継続やコミュニティの継承等において様々な問題があることが既に多くの研究によって指摘されてきた。これらのことを踏まえると，居住地移転の実施にはやはり慎重な判断が必要である。一方で，現実には様々な理由によって居住地移転は生じており，このことは被災者の生活再建プロセスの多様性の表れとして捉えられる[1)]。本章では，こういった議論を踏まえ，自然災害からの住宅復興における一つの選択肢として居住地移転を位置づけ，現地再建に必ずしも限定されない，被災者の多様な生活再建への対応の可能性について検討している。

次に，居住地移転への具体的な対応に関する研究についてみていく。既往研究におけるアプローチには，大別すると，「法律・制度的対応」と「居住地計画的対応」がある。

まず，「法律・制度的対応」の観点からアプローチした既往研究には，非自発的な再定住における移住者の生活困難化の段階モデルを示したもの

1）　阪神・淡路大震災後の公的住宅再建支援に関する評価として，被災者に対する居住支援を「避難所→応急仮設住宅→災害復興公営住宅団地」という単線的プログラムに集中させたことの問題が指摘されている（髙田2005）。本研究は，居住地移転それ自体の問題ももちろん検討するが，住宅復興の選択肢を，「居住地移転」か「現地再建」か，という様に限定することの問題に関しても検討している。

(Cernea & McDowell 2000)，途上国における強制移転政策形成の論点を整理したもの（松澤1997），再定住に対する補償とその問題点を指摘したもの（Cernea & Mathur 2008），また，既往の研究や事例を踏まえて開発事業に起因した再定住における移転者への補償の指針を示したもの（World Bank 1990）等がある。「法律・制度的対応」において中心的な論点となっているのは，移転対象となった人々への補償のあり方である。居住地移転等において公的機関が私有地を収用する場合，その所有者や利用者に対して適切な補償がなされなければならない。このことは，多くの国で一般的に，財産法や土地収用法において規定されている。しかし，既往研究でも指摘されているように，土地収用法は法的権限を持たず慣習的な土地所有・利用権に生活を依拠している人々の状況には必ずしも適合しない。また，土地収用法が定める補償とは一般的に，収用される土地の現在価値に相当する現金あるいは現物を移住者が受け取れるようにすることである。特に開発途上国や歴史的市街地・集落には，金銭で代替されない地域固有の社会関係や土地所有・利用に生活を依拠している人々が多い。そのため居住地移転に対する法律・制度による「補償」のアプローチにも限界がある。

一方，「居住地計画的対応」の観点からアプローチした既往研究には，再定住事業のプロセスに関するもの（福木・大月他2006），再定住地における居住環境の変化と居住状況を明らかにしたもの（牧・三浦・小林・林2003），被災者の住宅再建・生活回復から集団移転について評価を行ったもの（石川・池田・澤田・中林2008），市街地復興事業による空間再編システムと近隣関係の変化に関するもの（田中・塩崎・堀田2007）等がある。これらの研究は，居住地移転への居住地計画的な対応の方向性に基礎を与えるものであり，本研究における移転対象となった人々の社会関係や，居住地移転前後の変化，再定住地と従前居住地の関係といった視点も，これら既往研究からの示唆を得て形成されたものである。そして本研究では，これらの既往研究の成果を踏まえ，被災者の生活再建をより体系的に理解するためのフレームを構築している。

以上を踏まえ，本章では，地縁・血縁等の社会関係や共同的な土地所有・利用関係といった，人々の生活にとって重要であるが，「法律・制度的対応」（補償）の観点からは十分には対応しきれない要素に着目する。そして，それら要素との関連で被災者の生活再建を分析するフレームを構築し，災害後の居住地移転における「居住地計画的対応」について検討する上での基礎とする。

1.3　社会関係の抽出と分析――研究の方法

まず，スリランカ海村の社会構造に関する既往研究と文献を参照し，研究対象地域における地縁，血縁，地縁・血縁以外の関係（行政区分，民族・宗教，カースト，協同組合，相互金融組織，等）といった社会関係の諸相について概観する。そして，津波被災者の生活・仕事の継続にとって重要であると推測される社会関係および権利関係を抽出する。

次に，津波災害後の居住地移転における空間変化（従前居住地と再定住地）および時間変化（平常時と非常時）に着目し，社会関係および権利関係の継承・再編の実態を体系的に分析するためのフレームを構築する。

なお，地縁や血縁といった社会関係および土地所有・利用といった権利関係は，相互に規定しあうことで成立・持続している場合がある。従って，社会関係の継承・再編の機構を正確に理解するためには，こういった社会関係相互の規定性についても把握することが必要である。そこで，本章ではさらに，社会関係の結合原理に関する検討にもとづいて，社会関係の相互の規定性について分析するためのフレームについて検討している。

2．スリランカ海村社会における社会関係の諸相

2.1　地縁（ガマ，ワッタ）

スリランカのシンハラ人社会において地縁と関わる，集落や居住地を表す概念として，「ガマ（Gama）」や「ワッタ（Watta）」がある。

「ガマ（Gama）」とは，シンハラ語で「村落」を意味する言葉である。社会人類学者・高桑史子によると，ガマは地域によって使われ方が異なるが，概ね3つの意味がある（高桑2008）。すなわち，①住民が認識する村落（village），すなわち自然村の概念に近い村落，②村落内の居住単位（hamlet），③祖先から伝えられた耕作地（estate）の3つである。

あるガマ（village）は，いくつかのガマ（hamlet）で構成され，各々のガマ（hamlet）はサブカートの居住単位でもあり，その成員は耕作地としてのガマ（estate）に対する権利を持つ。別の研究によると，②のガマ（hamlet）は，屋敷地（家屋とその周囲の野菜・果樹等の栽培地）の集合であるが，②と③の区別がない場合もある（Obeyesekere 1967, Yalman 1967）。

また，「ワッタ（Watta）」とは，シンハラ語で「土地」あるいは「庭」を意味する言葉である。ワッタは，「居住地」の総称として用いられることもある。さらに，コロンボ等の住宅問題について論じる際，低所得層の居住地やインフォーマルな居住地の総称として用いられることもある。

シルバによると，ワッタの語源は明確ではないが，行政や地主が所有する未分割の土地に人々が住みついたことから，そのように呼ばれ始めたという（Silva & Athukorala 1991）。実際，ワッタには，「～さんの庭」や「～局の土地」のように，地主や土地を所有する行政機関・部局の名前等が付けられている場合が多い。また，「ココヤシの土地」，「陶器づくりの土地」のようにその土地の産業にちなんだ名前が付けられる場合もある。

ワッタは，小規模な集団であり，1981年にユニセフが行った調査によると，コロンボのワッタの平均的な規模は35世帯であったという（Tilakaratna 1984）。また，1999年にコロンボ市が行った調査においても，市内にある1, 506ヶ所のワッタのうち約74％は，50世帯以下で構成されるものであったという（Colombo Municipal Council 2002）。ワッタの境界には，河川，道路，鉄道といった物理的な境界もあるが，むしろ多いのは，家族・親族，カースト，宗教・民族，収入，共通の利益といった社会的な境界であると言われる（Silva & Athukorala 1991）。

なお，本研究の主な対象地域であるウェリガマ郡の沿岸では，上記の②

居住単位としてのガマと③耕作地としてのガマは特に区別されていない。また，②居住単位としてのガマは，「ワッタ」と呼ばれている。ウェリガマ郡の沿岸には，弧状の湾に沿って砂浜とココヤシの森が続き，図３－１に例として示したようなワッタが点在している（図３－１，写真３－１，写真３－２）。ワッタの規模は平均50世帯前後であり，後述する行政村（Grama Sevaka）の規模よりも小さい。このことからも，行政が区分した村と住民が認識する村の範囲は必ずしも一致していないことがわかる。

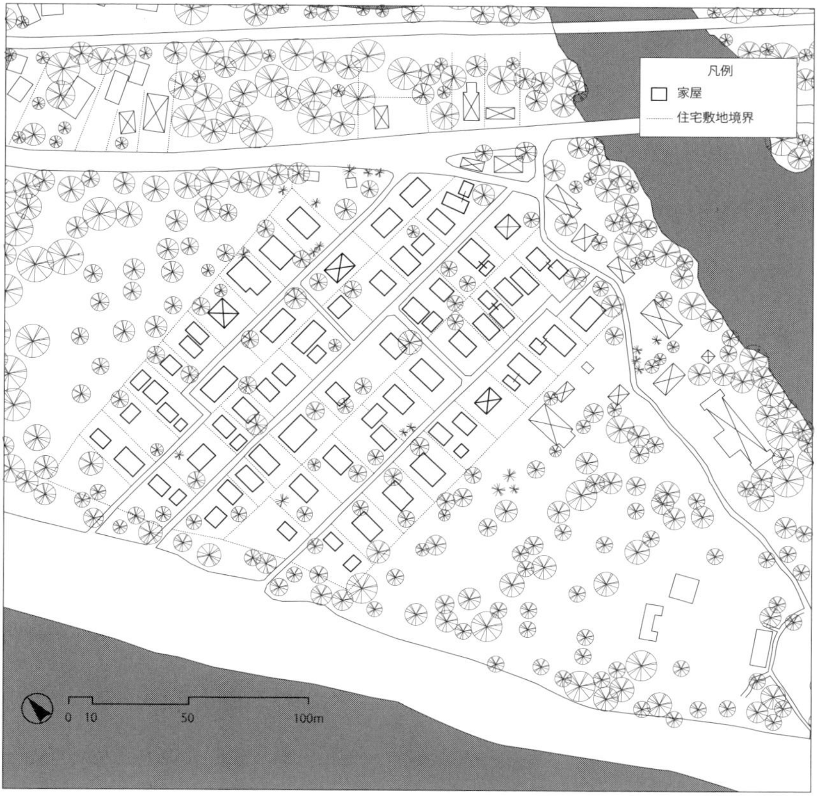

図３－１　ワッタの空間構成の例
（ウェリガマ郡ペラナ村モーダラ・ワッタ。調査を元に筆者作成。）

写真３−１　沿岸のワッタの景観
ココヤシの森に覆われ砂浜の上に形成された小規模な住居群

写真３−２　ワッタの住宅敷地
一つの敷地に複数の家屋が建てられ，家族・親族が集住している

2.2　血縁（ゲー，ゲダラ，パウラ，ワーサガマ）

同じく，スリランカのシンハラ人社会において血縁（婚姻や養子縁組等の社会的な血縁も含む）と関わる概念として，「ゲー（ge)」，「ゲダラ（gedara)」，「パウラ（paura)」，「ワーサガマ（vasagama)」等がある。これらには家屋や台所等の住生活の単位と結びついた概念が含まれている。

「ゲー（ge)」とは，「食事を共にする者の単位」であり，一軒の家屋に住まい，同じ調理場で調理された食事をとる者のまとまりを指す。「パウラ（Paula)」も，「ゲー」と同じく，一軒の家屋に住まい，同じ調理場で調理された食事をとる者のまとまりを指し，世帯と家族，両方の意味を持つ（谷口1987)。パウラには「妻」という意味もある。

次に，「ゲダラ（gedara)」とは，本来は「家屋」を指す言葉であるが，家屋周辺の「屋敷地」まで含めて指す場合もある。また，「屋敷地」は，「イダマ（idama)」と呼ばれることもある。また，ゲダラにパウラが住むので，同じニュアンスで使われることがある。例えば，「ゲダラミニッスー」は，「家の人々」という意味であり，家族員を指す。

図３−２に，人類学者・中根千枝による「３つの家族構造モデル」を示した。図中の点線は，結婚後，親から独立した住居を構える子供を指している。本書の主な研究対象であるシンハラ人社会は，イギリス社会等と同

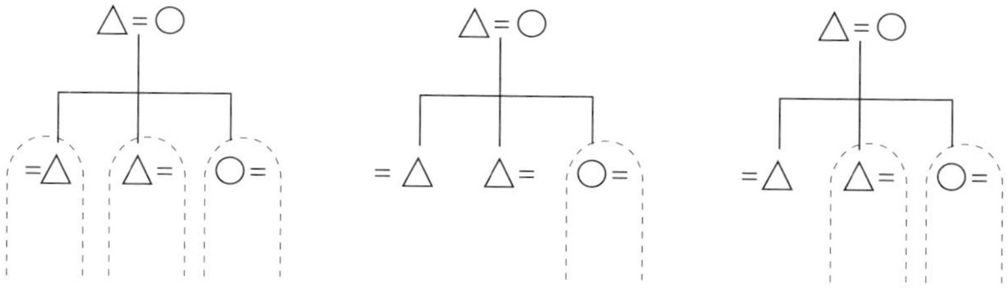

A　両親とその未婚の子供たちからなる小家族

B　兄弟（姉妹）の連帯による大家族

C　父ー息子の継承線を基盤とする家族

図3－2　3つの家族構造モデル
（中根1970を引用）

じく，モデルAの「両親とその未婚の子供たちからなる小家族」を基本とする社会の典型とされている[2]。

シンハラ人社会では，食事と性を結び付けて捉える観念が存在しており，結婚した女性は父親とは調理・食事を別々にするという慣習がある。すなわち，上記の「パウラ」は通常，妻と未婚の子供，夫で構成され，一つのゲダラ（家屋ないし屋敷地）に一つのパウラが住まうことが理想とされている。パウラには「妻」の意味もあるのは，こういった，女性を中心とした家族形態の特徴の表れである。

ただし，現実には，結婚した子供が親と同居している場合も多くみられ，一つのゲダラに複数のパウラが住まうというケースも珍しくない。そのような場合においても，図3－3に例を示したように，既婚の子供と親は別々の台所を利用しており，調理と食事を別々にしている。高桑によると，こういった居住形態（複数家族による共同居住）は過渡的なものである。すなわち，子供は，結婚直後は経済的に余裕が無いため親と同居しているのであって，理想的には親と別の場所に住居を構えることを志向して

2）　中根（中根1970等）は，家族構造の比較に関する一連の研究において，スリランカとイギリスを例に小家族構成が社会の基準として強く打ち出されてきた社会について考察している。また，インドを例に家族集団の拡大が志向され大家族が形成されてきた社会について，日本の村落を例に家族集団の存続が志向され父―息子の継承線を特色とする家族が形成されてきた社会について考察している。

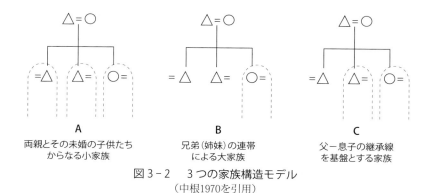

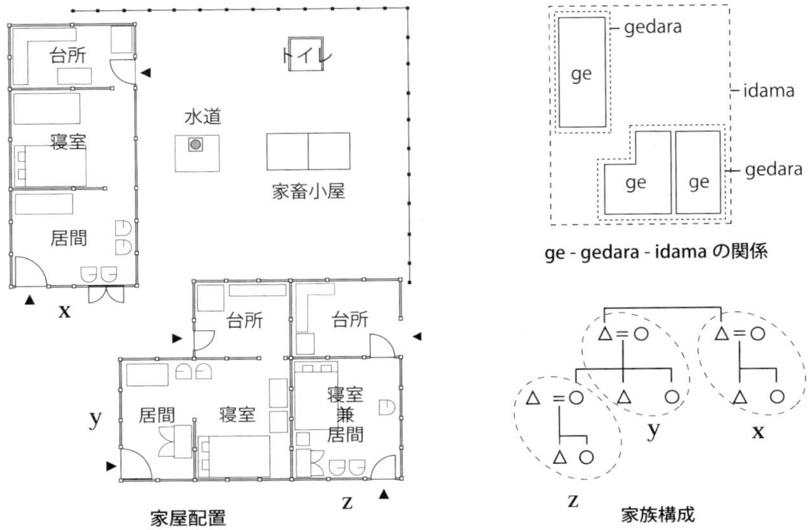

図3－3　シンハラ人家族の居住空間の例
（調査を元に筆者作成）

いるという（高桑2008, p.298, Yalman 1967, p.115等を参照）。

さらに，「ワーサガマ（vasagama）」は，本来は個人が住んでいる土地の名前を意味するが，同時にカーストの名前を表している。例えば，研究対象地であるウェリガマ郡の住民は，個人名に加えて，複数の単語からなる名前のセットであるワーサガマを持っている。同じワーサガマを持つ家族は，父系血縁関係にあると認識される。女性は結婚後も父親のワーサガマを名乗り，その子供も母方の祖父のワーサガマを名乗るので，ワーサガマは父系的に継承されていく（松本・大岩川1994）。

図3－4にワッタにおける親族の分布の例を示した。また，図3－5に同じく，血縁・姻戚関係の例を示した。先述したように，結婚した子供は親とは別の場所に住居を構えることが理想とされているが，実際には，図3－4，図3－5の例からもわかるように，親と同居しているケースも珍しくない。特に住居や土地を取得する資力が乏しい低所得者の居住地においてはむしろ，そのような既婚の子が親と同居しているケースのほうが一般

図３－４　ワッタにおける親族の分布の例
（ウェリガマ郡ペラナ村モーダラ・ワッタ。調査を元に筆者作成。）

的である。図３－４に例として示したワッタにおいても，何らかの血縁関係にある者の世帯が集住する傾向が顕著である。

2.3　地縁・血縁以外

（１）行政区分

スリランカにおける行政区分は，国（Nation）の下に県（District），郡（Divisional Secretariat Division;DS division と呼ばれる），小区（Grama Sevaka

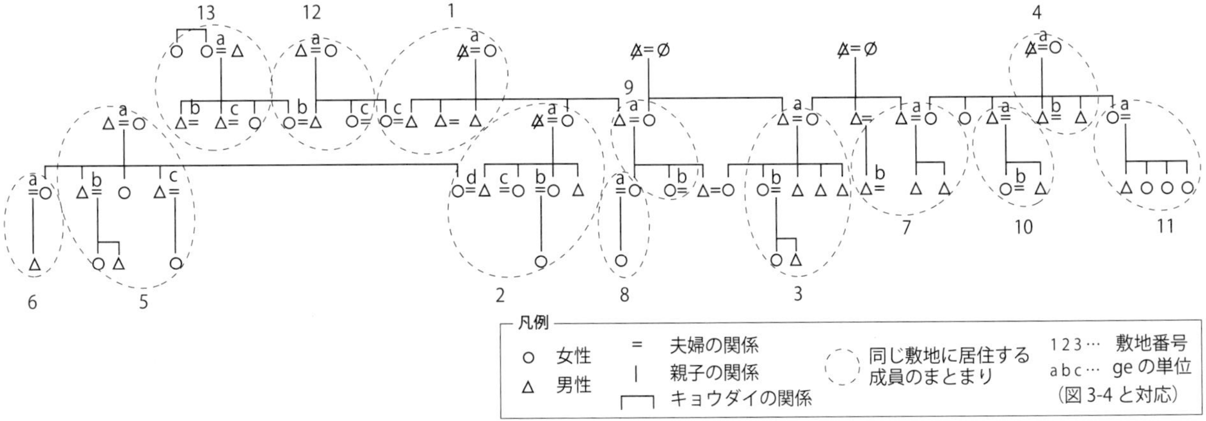

図3－5　ワッタにおける血縁・親族関係の例
（ウェリガマ郡ペラナ村モーダラ・ワッタ。調査を元に筆者作成。）

division; GS division と呼ばれる）が置かれている。

本書の主な研究対象であるスリランカ南部州マータラ県ウェリガマ郡において，例えばペラナ村と呼ばれる地域は，行政区分の上では，ペラナ西，ペラナ北，ペラナ南という3つの小区に分かれている。このように，小区の範囲は，自然村である「ガマ」，親族やカーストによる集住がみられる「ワッタ」，さらには住民が利用する浜の範囲等とは必ずしも一致していない。また，小区の境界は，人口増加や行政上の便宜から，過去に何度も変更されてきた。

各小区には区長が任命され，区長が行政区の最小単位である小区を代表して，上位の行政区（郡，県，国，等）や外部の援助機関との連絡・調整役を担ってきた。1970年代から様々な開発援助の受け皿として小区を単位とした住民の組織化が行政によって行われてきた。しかし，上述したような背景と経緯もあり，住民の所属意識が小区にはないというケースも多々あり，住民の組織化は失敗に終わるものが多かったという指摘がある（高桑2008，pp.219–222）。

（2）民族・宗教

スリランカは多民族・多宗教国家として知られる。全人口約2,023万人の内訳は，第1章でも示したように，民族（シンハラ人：74%，タミル人：18%，ムーア人：7%，バーガー：1%未満），宗教（仏教：70%，ヒンドゥー教：15%，キリスト教：8%，イスラム教：7%）となっている。

民族と宗教は当然のことながらそれぞれ異なる概念であるが，対応関係だけをみればスリランカにおいて両者はほぼ一致している。すなわち，仏教はシンハラ人の間で信仰されており，ヒンドゥー教は東部・北部に多いスリランカ・タミル，中央の高地に多いインド・タミルに信仰されている。また，イスラム教は，南西部や都市部に多いムーア人に信仰され，キリスト教徒は西部から南西部のシンハラ人やタミル人に信仰されている。

研究対象地域であるウェリガマ郡の沿岸部の住民（漁業従事者とその家族）は，ほぼ全てがシンハラ人かつ仏教徒である。なお，ウェリガマ郡を含む南西岸における漁業従事者とその家族の大部分は同様にシンハラ人であり仏教を信仰している。

（3）カースト

スリランカのシンハラ人社会にはカースト制度が存在する。スリランカのカースト制度の一つの特徴として，インドのヒンドゥー教におけるカースト制度にみられるブラーマンやバラモンといった最高位層が存在しないことが挙げられる。シンハラ人のカースト体系は様々な世襲的職能集団を基本としている。農民カーストであるゴイガマ（Goyigama）が最高位のカーストとして位置付けられ，人口の半分を占めている（辛島他2002, pp.372–373）。

本書の研究対象地域であるスリランカ西岸から南岸にかけての地域で優勢なカーストは，カラーワ（Karava：漁民カースト），サラーガマ（Salagama：シナモンの皮むきカースト），ドゥラーワ（Durawa：トディと呼ばれる椰子酒を造るカースト）の3つであり，さらに少数派のカーストも存在する（高桑2008, p.60）。シンハラ人の漁業従事者の多くはカラーワに属するが，カラーワの人々には漁業以外の職業に就いている人も珍しくない。特に商人や農場経営者，大工，家具職人等にはカラーワ出身者が多いと言われる。

なお，スリランカのカーストは，インドのような厳密な差別制度ではな

写真3－3　スリランカ南岸の漁業風景
動力なしの木造漁船を使った昔ながらの漁業が今も営まれている

写真3－4　互助金融グループの集会
週に一回程度，メンバーとスタッフが集まり貯蓄や融資の相談を行う

く，現在では婚姻以外の規制はないとも言われている（辛島ら2002, p.373）。一方，住民はお互いのカーストを名前や出身地，職業等から認識しており，日常生活にはカーストの影響が今も根強く残っている。

写真３－５　仏教寺院
スリランカ南岸の人々の大部分が仏教を信仰している

（４）協同組合

スリランカには様々な協同組合があり，特に南岸地域では，1960年代から政府が漁業の近代化と発展を目指して漁業協同組合（漁協）の組織化を積極的に進めてきた。しかし，高桑史子によると，漁協の組織化は1990年代になっても十分には進展していないという。漁協の組織化は，沿岸部の漁民が近くの行政単位（小区）に組み込まれ，さらに行政単位ごとに漁協が組織されるという形で行われてきた。しかし，漁民のあいだでは既に個人や家族を単位として広域に広がるネットワークが出来上がっていたため，漁協は設立当初から形骸的なものであった（高桑2008, pp.117–121）。さらに，漁協の組織は政権の交替や内部の権力闘争により計画途中で頓挫することが多く，住民に信頼されるには程遠かったという。

ウェリガマ郡においても，漁協が小区を単位として組織され，漁協を通じて漁船や漁具の購入に対する融資の貸付等が行われていた。しかし，インド洋津波により被災した漁民に対する支援の分配をめぐって漁協の組織内部で深刻な対立が発生し，それ以来，活動を停止している漁協もみられた。この事例がどの程度の一般性を持つかは不明であるが，行政によって「上から」組織された現在の漁協が抱える不安定性を表している。

（５）互助金融組織

スリランカでは，貧困削減のための様々な政策がこれまで行われてきた。その具体的な手段として，融資の貸付が定着しつつある。その代表的な例として，1995年に発足した「サムルディ計画」は，国民の50％を対象とする，融資の提供を中心とした政策である。融資には，①5人一組のグループを形成し，グループのメンバーに対して順番に提供される融資，②個人に対する融資，③グループのメンバーに対する起業支援を目的とした融資や技術講習，という3つのコースがある。

また，1999年から開始された「漁民銀行」は，零細漁民のニーズにあった貯蓄と融資を実現するために，既存の組織である漁協を受け皿として実施された政策である。こういった政策が実施される以前は，漁民の中には高利貸しに対して多額の借金を抱える者も多かったという。しかしながら，漁民銀行による低利での融資と貯蓄によってこのような状況にも改善がみられたという。漁家の女性を支援するための融資の貸付も行われており，女性が積極的に関与しているという報告がある[3)]。

さらに，スリランカ南部には在来の伝統的な互助金融組織があり，それはシンハラ語でシートゥワ（Situwa）と呼ばれる[4)]。シートゥワの方法は様々であるが，本書の研究対象地域であるウェリガマでみられたシートゥワでは，以下のような方法が採られていた。まず，参加者が毎回同額の掛け金を持ち寄って基金を作る。毎月1～2回程度，寄り合いが開かれ，最初の回はシートゥワの組織者（リーダー）が全額を取得する。2回目以降は必要に応じて競りを開き，最も低い金額を希望した者がその金額を取得し，差額はシートゥワの組織者が取得する。そして，全員が取得した時点で終了する[5)]。シートゥワは貧困層であっても安定的でまとまった資金獲得の機会を生み出すための知恵であるが，一方で，上記の方式には資金（掛け金）の持ち逃げのリスクがともなう。そのため，シートゥワの組織

3）　Bay of Bengal Project（BOBP）が1991年にゴール県内の漁業世帯の45％にあたる1,281世帯に対して行った調査では，漁協からの融資の使途は，漁船と漁具購入は全体の3％で，日常の消費，医療，冠婚葬祭，耐久消費財の購入が49％を占める。これらの融資は概ね女性によって利用されている（BOBP 1991）。

4）　シートゥワには本文中で紹介している現金のシートゥワだけでなく，物のシートゥワもある。物のシートゥワでは，家具や食器セット，織物等を購入したい人を集めて，業者にまとめて発注する。シートゥワの組織者は他の人よりも安く購入できる。

者には財力やリーダーシップが必要とされる。また，シートゥワのメンバーは普通，濃い人間関係（しばしば血縁）の間で選ばれる。そうすることで，裏切った時の犠牲が大きく，また，逃げた時の取り立て先が人間関係を辿ればわかるようになっている。

なお近年，多くのNGOが海外のドナーや民間の金融機関等とタイアップしてマイクロクレジットと呼ばれる新しい融資の仕組みを供与している。マイクロクレジットについて，詳しくは本章第3節で説明するが，上述したような政府による融資の貸付や住民による互助的金融とマイクロクレジットの最大の相違点は，マイクロクレジットでは提供機関の職員等の外部者がグループの運営や資金の供与等に積極的に関与するということである。

3．3つの社会関係

本章第2節で行った整理をもとに，以下に述べる「地縁」,「血縁」,「マイクロクレジットの関係」という3つの社会関係を本書の分析対象として抽出した。図3－6に3つの社会関係を図式で表し，それらの定義と分類を示した。本書では，被災者の生活再建について，これら3つの社会関係との関連から分析する。

スリランカの海村社会には確かに，上記の3つの関係以外にも様々な社会関係が存在しているが，それらの社会関係の中には地縁・血縁との関連において存在しているものも多い。例えば，本章第2節でみたように，カースト，漁協，シートゥワといった社会関係は，地縁や血縁によって規定されるか，あるいは地縁や血縁と一体的である。従って，地縁や血縁は

5）ウェリガマ郡のある集落において行われているシートゥワのリーダーに対して行ったヒアリング調査による。ウェリガマ一帯で行われているシートゥワは概ねこのような方式であるという。また，こういった方式は一般的に，回転金融講（Rotating Savings and Credit Associations）と呼ばれ，開発途上国においては今でも地域によって形を変えながら広く行われている。

関係の名称	地縁	血縁	地縁・血縁以外の関係
記号	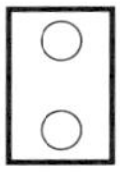		
定義	ある土地を介して生活を共にする個人のまとまり	血縁・親戚の関係にある個人のまとまり	何らかの役割期待にもとづく個人のまとまり
結合原理にもとづく分類	空間を介した関係	人を介した関係	
	非選択的関係		選択的関係

図３－６　結合原理が異なる３つの社会関係

他の社会関係と比べてより基底的な関係であると捉えることができる。

災害後の居住地移転においては人々の生活や社会関係の基礎である地縁・血縁を維持することが基本的には望ましい。地縁・血縁の維持のためには現地での住宅再建や，既存のコミュニティ単位での再定住，家族生活の特徴に対応した住宅，等の対策がとられる。しかしながら，第２章でもみたように現実には，様々な事情により再定住地への移住とそれに伴う地縁・血縁の再編が避けられない場合がある。従って，被災者がお互いの社会関係を継続しようとした場合，地縁・血縁に必ずしも規定されない社会関係の存在も想定し，その維持・回復を居住地移転と再定住地の計画において図ることが重要である。

本書では，このような考え方にもとづき，地縁・血縁に必ずしも規定されないと考えられる社会関係として，マイクロクレジットの関係に着目している。

3.1　地縁

本書において地縁とは，“ある地理的な範囲において生活を共にする個人や世帯のまとまり”を指す。ここでいう地理的な範囲とは具体的な土地を指している。すなわち，ある土地を介して生活を共にしている複数の個人を，“地縁の関係にある人たち”としている。地縁とは一般的には，“ある地域や土地を単位とする組織”，すなわち“地縁組織”（日本では町内会・自治会等）を含む場合もある。本書では，そのような組織に先行して，ある土地や空間を共にして生活することで生まれる共同性が存在すると考え，「地縁」はあくまで“土地や空間を介した関係”を指すものとし，地縁組織のような“人や組織を介した関係”とは区別している。

なお，研究対象地域であるウェリガマにおいては，住民が認識する居住地の単位である「ワッタ」をもとに地縁を判別している。すなわち，同じワッタに居住する個人のまとまりを地縁の関係にある人々としている。ワッタは河川や道路，森といった物理的境界を持つ場合が多いが，そうではない場合も，住民は社会的な境界等によってワッタの範囲を明確に認識している場合が多く，各々のワッタが名称を持っている。従って，ワッタの物理的境界や名称をもとに，地縁を客観的に判別することは可能である。

3.2　血縁

本書において血縁とは，“親子・兄弟・姉妹の関係にある個人のまとまり”を指す。中根千枝によると，血縁には生物的血縁と社会的血縁があり，Consanguinity と Kinship という用語がそれぞれに対応して用いられている。Kinship とは血縁・婚姻等によってつながる関係であるが，それに付随する意味をおりこんだ社会人類学特有の概念であり，日本語に対応する語彙を見出すことが難しい用語の一つである（中根1987，p.65）

本書においても，「世帯」（同じ家屋に住まい生計を同じくする個人のまとまり）を単位として社会関係の分析を行っている。そのため，血縁の関係にある世帯のまとまりには，夫婦や親戚等の姻戚関係も含まれることになる。従って，本書における「血縁」は結果的に，親子・兄弟姉妹といった生物的血縁（Consanguinity）だけでなく，夫婦・親戚といた社会的血縁（Kinship）を含む関係を扱っている。

3.3　マイクロクレジットの関係

本書において「マイクロクレジットの関係」とは，“マイクロクレジットのグループに所属する個人のまとまり”を指す。

マイクロクレジット（Micro Credit）とは，開発途上国を中心として現在，広く普及している貧困者を対象とした無担保・低金利での融資の仕組みである。マイクロクレジットでは通常，5人から10人程度から成るグループが結成され，グループに対してマイクロクレジット提供機関から資金が供与される。その資金を元手として融資が開始され，グループのメンバーは順番に融資を受けていく。マイクロクレジットでは，通常の銀行とは異なり，融資を受ける際に担保が要求されない。無担保であることが，担保となる資産を持ち得ない貧困者であっても融資が利用可能となる一つの大きな要因である。一方で，無担保での融資には当然ながら，貸倒れや資金の持ち逃げ等のリスクがともなう。そのため，マイクロクレジットでは，マイクロクレジットを提供する機関の職員による管理や，グループを組織する住民のリーダーシップ，メンバー間の相互監視や信頼といった，融資の返済を確実にするための様々な仕組みが施されている。

ところで，本章2.3でも述べたように，在来の互助金融組織におけるメンバーは，血縁や地縁といった濃い人間関係にある人々の中から選ばれることが多い。これは，裏切った際の犠牲が大きく，また，資金を持ち逃げした場合，何処に取り立てに行けばいいか人間関係を辿ることで分かるためであった。一方，マイクロクレジットは，地縁や血縁といった人間関係に必ずしも拠らずに，貸し倒れや持ち逃げのリスクを減らし，融資の返済率を高めるための様々な制度を考案してきた（例えば，バングラデシュ・グラミン銀行における連帯責任による貸付の制度等が代表的である）。このように，マイクロクレジットでは，メンバーシップが地縁・血縁以外の関係にも拡張されていることが一つの特徴である。

そこで本書では，マイクロクレジットの関係を，結合原理の観点からみて地縁・血縁とは根本的に異なる関係であると捉え，そのような関係の性質に意義を見いだしている。そして，地縁，血縁，マイクロクレジットの関係（地縁・血縁以外の関係），それぞれの関係の実態について把握し，さらに，相互の規定性について把握するという手順で分析を行っている。

４．住宅敷地の所有・利用関係――権利関係

都市化の進展とともに，かつて共同体の基本とされた土地の共同所有や共同利用の重要性は低下している。また，本書の対象であるスリランカ海村の人々の暮らしは陸地よりも海との関わりが深く，土地が生産の手段である農村等と比べると，土地の重要性はもともと低い。しかしながら，沿岸部の人々の生活・仕事においても土地は当然ながら必要であり，土地の権利関係から規定される要素も人々の生活・仕事には含まれると考えられる。そこで本書では，権利関係として，スリランカ海村の人々にとって生活・仕事の場である住宅敷地の所有・利用関係に着目する。

本書において「住宅敷地所有・利用関係」とは，“同じ住宅敷地を所有・利用する個人のまとまり”を指す。図３－７は本書における権利関係としての住宅敷地所有・利用関係の概念を図式化したものである。住宅敷地の所有・利用関係を所有者（単数か複数か）と利用者（単数か複数）によって分類している。

図３－７のＡおよびＢでは，住宅敷地が単数の個人によって所有されている。これらの場合はしばしば，土地に関する私有権が確立されており，所有者は住宅敷地に対する他者の利用を排除することができる。図３－７のＡでは，住宅敷地がそれぞれ単数の個人によって利用されている。図３－７のＢでは，一つの住宅敷地が複数の個人によって利用されており，この場合は複数の個人の間に利用に関する何らかの同意が存在する。図３－７のＣおよびＤは，住宅敷地が複数の個人によって所有されている。これらの場合は，複数の個人に所有権が確立されている。所有権は法的に明文化されている場合もあるが，開発途上国や村落社会ではしばしば明文

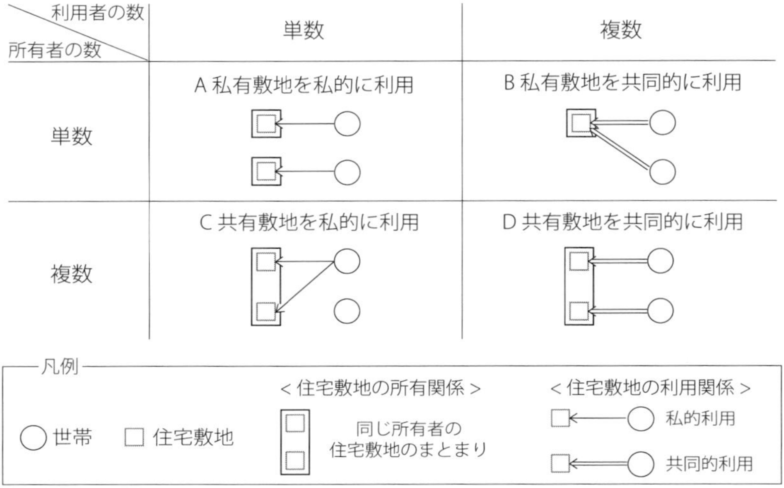

図３－７　権利関係としての住宅敷地所有・利用関係

化されていない慣習的なものである。図３－７のＣでは，複数の個人が所有する住宅敷地が単数の個人によって利用されている。図３－７のＤでは，複数の個人が所有する住宅敷地が複数の個人によって利用されている。

上述した所有・利用関係の他にも個人ではなく，何らかの主体（法人，共同体，国，等）によって所有されている土地も存在する。例えば，開発途上国では，公有地（国や公的機関が所有し，利用するには国の許可が必要となる土地）を住民が無許可で占拠して形成された居住地が広くみられる。このようなインフォーマルな居住地の場合であっても，住民の間では住宅敷地の所有・利用に関して様々な権利関係が認識されており，それらは図３－７に示したいずれかのパタンに分類されると考えられる。

5．結合原理について

図3－6に示したように，本章第4節において抽出した，「地縁」，「血縁」，「マイクロクレジットの関係」という3つの社会関係は，「空間を介した関係」と「人を介した関係」，あるいは「非選択的関係」と「選択的関係」という結合原理の違いに着目して分類すると，それぞれ性質が異なる関係として位置づけられる。

5.1 「空間を介した関係」と「人を介した関係」

本書において「人を介した関係」とは，ある個人を介して広がる個人間の関係（血縁，親戚，友人等）や，あるグループに属する個人のまとまり（自治会・町内会，会社，サークル等）を指す。一方，「空間を介した関係」とは，ある地理的・空間的範囲ににおいて生活を共にする個人のまとまり（地縁等）を指す。

「人を介した関係」と「空間を介した関係」はそれぞれ独立した関係としてみることもできる。しかし，例えば伝統社会等においては，血縁と地縁には密接な相互関係がみられる。一方，都市化が進んだ現代の社会においては，地理的・空間的に制約されない個人を中心とした関係が発達する傾向がある。

このように，「人を介した関係」と「空間を介した関係」は，社会や時代によって程度の差はあれ相互に関係しているとみる必要がある。このことを踏まえ本書では，まずは両者を区別して捉え，次に相互の関係性に留意して，社会関係の継承・再編の機構を理解しようとしている。

5.2 「選択的関係」と「非選択的関係」

本書において「非選択的関係」とは，“当人の意志では選ぶことができない関係（親子・兄弟姉妹，出生地，民族等）”，あるいは“当人の意思で容易には変更することができない関係（婚姻，会社，宗教等）”を指す。一方,「選択的関係」とは,“当人の意思で選ぶことができる関係”,あるいは“当人の意思で比較的容易に変更することができる関係”を指す。

すなわち,「選択的関係」は,個人の意思によって新たにつくられたり,つくり変えられたりする,操作可能な関係である。ただ,親子・兄弟姉妹,民族,出身地等といった出生に由来するような純粋に非選択的な関係を除いて,ある関係が「選択的」であるかどうかは社会構造によって異なっている。また,選択的にみえる関係が他の非選択的関係や様々な要因によって強く規定されており,現実には選択性が著しく低いという場合もある。すなわち,ある社会関係の選択性は状況依存的である。

そこで本書では,研究対象であるスリランカ海村社会の社会構造の特徴を踏まえて,「選択的関係」としてマイクロクレジットの関係に着目し,さらに,「非選択的関係」である地縁や血縁との相互の規定性にも留意して,社会関係の継承・再編の可能性について検討している。

6. 暮らしの再建をはかるフレーム

6.1 社会関係の継承・再編状況の把握

本書では,「従前居住地」と「再定住地」という空間の変化,および「居住地移転前」と「居住地移転後」という時間の変化に即して個人の生活・仕事を支える社会関係および権利関係(住宅敷地所有・利用関係)の継承・再編の機構についての理解を試みる。

図3−8は,上記の枠組みに基づいて,社会関係および権利関係の継承・再編の例を示したものである。図3−8の(1)は,居住地移転前の従前居住地における社会関係および権利関係の状態の例を表している。次に,図3−8の(2)は,居住地移転後の従前居住地における社会関係および権利関係の状態の例を表している。これは,居住地移転実施後も従前居住地に継続して居住している住民がいるようなケースを想定している。

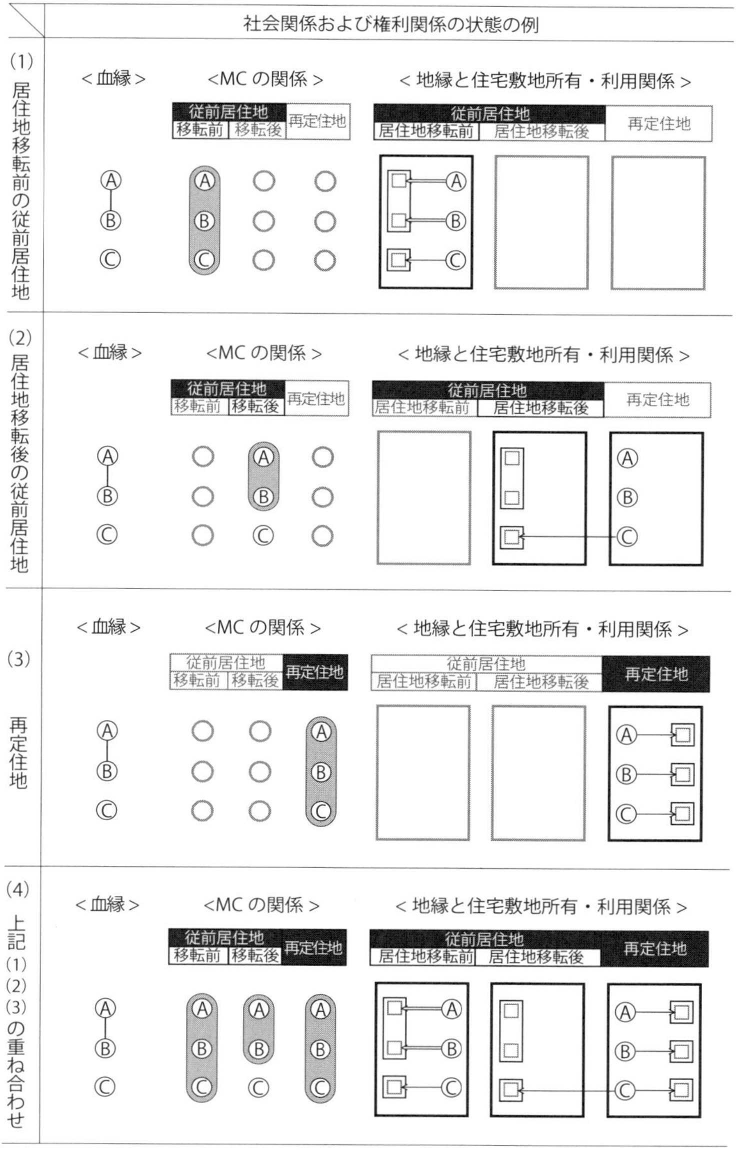

図３－８　社会関係と権利関係の再編を捉える枠組み

さらに，図３−８の（３）は，再定住地における社会関係および権利関係の状態の例を表している。そして，図３−８の（４）は，図３−８の（１），（２），（３）を重ね合わせて，社会関係および権利関係の継承・再編の状況を記述できるようにしたものである。

（１）空間変化——従前居住地と再定住地

本書では，再定住地だけでなく，従前居住地も含めて社会関係および権利関係の実態を把握している。

その理由は，１つには，再定住地に移住した被災者が，従前居住地において社会関係を継続したり，住宅敷地の所有・利用を続けることで，生活や仕事を成り立たせているようなケースがあることが想定されるためである。このようなケースの例として，図３−８では，再定住地へと移住した個人Ａと個人Ｂが，従前居住地において同じマイクロクレジットのグループに参加している状況を表している。また，同じく，個人Ｃは再定住地へ移住後も，従前居住地の住宅敷地を継続して利用している。

また，１つには，従前居住地において存在していた社会関係や権利関係を再定住地においても被災者が継承しているようなケースがあることが想定されるためである。このようなケースの例として，図３−８では，再定住地へと移住した個人Ａと個人Ｂが，従前居住地において同じマイクロクレジットのグループに継続して参加しつつ，再定住地においても同様にマイクロクレジットのグループに参加している状況を表している。

従前居住地において存在していた社会関係や権利関係が被災者の生活・仕事の継続にとって不可欠であったとすれば，居住地移転や再定住地の計画においてもそれらを継承できるような工夫・配慮が必要となる。そのような必要性から，本書では再定住地と従前居住地の関係を重視している。

（２）時間変化——居住地移転前と移転後

本書では，居住地移転後の社会関係および権利関係の実態だけでなく移転前の社会関係および権利関係の実態も含めて把握している。

その理由は，居住地移転以前から被災者の生活・仕事を支えていた社会関係や権利関係が居住地移転後も継続することで，被災者の生活や仕事を成り立たせているというケースがあることが想定されるためである。このようなケースの例として，図3－8では，再定住地へと移住した個人Aと個人Bが居住地移転以前に同じマイクロクレジットのグループに参加していたこと，さらに，居住地移転後も同様に同じマイクロクレジットのグループに参加していることを表している。

ところで，災害時における社会関係について分析する際の前提として，「平時」と「非常時」の関係をどのように捉えるか，ということが重要である。すなわち，「平時」と「非常時」は連続的であるか，あるいは不連続であるか，どちらを前提とするかによって結果の捉え方は大きく異なる。災害復興における社会関係資本の定量的な分析（D.P. Aldrich 2012等）においては，分析方法の制約等もあり，「平時」と「非常時」は連続的である（＝復興開始時における社会関係資本の蓄積は被災直前から基本的に変化していない）と捉えている場合が多い。一方で，「災害ユートピア」（Solnit 2010等）や「被災地のリレー」（渥美2014）等の議論に見られるように，「平時」と「非常時」は不連続である（＝非常時には一時的であれ社会関係資本が変質し，特別な相互扶助的関係が生まれる）という捉え方も存在する。本書では，このような議論も踏まえ，居住地移転の前後，さらにはその後の経過に着目することで，社会関係の継承・再編に関わる「平時」と「非常時」の関係性についても考察している。

6.2　社会関係相互の規定性の検証

本章第5節でも述べたように，社会関係および権利関係の継承・再編の機構を理解するためには，それぞれの関係の継承・再編の実態を明らかにすることに加え，関係相互の規定性についても検証する必要がある。

図3－9に，「地縁」，「血縁」，「マイクロクレジットの関係」という本書で主に分析の対象とする3つの社会関係の重なり方のパタンを示した。本書ではこれらのパタンに着目して関係相互の規定性について分析している。

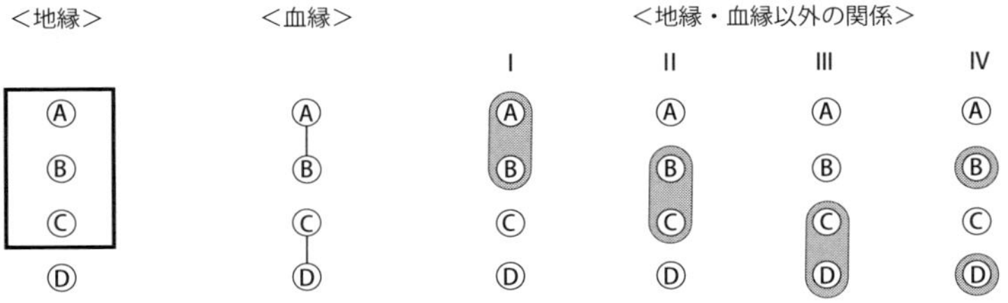

I：地縁・血縁によるコミュニティ形成　　II：血縁によらないコミュニティ形成
III：地縁によらないコミュニティ形成　　IV：地縁・血縁によらないコミュニティ形成

図3－9　社会関係の重なりのパタン

図3－9において例えばパタンⅠでは，マイクロクレジットの関係にある個人（AとB）が，地縁および血縁の関係にあることから，マイクロクレジットの関係は地縁と血縁により規定されていると捉えられる。一方，パタンⅣでは，マイクロクレジットの関係にある個人（BとD）は，地縁と血縁，いずれの関係にもないことから，地縁と血縁，いずれにも規定されていないと捉えられる。パタンⅡとパタンⅢでは，マイクロクレジットの関係にある個人が地縁と血縁いずれかの関係にあることから，地縁と血縁のいずれにかに規定されていると捉えられる。

このように捉えると，ある地域や社会において仮に図3－9のパタンⅠが優勢である場合，マイクロクレジットの関係は実態としては選択性が低い関係であると言える。一方，仮にパタンⅣが優勢である場合，マイクロクレジットの関係は実態としても選択性が高い関係であると言える。パタンⅡ，パタンⅢの場合，マイクロクレジットの関係の選択性はパタンⅠとパタンⅣの中間であると言える。

上述のような関係相互の規定性，あるいはある関係の選択性は，平時においては潜在的であることが多く，検証することが必ずしも容易ではない。本書では，第1章3.2でも述べたように，災害後の居住地移転という非常時の事象をある種の実験的なフィールドと捉え，上記の点についても検証を試みている。すなわち，マイクロクレジットの関係を従属変数，地縁を独立変数として，2次的変数（血縁，住宅敷地所有・利用関係，世帯の生業や経済状況）の影響にも留意して，マイクロクレジットの関係に対する地縁・血縁の規定性について検証している。

上述のような検証を行うにあたって，本章で構築したフレームが有効であり，図３−８に示した３つの段階によってマイクロクレジットの関係に対する地縁の影響を繰り返し測定している（図３−８の（１）：地縁の影響あり，（２）：地縁の影響なし，（３）：地縁の影響あり）。例えば，図３−８の（１）居住地移転前の従前居住地では，個人A，個人B，および個人Cの間で形成されているマイクロクレジットの関係は，個人A，個人B，個人Cが地縁の関係にもあることから，地縁による関係のようにみえる。しかし，（２）居住地移転後の従前居住地において，個人A，個人Bは居住地の範囲（地縁の関係）を超えてマイクロクレジットの関係を継続していることから，必ずしも地縁によらない関係であることがわかる。さらに，（３）再定住地において，個人A，個人B，個人Cがマイクロクレジットの関係を形成していることから，個人Cにとってはマイクロクレジットの関係は地縁によるところが大きいということがわかる。

6.3　社会関係が果たす役割の解明

被災者の生活再建を社会関係や権利関係といった社会的環境との関連から理解するためには，居住者間の社会関係および権利関係の実態とそこから読み取れる結合の原理を上述したような方法で把握することに加えて，社会関係の役割そのものの分析が欠かせない。すなわち，被災者が生活・仕事を継続する上で，社会関係や権利関係が何らかの役割を果たしたか，役割を果たしたとすれば，それはどのような内容であったのか，ということについても明らかにする必要がある。なお，本書ではマイクロクレジットの関係に着目し，その効果について分析している。

7．小結

本章では，特に，社会関係や権利関係といった「社会的環境」との関連から被災者の「生活・仕事」の継続について理解するためのフレームを構築し，個人の「生活・仕事」，「社会的環境」，「物的環境」の相互の関係について分析する方法を検討した。このフレームは第 4 章以降の分析に適用され，第 2 章で明らかになった津波被災および再定住地への移住に伴う被災者を取り巻く物的環境の激しい変化，さらにはそれに起因した生活・仕事の継続の困難化という問題について緩和する方法を探る上で基礎となるものである。

7.1　生活・仕事の継続に関わる社会関係の抽出

まず，研究対象であるスリランカ海村の社会構造について，既往研究や文献資料をもとに整理した。具体的には，「地縁」，「血縁」，および「地縁・血縁以外の関係」である「行政区」，「宗教・民族」，「カースト」，「協同組合」，「互助的金融」といったスリランカの海村社会を構成する多様な社会関係の概念と現状について整理した。これを踏まえて，津波被災者の生活・仕事の継続に関わると推測される社会関係として「地縁」，「血縁」，「マイクロクレジット（低所得者に対する無担保・少額での融資の仕組み）の関係」の 3 つを抽出した。また，シンハラ人の家族構造および居住形態の特徴を踏まえて，「権利関係」として「住宅敷地の所有・利用関係」を抽出した。

スリランカの海村社会を構成する社会関係は上述のように多様であるが，「地縁」，「血縁」はそれらの関係のうち，より基底的な関係である。一方，津波被災および再定住地への移住においては，被災者をめぐる地縁・血縁の変化が不可避であるという側面がある。このことから，コミュニティを継承・再編する上で，地縁・血縁に必ずしも規定されない関係の存在を想定することの意義は大きいと考えられる。このような理由から，本書では地縁・血縁以外の関係であるマイクロクレジットの関係に焦点を当てている。

さらに，「人を介した関係」と「空間を介した関係」，あるいは「選択的関係」と「非選択的関係」という，社会関係の結合原理について検討した。上述した3つの社会関係は，結合原理という観点からみるとそれぞれ性質が異なる関係である。このように，分析を簡便にするために分析対象とする社会関係を限定しつつ，多様な社会関係について検討していることを示した。

7.2　社会関係の変化を記述する方法の提示

次に，「平時」と「非常時」の関係，および「従前居住地」と「再定住地」の関係という視点から，津波災害後の居住地移転における社会関係および権利関係の変化について記述する方法を示した。具体的には，（1）居住地移転前の従前居住地，（2）居住地移転後の従前居住地，（3）再定住地，という3段階を設定し，それぞれの段階における全ての個人あるいは世帯どうしの社会関係と権利関係を記述できる方法（図3－8）を考案した。これにより，被災者や被災世帯の個々の状況も含めて，津波被災および再定住地への移住に伴うコミュニティの継承・再編の全体の状況を記述することが可能になった。

7.3　社会関係相互の規定性を検証する方法の構築

さらに，上述した分析のフレームをもとに，「マイクロクレジットの関係」に対する「地縁」，および「血縁」の規定性について検証する方法を考案した。「マイクロクレジットの関係」は，原理的には，「人を介した関係」かつ「選択的関係」である。しかし，現実には，「空間を介した関係」や「非選択的関係」といった結合原理が異なる他の関係によって規定されている場合がある。

もし仮に，居住地移転や再定住地の計画において「マイクロクレジットの関係」を核としてコミュニティの継承・再編を図ろうとした場合，上述したような複数の社会関係相互の規定性について知ることが再定住地の計画条件を設定する上で重要な意味を持っている。こういった関係どうしの相互の規定性は平時の居住地においては検証しづらいものであるが，本章では，「非常時」（津波被災）および「居住地移転」という状況を，一つの実験のフィールドと捉えることで，上述した相互の規定性が検証し得るということを示した。

topics-3

支援と“信頼”構築 ―“よそ者”による支援が成り立つとき―

非常時における民間非営利組織の役割

東日本大震災のような大規模災害時には，民間非営利組織や市民社会の役割が相対的に重要になることが一般的に知られている（Solnit 2009, 桜井2013等）。行政や民間営利組織によって確立された既存の社会システムが非常時にはうまく機能しなくなるためである。そして，民間非営利組織の役割が発揮されるためには組織間の連携・協力が重要であることが指摘されている。東日本大震災においても，内閣府が被災地支援に参画した民間非営利組織を対象として行ったアンケート調査によると，民間非営利組織のうち約63％が他の組織と何らかの形で連携・協力を行い，課題を解決している（内閣府2012）。

Topics 1 でも紹介した，仮設住宅の住環境改善（暑さ・寒さ対策等）支援に携わった筆者ら建築の専門家，支援の実務家，ボランティアから成る住環境改善支援チーム（以下，「当主体」とする）もまた，上述のような民間非営利組織の一つであった。一方で，上述した内閣府による調査では，連携・協力を行った組織の約半数は平時（災害以前）からお互いに何らかの関わりを持っていたことが示されている。従って，当主体による住環境改善支援は結果的に，被災地や他の組織と平時（災害以前）からの関わりを持っていなかった主体による支援のケースであったと言えよう。

ここでは，Topics 1 に引き続き，気仙沼市本吉地域における仮設住宅の住環境改善支援の取り組みを事例として，被災地の住民にとってある意味で「よそ者」であった当主体による支援がなぜ成立したか，その要因について探ることとする。特に，支援の「送り手」と「受け手」の間で築かれる“信頼”という視点をもとに，これまで十分には明らかにされてこなかった非常時に立ち現れる支援をめぐるコミュニティの実像に迫りたい。

支援の「受け手」からみた認識・評価

Topics 1 では主に「間接的支援」という観点から当主体による支援の成立要因について説明した。すなわち，当主体の支援の成立には，同じ地域で活動する他の支援の「送り手」（NGO/NPO 等）との間の丁寧な情報共有や共通体験を通じて，「人手の提供」や「キーパーソンの紹介」といった相互関係にもとづく関係（「間接的支援」の関係）が形成されていった。一方で，仮設住宅の居住者が自ら暑さ・寒さ対策等の作業に参加することで，居住者が支援の「受け手」に留まらず，「送り手」にもなるようなケースは当主体の期待に反して稀であったように思われる。このことは，当主体の活動を改めて振り返ってみた時，一つの大きな反省点であった。そこでまず，支援の「受け手」である居住者が仮設住宅の住環境や当主体の住環境改善（暑さ・寒さ対策等）支援についてどのような認識・評価をしていたのか，支援活動の一環として行った居住者へのアンケート調査によって検証することとした[1]。

アンケート調査によると，仮設住宅の住環境に対する居住者の意見・要望の内容は，住宅の「設備」や「仕様・性能」，「部屋の広さ・間取り」，「相隣・近隣関係」，「屋外空間」，「生活利便性」等，非常に多岐に渡っていた。行政による追加工事や当主体による暑さ・寒さ対策等の対応はこれらの問題全般を解決できたわけではないが，いずれの対応についても居住者の満足度は総じて高かった。特に，行政による追加工事に関して，「外

写真 T3-1｜**暑さ・寒さ対策等の作業にむかうボランティア**
全国から募ったボランティア（学生，一般）が建築や支援の専門家の指導のもと作業を行った。

壁の断熱」,「窓の二重化」,「風除室・庇の設置」等の効果を居住者は評価していた。

当主体による暑さ・寒さ対策等に関しては,「不満」という評価もあり,その理由として「剥がれやすい箇所がある」,「仕上がりが雑だった」といった意見があった。この点は,建築施工の専門ではないボランティア[2)]による作業の限界であった。他方で,当主体による支援の良かった点として,「ボランティアと知り合えた」,「人と話をするきっかけになった」という意見もあった。このように,当主体による暑さ・寒さ対策等支援には,暑さ・寒さや結露の緩和,光熱費の節約等の効果に加え,二次的な効果(居住者の孤立防止,コミュニティ形成等)もみられた。これにはボランティアが各戸を訪問し居住者とコミュニケーションを取りつつ作業を行うという,当主体による支援の特色が現れている(写真T3－1,写真T3－2)。

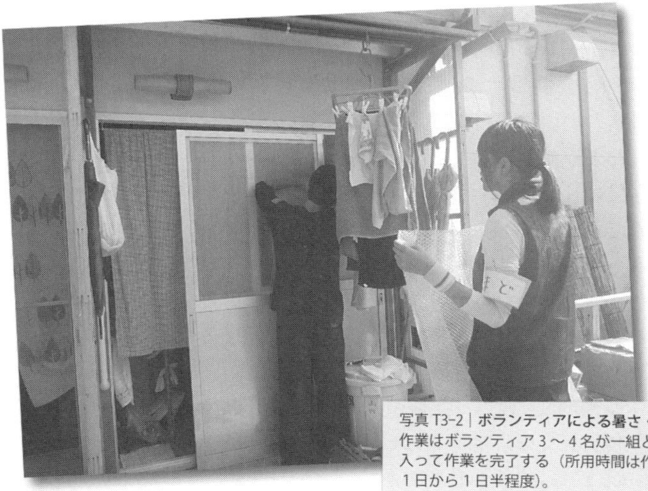

写真 T3-2｜**ボランティアによる暑さ・寒さ対策の作業の様子**
作業はボランティア3～4名が一組となり,対象住戸の中に入って作業を完了する(所用時間は作業に慣れている場合で1日から1日半程度)。

注
1)アンケート調査は,暑さ・寒さ対策等の作業がある程度進み,一定の評価が可能になったと思われる段階(2011年11月頃)に行った。当主体が暑さ・寒さ対策等支援を提供した計3団地・148戸に対して配布し,81世帯から有効な回答を得た。
2)当主体の暑さ・寒さ対策等の作業の実施には全国から受け入れた多くのボランティアが参加した。ボランティアには建築の学生も含まれ,彼らは建築の専門知識や施工技術を持っているが,他のボランティアは建築の専門家ではなく,筆者ら建築の専門家の指導のもと,作業を行った。

支援の「受け手」が感じるリスクや負担

先述した通り，暑さ・寒さ対策等の作業への居住者の参加は十分には得られなかった。この問題と関連してアンケート調査では，作業に参加しなかった（できなかった）理由についても尋ねている。その結果，「体力的に厳しい」，「（高齢等のため）身体的に難しい」，「（仕事等で）時間の余裕がない」，といった体力的・時間的負担の問題に加え，「作業内容が難しい」，「ボランティアがやるものと思っていた」，「そもそも支援の存在を知らなかった」といった支援に対する理解・認識の問題に関わる回答が得られた。

さらに，居住者と話し込む中で，仮設住宅にはボランティア以外にも様々な人々が出入りしており，その中には宗教の勧誘や悪質な訪問販売を行う団体・業者も紛れているという事実が明らかになった。特に高齢の居住者の中にはそれらの団体・業者から実際に被害を受けたという人々もいたようである。人の出入りが激しい仮設住宅では特に，外部からの訪問者の素性を居住者が即座に判別することは必ずしも容易ではない。そのため，仮設住宅の居住者の中には外部からの訪問に対してデリケートになる者も少なくなかったようである。

このように，支援の「受け手」である居住者にとって仮設住宅に住まうのは初めての経験であったこともあり，住環境の問題や暑さ・寒さ対策の効果を事前に認識・理解することが容易ではなかった。また，支援を受け入れることに対して何らかの負担やリスクを感じている場合もあった。このような事情を踏まえると，暑さ・寒さ対策等支援が居住者に受け入れられ，さらに，より積極的な参加を得るためには，支援の「受け手」（居住者）にとっての「技術的な問題」（技術の効果に関する不確実性）だけでなく，「心理的な問題」（支援の受け入れに際して感じる負担やリスク）を踏まえた，支援の届け方の工夫が必要である。

支援を届ける方法：「技術的アプローチ」と「信頼アプローチ」

支援の受け入れに関わる上述の問題を踏まえ，当主体による支援の受け入れにおける居住者の意思決定の機構に関する仮説を示すモデルを作成した（図T3－1）。モデルの作成に際しては，不確実性やリスクを伴う技術等の受け入れにおけるユーザーの意思決定の問題について扱った，社会心理学分野の研究成果（中谷内2012, Earle et al. 2010）を参照した。

支援を届ける方法には少なくとも二つのアプローチがあると考えられる。まず，支援において提供される技術（の効用および必要な負担）とその背景にある問題について支援の「受け手」（ここでは居住者）が十分に理解した上で，支援を受け入れる「技術的アプローチ」である。次に，技術について十分に理解することが難しい場合でも，他者（支援の「送り手」や他の「受け手」（居住者））への“信頼”を拠り所として支援を受け入れる「信頼アプローチ」である。なお，ここでいう“信頼”とは，社会心理学における概念規定（山岸1998等）を参考に，“相手の行為が自分にとって不利益をもたらし得る不確実な状況にも関わらず，そのようなことは起こらないだろうと期待すること”を指している。また，“信頼”は，支援の「送り手」と「受け手」をとりまく社会関係や制度といった社会的環境を背景として，他者の「能力」や「姿勢」から生まれると考えられている。

図 T3−1｜居住者が支援の受け入れに至る要因とプロセスの仮説
（Earle et al. 2010等を参考に筆者作成）

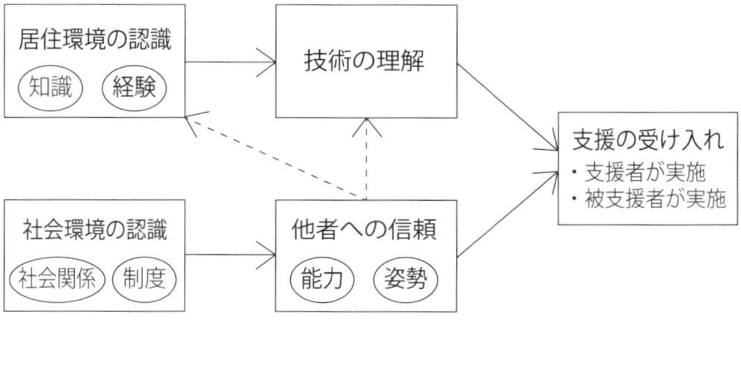

支援の受け入れパタンと波及のプロセス

上述の仮説を検証するために居住者に対して支援の受け入れ経緯についてインタビュー調査を行った[3]。その結果，支援が受け入れられる際の意思決定の方法には複数のパタンがあることがわかった。

まず，「技術への理解にもとづく支援の受け入れ」がある。これは上述した「技術的アプローチ」に対応する受け入れパタンであり，居住者が自らの知識や経験から居住環境の問題を認識・実感しており，暑さ・寒さ対策等の技術についてよく理解した上で受け入れるというものである。居住者の中で比較的早い時期に当主体の支援を受け入れた人々はこのパタンに該当する場合が多く，彼らを起点として他の居住者にも支援の意図が伝わり，暑さ・寒さ対策が波及していった。

次に，「他者への“信頼”にもとづく支援の受け入れ」がある。これは，上述した「信頼アプローチ」に対応する受け入れパタンであり，技術について十分に理解することが難しい場合でも，他者への“信頼”を拠り所として受け入れるというものである。ここでいう「他者」には，「他の居住者」と「支援者」の2種類がある。前者（他の居住者への“信頼”）は，震災以前からの知り合いや震災後の経験を共有してきた者等，何らかの共通の価値観や体験を持つ者であり，彼らから“勧められて”，あるいは“皆がやっているから”等が受け入れの理由であった。後者（支援者への“信頼”）は，支援者の「能力」や「姿勢」をみて受け入れた，というものである。他方で，当主体の「能力」（建築の専門知識や施工技術等）に対する居住者の認識は，筆者らの予想に反して，実は限定的であったということがわかった。多くの居住者にとっては，“一生懸命やってくれているから”，“悪いようにはしないだろう”，“ダメとは言えない”等，学生やボランティアが作業に取り組む「姿勢」が受け入れの主な理由であった。

最後に，これは筆者らが必ずしも事前に想定していなかった事柄であるが，ある居住者は一般のボランティアによる作業の様子をみて“自分と同じで建築の素人なんだ”と感じ，自分たちも後から追加で暑さ・寒さ対策を施したという。また，やってもらった箇所が剥がれやすかったので，自分でも後からやったという者や，近所の人にやり方を教えてもらったという者等もいた。これらの例から支援者（当主体）の能力（施工技術やマンパワー）の限界が結果的に，支援に対する受け手（居住者）のより積極的な行動を促している場合があるということがわかる。このことから支援者の能力とその見せ方も重要であると言える。

支援をめぐるコミュニティー専門家と非専門家による協働の論理

支援とは，自力では解決できない問題を抱える主体に対して何らかの働きかけを行う行為である。ある主体が持ち得る資源の有限性や能力の限界が，支援という，他者に対するある種の“介入”を行うことに妥当性を与える。一方で，このような行為の性質上，支援の「送り手」と「受け手」の関係は常に不均衡となる可能性は孕んでおり，このような不均衡に起因する複雑な人間関係が往々にして支援の“失敗”の原因となる。例えば，文化人類学者・D. スレイターは，東日本大震災においても支援の「送り手」(ボランティア）と「受け手」(被災者）の間に生まれる複雑な人間関係を“贈与”と“返礼”という観点から分析している（スレイター2013)。そして，税金を支払う市民として相互関係が存在する自衛隊や消防局が行う支援活動とは異なり，お返しを必要としない純粋な“贈り物”を届けようとするボランティアとの間にはそのような相互関係が存在せず，そのことで被災者の自尊心が傷けられ，支援の“受け入れ拒否”に陥る場合があることを指摘している。

当主体の経験から引き出される，非常時の支援をめぐるコミュニティ形成に対する一つの教訓として，支援の「送り手」の能力とその見せ方の重要性を指摘しておきたい。すなわち，ボランティアのような特定の専門性を持たない主体であっても，彼らが暑さ・寒さ対策等のような，一定の専門性を伴う技術支援に参加する意義は大きいと考える。上でみてきたように，彼らの存在によって，各主体が持ち得る資源や能力の限界が顕在化され，そのことにより支援の「送り手」と「受け手」の不均衡が崩されていくことが期待されるからである。建築行為を媒介として，支援の「送り手」と「受け手」を必ずしも固定化しない社会関係を形成・拡張していくという点において，専門家と非専門家が協働することのたしかな意義を見出すことができる。

注

3）当主体が暑さ・寒さ対策等支援を提供した仮設住宅居住者のうち，年齢・性別や支援の受け入れ時期，作業への参加の有無等が異なる10名に対してインタビュー調査を行った。調査では，支援の受け入れ経緯（当初感じた不安，決定の理由等）について尋ねた。なお，居住者は，支援について何らかの不安・不満があったとしてもそれらを支援者である筆者らには伝えづらい。このようなバイアスを考慮して，居住者には事前に，今後の当主体の活動の改善のために不安や不満もなるべく積極的に述べてもらうよう依頼した。

CHAPTER 4

レジリエントな再定住は可能か
――もとの社会関係を起点として考える

スリランカ南部の漁業集落の風景（南部州マータラ県，再建後）
一部では機械化・大型化が進んでいるが，多くの零細漁民は「オルー」と呼ばれる無動力の木造小型船を使った昔ながらの方法によって沿岸での漁業を営んでいる。

1．はじめに

自然災害によって被災した住宅は，被災者の生活・仕事の継続に配慮すると，元の場所で再建することが基本的には望ましい。一方，津波災害の特性や過去の復興事例を踏まえると，元の場所での再建は常に可能であるとは限らないし，常に望ましいとも限らない。従って，被災者の生活・仕事のレジリエンスを維持・向上させるためには，居住地の移転および再定住地の整備といった多様な選択肢を含めた再定住が必要である。しかしながら，第3章でも述べたように，過去の津波災害後の居住地移転や，途上国におけるスラム改善のための居住地移転の経験からもわかるように，土地固有の資源や社会関係に依って生活・仕事を成り立たせている人々（第一次産業従事者，インフォーマルセクター従事者等）の居住地移転は非常に難しい問題であり，その計画技術は未だ確立されていない。

本書の主なフィールドであるスリランカ南西岸の津波被災集落の人々も，平時から生活・仕事を土地固有の資源や社会関係に依ってきた人々である。そこで本章では，再定住地へと移住した被災者の従前居住地に蓄積されていた既存の社会関係および権利関係の実態を明らかにし，さらに，居住地移転におけるそれらの関係の再編可能性について検討する。

そのために本章では，第3章で検討した社会関係の視点からみた被災者の生活再建に関する分析のフレームを実際の事例に適用している。分析の対象は，第5章，第6章においても分析の対象とする再定住地（ウェリガマ郡の再定住地・事例G）の従前居住地の一つである集落（ワッタC）である。第1章においても述べたように，再定住地・事例Gは，従前居住地に比べて海から離れ，生活・仕事の継続にとって不便な立地であるにもかかわらず，入居から約2年が経過した時点において，90%という高い定住率を維持している。そのため本書では再定住地・事例Gを居住地移転の“成功”事例と位置付けている。

2．社会関係の起点を探る――調査と分析の方法について

2.1　南部州ウェリガマ郡の津波被災集落――調査対象

第3章で検討した社会関係の視点からみた被災者の生活再建の分析枠組みを適用する対象として，スリランカ南部州マータラ県ウェリガマ郡における津波被災集落であるモーダラ・ワッタ（Modara Watta，以下，「ワッタC」とする），および同郡に建設された再定住地であるバッダコナウィラ・ワッタ（Baddakonawilla Watta 以下，「再定住地G」とする）を選定している。

図4－1にワッタCと再定住地Gの位置関係を示した。ワッタCには再定住地Gの主な従前居住地（ワッタ）・計11カ所の1つであり，それらの中でも，居住地移転の影響を特に受けやすいと思われる漁業従事者（特に，動力なし小型漁船や漁網等を用いた沿岸漁業に従事する者）が多くみられ，生活に対する居住地移転の影響が特に顕著であると予想された。また，本章第3節で詳述するように，ワッタCは，1970年代から1980年代にかけて自然発生的に形成された集落であり，その後，行政によるインフラ整備や土地権利関係の整理が部分的に行われていった。そのような経緯もあり現在，ワッタCでは，地縁・血縁や慣習的な土地所有・利用を含めて，多様な社会関係と権利関係が存在していることが予想された。さらに，上述した住民（漁業従事者）の生活の不安定性を背景として，ワッタCでは津波被災と居住地移転に際して社会関係と権利関係の継承や再編には多様なパタンが発生することが予想された。

以上のような理由か，ワッタCは，対象地域における社会関係や権利関係の多様性，およびそれらの関係の継承・再編パタンを探る上で妥当な対象であると捉え，調査対象として選定した。

2.2　社会関係と権利関係の実態把握――調査内容

本章における分析の元となるデータは，計3回の現地調査（第1回：

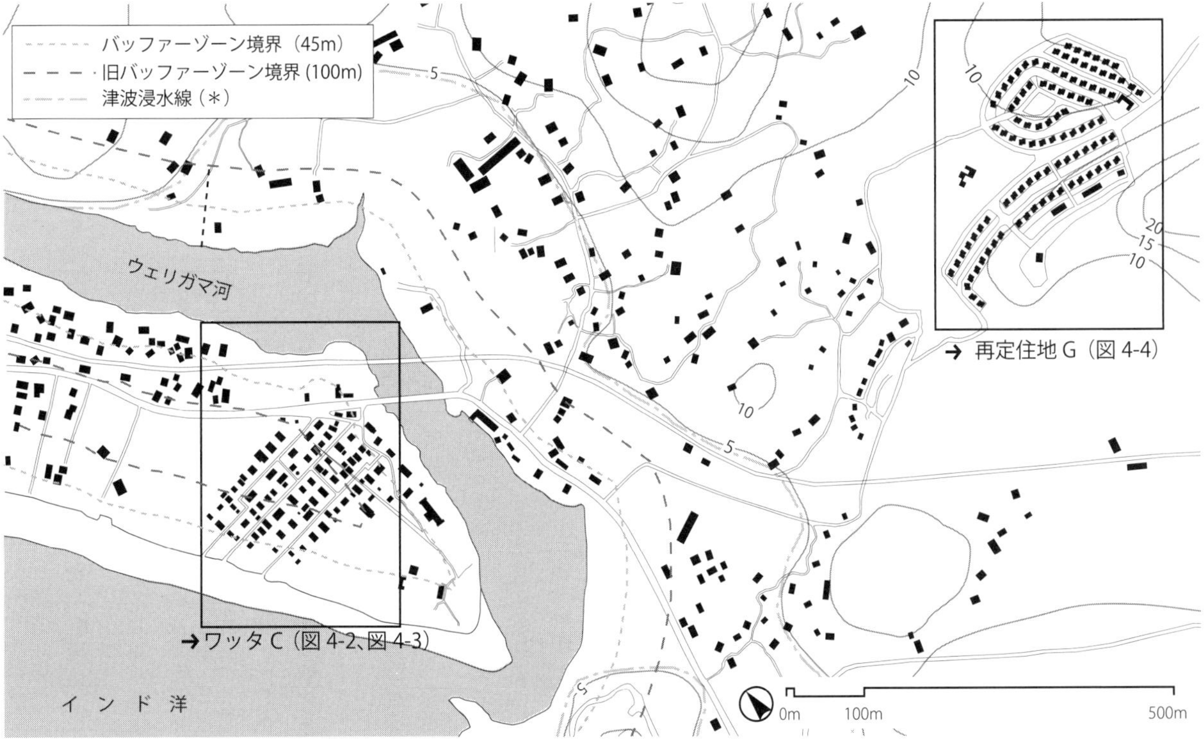

図4－1　再定住地（事例 G）と従前居住地（ワッタ C）の位置関係
（調査を元に筆者作成）

2008年5月，第2回：2008年11月～2009年1月，第3回：2009年9月～11月）を通じて得られたものである。

現地調査は，第1章でも述べたように，スリランカのNGOであるグリーン・ムーブメント・オブ・スリランカ（Green Movement of Sri Lanka; GMSL）の協力を得て実施した。GMSLはウェリガマ郡においてインド洋津波直後から物資配布や安否確認等の緊急支援を開始し，その後もウェリガマ郡に現地事務所を構え，被災者支援活動を継続・展開してきた。そのような背景もあり，GMSLはワッタCを含め，地域住民との間に信頼関係を構築してきた。そのため，住民の属性や社会関係といった私的な情報について質問する筆者らの調査に対しても，GMSLを介して住民の理解と協力が得られ，調査を円滑に遂行することが可能となった。

現地調査では，津波被災直前の時点におけるワッタCの居住者・全66世帯をGMSLの職員とともに訪問し，世帯の属性（家族構成，職業，出身地，等），社会関係（地縁，血縁，マイクロクレジットの関係を含めた地縁・血縁以外の関係），住宅敷地所有・利用関係に関する対面式アンケート調査を実施し，さらに，住宅敷地の利用状況について目視調査を行った。なお，調査実施時点においてワッタCに居住していたのは計49世帯であり，彼らは津波以前からワッタCに住み続ける者であった。津波被災直前にワッタCに住んでいたことが確認された66世帯のうち，上記の49世帯を除いた17世帯は既に再定住地等に転出していた。そこで，転出した居住者に関しては，ワッタCに住む家族・親戚や元隣人から得られた情報をもとに，転出先まで訪ねて行って，彼らに関しても同様の調査を行った。

2.3　社会関係を継承する再定住の検討——分析方法

本節に続く第3節では，被災居住地であるワッタCにおける社会関係および権利関係の実態を明らかにしている。まず，ワッタCの概要（居住地の形成過程，集落の津波被害，復旧・復興状況）について述べている。次に，居住地移転前のワッタCにおいてどのような社会関係および住宅敷地所有・利用関係が形成されていたのか，さらに，居住地移転後のワッタ

C，および再定住地Gにおいてそれらの関係がどのように継承・再編されているのか，といった実態を明らかにしている。また，ワッタCおよび再定住地Gにおける住宅敷地所有・利用関係の特徴について述べている。

第4節では，第3節で明らかになったワッタCにおける社会関係および権利関係の実態にもとづいて，居住地移転における社会関係および住宅敷地所有・利用関係の継承・再編のされ方に着目して，複数の再定住パタンを抽出している。さらに，それぞれの再定住パタンの特徴と課題に関する検討を通じて，居住地移転と再定住地の計画における社会関係および権利関係の継承・再編の可能性について検討している。

3．被災集落における社会関係の実態

3.1　被災集落・ペラナ村ワッタCの概要

ワッタCの起源は1970年代から1980年代にかけて，人々が沿岸の公有地を占拠して住み始めたことに始まると言われている。この時期は，ウェリガマ郡を含めて，スリランカ南西岸において人口増加が進んだ時期であり，公営住宅や正規の民間住宅にアクセスできない低所得者が沿岸の土地に流入したものと思われる。しばらくは不法占拠状態が続いていたが，1983年にそれまで政府が持っていた土地の所有権が住民に移転され，その際に住宅敷地の区画も整理され，現在みられるような格子状の街路の構成となった（写真4－1）。

所有権が移転された後も住民は増加し，2004年12月時点（津波被災前）においてワッタCには約70世帯が居住していた。ワッタCでは，上下水道等のインフラが未整備であり，家屋もその多くが木材や廃材等による仮設的な構造によるものであった[1)]。また，血縁者や親戚に呼び寄せられてワッタCに近年流入した住民は，家族・親戚の住宅の庭に仮設的な家屋を建てて，そこで暮らしている。

写真４－１　ワッタＣの景観
ココヤシの森に覆われた，砂浜の上に立つ小規模な住居群（写真は再建後）

写真４－２　ワッタＣの住宅
一つの敷地に複数世帯の家屋が建てられている（写真は再建後）

その結果，津波被災前の時点において，ワッタＣには多くの家屋が密集しており，一つの敷地が複数の世帯によって共同で所有あるいは利用されているという状況がみられた（写真４－２）。ここでいう土地の共同所有・利用には，財産の相続等の際に明文化されたものも一部含まれるが，その多くは居住者間の口約束や慣習等による明文化されていない。

図４－２に居住地移転前（2014年12月時点）のワッタＣにおける家屋配置と世帯分布，および津波被災状況を示した。2004年12月26日に発生したインド洋津波によってウェリガマ郡では，人口約6.6万人，住宅数9,332戸のうち，死者345人，全半壊住宅数2,810戸の被害が生じた。また，ワッタＣを含むウェリガマ郡ペラナ南地区では，全377戸のうち244戸が全半壊した（DCS 2005）。ワッタＣでは全体の約６割にあたる家屋が全半壊に相当する被害を受けた。海岸のすぐ近くに位置するワッタＣにおいて全ての住宅が被害を受けて倒壊しても不思議ではなかったが，そうはならなかったのは，集落内外に自生するヤシの木が防潮林の役割を果たしたためであると言われている。

１）　住民への聞き取り調査によると，津波被災以前，ワッタＣには約70世帯が居住していた。そのうち34世帯はバラックなど仮設的な構造の家屋に居住し，また，31世帯は自宅に水道が無く，そのため隣人や親戚の家の水道を利用していたという。

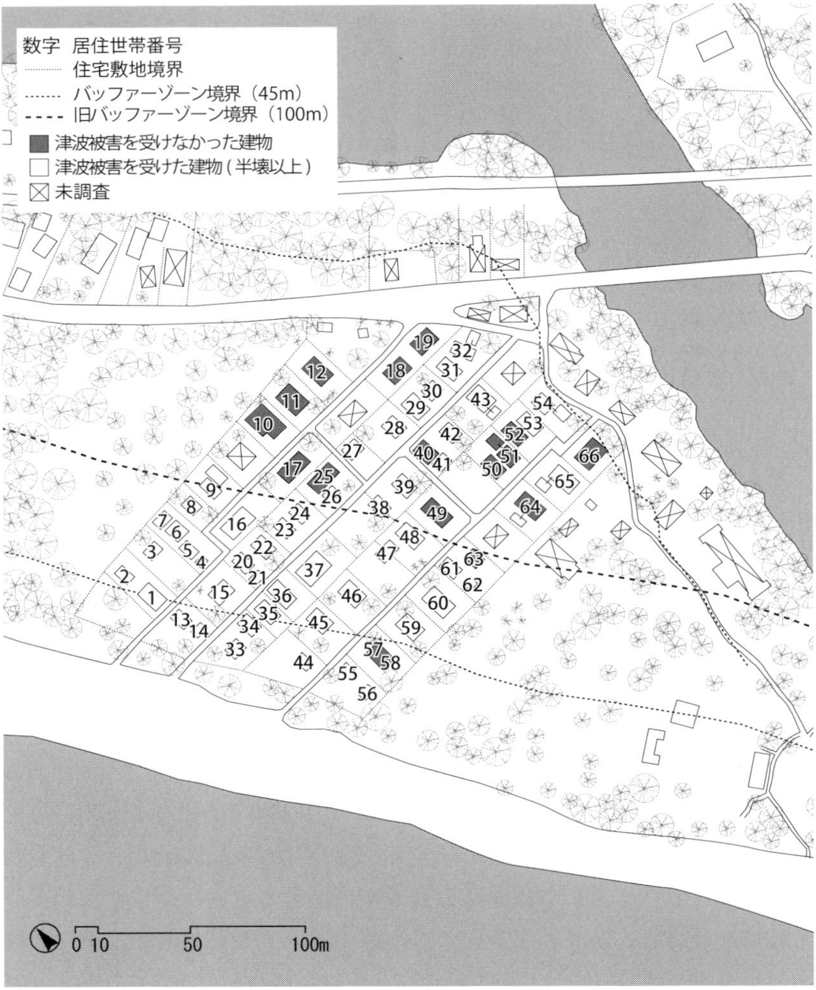

図４－２　居住地移転前の従前居住地（ワッタC）における家屋配置と世帯分布
（調査を元に筆者作成）

住宅復興に際して，先述した通り，スリランカでは海岸から一定の距離（ウェリガマ郡を含む西岸では100m）にある地帯がバッファーゾーンとして指定された。そして，住宅復興政策においてバッファーゾーン内で被災し

写真４－３　ワッタＣの復興住宅
バッファーゾーン外に建設された２階建ての戸建住宅

写真４－４　ワッタＣの住宅跡地
被災前は漁業従事者の住宅と倉庫があったバッファーゾーン内の敷地

た住宅は元の場所での再建が原則として禁止され，再定住地への移転が奨励された。一方，バッファーゾーン外で被災した住宅には元の場所での再建に対する支援が提供された（写真４－３）。

図４－３に示したように，ワッタＣでは結果的に，16世帯が再定住地Ｇを含むウェリガマ郡内の再定住地へと移住した。当初はより多くの被災世帯が再定住地への移住支援の対象になっていたと推測される。しかし，2005年10月にバッファーゾーンが縮小（ウェリガマ郡では100mから45mに縮小）されたことにより，縮小前はバッファーゾーン内にあった被災住宅の一部は元の場所での再建が可能になった。一方，既に移住を決断していた世帯は，バッファーゾーンが縮小されてもワッタＣに留まることはなかったようである。

図４－４にワッタＣからの移住先の一つである再定住地Ｇの家屋配置とワッタＣから再定住地Ｇに転入した世帯の分布を示した。再定住地Ｇは，海岸から約1.2km内陸に位置し，101戸の戸建住宅から構成されている（写真４－５，写真４－６）。再定住地Ｇは丘陵を削って建設された住宅地であるため地形の起伏が激しく，建設にあたってまず，雛壇状の宅地が造成された。なお，ウェリガマ郡では再定住地Ｇを含めて14ヶ所の再定住地が建設され，被災前の住宅の約14％にあたる1,147戸が再定住地への住

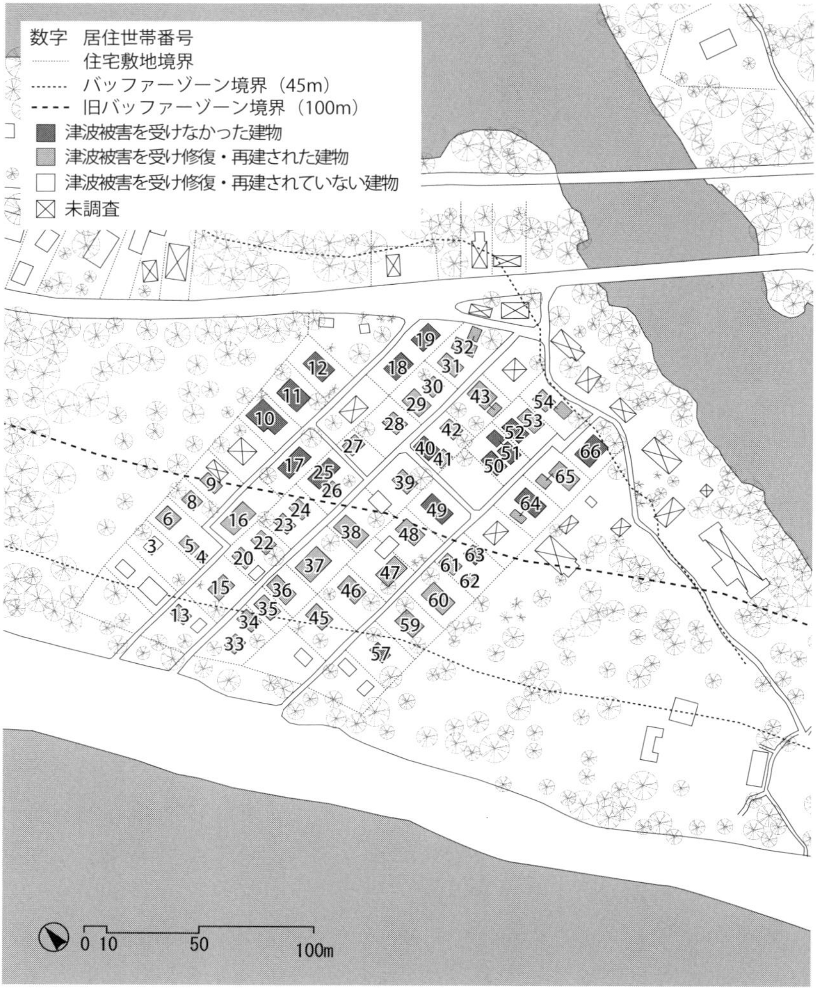

図４－３　居住地移転後の従前居住地（ワッタC）における家屋配置と世帯分布
（調査を元に筆者作成）

宅移転の対象となった。

再定住地Gにはウェリガマ郡の各地から被災世帯が転入してきており，ワッタCからは5世帯が転入した。なお，再定住地に転入した全ての世

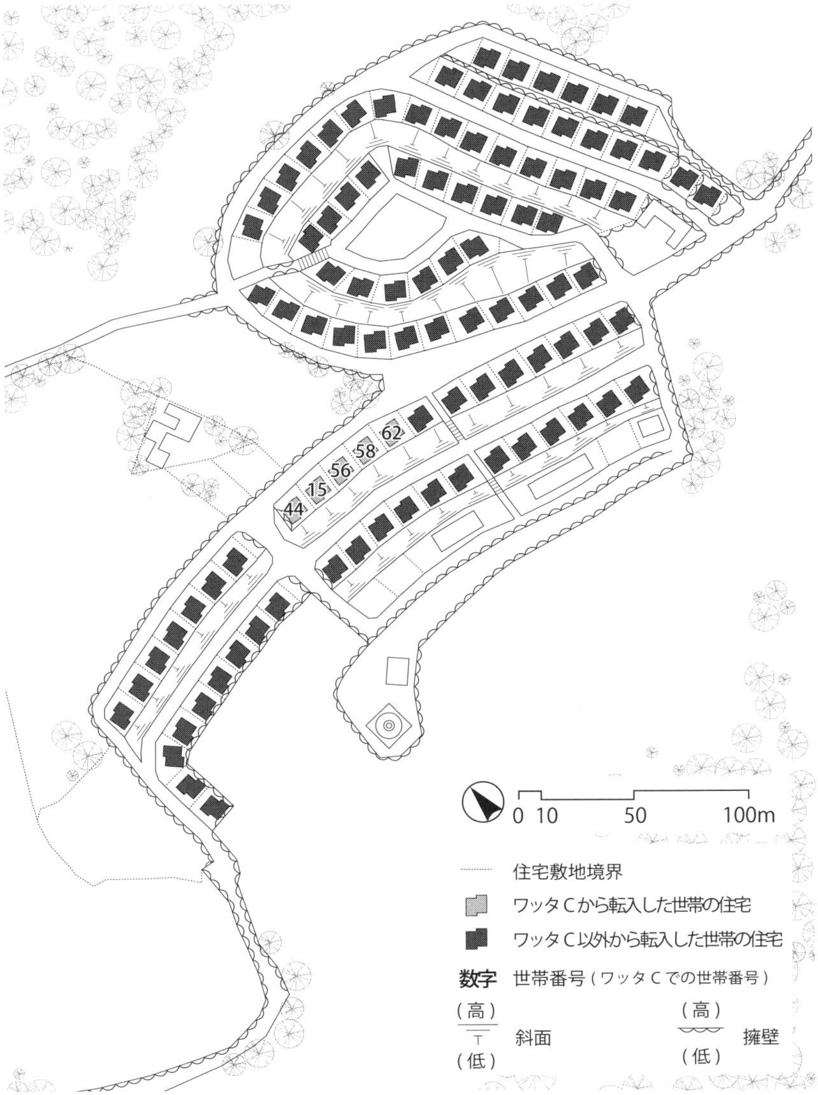

図４－４　再定住地（事例Ｇ）における家屋分布と転入世帯の分布
（調査を元に筆者作成）

写真４－５　再定住地Ｇの俯瞰
内陸の丘陵地帯に建設された住宅地

写真４－６　再定住地Ｇの住宅
周囲にオープンスペースを備えた戸建て住宅

帯には，住宅の所有権が与えられた。再定住地Ｇの住民は，その多くが漁業を生業としており，海との関わりが深い人々である。再定住地への移住によって住まいが海から離れたが，聞き取り調査をした限り，再定住地への居住地移転が原因で漁業をやめたという世帯はいなかった。彼らは従前居住地近辺の浜辺や港に通うことで漁業を続けている。また，再定住地Ｇの住民にはマイクロクレジットの活動に対して積極的な者が多く含まれる。彼らの中には再定住地Ｇだけでなく，従前居住地付近において活動するマイクロクレジットのグループにも参加している者がみられた[2)]。従前居住地に残されたバッファーゾーン内の住宅敷地（写真４－４）は居住用途以外ならば利用が許可されており，再定住地に転出した世帯が漁業や耕作のために利用を継続している場合がある。

3.2　社会関係と住宅敷地所有・利用関係の実態

図４－５に再定住地Ｇの従前居住地である被災集落ワッタＣにおける社会関係および権利関係の継承・再編の実態に関する調査の結果を示した。

2）　ワッタＣと再定住地Ｇを含むウェリガマ湾岸地域ではマイクロクレジットの活動が盛んであり，政府の貧困層支援策であるサムルディ計画や漁業組合が提供する融資に加え，NGO が海外のドナーや民間の銀行とタイアップして提供するマイクロクレジットがある。ワッタＣの居住者が参加しているマイクロクレジットは計８団体17グループであった。

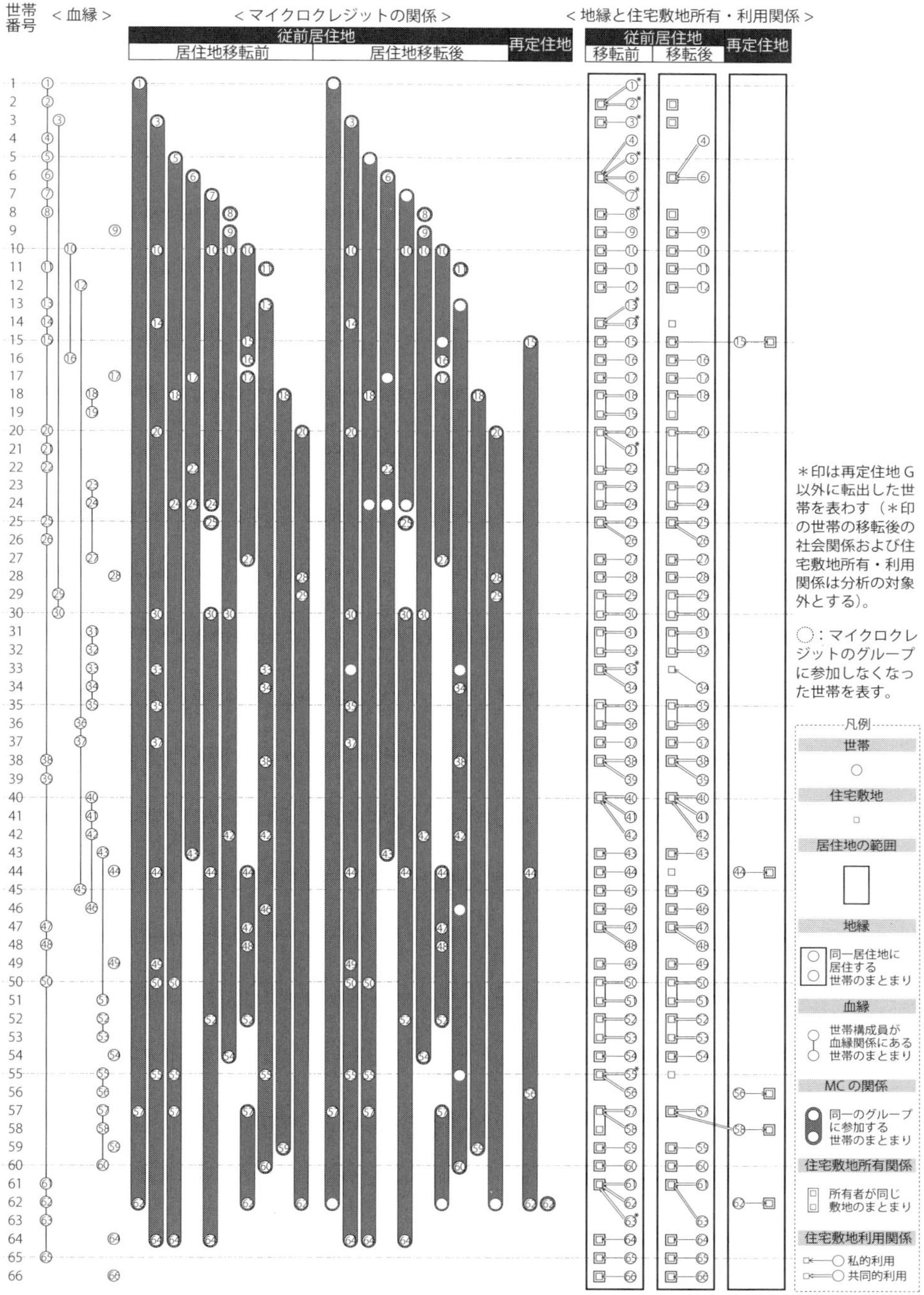

＊印は再定住地 G 以外に転出した世帯を表わす（＊印の世帯の移転後の社会関係および住宅敷地所有・利用関係は分析の対象外とする）。

図 4－5　従前居住地（ワッタ C）における社会関係と権利関係の実態

居住地移転前にワッタＣに住んでいた66世帯のうち，ワッタＣ内に血縁を持っていたのは全体の約87％にあたる57世帯であり，マイクロクレジットの関係を持っていたのは約71％にあたる47世帯であった。また，住宅敷地の共同所有を行っていたのは約29％にあたる19世帯，同じく共同利用を行っていたのは約65％にあたる43世帯であった。

居住地移転に際して，従前居住地に居住していた66世帯のうち，移転後も従前居住地に居住しているのは約74％にあたる49世帯であった。先述したように，ワッタＣを含むウェリガマ郡沿岸ではバッファーゾーンが縮小されたため，当初は移転の対象であった被災住宅の一部が元の場所での再建支援の対象に変更された。このこともあり，多くの世帯が居住地移転実施後もワッタＣに留まっている。移転後もワッタＣに住んでいる49世帯のうちワッタＣ内に血縁を持っているのは約84％にあたる41世帯であり，マイクロクレジットの関係を持っているのは約73％にあたる36世帯であった。また，住宅敷地の共同所有を行っているのは約31％にあたる15世帯，同じく共同利用を行っているのは約59％にあたる29世帯であった。

このように，従前居住地において，血縁，マイクロクレジットの関係，共同的な住宅敷地所有・利用の関係を持つ世帯の割合には居住地移転実施前後で大きな変化はみられなかった。

ワッタＣから再定住地Ｇに転出した５世帯のうち，居住地移転後の従前居住地（ワッタＣ）に血縁を持っているのは４世帯であり，マイクロクレジットの関係を持っているのは１世帯であった。また，居住地移転後の従前居住地（ワッタＣ）において住宅敷地を利用し続けているのは２世帯であった。また，上述した５世帯のうち，再定住地Ｇにおいてマイクロクレジットの関係を持っているのは４世帯であった。一方，再定住地において住宅敷地の共同的な所有や利用を行っている世帯はいなかった。

このように，再定住地へ移住した後も，従前居住地における既存の関係（マイクロクレジットの関係）や土地の利用を継続している世帯が存在する。また，再定住地においてマイクロクレジットの関係を新たに形成している世帯がいる。一方で，再定住地では住宅・土地の権利が個別に与えられたため，従前居住地でみられたような住宅敷地の共同的な所有・利用関係はみられなくなった。

3.3　住宅敷地所有・利用関係の事例

図４−６は，住宅敷地所有・利用関係の図式と実際の土地・空間利用の対応関係について示したものである。ワッタＣにおける権利関係の特徴をよく表していると思われる住宅敷地所有・利用関係の事例について示している。

事例１（世帯no.55，同56，同57，同58）では，居住地移転前のワッタＣにおいて，世帯no.55と世帯no.56が住宅敷地を共同的に所有し，その土地を共同的に利用していた。世帯no.57は住宅敷地を私的に所有し，その土地を世帯no.58と共同的に利用していた。いずれの敷地の住宅も，津波によって全壊となる被害を受けた。居住地移転後のワッタＣにおいて，世帯no.55と世帯no.56が共同的に所有していた住宅敷地はバッファーゾーン内に位置していたため土地利用が制限され，住宅の修復・再建が禁止された。世帯no.56は再定住地Ｇへと転出し，世帯no.55は別の再定住地へと転出した。世帯no.57は被災前と同じ場所で住宅を再建し，ワッタＣでの居住を続けている。なお，no.57の住宅敷地はバッファーゾーンに含まれるため，本来であれば住宅の再建・修復が禁止されているが，世帯no.57はそれに従っていない。このようなケースは他の被災集落でもみられるようである。ウェリガマ郡役所の職員の話によると，住宅の修復・再建のための支援金は当然ながら支給されず，さらに，将来再び被災しても行政は一切支援をしないという前提のもと，放置されているようである。世帯no.58は再定住地Ｇへと転出した後も週に2, 3日程度はワッタＣで過ごしている。その際には血縁関係者である世帯no.57の住宅の一部を利用している。居住地移転後の再定住地Ｇにおいて，世帯no.56と世帯no.57はそれぞれが私有する住宅敷地を私的に利用している。

事例２（世帯no.61，同62，同63）では，居住地移転前のワッタＣにおいて，世帯no.61は住宅敷地を私有し，その土地に世帯no.61，世帯no.62，

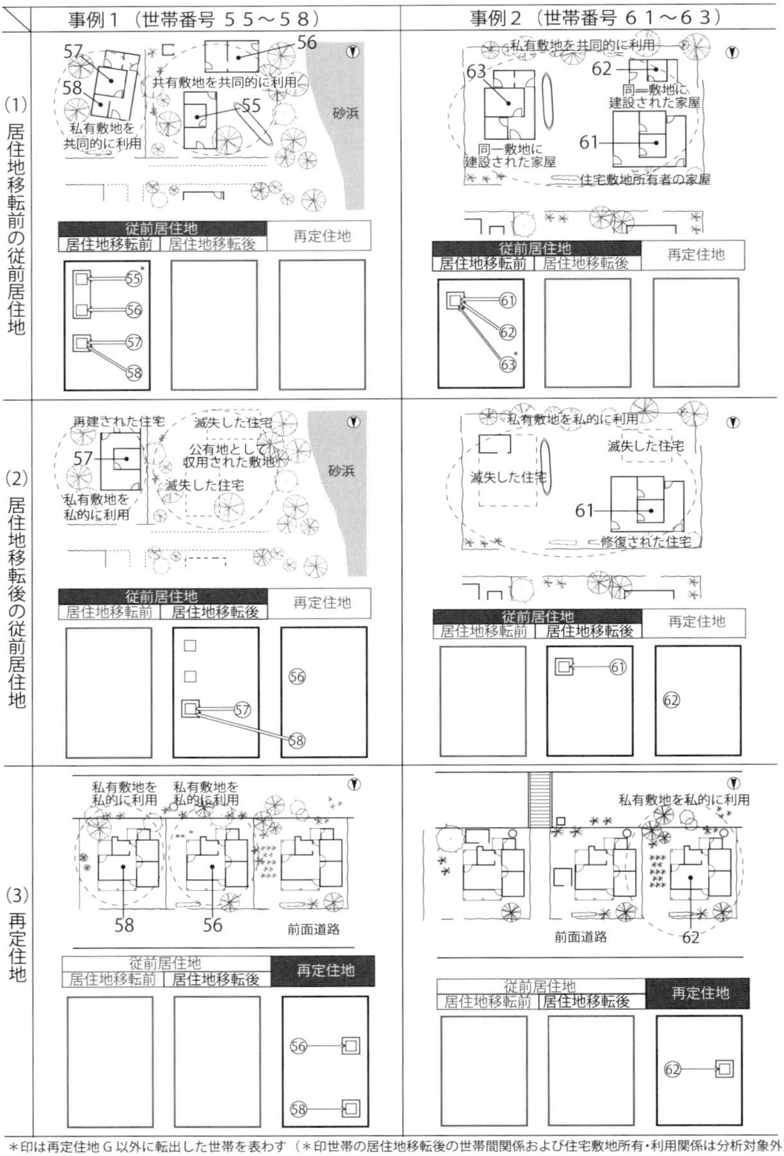

＊印は再定住地Ｇ以外に転出した世帯を表わす（＊印世帯の居住地移転後の世帯間関係および住宅敷地所有・利用関係は分析対象外）。

図４－６　居住地移転前後における住宅敷地所有・利用関係の変化の例

（凡例は図４－５と共通）

世帯 no.63がそれぞれの住宅を建設し，共同的に利用していた。津波によって上述の3世帯全ての住宅が半壊以上の被害を受け，その後，世帯no.61は元の場所で住宅を修復した。また，世帯 no.62は再定住地Gに転出し，世帯 no.63は別の再定住地へと転出した。結果的に，居住地移転後のワッタCにおいては，世帯 no.61が私的に所有する住宅敷地を私的に利用して居住を継続している。居住地移転後の再定住地Gにおいて，世帯no.62は他の世帯と同様，住宅敷地を私的に所有し，そこを私的に利用している。

4．社会関係を継承する再定住のパタン

図4－7に，ワッタCにおける既存の社会関係と権利関係の実態をもとに抽出した，再定住における社会関係および権利関係の再編パタンを示した。本節では，ワッタCにおける世帯の事例も踏まえて，「従前居住地完結型」，「再定住地完結型」，「従前居住地―再定住地補完型」という3つの再定住パタンそれぞれの特徴と課題について考察している。

4.1　完結型1：従前居住地完結型

「従前居住地完結型」の再定住の特徴は，従前居住地の範囲において居住地移転前とほぼ同じ状態で社会関係と権利関係が継承されている点である。

ワッタCの事例で，このパタンに該当するのは，世帯 no.29，同no.30，同 no.47，同 no.48，同 no.50，同 no.51，同 no.52，同 no.53等である。

例えば，ワッタCで元の場所に住宅を再建した世帯 no.29は，居住地移転後も，移転前と同じくワッタCにおいて活動するマイクロクレジットのグループに参加し，マイクロクレジットの関係を継続させている。また，世帯 no.29は，居住地移転後も世帯 no.30と共同で所有する住宅敷地を共同的に利用するという関係を継続させている。このことから，世帯

	概念図	特徴	課題
従前居住地 完結型	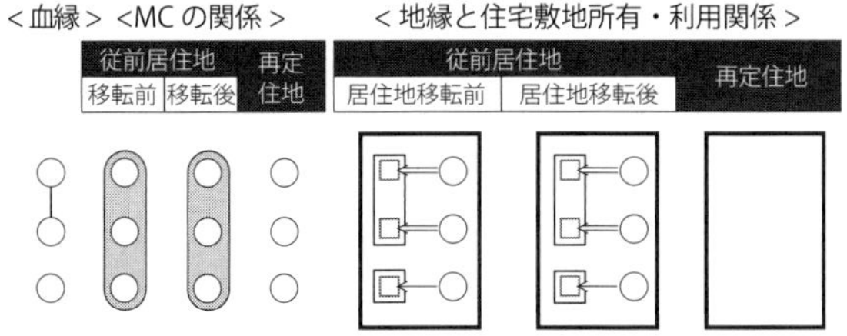	・従前居住地の範囲において居住地移転前とほぼ同じ社会関係および権利関係が維持されている。	・居住地移転を実施せざるを得ない場合もあり、常に従前居住地で住宅を再建できるとは限らない。 ・居住環境問題（インフラの未整備、権利関係の未整理等）が改善されずに積み残される恐れがある。
再定住地 完結型	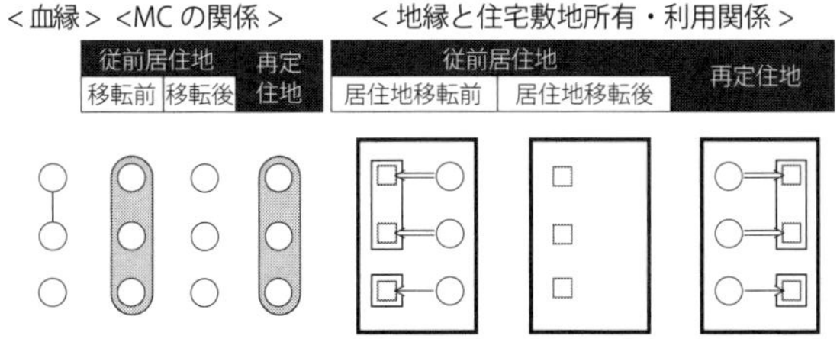	・再定住地の範囲において居住地移転前とほぼ同じ社会関係および権利関係が維持されている。	・従前居住地に私有敷地の共同利用や共有敷地の共同利用といった慣習的な権利関係等が含まれている場合、再定住地の計画に従前居住地の特徴を反映することが難しい。
従前居住地 ー再定住地 補完型	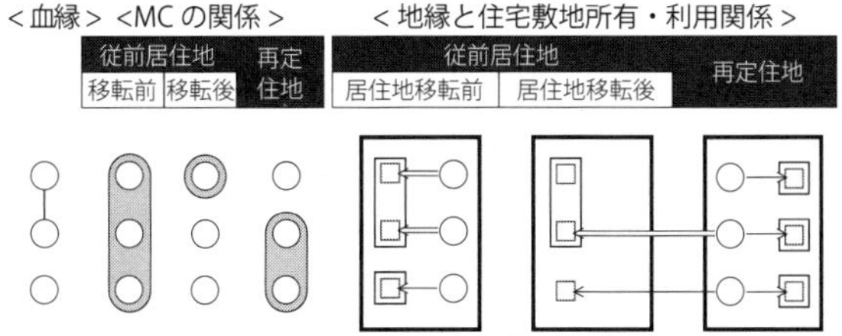	・再定住地だけでなく従前居住地を含む範囲において居住地移転前とほぼ同じ社会関係および権利関係が維持されている。	・移転前居住地や再定住地といった、居住地の範囲を超えて拡がる社会関係や権利関係は不安定である場合があり、維持し続けることが難しい。

図 4－7　3 つの再定住パタンそれぞれの特徴と課題（判例は図 4－5 と共通）

no.29は「従前居住地完結型」の再定住に該当する事例である。

一方，同じくワッタCの元の場所で住宅を再建した世帯no.57は，居住地移転前に住宅敷地を共同で利用していた世帯no.58が居住地移転の実施に伴いワッタCから転出したこともあり，居住地移転後は住宅敷地を単独で利用している。このことから世帯no.57は「従前居住地完結型」の再定住に該当する。

災害からの住宅復興においては，新しい環境への居住者の適応の負担を減らすために，なるべく災害前の生活やコミュニティの状態を維持・回復することが望ましい。このような考え方にもとづくと，本節で示した3つの再定住パタンのなかでは，「従前居住地完結型」の再定住が基本的には望ましい。しかしながら，第1章でも指摘したように，大規模な災害からの住宅復興においては特に，様々な理由により，居住地移転が避けられない場合もある。このような認識を前提とした時，「従前居住地完結型」の再定住もまた，必ずしも常に実現可能であるとは限らない。

さらに，「従前居住地完結型」の再定住には，従前の生活やコミュニティの良い面だけでなく，悪い面も維持されるという側面があることを忘れるべきではない。すなわち，例えばインフラの未整備や防災安全性の低さ，治安の乱れや差別等といった，平時から居住地が抱えてきた問題がある場合，非常時の経験を経てもそれらの問題が基本的に解決されないまま居住地が再建される場合がある。また，問題の解決を望むとすれば，被災者自身が「従前居住地完結型」の再定住を望まないというケースがあることも想定される。

4.2　完結型2：再定住地完結型

「再定住地完結型」の再定住の特徴は，移住先である再定住地の範囲において居住地移転前とほぼ同じ状態の社会関係および権利関係が形成される点である。

ワッタCから再定住地Gへと転入した世帯には，このパタンに該当する世帯の事例はみられなかった。完全には該当しないが，ワッタCから再定住地Gに転入した世帯である世帯no.62は，従前居住地において参加していたマイクロクレジットのグループに居住地移転後は参加していないが，再定住地におけるマイクロクレジットのグループには参加しており，結果的にマイクロクレジットの関係を継続させていると捉えられる。一方，居住地移転前の従前居住地においてみられた住宅敷地の共同利用は，再定住地では継続されていない。

「再定住地完結型」の再定住は，従前居住地において被災者の生活を支えていたと思われる社会関係や権利関係を再定住地において再現することで，新しい環境への被災者の適応の負担を軽減する。一方で，「再定住地完結型」の再定住の課題は，その実現性の低さ，すなわち，居住地移転と再定住地の計画に従前居住地の社会関係や権利関係の特徴を全て反映させるのは現実的ではない場合があるという点である。ワッタCの事例からもわかるように，従前居住地には，血縁関係や長年の地縁にもとづく住宅敷地の共同的な所有・利用といった，慣習的な権利関係がみられる。第3章でも指摘したように，ワッタCに限らず，開発途上国や歴史的市街地・集落では，地域固有の社会関係や土地所有・利用関係に生活を依拠している人々が多い。それらの関係の権限を，現代の法体系のもとで保障することは多くの場合において困難であり，従って，居住地移転や再定住地の計画に反映させることも必ずしも容易ではない。

4.3　補完型：従前居住地―再定住地補完型

「従前居住地―再定住地補完型」（以下，「補完型」とする）の再定住パタンの特徴は，再定住地だけでなく従前居住地も含む範囲において居住地移転前とほぼ同じ状態の社会関係と権利関係が継続している点である。

ワッタCの事例でこのパタンに該当するのは，世帯no.15，および世帯no.44である。

例えば，ワッタCから再定住地Gへと転入した世帯no.15は，従前居住地において参加していたマイクロクレジットのグループに居住地移転後は参加していないが，再定住地におけるマイクロクレジットのグループには参加しており，マイクロクレジットの関係を継続させているとみることができる。また，世帯no.15は，従前居住地において居住地移転前と同様の方法で住宅敷地の利用を続けており，居住地移転後も住宅敷地所有・利用関係を継続させている。このことから世帯no.15は，「補完型」の再定住パタンに該当する事例である。

また，同じくワッタCから再定住地Gへと転入した世帯no.44は，従前居住地における住宅敷地利用関係を居住地移転後は継続していないが，一方で，従前居住地において活動するマイクロクレジットのグループには参加しており，居住地移転後も従前居住地との関係を継続させている。このことから世帯no.44もまた，「補完型」の再定住パタンに該当する事例である。

「補完型」の再定住パタンは，従前居住地における社会関係や権利関係を居住地移転や再定住地の計画において維持・回復させる上で，その妥当性や実現可能性を考慮して，上述した「従前居住地完結型」と「再定住地完結型」を折衷させたものであると捉えることができる。すなわち，「補完型」の再定住パタンでは，被災者の生活再建において重要であるが，再定住地の計画において再現することが困難である社会関係や権利関係があった場合，それらの関係を従前居住地において継続させるという可能性についても考慮している。

このように，従前居住地における社会関係や権利関係が居住地移転前と完全に同じ状態では維持・回復されていなくても，被災者の生活・仕事の継続という点において等価な状態であれば良い。仮にこのように考えた場合，他の2つの再定住パタンと比較して「補完型」の再定住パタンの実現性はより高いものである。一方で，従前居住地や再定住地といった居住地の範囲を超えて広がる関係，すなわち地縁にもとづかない社会関係および権利関係は一般的に不安定であるため，継続することが必ずしも容易ではない。従って，「補完型」の再定住パタンの課題は，必ずしも地縁に拠らず，被災者の生活・仕事を支え続けられる何らかの関係を見出し，その維持・回復を居住地移転と再定住地の計画に反映することである。

5．小結

本章では，従前居住地である津波被災集落における既存の社会関係および権利関係の実態を明らかにし，さらに，その実態をもとに居住地移転と再定住地の計画におけるそれらの関係の継承・再編の可能性について検討した。

本章で調査対象とした津波被災集落・ワッタCは，本書において再定住地の“成功”事例として位置付け，第5章，第6章でより詳細な分析の対象とする再定住地・事例Gの従前居住地である。ワッタCには居住地移転実施後も住み続けている住民が49世帯おり，彼らと居住地移転前にワッタCに住んでいた16世帯をあわせた計・66世帯を対象とした対面式アンケート調査を行い，社会関係と権利関係の継続・再編の実態を明らかにした。本章で得られた知見を以下に示す。

5.1　既存の社会関係および権利関係の実態

まず，従前居住地である津波被災集落・ワッタCには地縁に加えて血縁やマイクロクレジットの関係といった社会関係および共同的な住宅敷地所有・利用関係が豊富に蓄積されていたということが明らかになった（血縁：全居住者66世帯のうち57世帯，マイクロクレジットの関係：同47世帯，住宅敷地の共同所有関係：同19世帯，住宅敷地の共同利用関係：同43世帯）。

また，居住地移転後も従前居住地においてそれらの関係が部分的に継続しているということが明らかになった（血縁：全居住者49世帯のうち41世帯，マイクロクレジットの関係：同36世帯，住宅敷地の共同所有関係：同15世帯，住宅敷地の共同利用関係：29世帯）。

このような実態を踏まえると，上述した社会関係や住宅敷地所有・利用関係が被災者の生活・仕事の継続にとって重要である場合，居住地移転や再定住地の計画においても既存の社会関係および住宅敷地所有・利用関係を維持・回復することが重要である。

5.2　社会関係および権利関係の再編可能性

上述したような社会関係および権利関係の実態を踏まえ，「従前居住地完結型」，「再定住地完結型」，「従前居住地―再定住地補完型」という3つの再定住パタンを抽出し，さらに，それぞれのパタンの特徴と課題の整理を行い，居住地移転と再定住地の計画における社会関係の継承・再編の可能性について検討した。

本章で分析対象とした津波被災集落・ワッタCにおける世帯の事例では，「再定住地完結型」の再定住はみられず，「従前居住地―再定住地補完型」の再定住が一部でみられた。「再定住地完結型」の再定住がみられなかった理由として，従前居住地における社会関係や住宅敷地所有・利用関係の中には居住地移転や再定住地の計画に反映することが容易ではない，土地の共同所有や共同利用といった慣習的な関係が含まれているということを指摘した。一方で，「従前居住地―再定住地補完型」の再定住のように，既存の社会関係を再定住地の範囲だけでなく，従前居住地を含む範囲において維持・回復することにはワッタCの事例の場合，妥当性があり，実現の可能性もあるということを指摘した。

このように，災害後の居住地移転や再定住地の計画において，被災者の生活・仕事の継続を支え続ける既存の社会関係および権利関係を維持・回復することは確かに重要である。しかしながら，それらの関係を従前居住地や再定住地それぞれの範囲だけで継続すること（「従前居住地完結型」および「再定住地完結型」の再定住）は現実的ではない場合があるということがワッタCの実態から確認された。そして，既存の社会関係や権利関係を，再定住地だけでなく従前居住地も含めた範囲で維持・回復すること（「従前居住地―再定住地補完型」の再定住）が必要であることを指摘した。被災者の生活・仕事を取り巻く社会関係や権利関係の維持・回復のされ方の多様性に配慮し，それらを支えることこそが，レジリエントな再定住にとって重要である。このような認識のもと，居住地移転と再定住地の計画において「従前居住地―再定住地補完型」の再定住を実現しようとした場合，既存の社会関係や権利関係の維持・回復に加え，例えばマイクロクレジットの関係のように地縁に必ずしも規定されず被災者の生活・仕事の継続を支える社会関係の存在が重要である。

topics-4

縮退化時代の再定住地計画 —東日本大震災と災害公営住宅—

過疎化・高齢化地域の被災と住宅復興の課題

東日本大震災の一つの大きな特徴は，わが国が人口減少社会を本格的に迎えようとする矢先に発生した大災害であった点である。特に東北地方沿岸の非都市部では，震災以前から過疎化や高齢化が既にかなり進んでいた地域も多くみられた。わが国では，新潟県中越地震からの復興等においてもそのような過疎化・高齢化地域の復旧・復興を経験してきたが，その規模や範囲は東日本大震災と比べると遥かに小さなものであった。従って，東日本大震災からの復旧・復興においては，過去の災害の経験を踏まえつつ，“縮退化時代の再定住地計画”とでも言うべき，わが国が未だ経験したことがない課題に取り組む必要があった。そのような取り組みからは，東日本大震災からの復旧・復興だけでなく，わが国が本格的な人口減少社会を迎えるにあたって広く参照されるべき，新たな住まい方やコミュニティのあり方が発信されることも期待されている。

筆者らは，2015年10月末に宮城県中部・南部において竣工した災害公営住宅[1)]のうち特に先進的であると思われるもの（6市町・7地区）を訪れる機会を得た[2)]。ここでは今回訪れた事例にみられる工夫や課題について紹介するとともに，“縮退化時代の再定住地計画”のあり方について考えてみたい。

なお，災害公営住宅の計画における課題は，地域の人口動態や被災の程度，さらには行政の能力・状況等を反映し，地域ごとに多様であり，発災から約5年が経過して，被災地は多様な復旧・復興のプロセスを辿っている。このことを踏まえ，ここでは，災害公営住宅の計画にみられる工夫や課題について，その共通性というよりは，むしろ多様性に着目したい。今回訪れた事例を通じて得られた計画上の論点は大まかにわけると，「地域コミュニティの維持・継承と居住者間交流の促進」，「人口・家族の変化への対応と高齢者のケア・見守り」，「防災・減災，環境，地域の街並みへの配慮」であった。

地域コミュニティの維持・継承と居住者間交流の促進

非都市部や離半島部における被災地の復旧・復興では特に，従前の集落コミュニティのまとまりを何らかの形で維持したいというニーズが強く，そのことが災害公営住宅の計画においても配慮されている場合がある。

例えば，七ヶ浜町では，その名の通り 7 つの浜があり，被災者は浜ごとに地区内の高台に移動して避難生活を送っていた。このような状況を加味し，災害公営住宅の計画も地区ごとに行われた。同町内に建設された「松が浜地区災害公営住宅」は木造平屋建て，計15棟32戸で構成され，二戸一および三戸一の住宅形式とすることで，丘陵地の限られた敷地の中で必要な戸数を充たしている。また，自然地形を残して住戸間，住棟間を床やスロープで緩やかにつなぐことで，住民同士の交流が発生しやすいような配慮が行われている。また，災害公営住宅の区画とそれ以外の住宅（自力再建住宅，既存住宅等）の区画がモザイク状に入り組んだ配置となっており，既存の集落コミュニティの維持だけでなく移転先のコミュニティとの関係も考慮された計画となっている。

同じく七ヶ浜町の「菖蒲田浜地区災害公営住宅」は，RC 造 3 階建て，計10棟・100戸から成る共同住宅である。同住宅は，高台ではなく，津波で浸水したエリアに建設されている。これは，建設用の土地が不足する中で，従前の集落や避難所で形成されたコミュニティを維持したいという被災者のニーズにも配慮した結果である（非常時には隣接する丘の上にある避難所を利用する）。また，中庭を囲んで住棟どうしが 2 階レベルのデッキで接続され，お互いに行き来ができるようになっており，住民間の交流が発生しやすい空間としている。

このように，七ヶ浜町ではコミュニティを維持するために地区ごとに災害公営住宅の計画が行われた。その際，行政が設置した「七ヶ浜町復興整備協議会」が取りまとめ役となって，災害公営住宅の設計基準について協議・調整が行われたという。災害公営住宅の計画は一般に，公平性を重視するあまり，地域性を無視した画一的なものになりがちである。しかし，七ヶ浜町の場合，計画段階から地区間で協議と調整を行うというプロセスを経たことで，地区ごとの個別事情を踏まえた計画や，地区間で共通してみられるニーズに応える仕様（例えばコモンアクセスやリビングアクセス等）を付加することが可能になった。

女川町に建設された「運動公園住宅」は，RC 造 4 階建て，計 8 棟200戸から成る共同住宅形式の災害公営住宅である。同住宅は，応急仮設住宅として利用されていた高台の陸上競技場の土地を宅地へと用途転換することで，用地を確保している。そのため，新規の宅地造成が不要であり，早期の事業着手が可能となり，実質 7 ヶ月強という異例の短い工期で完成した。同住宅には隣接する仮設住宅の住民が優先的に入居することになり，既存の集落や仮設住宅のコミュニティが災害公営住宅でも維持された。災害公営住宅の建設には用地確保や造成工事に時間がかかり，完成を待ちきれなくなった住民が地区外に転出し，既存のコミュニティが維持されない場合がある。女川町では上述したような行政の迅速な判断により，そのような事態を免れた。同住宅の入居率は100％に達しており，以前からの顔見知りが多いためか，中庭で立ち話をする住民やバルコニーから中庭を歩く人と挨拶を交わす住民の姿等も見られた。

人口・家族の変化への対応と高齢者のケア・見守り

宮城県中部・南部では，地域によって程度の差はあれ，総じて人口は減少しているが，一方で，世帯数は増加する傾向にある。このことは，交通の発達による人口の流動化やライフスタイルの変化に伴い，東北地方で広くみられた三世代同居の慣習が失われ，親世帯と子世帯の分離が進んでいることを意味する。そのような状況に付随して，これまで家族が担ってきた高齢者のケアや見守りを地域や社会がどのようにして支えていくか，という課題も生じている。

岩沼市にある「玉浦西地区災害公営住宅」は，沿岸で被災した 6 集落（465戸のうち282戸）の集団移転先として新たに造成された区画である。玉浦西地区では，6 地区が集まることから，従前のコミュニティの維持とともに，新たなコミュニティの形成を促す，「世代を超えた持続可能なまちづくり」が進められた。街区によって異なる住宅のデザインが採用されており，例えばB−1地区（写真Ｔ4－1）は木造平屋建ておよび二階建て，計43戸から成る戸建ておよび長屋形式の住宅であるが，街区内部に「緑道」と呼ばれるコモンアクセスが通され，各住戸には前面道路だけではく，「緑道」からも出入りができる。「緑道」は前面道路からスロープで上がり，

写真 T4-1｜**岩沼市玉浦西地区災害公営住宅（B-1地区）**
街区内部のコモンアクセス「緑道」から眺める。各住戸が「緑道」を介して対面しており，住民間の交流促進や見守りに配慮した空間となっている。

各住戸のテラスとフラットに繋がっているため，高齢者や車椅子の人も行き来がしやすい。また，「緑道」を挟んで住戸どうしが向かい合うよう配置されており，高齢者の見守りや住民間の交流を促進する空間となっている。同じくB-2地区は，木造平屋建ておよび二階建て，計46戸から成る戸建て，二戸一，長屋形式の住宅である。街区内の「コミュニティロード」という直線状のアプローチに沿って住戸を配置し，住民間の交流と見守りの空間，バリアフリーなアクセス，良好な見通しと風通し，防犯性等を確保している。

以上のように，玉浦西地区災害公営住宅の計画では，住民間の交流促進や見守りのため，様々な形で空間の共有が積極的に図られている。これらは，被災前の住宅では見られなかった，高齢化社会に対応した新しい住まい方の実現例として興味深い。一方，これらの計画には，今後，住民間のプライバシーの問題が発生することも予想される。それにも関わらず，この計画が実現したのは，従前のコミュニティを維持して入居したため，住民には顔見知りが多く，入居後の関係をあらかじめ想定しやすかったためである。

女川町の市街地から離れた半島部にある「高白浜地区災害公営住宅」は木造二階建て，10戸から成る戸建て住宅である。女川町では，離半島部の集落の復興では複数の集落を集約せず，浜ごとに近くの高台に移転させることになった。離半島部では今後，さらなる人口減少が進行し，町の財源の縮小等も懸念される。災害公営住宅の計画においても，そのような懸念から，平面や工法を標準化することで工期短縮やコスト削減を図るとともに，将来の維持管理をしやすくしている。また，町の負担低減のためにも，将来的には住宅を住民に払い下げることも見据えて，住宅周辺に緑地や増改築可能なスペースを確保し，家族の入れ替わりやライフスタイルの変化等に対応できる仕様としている。

防災・減災，環境，地域の街並みへの配慮

東日本大震災における甚大な津波被害および原発事故は，私たちに自然や環境との関係を改めて問い直す機会となった。災害公営住宅の供給においても，災害を契機として，人々と自然や環境との関わりの再構築が試みられている。

多賀城市の市街地に建設された「多賀城市営桜木住宅」（写真Ｔ4－2）は，RC 造 6 階建て，計 5 棟・160戸から成る共同住宅形式の災害公営住宅である。同住宅は，今回の津波で 2 m 強の浸水被害を受けたエリアにあり，非常時には（津波）避難ビルとしても機能するように設計されている。すなわち，一階はピロティ空間とし，住宅は二階以上に設けられている。非常時には各棟の廊下や屋上が避難場所となり，約2,000人を収容できる。屋上には非常食や毛布等の備蓄倉庫，さらには太陽光発電装置が設けられている。また，高齢者生活相談所，保育所，集会所等も併設されており，各住棟の 2 階のデッキに面する部分には「みんなのリビング」という24時間解放を想定した交流スペースが設けられる等，住民間の交流や見守りにも配慮されている。このように同住宅は，被災者の住宅としてだけでなく，地域の防災・減災拠点，生活サービス拠点としても計画されている。

塩竈市「伊保石地区災害公営住宅」は木造平屋および二階建て，計31戸から成る戸建住宅である。周辺は住宅街であり，同住宅の建設にあたって道路等の基盤整備も併せて行われ，街区内に周辺住民も利用するアクセス道路や駐車場が整備された。以前は隣接する幼稚園への朝夕の送迎時に渋滞・混雑がみられたようであるが，アクセス道路と駐車場の整備によりそれらの問題が一部解消されたという。また，周辺一帯の街並みにも配慮し，緩勾配屋根が重なり合う家並みが採用され，さらに，計 3 タイプある形態の同じタイプが連続しないように配置することで，変化に富んだ家並みを創出するよう計画されている。災害公営住宅は一般的に周辺地域から孤立しがちであるが，上述のような基盤整備や街並み形成を通じて周辺のまちづくりに貢献することで，孤立解消につながるだけでなく，周辺地域も含めたまちの持続性向上が期待される。

写真 T4-2｜**多賀城市営桜木住宅**
非常時には津波避難ビルの役割を果たし，また，高齢者相談所や保育所，集会所も併設される等，地域の防災・減災拠点および生活サービス拠点としても機能するように計画されている。

“縮退化時代の再定住地計画” に向けて

東北地方沿岸部はこれまでに何度も津波被害に遭ってきたが，その度に復旧・復興し，発展を遂げてきた。一方，人口減少社会の矢先に起こった大災害である東日本大震災からの復旧・復興は，単にこれまでの地域開発の延長線上に描かれるのではなく，これからの時代にふさわしい住まい方やコミュニティ像を導くことも重要なミッションである。東日本大震災においては国内外から被災地に多大な支援が集まり，コミュニティの重要性が改めて広く認識された。コミュニティ内外の結束や助け合いの様相がメディアでもしばしば取り上げられ，日本社会に根付く共同の精神は“絆”という言葉とともに賞賛されたのであった。このように，コミュニティの重要性はどの時代でも変わらないが，一方でコミュニティのあり方は時代の価値観を反映し常に進化を遂げている。このことを無視して既存のコミュニティを無批判に受け継ぐことには慎重にならなければならない。例えば，被災集落の高台移転の議論等において，地縁としての「コミュニティ」の維持が目的化してしまった場合，結果的にはコミュニティの分散が起こり当初の移転計画は“失敗”に終わっていることが多いように見受けられる。“縮退化時代の再定住地計画”において，コミュニティのどのような要素をどのような将来に向けて継承するのか，という本質的な議論が不可欠である。ここで取り上げた災害公営住宅は，コミュニティの継承・発展と住宅設計・計画の結びつきがよく考えられた事例であり，今後，どのような住まい方をされていくのかということも含めて検証が必要であるが，縮退化時代の再定住地計画 ” に向けた一つのモデルとなることが期待される。

注

1）災害（復興）公営住宅とは，災害により住宅を滅失し，自力での住宅再建が難しい人々のための公的な賃貸住宅であり，公営住宅法にもとづき整備されるものである。宮城県では平成27年 9 月末時点で，21市町・252地区（計14, 000戸）において災害公営住宅の建設事業が着手されている。そのうち，21市町・238地区・11878戸については建設工事が着工しており，21市町・157地区・7427戸の工事が完了した。

2）視察は，2015年10月30日・31日に日本建築学会住宅計画小委員会と集合住宅研究会（集住研）自主研究会のメンバーに現地協力者（建築士，研究者）を加えたメンバーによって行われた。集住研は，集合住宅の企画，計画，設計等の業務にかかわる設計事務所等によって構成される任意団体であり，1972年の発足以来，セミナー開催等の様々な活動を行っている。今回の視察においては集合住宅および公営住宅の設計について豊富な経験を持つ集住研メンバーが実際に携わった事例を含め，視察対象が選定された。

CHAPTER 5 コミュニティにおける結合の原理と実際

マイクロクレジットの集会の風景（南部州マータラ県の再定住地・事例 G）
メンバーの女性たちが毎週 1 回，グループごとに誰かの家に集まり，貯蓄，融資の借り入れ・返済手続きや日々の生活に役立つ情報の交換等を行っている。

1．はじめに

1.1　社会関係の継承・再編をとらえる――本章の目的

本書の主な研究対象地域であるスリランカ南部州マータラ県ウェリガマ郡に建設された再定住地・全14ヶ所の実態について2008年12月に調査したところ，第2章6節でも述べたように，いくつかの再定住地では入居開始から1～2年が経過して定住率が著しく低下していることが明らかになった。そのような状況の中で，再定住地Gは，入居開始から約2年が経過した2008年12月時点において約90％という高い定住率が維持していた。このことから本書では，再定住地Gを，被災者の生活・仕事が継続しているという意味で再定住地の“成功”事例として位置付け，その実態と要因について探ることを試みている。

再定住地Gの居住者には，従前居住地において活動するマイクロクレジットへの参加を継続している者や，従前居住地の住宅敷地の利用を継続している者がみられる。このことから，再定住地Gの“成功”の背景には，第4章で検討した3つの再定住パタンのうち，「従前居住地―再定住地補完型」の再定住にみられるような，地縁に必ずしも規定されない社会関係および住宅敷地所有・利用関係の再編があったこと，さらに，そのような再編の実現においてマイクロクレジットの関係が介在していることが推測される。このように，再定住地Gの“成功”は，第3章でも検討したような個人の生活・仕事，社会的環境，物的環境の相互関係との関連において導かれていると推測される。そして，このことを検証する上ではまず，社会関係および権利関係の再編の実態を明らかにし，被災者の生活・仕事の継続を支える社会的環境についてより正確に理解する必要がある。

なお，本章で着目するマイクロクレジットの関係は，原理上は，土地・空間に規定されない「選択的関係」であり，地縁・血縁を補完することで，上述したような「従前居住地―再定住地補完型」の再定住を支える可能性を持った関係である。ただ，現実には，マイクロクレジットの関係は，地縁のような「空間を介した関係」や，血縁のような「非選択的関係」によって規定されている場合がある。仮に他の関係によって強く規定されていた場合，マイクロクレジットの関係は実質的には「空間を介した関係」あるいは「非選択的関係」となり，「従前居住地―再定住地補完型」の再編を支える関係とはなり得ない。このような，コミュニティにおける社会関係の結合の原理と実際の違いについても考慮すると，居住地移転および再定住地の計画のあり方を考える上では，社会関係および権利関係それぞれの継承・再編の実態に加えて，関係相互の規定性についても明らかにする必要がある。

以上を踏まえ，本章では，被災者の生活・仕事の継続を支えている社会的環境の特徴について探るために，再定住の“成功”事例である再定住地Gにおける社会関係および権利関係の継承・再編の実態について明らかにし，さらに，マイクロクレジットの関係に対する地縁・血縁および住宅敷地所有・利用関係の規定性について明らかにする。

1.2　災害復興におけるコミュニティ維持の取り組み

わが国では，阪神・淡路大震災（1995年）からの復興において，人々の生活の基盤となるコミュニティ内の人間関係や空間の維持に対する配慮の欠如が問題となった。例えば，住宅再建に対する「避難所→仮設住宅→復興公営住宅」というプロセスで行われる公的支援が本来多様であるべき被災者の住宅再建過程の単線化を誘導したという指摘（高田2005，竹原・高田ほか1996）や，災害復興公営住宅への特定の住民（特に高齢者や障がい者等の社会的に弱い立場にいる人々）の集中が地域コミュニティの希薄化と高齢者の孤独死の多発を招いたという指摘（浦野・吉井・大矢根2007）がある。

新潟県中越地震（2004年）においては，阪神・淡路大震災で得られた教訓とわが国の中山間地域の高齢化や過疎化といった社会背景を考慮して，住宅復興において既存の集落コミュニティをなるべく維持するための枠組みが採用されたと言われている（浦野・吉井・大矢根2007，pp.123–125）。多くの応急仮設住宅団地において既存の集落コミュニティ単位での入居が行われ，従前の集落における住宅の位置関係によって仮設住宅団地内の住戸の割り当てが行われたという事例も報告されている（新潟県中越大震災記録誌編集委員会 2006）。

このように，わが国では近年における大規模自然災害からの復興の経験を通じて，既存の地域コミュニティを維持することの重要性が認識されつつある。地域コミュニティ維持の実践例として，例えば，上述したような新潟県中越地震の応急仮設住宅団地の計画における取り組みは確かに高く評価されるものである。しかしながら一方で，中山間地という土地柄もあり，「地縁」の維持という，やや一面的な地域コミュニティ像にもとづいた計画でもあった。そのこともあり，住宅復興のフェーズが応急仮設住宅から恒久的な復興住宅へと移行するに伴い，被災者の居住ニーズが多様化すると，従前の地縁をベースとした地域コミュニティの維持は困難になっていったとも言われている。実際，恒久的な住宅建設の段階においては，個別の自力再建や市街地への転出等が発生し，既存の集落の中には大きく変容したものもある（浦野・吉井・大矢根2007，p125）。このように，災害からの復興においてコミュニティの維持はたしかに重要であるが，それを実現する上では一般的に想起されやすい「地縁」の維持に限らず，それ以外の多様な関係の維持についても検討する必要がある。

以上を踏まえて，本章では，被災者の生活再建を支える関係として，地縁，血縁，マイクロクレジットの関係といった社会関係，および住宅敷地所有・利用関係という，結合原理の異なる複数の関係に着目している。そしてそれら多様な社会関係の継承・再編の実態の把握を通じて，必ずしも地縁のみによらない地域コミュニティの維持のあり方について探っている。

1.3　本章の構成

第2節においてまず，社会人類学分野の既往研究等を参照して，スリランカのシンハラ人社会における家族の構造や血縁を中心として拡がるネットワークについて整理し，本研究における社会関係の分析単位である「世帯」の概念について述べる。次に，調査対象である再定住地Gの概要とその主たる従前居住地であるペラナ村およびミリッサ村の特徴について解説する。さらに，2008年11月から2009年1月にかけて実施した実地調査の内容を説明する。

第3節ではまず，調査結果をもとに再定住地Gにおける社会関係および権利関係の継承・再編の全体像を示す。次に，第3章で検討した分析のフレームを適用することで，社会関係相互の規定性について検証している。まず，地縁，血縁，マイクロクレジットの関係に着目して，社会関係の組み合わせについて4つのパタンを示す。そして，「居住地移転前の従前居住地」，「居住地移転後の従前居住地」，「再定住地」という居住地移転のそれぞれの段階における社会関係（地縁，血縁，マイクロクレジットの関係）の組み合わせパタンと住宅敷地所有・利用関係について分析し，マイクロレジットの関係に対する地縁，血縁，住宅敷地所有・利用関係の規定性について検証する。なお，マイクロクレジットの関係が維持されるどうかは，各世帯の経済状況によっても左右されると考えられる。そのため，上述した分析は，再定住地Gの主な従前居住地であるペラナ村およびミリッサ村の居住者の経済状況の違いにも留意して行っている。

2．対象社会の特徴と再定住の概要――調査について

2.1　シンハラ人社会の家族構造

社会人類学者・中根千枝は，第3章2.2でも述べたように，本書が対象とするスリランカのシンハラ人社会における家族構造を「両親とその未婚の子供から成る小家族」のモデルに該当する典型例として位置づけている（中根1970）。シンハラ人社会では一般的に，結婚した子供はすべて親から

独立した住居を構え，生計の単位としても独立した世帯を形成することが理想とされている（中根1970）。現実には，結婚した子供であっても親と同居する場合もある。しかし，これはあくまで，経済的な事情等による過渡的な居住形態であり，将来的には別居することが理想であると言われる。親と同居している場合であっても，子供世帯と親世帯は食事および生計の単位を明確に区別しており，それぞれが独立した世帯を形成している（高桑2008，Yalman 1967等）。

一方，シンハラ人社会においては血縁を介して日常的に世帯間で労働機会の共有や金銭・贈物の交換が行われている。また，インド洋津波被災直後の非常時においても，血縁関係にある世帯間で金銭の融通や住居の間貸しといった相互扶助が行われたという報告がある（前田・中川他2007，高桑2008）。さらに，本書の主な研究対象地域であるスリランカ南岸地域ではマイクロクレジットや“シートゥワ”と呼ばれる互助的な金融組織の活動が特に震災後は活発であり，各世帯を代表して主に女性がそれらの活動に参加している。

このように，シンハラ人社会では，生計や食事の単位にもとづく「世帯」（原則として両親とその未婚の子供）の概念が明確に存在しており，「世帯」を中心とした互助的なネットワークが形成されている。本章では上述のようなスリランカ南岸におけるシンハラ人社会の家族構造を踏まえて，「世帯」を分析の単位とし，世帯間の社会関係および権利関係について分析を行っている。

2.2　調査対象の概要

（1）南部州ウェリガマ郡の被災集落と再定住地

図５−１に本書の研究対象地域であるスリランカ南部ウェリガマ郡における再定住地の分布，および再定住地Ｇの従前居住地（ワッタ）の分布を示した。同郡では，第２章6.2（４）でも述べたように，インド洋津波からの住宅復興において全14ヶ所の再定住地が建設され，被災前の郡内における住宅数の約12.3％にあたる1147戸の住宅が再定住地において供給され

た。

ウェリガマ郡を含め，スリランカ南岸の人々の多くは，漁業や水産加工業・流通業等，海と何らかの関わりを持つ仕事に就いている。ウェリガマ郡における半円弧状の湾は，天然の漁港と良好な漁場を提供し，人々の暮らしを支えてきた。漁業の発展に伴い，後述するミリッサ村等の一部の村では近代的な設備を備えた漁港が整備され，そこを拠点として沖合・遠洋漁業が行われている。一方で，それ以外の多くの村では人々は海岸のすぐ近くに住居を構え，集落の前の砂浜から毎日，沿岸での漁業に出るという暮らしを送っていた。彼らにとって海との関わりは特に深く，居住地移転に際して生活・仕事の継続が困難になることが予想された。

また，ウェリガマ郡では，第3章2.1で説明した「ワッタ」と呼ばれる集落コミュニティにおける住民の一部が，住宅復興政策におけるバッファーゾーン外への移住支援の対象となり，彼らの多くは，複数の再定住地へと分散して移住していった（第2章6.2（4）参照)。その結果，再定住地には郡内外における複数のワッタから転入してきた住民が混在している。ワッタはもともと長年の地縁に加え，血縁やカーストといった同質性にもとづく住民のまとまりでもあることから，再定住地においては異質な住民の混在による近隣関係の混乱とコミュニティ問題の発生が危惧された。

（2）ペラナ村とミリッサ村──２つの従前居住地

図5−1に，本章における調査対象である再定住地Gおよびその主要な従前居住地であるペラナ村，ミリッサ村の位置，および従前のワッタの位置も示した。また，図5−2にペラナ村およびミリッサ村から再定住地への世帯移動の内訳を示した。後で詳述するように，ペラナ村とミリッサ村の住民はともに漁業を主な生業とするが，両者の漁法には違いがみられる。すなわち，ペラナ村の住民は沿岸での昔ながらの漁法による漁業に従事する者が多く，一方，ミリッサ村の住民は近代的な設備を備えた漁港を拠点として沖合・遠洋での漁業に従事する者が多い。

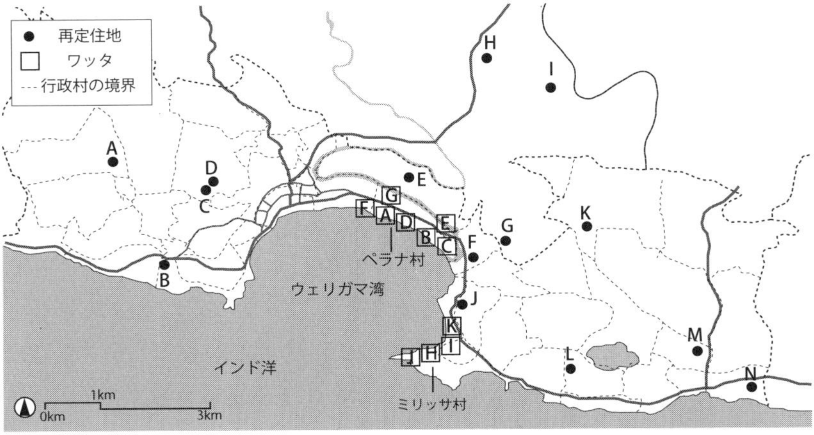

図 5－1　ウェリガマ郡における再定住地と従前居住地の分布
（調査を元に筆者作成）

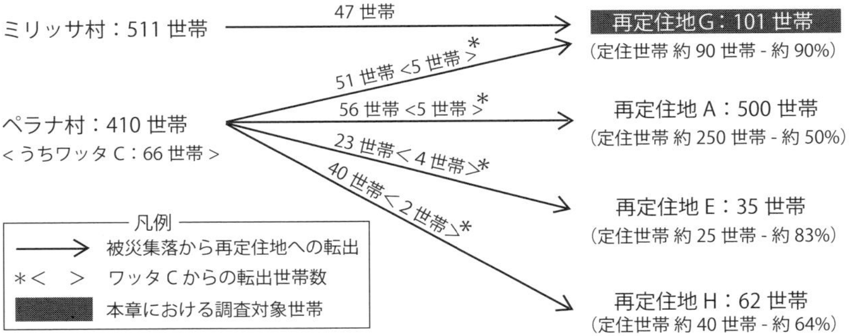

図 5－2　被災集落から再定住地への世帯移動と調査対象世帯
（調査を元に筆者作成）

図 5－2 に示したように，津波被災前の両村の人口は，ペラナ村が511世帯，ミリッサ村が410世帯であった。それぞれの村は先述した「ワッタ」と呼ばれる小規模な集落で構成される。政府による津波被害統計によると，インド洋津波によってペラナ村では被災前の住宅377戸のうち244戸が全壊の被害を受け，また，ミリッサ村では同じく473戸のうち22戸が全壊の被害を受けた（DCS 2005）。

なお，本書におけるペラナ村，ミリッサ村というまとまりは，行政区分上は存在しないものであり，いくつかの行政村（小区）をあわせた範囲を指している（例えばペラナ村であれば，ペラナ南地区，ペラナ西地区，ペラナ東地区をあわせた範囲）。これは人々が認識している村の範囲により近いものである。また，小区とワッタの範囲も基本的には一致していない。

図5－3に，第4章でも取り上げたペラナ村・ワッタCにおける居住地移転実施後の家屋配置，建物現状，および世帯分布を示した。第3章2節でも述べたように，ワッタは通常，50～60世帯程度で構成される小規模な集落であり，ワッタCもその特徴がみられる地縁・血縁をベースとしたコミュニティである。

（3）再定住地・事例G――再定住地の“成功”事例

図5－4に本章の主な調査対象である再定住地Gの住宅配置と世帯分布を示した。再定住地Gはウェリガマ湾から約1.2km内陸の丘陵地帯に位置しており，101戸の戸建て住宅で構成されている。再定住地内には住宅だけでなく集会所や保育室，児童公園，運動場，仏教寺院，貸し店舗，図書室，コンピューター室等，多くの共用施設・空間が整備されている。

再定住地Gに転入した101世帯の従前居住地の内訳は，ペラナ村が51世帯，ミリッサ村が47世帯，その他の村が3世帯である。表5－1に，2008年11月時点で調査可能であった再定住地Gの居住者・全83世帯（ペラナ村47世帯，ミリッサ村33世帯，その他の村3世帯）の基本属性（人口，職業，家族形態，等）を従前村（ペラナ村，およびミリッサ村・その他の村）ごとに示した。

ペラナ村とミリッサ村の住民はともに漁業を主な生業とするが，従事する漁業の種類と特徴がそれぞれ異なっている。このことに起因して，以下に述べるように両村における世帯の経済状況にも違いが生じている。

2003年の時点において，スリランカには漁業従事者が12万6819世帯いるが，その9割以上が船外機付小型漁船や無動力の伝統漁船，小型動力船を使用して沿岸魚を獲る小規模漁業（Small-Scale Fisheries）に従事する人々で

図5－3　居住地移転後の従前居住地（ワッタC）における住宅配置と世帯分布
（調査を元に筆者作成）

あると言われる（Wijayaratne 2003）。ペラナ村の漁民には，主に沿岸で「オルー」と呼ばれる動力を持たない伝統的な木造漁船や投げ網等を用いた漁業に従事する者が多く，彼らは上述したような小規模漁業従事者に該当す

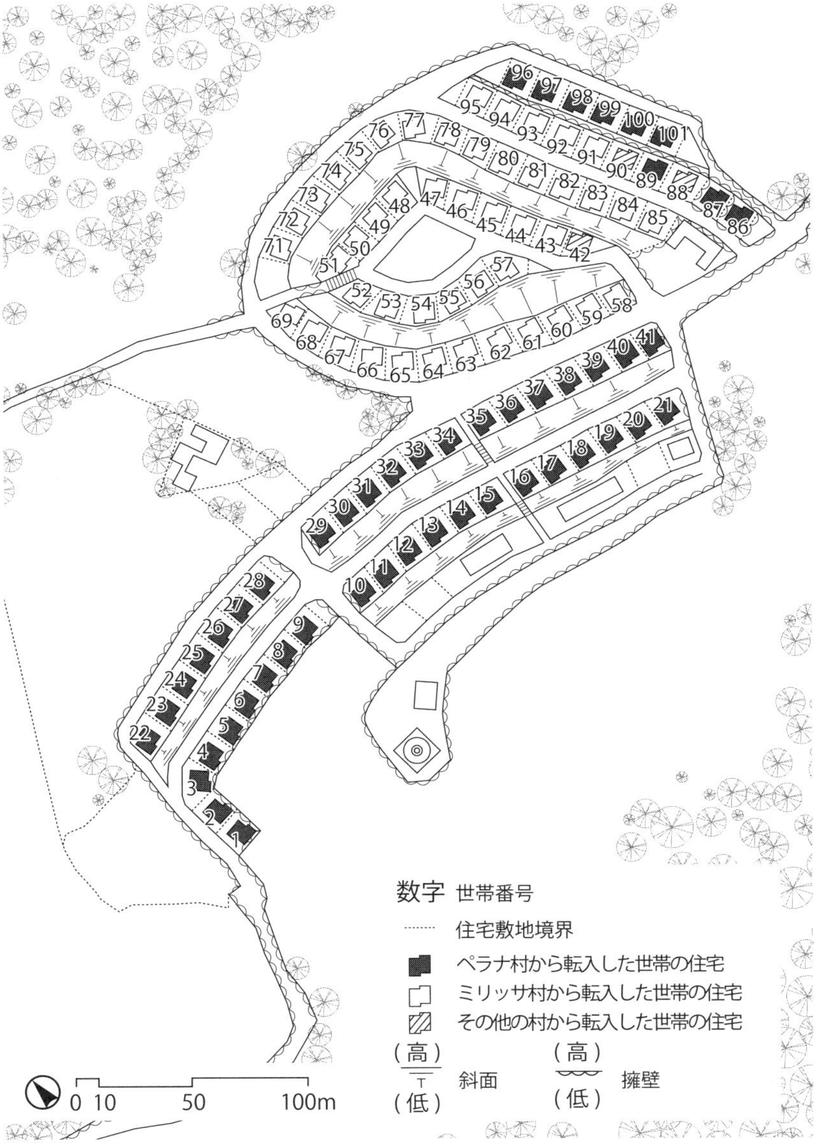

図５－４　再定住地Ｇにおける住宅配置と世帯分布
（調査を元に筆者作成）

表５－１　従前村別にみた再定住地Ｇの居住者の特徴
（調査を元に筆者作成，2009年１月時点）

			ペラナ村	ミリッサ村 その他の村
転入世帯（世帯）			51	50
定住世帯（世帯）			49	41
調査世帯（世帯）			47	36
人口（人）			211	164
職業（人）	漁業	動力なし漁船	26	25
		動力あり漁船	7	16
		流通・加工業	8	4
	漁業以外	工場勤務	6	7
		自営業・家内産業	12	8
		日雇い労働	3	0
		その他	5	2
	計		67	62
	漁業従事者率（%）		61.7	72.6
	漁業収入の安定性		不安定	比較的安定
世帯形態（世帯）	核家族	夫婦と未婚子女	38	23
		夫婦のみ	2	1
		母または父と未婚子女	2	3
	拡大家族	親と同居	4	7
		親および兄弟姉妹と同居	1	0
	その他		0	2
	計		47	36

る人々である（写真５－１）。ペラナ村の漁民は毎朝，浜辺から漁に出ており，また，漁獲が天候や季節の影響を受けやすいため，彼らの収入は不安定である。一方，ミリッサ村には1980年代から90年代にかけての漁業振興策の一環として，コンクリート護岸や冷蔵倉庫といった近代的な設備を備えた漁港が整備されている（写真５－２）。ミリッサ村の漁民は主に，動力付きの中型・大型漁船で漁港から沖合や遠洋での漁に出ており，漁獲が天候や季節の影響を受けにくいため，彼らの収入は比較的安定している。

表５－１に示したように，再定住地Ｇの住民のうち６割強が漁業に従事

写真5－1　ペラナ村の浜辺

「オルー」と呼ばれる動力を持たない伝統的な木造の漁船が浜辺に並ぶ

写真5－2　ミリッサ村の漁港

動力付きボートや中型・大型漁船が停泊し冷蔵倉庫等の設備も備える

している。彼らは再定住地に移住した後も基本的に移住前と同じように漁業を続けている場合が多い。そのため，上述したような村ごと（ここでは従前村）の経済状況の違い（ペラナ村：不安定，ミリッサ村：安定）は再定住地においても引き継がれている。なお，再定住地Gにおいて，居住地移転が直接の要因となって漁業を継続できなくなったという者はみられなかった。また，工場勤務や自営業等，漁業以外の仕事に従事する者もいるが，彼らに関しても，同様であった。

次に，再定住地Gにおける居住世帯の家族形態をみると，全体のうち，約8割が核家族（夫婦と未婚の子から成る世帯）であった。居住地移転前に比べて居住地の全世帯に占める拡大家族の割合が低下しており，再定住地では核家族の割合が増加している。このことから，居住地移転にともない住民の世帯分離が進んだと推測される。

最後に，再定住地Gの位置付けについて述べる。再定住地の定住率に影響を与える要因としてはまず，居住者の主な生業である漁業の継続性が考えられる。第2章6.2（4）でみたように，ウェリガマ郡では，海から離れて立地する再定住地ほど定住率が低下する傾向がみられた。まず，再定住地Gは，海岸から約1.2km内陸に位置しており，漁業の継続にとって相対的に不便な立地条件であるにも関わらず，約90％という高い定住率を維持している。このことから，再定住地Gには，被災者の生活・仕事の継続を支える，何らかの条件が整っていたと推測される。一方で，再定住地・事例Aのように，海からあまり離れていない再定住地であっても，定住率の低い再定住地が一部でみられた。これには，再定住地・事例Aが，従前居住地のコミュニティの規模や地縁に対する配慮を欠いた計画であることが関連していると推測され，漁業の継続に加え，コミュニティの維持・回復も再定住地の定住率に影響を与える要因であると考えられる。このことを踏まえると，再定住地Gでは，住民の従前村や漁業の種類，経済的安定性等に差異がみられ，異質な住民間の軋轢も予想されるにも関わらず，高い定住率を維持している。このことから，再定住地Gにはコミュニティの維持・回復を促す何らかの条件が整っていたことも推測される。

2.3　社会関係の実態調査と分析

（1）内容――社会関係の継承・再編実態の把握

2008年11月時点における再定住地Gの住民・全90世帯のうち調査が可能であった86世帯それぞれを対象として，基本属性（家族構成，出生地，職業，参加している組織等）とともに，社会関係（地縁，血縁，マイクロクレジットの関係），および住宅敷地所有・利用関係について調査を行った。調査は各世帯を訪問してあらかじめ定められた項目について質問を行う対面式アンケート方式で実施した。基本属性について変化し得る項目（家族構成，職業，参加組織，等）に関しては移転前後の変化についてたずねた。また，社会関係および住宅敷地所有・利用関係に関しては，「居住地移転前の従前居住地」，「居住地移転後の従前居住地」，「再定住地」それぞれの段階における状態について尋ねた。

なお，本章において「地縁」とは“同じ居住地（ここでは同じワッタ）および再定住地に居住し生活を共にする世帯のまとまり”を指す。また，「血縁」とは“2親等以内の親族が構成員に含まれる世帯のまとまり”を指している。「地縁」の有無の判断基準を「ワッタ」の範囲とすることについては，第3章2節で解説したスリランカの集落コミュニティや海村社会の性質を踏まえると，妥当性があると思われる。また，「血縁」の範囲の判断基準についてここで若干の補足をしておく。既往研究（高桑2008）によると，スリランカの海村社会において一般的にみられる血縁・親族関係を介した世帯間の相互扶助は，親と子供，兄弟姉妹の関係等，概ね2親等以内の間柄で行われる傾向がある。このことを踏まえ本章では「血縁」の範囲を2親等以内としている。さらに，「マイクロクレジットの関係」とは“同じマイクロクレジットのグループに所属する世帯のまとまり”とする。ウェリガマ郡では特にインド洋津波以後，行政やNGO等が住民に対して提供するマイクロクレジットの活動が盛んであり，再定住地Gの住民には再定住地だけでなく，従前居住地付近で活動するマイクロクレジットにも参加している者もいる。

第3章でも検討したように，マイクロクレジットは制度の上では一般的に，どの地域で活動するマイクロクレジットやグループに参加するか，居住者が選択できる。その意味で，マイクロクレジットの関係は原理的には，土地・空間に必ずしも規定されない「選択的関係」であり，地縁や血縁といった「非選択的関係」とは性質が異なる。また，マイクロクレジットにおけるグループの運営にはプログラムの提供機関職員等の外部者が何らかの形で介入することが一般的である。そのため，在来の互助金融組織や職業協同組合等のように基本的に地縁・血縁関係者で構成される関係とは異なり，マイクロクレジットの関係には地縁・血縁の範囲を超えた社会関係の拡張が期待される。

本章では，第4章において指摘した「従前居住地—再定住地補完型」の再定住が実現する上で，居住者が土地・空間に必ずしも規定されずに選択可能であり，かつそれを介して居住地外の資源が活用可能となることが期待される関係として「マイクロクレジットの関係」に着目している。

（2）分析——社会関係相互の規定性の分析

上述したように，「マイクロクレジットの関係」は原理的には，土地・空間によって必ずしも規定されない「選択的関係」である。しかしなが

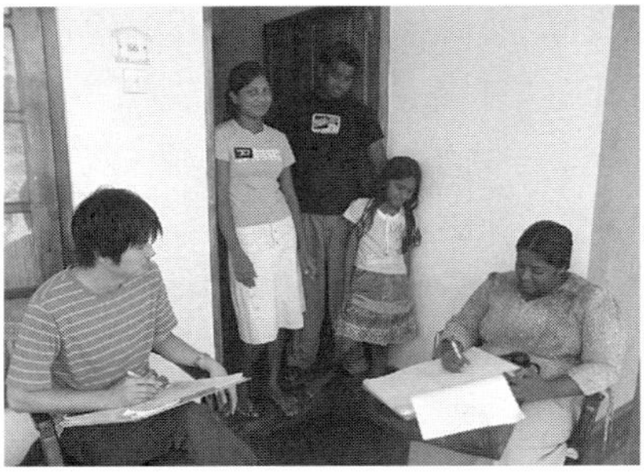

写真５－３　調査の様子
再定住地Ｇの各戸（計86件）を訪問し，対面式アンケート調査を行った

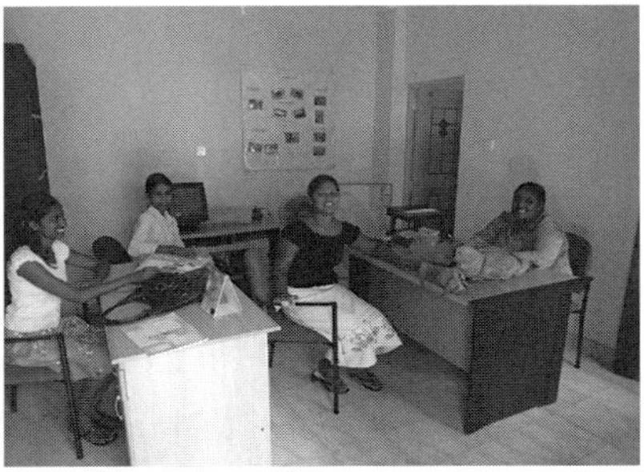

写真５－４　GMSL ウェリガマ支部の職員
再定住地Ｇを含む地域で被災者への様々な支援を行う

ら，マイクロクレジットの関係は実際には，地縁・血縁によってメンバーの大半が占められている場合もある。そのような場合，マイクロクレジットの関係は，地縁・血縁に強く規定されており，実際的には「非選択的関係」である。居住地移転や再定住地の計画において，既存の社会関係の継承・再編を検討する際には，上述のような結合原理が異なる関係相互の規定性についても考慮しなければならない。

そこで本章では，社会関係および住宅敷地所有・利用関係それぞれの継承・再編の実態に加えて，それらの関係の組み合わせパタンについて分析し，関係相互の規定性について検討している。それにより，「マイクロクレジットの関係」が実質的に，地縁・血縁や住宅敷地所有・利用関係によらずに維持・回復される関係であるかどうかを検証している。なお，「マイクロクレジットの関係」の維持・回復に対しては，各世帯の経済的な安定性も影響すると考えられる。そこで本章では，居住者世帯の経済的安定性の差異（ペラナ村から転入した世帯：経済的に不安定，ミリッサ村から転入した世帯：経済的に安定）にも留意して上記の分析を行っている。

調査は第４章に引き続き，再定住地Ｇで活動する現地の NGO グリーン・ムーブメント・オブ・スリランカ（Green Movement of Sri Lanka；GMSL）の職員の協力を得て行った。2008年５月に基礎的な調査を行い，2008年11月から2009年１月にかけて対面式アンケート調査，および住宅敷地の利用状況に関する目視調査を行った（写真５－３，写真５－４）。住民に対する調査に際して，簡単な項目に関しては筆者自身がシンハラ語で質問を行い，より複雑な項目に関してはGMSL職員の通訳を介して英語で質問を行った。

３．コミュニティの継承・再編の実態

図５－５は，調査によって明らかになった，再定住地Ｇの居住者86世帯の居住地移転前後における社会関係および住宅敷地所有・利用関係の継承・再編の実態を示したものである。

まず，再定住地Ｇの居住者86世帯のうち約69％にあたる59世帯が居住地移転前の従前居住地においてマイクロクレジットの関係を有していたこと，また，約35％にあたる30世帯が居住地移転後も従前居住地においてマイクロクレジットの関係を有すること，さらに，約57％にあたる49世帯が再定住地においてマイクロクレジットの関係を有することが明らかになった。

なお，ここで居住者が「マイクロクレジットの関係を有する」とは，居住者が“マイクロクレジットのグループに参加していること”を意味する。例えば，ある居住者が「居住地移転後も従前居住地において『マイクロクレジットの関係を有する』」とは，再定住地の居住者が従前居住地において活動するマイクロクレジットのグループに居住地移転後も参加し続けていることを意味する。また，居住者が「血縁を有する」とは，ある居住者と“血縁関係にある世帯が同じ居住地に居住していること”を意味する。例えば，ある居住者が「居住地移転後も従前居住地において『血縁を有する』」とは，再定住地居住者と血縁関係にある世帯が居住地移転後も従前居住地に居住し続けていることを意味する（図５－５で＊を付した世帯が該当する）。

次に，再定住地Ｇの居住者86世帯のうち約65％にあたる56世帯が居住

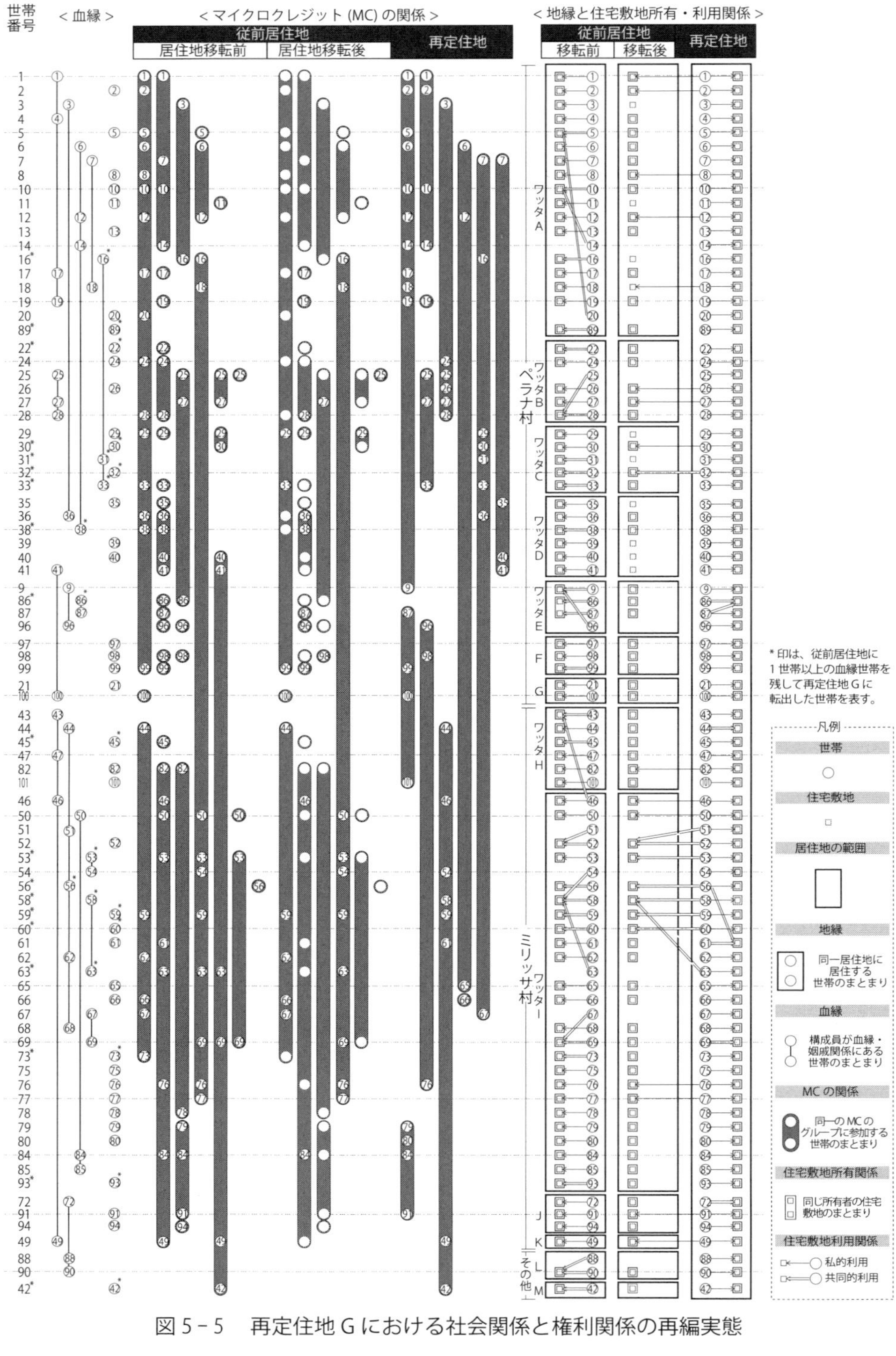

図 5－5　再定住地 G における社会関係と権利関係の再編実態

地移転前の従前居住地において血縁を有していたこと，また，約21％にあたる19世帯が居住地移転後も従前居住地において血縁を有すること，さらに，約52％にあたる45世帯が再定住地において血縁を有することが明らかになった。

さらに，図５−４に示したように，再定住地Ｇ居住者の従前ワッタは計13ヶ所である。図５−５からもわかるように，再定住地の計画においては従前のワッタにもとづく地縁がなるべく維持されるように世帯の入居が行われている。再定住地Ｇの計画を担当したウェリガマ郡役所の職員，および住宅ドナーである民間企業の担当職員への聞き取りからも，従前の地縁を再定住地においてなるべく維持できるように配慮する意図があったということが確認された。

このように，再定住地Ｇでは従前居住地におけるマイクロクレジットの関係，血縁，地縁が，居住地移転後も部分的であるが維持・回復されており，さらに，それらは再定住地だけではなく従前居住地を含む範囲において維持・回復されていることが明らかになった。

４．社会関係は組み換え可能か――相互規定性の分析

4.1　社会関係の組み合わせパタン

社会関係の組み合わせパタン（以下，「組み合わせパタン」）には，「マイクロクレジットの関係と血縁の両方を有する」（パタンⅠ），「マイクロクレジットの関係のみ有する」（同Ⅱ），「血縁のみ有する」（同Ⅲ），「血縁とマイクロクレジットの関係どちらもなし」（同Ⅳ）の４パタンがある。

表５−２は，「居住地移転前の従前居住地」，「居住地移転後の従前居住地」，「再定住地」それぞれの段階において，再定住地Ｇの居住者がどの組み合わせパタンおよび住宅敷地所有・利用関係を有していたか／有するかを示したものである。

再定住地Gの居住者86世帯が,「居住地移転前の従前居住地」において有した組み合わせパタンの内訳は,「パタンⅠ」が39世帯,「パタンⅡ」が20世帯,「パタンⅢ」が17世帯,「パタンⅣ」が10世帯であることが明らかになった。なお,ここで,地縁は組み合わせの要素から除外している。これは,全ての居住者が「居住地移転前の従前居住地」において地縁を有していたこと,また,「居住地移転後の従前居住地」において地縁を有さないこと,さらに「再定住地」において地縁を有することは自明であるためである。ただし,再定住地における従前居住地の地縁(同じ村およびワッタから転入した世帯のまとまり)については表5-2に示しており,別途,本章4.4において検討している。

4.2 パタンの変化と相互規定性

表5-3は,再定住地Gの居住者が「居住地移転前の従前居住地」において有した社会関係の組み合わせパタンが,「居住地移転後の従前居住地」においてどのように変化したかを示したものである。

また,表5-4は,再定住地Gの居住者が「居住地移転前の従前居住地」において有した社会関係の組み合わせパタンが,「再定住地」においてどのように変化したかを示したものである。

(1)パタンⅠ——「マイクロクレジットの関係」と「血縁」

表5-3に示したように,「居住地移転前の従前居住地」において組み合わせパタンⅠを有していた再定住地G居住者39世帯が,「居住地移転後の従前居住地」において有するパタンの内訳は,パタンⅠが6世帯,パタンⅡが18世帯,パタンⅢが7世帯,パタンⅣが8世帯であった。すなわち,「居住地移転前の従前居住地」において組み合わせパタンⅠを有していた再定住地G居住者39世帯のうち約62%にあたる24世帯(パタンⅠ+パタンⅡ)が従前居住地において地縁によらずにマイクロクレジットの関係を維持しており,特に約46%にあたる18世帯(パタンⅡ)は地縁・血縁によらずにマイクロクレジットの関係を維持していることが明らかになった。

表5－2　再定住地Gにおける社会関係の組み合わせパタンと住宅敷地所有・利用関係

組み合わせ 番号	組み合わせ 血縁	組み合わせ MC	従前居住地 1) 居住地移転前の従前居住地	従前居住地 2) 居住地移転後の従前居住地	3) 再定住地
I	○–○	●–●	1 3 6 7 12 14 16 17 18 19 22 25 27 28 30 33 36 38 41 86 87 96 100	16 38	A 1 3 6 7 12 14 16 17 18 19 B 25 27 28 C 31 33 D 36 41 E 9 87 96 G 100
			44 45 46 50 53 54 56 59 62 63 67 69 73 84 49 42	45 53 59 63	H 44 I 46 54 58 67 84 K 49
II		●–●	2 5 8 10 11 20 24 29 35 40 98 99	17 18 19 25 27 28 29 36 87 96 98 99 100	A 2 5 10 B 24 26 C 29 30 D 35 40 F 98 99
			82 61 66 76 77 79 91 94	44 46 50 54 62 66 67 69 76 77 84	H 101 I 59 61 65 66 76 79 80 J 91 M 42
III	○–○		4 9 89 31 32	89 22 30 31 32 33 86	A 4 D 38 E 86
			43 47 51 58 60 68 78 85 93 72 88 90	56 58 60 73 93 42	H 43 47 I 50 51 53 56 62 63 68 69 85 J 72 L 88 90
IV			13 26 39 97 21	1 2 3 4 5 6 7 8 10 11 12 13 14 20 24 26 35 39 40 41 9 97 21	A 8 11 13 20 89 B 22 C 32 D 39 F 97 G 21
			101 52 65 75 80	43 47 82 101 51 52 61 65 68 75 78 79 80 85 72 91 49 94 88 90	H 45 82 I 52 60 73 75 77 78 93 J 94

（凡例）（上段の数字）←― ペラナ村から転入した世帯の世帯番号（図5-3, 図5-4と対応）
（下段の数字）←― ミリッサ村，その他の村から転入した世帯の世帯番号（図5-3, 図5-4と対応）
英字←― ワッタ名（図5-5と対応）
数字 数字 ←― 同じワッタから転入した世帯のまとまり

住宅敷地所有利用関係：◇ 共有敷地の共同利用　○ 私有敷地の共同利用　□ 私有敷地の私的利用　なし　利用なし

「住宅敷地所有・利用関係」の変化：◆■●（グレー）・・・変化があったもの　◇□○（シロ）・・・変化がなかったもの

表５－３　従前居住地における居住地移転前後の組み合わせパタンの変化

移転後の従前居住地（2）／（1）移転前の従前居住地		I	II	III	IV
		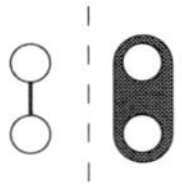			
I	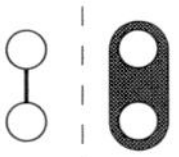	16 38	17 18 19 25 27 28 36 87 96 100	22 86 30 33	1 3 6 7 12 14 41
		45 53 59 63	44 46 50 54 62 67 69 84	56 73 42	49
II			29 98 99		2 5 8 10 11 20 24 35 40
			66 76 77		82 61 79 91 94
III				89 31 32	4 9
				58 60 93	43 47 51 68 78 85 72 88 90
IV					13 26 39 97 21
					101 52 65 75 80

（上段の数字）←── ペラナ村から転入した世帯の世帯番号（図5-3, 図5-4と対応）
（下段の数字）←── ミリッサ村，その他の村から転入した世帯の世帯番号（図5-3, 図5-4と対応）

また，表５－４に示したように，「居住地移転前の従前居住地」において組み合わせパタンⅠを有していた再定住地Ｇ居住者39世帯が，「再定住地」において有するパタンの内訳は，パタンⅠが25世帯，パタンⅡが３世帯，パタンⅢが８世帯，パタンⅣが３世帯であった。すなわち，「居住地移転前の従前居住地」において組み合わせパタンⅠを有していた再定住地Ｇ居住者39世帯のうち約72％にあたる28世帯（パタンⅠ＋パタンⅡ）がマ

表５－４　従前居住地と再定住地における組み合わせパタンの変化

再定住地（3）／（1）移転前の従前居住地	Ⅰ	Ⅱ	Ⅲ	Ⅳ
Ⅰ	1 3 6 7 12 14 16 17 18 19 25 27 28 33 36 41 87 96 100	30	38 86	22
	44 46 54 67 84 49	59 42	50 53 56 62 63 69	45 73
Ⅱ		2 5 10 24 29 35 40 98 99		8 11 20
		61 66 76 79 91		82 77 94
Ⅲ	9 31		4	89 32
	58		43 47 51 68 85 72	60 78 93 88 90
Ⅳ		26		13 39 97 21
		101 65 80		52 75

（上段の数字）←── ペラナ村から転入した世帯の世帯番号（図5-3, 図5-4と対応）
（下段の数字）←── ミリッサ村，その他の村から転入した世帯の世帯番号（図5-3, 図5-4と対応）

イクロクレジットの関係を継承しており，特に８％にあたる３世帯（パタンⅡ）が血縁によらずにマイクロクレジットの関係を継承していることが明らかになった。

（２）パタンⅡ――「マイクロクレジットの関係」のみ

表５－３に示したように，「居住地移転前の従前居住地」において組み合

わせパタンⅡを有していた再定住地G居住者20世帯が，「居住地移転後の従前居住地」において有するパタンの内訳は，パタンⅠが0世帯，パタンⅡが6世帯，パタンⅢが0世帯，パタンⅣが14世帯であった。すなわち，「居住地移転前の従前居住地」において組み合わせパタンⅡを有していた再定住地G居住者20世帯のうち30％にあたる6世帯（パタンⅡ）が従前居住地において地縁・血縁によらずにマイクロクレジットの関係を維持していることが明らかになった。

また，表5－4に示したように，「居住地移転前の従前居住地」において組み合わせパタンⅡを有していた再定住地G居住者20世帯が，再定住地において有するパタンの内訳はパタンⅠが0世帯，パタンⅡが14世帯，パタンⅢが0世帯，パタンⅣが6世帯であった。すなわち，「居住地移転前の従前居住地」において組み合わせパタンⅡを有していた再定住地G居住者20世帯のうち70％にあたる14世帯（パタンⅡ）が再定住地において血縁によらずにマイクロクレジットの関係を継承していることが明らかになった。

（3）パタンⅢ――「血縁」のみ

表5－3に示したように，「居住地移転前の従前居住地」において組み合わせパタンⅢを有していた再定住地G居住者17世帯が，「居住地移転後の従前居住地」において有するパタンの内訳は，パタンⅠが0世帯，パタンⅡが0世帯，パタンⅢが6世帯，パタンⅣが11世帯であった。すなわち，「居住地移転前の従前居住地」において組み合わせパタンⅢを有していた再定住地G居住者のうち従前居住地においてマイクロクレジットの関係を新たに形成した世帯は存在しないことが明らかになった。

また，表5－4に示したように，「居住地移転前の従前居住地」において組み合わせパタンⅢを有していた17世帯が，「再定住地」において有するパタンの内訳は，パタンⅠが3世帯，パタンⅡが0世帯，パタンⅢが7世帯，パタンⅣが7世帯であった。すなわち，「居住地移転前の従前居住地」において組み合わせパタンⅢを有していた17世帯のうち約18％にあたる3世帯（パタンⅠ＋パタンⅡ）が再定住地においてマイクロクレジットの関係を新たに形成していることが明らかになった。

（4）パタンⅣ――いずれもなし

表5－3に示したように，「居住地移転前の従前居住地」において組み合わせパタンⅣを有していた再定住地G居住者10世帯が，「居住地移転後の従前居住地」において有するパタンの内訳はパタンⅠが0世帯，パタンⅡが0世帯，パタンⅢが0世帯，パタンⅣが10世帯であった。すなわち，「居住地移転前の従前居住地」において組み合わせパタンⅣを有していた再定住地G居住者のうち，従前居住地においてマイクロクレジットの関係を新たに形成した世帯は存在しないことが明らかになった。

また，表5－4に示したように，「居住地移転前の従前居住地」において組み合わせパタンⅣを有していた10世帯が，再定住地において有するパタンの内訳は，パタンⅠが0世帯，パタンⅡが4世帯，パタンⅢが0世帯，パタンⅣが6世帯であった。すなわち，「居住地移転前の従前居住地」において組み合わせパタンⅣを有していた10世帯のうち40％にあたる4世帯（パタンⅠ＋パタンⅡ）が再定住地において血縁によらずにマイクロクレジットの関係を形成していることが明らかになった。

4.3　その他の要素との関連性

（1）世帯の経済状況

マイクロクレジットの関係の維持・回復と居住者の従前居住地（ここでは村）の関係についてみていく。

まず，居住地移転前の従前居住地においてマイクロクレジットに参加していた世帯は，ペラナ村から再定住地Gに転入した世帯（以下，「ペラナ村世帯」とする）については全45世帯のうち約78％にあたる35世帯，ミリッサ村とその他の村から再定住地Gに転入した世帯（以下，「ミリッサ村世帯」とする）については全41世帯のうち約59％にあたる24世帯であった。

次に，居住地移転後も従前居住地においてマイクロクレジットへの参加を継続している世帯は，「ペラナ村世帯」が全45世帯のうち約33％にあたる15世帯，「ミリッサ村世帯」が全41世帯のうち約37％にあたる15世帯であった。

さらに，再定住地においてマイクロクレジットに参加する世帯は，「ペラナ村世帯」が全45世帯のうち約71％にあたる32世帯，一方，「ミリッサ村世帯」が全41世帯のうち約34％にあたる17世帯であった。

このように，「ペラナ村世帯」，「ミリッサ村世帯」いずれにおいても多くの世帯がマイクロクレジットに参加しているが，特に居住地移転前の従前居住地，および再定住地においては，「ペラナ村世帯」のほうが「ミリッサ村世帯」よりもマイクロクレジットに参加する世帯の割合が高い。本章2. 2で述べたように，「ペラナ村世帯」は「ミリッサ村世帯」に比べて経済的により不安定であり，このことが「ペラナ村世帯」のマイクロクレジットへの参加率の高さに影響していると考えられる。

これらを踏まえると，上記の分析結果は，経済的に不安定な居住者ほどマイクロクレジットに対する需要がより大きく，マイクロクレジットの関係が各世帯の経済的安定化を図るための手段として重要であることを表していると考えられる。

（2）従前の地縁

再定住地Gにおける居住者のマイクロクレジットへの参加と従前の地縁（村およびワッタのまとまり）との関係をみていく。

まず，ペラナ村から転入した居住者について，ワッタAから転入した19世帯のうち13世帯が再定住地Gにおいてマイクロクレジットに参加している。同じくワッタBの6世帯のうち5世帯，ワッタCの5世帯のうち4世帯，ワッタDの6世帯のうち4世帯，ワッタEの4世帯のうち3世帯，ワッタFの3世帯のうち2世帯，ワッタGの2世帯のうち1世帯がそれぞれ再定住地Gにおいてマイクロクレジットに参加している。

次に，ミリッサ村およびその他の村から転入した居住者について，ワッタHから転入した6世帯のうち2世帯が再定住地Gにおいてマイクロクレジットに参加している。同じく，ワッタＩの28世帯のうち12世帯，ワッタＪの３世帯のうち１世帯，ワッタＫの１世帯のうち１世帯，ワッタＬの２世帯のうち０世帯，ワッタＭの１世帯のうち１世帯がそれぞれ再定住地Ｇにおいてマイクロクレジットに参加している。

図５－５に示したように，再定住地Ｇにおいてマイクロクレジットに参加している居住者・全49世帯のうち約65％にあたる32世帯が，同じワッタから再定住地Ｇに転入した居住者と一緒にマイクロクレジットのグループに参加している。すなわち，再定住地においてマイクロクレジットの関係にある居住者の６割強は，従前居住地においても地縁関係にあったということになる。

また，同じワッタから転入してきた世帯と一緒にマイクロクレジットのグループに参加している居住者・32世帯のうち約59％にあたる19世帯が再定住地において血縁を有しており，一緒にはマイクロクレジットのグループに参加していない居住者・17世帯のうち約47％にあたる８世帯も再定住地に血縁を有する。

再定住地Ｇでは，本章第３節で述べたように，従前の地縁（村やワッタのまとまり）をなるべく維持できるように配慮して住宅の配置や世帯の入居が行われた。本章4.2における分析の結果は，マイクロクレジットの関係は必ずしも地縁・血縁によらずに維持・回復可能であるということを示している。一方で，本章4.3における分析の結果は，再定住地においてマイクロクレジットの関係を新たに形成する際，従前の地縁や血縁が活用されたということを示している。

（３）住宅敷地所有・利用関係

再定住地Ｇの住民・全86世帯の居住地移転前の従前居住地における住宅敷地所有・利用関係の内訳は，「共有敷地の共同利用」が６世帯，「私有敷地の共同利用」が29世帯，「私有敷地の私的利用」が51世帯であった。

上記の「共有敷地の共同利用」・６世帯のうち５世帯が従前居住地に血縁を有し，「私有敷地の共同利用」・29世帯のうち26世帯が居住地移転前の従前居住地において血縁を有していた。このことから，居住地移転前の従前居住地においては，住宅敷地の共同所有や共同利用が主に血縁関係にある世帯との間で行われていたと推測される。

居住地移転後も従前居住地における住宅敷地の利用を継続している居住者は26世帯であり，そのうち「共有敷地の共同利用」が1世帯，「私有敷地の共同利用」が10世帯，「私有敷地の私的利用」が15世帯であった。従前居住地は再定住地に比べて仕事場に近く，周辺に生計手段となる資源もより豊富である。そのため，居住地移転後も従前居住地の住宅敷地が，漁業のための作業場や仮設の小屋，倉庫，野菜・果物の栽培等に利用されている。

再定住地における住宅敷地所有・利用関係の内訳は，「共有敷地の共同利用」が0世帯，「私有敷地の共同利用」が4世帯，「私有敷地の私的利用」が82世帯であった。再定住地では住宅の私的所有権が居住者それぞれに与えられ，住宅敷地の共同利用もほとんど行われていない。

次に，マイクロクレジットの関係と，上述した居住地移転前後における住宅敷地所有・利用関係の変化の関係についてみていく。

居住地移転後も従前居住地においてマイクロクレジットに参加している再定住地居住者・30世帯のうち10世帯が，従前居住地において住宅敷地の利用を継続している。マイクロクレジットのグループでは，家庭菜園や雑貨店等，住宅敷地周辺で行える仕事が指導・奨励されている場合もある。そのため，従前居住地における住宅敷地利用の継続がマイクロクレジットの関係の継続と関係している可能性がある。

一方，居住地移転後も従前居住地におけるマイクロクレジットに参加している再定住地居住者30世帯のうち20世帯は，従前居住地における住宅敷地の利用を継続していない。また，そのうち18世帯は，従前居住地に血縁関係を有さない。このことは，マイクロクレジットの関係が地縁，血縁，住宅敷地利用関係によらずに維持される場合があることを示している。

５．小結

本章では，入居開始から２年が経過した時点で約90％という高い定住率を維持していることから，“成功”事例として位置づけられる再定住地・事例Ｇにおいて，被災者の生活・仕事の継続を支えている社会的環境の特徴について探った。まず，居住地移転における被災者の社会関係（地縁，血縁，マイクロクレジットの関係）および権利関係（住宅敷地所有・利用関係）の継承・再編の実態を明らかにし，さらに，マイクロクレジットの関係に対する地縁，血縁，住宅敷地所有・利用関係の規定性を明らかにした。

5.1　社会関係および権利関係の継承・再編の実態

まず，再定住地Ｇの居住者86世帯のうち59世帯が，居住地移転前の従前居住地において活動するマイクロクレジットのグループに参加していたこと，また，30世帯が居住地移転後もそれぞれの従前居住地において活動するマイクロクレジットのグループに参加していることが明らかになった。さらに，上述した再定住地Ｇの居住者86世帯のうち49世帯が，再定住地において活動するマイクロクレジットのグループに参加していることが明らかになった。すなわち，再定住地Ｇの居住地移転において，マイクロクレジットの関係は従前居住地や再定住地といった居住地の範囲を超えて維持・回復されていることが明らかになった。

以上のように，マイクロクレジットの関係が維持・回復されていることは，マイクロクレジットが生活・仕事を継続するための手段として被災者に重視されていることの表れである。このことは，経済的により不安定な居住者が，より積極的にマイクロクレジットに参加していることからも確認された。

5.2　マイクロクレジットの関係に対する規定性

さらに，マイクロクレジットの関係の維持・回復に対する地縁・血縁の影響の有無を，その他の変数（住宅敷地の所有・利用関係，世帯の経済的安定性）の影響を考慮して検証した。検証の結果を以下に示す。

①　居住地移転後も従前居住地においてマイクロクレジットの関係を維持している再定住地居住者は30世帯であり，そのうち，従前居住地において血縁を持たない居住者は24世帯，また，従前居住地において住宅敷地利用を継続している居住者は20世帯であった。以上のように，居住地の範囲を超えてマイクロクレジットの関係が維持・回復されていることから，マイクロクレジットの関係は必ずしも地縁によらず成立し得る関係であると考えられる。さらに，マイクロクレジットの関係は，必ずしも地縁，血縁，住宅敷地利用関係によらずに維持・回復可能であると考えられる。

②　再定住地においてマイクロクレジットに参加している居住者は49世帯であり，そのうち同グループにおいて従前の地縁を持たない居住者は17世帯，また，居住地内に血縁関係を持たない居住者は21世帯であることが明らかになった。一方，上述の49世帯のうち同じグループに従前の地縁を持つ居住者は32世帯，さらに，居住地内に血縁関係を有する居住者は19世帯であることが明らかになった。以上の結果は，マイクロクレジットの関係は地縁・血縁に必ずしも規定されないが，マイクロクレジットの関係が新たに形成される際，従前の地縁や血縁が活用される場合があることを示唆する。

以上のように，再定住地 G の居住者はマイクロクレジットの関係を，地縁や血縁の関係ではない者との間でも維持・回復させていることが明らかになった。マイクロクレジットの関係は，原理的には土地・空間に規定されない「選択的な関係」である。しかしながら，地域や文化によってはマイクロクレジット等の互助的な金融組織が，地縁・血縁関係者によって占められている場合も多くみられる。このことから，マイクロクレジットの関係が実質的には，他の関係によって強く規定される「非選択関係」となっている場合があることも想定された。上記の結果は，居住地移転の“成功”事例である再定住地Gにおけるコミュニティの原理に対する実際の姿を端的に示している。すなわち，再定住地Gにおいてマイクロクレジットの関係は実質的にも，土地・空間に規定されない「選択的な関係」であった。そして，再定住地Gでは，マイクロクレジットの関係が介在することで,「従前居住地―再定住地補完型」の再定住が実現している。このことは，居住者が地縁・血縁といった既存の関係を超えて相互の関係を認識していることを示唆している。

topics-5

原子力災害被災者の再定住とコミュニティ・デザイン

原子力災害からの再生を取り巻く不確実性

東日本大震災の発生から５年が経過しようとしている。被災地の復興に向けた取り組みの成果が一部ではみえつつあるが，他方で，未だに多くの人々が各地で避難生活を送っている。原子力災害を引き起こした福島第一原発事故の影響は大きく，福島から県内外への避難者は約103,139人にのぼる（2015年11月27日現在，復興庁公表）。放射性物質の人体への影響はみえづらく，また，事故の収束の目処も未だ不透明である。そのため，原子力災害からの再生には多くの不確実性が伴っている。そのような状況下で避難者は，再定住（住みなれた環境から別の安定状態へと移行すること）の見通しを立てることさえ困難であり，多くの不安と葛藤を抱えている。

筆者が所属する研究室（京都大学建築学専攻髙田研究室）では，福島県から関西方面に避難して来た人々を対象として，避難者の居住実態と住情報支援の方策について発災直後から調査・研究を行ってきた（Topics 2 参照）。避難先での支援は現在も大きな課題であるが，一方で，避難元である福島県では原子力災害からの再生に向けて災害公営住宅の供給や原発周辺自治体の復興計画等，新たな取り組みも始まっており，復興は一つの転換点を迎えている。ここでは，転換期において先導的であると思われる取り組みとして，福島県居住支援協議会，および富岡町災害復興計画（第二次）検討委員会の取り組みについて報告し，福島のこれまでと今後について住まいと地域の再生という観点から考えてみたい[1)]。

注
1）ここでの内容は，日本大学工学部建築学科浦部研究室と共同で取り組んでいる研究の成果の一部である。

写真 T5-1｜**「復興住宅フェア」**
（ふくしま住まいと暮らしフェア2015－住まいの復興応援プロジェクト）の会場風景

避難者への住情報提供支援─福島県居住支援協議会の取り組み

居住支援協議会とは，住宅セーフティネット法（平成19年７月施行・公布）にもとづき住宅確保要配慮者の民間賃貸住宅への円滑な入居を図ることをミッションとして地方公共団体ごとに設置が推奨されている組織である。福島県居住支援協議会は平成24年７月に設置され，東日本大震災被災者への居住支援に重点を置いた様々な活動を行っている。福島県においても災害公営住宅への入居が既に始まっており，公的部門における被災者の「次の住まい」は整備されつつある。一方で，災害公営住宅は被災者が必要とする住宅戸数全体からみれば一部に過ぎない。住宅の自力再建や既存賃貸住宅への入居といった民間部門における住まいの整備も必要であるが，それらに対する支援・施策は立ち遅れているのが現状である。

そのような中，福島県居住支援協議会の活動は，民間部門および住宅市場における被災者の住まいの確保と居住の安定化に資する活動として重要である。特に注目したいのは，被災者への総合的な住情報提供支援である。例えば，被災者向けの住宅相談・トラブル防止のために相談窓口を常設しており，累計4,100件以上の相談に応じたという実績がある。また，県内の民間事業者と連携した「ふくしま復興住宅フェア」を各所で継続的に開催している（写真Ｔ５－１）。復興住宅フェアでは，地域型復興住宅の展示・紹介や空き物件探しの相談窓口といった被災者の住まいのニーズに応えるコーナーが設けられている。復興住宅フェアはこれまで県内各所で計12回開催されており，累計約23,000名以上の来場者を集めている。また，出展企業も回を追うごとに増加・多様化しており，住まいの復興を支える主体間のネットワーク形成にも貢献している。

住情報提供支援は平時の住まいづくりにおいても重要であるが，原子力災害という不確実性の高い状況下において被災者が住まいを選択する上でより一層重要である。また，福島県のように大都市圏に比べて住宅市場が未発達な地方では，事業者間のネットワークが閉ざされがちであり，事業者のモラル・ハザード等の問題も懸念される。住宅フェアの企画・実施は，住まいの再建を支える主体の形成と事業者間のネットワーク構築という点でも効果が期待される。

原発周辺自治体の復興計画
—富岡町災害復興計画（第二次）検討委員会の取り組み

福島第一原発周辺の自治体では，被災者の避難支援や役所機能の移転・回復等への対応に追われ，これまで立ち遅れていた地域再生の議論がようやく開始されつつある。原子炉の廃炉，中間貯蔵施設の建設，除染等，課題は山積しているが，そのような不確実な要因に左右され地域の再生に向けた議論が滞ると，その間にも世間や被災者の関心は薄れていき，やがて故郷の喪失に陥るという危機感が募っている。

福島県双葉郡富岡町ではこれまでにも様々な議論が積み重ねられてきたが（山下・市村・佐藤2013等を参照），平成26年８月に災害復興計画（第二次）の策定に着手した。富岡町若手職員26人と公募した住民30人が検討委員会を組織し，ワークショップ形式により議論を交わしてきた。議論では原発被災の根本的な問題は何か，その解決に向けてそれぞれ何ができるか，といったテーマについて活発な意見交換が行われた（写真Ｔ５−２）。原子力災害の当事者（被災者）が復興計画策定の議論に参加したことの意義は大きく，費やされた膨大な時間と労力からも復興にかける住民の強い想いが伺われる。議論をもとに平成27年７月に富岡町災害復興計画（第二次）が公表され，「第三の道」（将来帰還するという選択肢を残しながら当面は居住の安定が確保できる場所で暮らすこと）等，富岡町だけでなく，同じ悩みを抱える他の原発周辺自治体にとっても重要な理念・方策が示された。

地震や津波等の自然災害の場合は通常,「個人の生活再建」と「コミュニティの再生」がある程度同時に進められるが,原子力災害の場合はそれらがバラバラにならざるを得ないという非常に難しい問題がある。このような現状を受け止め,「第三の道」に象徴されるように,避難者に対して帰還を強いるのではなく,一人一人の町民を支えながら地域再生に取り組むというスタンスを宣言したことは重要な意味を持ち,このことは自治体にとって重い決断であったと推し量られる。

写真 T5-2｜富岡町災害復興計画（第二次）策定委員会のワークショップの様子（KJ 法による意見地図の可視化）

個人とコミュニティの多様な関わりを踏まえた再生シナリオ

以上みてきた2つの事例はそれぞれ，一つの転換点を迎えた福島の再生をさらに前に進める上で重要な取り組みである（居住支援協議会：民間部門における住宅再建の選択肢の拡充，富岡町：原発周辺自治体の再生とコミュニティ支援)。このような取り組みの経験に学びつつ，原子力災害の特徴である高い不確実性を踏まえ，個人とコミュニティの多様な関係に対応した再生のシナリオ（図T5−1）と支援メニューの拡充が必要であろう。原発周辺自治体において個人とコミュニティの関係は現状では，土地への愛着やコミュニティのアイデンティティといった情緒的・精神的な関わりによってどうにか繋ぎ止められている状況であると見受けられる。このような関わりは一見すると捉えどころがなく，どこかナイーブである。しかし，福島の再生に限らず今後，我が国が本格的な人口減少を迎えるにあたって，住民の再定住や自治体の再編をも見越したコミュニティ・デザインを考える場合，実は非常に重要な要素になってくると考えている。

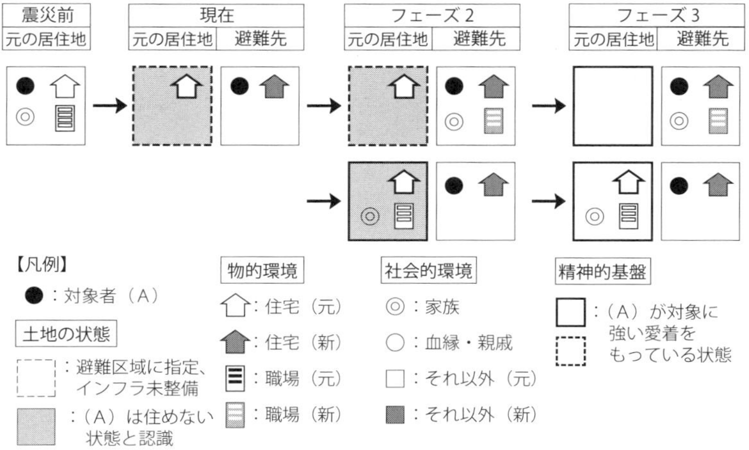

図 T5-1｜**原子力災害被災者の再定住シナリオの例**
（上：避難指示解除後も避難先で生活，下：避難解除後，元の居住地と避難先で二地域居住）
（久保・高田・前田・浦部・小林2015より引用）

CHAPTER 6
暮らしの再建を支える社会関係
——マイクロクレジットを活かす仕組みと空間

再定住地の子どもたち（南部州マータラ県の再定住地・事例 G）
再定住地は，住宅や水道・電気等のインフラについては従前に比べて改善がみられたが，
仕事場や学校から離れ，住宅周辺の生計手段も乏しく，生活を続ける上では不利な条件であった。

1．はじめに

1.1　マイクロクレジットを活かす——本章の目的

本章に先立ち，第 5 章では，入居開始から 2 年が経過した時点において約90％という高い定住率を維持していることから，居住地移転の“成功”事例とみなせる再定住地 G を対象として，被災者の社会関係および権利関係の継承・再編の実態を明らかにした。その結果，再定住地 G では，既存の社会関係および権利関係が再定住地だけでなく従前居住地を含めた範囲で継続していることが明らかになった。また，そのような「従前居住地—再定住地補完型」の再定住パタンの実現には，土地・空間に規定されない「選択的関係」であるマイクロクレジットの関係が介在していることが重要であることが明らかになった。

上記の結果は，再定住地 G における被災者の生活・仕事の継続を支えた社会関係として，マイクロクレジットの関係が効果を発揮したことを示唆する。しかし，第 5 章では，コミュニティにおけるマイクロクレジットの関係の継承・再編の実態，およびマイクロクレジットを中心とした社会関係の結合の機構について主に分析しており，マイクロクレジットの効果そのものの分析は行っていない。従って，被災者の生活再建を支える社会的環境の条件をより正確に把握するためには，再定住地 G における被災者の生活再建に対するマイクロクレジットの効果について明らかにする必要がある。

以上を踏まえ本章では，再定住地における被災者の生活再建に対してマイクロクレジットには効果があったのか，あったとすればどのような内容の効果があったのか，明らかにする。

なお，本書において，被災者の「生活再建」とは，被災者の“生活と仕事が成り立っている状態”を指している。第 2 章でも述べたように，再定住地の中には，被災者の生活と仕事が成り立たず，放棄されている事例も多くみられる。このことを踏まえ本書では，居住地移転と再定住地の計画が最低限達成すべき水準という観点から，被災者の「生活再建」を定義している。本章では，第4章および第5章で行った社会関係の分析を踏まえ，被災者の生活・仕事の継続について主に分析し，その上で両者（生活・仕事と社会関係）の関連性について検討している。

また，本書では「コミュニティ」を，生活における何らかの共同によって結合する居住者間の関係として捉えており，具体的には，「人を介した関係」と「空間を介した関係」，あるいは「選択的関係」と「非選択的関係」いう，結合原理の異なる複数の関係の集合と捉えている。また，「コミュニティ形成」とは，地縁，血縁等の既存の関係が継続しつつ，マイクロクレジットの関係のような別の関係が新たに形成されることを指している。

1.2　既往研究と本章の位置づけ

ここでは，災害復興における被災者の生活再建とコミュニティに関する既往研究，およびマイクロクレジットの効果に関する既往研究について整理し，それらを踏まえ本章における分析の枠組みを明確化する。

（1）災害復興における生活再建とコミュニティに関する既往研究

災害復興における被災者の生活再建とコミュニティに関する既往研究には，まず，阪神・淡路大震災からの復興を対象とした研究がある。例えば，被災市街地と復興公営住宅団地それぞれにおける被災者の生活再建について比較分析した研究（北後・樋口・室崎 2006），大規模な復興住宅団地におけるコミュニティ形成の実態に関する研究（檜谷・谷元ほか 2001），復興住宅団地におけるパーソナル・ネットワークに関する研究（柴田・檜谷・篠田 2002），市街地復興におけるコレクティブ住宅のコミュニティ形成効果とその要因に関する研究（佐々木・上野・村谷 2004），被災地市街地における居住者の「孤立化」に関する研究（塩崎・田中・堀田 2006）等がある。また，雲仙岳噴火災害後の復興住宅におけるコミュニティの変化の実態に関する研究（三浦・牧・小林1996）がある。

「コミュニティ」という概念が極めて多義的であることもあり，これらの研究においても「コミュニティ」や「コミュニティ形成」の概念規定は必ずしも一貫していない。そこで表６－１は，本書における社会関係の分類をもとに，上述した既往研究それぞれにおける「コミュニティ形成」の分析の枠組みについて整理したものである。

まず，「コミュニティ」には人間関係や社会組織等の「社会的側面」と住宅・施設の規模・配置や利用・管理等の「空間的側面」がある。いずれの研究においてもそれらの両方が着目されている。本書も「人を介した関係」と「空間を介した関係」の両方に着目している。

また，「コミュニティ」には，地縁・血縁のような拘束性・全体性を特徴とする「非選択的関係」と友人関係のような非拘束性・個別性を特徴とする「選択的関係」がある。既往研究では必ずしもそれら両方が分析されていないが，本書では両方について分析を行っている。

さらに，生活における共同の種類には「交流」と「協同」がある。既往研究には「コミュニティ形成」の指標として，近所づきあい，おすそわけ，社会的接触，コミュニケーション等の「交流」に着目した研究と，住宅管理組織等の「協同」に着目した研究がある。本書で扱う共同の種類は後者のものであり，マイクロクレジットのグループによる居住者間の協同に着目している。

（２）マイクロクレジットの効果に関する既往研究

マイクロクレジットの効果に関する研究は，小規模融資による住宅供給の可能性について論じた研究（Kamruzzaman・小倉 2009）等のように，建築学の分野においても多少の蓄積がみられる。一方，第１章4.1（２）でも述べたように，マイクロクレジットに関する研究は近年，主に経済学，社会学等の社会科学分野において盛んに行われている。

社会科学分野におけるマイクロクレジットについての研究成果は徐々に蓄積されつつあるが，一方で，マイクロクレジット（マイクロファイナン

表６－１　災害復興におけるコミュニティ形成に関する分析視点の整理

	コミュニティ形成の分析視点			
	社会的側面		空間的側面	
北後・樋口・室崎2006 「被災市街地と復興住宅団地の比較」	－	近所づきあい 自治会への参加 友人の数	居住地属性 （被災市街地か 復興住宅団地か）	－
檜谷・谷元他４名2001 「震災復興団地における コミュニティ形成」	入居者構成 （所得・年齢）	住宅管理組織	住棟構成・規模	－
柴田・檜谷・篠田 2002 「復興住宅団地の パーソナル・ネットワーク」	親族関係	友人関係 サークル・行事参加	近隣関係	－
佐々木・上野・村谷2004 「コレクティブ住宅の コミュニティ形成効果」	－	近所づきあい （おすそわけの相手）	住棟・住戸配置	共同空間の 利用・管理
塩崎・田中・掘田2006 「被災市街地における 居住者の『孤立化』」	社会的接触 （あいさつ，視線の交錯等）	友人関係 （友人の数）	近隣関係	日常的接触の場
三浦・牧・小林1996 「災害復興住宅における コミュニティ変化」	町内会への所属	コミュニケーション 地域活動への参加	住宅形式 （積層集合住宅か 戸建住宅か）	領域意識・行動 （近隣の範囲， 扉の施錠等）
本書 「再定住地の生活再建とコミュニティ形成」	血縁	マイクロクレジットの関係	地縁	住宅所有・利用関係
	人を介した関係		空間を介した関係	
	非選択的関係	選択的関係	非選択的関係	－

＊ ░░░ は各研究においてコミュニティ形成の指標として扱われている要素であり，それ以外はコミュニティ形成と関連していると考えられている要素である。

ス）の金融メカニズムについて論じた研究（三重野 2004）では，マイクロクレジットの効果とその機構には多様な解釈が成り立つことが示されている。マイクロクレジットにはどのような効果があるのか，なぜ機能するのかといったことについて，まだ不明な点も多くあり，さらなる実態解明が必要であると考えられている。

地域やコミュニティとの関わりからみたマイクロクレジットの効果に関する研究には，所得向上等の「経済的効果」に加え，住民参加の促進等の「社会的効果」にも着目した研究（粟野 2002）や，マイクロクレジットの成果を地域のインフラ整備状況や社会構造との関連から評価した研究（藤田1998）等がある。

（3）本章の位置づけ

本章では，マイクロクレジットの効果を被災者の生活再建に加え，コミュニティ形成との関連から分析することで，マイクロクレジットの多様な効果を明らかにし，また，それらの効果が発揮される機構について明らかにしている。特に，マイクロクレジットとコミュニティ形成の関連については，「人を介した関係」かつ「選択的関係」であるマイクロクレジットの関係が，その他の「空間を介した関係」や「非選択的関係」とどのように関連しているか，という本書のフレームを適用することで，厳密な分析を試みている。

1.3　本章の構成

第2節では，再定住地Gの計画内容と居住者86世帯の特徴について述べ，それをもとに，被災者の生活再建における課題について整理している。また，居住地移転前後における被災者の生活の変化を踏まえて，どのような場合，「生活再建」ができているとみなせるか，「生活再建」の判断基準について述べている。さらに，マイクロクレジットに関する調査の内容について述べている。

第3節では，マイクロクレジットを提供するNGOの職員に対して行った活動プロセスやグループ運営の方法等に関するヒアリング調査，およびマイクロクレジットを含む生計支援活動の参与観察調査をもとに，再定住地Gにおけるマイクロクレジットの活動経緯とその特徴について明らかにしている。

第4節では，被災者の生活再建に対するマイクロクレジットの効果について明らかにしている。まず，マイクロクレジットに参加する居住者・全46人の貯蓄・融資に関する記録および参加者へのヒアリング調査をもとに，貯蓄・融資の利用実態（金額，使途，時期，等）を明らかにしている。さらに，上述したマイクロクレジットにおける貯蓄・融資の利用と被災者の生活・仕事の継続状況の関係について考察している。

なお，本書では融資によって生活・仕事が成り立っているとみなせる事例が一つでも観察されれば，マイクロクレジットには「効果があった」と判断している。すなわち，マイクロクレジットの効果について，その程度よりも内容を把握することに本書では焦点を当てている。

第5節では，再定住地におけるコミュニティ形成に対するマイクロクレジットの効果について探っている。そのために，マイクロクレジットに参加する居住者の属性，世帯の家族構成と生業，世帯間の社会関係を踏まえ，マイクロクレジットを通じた社会関係の継承および再編の実態を明らかにしている。

2．再定住地における課題と調査方法

2.1　再定住地における暮らしの課題

（1）生活・仕事の継続

図6－1は，再定住地G，その従前居住地である村およびワッタ，市街地，浜辺・漁港等の位置関係を示したものである。再定住地G居住者の従前居住地であるワッタでは，土地・住宅所有権の不安定さや水道・電気等のインフラの未整備等といった問題があり，住環境は再定住地と比べて概して低質であった。他方で，表6－2に示したように，従前居住地であるワッタは，幹線道路や浜辺・漁港に近接しており，漁業や商業に従事する上では便利な立地であった。また，ワッタの住宅周辺は，食料や生計手段となる野菜・果物等の資源が豊富であった。

表6－3に示したように，再定住地Gの居住者の約67%が漁業に従事しており，上述の自然資源は特に，居住者の多くを占める漁業従事世帯の生活にとって重要であった。例えば，スリランカ南部の沿岸でよくみられるヤシ殻繊維業は，ココヤシの殻から取り出した繊維を機械で編んでロープを作る作業である。ヤシ殻繊維業は，金額は小さいが安定した収入が確実に得られるため，季節や天候に左右されやすい漁業世帯の収入を安定化さ

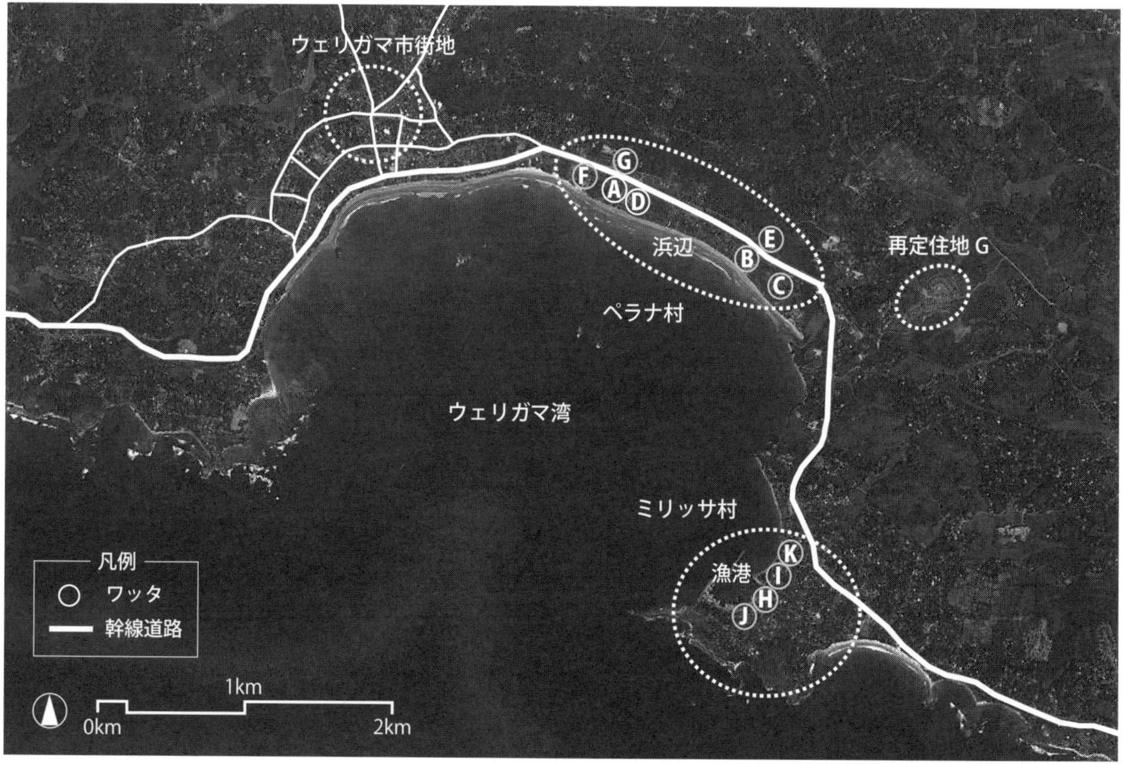

図 6 − 1　再定住地 G とその従前居住地の分布
(google map および調査を元に筆者作成)

表６－２　再定住地Ｇと従前居住地の立地条件の比較

		再定住地Ｇ	従前居住地	
			ペラナ村	ミリッサ村
漁場への アクセス	浜辺	不便 （徒歩30～50分）	便利 （徒歩５分以内）	比較的便利 （徒歩５分＋路線バス５分）
	漁港	不便 （徒歩40～50分）	比較的便利 （徒歩５分＋路線バス５分）	便利 （徒歩５分以内）
市街地への アクセス		不便 （徒歩20分＋路線バス10分）	比較的便利 （徒歩５分＋路線バス５分）	比較的便利 （徒歩５分＋路線バス10分）

せる役割を果たしていた。ヤシ殻繊維業以外にも，スリランカ南岸の漁家では，干魚の加工，家庭菜園，レース編み，雑貨店の経営等，様々な生業が行われており，その担い手は主に女性であった。

一方，再定住地Ｇでは，安定的な土地・住宅権利と水道・電気等のインフラが提供されており，ワッタでみられたような居住環境の問題は大幅に改善されている。しかしながら，図６－１に示したように，再定住地Ｇは，浜辺・漁港やウェリガマ市街地から離れた丘陵地帯に位置しており，特に漁業従事世帯の生活・仕事の継続にとって不便な立地である。表６－２に再定住地と従前居住地の立地条件の比較について示した。再定住地Ｇの居住者の移動手段は主に徒歩や自転車，路線バスであり，仕事や買物等のための移動の負担が再定住地移住後に増加している。また，図６－２，図６－３からわかるように再定住地の配置計画や住宅計画において住宅の周辺にオープンスペースが設けられているが，その面積は従前に比べて小さい。さらに，再定住地Ｇの住宅の周辺には食糧や生計手段となる資源が乏しい（写真６－１）。このことも被災者が再定住地において生活を継続することを困難にする一因となっていた。

このように再定住地Ｇでは，従前よりも居住環境は改善されているが，生活利便性は全体としては低下しており，被災者が生活と仕事を成り立せることが困難であった。このことを踏まえ，本章では，①漁業や日雇労働等の主な仕事，②干魚加工や家庭菜園等の主でないが収入の安定化に役立つ仕事，③買物，医療，教育等の日常生活行動，といった必要最低限の生

表6－3　従前村別にみた再定住地Gの居住者の特徴
（調査を元に筆者作成，2009年10月時点）

			ペラナ村	ミリッサ村 その他の村
転入世帯（世帯）			51	50
定住世帯（世帯）			49	41
調査世帯（世帯）			47	36
人口（人）			211	164
職業（人）	漁業	動力なし漁船	26	25
		動力あり漁船	7	16
		流通・加工業	8	4
	漁業以外	工場勤務	6	7
		自営業・家内産業	12	8
		日雇い労働	3	0
		その他	5	2
	計		67	62
	漁業従事者率（%）		61.7	72.6
	漁業収入の安定性		不安定	比較的安定
世帯形態（世帯）	核家族	夫婦と未婚子女（幼児含む）	26	11
		夫婦と未婚子女（幼児含まない）	11	12
		夫婦のみ	2	1
		母または父と未婚子女	2	3
	拡大家族	親と同居	4	7
		親および兄弟姉妹と同居	1	0
	その他		0	2
	計		47	36
耐久消費財普及率（%）	テレビ		63.8	69.4
	冷蔵庫		6.9	14.9
	自転車		61.7	52.8
	バイク		14.9	5.6
	電話		21.3	19.4

活・仕事が行われている場合，「生活再建ができている」とみなすものとする。

（2）コミュニティ形成

再定住地Gの従前居住地は，主にペラナ村とミリッサ村という，ウェ

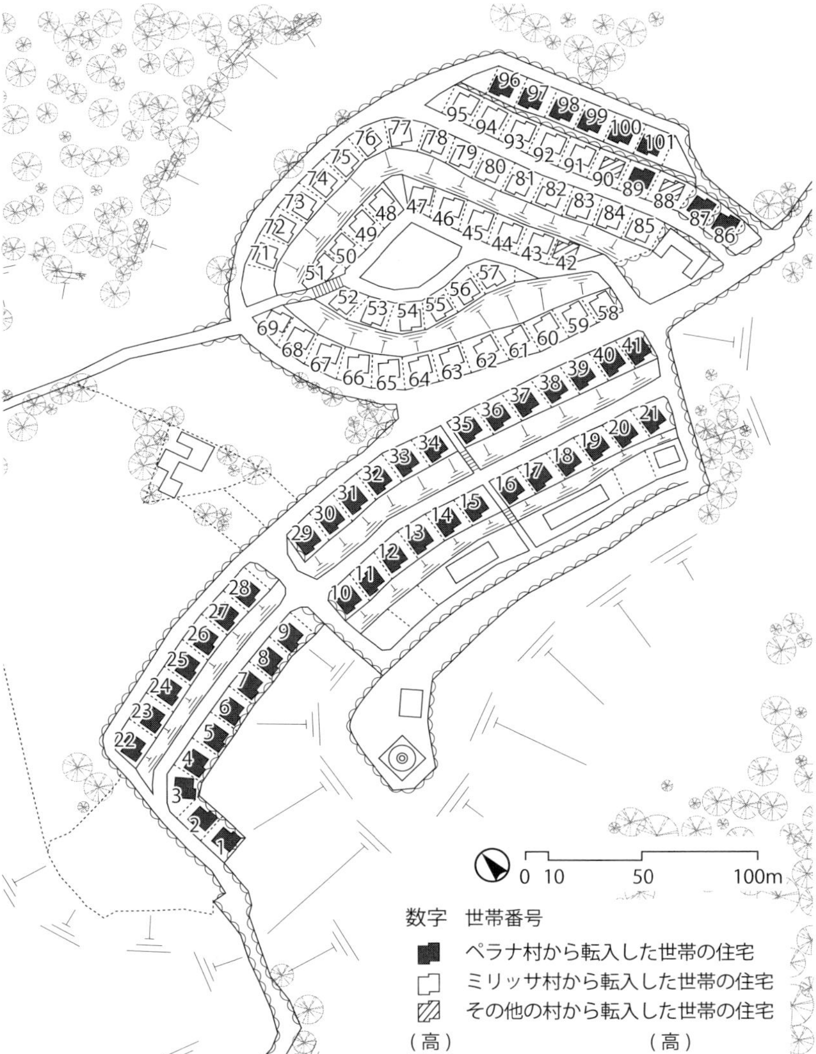

図６－２　再定住地Ｇにおける住宅配置と世帯分布
（調査を元に筆者作成）

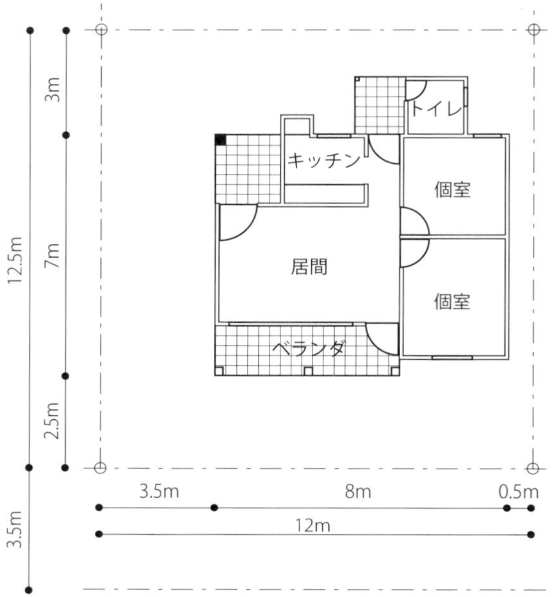

図６－３　再定住地Ｇの住宅平面図
（調査を元に筆者作成）

リガマ湾沿岸において漁業を主な生業とする２つの村である。第５章でも述べたように，ペラナ村とミリッサ村では漁業の特徴が異なり，それに起因して居住者の経済的な安定性も異なっている[1]。図６－１に示したように，各村はさらに複数の「ワッタ」で構成されている。ワッタには親族やカーストの集住がみられ，地縁・血縁を基礎としたコミュニティが形成されている。図６－２で示した再定住地Ｇの計画では，従前居住地（村・ワッタ）における地縁を再定住地においてもなるべく維持するという配慮が行われ，それは住宅配置や世帯の入居方法に実際に反映されている。一方で，再定住地全体としてみると，従前居住地が異なる居住者が混在した状

１）　ペラナ村には動力なしの小型漁船を使用して浜辺から出漁する昔ながらの漁業に従事する者が多く，ミリッサ村には動力付きの中型・大型漁船を使用して漁港から出漁する近代的な漁業に従事する者が多い。ペラナ村はミリッサ村に比べて漁獲が天候や気候の影響を受けやすく，経済的に不安定な傾向がある。

写真6－1　再定住地Gの住宅
周囲にオープンスペースがある戸建て住宅。従前に比べて住宅水準は改善されているが，敷地内の資源は乏しい

況となっている。さらに，従前居住地では拡大家族が多くみられたが，再定住地への移住に際して世帯分離が進んでいる。そして，表6－3に示したように，再定住地では核家族（夫婦とその未婚の子から成る世帯）が主要な家族形態となっている。再定住地において被災者は新しい環境に適応することが迫られ，生活の様々な面において居住者間の共同が必要であると予想される。しかしながら，再定住地には，従前居住地と違って知り合いや親族が少なく，そのことに対して不安を覚える者や，経済状況やカーストが異なる者との接触を避ける者もみられ，コミュニティ形成が困難である。

2.2　調査の概要

（1）マイクロクレジット提供機関の概要

再定住地Gでは2006年12月の入居開始以来，第4章，第5章でも取り上げた，グリーン・ムーブメント・オブ・スリランカ（Green Movement of Sri Lanka：GMSL）という組織が，住民の生計安定化やコミュニティ活動の支援等に取り組んでいる。GMSLはコロンボに本部を置き，環境保全と貧困緩和に取り組んできたNGOである。インド洋津波発災後は日本のNGOとも協働しながら被災地の緊急支援に取り組んだ。その後も，ウェリガマ郡に設置した支部に女性職員5名を常駐させ，彼女らが中心となって再定住地Gを含む被災地の支援活動に継続的に取り組んでいる。

（2）貯蓄・融資の記録の閲覧――調査内容

マイクロクレジットの効果を把握する上で，まず，再定住地GにおけるGMSLによる支援活動の全般について職員へのヒアリング調査，および活動内容の参与観察調査を通じて把握した。調査は，2008年11月，2009年10月，2010年10月に実施し，それらの調査を通じて，再定住地Gにおけるマイクロクレジットの内容と特色を把握した。

次に，マイクロクレジットの参加者・全46人が2008年5月から2010年4月にかけて利用した，貯蓄・融資に関する記録（帳簿，申請書，領収書等）を参照した。さらに，利用者へのヒアリング調査を2010年10月に行い，貯蓄・融資のより詳細な利用状況について補足した。これらの調査を通じて，再定住地Gのマイクロクレジットにおける貯蓄・融資の利用実態（金額，時期，使途，等）を把握した。なお，マイクロクレジットの貯蓄・融資の記録はGMSLと住民によって保管されており，当然のことながら本来は公開されていないものであるが，今回は調査研究の趣旨に対する理解を得て特別に閲覧を許可された。

上述の調査はGMSL職員の補助を得て実施し，ヒアリング調査における言語は英語とシンハラ語を併用した。なお，本章における社会関係の分析の元となるデータは，第5章で述べた2008年11月，2009年10月に実施した調査によって得たものである。

3．再定住地における支援活動

3.1　マイクロクレジット等の活動プロセス

表6－4に示したように，2010年4月現在，GMSLが再定住地Gにおいて提供するマイクロクレジットには46人が参加しており，参加者は6つのグループを結成してそれぞれが活動している。図6－4には，再定住地Gにおけるマイクロクレジットを含む，GMSL職員と住民による生計安定化に向けた取り組みの経緯を示した。

図6－4に示したように，GMSLは2007年1月上旬に再定住地に入居し

て間も無い居住者全員に対してモニタリングと説明会を実施した。そして，2007年1月下旬からは希望者に対して機材や材料を配布し，家庭ごみの再利用や家庭菜園等の奨励・指導を行った。これらの活動には，再定住地の新しい環境にまだ慣れていない居住者に住宅周辺の空間の自主的な管理を促す意図があった。また，それと同時に，居住者が住宅周辺に資源を生み出し，それを有効に活用することで家計における支出をなるべく抑えさせるという狙いもあった。支出が抑えられれば，その分をマイクロクレジットに参加するための資金として捻出できる。すなわち，上述した家庭菜園や家庭ごみの再利用は，貯蓄グループの運営を開始するための準備段階における活動の一つであった。

2007年6月頃からは，GMSL職員が中心となって子ども会や婦人会等の住民組織が結成され，各種のイベントや活動を通じて居住者間の交流が促された。このようなコミュニティ活動には，マイクロクレジットを開始するに際して，GMSL職員や居住者自身が，グループ活動への適性や居住者どうしの相性を把握する機会としても重要であった。

2007年12月頃に貯蓄グループが結成され，マイクロクレジットの運営が開始された。グループは原則として同じ街区に住む希望者で構成され，その中からリーダーと会計・書記係が選ばれる。リーダーや会計・書記係は原則として参加者間の話し合いによって選出されるが，状況によっては

表6-4　貯蓄グループごとの融資の借入・返済
（2008年5月から2010年4月までの期間の記録。調査を元に筆者作成）

グループ番号	メンバー人数	融資の借入・返済							
		貯蓄グループ融資				GMSL融資			
		借入回数	借入総額（Rs.）	一人あたり借入額（Rs.）［順位］	返済率（%）	借入回数	借入総額（Rs.）	一人あたり借入額（Rs.）［順位］	返済率（%）
A	9	101	420,750	46,750　[1]	100.0	5	23,000	2,556　[4]	100.0
B	6	40	122,100	20,350　[2]	100.0	4	10,450	1,742　[6]	100.0
C	12	84	128,550	10,713　[3]	100.0	12	66,500	5,542　[1]	100.0
D	5	28	41,400	8,280　[4]	92.3	3	15,000	3,000　[3]	100.0
E	9	24	44,250	4,917　[5]	96.0	5	24,000	2,111　[5]	100.0
F	5	18	23,900	4,780　[6]	68.2	5	24,500	4,900　[2]	100.0

1Rs.（スリランカ・ルピー）＝約0.9円（2010年4月現在）

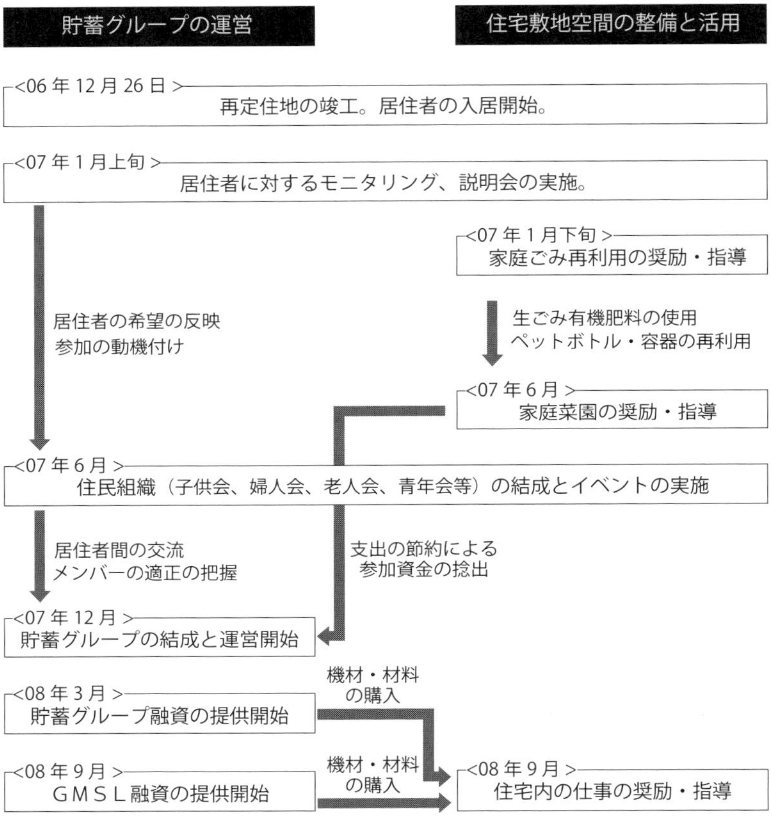

図6－4　再定住地Ｇにおけるマイクロクレジットの活動経緯
（調査を元に筆者作成）

GMSL 職員が適宜，参加者の相性や適性から判断して選出を手助けすることもある。

なお，再定住地 G においてマイクロクレジットに参加しているのは全て女性であった。参加者を女性に限定する規定は存在しないが，結果的に全て女性である。その背景には，男性は漁や仕事に出ていて昼間は不在であることが多いこと，家庭運営に責任を持つ女性がお金を管理することを前提として融資が行われること，といった事情がある。

貯蓄グループはそれぞれ毎週，メンバーの誰かの自宅で集会を行う（写真６−２）。メンバーには毎回出席する義務がある。集会では貯蓄や融資の手続きのほか，グループ運営についての議論や日々の生活に関する情報交換等が行われる。集会は原則として，メンバーである住民自身によって運営されるが，GMSL 職員も集会には毎回同席し，住民による運営の手助けや不正の監視等を行っている。

集会への参加に際して，メンバーは毎回10Rs. をグループに支払う。支払いは後述する貯蓄グループ融資の資金として管理される。なお，毎回10Rs. という支払いは GMSL が一律に定めた最低限の決まりなので，それ以上の金額をグループに支払ってもよい。例えば，運営が軌道に乗っているグループでは全員が毎回支払う金額を高めに設定している場合もある。

貯蓄グループの結成と運営の開始以降も，住宅周辺の空間の整備と活用を促す活動は継続している。むしろ，マイクロクレジットの取り組みを通じて得られた資金や知識を活かして，住宅敷地内での仕事がより積極的に指導・奨励され，家庭菜園だけでなく，干魚加工やレース編み，雑貨店等が開始される等，より一層の充実化が図られている（写真６−３）。

3.2　貯蓄・融資の仕組み

表６−４からわかるように，再定住地 G におけるマイクロクレジットの６つのグループを構成するメンバーの数は，最小で５人，最大で12人である。バングラデシュ・グラミン銀行等にみられる一般的なマイクロクレジットでは，各グループを構成する人数は原則して５人程度，多くても10人以内に抑えられる。それらと比較して再定住地 G におけるマイクロクレジットのグループには比較的大規模なものも含まれることになる。

グループの規模が大きくなると一般的に，融資の返済率が低下する傾向があるが，再定住地 G におけるマイクロクレジットは，表６−４に示したように一部のグループを除くと概ね高い返済率を維持している。しかしながら，再定住地 G におけるマイクロクレジットは，グラミン銀行の初期のスキーム（グラミン・クラシック・システム）の代表的手法として知られ

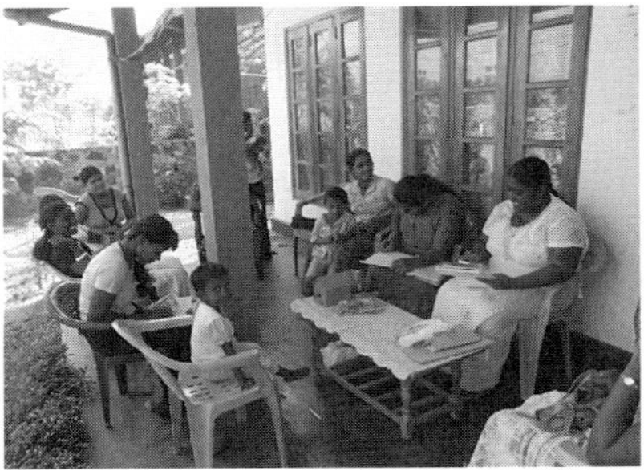

写真６－２　マイクロクレジットの集会
毎週誰かの家にグループのメンバーとNGO職員が集まる

写真６－３　家庭菜園の講習会
野菜・果物の栽培や調理の方法等についてNGO職員が指導する

る「連帯責任制」のような融資の返済を強制するような手段は実質備えていない。

再定住地Gにおけるマイクロクレジットの場合も，融資の返済責任は最終的にグループのメンバーにある。しかし，GMSL職員によると，借り手の誰かが返済が困難になった場合でも，連帯責任が実際に適用されることはないという。再定住地Gにおけるマイクロクレジットでは，融資の返済率を維持する手段として，返済パフォーマンスを次回の融資の条件に反映させるしくみ（利率，貸付限度額等）や職員による頻繁な声かけ等，関係者の相互の認識にもとづいて融資の自主的な返済を促す仕組みが採用されている。

また，いくつかの既往研究（藤田1998等）では，マイクロクレジットの実施にあたっては，当該地域における地理的条件を考慮する必要があることが指摘されている。再定住地Gにおけるマイクロクレジットでは，先述の活動プロセスで示したように，貯蓄グループの運営と住宅周辺の空間の整備・活用が一体的に進められている。それにより，マイクロクレジットの運営と住民による住宅周辺の空間利用に好循環が生み出されている。このように，立地と空間の制約に起因する再定住地の生活利便性の低さを考慮した，マイクロクレジットの運営が行われている。

4．暮らしの再建に活かされるマイクロクレジット

4.1　融資の借入・返済と貯蓄の実績

表6－4に再定住地Gのマイクロクレジットにおけるグループ別の融資の借入・返済状況を示した。また，表6－5には，同じくグループ別に融資の利子の還元や貯蓄による融資資金の調達状況を示した。

再定住地Gのマイクロクレジットにおいて提供される融資には,「GMSL融資」と「貯蓄グループ融資」の2種類がある。後で詳述するように，前者はGMSLの資金による融資であり，後者は貯蓄グループの資金による融資である。

表6－4からわかるように，融資の返済率は全体として高い値である。「貯蓄グループ融資」の返済率はグループFを除いて90％以上であり,「GMSL融資」の返済率は全てのグループにおいて100％である。

一方，融資の借入額にはグループ間で差が生じている。特に,「貯蓄グループ融資」の一人あたり借入額はグループA，およびグループBが突出している。「GMSL融資」の一人あたり借入額は貯蓄グループ融資に比べてグループ間の差が小さい。これは，それぞれの融資における資金調達の仕組みに起因していると思われる。すなわち,「貯蓄グループ融資」では，メンバー自身が貸し手になるため，メンバーが自らの裁量で融資を増やしていくことができる。一方,「GMSL融資」はGMSLが貸し手であり，全てのメンバー，およびグループに対してできるだけ均等に融資が行われるように管理されている。

表6－5に示した貯蓄グループそれぞれの資金調達は，融資の利子の還元，およびメンバーの貯蓄によって行われている。従って，融資の借入額が多いグループほど，利子の還元による資金調達も必然的に多くなる。また，融資の借入額が多いグループほど，メンバーの貯蓄額も多くなる傾向がある。ただし，グループCは融資の借入額は多いが，一人当たり貯蓄

表６－５　貯蓄グループごとの資金調達

（2008年５月から2010年４月までの期間の記録。調査を元に筆者作成）

グループ番号	メンバー人数	資金の調達			
		融資利子の還元		メンバーの貯蓄	
		還元総額（Rs.）	一人あたり還元額（Rs.）[順位]	貯蓄総額（Rs.）	一人あたり貯蓄額（Rs.）[順位]
A	9	23,150	2,572 [1]	55,290	6,143 [2]
B	6	12,838	2,140 [2]	49,765	8,294 [1]
C	12	13,124	1,094 [4]	34,920	2,910 [6]
D	5	9,220	1,844 [3]	24,545	4,909 [3]
E	9	不明（＊）	不明（＊）[-]	33,845	3,761 [5]
F	5	4,798	960 [5]	20,607	4,121 [4]

＊グループＥでは記録の一部に不備があったことがGMSLの調べによりわかったため，融資利子還元額は「不明」としている。

額は最も少ない。グループＣにおいても融資に対する需要は高いが，メンバーの数が12人とやや多いため，「貯蓄グループ融資」の順番が回って来るまで他のグループに比べて時間がより長くかかる。このことがメンバーの貯蓄に対する消極性に影響していると考えられる。

4.2　GMSL融資――NGOによる融資

（１）仕組み

「GMSL融資」において，融資の借入を希望する者はまず，融資の利用目的と希望する借入金額を記載した申請書をGMSL職員に提出する。GMSL職員による審査を経て申請が認められると，ルール遵守の誓約，グループの他のメンバーによる同意の署名，返済までの計画等の事項を記載した同意書をGMSL職員に提出する。

１回あたりの融資額は３千ルピー（Sri Lanka Rupee；Rs.）から１万Rs.程度であり，借り入れの翌月から返済を始め，概ね半年から１年かけて返済を完了する。融資の利率は10％であり，そのうち７％が運営資金としてGMSLに支払われ，３％が各貯蓄グループの運営資金として均等に配分される。

返済の遅延や貸し倒れを防ぐために，借り手には毎週返済することが奨励されている。また，GMSL 職員が借り手に頻繁に声をかけ，返済が滞っている場合は家まで訪ねて行って催促したり，相談に応じたりする。

（2）利用の実態

表6－4に示したように，「GMSL 融資」は2008年９月から2010年４月までに計33人が計34回利用しており，借り入れの総額は163, 450Rs. に達している。

また，表6－6にメンバーごとの融資の利用実態（借り入れの回数と総額，融資の使途，等）を示した。「GMSL 融資」の利用実態をみると，「メンバー本人の仕事」に利用したのは，計20人・計21回であった。その内訳をみると，ヤシ殻繊維業（４回），雑貨店（３回），手芸（３回），衣類仕立て（２回），干魚加工・販売（３回），ココナッツ販売（２回），食品加工（１回），家庭菜園（１回），織物販売（１回），雑貨流通（１回）であった。

一方，「メンバー本人以外の仕事」に利用したのは，計13人・計13回であった。その内訳をみると，漁業（12回），石工業（１回）であった。

「メンバー本人の仕事」には，小額であるが安定した収入が見込めるものが多く，収入が不安定な漁業世帯にとって重要であると考えられる。

表6－7には，再定住地Gにおけるマイクロクレジットに参加するメンバーの世帯における家族構成，およびメンバー本人を含む家族の仕事について示した。表6－7からわかるように，マイクロクレジットに参加する女性メンバー・全46人のうち26人が何らかの仕事に従事しており，さらに，そのうち24人が再定住地の住宅や住宅周辺の空間を活用した仕事に従事している。

このことから，マイクロクレジットにおける融資が，漁業世帯の不安定な家計を支える，住宅周辺での女性の仕事の創出に寄与している可能性があることが指摘できる。図6－5に再定住地の住宅と敷地を活用して行われる仕事の例を示した。また，写真6－4に融資によって得られた様々な生活手段や仕事道具の例を示した。

表6－6　メンバーごとにみた融資の利用実態

（調査を元に筆者作成）

グループ番号	メンバー番号	世帯番号	融資利用実態					
			グループ融資			GMSL 融資		
			借入回数	借入総額（RS.）	主な使途	借入回数	借入総額（RS.）	使途
A	1	44	14	77,200	干魚業 漁業 食費 交通費	0	0	-
	2	61	13	67,700	雑貨店業 食品業 漁業 食費 医療費	1	5,000	雑貨店業
	3	49	13	57,300	衣類仕立て業 干魚業 漁業	1	4,500	衣類仕立て業
	4	59	13	48,000	漁業 医療費 仕送り	0	0	-
	5	54	11	46,500	干魚業 食費 交通費 教育費	0	0	-
	6	58	10	43,650	漁業	0	0	-
	7	47	13	37,000	ヤシ殻繊維業 食品業 医療費 教育費	1	4,500	ヤシ殻繊維業
	8	42	7	30,400	手芸 香辛料販売業 雑貨店業	1	4,000	手芸
	9	-	7	13,000	雑貨流通業	1	5,000	雑貨流通業
B	10	25	9	37,500	漁業 教育費 食費 交通費	1	5,000	漁業
	11	28	7	26,500	食品業 漁業	1	2,450	食品業
	12	24	10	20,500	干魚業 漁業	1	1,500	干魚業
	13	27	5	16,000	干魚業 漁業 食費 交通費	1	1,500	ヤシ殻繊維業
	14	3	5	14,000	干魚業 家庭菜園	0	0	-
	15	23	4	7,600	教育費 食費 交通費	0	0	-
C	16	12	6	15,000	手芸 干魚業 漁業 医療費 食費	2	16,000	手芸 干魚業
	17	4	9	14,000	雑貨店業 石工業 教育費	1	5,000	石工業
	18	6	8	13,500	漁業 食費 交通費 光熱費	1	6,500	漁業
	19	13	7	13,500	ココナッツ販売業 医療費 交通費	1	4,000	ココナッツ販売業
	20	11	8	12,000	漁業 食費 光熱費 交通費	1	5,000	漁業
	21	19	7	11,500	干魚業 漁業 教育費	1	5,000	漁業
	22	10	8	10,750	漁業 食費 交通費	1	5,000	漁業
	23	2	8	10,000	ココナッツ販売業 漁業 医療費	1	5,000	ココナッツ販売業
	24	14	7	10,000	衣類仕立て業 食費 交通費	1	5,000	衣類仕立て業
	25	1	7	8,700	石工業 教育費	0	0	-
	26	9	5	5,100	漁業	1	5,000	漁業
	27	17	4	4,500	漁業 食費 衣類費	1	5,000	漁業
D	28	78	8	21,100	干魚業 漁業 教育費 医療費	0	0	-
	29	79	7	5,200	医療費 食費 交通費	1	5,000	手芸（準備中）
	30	81	5	5,100	-	0	0	-
	31	94	5	5,000	家庭菜園 教育費	1	5,000	家庭菜園
	32	76	3	5,000	漁業 教育費 交通費	1	5,000	漁業
E	33	29	5	13,950	雑貨店業 織物販売業 教育費	1	4,000	雑貨店業
	34	33	4	6,000	漁業	0	0	-
	35	30	2	6,000	漁業	0	0	-
	36	7	4	5,500	漁業 食費 交通費	1	5,000	漁業
	37	16	4	5,000	教育費 医療費	1	5,000	漁業
	38	21	2	4,000	雑貨店業 医療費	1	5,000	雑貨店業
	39	36	3	3,800	食費 交通費 医療費	1	5,000	干魚販売業
	40	31	0	0	-	0	0	-
	41	32	0	0	-	0	0	-
F	42	91	7	10,500	織物販売業 手芸 医療費	1	5,000	織物販売業
	43	100	3	5,500	漁業 医療費 教育費	1	5,000	漁業
	44	82	2	4,000	手芸 教育費	0	0	-
	45	99	2	2,500	ヤシ殻繊維業 食品業	2	11,500	ヤシ殻繊維業 漁業
	46	101	4	1,400	ヤシ殻繊維業	1	3,000	ヤシ殻繊維業

（凡例）融資の使途　■：本人の仕事に利用　■：本人以外の仕事に利用　□：仕事以外の生活に利用　－：該当しない

表6－7　メンバーごとの世帯構成と仕事
（調査を元に筆者作成）

グループ番号	メンバー番号	性別	年齢	世帯番号	人数	世帯形態	本人の仕事	本人以外の仕事
		基本属性			世帯構成と仕事			
					世帯		仕事	
A	1	女	41	44	4	核	[干魚業]	漁業（動力あり漁船）　漁業（動力なし漁船）
	2	女	30	61	3	核	[食品業][雑貨店業]	漁業（流通）
	3	女	34	49	6	核(幼)	[衣類仕立て業]	漁業（動力なし漁船）
	4	女	40	59	2	他	なし	漁業（動力なし漁船）
	5	女	33	54	4	核（幼）	[干魚業]	漁業（動力なし漁船）
	6	女	55	58	6	拡大	なし	漁業（流通）工場勤務 漁業（動力あり漁船）
	7	女	47	47	7	拡大	[ヤシ殻繊維業][食品業]	漁業（動力なし漁船）　工場勤務　工場勤務
	8	女	25	42	2	核	[雑貨店業][手芸][食品業]	三輪タクシー運転手
	9	女	55	-	4	核	雑貨流通業	なし
B	10	女	26	25	4	核（幼）	なし	漁業（動力なし漁船）
	11	女	35	28	4	核（幼）	[食品業]	漁業（流通）
	12	女	42	24	5	拡大	[干魚業]	漁業（流通）
	13	女	55	27	4	核	[ヤシ殻繊維業][ココナッツ販売業]	漁業（動力なし漁船）[干魚業] 工場勤務
	14	女	39	3	5	核	[干魚業]	漁業（動力あり漁船）
	15	女	44	23	3	核	なし	漁業（動力なし漁船）ホテル勤務
C	16	女	39	12	5	核	[干魚業]	漁業（動力あり漁船）[手芸]
	17	女	47	4	4	核	[雑貨店業]	石工 工場勤務 漁業（動力なし漁船）
	18	女	32	6	4	核（幼）	[ココナッツ販売業][家庭菜園]	漁業（動力あり漁船）
	19	女	28	13	5	核（幼）	[ココナッツ販売業]	漁業（動力なし漁船）
	20	女	34	11	5	核（幼）	なし	漁業（動力なし漁船）
	21	女	28	19	4	核（幼）	[干魚業]	漁業（動力あり漁船）
	22	女	32	10	5	核（幼）	なし	漁業（動力なし漁船）
	23	女	46	2	7	拡大	[ココナッツ販売業]	漁業（動力あり漁船）漁業（動力なし漁船）
	24	女	36	14	3	核（単）	[衣類仕立て業]	なし
	25	女	40	1	3	核	なし	石工
	26	女	29	9	4	核（幼）	なし	漁業（動力なし漁船）
	27	女	27	17	4	拡大	なし	漁業（動力あり漁船）
D	28	女	42	78	5	核	[干魚業]	漁業（動力なし漁船）工場勤務
	29	女	62	79	4	核	なし	工場勤務
	30	女	＊	81	＊	＊	＊	＊
	31	女	37	94	4	核	[家庭菜園]	漁業（動力なし漁船）
	32	女	60	76	3	核	なし	漁業（動力なし漁船）
E	33	女	40	29	7	核（幼）	[雑貨店業][衣類販売業]	漁業（動力あり漁船）　工場勤務
	34	女	40	33	6	核（幼）	なし	漁業（流通）
	35	女	25	30	4	核（幼）	なし	漁業（動力あり漁船）
	36	女	38	7	4	核（幼）	なし	漁業（動力あり漁船）
	37	女	32	16	4	核（幼）	なし	商店勤務 漁業（動力なし漁船）
	38	女	58	21	2	核	[雑貨店業]	なし
	39	女	39	36	6	核（幼）	なし	漁業（動力あり漁船）
	40	女	26	31	4	拡大	なし	漁業（動力なし漁船）
	41	女	22	32	2	核	なし	漁業（流通）
F	42	女	51	91	5	核(単)	[手芸][織物販売業]	漁業（動力あり漁船）
	43	女	37	100	5	核（幼）	なし	漁業（動力なし漁船）
	44	女	40	82	6	核	[手芸]	漁業（動力あり漁船）
	45	女	37	99	4	核（幼）	[ヤシ殻繊維業][食品業]	漁業（流通）
	46	女	75	101	5	拡大	女中	工場勤務

（凡例）　世帯形態　　核：夫婦と未婚子女（幼児含まない）もしくは夫婦のみ　　核（幼）：夫婦と未婚子女（幼児含む）
核（単）：父または母と未婚子女　　拡大：拡大家族　　他：その他
仕事　　[　　]：住宅および住宅敷地を活用する仕事　　なし：住宅および住宅敷地を活用しない仕事
（＊メンバー番号30は年齢，世帯形態，仕事が不明，メンバー番号９は再定住地Ｇの居住者ではないが参加している）

表6－8　メンバーの社会関係
（調査を元に筆者作成）

グループ番号	メンバー番号	基本属性			社会関係		
		性別	年齢	世帯番号	地縁 （従前村と従前ワッタ）	血縁 （グループ内の家族・親族）	マイクロクレジットの関係
A	1	女	41	44	ミリッサ村 ワッタH	なし	○
	2	女	30	61	ミリッサ村 ワッタI	なし	△
	3	女	34	49	ミリッサ村 ワッタK	なし	△
	4	女	40	59	ミリッサ村 ワッタI	なし	○
	5	女	33	54	ミリッサ村 ワッタI	7は姉	○
	6	女	55	58	ミリッサ村 ワッタI	なし	-
	7	女	47	47	ミリッサ村 ワッタH	5は妹	-
	8	女	25	42	その他	9は母	△
	9	女	55	-	その他	8は娘	-
B	10	女	26	25	ペラナ村 ワッタB	13は母 11は義妹	○
	11	女	35	28	ペラナ村 ワッタB	10は義姉 13は義母	○
	12	女	42	24	ペラナ村 ワッタB	なし	-
	13	女	55	27	ペラナ村 ワッタB	11は義娘	○
	14	女	39	3	ペラナ村 ワッタA	15は姪	△
	15	女	44	23	ペラナ村 ワッタB	14は叔母	△
C	16	女	39	12	ペラナ村 ワッタA	18は義妹	△
	17	女	47	4	ペラナ村 ワッタA	27は娘 21は義娘 25は義妹	-
	18	女	32	6	ペラナ村 ワッタA	16は義姉	△
	19	女	28	13	ペラナ村 ワッタA	なし	-
	20	女	34	11	ペラナ村 ワッタA	なし	-
	21	女	28	19	ペラナ村 ワッタA	17は義母	○
	22	女	32	10	ペラナ村 ワッタA	なし	△
	23	女	46	2	ペラナ村 ワッタA	なｖし	△
	24	女	36	14	ペラナ村 ワッタA	なし	△
	25	女	40	1	ペラナ村 ワッタA	17は義姉	△
	26	女	29	9	ペラナ村 ワッタA	なし	-
	27	女	27	17	ペラナ村 ワッタA	17は母	○
D	28	女	42	78	ミリッサ村 ワッタI	なし	△
	29	女	62	79	ミリッサ村 ワッタI	なし	△
	30	女	*	81	ミリッサ村 ワッタI	なし	-
	31	女	37	94	ミリッサ村 ワッタJ	なし	△
	32	女	60	76	ミリッサ村 ワッタI	なし	○
E	33	女	40	29	ペラナ村 ワッタC	なし	○
	34	女	40	33	ペラナ村 ワッタC	なし	○
	35	女	25	30	ペラナ村 ワッタC	37は義姉	△
	36	女	38	7	ペラナ村 ワッタA	なし	△
	37	女	32	16	ペラナ村 ワッタA	35は義妹	○
	38	女	58	21	ペラナ村 ワッタG	なし	-
	39	女	39	36	ペラナ村 ワッタD	なし	○
	40	女	26	31	ペラナ村 ワッタC	なし	-
	41	女	22	32	ペラナ村 ワッタC	なし	-
F	42	女	51	91	ミリッサ村 ワッタJ	なし	△
	43	女	37	100	ペラナ村 ワッタG	なし	○
	44	女	40	82	ミリッサ村 ワッタH	なし	△
	45	女	37	99	ペラナ村 ワッタF	なし	○
	46	女	75	101	ミリッサ村 ワッタH	なし	-

（凡例）○：従前居住地で現在もマイクロクレジットに参加している　△：従前居住地で以前はマイクロクレジットに参加
－：マイクロクレジットに参加したことがない

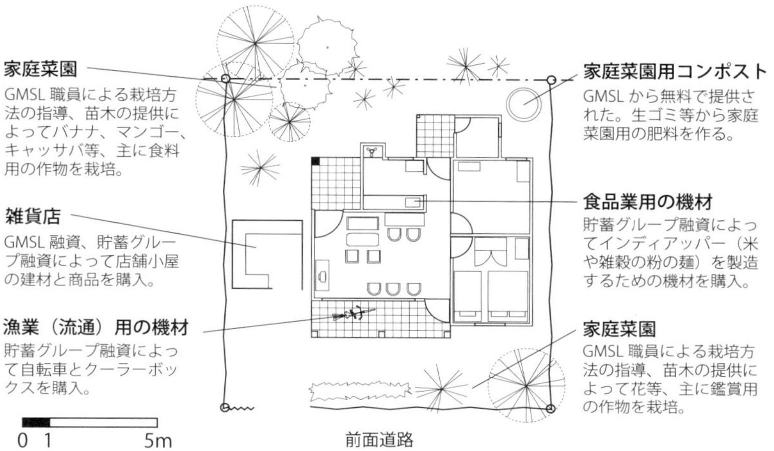

図６－５　再定住地の住宅と敷地を活用した仕事の例
（調査を元に筆者作成）

4.3　貯蓄グループ融資――住民間の融資

（１）仕組み

貯蓄グループの資金がある程度の額に達すると，「貯蓄グループ融資」が開始される。「貯蓄グループ融資」において融資の借入を希望する者は，毎週行われる集会の際に希望を申し出て，他のメンバーから同意を得る必要がある。

「貯蓄グループ融資」の原資となるのは各グループに貯蓄された資金であり，融資が返済されてグループに原資が戻ると，次の希望者が融資を借り入れることができる。借入の希望者が重なった場合は，メンバー間の話しあいによって借入の順番を決める。

借入額は，初回は１千 Rs. 程度と少額であるが，それを完済すると次回以降は徐々に高額の借入が可能になる。利率は原則として週５％であり，利子は全て貯蓄グループに対して運営資金として還元される。

返済の遅延や貸し倒れを防ぐためには，先述した「GMSL 融資」と同

①住宅敷地内のオープンスペースを活かした家庭菜園

②ココナッツの殻の繊維からロープをつくるための機械

③住宅敷地内に設けられた雑貨店（外観）

④住宅敷地内に設けられた雑貨店（内観）

⑤自転車と鮮魚保存用クーラーボックス

⑥投網漁に用いる漁網

写真６－４　融資によって得られた生活手段や仕事道具の例

様の方法がとられている。加えて，返済状況に応じた利子の設定や借入上限額の設定といった方法もとられており，それによって，より確実な返済を促している。

（2）利用の実態

表6－4，表6－5に示したように，「貯蓄グループ融資」は2008年9月から2010年4月までに計43人が計295回利用しており，借り入れの総額は780, 950Rs. に達している。

表6－6に示したように，「貯蓄グループ融資」の使途ついてのヒアリングに対して，「貯蓄グループ融資」を「本人の仕事」に利用したと答えた利用者は25人であった[2)]。その内訳は，干魚加工・販売（9人），雑貨店（5人），食品加工・販売（4人），手芸（4人），ヤシ殻繊維（3人），衣類仕立て（2人），家庭菜園（2人），ココナッツ販売（2人），織物販売（2人），香辛料販売（1人），雑貨流通（1人）であった。

また，「本人以外の仕事」に利用したと答えたのは25人であった。その内訳は漁業（23人），石工（2人）であった。

さらに，「仕事以外の生活」に利用したと答えたのは31人であった。その内訳は食費（15人），交通費（14人），教育費（14人），医療費（13人），光熱費（2人），仕送り（1人）であった。

このように，「貯蓄グループ融資」は，「本人の仕事」や「本人以外の仕事」に加え「仕事以外の生活」に関わる支出にも使用されており，先述した「GMSL 融資」に比べて，より多様なニーズに応えている。とのことは，「貯蓄グループ融資」における借り入れの申請に必要な手続きや期間は「GMSL 融資」より少なく，利用者にとってより柔軟性があることを示していると考えられる。

2）「貯蓄グループ融資」には，「GMSL 融資」と違って，使途に関する詳細な記録が残されていない。そのため，利用者であるメンバー自身の記録や記憶を頼りにヒアリングによって使途を把握した。メンバーは融資ごとの正確な使途と金額を記録・記憶していない場合もあるため，表6－6には回答があった使途の項目のみを記載している。

4.4　融資の活用事例の分析

表6－9は融資の使途の組み合わせによって，マイクロクレジットの参加メンバーを7パタンに分類したものである。以下，仕事への投資を含む3つのパタンに該当する事例について取り上げる。

（1）「本人の仕事」への利用を含む事例（メンバー番号31）

表6－10に「メンバー本人の仕事」への利用の事例として，メンバーno.31の世帯における融資利用（金額，時期，使途）の履歴を示した。

no.31は，中学校に通う長男の教材の購入や，家庭菜園の肥料や苗木・種の購入等のために融資を利用している。家庭菜園では，キャッサバ，バナナ，マンゴー等の食用作物に加え，香辛料，生花等の換金用作物を栽培している。

no.31の世帯は，動力なしの木造の漁船を使用して沿岸の魚を獲る，昔ながらの方法によって漁業を営んでいる。そのため，漁獲量が季節や天候に左右されやすく収入が不安定である。no.31のような漁業世帯にとって家庭菜園は，収入の安定化や不漁期の食糧確保の手段として重要である。

再定住地Gにおける住宅は敷地が狭く，また，土壌も野菜や果物の栽培に不向きであると当初はみられていた。そのような状況であったが，no.31. は，GMSLによる経済的・技術的なサポートも受けながら，肥料や

表6－9　融資の使途の分類

パタン	使途の組み合わせ	該当するメンバーの番号（□：事例分析対象世帯）
A	①	8 9 14 46
B	①③	5 7 19 24 31 33 38 39 42 44
C	①②	3 11 12 45
D	①②③	1 2 13 16 17 20 21 23 28
E	②	6 26 34 35
F	②③	4 10 18 22 25 27 32 36 37 43
G	③	15 29

使途①メンバー本人の仕事に利用　②本人以外の世帯員の仕事に利用　③仕事以外の生活に利用

表6-10　本人の仕事への利用の事例（no.31）

家族構成　本人（37才）－夫（44才）－長女（19才）－長男（14才）
仕事　本人：家庭菜園　夫：漁業（動力なし漁船）
平均世帯月収　8,000 Rs.～10,000 Rs.

回数	融資の種類	金額（Rs.）	借入日	返済完了日	使途
1	グループ	1,000	08.10.3	08.10.17	教育費（教材の購入）
2	グループ	500	08.12.5	-	
3	GMSL	5,000	08.12.19	09.10.18	家庭菜園（肥料の購入）
4	グループ	2,500	09.4.3	09.5.1	家庭菜園（肥料，苗木・種の購入）
5	グループ	500	09.8.21	09.10.9	家庭菜園（苗木・種の購入）
6	グループ	500	09.9.11	10.1.15	教育費（教材の購入）

（凡例）■：本人の仕事に利用　　▒：本人以外の仕事に利用　　□：仕事以外の生活に利用

栽培する品種の工夫を行い，再定住地においても家庭菜園を実現している。

なお，マイクロクレジットのメンバーである女性の仕事には他にヤシ殻繊維業，干魚加工・販売業，雑貨店営業等がある。これらの多くは，図6－5に例を示したように，再定住地Gの住宅や住宅周辺の空間を活用して行われている。

（2）「本人および本人以外の仕事」への利用を含む事例（メンバー番号16）

表6-11に，「メンバー本人の仕事」と「メンバー本人以外の仕事」への利用の事例としてメンバーno.16の世帯における融資の利用履歴を示した。

no.16は，主に干魚の材料となる魚の購入に融資を利用していた。干魚の加工・販売は，スリランカ南岸において一般的にみられる家内産業である。干し魚は庭先で5日間ほど小魚を天日干しして製造し，市場で販売したり，不漁期の保存食とする場合が多い。

現在行っている干魚の加工・販売は，再定住地Gに移住してから始めたものである。No.16は干魚の加工・販売を始めた理由として，夫が津波の後に体調不良となり暫く働けなくなったこと，住む場所が海から離れて収入や食料確保が不安定になったこと，再定住地ではマイクロクレジットを通じて資金の獲得がし易くなったこと，等を挙げている。no.16による

表 6 -11　本人と本人以外の仕事への利用の事例
（no.16, 凡例は表 6 -10と共通）

家族構成　本人（39才）ー夫（38才）ー長男（25才）ー長女（19才）ー次男（14才）
仕事　本人：干魚加工業　夫：漁業（動力あり漁船）　長女：手芸
平均世帯月収　10,000 Rs. ～15,000 Rs.

回数	融資の種類	金額（Rs.）	借入日	返済完了日	使途
1	グループ	1,000	08.7.11	08.8.15	干魚加工業（材料の購入） 教育費 交通費
2	グループ	1,000	08.10.10	09.2.20	
3	グループ	2,000	09.3.13	09.5.15	
4	GMSL	6,000	09.7.1	10.6.11	干魚加工業（材料の購入）
5	グループ	2,000	09.8.14	09.10.16	医療費（父の病気の治療）
6	グループ	7,000	09.11.27	10.2.12	夫の漁業（漁具の購入）
7	グループ	2,000	10.2.12	10.3.31	長女の手芸（材料，機材の購入）
8	GMSL	10,000	10.6.25	-	長女の手芸（ミシンの購入）

と，従前居住地では高利貸しに対して多額の借金を抱えてしまう者もいたようである。しかし，マイクロクレジットが導入されてからは，そのような問題も多少は解消されたようである。

夫の体調が良くなり，仕事に復帰した後も，no.16は干魚の加工・販売を続けている。その後，融資は主に，父の病気の治療，夫の漁業のための漁具や燃料の購入，長女の手芸のための材料やミシンの購入等に利用している。

（3）「本人以外の仕事」への利用を含む事例（メンバー番号10）

表 6 -12に，「メンバー本人以外の仕事」への利用を含む事例として，メンバー no.10の世帯における融資利用の履歴を示した。

no.10は主に，食費や交通費，小学校に通う長男の教材の購入に融資を利用していた。融資の借り入れと返済の実績を積み，より高額な融資を受けられるようになると，no.10は夫の漁業機材の購入にも融資を利用するようになった。

「貯蓄グループ融資」は，「GMSL 融資」とは異なり，手間と時間がかかる申請手続きがなく，現金が必要な時に素早く，かつ小額であっても借

表６-12　本人以外の仕事への利用の事例
（no.10，凡例は表６-10と共通）

家族構成　本人（26才）－夫（31才）－長男（７才）－次男（２才）
仕事　本人：主婦　夫：漁業（動力なし漁船）
平均世帯月収　10,000 Rs. ～13,000 Rs.

回数	融資の種類	金額（Rs.）	借入日	返済完了日	使途
1	グループ	1,000	08.5.23	08.6.20	食費 交通費
2	グループ	1,000	08.6.27	08.7.14	
3	グループ	2,000	08.7.4	08.8.8	
4	グループ	4,000	08.8.8	08.11.21	長男の教育費（教材等の購入）
5	グループ	8,000	08.11.21	09.3.27	夫の漁業（漁具の購入）
6	グループ	2,500	09.4.3	09.7.3	食費 交通費 教育費
7	ＧＭＳＬ	5,000	09.7.1	10.5.14	夫の漁業（漁具の購入）
8	グループ	3,000	09.7.3	09.9.25	食費 交通費
9	グループ	6,000	09.9.25	10.2.5	夫の漁業（漁具の購入）
10	グループ	10,000	10.2.5	-	

りられる。このこともあり，「貯蓄グループ融資」は，「GMSL 融資」に比べてより融通が利くとメンバーから認識されており，仕事以外の生活に必要な支出にも利用されている。

no.10は，男の子どもが２人いて食費や教育費がかかることや，生活に不便な再定住地 G に移住したことで買物や子どもの送迎に必要な交通費の負担が増えたこともあり，「貯蓄グループ融資」を利用することで生活費を賄っている。

5．コミュニティ形成を促すマイクロクレジット

5.1　住民の参加の動機および負担

未成年の子どもがいる世帯では，食費や教育費が大きくなるため，マイクロクレジットの利用ニーズは大きい。一方，子ども（特に幼児・児童）を持つ母親には，毎週の集会に参加したり，副業となる仕事を行うための

時間的・体力的余裕が少ない。そのことが，マイクロクレジットに参加することを難しくしている。

表6－7に示したように，マイクロクレジットに参加するメンバーの世帯における家族形態は，「核家族」（幼児を含む）が18世帯（40％），「核家族」（幼児を含まない，もしくは夫婦のみ）が17世帯（38％），「核家族」（父または母と未婚子女）が2世帯（5％），「拡大家族」が7世帯（15％），「その他」が1世帯（2％）であった。これは，表6－3に示した再定住地G・全世帯における家族形態の割合とほぼ同じであり，結果的には，マイクロクレジットに参加する世帯の家族形態に偏りは生じていなかった。このような，マイクロクレジットへの偏りのない参加は，再定住地Gのマイクロクレジットにおいて，参加の負担を軽減するための様々な配慮と工夫（住宅周辺の空間の活用，貯蓄による融資の原資確保，等）が行われてきたことの成果であろう。

また，GMSL職員の話によると，漁業世帯の男性の中には，女性がマイクロクレジット等の社会的活動に参加したり，貯蓄や融資の借入を行うことで経済力を身につけることを快く思わず，非協力的な者もいたという。例えば，津波被災以前の従前居住地では，一家の稼ぎ手である男性が，女性がマイクロクレジットに参加するための資金を与えなかったり，女性がマイクロクレジットで得た融資を飲食代等に無駄遣いする，といったトラブルも多かったという。

再定住地Gにおいても，上述のような問題が完全には解消されていない。しかし，津波被災や再定住地への移住を契機として人々の意識にも変化の兆しがあるという。表6－6，および表6－7で示したように，再定住地Gの全世帯のうち半数近くの世帯の女性がマイクロクレジットに参加している。そのほぼ全員が何らかの仕事に対して融資を利用し，さらに，その半数が自らの仕事に融資を利用していることから，女性がマイクロクレジットに積極的に参加していることがわかる。このことは，メンバーである女性がマイクロクレジットへの参加に対して家族からの理解や協力を得られていることの表れであろう。

5.2　社会関係の継承・再編への影響

表６−８には，再定住地Ｇにおけるマイクロクレジットに参加するメンバーの社会関係（地縁，血縁，マイクロクレジットの関係）を示した。表６−８からわかるように，メンバー間の社会関係には，従前居住地から継承された関係（地縁，血縁，マイクロクレジットの関係）が含まれている。このことは，貯蓄グループが結成される際に，既存の社会関係が活用されたことと関連する。

まず，地縁については，先述したように，再定住地Ｇの計画では，従前の地縁（村・ワッタ）がなるべく維持されるように住宅の配置や世帯の入居が行われている。そして，貯蓄グループも，従前の地縁（村・ワッタ）にもとづいて，なるべく同じ従前村・ワッタの者が同じグループとなるように構成されている。これには，経済状況が異なる村の住民の混在を避けたこと，カーストの単位でもあるワッタの混在を避けたこと，等の理由があったと考えられる。

次に，血縁については，従前のワッタが血縁・親族の集住の単位でもあったこともあり，従前のワッタをベースとして結成された，再定住地の貯蓄グループにも，血縁関係にある者が多く含まれている。

さらに，マイクロクレジットの関係については，メンバーの中には，従前居住地においてもマイクロクレジットに参加した経験がある者や，現在も参加を継続している者が含まれている。貯蓄グループの結成やグループ・リーダーの選定の際には，マイクロクレジットへの参加経験の有無が影響したと考えられる。表６−８に示したように，６つの貯蓄グループのうち，グループＢには特に多くの既存の社会関係が含まれている。さらに，表６−４，表６−５に示したように，グループＢは，融資（特に一人あたり「貯蓄グループ融資」借入額）や資金調達（特に一人あたり利子還元額，貯蓄額）において高い実績をあげている。

一方，表６−８に示したように，貯蓄グループには，従前居住地から継承された地縁や血縁といった社会関係にはなかった者も含まれる。GMSL

職員によると，再定住地Gの居住者の中には当初，従前居住地が異なる者，すなわち経済状況が異なる者や，もともと知り合いでなかった者，カーストが異なる者と共に貯蓄グループに参加することに不安を覚える者も少なくなかったという。

しかし，表6－8に示したように，例えば，グループAには従前村が異なる者や従前村は同じだがワッタが異なる者も含まれている。そして表6－4，表6－5に示したようにグループAは，融資や資金調達において高い実績をあげている。このことは，マイクロクレジットにおける貯蓄グループの活動への参加を通じて居住者が相互の関係を認識し，既存の社会関係を超えた関係が新たに形成されていることの表れであると考えられる。

6．小結

本章では，津波被災者の生活再建に対してマイクロクレジットには効果があったのか，あったとすればどのような内容の効果があったのか明らかにすることを目的として調査を行った。調査の対象は，第5章でも取り上げた“成功”事例・再定住地Gにおいてマイクロクレジットを提供するNGO職員，およびマイクロクレジットの参加メンバー・全46人である。

6.1　事例Gのマイクロクレジットの特色

調査対象である再定住地・事例Gにおけるマイクロクレジットの特色を，マイクロクレジットにおける融資・貯蓄の仕組みや，マイクロクレジットを含む生計支援活動のプロセスの分析を通じて明らかにした。

まず，再定住地Gにおけるマイクロクレジットは，住宅敷地内での仕事（漁業関連の作業，家庭菜園，雑貨店，等）の指導・奨励をあわせて行うことで，マイクロクレジットにおける貯蓄・融資を成立させ，かつ，その効果をより一層高めていることが明らかになった。

また，マイクロクレジットにおいて一般的とされる「連帯責任制度」のような強制的に返済を促す手段は備えていないが，借り手に対する職員の頻繁な声かけ，毎週の返済の奨励・指導，融資金額の漸次的拡大といった貸し手と借り手の相互の認識にもとづいて自発的な返済を促すことで，融資の返済率を高めていることが明らかになった。

6.2　被災者の生活再建に対する効果

被災者の生活と仕事の継続に対するマイクロクレジットの効果の有無とその内容について，マイクロクレジットにおける貯蓄・融資の利用記録の分析等を通じて，明らかにした。

まず，マイクロクレジットの参加メンバー・全46人の貯蓄・融資記録の分析から，被災者の生活と仕事に融資が利用されていることが明らかになった。また，各メンバー世帯の融資利用の事例分析の結果も踏まえ，漁業等の主な仕事の継続，家庭菜園や干魚加工等の主でないが生活の安定に役立つ仕事の継続・開始，医療費等の生活における不測の出費への対応といった目的で融資が利用されていることが明らかになった。このことから，生活利便性が相対的に低い再定住地においても，マイクロクレジットにおける融資があることによって，被災者の生活と仕事が成立していることが明らかになった。以上を踏まえ，マイクロクレジットには被災者の生活と仕事の継続に対する効果があったと言える。

上記の結果を踏まえ，マイクロクレジットの参加メンバー・全46人（全て女性）の融資の利用実態を改めて見ると，自ら仕事を行っているメンバー・26人のうち24人が仕事の開始・継続に融資を利用しており，また，同じく31人が食費，交通費，教育費，医療費といった仕事以外の生活費に融資を利用している。このことからマイクロクレジットは，家庭管理者である女性の生活と仕事を支援したという点において，被災者の生活再建に対して特に効果的であったと言える。

6.3　コミュニティ形成に対する効果

被災者の社会関係の継承・再編に対するマイクロクレジットの効果の有無とその内容について，マイクロクレジットの参加メンバー間の社会関係に関する分析を通じて，明らかにした。

まず，マイクロクレジットの参加メンバー間の関係には，従前からの社会関係（地縁，血縁，マイクロクレジットの関係）が含まれており，それらが再定住地における貯蓄グループの結成において活用されたことが明らかになった。

また，マイクロクレジットの主な担い手である女性の中には，家庭の事情等によりマイクロクレジットの活動に参加する際の負担が大きい者や，経済状況やカーストが異なる，従前の地縁関係以外の者と同じ貯蓄グループに参加することを避ける者もいた。実際には，貯蓄グループの中には，女性の参加や従前の地縁以外の世帯の参加がみられ，かつ高い実績をあげているグループがみられた。このことから，マイクロクレジットを介して，既存の社会関係がなかった居住者であっても相互の関係を認識していたことがわかる。

以上のように，再定住地 G では，マイクロクレジットが介在することで既存の社会関係が継承・再編されており，このことから，マイクロクレジットには，上述した被災者の生活再建に対する効果に加えて，コミュニティ形成に対する効果もあったということが明らかになった。

6.4　効果が発揮される環境条件

再定住地 G においてみられた被災者の生活・仕事の継続，およびコミュニティ形成といった課題は，自然災害からの復興における居住地移転と再定住地の計画において発生することが一般的に予想される。

再定住地 G においてマイクロクレジットが上述のような効果を発揮することができた要因としては，まず，本章を通じて明らかにしたようなマイクロクレジットの仕組みそのもの，およびそれを支える再定住地のコミュニティ形成といった，社会的・経済的条件が挙げられる。

それらに加えて，看過できない要因として，敷地内で仕事を行うことができる住宅形式や，従前の地縁や血縁を反映した住宅配置，さらには居住者が相互の関係を認識しやすい住宅地・街区の規模といった，再定住地の物的・空間的条件が挙げられる

上述したような固有の要因に留意する必要はあるが，本章の分析結果は，再定住地の住宅地計画において，住宅形式や住宅配置といった物理的・空間的手法だけでなく，マイクロクレジットのような社会的・経済的手法が，再定住地における居住の継続性を高める方法として活用できる可能性を示唆している。

topics-6

建築とアイデンティティ —旧紅茶農園における長屋再生の実践—

スリランカの紅茶産業と紅茶農園

スリランカの紅茶産業はイギリス植民地時代（1815～1948年）の中頃にスリランカ（当時のイギリス領セイロン）に導入され，かつては世界有数の生産・輸出量を誇っていた。しかし，イギリスからの独立を経て，経営主体の弱体化や茶樹の老朽化等を背景として近年，衰退傾向にある。紅茶産業の衰退を受けて現在，スリランカ各地における紅茶農園をとりまく状況は極めて不安定・不確実であり，住民の貧困化や地滑り災害等のリスクが深刻な社会問題となっている。一方，30年近く続いた民族紛争の影響等もあり，紅茶農園の住民は，国の支援策からも長い間見捨てられた状態が続いてきた。

このような状況の中，紅茶農園は植民地時代の“負の遺産”であり，将来的には解消されるべきであるという認識も現地では根強く存在しているように見受けられる。一方で，紅茶農園の“正の価値”にも着目し，地域の維持・再生の可能性を探ることにも意義があると考えられる。筆者らはかつての紅茶農園であるバウラーナ村（中央州キャンディ県デルトタ郡）において住民の生計安定化と地域コミュニティ再生の支援に携わる機会を得て2013年頃から活動している。その中で筆者らは，かつての農園労働者の住まいである築130年以上の長屋群に着目し，長屋を地域再生の“資源”として維持・活用するための研究と実践に取り組んでいる[1)]。

ここでは，バウラーナ村での長屋再生を通じた旧紅茶農園のコミュニティ支援の研究と実践について紹介し，“負の遺産”の側面を持つ建築ストックの維持・活用と地域コミュニティ支援の関係について考えてみたい。

写真 T6-1｜**スリランカの紅茶農園の景観（キャンディ県デルトタ郡）** 中央の高地・中間地には大規模農園（プランテーション方式）が多い。

写真 T6-2｜**旧紅茶農園・バウラーナ村の現在の景観**
かつての茶畑は松の植林地や畑地，耕作放棄地となっている。

旧紅茶農園に住みつづける人々―インディアン・タミル

筆者らが活動するバウラーナ村はスリランカの国土のほぼ中央，標高約1,000mに位置するかつての紅茶農園である。バウラーナ村は，1883年に当時のイギリス植民地政府によってスリランカ最初期の紅茶プランテーションとして開設された[2)]。その後，スリランカの独立を機とした国営企業による経営や，民間企業への売却等を経て，1980年頃に紅茶農園としては完全に閉鎖された。閉鎖以来，バウラーナ村では集団的な茶葉栽培は長らく行われておらず，かつての茶畑は現在では松の植林地や耕作放棄地となっている。そのため，以前の紅茶農園としての面影は感じられない（写真Ｔ6－1，写真Ｔ6－2）。一方で，村内には，紅茶の加工工場跡地や農園管理者の邸宅，農園労働者の長屋等，かつての紅茶農園関連の施設も残されている。

バウラーナ村の長屋には現在も，紅茶農園であった当時からの住民が住み続けている（図Ｔ6－1，写真Ｔ6－3，写真Ｔ6－4）。彼らはかつてインド南部の農村から紅茶農園の労働者としてスリランカに移住してきたタミル人の子孫（３世～４世）である[3)]。紅茶農園の閉鎖によって彼らは生業を失い，現在は日雇い労働や野菜の栽培等で生計を立てる等，自給自足的な生活を送っている。彼らの暮らしの質を単純に経済的指標だけで判断することはできない。しかし，バウラーナ村のような僻地村落にも近年は貨幣経済が浸透しつつある。このような状況を踏まえると，彼らは安定的な貨幣獲得手段を欠いており，貧困状態に陥っていると言えよう。さらに，紅茶農園のタミル人は長らく無国籍状態が続き，1980年代になってようやくスリランカの市民権を与えられた。その後，スリランカ社会への順応が進んでいるとは言い難く，彼らは現在もスリランカ社会から孤立した存在である。タミルの人々が紅茶農園閉鎖後もバウラーナ村の長屋に住み続けている背景には，上述したような経済的・社会的貧困が絡み合った複雑な事情があると言えよう。

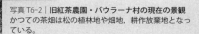

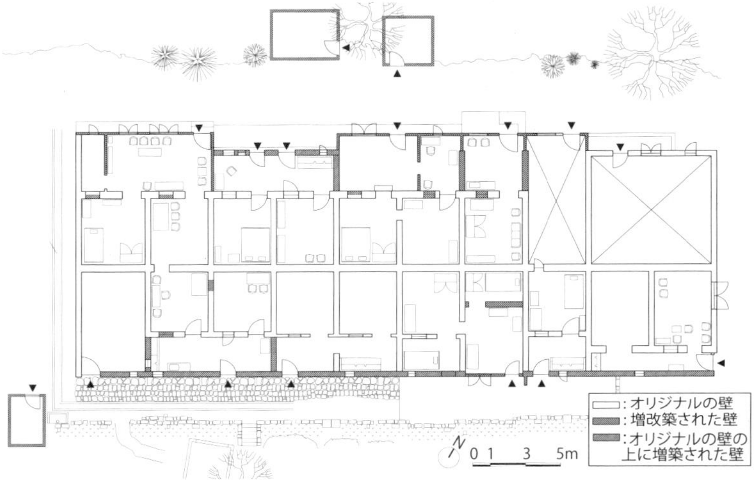

図 T6-1｜**バウラーナ村の長屋の平面例**
紅茶プランテーションで一般的な計20戸から成る背割長屋。住民によって増改築が繰り返されている（調査を元に筆者作成，2014年３月時点）。

写真 T6-3｜**バウラーナ村に残存する労働者長屋**
村内にかつては20棟ほどあったというが，現在は12棟のみ残る。

写真 T6-4｜**長屋とその住民（タミル人）**
かつての紅茶農園労働者（タミル人）の子孫が現在も住み続けている。

長屋は“負の遺産”か，それともアイデンティティの拠り所か

スリランカには紅茶農園（プランテーション方式）が460ヶ所以上あると言われている。それらの紅茶農園のうち，条件が相対的に悪いものについては，上述したような紅茶産業の衰退を受けて近い将来，閉鎖に至ることも予想されている。また，紅茶農園には，住民の貧困化等の経済的問題だけでなく，治安の悪化や人権の侵害等の社会的問題も報告されている。そのような問題に対して公的な施策としては，スリランカ政府等によって設置されたPlantation Human Development Trust (PHDT) が環境改善プログラム等を実施しているが，積極的な対策が行われているとは言い難く，成果もあまりあがっていない。また，スリランカの将来の国土計画である“National Physical Plan of Sri Lanka（2011-2030）”では紅茶農園の将来について言及さえされていない。これらの状況を踏まえると，スリランカの国土の発展を支え続けてきた紅茶農園は生産性の低下とともに今や“負の遺産”となっている感が否めない。

紅茶農園の長屋は“負の遺産”の象徴とも言える存在である。政府による環境改善プログラム等においても老朽化した長屋は解体され，長屋の住民は政府が別の場所に造成した戸建て形式の住宅地へと移住する。確かに，紅茶農園の長屋には，植民地時代の“負の遺産”としての側面があるかもしれない。しかしながら，一方で，インドに帰るべき故郷を失い，スリランカ社会からも孤立して紅茶農園の長屋に住み続けているタミルの人々にとって，長屋は故郷であり，彼らのアイデンティティの一部である。このように捉えた場合，長屋を解体する以外にも，長屋の“正の価値”にも光を当てて長屋を保全し，地域の維持・再生の資源とするという方向について考えることにも意義があると筆者らは考えた。

長屋の文化的価値に着目した再生計画

バウラーナ村の長屋の建築には文化的価値が認められることが筆者らによる調査の結果，明らかになった。ただし，長屋の文化的価値は単一の文化に由来するというよりは，複数の異なる文化が混淆することによって形成されている。すなわち，長屋の建築には，①紅茶農園をこの地に開設したイギリスの技術：スチールフレーム，②農園労働者として長屋に住み続けてきたタミル人の文化：壁や土間の仕上げと手入れ，③スリランカの自然と気候・風土：ベランダ空間や石積みの壁といった，それぞれの文化に対応した建築の技術や材料が用いられている。このことから，長屋の建築は紅茶農園の成り立ちや歴史そのものを映し出していると言えよう。

このような長屋の文化的価値を保全しながら地域コミュニティの支援に役立てようとした場合，長屋を何らかの形で維持・活用することが妥当であると筆者らは考えた。一方，紅茶農園をめぐる社会状況の変化は先述したようにきわめて不確実である。そこで，長屋の維持・活用計画にあたって筆者らはこのような不確実な状況下での意思決定の方法であるシナリオ・プランニング（Scenario Planning）の手法を採用した[4)]。バウラーナ村の将来に大きく影響する変化要因として，①人口の変化（増加 or 停滞・減少），②コミュニティの性質変化（開放化 or 閉鎖的なまま）という2つを抽出し，それらの組み合わせによって地域の将来シナリオを複数描いた。長屋の維持・活用計画は，これらシナリオを踏まえ，バウラーナ村のある長屋の一部を復元・再生し，その空間をツーリズムの拠点（宿泊施設，情報拠点）として活用するというものである。

注

1）政府から紅茶農園地域再生のモデル・ケース候補としてバウラーナ村を紹介されたNPO アプカスが，2012年から支援を開始した。同村では紅茶栽培等の産業の創出・再生による地域の再活性化が将来的には期待されているが，現状ではその担い手となる住民の貧困化が深刻である。そこでまず，住民の生計安定化と貧困緩和を当面の目標として，乳牛飼育の導入と生乳の販路確保を通じた支援が開始された。今回，このような支援活動の一環として，筆者ら建築の専門家が加わり，長屋再生プロジェクトが立案された。

2）スリランカ中央の高地・中間地にみられる大規模農園（プランテーション）では，国の管理の下，農園内に労働者を住まわせ，単一作物（茶）の栽培システム，職住近接の居住環境，教育・医療等の生活施設が整備されてきた。大規模農園は，紅茶の効率的な生産には適しているが，農園内で暮らす人々にとっては生きる上での選択肢が限られた閉鎖的な社会であった。高地・中間地では，世界的に有名な茶葉の産地が形成されているが，近年，生産コストが割高となり，ブランド力がある一部の産地を除いて競争力が著しく低下し，生産量が停滞・減少している。一方，近年は南部低地産の紅茶が生産量を増やしており，南部低地に多い小規模農家がスリランカの紅茶産業を支えている。

建築を通じたコミュニティ支援にむけて

長屋および紅茶農園には“正（プラス）”と“負（マイナス）”，両方の価値があるとすれば，スリランカ政府による環境改善プログラムは，長屋の建築を含む紅茶農園の痕跡を消去することで，“負（マイナス）”を“ゼロ”にすることを目指す類のものであるように見受けられる。一方，長屋に住み続けるタミルの人々にとっては，そのような“負”の側面でさえも，彼らの記憶やアイデンティティの一部となっているかもしれない。このように捉えた場合，長屋や紅茶農園の“負”の側面を残したまま，建築の文化的価値という“正”の側面にも着目し，それらの価値を保全していくことにも一定の意義があると考え，筆者らはバウラーナ村において長屋の再生計画を立案し，実施している。

旧紅茶農園・バウラーナ村をめぐる問題は根深く，その解決に向けて課題は山積している。しかし，筆者らは少なくとも，下記の２点において，長屋再生が地域コミュニティの支援に繋がると考えている。それはすなわち，①経済的支援：長屋の一部を地域ツーリズムの拠点として再生し，村に新たな雇用を創出する，②精神的支援：長屋の文化的価値を顕在化させ，来外者との交流を通じて住民のアイデンティティが強化される，ということである。

長屋の再生を通じた支援の効果が実際にどのように発揮されるか，さらには，それまで閉鎖的であった紅茶農園の社会がどのように変化していくのか，バウラーナ村での取り組みを端緒とした実験的プロジェクトを積み重ねることで，明らかにしていきたい。

注

３）スリランカにおいてタミル人と呼ばれる人々には，スリランカ・タミルとインディアン・タミルの２種類がおり，両者は政府の人口統計でも明確に区別されている。前者は紀元前後にスリランカに渡来してきた人々であり，現在は北部や東部に多く居住している。後者は紅茶農園の労働者として19世紀前後に移住してきた人々であり，現在もそのほとんどが中央高地の紅茶プランテーションに居住している。

４）シナリオ・プランニングとは，不確実な未来を予測するのではなく，複数の未来のシナリオを描くことで，どのようなシナリオが起きても対処できる備えをするとともに，想定外のシナリオにも対処できる能力を養う手法である。元々，軍事や企業経営における戦略策定のために考案された意思決定支援手法であるが，近年は地域再生の分野にも応用されている。

SUPPLEMENTARY CHAPTER 1
分断される被災集落
——移転ありきの復興計画の弊害

再建が進む被災集落の様子（西部州コロンボ県のインフォーマル居住地）

バッファーゾーン外の被災住宅の所有者については修復・再建のための資金が政府から援助されるが，災害後の様々な混乱もあり，規制や援助とは関わりなく自力で修復・再建を進めている者もいる。

1．はじめに

スリランカにおいてインド洋津波による被害が拡大した背景には，沿岸への人口・資本の集中，および津波等の災害への対策の不足，といった平時からの問題がある。特に，南西岸は最大の都市・コロンボを中心とする人口稠密地帯であり，海辺や道路・鉄道等の公有地を不法占拠する人々や零細な漁業に従事する人々の居住地が広く分布している。それらの人々の住居は廃材を用いたバラック等であり，津波に対してきわめて脆弱であった。

スリランカ政府による復興計画では，先述したように，海岸線から100m（東岸では200m）以内をバッファーゾーンと定め，バッファーゾーンにおいて住宅再建を含む建設行為が厳しく制限された。このような沿岸部の土地利用規制を伴う復興計画は確かに，スリランカがこれまで抱えてきた防災や環境保全といった課題に対する一つの有効な手段であった。

しかしながら，第2章でみたように，このバッファーゾーンと再定住地建設を組み合わせた復興計画には様々な問題がある。被災した人々の移住先として建設された再定住地には，沿岸部の資源に頼ってこれまで生きてきた人々（特に漁業従事者や都市雑業層等）の生活・仕事の継続に対する配慮が根本的に欠如している。さらに，政府や海外のドナーといった支援者側の事情によって，バッファーゾーンの範囲が度々変更され，また，再定住地の建設が大幅に遅延する，といった事態も発生し，被災した人々のあいだにより一層の混乱を招いた。

このように，政府が定めた，バッファーゾーンと再定住地建設による“移転ありき”の復興計画は，移転先である再定住地だけでなく，被災地全体に対しても影響を及ぼしている。本書ではここまで，再定住地に焦点を当てて考察を進めてきたが，復興の問題をより正確に把握するためには，移転ありきの復興計画が再定住地だけでなく被災集落に与える影響についても知っておく必要がある。

以上を踏まえ，本章では，スリランカ南西岸の2つの津波被災集落を対象として，平時と非常時の連続性に着目し，住宅再建の実態を明らかにする。そして，移転ありきの復興計画の問題について考察する。

なお，ここで“平時と非常時の連続性に着目する”と述べたのは，移転を前提とし，かつ，支援の対象者とそれ以外を明確に区別する復興計画が，被災地に様々な“分断”をもたらしたのではないか，という推測にもとづいている。被災した集落や地域にはそれぞれ，平時から様々な資源が存在してきたが，それらが復興計画では等閑視されており，そのことが計画の実効性を弱めているように思えてならない。

2．調査と分析の視点

2.1　南西岸の2つの被災集落——調査対象

本章における分析は，2005年4月～5月，2005年8月～9月の計2回に渡って実施した実地調査で得られた資料をもとにしている。調査対象として，2つの都市を選定した。一つは，コロンボから海岸に沿って南に約20kmに位置するモラトゥワ（Moratuwa）である。また一つは，コロンボから同じく南に約90kmに位置し，かつ，南部の中心都市・ゴールから北に約20kmに位置する地方都市・ヒッカドゥワ（Hikkaduwa）である。これらの2つの都市における被災集落は，大都市周縁の被災集落（モラトゥワ），および地方都市の被災集落（ヒッカドゥワ）という立地において対照的である。また，後述するように住宅再建の推進主体という点においても対照的であり，南西岸における復興計画の帰結を表す事例として位置づけられる。

（1）ヒッカドゥワ郡——甚大な被害を受けた地方都市の集落

地方都市・ヒッカドゥワを含むヒッカドゥワ郡は，南西岸では人口密度が比較的低い地域である。海岸線に沿って砂浜とココヤシの林が続き，ココヤシの林のあいだには漁業や観光業で生計を立てる人々の集落が点在している。

ヒッカドゥワでは南西岸でも特に大きな津波被害が生じた。死者・行方不明者は2,755人，負傷者は1,204人を数えた。また，家屋被害は5,696戸を数え，これは同郡を含む南部州ゴール県の全被災家屋の45％に相当する。さらに，そのうち，1,981戸はバッファーゾーン内に位置していた（DCS. 2005）。同郡内には平均4mの高さの津波が押しよせ，ある地点では10mに達したという情報もある。被災者の多くは，漁業や観光産業等，海との関わりが深い仕事に就いていた人々であった。

同郡では上述のように南西岸で特に甚大な被害が生じ，また，もともとビーチリゾートとして国内外である程度の知名度があったということもあり，復興においては国際機関や海外NGO等，外部からの支援も大量に投入され，彼らを推進力として急ピッチで復興が進められた。

（2）モラトゥワ郡——大都市周縁部の不法占拠による集落

モラトゥワ郡の沿岸には市街地がほぼ途切れなく続いており，家屋が密集している。それらの家屋の多くは，海浜や道路・鉄道等の公有地を不法占拠して建てられたものであった。これらは1980年代のコロンボの急激な市街地拡大の際に形成されたインフォーマルな居住地であり，土地の不法占拠やインフラの未整備等，様々な問題を抱えてきたが，行政の対応が追いついておらず，現在に至るまで放置されてきた。

モラトゥワ郡では，津波による人的被害の程度は比較的低かったが，上述のようなインフォーマルな居住地を中心として多くの人々が住居を失った。モラトゥワ郡では，同郡を含む西武州コロンボ県の被災家屋14,451戸の56.9％にあたる8,220戸が被災し，そのうち76.5％（2,159戸）が全壊家屋であった。また，コロンボ県では9,647世帯，61,672人が津波で被災したが，その約半数にあたる34,852人がモラトゥワの住民であった（DCS. 2005）。同郡で被災した住居はほぼ全て，バッファーゾーン内に立地しており，復興計画において移転の対象となった。また，被災者の多くは零細な漁業のほか，日雇い労働や廃品回収，露天商等の都市雑業に従事しており，沿岸の資源との関わりが深い生活を送ってきた人々であった。

2.2　津波被災前後の居住環境の比較――分析の視点

本章の冒頭でも述べたように，移転ありきの復興計画は，被災集落に様々な“分断”をもたらしたと推測される。調査に際しては，被災集落における被災前の居住環境を可能な限り詳細に明らかにし，被災後の居住環境と比較検討することを試みている。そして，被災集落において被災前に存在していた物的・社会的環境が被災後も存続しているか，存続しているとすればどのように住宅や暮らしの再建に役立てられているのか，という点についても分析している。

このような分析・検討を行うために，実地調査ではまず，それぞれの居住地における津波被害（死傷者，建物・インフラ被害等）を目視調査および被災者への聞き取り調査をもとに明らかにしている。また，住民の証言等をもとに，家屋・空間といった物的環境や地縁・血縁といった社会的環境を可能な限り正確に把握した。さらに，被災した人々が住宅再建の過程において，地域外からの支援や，平時からあった物的・社会的な資源をどのように利用したか，被災者への聞き取り調査や利用実態の調査をもとに明らかにしている。

3．“迅速な復興”の功罪――ヒッカドゥワにおける集落の分断

3.1　瓦礫の山の中からの復興

（1）壊滅的な被害

ヒッカドゥワはコロンボから海沿いに南へ約90kmに位置する人口約9.8万人の地方都市である。図 補1－1にヒッカドゥワの位置と地図を示し

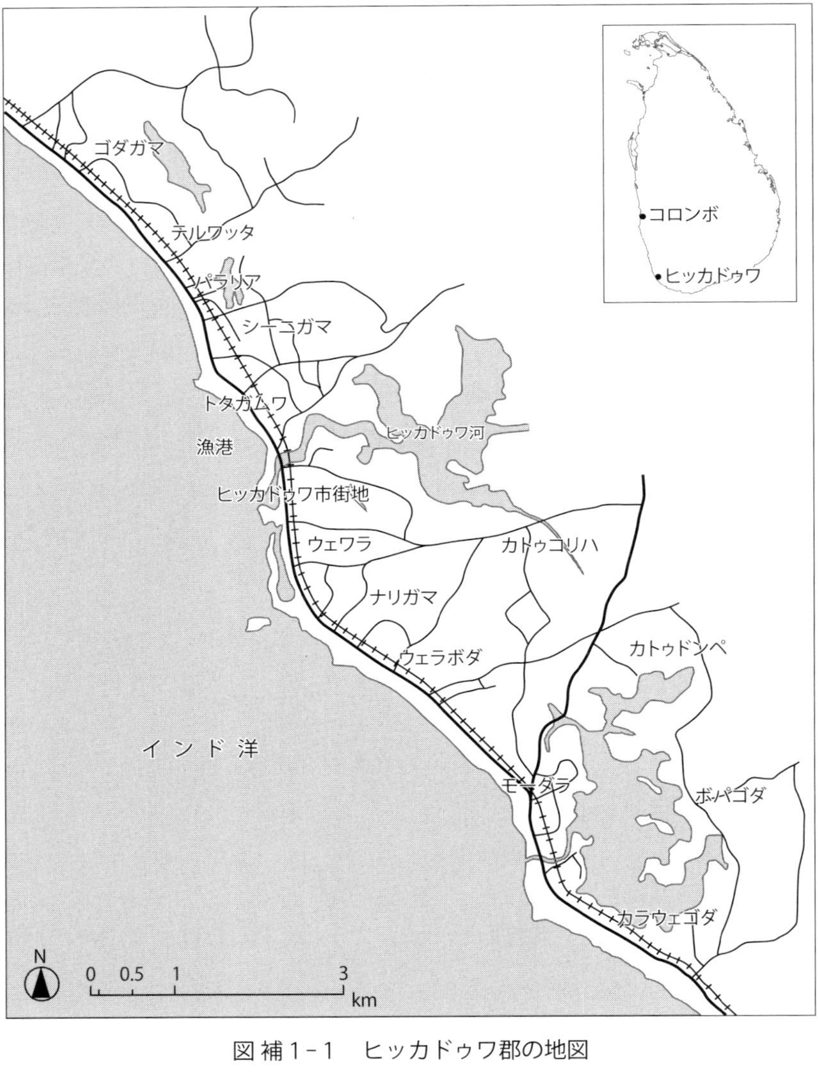

図 補1-1　ヒッカドゥワ郡の地図

写真 補1－1　ヒッカドゥワ沿岸
国内有数のリゾート地であり，沿岸に宿泊施設や観光施設が並ぶ

写真 補1－2　ヒッカドゥワ市街地
バス・ターミナルを中心として行政施設や商業施設が集まる

た。ヒッカドゥワは1960年代から，ビーチやマリンスポーツを中心とした観光産業が発展し，国内有数のリゾート地として知られるようになった（Nakatani. et al. 1994）。近年は，交通・輸送手段の発達により，観光需要がますます増加している。また，周辺部の海村がコロンボへの鮮魚の供給地になる等，コロンボとの経済的な繋がりがますます緊密になり，漁業や観光産業を核としてさらなる経済発展が予想されていた（写真補1－1，写真補1－2）。

先述したように，インド洋津波によってヒッカドゥワではゴール県内で最大となる甚大な被害が生じた。ヒッカドゥワ郡の被害を小区ごとに集計した統計によると，同郡では沿岸のほぼ全ての建物が何らかの被害を受けた。被災者数，および被災建物数が特に多かったのは，中心市街地のヒッカドゥワ・タウン（Hikkaduwa Town）とその周辺居住地であるシーニガマ（Seenigama），ダルワトゥムッラ（Daluwatumulla），カハワ（Kahawa），ゴダガマ（Godagama）である。また，漁業従事者が多い集落であるモーダラ（Modara），トタガムワ（Totagamuwa），テルワッタ（Telwatta），パラリア（Peraliya），アクララ（Akurala），ウラワッタ（Urawatta）においても甚大な被害が生じている。

これらの集落では高さ3m～10mの津波によってほぼ全ての建物が倒壊・流失した。また，ヒッカドゥワは海岸から内陸数km先まで平坦な地形であり，市街地等の一部のエリア以外は避難場所となる中高層の建物等もないため，多くの人々が迫り来る津波から逃げ遅れ，命を落とした。津波直後の集落は，文字通り瓦礫以外に何も残されていないという惨状であった。後述するように，本章ではこれらの集落の中で調査可能であったパラリア集落を分析の対象として選定している。

（2）バッファーゾーン規制による混乱

ヒッカドゥワの沿岸においても津波後，海岸から一定距離（100m）以内の地帯がバッファーゾーンとして指定された。バッファーゾーン内は，商業・観光等の一部の用途を除いて土地利用が厳しく制限され，住宅の修復・再建は一切禁止された。津波以前から沿岸部の土地利用規制は存在していたが，その実効性はほとんどなく，沿岸部における建設行為は行政からもほぼ黙認状態であったという。そのため，住民からみると津波後の土地利用規制の強化は唐突な出来事であった。なお，バッファーゾーンは2005年10月に緩和され，ヒッカドゥワでは海岸線から35mの地帯に縮小された。これにより，多くの被災者が元の場所で公的支援を受けながら住宅を修復・再建できる状況になった。しかし，後述するように，被災者の中には既に他の場所で住宅再建を完了していた者もおり，彼らは緩和後の支援においては対象外であった。このように，バッファーゾーンの設定とその後の変更は被災者の間に混乱をもたらしている。

（3）迅速な住宅復興

津波被災後，ヒッカドゥワ郡を含むゴール県では，国際機関，海外政府機関，国内外のNGO/NPOや民間企業等を中心に，計86の団体が支援活動を開始した。ヒッカドゥワ郡においてもそれらの援助団体が緊急支援，およびそれに続く復旧・復興支援を推進した[1)]。このような手厚い支援の甲斐もあり，ヒッカドゥワ郡の中心市街地はいち早く再建され，周辺の集落においても被災から５ヶ月後の2005年６月には恒久住宅の供給が開始された。これは，他の地域と比べて早い進捗であった。ただ，上述したように，沿岸部にはバッファーゾーンによる規制があるため，恒久住宅の再建に対する支援は主にバッファーゾーン外の被災者に対して行われた。一方，バッファーゾーン内の被災者は再定住地の完成を待たなければならなかった。そのため後で詳述するようにバッファーゾーンの内外で被災者の生活再建の進度に著しい格差が生じた。

3.2　外部者主導による住宅再建の実際

（1）被災集落Ｐの概要

集落Ｐの構成

図 補1－1に示したように，調査対象であるパラリア集落（以下，「集落P」とする）はヒッカドゥワの中心市街地の北西約2.5kmに位置する。図 補1－2に集落Pの建物配置，およびその被害と修復・再建状況を示した。集落Pは，平地に位置しており，全体がココヤシの林に覆われている（写真 補1－3）。海岸から集落の背後にある湖に向かって延びる道に沿って家屋が点在しており，この道は湖の畔にある仏教寺院（図 補1－2の範囲外）への参道でもある。ヒッカドゥワの沿岸では，海岸沿いの幹線道路から内陸へと並行して道が伸びており，この道を単位として集落のまとまりが形成されている。集落には電気は通っているが，上下水道はなく，住民は井戸や貯水タンクの水を利用していた。後述するように，住民の大半は漁業に従事しており，集落Pの沿岸には砂浜を岩で囲んで護岸した簡便な港があり，住民はそこに漁業用の小型のボートを停泊させていた。

1）　ヒッカドゥワではUNHCR，UNDP，UNICEF，UNV，OCHA，the Salvation Armyといった国連・政府機関の他，現地NGOではSEWALANKA，海外NGOではDanish People's Aid，Italian NGO Consortiumが特に積極的に活動した。被災直後は主に食料の配給，負傷者の治療，犠牲者の埋葬，仮設シェルターの建設，井戸の洗浄等の救護活動を行い，続いて仮設住宅供給，医療施設の設置，コミュニティ・センターの建設，ボランティア教師による教育の再開，精神的障害のケア等の仮設的な処置を実施した。さらには，恒久住宅供給，防災情報センターの設立，小学校再建，銀行によるローン計画，警報システムの確立，運動場の建設，植栽・排水設備の再生，土地の埋め立て，漁船の寄付，自営業の再開援助，寺院の修復等といった支援を提案し，そのいくつかは実行に移していた。

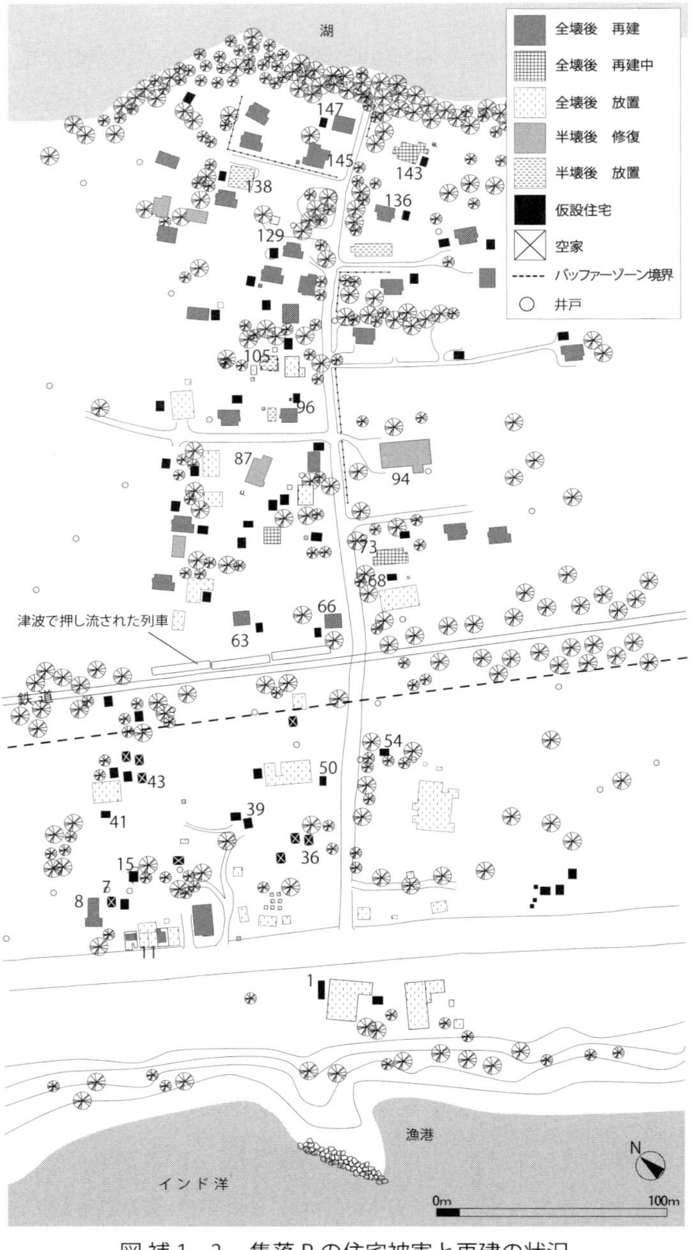

図 補1－2　集落Pの住宅被害と再建の状況
（調査を元に筆者作成，2005年 8 月時点）

集落Pの被災状況

集落Pでは，インド洋津波によって集落の全人口の約3分の1にあたる458人が被災した。その内訳は，死者173人，行方不明141人，負傷者144人という，凄惨な被害状況であった[2)]。津波直後，残された被災者395世帯・1,494人は，集落外へと避難した。

なお，集落Pでは，集落内に停車していた列車が津波で押し流され，内陸にむかって200m近く家屋をなぎ倒していった。その列車は，図 補1－2にも示したように，2005年8月時点で，集落内の線路脇に置かれており，津波被害の凄惨さを伝えるモニュメントとなっている（写真 補1－4）。休日には列車見物の観光客が訪れ，周辺には観光客を相手に土産物や食べ物を販売する露店が出されていた。

集落Pの被災前の住宅数は約400戸であった。そのうち津波被害を受けたのは367戸であり，その内訳は，全壊家屋312戸，半壊家屋（居住不可）14戸，半壊（居住可）41戸であった。被災家屋の多くはコンクリート・ブロック造やRC造といった恒久的な構造であったが上述のように壊滅的な被害が生じた[3)]。

さらに，津波被災後は全ての井戸が汚染されて使用できなくなった。また，沿岸にあった漁船や漁具も全て損壊・流失した。さらに，海岸線と鉄道の線路間のエリアには店舗，小学校があったが，それらも全壊した。

集落Pの住宅再建状況

表 補1－1に，調査時点で集落Pに居住していた被災者の基本属性と住宅被害・再建状況を示した。被災前，集落Pの沿岸（線路より海側の地域）には漁業やココヤシ繊維業といった沿岸の資源に関わる仕事に従事する者が多く，なかには100年以上に渡って漁業を代々営んできた家族もいる[4)]。彼らは住宅だけでなく漁船，機材等，生活の基盤をほぼ全て津波によって

2）　2005年8月現在，最終的な死者数は365人と確認されている（村長への聞き取り）。
3）　被災家屋295件のうち，恒久的な構造の家屋は275件であった。
4）　被災前の集落P住民の職業の内訳は，漁業96人，漁業関連産業44人，ココヤシ繊維業89人，観光産業6人，政府関連職員99人，その他の職業189人であった（DCS. 2005）。

写真 補1－3　集落Pの風景
ココヤシで覆われた沿岸の平地に家屋が点在する（写真は再建後）

写真 補1－4　津波で流された列車
多数の集落住民を巻き込んだ。線路脇に戻され，観光地になっている。

失った。さらに，バッファーゾーン内では規制があるため，海外の団体等から援助の申し出があっても住宅を修復・再建することができない。2005年8月現在，多くの被災者が住宅跡地に設置したテントや仮設住宅で避難生活を送っていた[5)]。

なお，本来であれば，バッファーゾーンは海岸線から100m以内の範囲であるが，集落Pでは被災直後，行政の担当者が海岸線から鉄道の線路までの範囲をバッファーゾーンと定めた。その後，行政が修正したバッファーゾーンの境界線も海岸から正確に100mの位置にはない。図 補1－2に示したバッファーゾーンの境界線は行政が修正後，設置した目印にもとづいている。

一方，集落Pの内陸側，すなわちバッファーゾーンの外側では，公的な支援を受けて元の場所で住宅の修復・再建を行う被災者がいる[6)]。集落Pの内陸側には，表 補1－1に示したように，漁業従事者だけでなく，観光産業従事者や公務員等も住んでいた。内陸側の被災者は，被災直後は自

5）集落Pのバッファーゾーン内の構造物57件の現況は，「全壊後再建」1件（no.1，17），「仮設住宅」27件（no.8，9，10等），「全壊後放置」21件（no.2，4，19，51等）であった。仮設住宅の多くはデンマークのNGO（Danish People'Aid）が被災2ヶ月後に寄付したもので，被災者の住宅がもとあった基礎の上に建設された。ただし現在は住居として利用されていないものもあり（no.9，16，35など計10件），一部は倉庫やNGOの仮事務所として利用されている（no.30，31等）。また，近くの寺院の前には人民解放戦線（JVP, Janatha Vimukthi Peramuna）とSEWALANKAといったスリランカの団体が供給した仮設居住地がある。

宅跡に残された基礎の上に建てた仮設住宅や近くの仮設住宅地で避難生活を送っていたが，その後，公的支援，あるいはNGO・NPOや民間企業等の援助を受けて住宅を修復・再建している。集落Pの内陸側には，仮設住宅，居住者が自力で修復・再建した住宅，援助団体が提供した復興住宅[7]等，様々なタイプの住宅がある。

（2）バッファーゾーン内の住宅再建

図 補1－2に示した集落Pの範囲には，2005年8月現在，約150件の構造物（仮設住宅，恒久住宅，トイレ，住宅跡等）があった。そのうち仮設住宅は62戸あることが確認された。バッファーゾーン外では既に修復・再建が完了した住宅もあり，それらの住宅では，仮設住宅が転用され台所や倉庫として利用されている（no.63，no.96，no.145等）。一方，バッファーゾーン内の被災者は，元の場所での住宅再建に対する公的支援の対象外であり，被災後半年が経過しても仮設住宅に住み続けている（no.11，no.39，no.41等）。

仮設住宅は，幅4. 2m，奥行き2. 8mほどの大きさの簡素な木造の小屋であり，部屋は一室のみである（写真 補1－5）。トイレや水道は屋外に他の被災者と共用のものが設置されている。床はコンクリートの布基礎，屋根材はトタンやアスベスト・シート等であるため熱を伝えやすく，特に日中，室内は高温となる。

このように，仮設住宅は，規模・質ともに最低水準のものである。そのため，被災者の中には仮設住宅の劣悪な住環境に耐えかねて自力で増改築する者（no.11，no.50，no.54等）や，昼間だけ利用して夜は親戚の家等に寝泊りする者（no.39等），さらには親戚や友人の家に転出する者がいた。こ

6）　集落Pのバッファーゾーン外にある92件の構築物の内訳は，「全壊後再建」25件（no.73，92，105等），「半壊後修復もしくは建替」9件（no.94，132，148等），「半壊後放置」2件（no.97，128），「全壊後放置・解体」12件（no.69，85，97，104等），「再建・修復中」3件（no.73，76，14），「仮設住宅」35件であった（実地調査による）。

7）　集落Pにおいて援助団体が提供した復興住宅は，主にNGO・NPO，民間企業，個人等からの寄付を資金として，政府が住宅再建ガイドラインで示した標準平面に基づいて指示し，地元の建設業者が建設する場合が多い。

表 補1－1　ヒッカドゥワ郡・集落Pの居住世帯の基本属性および津波被害・住宅再建状況

（調査を元に筆者作成，2005年8月時点。番号は図補1－2と対応。）

No.	住宅供給主体	世帯							津波被害			現在の状況		
		世帯主の年齢	世帯主出生地	世帯主の職業（津波前→津波後）	世帯月収（津波前→津波後）	世帯人数（前→後）	子供人数（前→後）	家族形態（前→後）	死傷者	家屋被害	建設年	建設年月	家屋状態	修復・再建
1	DEN	50才	PEL	漁師→漁師	15,000Rs. →無	5人	3人	核家族	なし	全壊	1990	05年6月	再建	15,000Rs.
8	DEN	47才	PEL	漁師→漁師	6,000Rs. →寄付	4人→3人	2人→1人	核家族	1人死亡	全壊	不明	05年6月	放置	不明
11	FRA	30才	PEL	漁師→無	5,000Rs. →無	9人→5人	0人→1人	拡大家族	4人死亡	全壊	1940年	05年6月	放置	15,000Rs.
15	FRA	62才	PEL	漁師→漁師	12,000Rs. →寄付	6人→4人	4人→3人	核家族	2人死亡	全壊	1971年	05年4月	放置	35,000Rs.
17	他	52才	PEL	商売	3,000Rs.	3人→2人	1人	核家族→他	なし	全壊	1980年	05年5月	再建	40,000Rs.
39	DEN	56才	PEL	漁師→漁師手伝い	10,000Rs. →3,000Rs.	5人	3人	核家族	なし	全壊	1990年	05年2月	放置	800,000Rs. 必要
41	DEN	43才	HKK	商売（菓子）→無	4,500Rs. →1,500Rs.	6人→5人	4人	核家族→他	1人死亡	半壊（居住可）	1982年	05年2月	放置	35,000Rs.
50	DEN	57才	HKK	電気工	15,000Rs. →無	6人→3人	3人→1人	核家族	3人死亡	全壊	1900年	05年2月	放置	500,000Rs. 必要
54	DEN	53才	PEL	漁師→商売・店舗	10,000Rs. →無	4人	1人	拡大家族	なし	全壊	1990年	05年2月	放置	不明
63	GOSL	55才	GAL	小売業	8,000Rs. →無	5人→3人	2人→1人	拡大家族→他	3人死亡	半壊（居住可）	1950年	05年6月	建替	250,000Rs.
66	GOSL	38才	THL	労働者	4,000Rs.	5人→3人	1人	拡大→核家族	2人死亡	半壊（居住可）	不明	05年6月	建替	250,000Rs.
68	DEN	50才	BTP	事務員→店舗経営	6,000Rs.	5人	3人	核家族	なし	全壊	1983年	05年2月	放置	不明
73	GER	54才	HKK	商売→無	5,000Rs.	5人→4人	3人	核家族	なし	全壊	1983年	05年3月	再建	250,000Rs.
88	GOSL	64才	PEL	漁師	15,000Rs. →15,000Rs.	7人	4人	拡大家族	なし	全壊	2003年	建設中	放置	500,000Rs.
87	GER	47才	BTP	漁師，商売→漁師	10,000Rs. →6,000Rs.	7人→6人	4人	拡大家族	1人死亡	半壊（居住可）	1980年	05年6月	修復	寄付
94	既存	68才	MTA	公務員退職	15,000Rs.	6人	3人	核家族	なし	半壊（居住可）	1969年	1969年	修復	150,000Rs.
96	GOSL	42才	PEL	漁師	10,000Rs. →5,000Rs.	4人	2人	核家族	なし	全壊	2000年	05年6月	放置	250,000Rs.
105	GOSL	84才	PEL	漁師→無	3,000Rs. →無	6人→5人	4人	核家族	1人死亡	全壊	1997年	05年6月	再建	250,000Rs.
129	GER	37才	PEL	漁師→漁師	5,000Rs. →3,000Rs.	3人	1人	核家族	なし	全壊	1990年	05年5月	再建	210,000Rs.
136	AUS	28才	GAL	公務員	10,000Rs.	4人	2人	核家族	なし	全壊	1900年	05年2月	解体	200,000Rs.
138	既存	63才	PEL	労働者→労働者	7,000Rs. →無	4人	2人	核家族	精神障害	半壊（居住可）	1984年	建設中	修理	100,000Rs.
143	既存	29才	PEL	漁師	4,000Rs. →無	3人	1人	核家族	なし	半壊（居住可）	2003年	建設中	修復	150,000Rs.
145	既存	57才	PEL	公務員	10,000Rs.	3人	1人	核家族	なし	半壊（居住不可）	1975年	05年5月	再建	500,000Rs.
147	GER	40才	GAL	漁師	5,000Rs. →3,000Rs.	5人	3人	核家族	なし	全壊	2002年	05年6月	放置	250,000Rs.
149	他	43才	THL	大工→無	3,500Rs. →無	4人→3人	2人	核家族→他	1人死亡	全壊	不明	建設中	再建	不明
151	他	35才	THL	労働・商売→労働	3,000Rs. →1,000Rs.	5人	3人	核家族	なし	全壊	2003年	建設中	再建	不明
A	AUS	52才	GAL	海外出稼ぎ	12,000Rs.	4人	2人	核家族	なし	半壊（居住不可）	2003年	05年5月	放置	200,000Rs.
B	AUS	67才	THL	漁師→無	8,000Rs. →4,000Rs.	6人	4人	核家族	なし	全壊	1945年	05年6月	再建	150,000Rs.
C	AUS	44才	THL	大工	15,000Rs./2,000Rs.	6人	4人	核家族	なし	全壊	1992年	05年4月	再建	210,000Rs.
D	AUS	72才	THL	商売（魚）→無	1,500Rs./ 無	9人→4人	7人→3人	他	なし	全壊	1950年	05年4月	再建	210,000Rs.
E	AUS	45才	GAL	衣服仕立て→無	3,500Rs. →2,000Rs.	5人	3人	核家族	なし	全壊	2002年	05年1月	再建	100,000Rs.
F	AUS	59才	THL	店舗経営	4,000Rs.	6人→5人	4人→3人	核家族	1人死亡	全壊	1985年	05年5月	放置	200,000Rs.
G	AUS	54才	MAN	灌漑省退職→無	4,000Rs. →6,000Rs.	5人	3人	核家族	なし	全壊	2003年	05年4月	再建	250,000Rs.

（凡例）・家屋タイプ　DEN: デンマーク NGO 仮設住宅　FRA: フランス NGO 仮設住宅　GOSL: スリランカ政府復興住宅　GER: ドイツ援助団体復興住宅　AUS: オーストリア援助団体復興住宅

・出生地　PEL:Pereliya　HKK:Hikkaduwa　THL:Thelwatta　BTP:Batapola　MTA:Meteyagoda　GAL:Galle　MAN:Manawatta

写真 補1－5　集落Pの仮設住宅
バッファーゾーン内の住宅があった基礎の上に設置された

写真 補1－6　集落Pの住宅跡地
バッファーゾーン内の住宅再建不可の土地が売りに出されている

のような事情もあり，集落Pでは利用されなくなった仮設住宅が少なからずみられた（no.7，no.36，no.43等）。また，住宅跡地の利用を諦めたのか，土地を売りに出している者もみられた（写真 補1－6）。

（3）バッファーゾーン外の住宅再建

集落Pのバッファーゾーン外には先述したように，公的支援により修復・再建された住宅（no.94，no.138，no.143等）や，NGO・NPOや民間企業等から被災者に提供された復興住宅がある（写真 補1－7）。

図 補1－3に集落Pにおける復興住宅の平面の例を示した。全10戸の復興住宅は，コンクリート・ブロックによる組積造であり，屋根は木造の小屋組みにアスベスト・シートがかけられ，瓦が葺かれている。復興住宅には，政府の住宅再建ガイドラインで示された，居間，個室（2部屋），台所，トイレで構成される標準平面がある。図 補1－3に示したように，スリランカ政府による復興住宅は原則として標準平面に沿った設計である（no.96，no.63等）。一方，その他の援助団体による復興住宅では，入居者のニーズ等に応じて標準平面に沿わない設計となっている場合もある。

例えば，ドイツの援助団体が提供した復興住宅には，建設費を追加して本来の2倍の規模で建設されたものがある（no.73）。また，廃材を再利用することで建設費を低く抑えたもの（no.129）や，ベランダを室内化する

写真 補1-7　集落Pの復興住宅
バッファーゾーン外のもともと住宅があった場所に建設された

ことで居間と台所の空間を拡張したもの（no.147）等があり，住民のニーズに応じて住宅の間取りが変更されている。

また，オーストリアの民間企業が提供した復興住宅に関しても同様に間取りの変更が行われているが，施工に関して問題が生じていた。施工を請け負った地元の建設業者が建設費を偽装し，資金を持ち去るという事件があった[8]。復興住宅を提供した団体の担当者が現地で低水準な施工を確認し[9]，建設業者に工事を完了するよう指導した。しかし，改善は結局行われず，住民は自費で建設・修理するか，やむを得ず放置している。

さらに，居住者の中には，津波被災時の恐怖心が消えない者や再度被災に対する不安が大きい者もおり，そういった人々は集落外へと転出している。そのため，図 補1-3にも示したように，集落Pの内陸側には，修復・再建されずに放置された住宅や，修復・再建されたが放棄されている住宅もみられる。

3.3　復興計画がもたらした格差と分断

以上のように，集落Pでは，津波により非常に多くの人々の命が失われ，また，住宅やインフラ，漁船・漁具等，生活に必要な物的基盤がほぼ全て失われた。その後，政府，およびNGO・NPOや民間企業等の団体が復旧・復興事業を主導し，住宅再建が急ピッチで推進された。しかしなが

8）住民の証言によると，オーストリアの民間企業は1戸あたりの建設費として500,000Rs.を用意していたが，地元の建設業者は住民には知らせずに100,000～200,000Rs.で住宅を建設し，その差額を持ち去ったという。
9）トイレの排水管が形だけのもので，地下の排水溝につながっていない（no.A），規模が極端に縮小されている（no.E），質の低い施工と家具の不備（no.F）等が確認された。

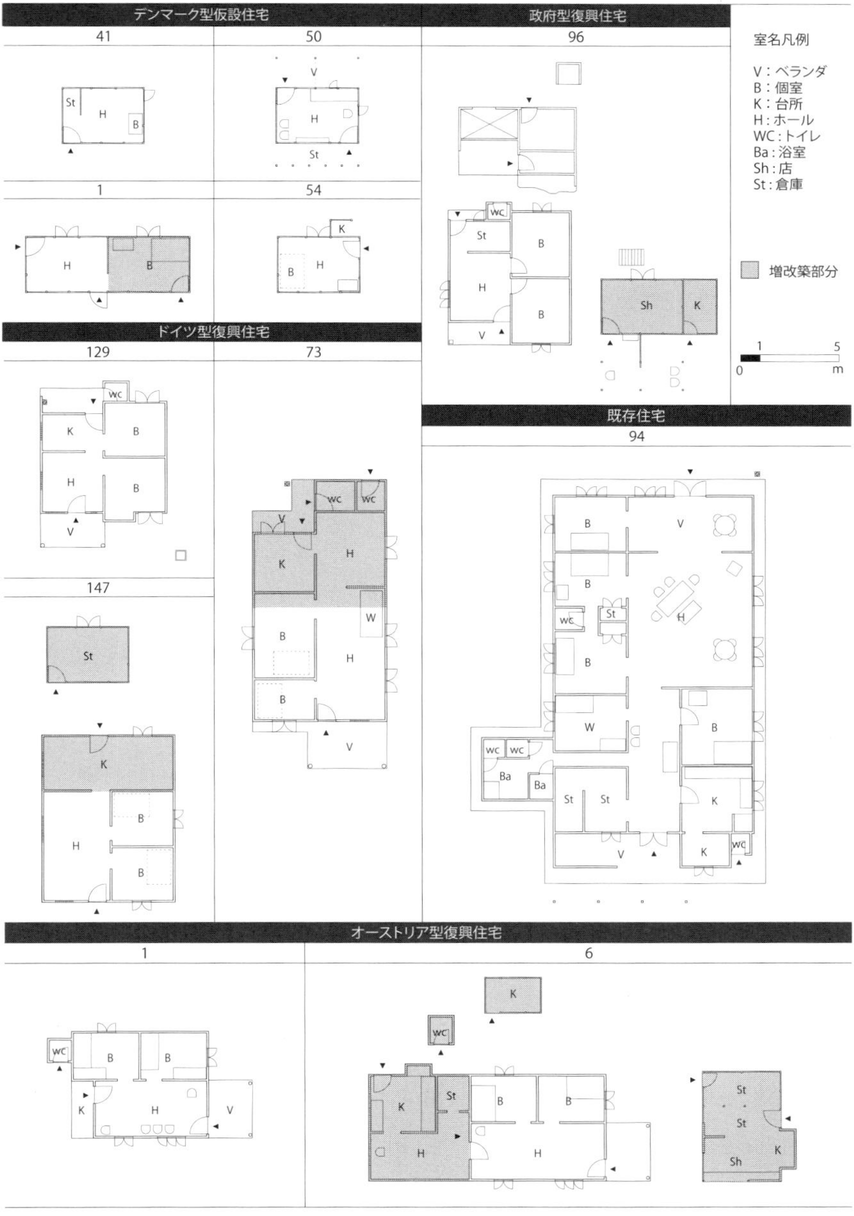

図補1－3　集落Ｐの復興住宅の平面図
（調査を元に筆者作成。各住宅の番号は図補1－2と対応。）

ら，同じ集落であっても，バッファーゾーンの内と外で住宅再建の支援内容やスピードに著しい差が生じていることが明らかになった。

バッファーゾーン外では，建設業者の不正等，外部者主導の住宅復興に起因する問題もみられたが，被災者は元の場所での住宅再建に対する公的支援や民間団体による支援を受け，被災から約８か月という比較的短い期間で住宅の修復・再建に目途を立てようとしていた。

一方，バッファーゾーン内では，被災者は元の場所での住宅再建に対する公的な支援が受けられず，また，別の場所での住宅再建の目途についても被災から半年が経過しても立っていない。バッファーゾーン外の被災者とは対照的に，被災者は復興から取り残されていると感じており，バッファーゾーン外の復興進度との格差に対して，一部の住民からは不満の声が挙がっていた[10)]。

4．復興から取り残される人々 ——モラトゥワにおける不法占拠居住者の孤立

4.1　看過されてきた都市問題

（1）大都市周縁部を襲った津波

図 補１－４にモラトゥワの位置と地図を示した。モラトゥワはコロンボの南・約20km に位置する人口約17.7万人の都市である。コロンボ近郊の都市として古い歴史を持ち，英国統治期にはモラトゥワにあるラグーンや湖沼がコロンボの富裕層の遊興地として親しまれていた（Munasinghe 2002）。また，漁場や木材等の天然資源に恵まれ，「漁師と家具職人の町」としてコロンボへの物資や製品の供給拠点として発展してきた（写真 補１－８，写真 補１－９）[11)]。1980年代以降，コロンボの拡大と交通の発達に伴いモラ

10）バッファーゾーン内の被災者の一部が「パラリア100m 規制難民による組織（Peraliya 100 meter Tsunami refugees organization）」という組織を結成し，沿岸部の建築規制の理不尽さと住宅再建支援の必要性を訴えていた。

トゥワはコロンボの通勤圏内となり，急増する人口の受け皿として都市的な性格を強めていった[12)]。それとともに，先述したように，沿岸に不法占拠による居住地が形成される等，様々な問題が発生してきた。

被害が発生したのはモラトゥワ郡の42区のうち沿岸の15区である。なかでも，モラトゥワ駅以南のパナドゥラ川と海岸に挟まれた帯状の地域，すなわちコロラウェラ（Koralawella）地区，カトゥクルンダ（Katukurunda）地区，エゴダ・ウヤナ（Egoda Uyana）地区の沿岸には，被災以前から低所得者による密集市街地が形成されていたこともあり，特に大きな住宅被害が生じた。

（2）復興事業の停滞・遅延

津波被災後，コロンボ県では26の援助団体が活動しており，モラトゥワ郡では国内NGOであるセワランカ（SEWA LANKA）等が支援活動を展開していた[13)]。被災から約8ヶ月が経過した2005年8月現在においてもモラトゥワ郡内の10ヶ所の仮設住宅地で約6,000人が避難生活を送っていた。仮設住宅地では，狭小な木造の家屋が密集して建てられ，また，共用の水道やトイレを数十世帯で利用している。さらに，水道や電気の供給が頻繁に停止する等，仮設住宅の居住環境は劣悪である。

2005年5月の時点においてモラトゥワ郡では仮設住宅の供給がほぼ完了し，復興事業は恒久住宅の供給に移行しようとしていた。政府は内陸に再定住地を建設する予定であったが，建設用地の不足やドナーの事情等によ

11）モラトゥワでは，モンスーンの影響等により海域での漁業が行えない時期も，パナドゥラ川の河口やラグーン，湖沼で漁業が行える。そのため，モラトゥワは古くから良好な漁場として漁師たちに重宝されてきた。また，かつてモラトゥワには内陸の産地からパナドゥラ川を通って木材が運搬されてきたことから，製材や木工といった産業が発達した。現在も町中には製材所や木工所，家具店等が多く，コロンボやスリランカの他の都市に製品を供給している（Ministry of Labour, Industry and Commerce 1974）

12）モラトゥワの人口の推移を示す。括弧内は年平均増加率。1946年50,698人，1953年60,215人（2.5），1963年77,833人（2.6），1971年96,658人（2.7），1981年134,826人（3.4），2001年177,190人（1.4）。（スリランカ統計局の資料を参照）

13）津波被災直後，米やダール豆等の食料，衣類，粉ミルク，薬の配布を行い，ポンプで井戸の洗浄も行った。また，結婚証明，土地の所有証書，津波による死亡証明等の発行手続きの支援を行った（セワランカ事務所での聞き取り調査による）。

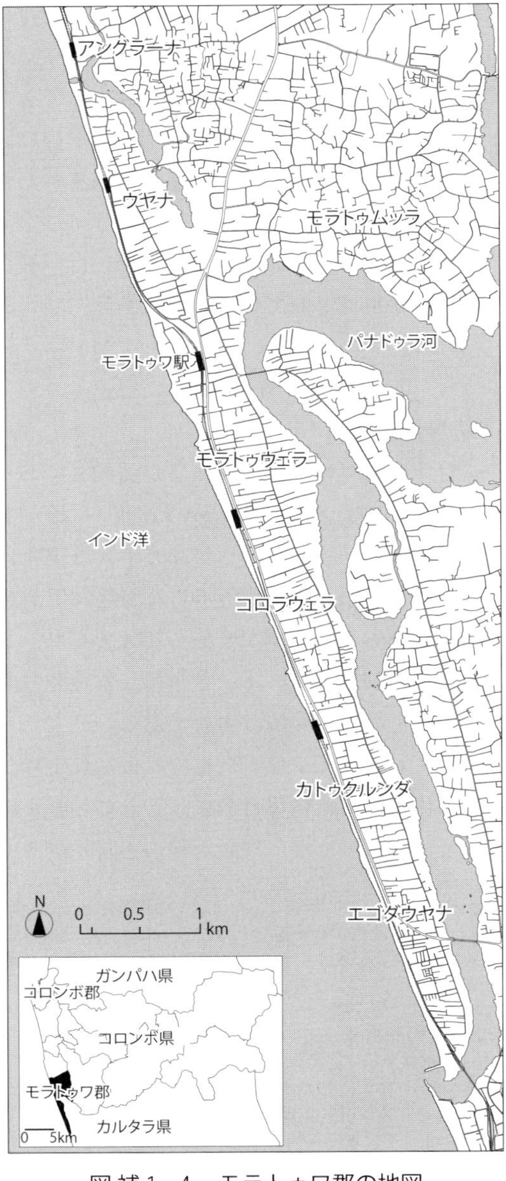

図 補1-4　モラトゥワ郡の地図

写真 補1－8　モラトゥワの沿岸
公有地に零細漁業や都市雑業に従事する人々の住居が建てられている

写真 補1－9　パナドゥラ河の河口
モンスーンの影響を受けにくい良好な漁場として重宝されている

り建設の目途が立っておらず，復興事業は停滞・遅延している[14]。

4.2　住民による自力住宅再建の実際

（1）被災集落Kの概要

図 補1－5に調査対象であるモラトゥワ郡の被災集落・コロラウェラ集落（以下，「集落K」とする）とその周辺について示した。集落Kは1980年代から，低所得者が沿岸の土地を不法占拠し，徐々に形成されていった居住地である。集落Kの内陸側には，住宅の他，家具工房や製材所といったモラトゥワの地場産業に関連する施設がある[15]。

図 補1－6に示したように，集落Kは，海岸線と幹線道路に挟まれた幅60mほどの細長い土地にあり，集落の中を通る鉄道の線路の両側に平屋の木造家屋が密集して建っている。実地調査では集落Kの住宅・全97戸について，津波被害，およびその後の修復・再建状況を聞き取り調査と目視調査によって把握した。また，世帯主30人に住宅再建過程についての

14）　都市開発庁は，被災後1ヶ月後にモラトゥワとその周辺に計20ヶ所，約3000世帯を収容できる再定住地の建設用地を獲得したと発表したが，2005年8月現在，どれも建設には至っていない。

15）　コロラウェラにはコロラウェラ東，同西，同南，同北の4つの小区がある。内陸側では，仏教徒の祭礼であるウェサック祭が毎年5月に行われており，津波被災後の5月にも開催された。内陸側には木工職人や大工を中心としたコミュニティが形成されており，ウェサック祭においても近隣の子供が蝋燭を作成し，大工が中心となって櫓を建設した。

図補1－5　モラトゥワ郡・集落Kと工房の分布
（調査を元に筆者作成，2005年８月時点）

聞き取り調査を行った。

政府が発表した統計によると，集落Kを含むコロラウェラ西区沿岸の住宅・全184戸のうち被災した住宅は162戸であり，その内訳は，全壊が79戸，半壊（居住不可）が13戸，半壊（居住可）が70戸であった。それらの住宅は全てバッファーゾーン内であった。2005年８月の時点において，集落Kでは全壊家屋の半数以上は放棄・解体されていた。一方，半壊家屋はほぼ全て修復・再建されていた。すなわち集落Kでは，全体の４割強を占める半壊住宅（居住可）を中心として住宅の修復・再建が進んだ[16]。

ただし，上述したように，集落Kの住宅は全てバッファーゾーン内に位置しているため，公的な修復・再建支援の対象外である。これらの住宅はバッファーゾーンの規制を無視して住民が自力で修復・再建したものである。

（2）集落K内外における相互扶助

2005年５月現在，集落Kには72世帯・約360人が居住する。表 補１－2に集落K居住世帯の基本属性，津波被害，住宅の修復・再建状況を示した。集落Kの住民・72世帯は全てシンハラ人であり，そのうち55世帯が

16）　集落Kには被災前，約96戸の住宅があった。被災から約半年後における現況の内訳は，解体・放置により居住不可23戸（24.0％），修繕・立替により居住可73戸（76.0％）であった。

図補１-６　モラトゥワ郡・集落Ｋの連続平面図と物的基盤の分布
（調査を元に筆者作成，2005年８月時点）

写真 補１-10　集落Ｋの陸側

幹線道路沿いに大工工房や雑貨店が分布する

写真 補１-11　集落Ｋの海側

線路の両側に不法占拠によるバラックが並ぶ

仏教徒，17世帯がカトリックであった[17]。

世帯の収入について質問したところ，20世帯から回答が得られ，被災前の平均月収は5,000Rs. 前後であった。これはスリランカ国民の平均世帯月収を下回る数値である。内訳を見ると，月収5,000Rs. 未満が11世帯，5,000Rs. 以上10,000Rs. 未満が９世帯であった[18]。

仕事の継続に関わる相互扶助

居住者の主な職業は漁業（10世帯）と大工（８世帯）であった。漁業従事者たちは被災前，集落に隣接する浜辺から小型のボートで漁へ出ていた。被災から約半年が経過した時点では，漁船や漁具を津波で失ったため漁を中止している者もいるが（no.10，no.36，no.88等），一方で，近隣の漁師を手伝う，魚の行商に職を転じる等，何らかの形で漁業関連の仕事を続けている者もいる。

また，工房や機材を津波で失った大工にも，近隣の工房を手伝う者（no.14，no.19）や，工房を修復・再建して仕事を再開した者（no.38，

17）　スリランカの西岸は北上するほどタミル人が多くなり，南下するほどシンハラ人が多くなる。モラトゥワからチラウに至る地帯には仏教徒とカトリック，シンハラ語を母語とする人とタミル語を母語とする人が混在している。

18）　スリランカ政府は2004年時点において，貧困線 poverty line の基準を世帯月収1423Rs. としているが，物価が高い都市部では貧困線の水準はより高くなると推測される。なお，国民の平均収入は2002年現在，12,803RS. である（DCS. 2002）。

表 補 1－2　モラトゥワ郡・集落 K の居住世帯の基本属性および津波被害・住宅再建状況

（実地調査を元に筆者作成，2005年 8 月時点）

No.	世帯								津波被害		家屋・土地							
	世帯主の年齢	世帯主の宗教	世帯主の出生地	世帯主の職業（被災前→後）	世帯月収（被災前→後）	世帯人数（前→後）	子供人数（前→後）	家族形態（前→後）	死傷者	家屋被害	被災前の構造	家屋の建設年	家屋所有権	土地所有権	家屋現況	家屋構造	水道	便所
1	32才	仏教	KRL	不明	不明	7人	3人	拡大家族	なし	半壊（居住可）	木造	1995年	自己	自己	建替	木造	無	無
4	30才	カトリック	KTB	不明	7,000Rs.	8人	3人	拡大家族	なし	半壊（居住可）	木造	不明	自己	自己	放置	木造	無	共同
8	49才	カトリック	MRT	清掃業（市）	7,000Rs.	6人	3人	拡大家族	なし	半壊（居住可）	木造	1970年	自己	教会	修繕	木造	専有	共同
10	46才	仏教	LNW	漁師→無職	3,000Rs. →寄付	10→2人	6→0人	拡大→夫婦のみ	なし	半壊（居住不可）	木造	2005年	自己	公有	放置	木造	無	無
16	47才	仏教	LNW	漁師	不明	4人	2人	核家族	けが	半壊（居住可）	木造	不明	自己	自己	修繕	木造	共同	共同
19	39才	カトリック	KRL	大工	3,000Rs.	4人	2人	核家族	なし	半壊（居住可）	木造	1994年	自己	自己	修繕	木造	共同	共同
30	49才	カトリック	CMB	漁師	不明	2人	0人	夫婦のみ	なし	半壊（居住可）	木造	1999年	自己	自己	建替	木造	無	共同
33	59才	仏教	KRL	漁師	9,000Rs.	7人	5人	拡大家族	なし	半壊（居住可）	木造	不明	自己	教会	放置	木造	無	無
34	75才	仏教	KRL	無職	5,000Rs. →なし	3人	2人	他	なし	半壊（居住可）	木造	2002年	自己	教会	修復	木造	無	無
35	39才	仏教	LNW	無職	無	5人	2人	拡大家族	なし	半壊（居住可）	木造	不明	自己	教会	建替	木造	専有	無
36	42才	仏教	CMB	漁師→無職	4,000Rs. →なし	4人	2人	核	なし	全壊	木造	1990年	自己	教会	修繕	木造	共同	共同
37	38才	カトリック	KRL	レンガ職人	5,000Rs.	4人	2人	拡大家族	なし	半壊（居住可）	木造	不明	賃貸	教会	修繕	木造	共同	共同
38	26才	仏教	KRL	食品製造	2,000Rs. →なし	4人	2人	核家族	けが	半壊（居住可）	木造	1997年	自己	教会	修繕	木造	共同	無
39	34才	仏教	LNW	市役所	3,500Rs.	4人	2人	核家族	なし	半壊（居住可）	木造	2001年	賃貸	教会	修繕	木造	共同	無
40	42才	仏教	LNW	無職	不明	7人	5人	核家族	なし	半壊（居住不可）	木造	2004年	他	教会	修繕	木造	専有	無
41	55才	仏教	KRL	小売業	2,000Rs.	3人	0人	他	なし	半壊（居住可）	木造	1988年	自己	教会	修繕	木造	共同	共同
42	28才	仏教	ABL	無職	2,500Rs.	5人	3人	核家族	なし	半壊（居住可）	木造	1980年	自己	教会	修繕	木造	共同	共同
43	34才	仏教	DHW	漁師	4200Rs.	5人	3人	核家族	なし	半壊（居住可）	木造	1995年	自己	教会	修繕	木造	共同	共同
44	23才	仏教	PND	三輪タク運転手	不明	9人	1人	拡大家族	なし	半壊（居住可）	木造	1998年	自己	教会	修繕	木造	共同	無
46	32才	カトリック	DHW	漁師	4,000Rs.	5人	0人	拡大家族	なし	半壊（居住可）	組積造	2004年	自己	教会	修繕	組積造	専有	専有
47	21才	仏教	KRL	大工	8,000Rs.	3人	1人	核家族	なし	半壊（居住可）	木造	不明	自己	教会	修繕	木造	共同	共同
49	38才	仏教	MRT	漁師	5,000Rs.	4人	2人	核家族	なし	半壊（居住可）	木造	不明	自己	教会	修繕	混構造	専有	専有
50	43才	カトリック	LNW	調理	不明	4人	3人	他	なし	半壊（居住可）	木造	2004年	自己	教会	修繕	木造	共同	共同
51	40才	仏教	PND	不明	6,000Rs.	4人	2人	核家族	なし	半壊（居住可）	木造	1999年	自己	教会	修繕	木造	共同	共同
68	49才	仏教	KRL	果実売	2,000Rs.	3人	1人	核家族	なし	半壊（居住可）	木造	1995年	自己	教会	修繕	木造	無	無
70	31才	仏教	KRL	無職	3,000Rs. →なし	5人	3人	核家族	なし	半壊（居住可）	木造	不明	自己	教会	修繕	木造	無	無
71	21才	仏教	KRL	大工	6,000Rs.	3人	1人	核家族	なし	半壊（居住可）	木造	1995年	自己	教会	修繕	木造	無	専有
84	30才	カトリック	KRL	労働者	3,000Rs.	5人	3人	核家族	なし	全壊	木造	2002年	自己	教会	再建	木造	共同	無
85	18才	カトリック	KRL	不明	4,000Rs.	2人	0人	夫婦のみ	なし	被害なし	組積造	2001年	自己	私有	修繕	組積造	無	共同
90	40才	カトリック	KRL	清掃業	3,500Rs.	5人	2人	拡大	病気	半壊（居住可）	木造	1983年	自己	私有	修繕	組積造	共同	共同
92	64才	仏教	RTP	不明	不明	2人	0人	夫婦のみ	なし	半壊（居住可）	木造	1995年	自己	私有	修繕	木造	無	無
95	27才	仏教	DHW	漁師，大工	不明	4人	3人	他	なし	半壊（居住不可）	木造	1998年	自己	私有	放置	テント	無	無
96	30才	仏教	KRL	漁師→漁師手伝い	3,000Rs.	3人	1人	核家族	なし	半壊（居住不可）	木造	1995年	自己	私有	修繕	木造	無	無
97	31才	仏教	LNW	大工	9,000Rs.	6人	4人	核家族	なし	半壊（居住可）	木造	1998年	自己	公有	修繕	木造	無	無

（凡例）・出生地　KTB：Katubedda　KRL：Koralawella　MRT：Moratuwa　LNW：Lunawa　CMB：Colombo　ABL：Ambalangoda　DHW：Dehiwala　PND：Panadura　RTP：Ratnapura
・家屋所有権　自己：自己所有　賃貸：賃貸　他：その他　　・土地所有権　自己：自己所有　私有：他人が所有　教会：キリスト教会が所有　公有：政府が所有

写真 補 1－12　住宅と家具工房
家具工房や雑貨店等，仕事場を兼ねた住宅がみられる

no.88，no.90）がみられた。なかには，津波後に工房を新設した者もいた（no.43，no.71）。

その他の職業としては，モラトゥワの中心市街地やコロンボで働く清掃婦（3人），石工，工場労働者，小売業，三輪タクシー運転手，調理師，果実売（各1人）等のいわゆる都市雑業がみられた。

なお，図 補 1－6に示したように，集落Kには，店舗兼住宅（no.41，no.59，no.88）や家具工房兼住宅（no.38，no.43，no.67，no.88，no.90）等が，主に幹線道路沿いにみられ，職住一体的な生活様式がみられる（写真 補 1－12）。

このように集落Kには漁業や大工を主としつつ，様々な職業に就く者が居住している。これは，海や大都市に近い立地を背景として，集落Kが多様な住民を受け止めてきたことの結果であろう。津波被災後の仕事の継続において，職住一体的な生活様式，および仕事に関わる相互扶助が拠り所となった。

住まいの再建に関わる相互扶助

図 補 1－7に集落Kにおける住宅再建と居住者の入れ替わりの例を示した。集落Kでは，津波で住まいを失った家族が，血縁や親戚の家族を頼って集落内外から転入し，住宅の一部を借りるという例が少なからずみられた。そのなかには，政府が提供した仮設住宅に一度は入居したが，劣悪な居住環境に耐えかねて転居してきた者もいた（no. 6，no.10，no.20等）。

図 補 1－9，図 補 1－10に例を示したように，他の被災地区から集落Kに転入してきた者が住宅の一部を間借りしたり，土地だけ借りて家屋は自力で建設する例（no.35，no.36，no.94等）もみられた。このように，住宅再建の過程において住民の入れ替わりとそれに伴う家屋の共同利用が進んだ[19]。

南アジア社会では「ダウリー」と呼ばれる婚姻時の持参財制度があり，スリランカのダウリーは金銭や家財等の動産だけでなく土地・家屋等の不動産も含まれる点に特徴がある。そのため，結婚した後も夫婦に住む家がない場合は，妻方の家族が土地や家を提供することがある（高桑 2004, p105）。このように，スリランカでは平時から土地・家屋の提供を含む相互扶助が行われており，そのような習慣が非常時の住まいの再建にも活かされたと考えられる。

集落Kには，結婚や子どもの誕生等を機に親世帯から分離し，転入してきた世帯が数多く含まれる[20]。転居は近隣で繰り返されており，集落Kとその近隣には，血縁・親族関係にある世帯（no.10 と no.13, no.14 と no.48, no.23 と no.89 と no.90, no.35 と no.38等）が少なからずみられ，ネットワークが形成されている。このような血縁・親族のネットワークもまた，先述した土地・住宅の提供等を含む，被災者の生活と仕事の継続において拠り所となった。

（3）既存の建物・空間を拠り所とした再建

集落内外に点在するインフラの利用

集落Kでは幹線道路沿いの上水道から集落内に水道管が引かれており，図 補1－

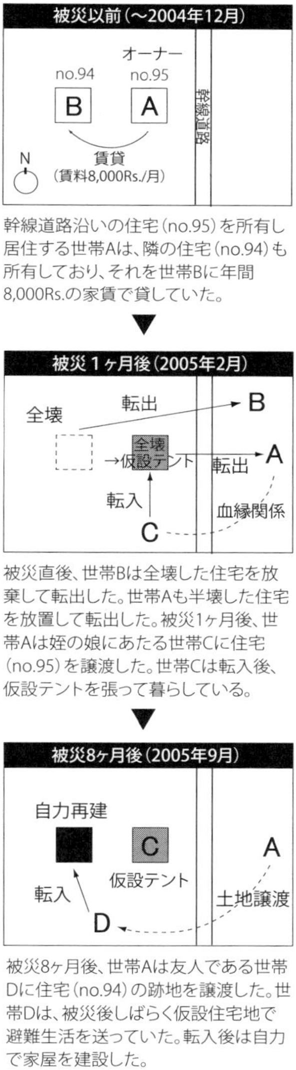
被災以前（～2004年12月）
オーナー
no.94
no.95
B
A
幹線道路
N
賃貸
（賃料8,000Rs./月）
幹線道路沿いの住宅（no.95）を所有し居住する世帯Aは、隣の住宅（no.94）も所有しており、それを世帯Bに年間8,000Rs.の家賃で貸していた。
被災1ヶ月後（2005年2月）
全壊
転出
B
全壊
→仮設テント
転出
A
転入
血縁関係
C
被災直後、世帯Bは全壊した住宅を放棄して転出した。世帯Aも半壊した住宅を放置して転出した。被災1ヶ月後、世帯Aは姪の娘にあたる世帯Cに住宅（no.95）を譲渡した。世帯Cは転入後、仮設テントを張って暮らしている。
被災8ヶ月後（2005年9月）
自力再建
C
仮設テント
A
転入
土地譲渡
D
被災8ヶ月後、世帯Aは友人である世帯Dに住宅（no.94）の跡地を譲渡した。世帯Dは、被災後しばらく仮設住宅地で避難生活を送っていた。転入後は自力で家屋を建設した。

図 補1－7　住宅再建と居住者の入れ替わりの例
（調査を元に筆者作成）

6に示したように，集落内の各所に水道栓が設置されている。水道栓には被災前から複数の世帯によって共同で利用されているものがあった。いくつかの水道栓は津波による損壊を免れ，被災後も利用されている。集落内の住宅には幹線道路脇の送電線から電気が供給されており，その内訳は，給電あり68戸，給電なし5戸であった。また，集落内に煉瓦やコンクリート・ブロックで建てられた共用のトイレがある。そのほとんどが津波で破壊されたが，一部は修復・再建され，津波被災後も利用されている[21]。このように，集落Kは被災前，水道・電気・トイレといった，最低限必要なインフラを備えており，それらの多くは共同利用されることで住民に行き渡っていた。

なお，集落Kとその周辺には共同墓地（跡地），仏教寺院（跡地）といった宗教関連の施設があり，また，仏陀やキリスト教の聖人を祀った小さな祠が点在している。祠の多くは津波によって破壊されたが，2005年5月の時点で被災前とほぼ同じ位置で修復・再建されている。住民にとって祠は日々の信仰において欠かせない存在であり，主に心理的な面において生活再建の拠り所となっている[22]。従って，祠の修復・再建は，先述した水道や電気といったインフラと同様に，被災集落の復旧・復興進度の指標にな

19）ここでいう「家屋の共同利用」とは，土地と家屋の所有権をもつ家主が親類や他人の世帯に対して家の一部を間貸しするケースを指す。同居住地は不法占拠居住地であるため，家主が主張する土地所有権とは慣習的なものであり，法的根拠があるものではない。

20）集落Kの一世帯あたりの平均家族員数は4.3人であった。世帯の家族形態で最も多く見られたのは構成員4,5人ほどの核家族（世帯主とその配偶者，未婚の子供）で，30世帯のうち17世帯が該当する。それ以外では，核家族にその父母，兄弟，いとこ等の血縁者を含めた拡大家族が8世帯，世帯主とその配偶者のみの家族が3世帯，その他が1世帯であった。また，30人の世帯主の出生地の内訳はコロラウェラ13人，モラトゥワ市内9人，デヒワラ3人，パナドゥラ2人，コロンボ1人，アンバランゴダ1人，ラトナプラ1人であった。このことから，集落Kには比較的近く（同じ集落，およびモラトゥワ市内の他地区）から転入してきた核家族世帯が多いということがわかる。

21）水道栓の利用形態は，専用（特定の一世帯が利用），共用（特定の複数世帯が利用），公共（不特定多数の人間が利用）に分類できる。その内訳は専用15世帯，共用24世帯，公共34世帯であった。また，各世帯のトイレ利用の内訳は専用15世帯，共用29世帯，公共29世帯であった。

22）集落Kには図補1－6で示したように，ヒンドゥー教の小祠もあり，現在それは仏教徒の管理下にある。かつてヒンドゥー教徒が住んでいたかどうかは不明である。

ると捉えられる。

写真 補1−13　集落Kの沿岸の住居
沿岸の公有地を占拠し，廃材などを用いて建てられている

住宅の前庭と仮設性を活かした柔軟な対応

2005年8月現在，集落K内で居住可能な状態である住宅・全73戸の構造の内訳は，木造54戸，組積造16戸，木造と組積造の混構造3戸，被災者用のテント2戸であった。木造の家屋は，コンクリートの直接基礎に廃材や安価な材で建てられた仮設的な構造物であり，ほぼ全てが津波によって全壊あるいは半壊した。住民は，残された直接基礎を再利用することで，被災前とほぼ同じ位置で住宅を修復・再建している（no.14，no.28，no.95）。

図 補1−8に示した事例1（no.92）のように，集落Kの住宅の平面は，ベランダ（Veranda；V），寝室（Bed room；B），台所（Kitchen ；K）の各室が一直線に並ぶ構成を基本とする。どれだけ小さな住宅であっても上記の3室は備えており，寝食のための内部空間（B,K），および内部と外部の中間的な領域（V）という構成に図式化される[23]。

また，図 補1−8に示した事例2（no.40）のように，家屋の前後には庭がある。庭は水道栓・便所や小祠等を備えており，沐浴，調理，接客，信仰，作業等の場として利用される。前方の庭は，シンハラ人特有の開放的な生活様式を表しているとも言われており，状況に応じて使い分けられる開放的で無機能な空間である[24]。住宅再建の過程において，前方の庭は，

23）　スリランカの伝統的な民家にはもともとベランダとよく似た性質の空間が存在しており，シンハラ人のあいだではイスプートゥワ（未発達なものをピラという），タミル人ではティンナイと呼ばれる（関根1982，p.54）

24）　多民族国家であるスリランカでは，民族の違いが住様式にも表れていると言われている。特に住居の開放性に対する意識の相違が指摘されている。シンハラ人の住居は開放性が高く，住宅や敷地の境界が曖昧であるのに対し，タミル人の住居は閉鎖的であり，屋敷構を高い塀で囲む等，各住居の独立性が高いと言われる（Robson 1984, p.66）

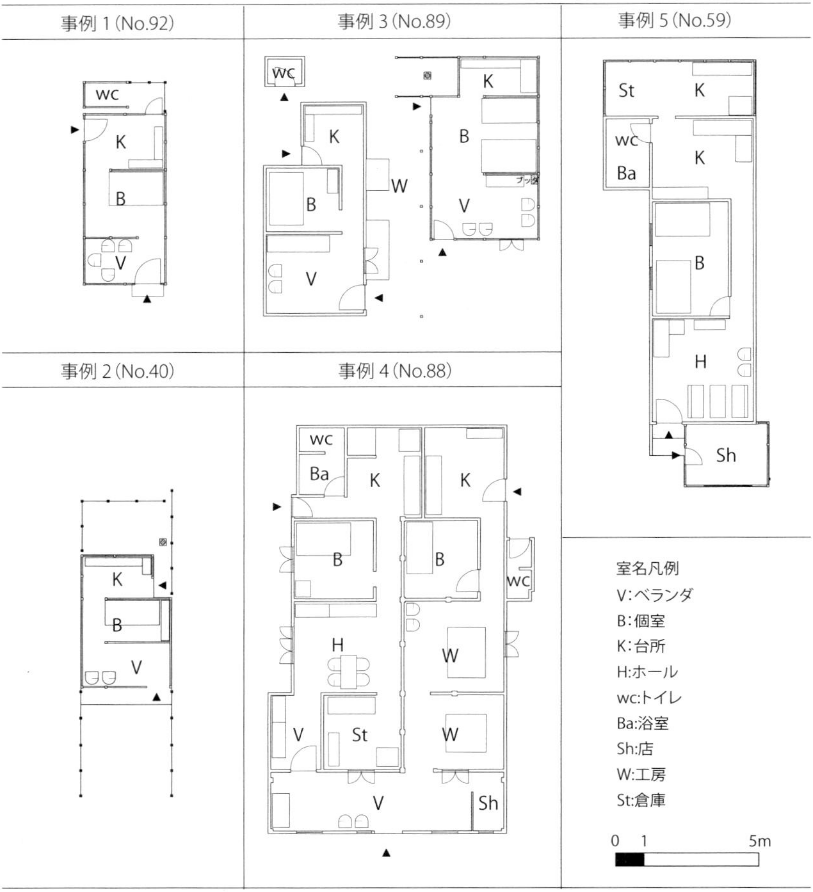

図 補 1－8　集落 K の住宅平面図

（調査を元に筆者作成。各事例の番号は図補 1－6 に対応）

生活や仕事の必要に応じて工房や店舗，車庫，付属家屋等を建設するためのスペースとして利用された（事例 3 no.89，no.43，no.44，no.57等）。

また，先述したように，住宅再建の過程を通じて，居住者の入れ替わりと家屋の共同利用が行われた。その際，図 補 1－9，および図 補 1－10に示した事例（no.16，no.36）のように，簡易な間仕切りを設けて部屋の構成を変更する，廃材や安価な木材を用いて住宅を修復するといった，木造住宅の仮設性を活かした柔軟な対応が取られている。

建物・空間の共同利用関係の再編

さらに，家屋の修復・再建とともに水道栓やトイレの共同利用関係が再編されている。例えば，被災後，約10世帯（図 補１－６の no.59，no.61，no.65等）が共同で利用している水道栓は被災前，ある家屋の敷地内にあり，単独で利用されていたものであった。被災後は敷地を囲っていた柵の位置が変更され，他の居住者も利用できるようになった。これもまた，木造住宅の仮設性と前庭空間の開放性を活かして，被災後のニーズに対応した事例である。

一方，集落 K 内にみられる組積造住宅の多くは，木造住宅から建て替えられたものである。組積造のような恒久的な構造の住宅は，財を蓄えた住民の成果であり，住民の

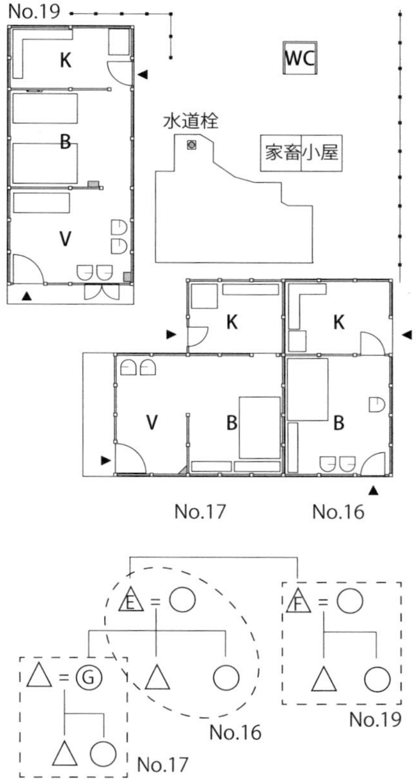

血縁関係にある3世帯（No.16,17,19）が２棟に分かれて住み、ひとつの水道栓とトイレを共有している。Eとその家族は被災後2ヶ月間を仮設キャンプで暮らしたが、その後、半壊した家屋no.16を修復した。EはFの兄であり、Eの娘Gの家族と家屋を共有している。

事例6 No.16,17,19

図 補１－９　住宅敷地の共同利用の例１
（調査を元に筆者作成）

写真 補 1-14　集落 K の住宅

前後に庭があり，前庭は主に接客，作業等に利用される

写真 補 1-15　共同の水道栓

近隣の10～20世帯に利用されている。日中は頻繁に断水がある

写真 補 1-16　共同のトイレ

家屋と家屋の間に建てられた浸透式のトイレ

定住意思の表れでもある。組積造住宅は，木造住宅に比べて規模が大きく，室数も多い。また，水道やトイレは室内にあり，単独で利用されている。同じシンハラ人の住居であっても，木造住宅は開放的であるが，組積造住宅は閉鎖的になる傾向がある。住宅再建の過程においても，組積造住宅の世帯は周囲の被災者とインフラの共同利用を行わなかった（図 補 1－8・事例 4，事例 5 等）。

4.3　積み残された居住環境問題

集落 K はバッファーゾーン内に位置するため，被災者の住宅は全て，修復・再建に対する公的支援の対象外であった。しかし，被災から約 5 カ月という短期間で，住民の自力建設によって住宅の修復・再建が達成された。その際，以下に挙げるような，平時から集落 K にみられた物財・空間，生活様式，住民間の関係性の特徴が拠り所となった。

まず，職住の一体性・近接性を特徴とする生活様式，および仕事や血縁・親族を介して行われる住民間の相互扶助が，被災者が元の場所に留まって生活と仕事を継続しながら住宅を修復・再建することを可能にした。

また，集落Kには，水道，電気といった生活に最低限必要なインフラが被災前から整備されており，それらが被災後も利用可能であったことも，元の場所での住宅の修復・再建を可能にした要因であった。

さらに，木造住宅の仮設性，前庭空間の開放性を活かして，住まいや仕事場としての一時的な利用や転用，空間の共同利用関係の再編が被災者のニーズに応じて行われており，こういった空間の特性もまた重要な要因であった。

一方で，上述したような，住民の自力建設による住宅の修復・再建，および

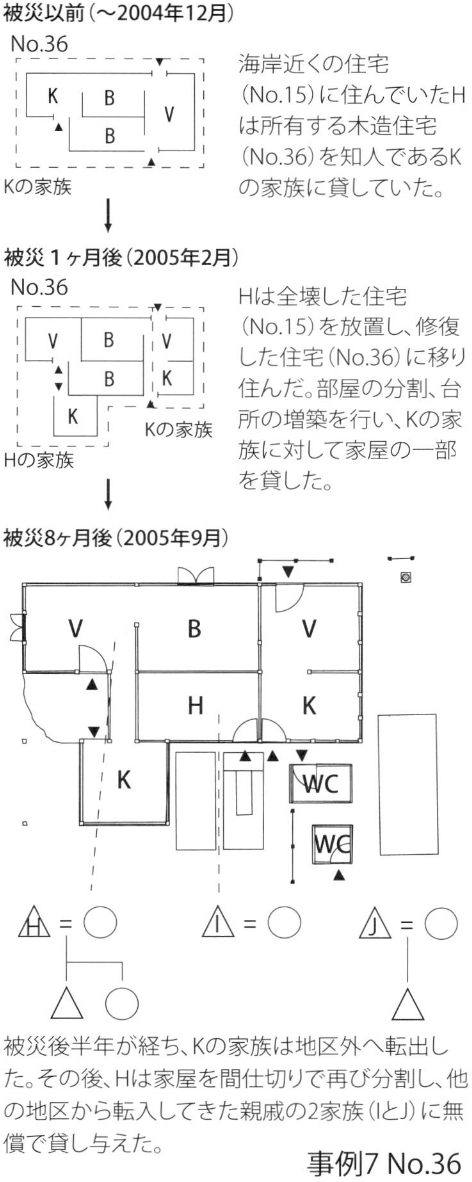

被災以前（～2004年12月）
No.36
K
B
B
V
Kの家族
海岸近くの住宅（No.15）に住んでいたHは所有する木造住宅（No.36）を知人であるKの家族に貸していた。
被災１ヶ月後（2005年2月）
No.36
V
B
B
K
V
K
Kの家族
Hの家族
Hは全壊した住宅（No.15）を放置し、修復した住宅（No.36）に移り住んだ。部屋の分割、台所の増築を行い、Kの家族に対して家屋の一部を貸した。
被災8ヶ月後（2005年9月）
V
B
V
H
K
K
WC
WC
H
I
J
被災後半年が経ち、Kの家族は地区外へ転出した。その後、Hは家屋を間仕切りで再び分割し、他の地区から転入してきた親戚の2家族（IとJ）に無償で貸し与えた。
事例7 No.36

図 補1－10　住宅敷地の共同利用の例２
（調査を元に筆者作成）

それを可能にした仮設的な住宅構造や曖昧な土地利用といった居住環境の特性は，平時から集落Kが抱えてきた不安定性・脆弱性の表れでもある。集落Kでは，沿岸の土地の不法占拠や，脆弱な家屋の構造，建物の過度な密集といった，津被被害を拡大させた要因群がほとんど何も解消されないまま，住民の手によって住宅の修復・再建が進められた。政府による移転ありきの復興計画から取り残された集落Kにおいて，居住環境の問題が解決される機会は生まれず，将来に積み残される結果となった。

5．小結

本章では，スリランカ南西岸の津波被災地居住地における住宅再建の実態を明らかにした。本節では，住宅再建の実態を踏まえて，スリランカにおける居住地移転を前提とした復興計画の問題について考察する。

本章で調査対象としたのは，ヒッカドゥワ郡，およびモラトゥワ郡という，南西岸における2ヶ所の被災地であった。ヒッカドゥワ群では，地方都市近郊の居住地である集落Pの居住者33世帯を対象として，津波被害や住宅再建過程に関する調査を行った。また，モラトゥワ郡では大都市周縁部の不法占拠居住地である集落Kの居住者34世帯を対象として上記と同様の調査を行った。表 補1－3は，調査を通じて明らかにした，被災集落それぞれにおける住宅再建の特徴を整理したものである。

5.1　政府・ドナー主導の住宅再建の成果と問題

ヒッカドゥワ郡の被災集落Pでは，同郡において甚大な津波被害が生じたということもあり，被災直後から政府，国際機関，国内外のNGO・NPO，民間企業を含む多くの団体が支援活動を展開し，住宅復興も政府や住宅ドナーといった外部者が主導して推進された。それによって，迅速な住宅再建が可能になったことは確かに一つの成果である。

一方で，元の場所での住宅の修復・再建が可能であったバッファーゾーン内の被災者に比べて，再定住地の建設を待たなければならないバッファーゾーン外の被災者の復興は遅く，バッファーゾーンの内と外で復興のスピードに著しい格差が生じた。また，バッファーゾーン外で住宅を修復・再建した被災者に関しても，非常時の混乱に乗じた不正工事の被害にあう者や，津波への恐怖から修復・再建された住宅を放棄せざるを得ない者がいた。

このことから，政府・ドナー主導の住宅復興は，迅速ではあったが，住民の意向に必ずしも沿っていなかった可能性があることを指摘しておかなければならない。

5.2　居住者主導の住宅再建の可能性と限界

モラトゥワ郡の被災集落Kでは，同郡において土地の不足等の問題から住宅復興が停滞・遅延したということもあり，居住が禁止されているバッファーゾーン内ではあったが，被災者と住民が主導して，住宅の修復・再建が行われた。その際，集落内外の血縁・親族や職業の関係による住民間の相互扶助，残されたインフラや住宅，屋外空間等の活用が行われ，さらには被災後の状況に応じて，物財・空間の共同利用関係の再編が行われた。

このように，平時から備わっていた物質的・社会的資源が活用されることで集落Kでは，被災者が元の場所で生活・仕事を継続しながら住宅を修復・再建することが可能になった。一方で，こういった居住者主導の復興を実現させた物質的・社会的資源の一部は，集落Kが平時から抱えてきた居住環境問題の裏返しでもある。すなわち，問題とされてきた，土地の不法占拠と曖昧な権利関係，津波に脆弱な仮設的な構造の家屋，建物の密集による屋外空間の共有といった要素が，被災後の状況への柔軟な対応を可能にしたという側面がある。

政府による復興計画では，集落Kのような都市部の不法占拠居住地は支援の対象外であり，そのことが功を奏し，居住者の主体性が発揮されたという側面もある。しかし，一方で，復興の過程において上述のような問

表補1－3　2つの被災集落における住宅・生活再建状況の整理

			モラトゥワ郡・集落K	ヒッカドゥワ郡・集落P	
				バッファーゾーン外	バッファーゾーン内
立地と成立年代			大都市周縁部沿岸（1970年代）	都市近郊の村落部沿岸（1900年以前）	
被災前の居住環境	人口密度		高	低	
被災前の居住環境	住民の所得階層		低 （平均世帯月収　5000Rs.）	中 （平均世帯月収　7200Rs.）	中 （平均世帯月収　7300Rs.）
被災前の居住環境	土地所有権		なし （沿岸の公有地を不法占拠）	あり	あり （一部沿岸の公有地を不法占拠）
被災前の居住環境	主な住宅構造		木造（木造率81%）	組積造　（組石造率93%）	
被災前の居住環境	インフラ		水道栓，便所（共有），電気	井戸，便所（専有），電気	
被災前の居住環境	その他施設		共同墓地跡，祠，店舗，家具工房	仏教寺院	小学校，商業施設，漁港
被災前の居住環境	主な職業と 社会関係の特徴		職業（大工，漁師，都市雑業），血縁・親族，宗教， 近隣等による相互扶助的な関係性	職業：漁師，大工，会社員，公務員， その他の都市雑業従事者	職業：漁師，小売業など
				各世帯の独立性は高い	
被災後（再建過程）の居住環境	被害	住宅	全壊43%，半壊45%	全壊78%，半壊13%	
被災後（再建過程）の居住環境	被害	死傷者	少ない	多い	多い
被災後（再建過程）の居住環境	復興状況	支援体制	非公的支援（隣接する大工コミュニティからの雇用， 機材の貸出し）	公的支援（援助団体による復興 住宅供給，インフラ建設等）	公的支援（援助団体による仮設 住宅供給，インフラ建設等）
被災後（再建過程）の居住環境	復興状況	復興の達成度 （05年8月現在）	住民の自力建設によりほぼ元通りに復旧	援助団体による復興住宅 がほぼ完了	内陸に建設予定の再定住地 への移住を待機
被災後（再建過程）の居住環境	土地所有権		なし （緩衝地帯内の公有地を占拠）	あり	なし （05年10月以降は一部で合法化）
被災後（再建過程）の居住環境	住宅構造		木造（木造率73%）	組石造	木造（仮設住宅），テント
被災後（再建過程）の居住環境	インフラ		水道栓（共有率79%），便所（共有率79%），電気	給水タンク，便所（専有），電気	給水タンク，便所（共同），電気
被災後（再建過程）の居住環境	その他施設		被災前と同様に修復・再建	仏教寺院は再建	ほぼ全て喪失
被災後（再建過程）の居住環境	住民の社会関係		住民が入替わりコミュニティ再編。 相互扶助的関係は持続。	一部の住民は転出	一部の住民がバッファーゾーン 規制に抗議する団体を組織
問題			家屋構造の脆弱性 土地の不法占拠	復興住宅における不正と 低水準な施工	避難生活の長期化，劣悪な居住環境， バッファーゾーン規制による混乱
				バッファーゾーン内外での復興進度の格差	

題がほとんど解決されなかったという事実も看過すべきでない。

5.3　居住地移転を前提とする復興計画の問題

以上を踏まえて，居住地移転を前提とした復興計画の問題について考察する。

まず，ヒッカドゥワの集落Pにみられたように，被災者の生活・仕事を支えてきた既存の集落構造を無視してバッファーゾーンの境界線が引かれ，それに沿って住宅復興が進められた。そのことによって，集落のコミュニティが分断され，さらに，被災者の生活・仕事の継続が困難になるという問題がある。

また，居住地移転を前提とすることによって，モラトゥワの集落Kにみられたように，元の場所で住宅を修復・再建せざるを得ない人々が公的な支援の枠組みから外れ，復興から取り残されるという問題がある。一方で，公的な支援の枠組みから外れることによって，集落Kでは居住者主導での住宅復興が可能になったという側面もある。さらに，その際には平時から集落に備わっていた物的・社会的な資源が最大限に活用された。この結果は，政府による復興計画では除外されていた元の場所での集落復興という選択肢（これは第3章で述べた「従前居住地完結型」の再定住パタンに相当する）の有効性を示唆する知見である。

このように，本章における分析結果は，居住地移転を前提とした復興計画は，再定住地だけでなく，従前居住地においても生活・仕事の継続を困難にさせるという問題を発生されることを示唆する。

SUPPLEMENTARY CHAPTER 2

ジャングルへと還る再定住地
――津波から約９年が経過した再定住地の変化

入居から一定期間が経過した再定住地の様子（南部州マータラ県の再定住地・事例 G）
行政や NGO 等の撤退に伴い共用の施設や空間の管理が十分には行われなくなり，
建物の荒廃や共用のオープンスペースへの草木の繁殖が目立つようになった。

1．はじめに

本書において繰り返し述べてきたように，再定住地の建設は，自然災害によって被災した人々の住まいの再建における一つの重要な選択肢である。一方，再定住地への移住には確かに，自然災害からの安全性の確保がし易いという利点があるが，被災者（特に漁業従事者等，海との関わりの深い人々）の生活・仕事の継続が困難になるという問題や，家族やコミュニティの崩壊等，様々な問題が伴うことが指摘されており（Cernea and MacDowell 2000, Oliver-Smith 2009），居住地移転や再定住地の計画上の課題は多い。

インド洋津波におけるスリランカの住宅復興においても，数多くの再定住地が建設され，上記と同様の問題が，特に漁業世帯等，海との関わりが深い人々のあいだで見受けられた。そこで本書では，再定住地における人々の生活上の課題，および生活の継続を支える住宅とコミュニティについて調査を行ってきた。そして，入居から 1 ～ 2 年が経過した2008年時点で住み続けられている再定住地（ウェリガマ郡の再定住地 G）の主な特徴として，以下の 3 点を明らかにした。すなわち，1）海に近接した立地，2）仕事に適した住宅形式（接地型で空地を備えた住宅等），3）生活・仕事を支える地縁・血縁，マイクロクレジット等の社会関係の維持・回復，である。

本書では，“成功”事例と位置付けた再定住地について特に詳細な調査を行ってきたが，津波被災，および入居から一定期間が経過して，再定住地をめぐる状況は変化していることが予想された。筆者は2013年 9 月にウェリガマ郡を再び訪れ，同郡内の全ての再定住地について再び調査する機会を得た。そこで本章では，津波被災と再定住地への移住から一定期間が経過した再定住地における被災者の生活継続および居住環境の実態を明らかにする。

なお，災害後に建設された再定住地について継続的な調査を行った研究では，インフォーマルな住宅取引による居住者の入れ替わり（牧・三浦・小林・林 2003）や，共用施設・空間の管理や利用をめぐる居住者間の軋轢の発生（Silva 2013）といった変化が報告されている。これらの変化を含めて，人と環境の関わりは常に変化し，時には危機を乗り越えながら持続していく。本書ではレジリエンスという概念で上述のような持続のあり方を捉えてきた。本章においても，そのような捉え方にもとづき，時間経過に伴う変化を踏まえた再定住地計画の評価について考察する。

2．２時点の比較検討——調査の概要

再定住地における人々の「生活・仕事の継続」，「居住環境の維持・管理」，およびこれらに関連する「共同的な行為」について，居住者への聞き取り調査，および居住環境の観察等の現地調査によって把握した。第 2 章で述べたように，同様の調査は2008年12月にも行っている。本章では，2013年 9 月に新たに行った調査の結果を加え，上記の 2 時点における比較検討を行っている。

本章の調査対象は，本書で主に取り上げてきたスリランカ南部州・ウェリガマ郡の再定住地である。同郡は，人口に占める漁業従事世帯の割合が高く，本章の冒頭で述べた再定住地への移住に伴う問題が特に懸念される地域である。なお，スリランカは多民族・多宗教の国であり，津波被災者の再定住地においても地域によっては民族・宗教の異なる住民間の軋轢が問題である。本章の調査対象であるウェリガマ郡の再定住地では，居住者の民族・宗教はほぼ同一（シンハラ人・仏教）である。そのため，民族・宗教の違いに起因する問題は限定的である。しかし，第 2 章でも述べたように，経済階層やカーストが異なる住民間の軋轢や葛藤はみられ，再定住地におけるコミュニティ形成がやはり課題である。

3．再定住地は住み続けられているか

3.1　再定住地再訪――ウェリガマ郡における計画と結果

図補２－１にウェリガマ郡における再定住地・全14ヶ所の分布および再定住地への世帯移動の状況を示した。また，表補２－１には，再定住地それぞれの計画内容および先述した２時点（2008年と2013年）における調査結果を示した。さらに，図補２－２には，いくつかの再定住地（事例A，B，E，F，I，K）における住宅や施設の配置を示した。第２章でも述べたように，再定住地に移住した被災者（特に漁業従事者等，海との関わりが人々）の生活・仕事の継続にはまず，再定住地の「立地」が強く影響していることが2008年の調査において明らかとなっている。海から離れるほど再定住地の定住率は低下する傾向があり，絶対的な数値ではないが，ウェリガマ郡の場合，海岸からの距離が２kmを越えると再定住地の定住率は著しく低下するということが確認されている。このような「立地」の問題を含めて，再定住地の計画は概して，被災者（特に漁業従事者）の生活・

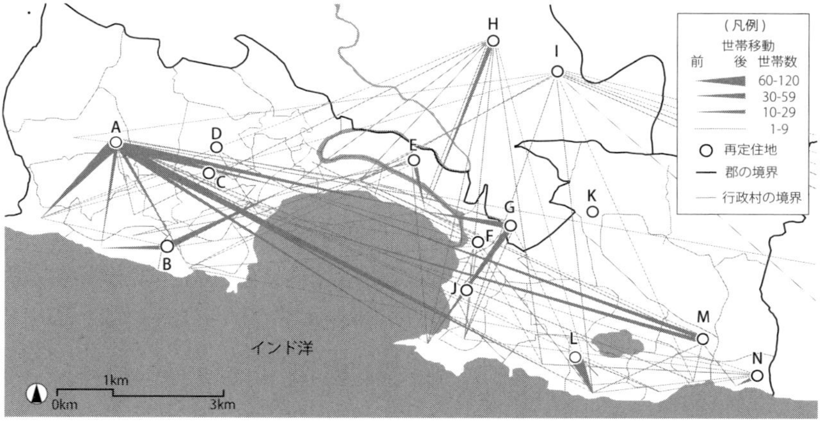

図補２－１　ウェリガマ郡における再定住地分布と世帯移動

表 補2－2　ウェリガマ郡の再定住地における住宅地計画と居住者の生活継続に関わる行為の変化

（調査を元に筆者作成，2013年９月時点）

事例	住宅地計画						生活・仕事の継続		居住環境の維持・管理	
	立地（Km）	地形	規模（戸数）	住宅形式	共用空間	定住率（08年）	2008年	2013年	2008年	2013年
A	2.1	斜面	500	戸建て	Co,Mo,Sc,Li,Sh,Te,Gr,Pa,Op,Wa	50％	・海から遠くて漁業の継続が困難である ・異なるカースト・階層の混住に伴う軋轢がある	・非被災者への住宅の転売・転賃が行われている ・生活と仕事の場が分離	・住宅の間取りや瑕疵に不満がある ・断水や停電が多く不満	・住宅の自力増改築が進む ・行政が共用施設（学校など）の運営を継続
B	0.5	斜面	52	二戸一	Co,Wa	96％	・通学や通院に不便な立地 ・住宅の敷地が狭く不満がある	・非被災者への住宅の転売・転賃が行われている ・マイクロクレジットの活動を継続している	・特に問題なし	・住宅の自力増改築が進む ・貯水タンクを住民が共同で管理している
C	1.9	斜面	47	戸建て	なし	74％	・住民の大半が市街地に通勤している	・非被災者への住宅の転売・転賃が行われている	・水の供給がなく，井戸水や雨水で水を確保した	・道路の崩落，排水の不備，ゴミの問題などがある
D	2.4	斜面	10	戸建て	Wa	80％	・住民は漁業以外の仕事につく世帯が大半である	・非被災者への住宅の転売・転賃が行われている	・水の安定的確保のため住民による管理組織を結成	・貯水タンクと給水設備を住民が共同で管理
E	0.9	平地	42	戸建て	Co	83％	・漁家が大半。沿岸に通勤し漁業を継続している。	・各種行事（祭，葬儀等）の積立のための会合を開催	・住宅に不満あり ・洪水被害の危険性あり	・住宅を自力で増改築 ・道路，排水，ゴミ問題
F	0.3	平地	28	積層	なし	93％	・不慣れな積層集合住宅形式で戸惑いがある	・住宅に不満はあるが仕方なく住み続けている	・集住に起因する狭さやプライバシーの問題がある	・住宅の瑕疵や汚水処理の問題がある
G	1.2	斜面	101	戸建て	Co,Mo,Li,Sh,Te,Gr,Pa,Op	90％	・マイクロクレジット等の生計支援を受け漁業の継続と生計の安定化を実現	・NGO等の支援者の撤退に伴いマイクロクレジットなどの活動は停止	・NGOの支援により家庭菜園づくりが行われる ・再定住地内に保育所，図書室が開設される	・共用施設・空間の管理が放棄され荒廃している ・再定住地内外で住宅の違法建築が行われている
H	3.5	斜面	70	戸建て	Co,Te	64％	・漁業の継続や通学・通院に不便な立地である	・非被災者への住宅の転売・転賃が行われている ・沿岸に通勤して漁業を継続している	・NGOが集会所の建設や各戸に貯水タンクを設置	・行政からの支援を受けて図書室を開設した ・道路の崩落，排水の不備，ゴミ問題等がある
I	3.7	斜面	76	長屋	Co,Te	50％	・海から遠くて漁業の継続が困難である	・非被災者への住宅の転売・転賃が進む	・住宅の配置・間取りや瑕疵に不満がある	・共用施設・空間の管理が放棄され荒廃している
J	0.2	斜面	19	戸建て	Co	94％	・漁家が大半であり沿岸に通勤して漁業を継続	・集会所で漁業組合の会合を定期的に開催	・斜面地のため住宅の敷地が狭くて不便である	・新たな問題は特になし
K	2.7	斜面	80	戸建て	なし	90％	・非漁家世帯が大半であり仕事の継続に問題はなし	・NGOの支援によりマイクロクレジットを継続	・NGOの支援により家庭菜園づくりが行われる	・集会所の建設を要望している
L	0.8	斜面	77	戸建て	Co,Mo,Sc	92％	・漁家が大半であり沿岸に通勤して漁業を継続	・貯蓄や融資を行うグループを住民が運営している	・行政が保育所を運営している	・保育所が閉鎖され幼児を持つ母親が困っている
M	0.9	平地	14	戸建て	Op	93％	・非漁家が大変であり，仕事の継続に特に問題なし	・特に大きな問題はない	・排水の処理やゴミの集配に問題がある	・住宅を自力で増改築している
N	0.2	斜面	34	戸建て	Co	85％	・漁家が大半であり沿岸に通勤して漁業を継続	・NGOの支援によりマイクロクレジットを継続	・NGOと政府が集会所・倉庫と共有の家財を寄付	・住民グループが家財の貸出を行い収入を得ている

＜凡例＞共用空間：Co：集会所　Mo：保育所　Sc：小学校　Li：図書室　Sh：商業施設　Te：寺院　Gr：運動場　Pa：公園　Op：オープンスペース　Wa：貯水タンク

「立地」とは海岸線から再定住地への距離を指す。［網掛け］は生活の継続や居住環境の維持管理のための住民間の共同的な行為を指す。

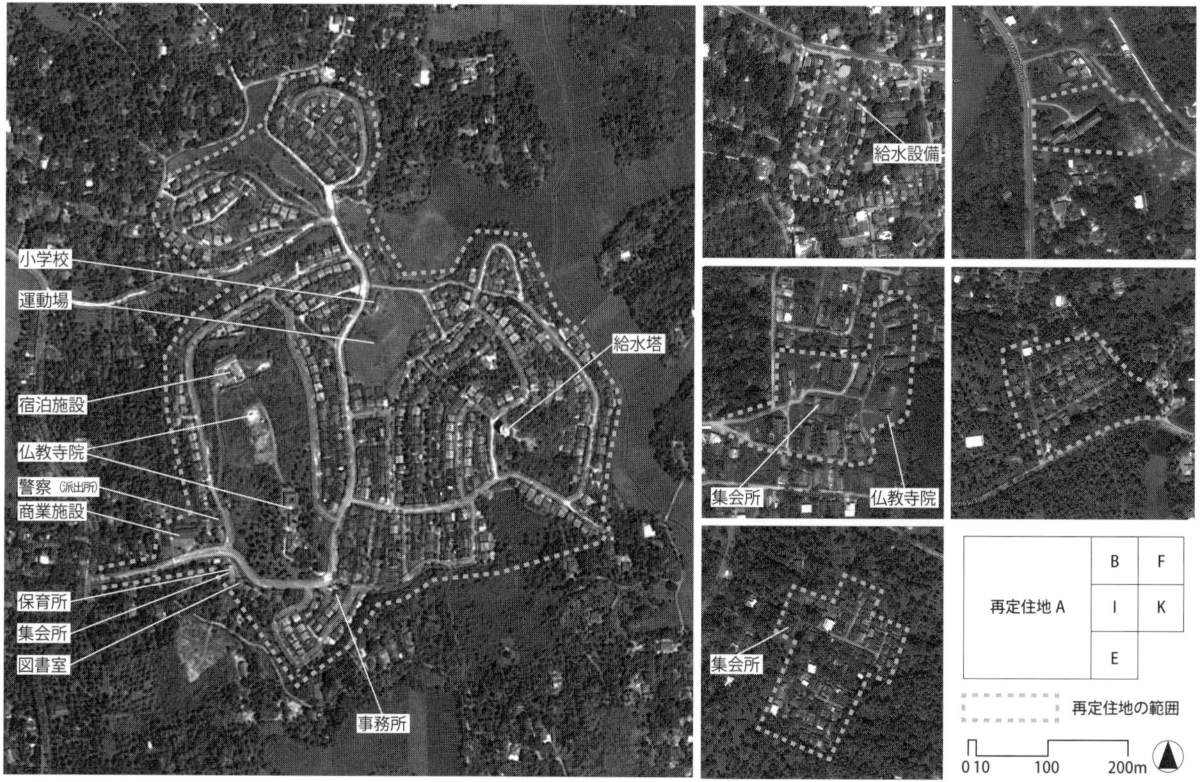

図補2-2　ウェリガマ郡の再定住地における住宅・施設配置
（google map および調査を元に筆者作成）

仕事の継続に対して無配慮であった。ウェリガマ郡の再定住地においても生活・仕事の継続が困難となった結果，放棄されている住宅が2008年の時点で多くみられた。

3.2　インフォーマルな取引による居住者の入れ替わり

2008年以降，再定住地ではさらに多くの住宅が放棄され，「空き家」が増加することも予想された。しかし，2013年時点において再定住地ではむしろ，「空き家」は減少していた。すなわち，入居から一定期間が経過して，再定住地の多くの住宅が転売・転賃されており，その結果，再定住地では居住者の入れ替わりが起きている。このことが，再定住地において「空き家」が減少している主な要因である。再定住地に新たなに転入する人々の属性は様々であり，聞き取り調査で把握した限り，被災者の血縁や親戚の家族，あるいは周辺地域の住民等であり，津波で被災しなかった者も多く含まれていた。

なお，ウェリガマ郡の再定住地では原則として，入居から5年間は住宅の転売・転貸が禁止されている。そのため，上述した住宅の転売・転貸には住民間のインフォーマルな取引も含まれる。再定住地において当初は，行政や住宅ドナーによって管理が行われていたが，時間の経過とともに次第に管理が行き届かなくなり，インフォーマルな住宅取引が発生していったと思われる。このようなインフォーマルな取引による居住者の入れ替わりが特に活発であったのは主に，再定住地の事例A，D，H，I等，漁業の継続に不向きであると思われる海から比較的遠い再定住地であった。

3.3　漁家世帯の存続における生活・仕事の場の分離

一方，内陸の再定住地であっても，個々の世帯をみると，漁業を継続しながら再定住地に住み続けている例もある（再定住地・事例A，H等に住む一部の世帯）。これらの世帯において，男性は漁に出るために毎日深夜2時～3時には再定住地を出発し，沿岸方面に通っている。また，漁業の合間の日中の時間は，自分で建てた仮設の小屋，あるいは親戚・知人宅等，沿岸部付近にある適当な場所で過ごしている。一方，女性や子どもにとっては再定住地の住宅が生活の中心を占める場所となっている。このように，再定住地への移住に伴い，それまで一体であった生活と仕事の場が分離し，それぞれ例えば，生活＝再定住地，仕事＝沿岸部というように分布している。

住民への聞き取り調査によると，漁業従事世帯の中には被災前から，宗教上の理由や子どもの保育・教育上の理由等から，沿岸での暮らしをあまり好ましく思っていなかった者もいたようである。これらを踏まえると，上述したような生活と仕事の場の分離は，漁業を続けながらも住まいは内陸のなるべく安全な場所に移動させたいという漁業世帯の願望の表れであったとも言えよう。

3.4　行政・支援者の撤退に伴う共用空間の管理の放棄

再定住地における居住環境の管理についても変化がみられた。特に顕著な変化がみられたのは，共用の施設や空間の管理である。2008年の時点では，再定住地の共用施設・空間は比較的良好な状態で維持管理されていた。しかし，2013年の時点では，一部の再定住地（事例 B，D，H，N）では住民や行政によって管理が継続されているが，それ以外の多くの再定住地では共用施設・空間の管理が放棄されており，それに伴う建物・空間の荒廃（建物の損壊，雑草・雑木の繁殖等）の問題がみられた（事例 C，E，F，G，H，I，L 等）。また，その他にも維持管理の欠如による排水やゴミ処理の問題等がみられた。

一方，住宅とその周辺を含む私的な空間は，2013年時点においても各居住者によって良好な状態で維持管理されていた。一方で，子どもの誕生等による家族の増加に伴ってスペースが不足し，住宅の増改築（事例 A，B，E 等），無許可での土地占有や住宅建設（事例 G 等）が発生していた。住宅の増改築については，再定住地の居住環境を良好な状態に保つために政府や住宅ドナーによって何らかのルールが設けられていたが，時間の経過とともに徐々に管理が行き届かなくなり，それらのルールは形骸化している。

さらに，2008年の時点では行政やNGO·NPOが再定住地のコミュニティに積極的に介入し，自治組織の結成，マイクロクレジット等を通じた住民の生計安定化，居住環境の維持管理等を促していた。しかし，2013年時点では行政やNGO・NPOの多くは，活動資金の不足等を含む様々な理由により，再定住地における活動から撤退していた。そのような場合，再定住地で発生した様々な問題への対応は基本的には住民の手によって行われている。しかし，住民だけでは対処することが困難な問題も多く，再定住地では上述したような空間の荒廃等が起きている。

以上のように，2013年時点において再定住地では，「インフォーマルな住宅取引による非被災者への居住者の入れ替わり」，「再定住地に住まいながらも漁業を継続するための生活・仕事の場の分離・二拠点化」，「行政・支援者の撤退に伴う共用施設・空間の管理放棄と荒廃」といった変化がみられた。これらの変化は，時間経過に伴う，人と環境の関わりの変化，人と人の関わり（住民間の関係，住民と行政・支援者の関係）の変化に起因するものである。これについては，再定住地Gを例に，次節でさらに詳しく検討する。

4．“成功”事例・再定住地Gのその後

4.1　再定住地Gにおける暮らしと居住環境の変遷

再定住地Gはウェリガマ郡の海岸から約1. 2km内陸の丘陵地に位置し，101戸の戸建て住宅で構成される（図補2－3）。再定住地Gでは，建材・構造やインフラの点で従前と比べるとかなり高い水準の住宅が供給されており，さらに，集会所，保育所，運動場等，共用施設・空間も豊富に整備された。しかし，沿岸部や市街地へのアクセスは不便であり，さらに入居当初，再定住地内に生計手段となるような自然資源が乏しかった。そのた

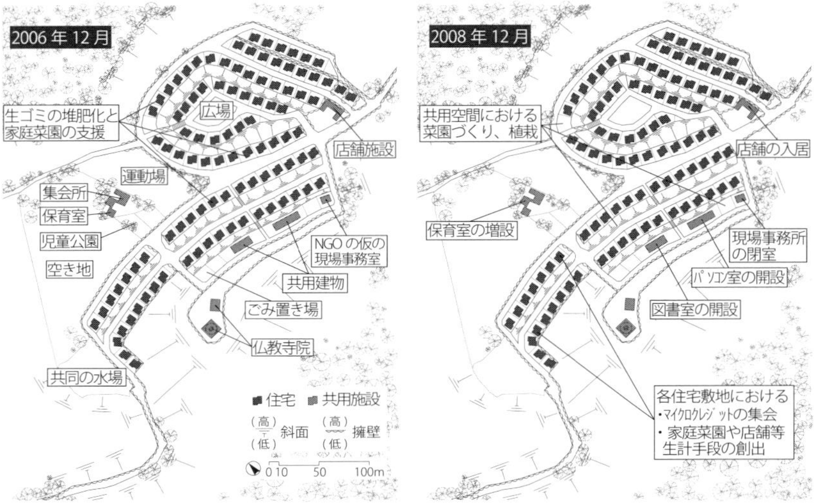

図補2－3　再定住地Gの住宅地計画と居住環境の変化

め，特に，住民の約7割を占める漁業従事世帯にとって，再定住地Gの新たな環境において生活・仕事を継続することは容易ではなかった。本書で何度か述べたように，2008年時点において再定住地Gでは約90％という高い定住率が維持されていた。このことから，本書では，再定住地Gを，不利な条件であるにも関わらず被災者の生活が継続しているという点で，再定住地の“成功”事例として位置づけ，様々な調査・分析を行ってきた。ここでは，2013年の調査を含め，これまでの調査結果を踏まえ，再定住地Gにおける暮らしと居住環境の変遷をみていく。

（1）入居開始当初：新たな環境への適応の開始（06年12月）

図補2－3に，再定住地Gにおける入居開始当初からの暮らしと居住環境の変遷を示した。

上述したように，再定住地には生計手段となるような自然資源が乏しく，住民（特に漁業従事世帯）の生活がさらに不安定になることが懸念された。また，入居が開始された2006年12月の時点では，お互いに見知らぬ

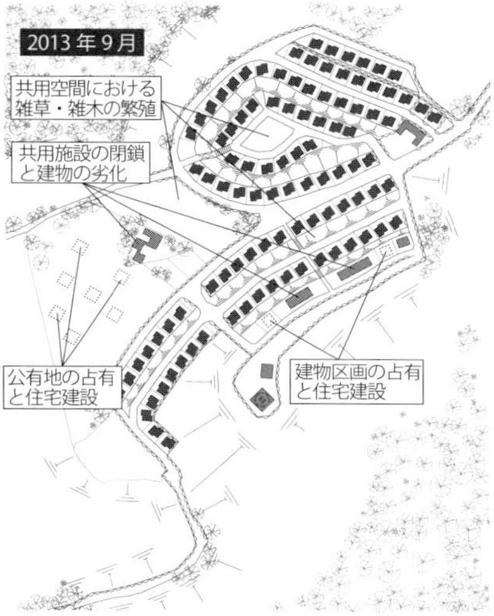

図補2－3　（つづき）

関係の住民が多く，住民間の意思疎通が困難であった。そこで，津波被災直後から被災者の支援を行ってきたNGO・GMSLが，被災者の新しい環境への適応を支援するために，再定住地においても活動を開始した。

GMSLはまず，再定住地の集会所において住民に対する説明会と簡単なモニタリングを行い，その結果を踏まえ，ゴミ出しのルールづくりや，生ゴミを堆肥化するコンポストの配布，家庭菜園づくりの講習会等を行った。さらに，GMSLは再定住地内に現地事務所を構え，住民と共に家庭菜園づくり等の活動に地道に取り組んだ。

このような活動を通じて，居住者は再定住地の新しい環境に徐々に適応していき，また，他の居住者やGMSL職員との関係が形成されていった。

（2）入居から約2年後：相互扶助的活動の活発化（08年12月）

入居開始から約2年が経過し，入居開始直後から行ってきた活動の成果である住民の時間的・金銭的余裕や住民間の人間関係を基礎として，NGO（GMSL等），および行政による支援がより活発に行わるようになった。具体的には，再定住地における被災者の生活・仕事の継続を支える相互扶助的な活動（マイクロクレジットや各種のコミュニティ活動）や共用施設・空間の運用（保育室や図書室の開設，オープンスペースの管理等）が行われた。再定住地Gのマイクロクレジットでは6つのグループが作られ，計45人の女性がその活動に参加した。各グループは毎週，集会を開催し，貯蓄・融資のやり取りやグループ運営の話し合い等を行った。マイクロクレジットの集会は，メンバーの誰かの住宅において行われることが多く，その際，屋内や軒先の空間が利用された。

（３）入居から約７年後：草木の繁殖と無許可建設の発生（13年９月）

入居開始から約７年が経過した時点において，NGO や行政による支援活動は様々な事情（主に活動資金の問題）により中断・終了しており，再定住地ではその影響が様々なところに表れていた。

まず，住民の生活が入居開始直後の時期と比べると安定化したこともあり，マイクロクレジットをはじめ，再定住地の住民間でみられた各種の相互扶助的な活動は停止していた。

また，行政や NGO といった外部支援主体の撤退に伴い，共用の施設・空間の管理が行き届かなくなり，建物の損壊や雑草・雑木の繁殖が進み，再定住地 G の空間は全体として荒廃した印象であった。2008年時点の写真と見比べてみると，再定住地はよりいっそう草木や雑草に覆われて周辺の風景にも溶け込んでいた。また，共用のオープンスペースにも草木が生い茂り，元のジャングルに還っていくかのようであった（写真 補２－１～写真 補２－４）。一方，住宅の屋外空間等はそれぞれの居住者によって比較的良好に管理されており（写真 補２－５），なかにはコンクリートブロック等による頑強な塀で囲まれた住宅もある。

さらに，子どもの成長や家族の増加に伴い，再定住地の住宅は徐々に手狭になってきていたことから，一部の居住者は住宅を増改築することでスペースを確保していた。また，再定住地内の空き区画や隣接する公有地では，住民が行政に無許可で土地を占有し，そこに自力で住宅を建設しようとしていた。筆者が再定住地 G を訪れた日には偶然，住民が作業を行っていた。彼らはお互いに話し合って決めた土地の区画を目印となるロープで示し，まずは木造の掘っ立て小屋のような住まいをつくっていた（写真 補２－６）。

写真 補2－1　再定住地Gの俯瞰（2008年）

写真 補2－2　再定住地Gの俯瞰（2013年）

写真 補2－3　再定住地Gの共用のオープンスペース（2008年）

写真 補2－4　再定住地Gの共用のオープンスペース（2013年）

4.2　時間経過を踏まえた再定住地計画の評価

（1）「空き家」が減るのは良いことか

上述したように，津波被災および入居開始から一定期間が経過した2013年9月時点において，再定住地は住み続けられており，「空き家」の数は筆者の予想に反して減少していた。このように，再定住地それ自体は確かに「持続」しているかもしれない。しかし，居住者は津波で被災しなかった人々と入れ替わっており，再定住地において被災者の生活は必ずしも継続していない。また，行政や支援者の撤退に伴い，共用の施設や空間の管理が放棄され荒廃している例や，公有地を住民が無許可で占拠し住宅を建

写真 補2－5　再定住地Gの個人の庭（2013年）

写真 補2－6　公有地における違法住宅建設（2013年）

設している例がみられた。

このような状況をどのように評価するか，これはなかなか難しい問題であり，住民，行政，プランナーといった立場の違いによって評価はわかれるであろう。行政の立場からみれば確かに，再定住地におけるインフォーマルな住宅取引や建設行為の発生は望ましい状況ではないかもしれない。一方，住民の立場からみれば，行政や支援者が撤退し，何か問題があった時に頼れる主体がいなくなった状況下で止むを得ずとった行動であった。

再定住地の計画はそもそも現地の生活様式に対する配慮を欠いたものであった。行政や支援者によるある種の「コントロール」が弱まったこともあり，結果的には，そのような無配慮な計画が，住民による多様な住みこなしを可能にしたのかもしれない。このように捉えた場合，プランナーは，居住地移転や再定住地の「計画」のあり方そのものを再考する必要があるのではなかろうか。

（2） 2つのシナリオ：「変革」と「回帰」

再定住地では，結果的にみれば持続的に利用されている空間も存在する。しかし，例えば，再定住地Gでみられたような，管理放棄による共用施設・空間の荒廃，あるいは無許可占拠による公有地での住宅建設等，明らかに持続的とは言えない空間利用もある。このような問題の原因はそもそも，時間経過に伴う状況の変化とその不確実性を事前に想定しない計画のあり方にあるのではないだろうか。計画段階において複数のシナリオを想定しておくことによって，再定住地計画は不確実な変化に対してもよりよく対応できたのではないだろうか。ここで想定する複数のシナリオとは例えば以下に述べる2つである。

GARDEN（「変革」シナリオ）

このシナリオでは，共用のオープンスペースや施設を備えた再定住地の整備を想定している。スリランカ南岸の集落（特に漁業を主な生業とする海辺の集落）では，共用の空間・施設を住民が管理するという習慣が基本的には存在しない。そのため，これは再定住を契機とした「変革」を想定したシナリオであると言える。このシナリオが実現するための条件は少なくとも，空間や施設といったハードの整備だけでなく，コミュニティによる管理や外部者による継続的な管理の仕組み等，ソフトの整備が充分に行われていることであろう。

JUNGLE（「回帰」シナリオ）

このシナリオでは住宅などの私的な空間の集積として再定住地を整備することを想定している。スリランカ南岸の集落では共同的な空間・施設は限定的であり，住宅の敷地等の私的な空間を必要に応じて共同的に利用するという方法が一般的である。そのため，これは再定住を行いつつも従前の状態への「回帰」を想定したシナリオであると言える。このシナリオが実現するための条件は少なくとも，住宅の敷地等の私的な空間を可能な限り広くとり，さらにそれらを必要に応じて共同的に活用できるような利用者間の関係づくりや仕組みが充分に準備されていることであろう。

5．小結

インド洋津波から10年近くが経った2013年時点において，再定住地は住み続けられているということが明らかになった。ただし，再定住地に住み続けているのは当初入居した津波被災者であるとは限らず，彼らと入れ替わりで後から再定住地に転入してきた非被災者も少なからず含まれている。彼らは再定住地の入居者とのインフォーマルな住宅取引（住宅の転売・転貸）によって再定住地の住宅を取得したのである。このように，再定住地そのものは持続しているが，再定住地に当初入居した人々の生活は必ずしも継続していない。

また，再定住地では，行政や支援者の活動の撤退に伴い，管理放棄された共用の施設・空間の荒廃や，行政や管理者に許可を得ていない土地占有や住宅建設といった変化が発生していることも明らかになった。再定住地への入居が開始された当初の時期には，NGO や行政等の外部者が積極的に介入することで，被災者の生計の安定化および居住環境の管理に必要な住民間の共同性が醸成されていった。しかし，その後，住民間の関係に介在していた支援者が撤退し，さらに，被災地の復興が進み日常性が取り戻されていく中で，住民間の共同性も新たな転換を迎えた。この転換とは，スリランカの海村社会本来の社会関係の性質が再び健在化することであったと筆者は考えている。すなわち，世帯の独立性が高く，地縁によるまとまり（ここでは集落や再定住地の住民のまとまり）が弱いという社会関係の性質である[1)]。上述したインフォーマルな住宅取引や共用の施設・空間の管理放棄，あるいは無許可の土地占有等はすべて，このような共同性の転換が可視化された現象であったのではなかろうか。

本書では一貫して，社会関係の視点からみた居住地計画，および平時―非常時の関係からみた計画論という 2 つの視点から津波被災後の再定住を観察してきた。本章の分析結果は，これまで筆者が本書を通じて採用してきた視点とは異なり，平時―非常時の非連続性，および社会関係の不変性を示唆している。このような時間経過に伴う社会関係の変化とその不確実

1） 本書で何度か述べてきたように，シンハラ人社会における標準的な世帯は，夫婦と未婚の子からなる「小家族」の家族モデルに該当し，独立性が高いことが指摘されている（中根1970，中根1987）。さらに，スリランカの海村では，上述したような独立性の高い世帯が，地縁よりも血縁によって強く結びつき，集落の範囲を超えたネットワークを形成していることが指摘されている（高桑2004，高桑2008）。

性についても考慮した再定住地の計画論，および災害復興の研究が今度，重要になってくるであろう。

CHAPTER 7
結論
レジリエントな再定住への可能性と課題

再建された被災集落の住宅（南部州マータラ県）
インド津波被災から一定期間が経過し，再定住地で居住を継続する者がいる一方で，
仕事の継続や生活の上での利便性を求めて沿岸の集落に戻っていく者もいる。

1．本書のまとめ

本書では，津波災害後に建設された再定住地における被災者の生活再建の実態を，彼らの生活・仕事を取り巻く，社会関係や権利関係といった社会的環境，および土地・自然や建物・空間といった物的環境との関連に着目して明らかにしてきた。現地でのフィールドワークを積み重ねる中で把握した実態にもとづいて，津波被災者の再定住地への移住の“失敗”と“成功”の意味について探るとともに，復興の選択肢としてみた際の再定住地の可能性と計画条件について明らかにすることを本書では試みてきた。

津波災害後に建設される再定住地では，特に漁業従事者等，海との関わりの深い人々の生活・仕事が困難となり，被災後しばらく経つと彼らは従前居住地に徐々に戻っていき，その後再び被災する傾向があることが指摘されてきた。このことから，津波災害後に建設された再定住地は“失敗”することが定説とされてきた感がある。一方，災害等のリスクに強く，持続可能な発展に資する“レジリエントな社会”は，地域において人々が適応できる環境に幅があり，“複数の安定状態”が存在することが前提となる。そのような捉え方にもとづいて本書では，復興において再定住地も一つの選択肢となるべきであるという立場を取ってきた。

たしかに，本書の対象であるスリランカにおいても，インド洋津波からの復興事業で建設された再定住地は被災者の生活・仕事の継続に対する配慮を欠いたものが大半であり，過去の事例と同じく“失敗”が危惧された。実際，入居後しばらくして放棄された空き家が目立つ再定住地も多く，その危惧は一部で現実となっていた。このような復興事業の問題は看過すべきでないが，他方で，そのような状況下にあって，様々な要因が半ば偶然に重なり，被災者の生活・仕事が継続している事例も存在している。このことに筆者はフィールドワークを重ねるうちに気がついた。本書では，このような数少ない事例を発見した経験を出発点として，そのような“成功”事例がどういった条件を備えていたか探ることで，上述した研究課題に応え，再定住地の可能性を見出した。

本書を結ぶにあたって，本書の研究課題と改めて照らし合わせて，本書を通じて得られた知見を統括したい。なお，図7－1に，各章で得られた主な知見を第1章で示した個人の生活・仕事，社会的環境，物的環境を捉える分析のフレームを用いて整理している。

1.1　危機的移行としての再定住――“第二の津波”と呼ばれた復興

本書で繰り返し述べてきたように，津波災害後に建設される再定住地は，特に漁業従事者等の海との関わりが深い人々にとって適応が困難であり，居住の継続が困難となった住宅が放棄される等して，“失敗”に終わる傾向が強い。彼らは場所や地域に固有の資源と社会関係にその生活・仕事を依っていることが多く，再定住地への移住はそのような環境条件を一変させる“危機的移行”であるケースが少なくないためである。第2章でみたように，スリランカのインド洋津波からの復興においても，“第二の津波”としばしば揶揄される政府・海外ドナー主導の急進的な復興事業の下で，被災した人々は危機的な環境変化に晒された。

ここでいう「環境」には，物的環境と社会的環境の両方が含まれるが，第2章では差し当たり，人口・被害統計，再定住地の計画資料，被災者の移住記録等といった公式の資料から把握できる物的環境の変化の全体像に迫ることにした。

津波被災以前におけるスリランカ沿岸の集落の特徴として，①職住共存的な生活様式：漁業従事者とその家族が，海岸のすぐ近くに住まい，海との関わりが深い生活を送っていたこと，②同質性の高い住民による集落のまとまり：親族，カースト，職業等，何らかの共通点を単位として，50～60世帯程度の規模の集落を形成していたこと，③慣習にもとづく土地の共同所有・利用：慣習的な土地所有・利用権にもとづき複数の世帯が一つの敷地に複数の住居や仕事場を構え，宅地を共同利用していたこと，が挙げられる。

2004年にスリランカを襲ったインド洋津波では，国土の沿岸ほぼ全域が

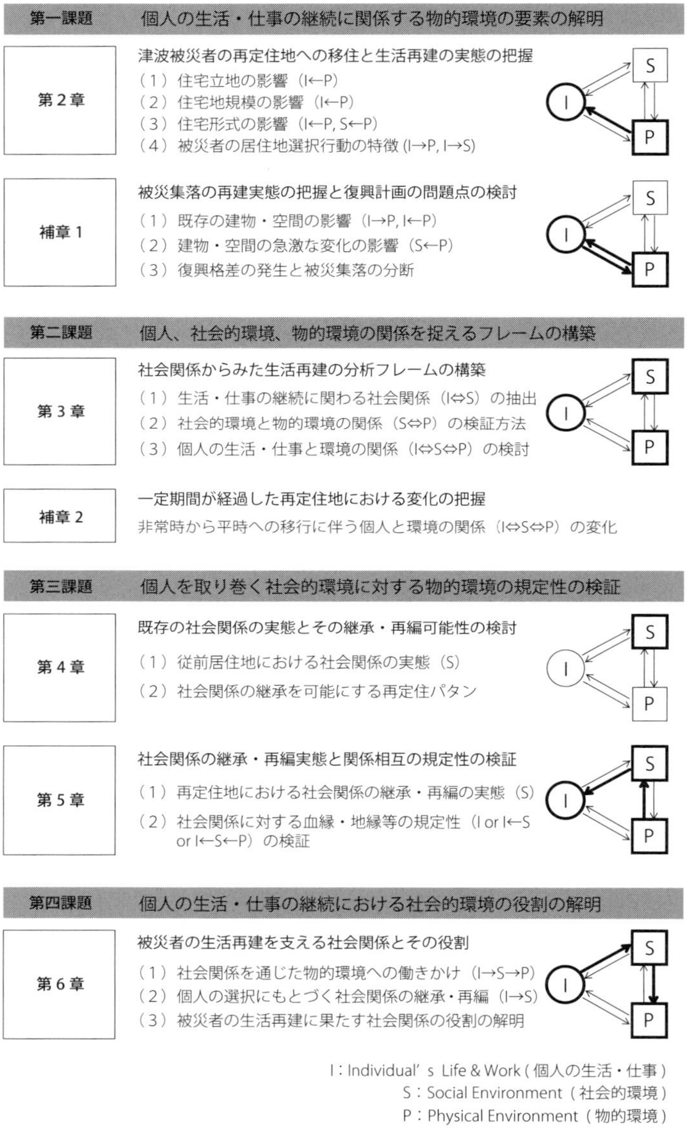

第一課題　個人の生活・仕事の継続に関係する物的環境の要素の解明
第２章
津波被災者の再定住地への移住と生活再建の実態の把握
（１）住宅立地の影響（I←P）
（２）住宅地規模の影響（I←P）
（３）住宅形式の影響（I←P, S←P）
（４）被災者の居住地選択行動の特徴（I→P, I→S）
S
I
P
補章１
被災集落の再建実態の把握と復興計画の問題点の検討
（１）既存の建物・空間の影響（I→P, I←P）
（２）建物・空間の急激な変化の影響（S←P）
（３）復興格差の発生と被災集落の分断
S
I
P
第二課題　個人、社会的環境、物的環境の関係を捉えるフレームの構築
第３章
社会関係からみた生活再建の分析フレームの構築
（１）生活・仕事の継続に関わる社会関係（I⇔S）の抽出
（２）社会的環境と物的環境の関係（S⇔P）の検証方法
（３）個人の生活・仕事と環境の関係（I⇔S⇔P）の検討
S
I
P
補章２
一定期間が経過した再定住地における変化の把握
非常時から平時への移行に伴う個人と環境の関係（I⇔S⇔P）の変化
第三課題　個人を取り巻く社会的環境に対する物的環境の規定性の検証
第４章
既存の社会関係の実態とその継承・再編可能性の検討
（１）従前居住地における社会関係の実態（S）
（２）社会関係の継承を可能にする再定住パタン
S
I
P
第５章
社会関係の継承・再編実態と関係相互の規定性の検証
（１）再定住地における社会関係の継承・再編の実態（S）
（２）社会関係に対する血縁・地縁等の規定性（I or I←S or I←S←P）の検証
S
I
P
第四課題　個人の生活・仕事の継続における社会的環境の役割の解明
第６章
被災者の生活再建を支える社会関係とその役割
（１）社会関係を通じた物的環境への働きかけ（I→S→P）
（２）個人の選択にもとづく社会関係の継承・再編（I→S）
（３）被災者の生活再建に果たす社会関係の役割の解明
S
I
P
I：Individual' s Life & Work（個人の生活・仕事）
S：Social Environment（社会的環境）
P：Physical Environment（物的環境）

図７－１　各章で得られた主な知見

被災し，甚大な人的・物的被害が生じた。そして，復興事業においては海岸から一定の距離がバッファーゾーンとして指定され，政府・海外ドナー主導で建設された再定住地への被災者の移住が推し進められた。計画された再定住地・全351ヶ所・計33,760戸の立地，規模，住宅形式について分析し，上述したスリランカ沿岸の集落の特徴と照らし合わせたところ，被災者を取り巻く物的環境は移住前後で大きく変化していることが明らかになった。さらに，南西岸に建設された再定住地を実際に訪れて把握した生活・仕事の継続実態を踏まえると，再定住地の「立地」（海岸からの距離），「規模」（住宅戸数），「住宅形式」（戸建，長屋，共同，等）が被災者の生活・仕事の継続と特に強く関連する物的環境の要素であること，また，特に漁業従事者にとっては「立地」（海岸からの距離）が何よりもまず強い制約となっていることが明らかになった。

なお，政府による「住宅再建ガイドライン」では，従前居住地からなるべく近い再定住地への移住や，従前の集落単位での再定住地への入居等，被災者の環境移行に対してある程度の配慮が行われていたが，結果的にその実行性は高くなかったようである。その要因としては，建設資金の制約や用地確保の難しさといった支援者側の事情に加え，被災者自身が立地の近さや集落単位での入居よりも，早期の住宅確保を優先する傾向があったことが挙げられる。このような被災者の行動の背景には，津波以前からスリランカ社会が抱えてきた様々な問題がある。すなわち，沿岸の集落は，インフラの未整備，不安定な土地権利関係，低い防災安全性，異カースト間の軋轢等といった居住環境上の問題を抱えていた。そのため，被災者の中には従前の集落にネガティブな感情を抱き，何かきっかけさえあればどこか他の場所へ転出したいと考えていた者も少なからずいたようである。

このように，スリランカにおける津波被災後の再定住には，政府，支援者（住宅ドナー），被災者それぞれの事情や思惑が影響し，絡み合っている。被災者にとって再定住は確かに“危機的移行”であったが，その緩和のためには従前の状況をそのまま維持するという対応だけでは不十分であろう。再定住とは，従前の状況を維持しようとする力と変えようとする力がせめぎ合う複雑な事象である。そのような認識のもと，再定住地の計画には，被災者の生活やコミュニティの組み替えをサポートする多様な再建の選択肢を準備することが求められる。

このような捉え方のもと，スリランカにおけるインド洋津波からの復興計画を改めてみると，様々な面で問題があった。補章1においてヒッカドゥワ，モラトゥワという2つの都市における被災集落の実態を通じてみたように，沿岸部へのバッファーゾーン指定にもとづく居住地移転を前提とした計画は，それが実行された場合，あるいはされなかった場合，いずれの場合においても従前居住地の居住環境に問題を引き起こしていた。上述の2つの都市の被災集落は，ヒッカドゥワが行政・海外ドナー主導の復興，モラトゥワが住民主導の復興という，ある意味で対照的なプロセスを辿った。前者では，バッファーゾーン規制に起因する集落コミュニティの分断や集落に残った住民の生活継続の困難化といった問題がみられた。一方，後者では，住民がバッファーゾーン規制を無視して元の不法占拠集落を自力再建した。しかし，再建された住宅群は災害からの安全性や土地権利の安定性といった面で多くの問題を残しており，将来の危機や変化に対して脆弱であった。このことからも居住地移転を前提とした画一的・硬直的な復興計画は，被災者のレジリエンスを支える環境の選択肢を十分には備えていない不十分なものであったと言わざるを得ない。

1.2　フレームの構築——社会関係の視点からみた再定住地計画

災害復興において何がレジリエンスの源となるのか，ということについては諸説があり，現在も様々な議論が交わされている。本書では，D.P.Aldrichの実証研究（Aldrich 2012）等に代表される先行研究の成果やスリランカのインド洋津波被災の実態を踏まえて，“社会関係”がレジリエンスの源となるという見方を採用した。このような見方にもとづいて本書では“社会関係の視点からみた居住地計画”というアプローチを打ち出している。その背景には，津波被災地や途上国僻地といった物的資源が欠乏しがちな社会においては，残された社会的資源に頼らざるを得ないという側面がある。このような途上国特有の事情があることは否定しないが，一方で，例えばわが国のような，物的資源の充足が一通り達成された社会の経験から，物的環境の整備に偏重した計画が必ずしも持続可能な発展に結びつかないことは明らかである。このような経験から学ぶとすれば，“社会関係の視点からみた居住地計画”は，非常時や発展途上段階の社会に限らず，平時や成熟段階の社会においても有効なアプローチとなり得るであろう。このように考えた結果，本書では平時の社会と非常時の社会を横断的・連続的に捉える“平時—非常時の関係からみた計画論”がもう一つの重要なアプローチとして浮上した。

以上のような着眼と問題意識から本書では，“社会関係の視点からみた居住地計画”および“平時—非常時の関係からみた計画論”という2つのアプローチを採用しており，第3章ではそれらを再定住の問題へ適用する上での概念化と分析のフレームについて厳密に検討した。

まず，スリランカ海村社会の社会構造に関する既往の研究・資料と第2章で明らかにした住宅復興の実態をもとに，被災者の生活・仕事の継続に関わると考えられる社会関係および権利関係を抽出した。すなわち，社会関係として「地縁」,「血縁」，地縁・血縁以外の関係として「マイクロクレジットの関係」の3つを抽出した。また，権利関係として「住宅敷地の所有・利用関係」を抽出した。さらに,「人を介した関係」と「空間を介した関係」，および「選択的関係」と「非選択的関係」等，上述した諸関係の結合原理について検討した。

本書では議論を簡便にするために被災者の生活・仕事の継続にとって特に重要であると推測される関係に絞った分析を行っているが，一方で，結合原理の観点からみるとそれらはそれぞれ性質の異なる関係である。このように本書では，分析の対象を絞りつつもなるべく広い視野を保ち，関係の多様性が持つ意味についても考察した。

次に，居住地移転における社会関係および権利関係の変化を体系的に捉えるためのフレームを構築した。その際,「平時」と「非常時」の関係，および「従前居住地」と「再定住地」の関係を踏まえ，それらの組み合わせによって，再定住地への移行をいくつかの段階に区分した。その区分とは，（1）居住地移転前の従前居住地，（2）居住地移転後の従前居住地，（3）再定住地，である。

さらに，上記のフレームを用いて，「人を介した関係」かつ「選択的関係」である「マイクロクレジットの関係」を，「空間を介した関係」かつ「非選択関係」である「地縁」，および「人を介した関係」かつ「非選択関係」である「血縁」がどの程度規定しているか検証する方法を考案した。人々の生活・仕事の継続にとって重要であると思わる社会関係（ここではマイクロクレジットの関係）が他の社会関係や権利関係によってどのように規定されているのか，ということは居住地計画においてコミュニティの維持・回復や配置の条件を決定する上でも重要である。そのような相互の規定性は平時の居住地ではなかなか検証しづらい関係であるが，本書で考案したフレームを用いることによって，検証することが可能になった。

なお，本書では，平時と非常時において社会関係は基本的に連続的に変化するという認識を前提として分析を進めた。すなわち，津波被災直前の集落に蓄えられていた社会関係の総量は津波被災直後の時点においても基本的には変わらないという認識である。このような認識については本来，他にも様々な立場や考え方があり，実はきわめて重要な議論を含んでいる。補章2でもみたように，津波災害と再定住地への移住から一定の期間が経過し，再定住地が平時の環境へと移行していった際，居住者をめぐる社会関係に変質がみられた。例えば，移住直後の時期に被災者の生活・仕事の継続を支えた住民間の相互扶助的活動であるマイクロクレジットの活動は停止していた。活動停止の理由としては確かに，生活の安定化に伴うニーズの減少や，支援主体である行政やNGOの撤退等といったものも想定される。しかし，これは本書で検証しきれなかったことであるが，上述したような理由に加え，住民の相互の関係に対する意識の変化もまた，大きな理由であったのではなかろうか。未曾有の大災害と再定住地への移住という危機的状況の経験を共有したことで，移住直後の再定住地では相互扶助に対する住民間の特別な意識（R.Solnitが言う非常時に現れる「特別な共同体」あるいは「災害ユートピア」）が芽生えていた可能性がある。そうだとすれば，“平時—非常時の関係からみた計画論”においては今後，社会関係の不連続性という視点も加えて検討する必要があろう。

1.3　レジリエントな再定住の可能性——コミュニティの結合原理と実際から探る

自然災害によって被災した住宅の再建は一般的に，被災者の生活・仕事の継続に配慮すると，元の場所で行うことが基本的には望ましい。一方，津波災害の特性や過去の復興事例を踏まえると，元の場所での再建は常に可能であるとは限らないし，常に望ましいとも限らないということがわかる。従って，被災者の生活・仕事のレジリエンスを維持・向上させるためには，居住地の移転および再定住地の整備といった多様な選択肢を含めた再定住が必要である。しかしながら，本書で繰り返し述べてきたように，過去の津波災害後の居住地移転や，途上国におけるスラム改善のための居住地移転の経験からもわかるように，土地固有の資源や社会関係に依って生活・仕事を成り立たせている人々（第一次産業従事者，インフォーマルセクター従事者等）の居住地移転は非常に難しい問題であり，その計画技術は未だ確立されていない。

本書の主なフィールドであるスリランカ南西岸の津波被災集落の人々も，平時から生活・仕事を土地固有の資源や社会関係に依ってきた人々である。そこでまず，第4章，および第5章において，再定住地へと移住した被災者の社会関係の継承・再編に着目した。第3章で構築した分析のフレームをスリランカ南部ウェリガマ郡の再定住地とその従前居住地の事例に適用し，社会関係の視点からレジリエントな再定住の可能性を探った。なお，調査対象とした再定住地・事例Gは生活・仕事の継続に比較的不利な条件であるが，入居開始から2年以上が経過した時点で高い定住率を維持している。このことから，再定住地Gは再定住の“成功”と位置付けられる事例である。

第4章ではまず，従前居住地における既存の社会関係および権利関係の実態について明らかにした。上述の再定住地・事例 G の従前居住地に居住地移転後も住み続ける住民・49世帯，および被災後に転出した元住民・17世帯の計66世帯を対象として各世帯に対面式アンケートを行った結果，居住地移転前の従前居住地には被災者の生活・仕事の継続を支えるであろう社会関係（血縁，マイクロクレジットの関係）および権利関係（共同的な所有・利用関係）が豊富に蓄積されていたこと，また，それらが居住地移転後も従前居住地において部分的に継続していることが明らかになった。さらに，上述の実態をもとに社会関係および権利関係の継承・再編のされ方に着目し，「従前居住地完結型」，「再定住地完結型」，「従前居住地 - 再定住地補完型」という 3 つの再定住パタンを提示し，それぞれの特徴と課題について整理した。居住地移転において既存の社会関係および権利関係を維持・回復することは確かに重要である。しかし，レジリエントな再定住に向けては，社会関係と権利関係を再定住地の範囲だけで維持・回復すること（「再定住地完結型」の再定住）は現実的ではなく，再定住地だけでなく従前居住地も含めた範囲で維持・回復すること（「従前居住地 - 再定住地補完型」の再定住）が必要であることを指摘した。そして，「従前居住地 - 再定住地補完型」の再定住を実現させる上で，マイクロクレジットの関係のような土地・空間に規定されない「選択的な関係」が介在することが重要であることを指摘した。

ここでマイクロクレジットの関係は土地・空間に規定されない「選択的な関係」であると述べた。このことは確かに原理的には正しい。しかし，実際には，例えば似た仕組みである在来の金融講のように，マイクロクレジットのメンバーが地縁や血縁の関係にある者によって占められていることもある。この場合，マイクロクレジットの関係は実質的には「非選択的関係」となり，居住地移転と再定住地の計画条件への影響は違ってくる。そこで第 5 章では，再定住地における社会関係と権利関係の継承・再編の実態を明らかにするとともに，マイクロクレジットの関係に対するその他の関係の規定性にも着目して，コミュニティにおける結合の原理と実際に迫った。再定住地・事例 G の住民・86世帯に対する対面式アンケートを実施し，その結果，マイクロクレジットの関係が従前居住地や再定住地といった居住地の範囲を超えて維持・回復されていることを明らかにした。さらに，第3章で考案した方法を適用し，マイクロクレジットの関係の維持・回復に対する地縁および血縁の規定性を，その他の変数（住宅敷地の所有・利用関係，世帯の経済状況）の影響も考慮しながら検証した。その結果，再定住地Gの居住者にとってマイクロクレジットの関係は，「空間を介した関係」である地縁や，「非選択的関係」である血縁の関係にはない者との間でも維持・形成されていることが明らかになった。このことから再定住地Gの事例においてマイクロクレジットの関係は，実質的にも土地・空間に規定されない「選択的な関係」であることが検証された。

以上より，マイクロクレジットのような土地・空間に規定されない選択的な社会関係が介在することで，「従前居住地―再定住地補完型」の再定住が実現していることが明らかになった。このことは，従前居住地に蓄積された既存の社会関係が，マイクロクレジットのような地縁・血縁を補完する関係によって，全くそのままの状態ではないかもしれないが，少なくとも等価な状態で再定住地において維持・回復される可能性があることを示唆する知見である。

1.4　生活・仕事を支える社会関係と空間――マイクロクレジットの効果が発揮される機構を通じて

マイクロクレジットは，通常の銀行から融資を受ける際に必要な担保となる土地や資産を持たない貧しい人々を対象とした融資の仕組みであり，現在，途上国だけでなく先進国においても普及している。マイクロクレジットの嚆矢であるバングラデシュ・グラミン銀行総裁（当時）ムハマド・ユヌス氏のノーベル平和賞受賞（2006年）を機に知名度が飛躍的に高まり，貧困削減の画期的な手段としてマイクロクレジットは世界中の政府関係者や市民活動家から注目を集めた。一方，マイクロクレジットの効果については，厳密に検証することが実は難しいと言われており，どのような効果があるか，なぜ機能するのか，ということが学術的には十分には検証されていない。また，研究者の中には，マイクロクレジットの悪影響（貧困のさらなる悪化）を指摘する論者もいる。

本書では，マイクロクレジットは被災者の生活・仕事に基本的には良い影響をもたらすという認識を前提として論を進めてきたが，第4章，第5章の分析においては従前コミュニティの維持・回復においてマイクロクレジットの関係がどのように介在しているか，ということに主な関心があり，その効果までは検証してこなかった。そこで，第6章では，引き続き再定住地・事例Gで活動するマイクロクレジットのグループを対象として，マイクロクレジットの効果を，「経済的効果」と「社会的効果」という観点から探ることにした。また，マイクロクレジットが効果を発揮するための運営の仕組みや空間の条件についても探った。

まず，再定住地Gのマイクロクレジットにおける6つのグループのメンバー・計46人（原則として各世帯から一人，全員女性）全員の貯蓄・融資，および融資の使途の分析を通じて，マイクロクレジットの「経済的効果」について明らかにした。すなわち，マイクロクレジットにおける融資は，漁業や行商等，主に男性が従事する仕事の継続に加え，家庭菜園や雑貨店といった主に女性が従事する仕事の継続・開始，さらには食費や医療費等の日々の生活上の出費にも利用されていた。このことからマイクロクレジットは，被災者の生活・仕事の継続に対して有効であったことが明らかになった。

次に，メンバー間の社会関係および各グループの貯蓄・融資実績の分析を通じて，マイクロクレジットの「社会的効果」について明らかにした。すなわち，従前の地縁や血縁以外からもメンバーが選ばれ，かつ高い融資返済率を維持しているグループがあることが確認された。このことから，メンバーはマイクロクレジットを通じて既存の社会関係の範囲を超えてお互いの関係を認識していると考えられ，既存の社会関係の継承・再編に対してもマイクロクレジットは有効であったことが明らかになった。

なお，マイクロクレジットに参加しているメンバーは全て女性であった。マイクロクレジットは家庭管理者である女性を通じて被災世帯の生活再建や社会関係の継承・再編を支援したという点において，特に効果的であったと言える。

さらに，マイクロクレジットを運営するNGO職員および住民リーダーへのヒアリングや活動の観察を通じて，再定住地Gにおけるマイクロクレジットの運営には以下のような特徴があることが明らかになった。一つは，貯蓄・融資といった金銭的サポートだけでなく，再定住地の住宅敷地内での仕事（漁業関連の作業，家庭菜園，雑貨店等）の指導・奨励といった技術的サポートも同時に行っており，それらを通じて貯蓄・融資と空間利用の間に良循環を生み出している点である。また一つは，マイクロクレジットにおいて一般的とされる連帯責任制度のような強制的手段が実際に適用されることは稀であり，むしろ，借り手に対するNGO職員の頻繁な声かけ，毎週の返済の指導・奨励，返済能力に応じた融資上限額の拡大といった，貸し手と借り手の相互の認識にもとづく自発的手段によって，融資の返済率を高めているという点である。

このような特徴を持つマイクロクレジットの活動を可能にした再定住地Gの空間的な条件として，従前の仕事場がある沿岸部に通うことができる立地（海岸から1.2km），居住者が相互の関係を認識しやすい街区のまとまりと規模（一街区50戸程度），住宅敷地内での仕事や経済活動に対応した住宅形式（空地を備えた接地型の住宅）等が挙げられる。

以上の分析結果は，再定住地の計画において立地や住宅配置，住宅形式といった物的・空間的手段に加え，マイクロクレジットのような社会的・経済的手段が，再定住地における居住の継続性を高める方法として活用できる可能性を示唆している。その際，マイクロクレジットの“成功の秘訣”としてしばしば取り上げられる，融資の返済に対する「連帯責任制度」のような「強制的手段」は必ずしも重要ではない。マイクロクレジットが効果を発揮するためにはむしろ，被災者が再定住地の新しい住環境に適応しやすくする空間利用の指導・促進，また，様々な活動を通じた借り手と貸し手の相互の関係づくりといった，「自発的手段」にもとづく運営の仕組みが重要であった。

再定住地Gの“成功”の要因を探る上で，マイクロクレジットが重要な手掛かりとなった。マイクロクレジットが介在することで，居住者間の共同性が喚起され，新しい住環境に対する居住者の働きかけがより積極的・効果的に行われるようになった。一方，補章2でみたように，再定住地Gでは一定期間が経過すると様々な事情によりマイクロクレジットの活動は停止していた。そして，再定住地においてインフォーマルな住宅の取引，あるいは違法な住宅建設といった行為がみられるようになった。これらは違法な行為であるため，行政や支援者の立場から積極的に奨励することは難しいかもしれない。しかし，こういったインフォーマルな行為にも，居住者間の共同性を喚起する契機となっている側面がある。このように考えると，これらの行為を再定住地の計画や管理において規制するのではなく，上手く活用・コントロールしていくという発想も必要であろう。

2．本書の結論

2.1　居住地移転の“失敗”と“成功”の意味について

津波災害後の居住地移転は，個人の生活・仕事を支える物的・社会的環境を大きく変化させ，津波によって家族や資産を失った被災者の生活・仕事の継続をより一層困難にする“危機的な移行”となる場合がある。

本書は，スリランカのインド洋津波からの復興における再定住地の“成功”事例に学ぶものであったが，“成功”と捉えられる事例においても被災者は被災前の元の状態と同じ生活を送っているわけではない。また，本書で言うところの“成功”とは，あくまで“被災者の生活・仕事が成り立っている”という，最低限の状態を意味するものであった。このように“成功”の定義の幅を広く捉えたとしても，インド洋津波後のスリランカにおいてみられた再定住地の“成功”事例は稀であった。むしろ，再定住地での生活・仕事が成り立たないため多くの住宅が放棄される“失敗”事例が数多くみられた。このような事実を受け止めると，津波災害後の居住地移転の実施にはやはり慎重な判断が必要であり，居住地移転および再定住地の計画のあり方については今後，議論をさらに深めていくことが不可欠である。

以上のことを踏まえ，本書で明らかになった知見をもとに整理した，再定住地の“成功”事例が備えていた環境条件を以下に提示する。

2.2　再定住地の“成功”事例が備えていた環境条件

図7−2は，本書において“成功”事例と位置付けたスリランカ南部ウェリガマ郡の再定住地・事例Gにおいて，被災者を取り巻く環境が備えていた条件を示したものである。

・従前の居住地や仕事場に通いやすい「立地」（海岸からの距離）

被災者の生活・仕事の継続を支える物的環境の要素として，何よりもまず，「立地」（海岸からの距離）が重要であった。津波被災者には漁業従事者等，海との関わりの深い人々が多く含まれており，彼らの生活・仕事は場所ごとの固有の資源や社会関係に依って成り立っていることが多い。彼らの生活・仕事の継続に対する立地による制約は非常に大きく，このことから再定住地は，被災者が従前の居住地や仕事場に通いやすい場所に建設される必要があろう。

厳密な統計的分析から導かれた数値ではなく，あくまで目安であるが，スリランカ南部ウェリガマ郡の場合，海岸からの距離が2 km を越える再定住地では定住率が著しく低下していた。このことは，人々が適応できる居住地移動の距離には限界点が存在することを示唆している。そして，居住地移転を行う場合は，その限界点を超えないように再定住地の立地を決定する必要がある。再定住地Gは，海岸から約1.2km の距離にある丘陵地に建設されており，必ずしも便利な立地ではないが，被災者が従前の居住地や仕事場に通うことが可能な立地であった。

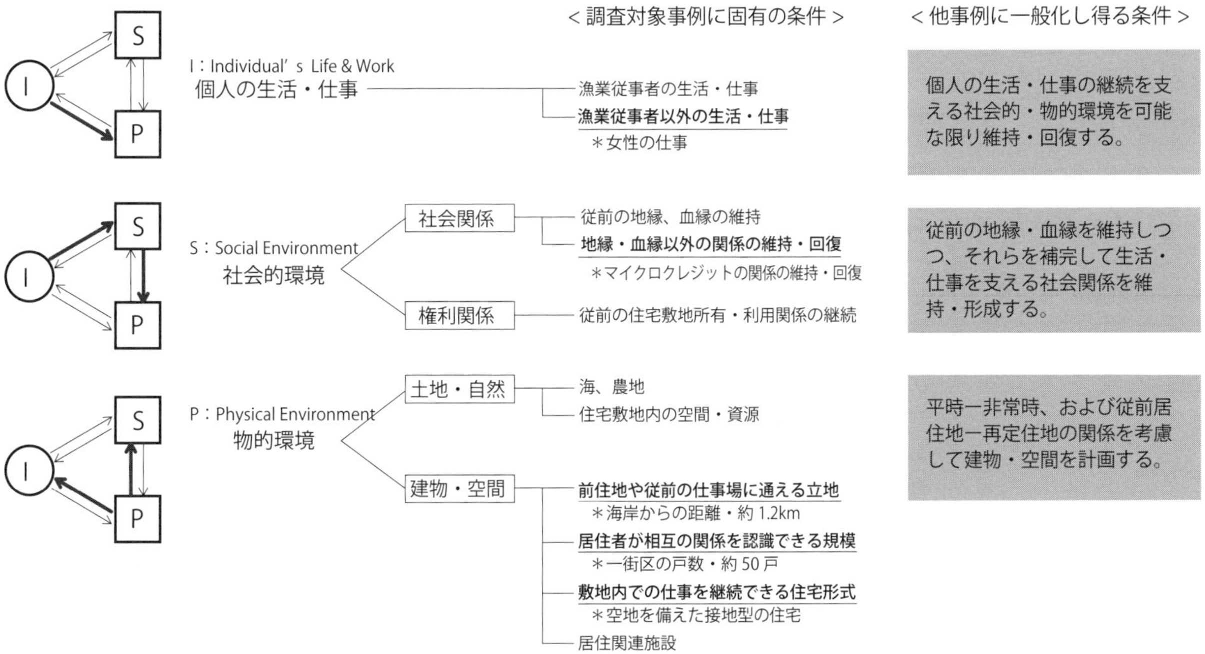

図 7－2　本書における再定住地の " 成功 " 事例が備えていた特徴

・地縁・血縁を補完して生活・仕事を支える社会関係(マイクロクレジット)

次に，被災者の生活・仕事の継続を支える社会関係の維持・回復が重要であった。すなわち，地縁や血縁といった従前からの社会関係を維持・回復しつつ，それらを補完するマイクロクレジットの関係のような，地縁・血縁以外の社会関係を維持・回復することが重要である。マイクロクレジットには，本書で明らかにしたように，被災者の生活・仕事の継続を支える効果（経済的効果）に加え，被災者のコミュニティへの参加を促して社会関係の継承・再編を促す効果（社会的効果）を期待することができる。被災者の生活・仕事が，場所ごとの社会関係に依存して成立していることを考慮すると，このことは大きな意味を持っており，マイクロクレジットの関係はコミュニティの継承・再編の“触媒”となり得る。

一方，コミュニティにおける社会関係の結合の原理と実態の間には通常，他の社会関係を含む社会的環境や物的環境からの影響を受け，何らかの差異が生じている。再定住地Gの事例では，マイクロクレジットの関係は実態としても地縁・血縁に必ずしも規定されない「選択的関係」であった。従前の地縁や血縁をそのままの状態で再定住地に移行することは現実的に困難であるが，マイクロクレジットの関係が介在することで，被災者の生活・仕事の継続にとって少なくとも等価とみなせる社会的環境が再定住地においても再現されていた。逆に，マイクロクレジットの関係が実際には「非選択的関係」であった場合，その程度にもよるが，居住地移転および再定住地の計画において，地縁・血縁の維持等，考慮しなければならない事柄が増え，条件の制約はより大きくなる。

・生活・仕事の継続および社会関係の維持・回復を支える物的環境：住宅敷地内での仕事が可能な「住宅形式」（周囲にオープンスペースを備えた住宅），居住者が相互の関係を認識しやすい「規模」（一住宅地あるいは街区を構成する住宅の戸数）等

最後に，被災者の生活・仕事の継続を支えた物的環境について整理する。先述したように，被災者が従前の居住地や仕事場に通いやすい「立地」が何よりも重要であり，再定住地Gは，海岸から約1.2km内陸の丘陵地という立地であった。必ずしも便利な立地ではなかったが，上述したようにマイクロクレジットの導入により従前居住地および再定住地における生活・仕事の継続・再開が促され，不利な条件が徐々に克服されていった。マイクロクレジットがそのような生活・仕事に対する効果を発揮する上で以下に述べるような再定住地の物的環境が重要であった。

まず，住宅敷地内で仕事を行うことが可能な住宅形式である。再定住地Gの住宅は接地型の住宅形式であり，住宅の周囲には，十分な広さとは言えないが，オープンスペースが設けられている。そのため，入居後の生活の状況に応じて，住宅周辺のオープンスペースを活用することで，例えば家庭菜園，雑貨店，干魚加工等といった従前の居住地で行っていたような仕事を再定住地でも継続・再開することが可能であった。

また，住民が相互の関係を認識しやすい住宅地規模であることも重要であった。マイクロクレジットが機能する上で，先述したように，グループにおける貸し手と借り手，あるいは支援者と住民の相互の認識にもとづく自発的手段が構築・活用されていた。再定住地Gの規模は，一街区が約50戸という従前集落の規模に近いものであったこともあり，マイクロクレジットの基礎となる関係者どうしの相互の認識が比較的容易であった。

なお，再定住地Gでは入居から一定期間が経過すると共用施設や共用空間は管理が放棄され荒廃していた。その後，インフォーマルな住宅建設が共用の空間や土地において展開されていた。それらの行為は違法であるが，居住者間の新たな共同性を喚起したという側面があったため，一概に否定的な評価を下すことはできない。しかし，その持続性には疑問の余地があるため，本書では再定住地の共用施設や共用空間は“成功”を支えた環境条件に含めていない。

2.3　復興の選択肢として再定住地の計画が考慮すべき条件

本書を通じて明らかにした再定住地の“成功”事例が備えていた環境条件はあくまで一事例の経験から導かれたものであり，必ずしも即座に一般化できるものばかりではない。しかし，コミュニティの内部構造にまで踏み込んだ質的な分析を積み重ねることで，定量的な分析だけでは決して導かれない，コミュニティにおける結合の原理と実際，および個人の生活・仕事，社会的環境，物的環境の関連性を描き出すことができた。

一方，以下に示すのは，本書で明らかにした内容をもとに抽出した再定住地が復興の選択肢となるための指針である。これらは，スリランカ南部の再定住地だけでなく，他の自然災害被災地，開発途上地域，衰退地域といった，物的資産に恵まれない地域における居住地移転と再定住地の計画のあり方に対しても示唆を与える基礎的な知見であると考えている。

①　個人の生活・仕事とそれを取りまく社会的環境および物的環境を可能な限り維持・回復する。

②　従前の地縁・血縁を維持しつつ，それらを補完して生活・仕事を支える社会関係を維持・回復する。

③　平時―非常時，および従前居住地―再定住地の関係を考慮して再定住地の建物・空間を計画する。

居住地移転および再定住地の計画において，居住者の生活・仕事の継続性を高めるためには，少なくとも上述した条件について考慮すべきである。逆に，上述した条件が考慮されていない場合，居住者の生活・仕事の継続が困難となり，再定住地は“失敗”に終わる可能性が高くなる。

3．提言と研究成果の応用――東日本大震災および将来の災害からの復興を見据えて

3.1　提言――自然災害後の再定住計画の原則[1)]

ここでは，本書の結果を踏まえ，災害後の居住地移転と再定住地の計画

のあり方に対する提言を行う。

なお，本提言は，災害からの復興において，元の場所での住宅再建が困難であるケース，あるいは望ましくないケースがあることを想定したものである。居住地移転は，災害で家族や住まい，仕事を失った被災者に，さらなる環境の変化をもたらし，新たな環境への適応の負担を強いることが危惧される。そのため，災害後の居住地移転は基本的にはなるべく避けるべき選択肢であるという認識が欠かせない。

また，本提言において示す原則は，あくまでも復興にむけた協議のプロセスの出発点である。居住地移転と再定住地の計画に関わる意思決定は本来，政府，自治体，住民，企業，NGO/NPO，市民等，多様な主体に開かれた議論，協議のなかで行われる必要がある。

以上のような前提のもと，本提言ではまず，「計画のあり方」について述べた上で，「個人の生活再建」と「地域・コミュニティの再生」について述べる。

＜計画のあり方について＞

原則１：「平時」と「非常時」，および「従前居住地」と「再定住地」の関係に留意して複数の再生シナリオを作成する

非常時に備えて平時から複数の安定状態に移行できる準備ができている個人やコミュニティはレジリエントであり，持続性が高い。災害後の居住地移転と再定住地の計画においても，個人やコミュニティのレジリエンスを損なわないよう，「個人の生活継続・再建」および「地域・コミュニティの再生」それぞれについて複数の再生シナリオを描いておく必要がある。

1）　本提言は，日本建築学会住まいづくり支援建築会議主催・東日本大震災における住まいの復興のあり方に関する連続ワークショップ第２回（2011年７月）における筆者の講演「住宅復興の研究事例のレビューとスリランカにおける津波被災地居住地の再定住事業の成功法則」，および，日本不動産学会，都市住宅学会連携シンポジウム「東日本大震災とまちづくり」（2011年５月）に対する筆者等による提案「地域の生活とコミュニティを維持できる復興まちづくりの原則」の内容に大幅に加筆・修正を加えたものである。

その際，例えば「非常時」において居住地が満たすべき条件（被災者の生活再建，安全の確保等）だけでなく，「平時」に移行した際の居住地の条件（生活・仕事の安定化および家族や生活・仕事の変化への対応等）も考慮する必要がある。また，「再定住地」に被災者の生活・仕事やコミュニティをそのままの状態で移行するだけなく，「従前居住地」に残された生活・仕事やコミュニティとの関係も考慮して，再定住地の立地や社会関係の継承・再編のための空間計画について議論・検討する必要がある。

＜個人の生活再建について＞

原則２：個人の生活・仕事の継続を支える物的環境および社会的環境を優先的に整備する

個人の生活・仕事の継続を支える社会関係や権利関係といった「社会的環境」，および住宅立地，住宅地規模，住宅形式，共用施設等で構成される「物的環境」を優先的に整備する。

鉄道・道路等のインフラや生活・産業関連施設といった都市・地域全体の土地利用に関わる計画を短期間で決定・実行することは困難であり，また，そうすることが必ずしも望ましくない場合がある。そのため，まずは個人の生活・仕事が最低限成り立つ状態へと移行させることを優先し，そのために必要とされる社会的・物的環境を整備する。以下に，その具体的な手段の例について示す。

- **従前の居住地や仕事場との関係を維持しやすい再定住地の「立地」**
  例：漁業従事者が常に海の様子を視認できる立地，
  漁業従事者が海岸に徒歩で通うことができる立地，等
- **住宅周辺や住宅敷地内で仕事ができる住宅形式および施設**
  例：敷地内にオープンスペースを備えた住宅，共同の作業スペース，住宅地内の店舗・事務所スペース，等
- **居住者が相互の関係を認識しやすい住宅地規模および住宅配置**
  例：50戸程度の住戸で構成される街区，明確な街区境界，対面式の

住宅配置，等

・生活・仕事の変化に対応できる住宅形式および住宅配置

例：コア・ハウジング，サイト・アンド・サービス方式，等

・個人の生活・仕事の継続を支える社会関係の維持・回復

例：マイクロファイナンス，キャッシュ・フォー・ワーク，等

・個人の生活・仕事の継続を支える権利関係の維持・回復

例：住宅敷地の共同的な所有・利用関係，移転跡地に対する権利の保持，等

原則３：地縁・血縁を補完しながら個人の生活・仕事を支える社会関係を維持・回復する

従前の地縁や血縁を維持しつつ，それらを補完して個人の生活・仕事を支える地縁・血縁以外の社会関係を維持・回復する。災害によって物的な資源がほとんど失われてしまった地域，居住地移転によって物的環境が大きく変化せざるを得ない地域，あるいは平時から物的な資源が乏しい地域においては，社会関係が復興・再生に向けた資源となる。

マイクロクレジット，キャッシュ・フォー・ワークといった経済的・技術的サポートを提供する関係，あるいは高齢者の見守りやコミュニティカフェといった心理的・社会的サポートを提供する関係等，居住者の個別のニーズに応じた社会関係が選択できるような社会的環境の整備が必要である。

また，それらの社会関係の維持・回復を通じて，既存の地域コミュニティの継承・再編が促されることも期待される。住民どうしの関係の継承・再編に加え，自治体，NGO/NPO，大学，有志の個人，企業といった地域外の主体との関係が形成され，それらが全て復興に向けた新たな社会的資源となる可能性がある。

＜地域・コミュニティの再生について＞

原則４：被災前の集落・市街地の状態を良かった点，改善が必要であっ

た点も含めて可能な限り維持・回復する

集落・市街地の被災前の状態を，良かった点，改善が必要であった点に関わらず，可能な限り維持・回復することを最初の目標とする。また，居住地移転が必要となるのは，①地盤の崩壊等により住宅再建が物理的に困難である，②地形や地盤の条件等により被害の防止が困難である，といったケースが想定される。やむを得ず居住地移転を行う場合であっても，被災前の状態からの変化を可能な限り小さくし，環境移行の問題を緩和する必要がある。

住民や地元行政に余力がない地域や，普段から地域づくりの活動が活発ではない地域，あるいは積極的な活動主体が不足・不在の地域であっても，上記の原則が第一目標であれば，復興に向けた取り組みを始めるきっかけになる。 この原則を実行に移すためには，集落・市街地の被災前の状態が把握されていることが必要であり，普段からの集落・市街地の記録・資料づくりや，被災後の有志によるモニタリング等が有効である。

原則５：「個人の生活再建」との関係を考慮した「地域・コミュニティの再生」拠点として再定住地を利用・管理する

被災から一定の期間が経過して「個人の生活再建」とともに「地域・コミュニティの再生」が進むと，被災者をめぐる状況は変化していく。その中で，被災者が変化に対応しながら居住を継続できるように再定住地を適正に管理していく必要がある。

一方，生活の安定化が一通り達成された被災者は再定住地から次の住まいへと移っていくことも想定される。このような状況も想定して，再定住地の住民，地域外から帰還する被災者，さらには地域内で住宅ニーズを持つ住民への再定住地の空き住戸の提供等を通じて住民の入れ替わりを適正に管理していく必要がある。また，住宅需要がない場合は空き住戸を商業・産業関連施設や生活・福祉関連施設等の他の用途に転用することも有効である。それにより，再定住地が「被災者の生活再建」だけでなく「地域・コミュニティの再生」の拠点としても機能するであろう。

なお，地震災害や津波災害の場合は「個人の生活再建」と「地域・コミュニティの再生」がある程度一体的に進んでいくことが予想される。しかし，原発事故からの復興においては被災者の多くは住み慣れた地域から長期間に渡って避難せざるを得ない。そのため，「個人の生活再建」と「地域・コミュニティの再生」はバラバラにならざるを得ない。このような原発災害特有の困難な状況を考慮すると，避難者が将来的には帰還するという選択肢を残しつつ，当面は安定的な居住が確保できる場所で暮らすという選択をできることが重要である。そのためには長期避難者の生活拠点となる再定住地の整備や避難元の地域・コミュニティとの関わりを継続できる関係づくりや情報発信の仕組みづくりが必要である。

3.2　研究成果の応用——今後の研究課題

（1）再定住地の“成功”と“失敗”の経験法則の探求

災害ごとの特性やフィールドの地域性，文化の違い等を考慮して適宜修正していく必要はあるが，本書で構築した分析のフレームを用いて，今後，さらなる事例の蓄積と研究間比較を行うことによって，災害後の居住地移転が“成功”あるいは“失敗”するのはどのような場合か，経験法則を導きだすことができると考えられる。

本書では，一つの“成功”事例について掘り下げた質的な検討を行うことで，量的な研究だけでは得られない，個人の生活・仕事を支える社会的環境および物的環境の具体的な要素とそれらの関係の構造についての知見を得ることができた。今後は，本書で得られた知見をもとにして仮説を形成し，他の事例にも研究対象を拡げて分析・検証を行うことが想定される。

こういった研究をもとに経験を蓄積することは，非常時における居住地の計画技術の質水準を向上させることだけでなく，平時には観測しづらい知見の蓄積を通じて，持続可能な住宅地とは何かという，建築計画学におけるより根源的な問いへの応えを探ることにもつながる。

（2）「個」からする被災都市・地域の将来像の展望

本書では，再定住地の“成功”事例において個人の生活・仕事を支えた社会的環境と物的環境の条件を，比較的小規模な地域社会空間において見出してきた。一方，本書における研究の結果として明らかになった，居住地の立地の重要性や，外部主体が果たす役割の大きさ等を踏まえると，今後は研究の開始時点から，より広域的な視点や，外部との関わりといった視点を取り入れた分析のフレームを設定することも可能である。

このように，個人の生活・仕事や地域社会空間といった小規模な単位にこだわることは建築計画学の特徴であり強みでもある。このような個別的・微視的な視点を継承しつつ，上述したようなフレームの再設定により，再定住地の計画論をより広い社会・空間のあり方に関する議論（例えば居住立地論，産業配置論，市民参加論といった議論）と接続することは有意義であろう。それによって，「個」の実態にもとづく視点から被災都市・地域の将来像をよりリアルに展望することができるからである。

（3）個人の生活・仕事を支える技術の実践的検討

再定住地の計画条件，およびその指針となる都市・地域の将来像に加え，それらを実現するための技術的手段が用意されている必要がある。例えば本書では，再定住地における居住の継続性を高める手段の一つとしてマイクロクレジットに注目し，その役割について多面的に検証した。

マイクロクレジットが世界中で注目を浴びている理由の一つは，それが開発途上国の現場で生まれ，世界中に普及していった稀有なイノベーションだからである。今後も開発途上国や僻地社会のように様々な制約や問題を抱える社会から，その特異な状況ゆえにイノベーションが生まれる可能性は大いにある。そのような新しい潮流を捉え，研究者が実証的研究を積み重ねるとともに，場合によっては，研究者自身が実験的プロジェクトに参加し，ハード（建物・空間）とソフト（雇用創出，小規模金融等）の両面について新しい技術の提案・実践・検証を行うという，いわゆる実践的研究（アクションリサーチ）も有効であろう。

こういった検討を実行するためには，研究環境上の多くの条件を整える必要がある。本書がそうであったように，様々な関係者による理解と支援・協力が必要である。さらに，研究者自身が復興や再生の「現場」に関与しながら実践的研究や実験的プロジェクトを遂行していくためには，市民の立場に近い存在である基礎自治体，地域運営組織，NPO/NGO等といった主体との相互理解にもとづく協働関係を築いていく必要がある。

あとがき

本書は2011年10月に京都大学大学院工学研究科に提出した博士学位論文（「津波被災者の再定住地への移住と社会関係の再編に関する研究――スリランカのインド洋津波からの復興を事例に」。2012年 1 月博士号取得）をもとに，その後の研究活動の成果を加え，大幅に加筆・修正したものである。本書のもととなる研究を進める上で，実に多くの人々にお世話になり，支えられてきた。

スリランカには2005年 4 月にはじめて訪れて以来，気がつけば10年以上通い続けている。その間，私はスリランカで実に多くの人々と出会った。彼らは現地調査に際して私を支え続け，様々なことについて気づき，学ぶきっかけを与えてくれた。

ここ数年，国内紛争の終結宣言と観光地化の進展にともないスリランカについて日本のメディア等でも紹介される機会が増えてきた。しかし，つい最近まで多くの日本人にとってスリランカは紅茶（セイロンティー）の国，国内紛争が続く危険な国といった程度のイメージしかない，どちらかというと縁遠い国であったのではなかろうか。そのような状況であったので，第二次世界大戦後，日本の処遇を決めるサンフランシスコ講和会議におけるエピソード等も残念ながら日本人にはほとんど知られていない（戦争被害を受けた国から莫大な賠償を求められ，日本領土の分割案まで出される等，敗戦国・日本にとって非常に厳しい状況であった。そんな中，スリランカ（当時はセイロン）代表として演壇に立った若い大臣・ジャヤワルダナ氏（後の初代大統領）がブッダの教えを引きながら日本に賠償請求を一切しないことを宣言した。その言葉に人々が感銘を受け，会議は日本の戦後復興を援助する方向に決まったというエピソードである）。

一方，スリランカの人々にとって日本という国は，第二次大戦後の復興とその後のめざましい経済発展を成し遂げ，アジアでいち早く世界の先進国の仲間入りを果たした国として，その確かな技術力と勤勉な国民性とともに，ある種の憧れの感情をもって受け止められているように思う。実際，出稼ぎやビジネス（主に宝石関連）で日本に行ったことがあるというスリランカ人は私が思っていた以上に多くいて，コロンボの街を歩いていても彼らは私に気軽に日本語で話しかけ，日本での思い出などを語ってくれることも少なくなかった。

スリランカ人にとって日本は親近感を覚える国であるとはいえ，まだまだ遠い国である。そのような遠く離れた国・日本からわざわざスリランカまで来て，村のあれこれについて尋ねてまわる私のことを奇異に思った人々も少なくなかったであろう。また，津波によって大切な家族・友人や家財を失い，彼らはそのような感情をあまり表には出さないが，深い悲しみと将来への不安を抱えていたであろうことは想像に難くない。それでも彼らはいつも調査で訪れた私のことを暖かくもてなし，慣れないアンケート調査にも快く協力してくれた。彼らには心から感謝したい。訪問した先々でふるまわれる砂糖たっぷりの紅茶には，満腹となり胃がもたれることもあったが，いつも元気づけられ，今では良い思い出となっている。

スリランカの人々から受けたもてなしと心づかいには，研究の成果をもって報いるしかない。とは言え，本書がインド津波からの復興におけるスリランカの人々の営みにどれぐらい深く迫れたか，また，今後のスリランカの防災・減災や発展にどのように役に立つのか，と改めて問われると正直なところ心もとない。また，再定住における人々の生活やコミュニティの再構築について，単なる現状の記述にとどまらず，社会科学分野の研究成果を参照しつつ，操作性を伴った工学的なモデルで表現することを試みた。これについても今後，様々な方々からの忌憚のないご指摘・ご批判を賜りたい。また，私自身，いまだ復興の途上にある東日本大震災関連の研究等を含めて研究活動を続けていくなかで考察を深め，学術と社会の発展に資する，より確かな研究成果にしていきたいと願っている。

＊

本書のもととなる研究を進めるにあたって，大学院博士後期課程を通じて私の指導教授をしていただいた髙田光雄教授（京都大学大学院工学研究科）には感謝してもしきれない。髙田教授には，住まいとコミュニティの関係に関する研究について広い視野から指導をしていただき，たとえ私が袋小路に行き当たってばかりであっても，いつも辛抱強く議論につきあっていただいた。また，研究室での議論だけでなく，髙田教授自身が長く取りくんでおられる住まい・まちづくりの実践的研究に関わる様々な研究会や現場に同行させていただくことで，研究者としての心構えを含めて様々な事柄について学ばせてもらった。

本書のもととなる博士論文の取りまとめを行っていたちょうどその時期，東日本大震災が発生した。国は異なるが，津波災害からの住宅復興について研究してきた者として，この未曾有の大災害に対して何かできることがないかと思いつつも，押し流される家屋の映像をテレビでみて私はただ呆然としていたことを今でも覚えている。そのような時，髙田教授には，今こそ研究の成果を役立てる時だと叱咤激励の言葉を頂き，大いに励まされた。また，私が既に審査段階に入っていた博士論文の執筆を半年間中断して東北の支援活動と調査に参加することを許していただいいた。もちろん，半年間現地に行ったからといってもちろん何か決定的な答えが得られるわけではないが，この経験は本書で記した通り，本書の取りまとめとその後の研究活動にとってかけがえのないものになった。京都大学に助教として奉職してからも，髙田教授には上司として引き続き指導をしていただいている。京都大学の住宅研究の伝統を受け継ぎ，社会の中であるべき住まいやまちの像を求め，常に好奇心と使命感を持ちつづけて研究に取り組まれる教授のお姿に少しでも近づくことが私の目標である。

本書とそのもとになった博士論文の作成にあたっては，博士学位論文の副査を引き受けて頂いた小林正美先生（京都大学名誉教授）ならびに林康裕先生（京都大学大学院工学研究科教授），また，布野修司先生（滋賀県立大学名誉教授，日本大学特任教授），サミタ・マナワドゥ先生（スリランカ・モラトゥワ大学建築学部教授），神吉紀世子先生（京都大学大学院

工学研究科教授），高桑史子先生（首都大学東京名誉教授），林勲男先生（国立民族学博物館准教授），高橋康夫先生（京都大学名誉教授），山岸常人先生（京都大学大学院工学研究科教授），牧紀男先生（京都大学防災研究所教授），大野隆造先生（東京工業大学名誉教授），舟橋國男先生（大阪大学名誉教授），山田協太先生（総合地球環境学研究所），安枝英俊先生（兵庫県立大学人間環境学部准教授），森重幸子先生（武庫川女子大学生活環境学部講師），韓勝旭先生（釜山発展研究員研究員），関川華先生（岡山大学教育学部講師）ほか，多くの研究者にお世話になった。

特に，布野修司先生には，先生が京都大学に助教授として在籍しておられた当時，修士課程一回生で右も左もわからなかった私にスリランカを含め海外調査に参加する機会を与えてくださった。布野先生なくしてはスリランカという研究フィールドと出会う機会はなかった。サミタ・マナワドゥ先生には，スリランカでの現地調査を遂行するにあたり，調査内容への助言だけでなく，公的機関への紹介状の作成や調査補助をしてくれる学生の手配，宿泊場所の紹介に至るまで全面的なサポートをしていただき，感謝してもしきれない。高桑史子先生には1980年代からスリランカ海村社会をフィールドとする調査と研究を続けてこられたご経験をもとに，先生のご専門である社会人類学にとって全くの門外漢である私に対しても暖かい励ましのお言葉とともに貴重なご助言をいただいた。

また，途上国支援の実務家である石川直人氏（特定非営利活動法人アプカス代表理事）ならびに伊藤俊介氏（同・事務局長）には，私が主な調査対象としたマータラ県の再定住地に関わり，現地で調査を進めていく上で，様々な便宜を図っていただいた。研究の方向性が明確に定まっていない段階から様々な相談に乗っていただき，また，私がスリランカ滞在中はアプカスの事業地を訪れることで，実践と研究の関係について深く考える貴重な機会をいただいた。その後，アプカスの両名とは，東日本大震災被災地における支援活動やスリランカでの旧紅茶農園長屋再生等のプロジェクトにおいても協働することとなり，実務家と研究者という垣根を越えて，思いがけず良い関係を築けている。

また，一人一人の名前を挙げることはできないが，京都大学大学院工学研究科博士後期課程進学以降在籍している居住空間学講座（髙田研究室）での日常的な議論は私の研究活動においてかけがえのない財産となっている。髙田教授の指導のもと，在籍メンバーそれぞれが研究に取り組む住まい・まちづくりに関する様々な領域の議論について触れることができる同講座の研究環境は，いま思えば非常に贅沢なものであった。同講座で議論を共にした先輩，同僚，後輩，学生の諸氏にもありがとうと言いたい。また，研究を遂行する上で複雑な事務処理を含め様々なサポートをいただいた秘書の長谷川直子さんにも心から感謝したい。

京都大学学術出版会の編集部からは，鈴木哲也編集長，高垣重和氏に大変お世話になった。鈴木編集長には，準備段階からご助言をいただき，本書の構成とその見せ方について改めて多くのことを気づかせていただいた。また，高垣氏には，なかなか筆が進まない私に辛抱強くつきあっていただき，細心のご配慮をもって仕上げのための校正にご協力いただいた。ここに記して感謝したい。

なお，本書のもととなった論文は，2013年５月に「都市住宅学会論説賞」および「都市住宅学会博士論文コンテスト最優秀賞」を，同年８月には日本建築学会「研究奨励賞」をいただいた。過分な評価をいただいたことに驚き，恐縮するばかりであったが，これらの受賞は私が研究活動をつづけるにあたり大変な励みとなった。また，度重なるスリランカへの渡航と現地調査は，日本学術振興会科学研究費補助金（特別研究員奨励費，平成20年度～21年度，平成25年度～）ならびに平成19年度松下国際財団研究助成金（現・財団法人松下幸之助記念財団研究助成金）による助成によって可能になった。さらに，本書の刊行にあたっては，平成27年度日本学術振興会科学研究費補助金（研究成果公開促進費）を受けている。関係諸氏に厚く御礼を申し上げたい。

最後に，これまで支えてくれた家族にもありがとうと言いたい。両親には，いま思えば，自分が何をしているのか，自分が将来どうなりたいのか，ろくな説明もできないまま博士研究を続けさせてもらっていたが，長い学生生活を見守り，全面的なサポートを続けてくれた。私の家族がいつも私の選択に大きな信頼をおいてくれたことは，私がこれまで研究を続けることができた最大の要因であったと思っている。心からの感謝を贈りたい。

2016年２月３日

前田昌弘

本書の一部は，既発表論文をもとに大幅に加筆・修正したもので構成している。もとになった論文の初出は以下の通りである。

［第２章］前田昌弘：スリランカにおける居住地移転をともなう住宅再建事業の現状と課題―南西沿岸を事例に，林勲男編：自然災害と復興支援，明石書店，pp.87–108, 2010

［第３章，第４章］前田昌弘，髙田光雄，神吉紀世子：世帯間関係と住宅敷地所有・利用関係による再定住の類型化―インド洋津波後のスリランカにおける住宅移転をともなう再定住に関する研究　その１―，日本建築学会計画系論文集，第652号，pp. 1441–1448, 2010

［第５章］前田昌弘，髙田光雄 , 神吉紀世子 : 世帯間関係の組み合わせパタンと住宅敷地所有・利用関係の分析―インド洋津波後のスリランカにおける住宅移転をともなう再定住に関する研究　その２―，日本建築学会計画系論文集，第661号，pp. 617–624, 2011

［第６章］前田昌弘，髙田光雄：再定住地における生活再建とコミュニティ形成に対するマイクロクレジットの効果―インド洋津波後のスリランカにおける住宅移転をともなう再定住に関する研究　その３―，日本建築学会計画系論文集，第668号，pp. 1859–1866, 2011

［補章１］前田昌弘，中川雄輔，山田協太，布野修司：インド洋スマトラ島沖地震津波後のスリランカ南西沿岸居住地における復興の実態と問題

点に関する考察―平常時の居住環境との連続性に着目して―，日本建築学会計画系論文集，第614号，pp. 183–190, 2007

［補章２］前田昌弘，高田光雄，石川直人，伊藤俊介：2004年インド洋津波における被災者の生活継続からみた再定住地の計画条件―関係性の継承・再編からみた住宅・地域計画に関する研究（建築計画部門オーガナイズドセッション），日本建築学会大会学術講演梗概集（近畿），pp. 33–36, 2014

［Topics １，Topics ３］前田昌弘，石川直人，伊藤俊介：津波被災者への居住支援と“信頼構築”の関係に関する研究―気仙沼市本吉町における実践を通じて―，住宅総合研究財団研究論文集，第40号，pp. 129–140, 2014

［Topics ２］関川華，前田昌弘，他２名：京阪神における東日本大震災遠隔地避難者の居住支援状況に関する調査研究，都市住宅学，第79号，pp. 26–31, 2012, 久保由華，高田光雄，前田昌弘，浦部智義，小林拓也：福島第一原発事故被災者の住宅・生活再建プロセスに関する研究―住情報支援の視点から―，日本建築学会住宅系研究報告集，第10号，pp. 81–86, 2015

［Topics ５］前田昌弘：原子力災害被災者の再定住とコミュニティ・デザイン，連載 震災復興の転換点②，建築雑誌，第1680号，pp. 28–29, 2016

［Topics ６］前田昌弘，大庭徹，石川直人，伊藤俊介，平石年弘：建築を通じた地域コミュニティ再生の支援―旧紅茶プランテーション地域における長屋再生の実践―，日本建築学会住宅系研究報告集，第10号，pp. 129–134, 2015

参考文献一覧

・青田良介，室崎益輝：インド・グジャラート地震における NGO 活動を中心にしたコミュニティの生活再建支援について，地域安全学会論文集，第 3 号，pp.163–172，2001
・青田良介，室崎益輝，重村力，北後明彦，カウディ・ウェラシンハ：スリランカ南部を中心にした津波災害後約 2 年間の恒久住宅再建の変遷とその後の課題——政府の対策と被災者の見解を踏まえた考察，地域安全学会論文集，第 9 号，pp. 55–64，2007
・青砥穂高，熊谷良雄，糸井川栄一，澤田雅浩：新潟県中越地震による中山間地域集落からの世帯移転の要因と世帯移転が集落コミュニティに及ぼす影響に関する研究，地域安全学会論文集，第 8 号，pp.155–162，2006
・浅井保，重村力，西天平：街区特性から見た住宅再建過程——阪神淡路大震災後の神戸市東灘区住吉地区を対象として，日本建築学会計画系論文集，第545号，pp.207–214，2001
・アジア経済研究所：特集 マイクロファイナンス——変容しつづける小規模金融サービス，アジ研ワールド・トレンド，No.173，2010
・渥美公秀：災害ボランティア——新しい社会へのグループ・ダイナミックス，弘文堂，2014
・粟野晴子：小口金融活動から住民参加による地域開発へ——ジンバブエに見るその可能性と限界，斎藤文彦編著：参加型開発——貧しい人々が主役となる開発へ向けて，日本評論社，pp.107–134，2002
・安藤元夫，幸田稔，坂本滋之：木造密集市街地の細街路，狭小宅地における住宅再建の困難性に関する研究——阪神大地震・白地地域の西須磨地区におけるケーススタディ，都市計画論文集，第32巻，pp.751–756，1997
・石川永子，池田浩敬，澤田雅浩，中林一樹：被災者の住宅再建・生活回復から見た被災集落の集団移転の評価に関する研究——新潟県中越地震における防災集団移転促進事業の事例を通して，都市計画論文集，第43巻，pp.727–732，2008
・市古太郎，長谷川庄司，中林一樹：2009年スマトラ島西部地震における住宅再建支援スキームと発災半年時点における再建始動状況，日本建築学会住宅系研究報告会論文集，第 5 号，2010
・伊藤セツ，川島美保：3 訂 消費生活経済学，光生館，2008
・岩本隆茂，川俣甲子夫：シングルケース研究法，勁草書房，1990
・浦野正樹，吉井忠寛，大矢根淳編：復興コミュニティ論入門 , 弘文堂 , 2007
・岡本真理子，吉田秀美，粟野晴子編：マイクロファイナンス読本——途上国の貧困緩和と小規模金融，明石書店，1999
・奥田道大：地域集団，見田宗介，栗原彬，田中義久編：社会学事典，弘文堂，1994
・落合知帆，松丸亮，小林正美：大規模災害からのコミュニティの再構築とコミュニティの問題対応能力に関する研究——インドネシア，アチェ州ムラボーの仮設住宅を事例として，都市計画論文集，第44巻，第 3 号，pp.325–330，2009
・角田修一：生活様式の経済学，青木書店，1992
・角田修一：概説 生活経済論，文理閣，2010

・仮設市街地研究会：提言！仮設市街地—大地震に備えて，学芸出版社，2008
・金子郁容：新版 コミュニティ・ソリューション—ボランタリーな問題解決に向けて，岩波書店，2002
・金子郁容，玉村雅敏，宮垣元編集：コミュニティ科学——技術と社会のイノベーション，勁草書房，2009
・金光淳：社会ネットワーク分析の基礎——社会的関係資本論にむけて，勁草書房，2003
・辛島昇，江島恵教，小西正捷，前田専学，応地利明編：南アジアを知る事典，平凡社，2002
・川島耕司：スリランカと民族——シンハラ・ナショナリズムの形成とマイノリティ集団，明石書店，2006
・河田惠昭 編：2004年12月スマトラ沖地震津波災害の全体像の解明，科学研究費補助金報告書，2007
・河田惠昭：津波災害－減災社会を築く，岩波書店，2010
・岸幸生，小泉秀樹，渡辺俊一：阪神淡路大震災復興区画整理事業における「２段階都市計画決定方式」の問題点と有効性に関する一考察，都市計画論文集，第32巻，pp.757−762，1997
・北原糸子：津波災害と近代日本，吉川弘文館，2014
・木村玲欧，林春男，立木茂雄，田村圭子：阪神・淡路大震災のすまい再建パターンの再現——2001年京大防災研復興調査報告，地域安全学会論文集，第３号，pp.23−32，2001
・京大・NTT リジエンス共同研究グループ：しなやかな社会の創造，日経 BP コンサルティング，2009
・京大・NTT リジエンス共同研究グループ：しなやかな社会への試練 東日本大震災を乗り越える，日経 BP コンサルティング，2012
・熊谷兼太郎：スリランカの沿岸域管理政策とインド洋津波の影響，国土技術政策総合研究所資料，No.303，2006
・建設省国土地理院：チリ地震津波調査報告書——海岸地形とチリ地震津波，1961
・香坂玲編著：地域のレジリアンス——大災害の記憶に学ぶ，清水弘文堂書房，2012
・国際協力銀行（JBIC）：紛争と開発——JBIC の役割，スリランカの開発政策と復興支援，JBIC Research Paper No.24，国際協力銀行・開発金融研究所，2003
・越沢明：大災害と復旧・復興計画（叢書 震災と社会），岩波書店，2012
・越村俊一：津波防災対策としての高地移転と土地利用規制，自然災害科学，第25巻，第２号，pp.142−145，2006
・酒井沢栄，土井幸平：震災後の中高層共同住宅増加に伴う住環境形成上の課題——西宮市の例，日本建築学会計画系論文集，第526号，pp.209−214，1999
・坂田正三：社会関係資本と開発——議論の系譜，佐藤寛編：援助と社会関係資本——ソーシャルキャピタル論の可能性，日本貿易振興会アジア経済研究所，pp.11−33，2002
・桜井政成 編著：東日本大震災と NPO・ボランティア—市民の力はいかにして立ち現れたか，pp.107−126，ミネルヴァ書房，2013

・佐々木伸子，上野勝代，村谷絵美：コレクティブ住宅のコミュニティ形成効果とその要因——再開発受皿公営住宅におけるコレクティブ棟と一般棟の比較より，日本建築学会計画系論文集，第580号，pp. 1－8，2004
・佐藤寛：社会関係資本概念の有用性と限界，佐藤寛編：援助と社会関係資本——ソーシャルキャピタル論の可能性，日本貿易振興会アジア経済研究所，pp. 3－10，2002
・支援基礎論研究会：支援学－管理社会をこえて，東方出版，2000
・塩崎賢明：阪神・淡路大震災の復興都市計画事業における「2段階都市計画決定方式」の評価に関する研究，都市計画論文集，第33巻，pp.97−102，1998
・塩崎賢明：住宅復興とコミュニティ，日本経済評論社，2009
・塩崎賢明，原田賢使：被災地における自力仮設住宅の建設実態——阪神・淡路大震災における自力仮設住宅に関する研究 その1，日本建築学会計画系論文集，第519号，pp.179−186，1999
・塩崎賢明，田中正人，堀田祐三子：被災市街地における住宅・市街地特性の変化と居住者の「孤立化」に関する研究－尼崎市築地地区の市街地復興事業を通して，日本建築学会計画系論文集，第605号，pp.119−126，2006
・柴田和子，檜谷美恵子，篠田美紀：復興住宅団地における高齢居住者のパーソナル・ネットワークと共同居住意識，都市住宅学，第39号，pp.111−116，2002
・渋谷利雄，高桑史子 編著：スリランカ——人びとの暮らしを訪ねて，段々社，2003
・首藤伸夫，越村俊一，佐竹健治，今村文彦，松冨英夫 編：津波の事典，朝倉書店，2007
・杉本良男：スリランカ（暮らしがわかるアジア読本），河出書房新社，1998
・杉山尚子，島宗理，佐藤方哉，リチャード，W. マロット・マリア，E. マロット：行動分析学入門，産業図書，1998
・鈴木正崇：スリランカの宗教と社会——文化人類学的考察，春秋社，1997
・鈴木睦子：スリランカ紅茶産業の農園タミル人の社会開発—市民社会の役割，早稲田大学博士論文，2008 年
・住田昌二：不良住宅地区改良の研究，京都大学学位論文，1967
・住田昌二：生活科学の立論と課題，西山夘三編：住居学ノート——新しい生活科学のために，勁草書房，pp.35−87，1977
・住田昌二：住宅供給計画，勁草書房，1982
・住田昌二：総論 西山住宅学論考，住田昌二＋西山夘三記念すまい・まちづくり文庫：西山夘三の住宅・都市論——その現代的検証，日本経済評論社，pp. 1−88，2007
・住田昌二，延藤安弘，三宅醇，小泉重信，西村一朗：新建築学体系14 ハウジング，彰国社，1985
・スレイター・デビッド（森本麻衣子訳）：ボランティア支援における倫理—贈り物と返礼の組み合わせ，トム・ギル他2名（編著）東日本大震災の人類学—津波，原発事故と被災者たちの「その後」，pp.63−97，人文書院，2013
・世界銀行 HP（http://go.worldbank.org/W8FMEK6FR0）（2011年8月21日閲覧）。
・瀬川昌久：人類学における親族研究の軌跡，船曳建夫編：個からする社会展望（岩波講座文化人類学 第4巻），岩波書店，pp.27−60，1997
・関川千尋：非常時の『住居費』支出行動——阪神・淡路大震災の場合，日本建築学会

計画系論文集，第560号，pp.261–268，2002
・関根康正：ジャフナ・タミルの民家とその変容，南アジア・東南アジア島嶼部における宗教と分化の共存とその社会基盤の比較研究1，pp.53–91，1982
・園田恭一：現代コミュニティ論，東京大学出版会，1978
・高倉節子：住民の意識構造とコミュニティ形成，ぎょうせい，1993
・高桑史子：スリランカ海村社会の女性たち——文化人類学的考察，八千代出版，2004
・高桑史子：スリランカ海村の民族誌——開発・内戦・津波と人々の生活，明石書店，2008
・髙田光雄：都市住宅供給システムの再編に関する計画論的研究，京都大学学位論文，1991
・髙田光雄：住宅市場と住宅政策，都市問題研究，第47巻，第6号，pp.43–54，1995
・髙田光雄：何のための団地再生か—シナリオ・アプローチによるまちづくり，CEL，Vol.88，pp.17–20，2009
・髙田光雄ほか：阪神・淡路大震災—災害復興住宅における生活再建とコミュニティ形成に関する調査研究，都市住宅学会関西支部復興団地コミュニティ調査委員会，2002
・髙田光雄：住宅復興における取り組み，復興10年総括検証・提言事業，兵庫県，2005
・高野久紀：フィールド実験の歩き方，西條辰義編：実験経済学への招待，NTT出版，pp.183–218，2007
・高野久紀，高橋和志：マイクロファイナンスの現状と課題——貧困層へのインパクトとプログラム・デザイン，アジア経済，第52巻，第6号，pp.36–74，2011
・高橋鷹志：環境移行からみた人間・環境系研究の枠組み，日本建築学会学術講演梗概集，pp.603–604，1991
・竹沢尚一郎：人類学的思考の歴史，世界思想社，2007
・竹原祐介，髙田光雄，住田昌二，澤谷真紀子，山崎古都子：阪神・淡路大震災による被災者の住宅・住生活再建プロセスに関する研究，都市住宅学，第16号，pp.134–142，1996
・巽和夫 編著：現代ハウジング論，学芸出版社，1986
・田中傑：関東大震災後の仮設市街地の実態と復興区画整理——旧下谷区御徒町3丁目地区のケーススタディ，日本建築学会計画系論文集，第548号，pp.169–175，2001
・田中正人，塩崎賢明，堀田祐三子：市街地復興事業による空間再編システムと近隣関係の変化に関する研究—阪神・淡路大震災における御菅地区の事例を通して，日本建築学会計画系論文集，第618号，pp.65–72，2007
・田中正人，高橋知香子，上野易弘：応急仮設住宅における「孤独死」の発生実態とその背景——阪神・淡路大震災の事例を通して，日本建築学会計画系論文集，第654号，pp.1815–1823，2010
・谷口佳子：社会関係——婚姻，家族，親族，杉本良男編：もっと知りたいスリランカ，弘文堂，pp.73–94，1987
・田村圭子，林春男，立木茂雄，木村玲欧：阪神・淡路大震災からの生活再建7要素モデルの検証——2001年京大防災研復興調査報告，地域安全学会論文集，第3号，pp.33–40，2001
・田村圭子，林春男，立木茂雄，木村玲欧，野田隆，矢守克也：阪神・淡路大震災の被

災地における家計の変化——2003年京大防災研復興調査，地域安全学会論文集，第５号，pp.227–236，2003
・哲学事典，平凡社，1971年
・徳尾野徹，杉山茂：阪神・淡路大震災被災地における市街地変容と中高層マンションの実態，日本建築学会計画系論文集，第572号，pp.９–15，2003
・内閣府：東日本大震災に係る災害ボランティア活動の実態調査，2012
・中川和樹，山崎寿一：農村地域の高齢者支援ネットワークと居住継続に関する考察——輪島市門前町道下の場合，日本建築学会計画系論文集，第652号，pp.1449–1454，2010
・仲里英晃，村尾修：2004年スマトラ沖津波後のスリランカにおける恒久住宅建設過程の地域間比較，都市計画論文集学術研究発表会論文41–３，pp.689–694，2006
・中根千枝：家族の構造——社会人類学的分析，東京大学出版会，1970
・中根千枝：社会人類学—アジア諸社会の考察，東京大学出版会，1987
・中久郎：共同性の社会理論，世界思想社，1991
・中谷内一也：リスクと信頼，中谷内一也編：リスクの社会心理学，pp.239–255，有斐閣，2012
・新潟県中越大震災記録誌編集委員会編：中越大震災 前編——雪が降る前に，ぎょうせい，2006
・西垣一郎：家庭経済概論 ３訂版，明文書房，1989
・西山夘三：住居論，相模書房，1943
・西山夘三：住宅問題，1943（西山卯三：住居論，相模書房，1943に所載）
・西山夘三：庶民住宅の研究，京都大学学位論文，1947
・西山夘三：住宅計画，勁草書房，1967
・西山夘三編：住居学ノート——新しい生活科学のために，勁草書房，1977
・野沢慎司 編・監訳：リーディングス ネットワーク論—家族・コミュニティ・社会関係資本，勁草書房，2006
・野澤千絵，小浦久子，鳴海邦碩：被災地の住宅の個別再建による街区内細街路の変化に関する研究——芦屋市における阪神・淡路大震災被災市街地を事例に，都市計画論文集，第33巻，pp.847–852，1998
・信田敏宏，小池誠　編：生をつなぐ家—親族研究の新たな地平，風響社，2013
・野本寛一：自然災害と民俗，森話社，2013
・濱田甚三郎：復興拠点としての仮設市街地計画，都市計画，第56巻，第３号，pp.47–52，2007
・濱田武士：漁業と震災，みすず書房，2013
・濱田武士，小山良太，早尻正宏：福島に農林漁業をとり戻す，みすず書房，2015
・林勲男編：2004年インド洋地震津波災害被災地の現状と復興への課題——国立民族学博物館研究フォーラム，国立民族学博物館，2007
・林春男編：阪神・淡路大震災からの生活復興2001——パネル調査結果報告書，京都大学防災研究所巨大災害研究センター・テクニカルレポート，2001
・林春男編：阪神・淡路大震災からの生活復興2003－生活調査結果報告書，京都大学防災研究所巨大災害研究センター・テクニカルレポート，2003

・林春男編：阪神・淡路大震災からの生活復興2005——生活復興調査結果報告書，京都大学防災研究所巨大災害研究センター・テクニカルレポート，2005
・広原盛明：日本型コミュニティ政策——東京・横浜・武蔵野の経験，晃洋書房，2011
・檜谷美恵子，谷元ゆきえ，平田延明，髙田光雄，柴田和子，篠田美紀：住宅管理制度，管理の実態と共同意識 震災復興大規模団地におけるコミュニティ形成に関する研究（１），都市住宅学，第33号，pp.75−81，2001
・広井良典：コミュニティを問いなおす——つながり・都市・日本社会の未来，筑摩書房，2009
・広井良典，小林正弥編著：コミュニティ——公共性・コモンズ・コミュニタリアニズム，勁草書房，2010
・ 福木聡，大月敏雄，シン・ソチェト，間瀬陽介，深見かほり：カンボジア・プノンペンにおける再定住事業に関する研究——Kork Kleang 1 地区を事例として，日本建築学会住宅系研究報告会論文集，第１号，pp.121−130，2006
・福留邦洋，中林一樹：阪神・淡路大震災の被災市街地における住宅被害と再建過程に関する分析——所有関係の視点から，都市計画論文集，第35巻，pp.403−408，2000
・藤田幸一：農村開発におけるマイクロ・クレジットと小規模インフラ整備，佐藤寛編：開発援助とバングラデシュ，pp.281−304，アジア経済研究所，1998
・舟橋國男：トランザクショナリズムと建築計画学，舟橋國男編：建築計画読本，大阪大学出版会，pp.29−54，2004
・船曳建夫：Communal と Social，そして親密性，船曳建夫編：個からする社会展望（岩波講座文化人類学 第４巻），岩波書店，pp.１−24，1997
・北後明彦，樋口大介，室崎益輝：阪神・淡路大震災からみた住宅再建支援のあり方——被災市街地における住宅再建と災害復興公営住宅団地の比較，都市住宅学，第53号，pp.86−97，2006
・穂坂光彦：住民によるスラムの改善（スリランカ），斎藤千宏編著：NGOが変える南アジア——経済成長から社会発展へ，コモンズ，pp.44−83，1998
・前田昌弘：スリランカにおける居住地移転をともなう住宅再建事業の現状と課題——南西沿岸を事例に，林勲男編：自然災害と復興支援，明石書店，pp.87−108，2010
・前田昌弘，中川雄輔，山田協太，布野修司：インド洋スマトラ島沖地震津波後のスリランカ南西沿岸居住地における復興の実態と問題点に関する考察——平常時の居住環境との連続性に着目して，日本建築学会計画系論文集，第614号，pp.183−190，2007
・前田昌弘：津波被災者の再定住地への移住と生活再建における社会関係の再編に関する研究——スリランカのインド洋津波からの復興を事例に，京都大学博士学位論文，2012
・牧紀男，三浦研，小林正美：応急仮設住宅の物理的実態と問題点に関する研究——災害後に供給される住宅に関する研究その１，日本建築学会計画系論文集，第476号，pp.125−133，1995
・牧紀男：自然災害後の「応急居住空間」の変遷とその整備手法に関する研究，京都大学学位論文，1997
・牧紀男，三浦研，小林正美，林春男：1992年インドネシア・フローレス島地震・津波災害後の再定住地の変容プロセス，日本建築学会計画系論文集，第566号，pp.１−８，

2003

・牧紀男：災害の住宅誌——人々の移動とすまい，鹿島出版会，2011

・牧紀男：復興の防災計画——巨大災害に向けて，鹿島出版会，2013

・松澤節子：途上国における強制移転政策形成の論点——途上国に特有の諸問題を踏まえて，国際協力研究，第13巻，第２号，pp.47–58，1997

・松本脩作，大岩川嫩編：第三世界の姓名——人の名前と文化，明石書店，1994

・三浦研，牧紀男，小林正美：雲仙普賢岳噴火災害に伴う災害復興住宅への生活拠点移動に関する研究——自然災害を起因とする環境移行研究 その１，日本建築学会計画系論文集，第485号，pp.87–96，1996

・三浦研，祝迫博，小林正美：北海道南西沖地震に伴う被災者の個人領域の形成過程—自然災害に起因する環境移行研究 その２，日本建築学会計画系論文集，第510号，pp.109–116，1998

・三浦研：自然災害に起因した環境移行に関する研究——悲嘆の仕事としての空間の再構築，京都大学学位論文，1998

・三重野文晴：マイクロファイナンスの金融メカニズム，絵所秀紀，野上裕生，穂坂光彦編：開発と貧困，pp.139–158，日本評論社，2004

・三井康壽：防災行政と都市づくり—事前復興計画論の構想，信山社，2007

・宮川公男，大守隆編：ソーシャル・キャピタル——現代経済社会のガバナンスの基礎，東洋経済新報社，2004

・室崎益輝：応急仮設住宅の供給実態に関する研究——雲仙・奥尻にみる居住生活上の問題点，都市計画論文集，第29巻，pp.761–764，1994

・諸富徹：環境，岩波書店，2003

・山岸俊男：信頼の構造，東京大学出版会，1998

・山口弥一郎：津波常習地三陸海岸地域の集落移動，山口弥一郎選集第六巻，pp.323–430，世界文庫，1972

・山口弥一郎：津浪と村，山口弥一郎選集第六巻，pp.133–321，世界文庫，1972

・山下文男：津波てんでんこ——近代日本の津波史，新日本出版社，2008

・山下文男：津波と防災——三陸津波始末，古今書院，2008

・吉村昭：三陸海岸大津波，文藝春秋，2004

・吉見俊哉：空間の実践——都市社会学における空間概念の革新にむけて，倉沢進編：構造・空間・方法（都市社会学のフロンティア 第１巻），日本評論社，pp.111–139，1992

・薗頭紗織，越山健治，北後明彦，室崎益輝：災害後のまちづくり活動における民間非営利団体の役割と有効性に関する研究，日本建築学会近畿支部研究報告集計画系，第42号，pp.569–572，2002

・Abe（Imura），M.：Adaptive and Sustainable Post-Tsunami Human Resettlement in Sri Lanka and India（安部（井村）美和：スリランカ・インドにおける津波後の再定住への適応と継続性），京都大学学位論文，2011

・Albee, A. and Gamage, N.：Our Money, Our Movement -Building a Poor People's Credit Union, ITDG Publishing, 1997

・Aldrich, D.P.：Building Resilience -Social Capital in Post -Disaster Recovery, University of Chicago Press（Tx）, 2012（石田祐，藤澤由和 訳：災害復興におけるソーシャル・キャピタルの役割とは何か――地域再建とレジリエンスの構築，ミネルヴァ書房，2015）
・Alexander, P.：Sri Lankan fishermen -rural capitalism and peasant society, Australian National University monographs on South Asia no. 7, 1982
・Anderson, B.：Imagined communities -reflections on the origin and spread of nationalism, Verso, 1983（白石さや，白石隆訳：想像の共同体――ナショナリズムの起源と流行，NTT 出版，1997）
・Barlow, D.H. and Hersen, M.：Single Case Experimental Designs-Strategies for Studying Behavior Change, 2 nd ed., Pergamon Press, 1984（高木俊一郎，佐久間徹訳：一事例の実験デザイン――ケーススタディの基本と応用，二瓶社，1993）
・Bastelaer, T. van：Does Social Capital Facilitate the Poor's Access to Credit? -A Review of the Microeconomic Literature, Social Capital Initiative Working Paper, No. 8, 2000
・Bay of Bengal Project（BOBP）：The fisherfolk of Puttalam, Chilaw, Galle and Matara District, Sri Lanka, BOBP., 1991
・Bernard, J.：Sociology of Community, Longman Higher Education, 1973（正岡寛司訳：コミュニティ論批判，早稲田大学出版部，1978）
・BRR：Policy Guidelines for the Provision of Resettlement Assistance to Victims of the NAD/Nias Tsunami and Earthquake, 2006
・Burke, P.：Cultural Hybridity, Polity, 2009（河野真太郎 訳：文化のハイブリディティ，法政大学出版局，2012）
・Castells, M.：Theory and Ideology in Urban Sociology, 1969, in C.G.Pickvance ed.：Urban Sociology, 1977（山田操訳：都市社会学――新しい理論的展望，恒星社厚生閣，1982）
・Cernea, M. and Mathur, H. Ed.：Can Compensation Prevent Impoverishment? -Reforming Resettlement Through Investments And Benefit-Sharing, Oxford Univ. Press, 2008
・Cernea, M. and McDowell, C. Ed.：Risks and Reconstruction-Experiences of Resettlers and Refugees, World Bank, 2000
・Cohen, A.P.：the Symbolic Construction of Community, Horwood, 1985（吉瀬雄一訳：コミュニティは創られる，八千代出版，2005）
・Collier, P.：Social Capital and Poverty, Social Capital Initiative Working Paper, No. 4, 1998
・Colombo Municipal Council：Poverty profile-City of Colombo, DFID/UNDP/UN-HABITAT/UMP urban poverty reduction project, 2002
・Datta, K. and Jones, G. ed.：Housing and Finance in Developing Countries, Routledge, 2000
・Davis, M.：City of Quartz -Excavating the Future in Los Angeles, Verso, 1990（村山敏勝，日比野啓訳：要塞都市 LA，青土社，2001）
・De Alwis, M. and Hedman, E.：Tsunami in a Time of War -Aid, Activism and Reconstruction in Sri Lanka and Aceh, South Focus Press, 2009
・Delanty, G.：Community, Routledge, 2002（山之内靖，伊藤茂訳：コミュニティ――グローバル化と社会理論の変容，NTT 出版，2006）

・De Mel, N.：After the Waves-the impact of the Tsunami on women in Sri Lanka, Social Scientists' Association, 2009
・Department of Census and Statistics of Sri Lanka（DCS）：Census of Population and Housing 2001, 2001
・Department of Census and Statistics of Sri Lanka（DCS）：Household Income and Expenditure Survey, 2002
・Department of Census and Statistics of Sri Lanka（DCS）：Official Poverty Line for Sri Lanka, 2004
・Department of Census and Statistics of Sri Lanka（DCS）：Final Report -Census on the buildings and people affected by the Tsunami disaster 2004, 2005
・Department of Census and Statistics（DCS）：Preliminary Statistics of the Census of Populationand Buildings of the Census Blocks Affected by the Tsunami 2004 -Colombo District, 2005
・Dharmadasa,W.：A Study on Housing of Tamil Estate Workers in Sri Lanka, B.Sc Thesis, University of Moratuwa, 1999
・Doocy, S., Gabriel, M., Collins, S., Robinson, C. and Stevenson, P.：Implementing cash for work programmes in post-tsunami Aceh -experiences and lessons learned, Disasters, Vol.30, No. 3 , pp.277−296, 2006
・Earle, T., et. al：Trust in Risk Management-Uncertainty and Scepticism in the Public Mind, Routledge, 2010
・Effrat, M.P.：Community Approaches and Applications, the Free Press, 1974
・Eliot, M.A. and Merrill, F.E.：social disorganization, Harper, 1961
・Evans, P.：Government action, social capital and development-Reviewing the evidence on synergy, World Development, Volume 24, Issue 6 , pp.1119−1132, 1996
・Evans-Pritchard, E.E.：Nuer religion -A Description of Livelihood and Political Institutions od Nilotic People, Oxford University Press, 1940（向井元子訳：ヌアー族―ナイル系一民族の生業形態と政治制度の調査記録，岩波書店，1978）
・Evans-Pritchard, E.E.：Kinship and marriage among the Nuer, Clarendon Press, 1951（長島信弘，向井元子訳：ヌアー族の親族と結婚，岩波書店，1985）
・Federation of Southern Fisherfolk：One Year After -A Report on Post-Tsunami Rehabilitation in the Fisheries Sector in Thailand, 2006
・Fernando, S.：the Marketing System of the Small-Scale Fishery of Sri Lanka, MARGA Special Issue Fisheries Vol. 7 No. 2 ＆ 3 , Marga Institute, 1984
・Festinger, L., Schachter, S. and Back, K.：Social Pressures in Informal Groupss, Harpers and Brothers, 1950
・Fortes, M.：The dynamics of clanship among the Tallensi -being the first part of an analysis of the social structure of a Trans-Volta tribe, the Oxford Univ. Press, 1945
・Fortes, M.：Kinship and the social order -the legacy of Lewis Henry Morgan, Aldine, 1969
・Gans, H.J.：The urban villagers -group and class in the life of Italian-Americans, Free Press of Glencoe, 1962（松本康訳：都市の村人たち――イタリア系アメリカ人の階級文化と都市再開発，ハーベスト社，2006）

・Godelier, M.：Au fondement des sociétés humaines −Ce que nous apprend l'anthropologie, Editions Albin Michel, 2007（竹沢尚一郎，桑原知子訳：人類学の再構築——人間社会とはなにか，明石書店，2011）
・Government of Tamil Nadu：Natural Calamities -Tsunami 2004 Housing Reconstruction Policy announced -Orders issued., 2005
・Hillary, G.A.：Definition of Community -Areas of agreement, Rural Sociology, Vol.20, 1955（山口弘光訳：コミュニティの定義，鈴木広編：都市化の社会学，誠信書房，1978）
・Hollnagel, E., Woods, D. D., Leveson, N.：Resilience Engineering -Concepts And Precepts, Ashgate Pub Co, 2006（北村正晴 監訳：レジリエンスエンジニアリング—概念と指針，日科技連，2012）
・Hollup, O.：Bonded Labour -Caste and Cultural Identity Among Tamil Plantation Workers in Sri Lanka, Sterling Pub, 1994
・Jayasuriya, S., Weerakoon, D., Arunatilaka, N. and Steele, P.：Economic Challenges of Post-Tsunami Reconstruction -Sri Lanka Two Years On, Institute of Policy Studies, 2006
・Jones, G.A. and Mitlin, D.：Housing Finance and Non -Governmental Organizations in Developing Countries, Datta, K. and Jones, G. ed.：Housing and Finance in Developing Countries, pp.26−43, Routledge, 2000
・Kahane, A.：Transformative Scenario Planning -Working Together to Change the Future, Berrett-Koehler, 2012（小田理一郎，東出顕子 訳：社会変革のシナリオ・プランニング—対立を乗り越え，ともに難題を解決する，英治出版，2014）
・Kamruzzaman, M., 小倉暢之：小規模融資による住宅供給の可能性——バングラデシュのグラミン銀行による住宅供給のケーススタディ，日本建築学会計画系論文集，第644号，pp.2149−2155，2009
・Klein, N.：The Shock Doctrine -The Rise of Disaster Capitalism, Picador, 2008（幾島幸子，村上由見子訳：ショック・ドクトリン——惨事便乗型資本主義の正体を暴く，岩波書店，2011）
・König, R.：Grundformen der Gesellschaft−die Gemeinde, Rowohlt, 1958（河村雷雨：都市コミュニティ論——機能的コミュニティの研究，世界思想社，1982）
・Krishna, A. amd Uphoff, N.：Mapping and Measuring Social Capital -A Conceptual and Empirical Study of Collective Action for Conserving and Developing Watersheds in Rajasthan, India, Social Capital Initiative Working Paper No.13, Washington, D.C., The World Bank, 1999
・Lang, J.：Creating Architectural Theory -The Role of the Behavioral Sciences in Environmental Design, Van Nostrand Reinhold, 1987（今井ゆりか，高橋鷹志訳：建築理論の創造——環境デザインにおける行動科学の役割，鹿島出版会，1992）
・Ladd, J.：The Concept of Community, C.J. Friedrich ed.：Community, Liberal Arts. Press, pp.269−293, 1959
・Leach, E.R.：Pul Eliya, a village in Ceylon -a study of land tenure and kinship, Cambridge University Press, 1961
・Lefebvre, H.：Le droit à la ville, Anthropos, 1968（森本和夫訳：都市への権利，筑摩書房，1969）

・Lefebvre, H.：Espace et politique, Anthropos, 1972（今井成美訳：空間と政治，晶文社，1975）
・Lévi-Strauss, C.：Tristes tropiques, Plon, 1955（川田順造訳：悲しき熱帯，中央公論社，1977）
・Lévi-Strauss, C.：Anthropologie structurale, Plon, 1974（荒川幾男，生松敬三，川田順造，佐々木明，田島節夫訳：構造人類学，みすず書房，1972）
・Lévi-Strauss, C.：Les Structures élémentaires de la parenté, 1948（福井和美 訳：親族の基本構造，青弓社，2001）
・Lin, N.：Social Capital -A Theory of Social Structure and Action, Cambridge University Press, 2002（筒井淳也，石田光規，桜井政成，三輪哲，土岐智賀子訳：ソーシャル・キャピタル——社会構造と行為の理論，ミネルヴァ書房，2008）
・Little, A.：The Politics of Community -Theory and Practice, Edinburgh Universtiy Press, 2002（福士正博訳：コミュニティの政治学，日本経済評論社，2010）
・Lynch, K.：the Image of the City, The MIT Press, 1960（丹下健三，富田玲子訳：都市のイメージ，岩波書店，1968）
・Lynd, R. and Lynd, H.：Middletown in Transition -A Study in Cultural Conflicts, Harcourt-Brace, 1937（中村八郎訳：ミドルタウン，青木書店，1990）
・Lyons, M.：Building Back Better -The Large-Scale Impact of Small-Scale Approaches to Reconstruction, World Development, vol.37, pp.385–398, 2009
・Maciver, R.M.：Community -a sociological study, being an attempt to set out the nature and fundamental laws of social life, 4 th ed., Cass, 1970（1 st ed. in 1917）（中久郎，松本通晴訳：コミュニティ——社会学的研究 社会生活の性質と基本法則に関する一試論，ミネルヴァ書房，1975）
・Mercer, C.：Living in cities -psychology and the urban environment, Penguin, 1975（永田良昭訳：環境心理学序説——都市化と人間生活，新曜社，1979）
・Ministry of Labour, Industry and Commerce：Report on the economic survey of Moratuwa and its Carpentry industry, Ceylon Government Press, 1974
・Morgan, L.H.：Ancient society, or, Researches in the lines of human progress from savagery through barbarism to civilization, Charles H. Kerr, 1877（荒畑寒村訳：古代社会，彰考書院，1947）
・Muggah, R.：Relocation Failures in Sri Lanka -A Short History of Internal Displacement and Resettlement, Zed Books, 2009
・Munasinghe, I.：the Colonial Economy on Track -Roads and Railways in Sri Lanka（1800–1905），the Social Studies Association, Homagama, Sri Lanka, 2002
・Nakatani, K., Rajasuriya, A., Premaratne, A. and White, A.T.：The Coastal Environmental Profile of Hikkaduwa, Sri Lanka, Department of Wildlife Conservation, Coast Conservation Department, 1994
・Narayan, D.：Cents and Sociability -Household Income and Social Capital in Rural Tanzania, Policy Research Working Paper, No.796, The World Bank, 1996
・Narayan, D.：Bonds and bridges -social capital and poverty, The World Bank, 1999
・National Housing Development Authority（NHDA），Ministry of Housing and Construc-

tion：Guidelines for Housing Development in Coastal Sri Lanka, 2005
・Newman, O.：Defensible Space -Crime preservation through urban design, Macmillan, 1972（湯川利和訳：まもりやすい住空間，鹿島出版会，1976）
・Nicholson, J.H.：New Communities -achievements and problems, National Council of Social Service, 1961
・Obeyesekere, G.：Land tenure in village Ceylon -a sociological and historical study, Cambridge University Press, 1967
・Oliver-Smith, A.：Development & dispossession-the crisis of forced displacement and resettlement, School for Advanced Research Press, 2009
・Ostrom, E.：Crossing the great divide -Coproduction, synergy, and development, World Development, Volume 24, Issue 6, pp.1073−1087, 1996
・Park, R.E. and Burgess, E.W.：Introduction to Sociology, 1921
・Pierre, J. and Peters, B.G.：Governance, Politics and the State, Palgrave Macmillan, 2000
・Plant, R.：Community and ideology -an essay in applied social philosophy, Routledge & K. Paul, 1974.（中久郎，松本通晴訳：コミュニティの思想，世界思想社，1979）
・Policies and Administration of Housing and Settlement Assistance for Victims in the Post-Disaster Area, 2006
・Portes, A. and Landolt, P.：The Downside of Social Capital, The American Prospect, vol.94, 1996
・Putnam, R.D., Leonardi, R. and Nanetti, R.Y.：Making democracy work -civic traditions in modern Italy, Princeton University Press, 1994（河田潤一訳：哲学する民主主義――伝統と改革の市民的構造，NTT 出版，2001）
・Putnam, R.D.：Bowling Alone -The Collapse and Revival of American Community, Simon & Schuster, 2001（柴内康文 訳：孤独なボウリング―米国コミュニティの崩壊と再生，柏書房，2006）
・Radcliffe-Brown, A.R.：Structure and function in primitive society, Cohen&West, 1952（青柳まちこ訳：未開社会における構造と機能，新泉社，1975）
・Reconstruction and Development Agency（RADA）：Analysis of Tsunami Housing Sector & Review of 2006 Tsunami Housing Policy, 2006
・Reconstruction and Development Agency（RADA）：Progress Report of Housing as at 01st November 2006, 2006
・Reconstruction and Development Agency（RADA）：Mid-Year Review -Post Tsunami Recovery and Reconstruction, 2006
・Rhodes, R.A.W.：Understanding Governance -Policy Networks, Governance, Reflexivity and Accountability, Open University Press, 1997
・Rivers, W.H.R.：Social organization, A.A. Knopf, 1924
・Robinson, M.S.：Some Observation on the Kandyan Sinhalese Kinship System, Man（N.S.）3, 1968
・Robson, D.G.：Aided-selp-help housing in Sri Lanka 1977 to 1982 -a report for the overseas development administration of the United Kingdom, 1984
・Ross, M.G.：Community organization -theory and principles, Harper & Brothers, 1955

・Schneider, D.M.：A critique of the study of kinship, University of Michigan Press, 1984
・Silva, K.D.：Evaluation of Post-tsunami Community Designs in Sri Lanka -Lessons from Settlement Planning, 44th Environmental Design Research Associstion, 2013
・Silva, K.T. and Athukorala, K.：Watta-Dwellers -A Sociological Study of Selected Urban Low-Income Communities in Sri Lanka, University Press of Amer, 1991
・Solnit, R.：A Paradise Built in Hell：The Extraordinary Communities That Arise in Disaster, Penguin, 2009（高月園子訳：災害ユートピア -- なぜそのとき特別な共同体が立ち上るのか，亜紀書房，2010）
・Stirrat, R. L.：On the Beach -Fishermen Fisherwives and Fishtraders in Post Colonia Lanka, South Asia Books, 1988
・Taskforce for Rebuilding the Nation（TAFREN）and Ministry of Urban Develpment and Water Supply：Implementation Guidelines -Donor Assisted Housing & Township Reconstruction, 2005
・Tambiah, S.J.：Dowry and Bridgewealth and the Property Rights of Women in South Asia, J. Goody and S.J. Tambiah ed.：Bridgewealth and Dowry, Cambridge University Press, 1973
・Tilakaratna, S. et al.：UNISEF Assisted Project on the Environmental Health and Community Development in the Slums and Shanties of the Colombo City（1973−83）–An Evaluation Study, Colombo, UNISEF, 1984
・Urban Development Authority（UDA）, Ministry of Urban Development and Water Supply：Policy Guidelines for Reconstruction, 2005
・Wellman, B.：The Community Question -The Intimate Networks in East York, American Journal of Sociologies, 84, pp.1201−1231, 1979（野沢慎司，立山徳子訳：コミュニティ問題――イースト・ヨーク住民の親密なネットワーク，野沢慎司編・監訳：リーディングス ネットワーク論――家族・コミュニティ・社会関係資本，勁草書房，pp.159−204，2006）
・Whyte, W.F.：Street corner society -the social structure of an Italian slum, University of Chicago Press, 1943（奥田道大訳，有里典三訳：ストリート・コーナーソサエティ，有斐閣，2000）
・Wijayaratne, B.：Coastal Fisheries in Sri Lanka –Some Recommendations for Future Management UNU-Fisheries Training Programme Final Project 2001, The United Nation University, 2003
・Wijetunge, J.：Tsunami on 26 December 2004 -Spatial Distribution of Tsunami Height and The Extent of Inundation in Sri Lanka, Science of Tsunami Hazards, Vol. 24, No. 3, pp.225−239, 2006
・Wirth, L.：The Scope and Problems of Community, Publication of the American Sociological Society, 27, 1933
・World Bank：Involuntary Resettlement, Operational Directive 4 .30, The World Bank, Washington, D.C., 1990
・Yalman, N.：Under the Bo Tree -Studies in Caste, Kinship & Marriage in the Interior of Ceylon, University of California Press, 1967
・Yunus, M. and Jolis, A.：Banker to the Poor -The Autobiography of Muhammad Yunus,

Founder of Grameen Bank, Oxford University Press, 1997（猪熊弘子訳：ムハマド・ユヌス自伝 -- 貧困なき世界をめざす銀行家，早川書房，1998）
・Yunus, M.：Building Social Business -The New Kind of Capitalism That Serves Humanity's Most Pressing Needs, Public Affairs, 2010（岡田昌治監修，千葉敏生訳：ソーシャル・ビジネス革命――世界の課題を解決する新たな経済システム，早川書房，2010）
・Zolli, A. and Healy, A.M.：Resilience -Why Things Bounce Back, Business Plus, 2013（須川綾子訳：レジリエンス 復活力――あらゆるシステムの破綻と回復を分けるものは何か，ダイヤモンド社，2013）

索　引

さ行

た行

な行

は行

ま行

や行

ら行

［著者略歴］

前田　昌弘（まえだ　まさひろ）

1980年　奈良県生まれ
2004年　京都大学工学部卒業
京都大学大学院工学研究科修士課程，同・博士後期課程，日本学術振興会特別研究員（DC2），京都大学グローバルリーダー養成ユニット研究員，日本学術振興会特別研究員（PD）を経て
2013年　京都大学大学院工学研究科建築学専攻助教（現在に至る）
2012年　京都大学博士（工学）
研究テーマ　住宅計画，地域まちづくり，コミュニティ・デザイン

主要著書
『世界住居誌』（2005年 共著）昭和堂，『自然災害と復興支援』（2010年 共著）明石書店，『Rural and Urban Sustainability Governance』（2014年 共著）United Nations University Press

津波被災と再定住
——コミュニティのレジリエンスを支える

2016年2月29日　初版第一刷発行

著　者　前　田　昌　弘
発行人　末　原　達　郎
発行所　京都大学学術出版会
京都市左京区吉田近衛町69
京都大学吉田南構内（〒606-8315）
電 話　075(761)6182
FAX　075(761)6190
URL　http://www.kyoto-up.or.jp
印刷・製本　亜細亜印刷株式会社
装　幀　谷本　天志

ISBN978-4-87698-896-9　C3036　定価はカバーに表示してあります